DIE ZEIT

Die besten Reportagen
aus 65 Jahren ZEIT-Geschehen

DIE ZEIT

Die besten

Reportagen

aus 65 Jahren ZEIT-Geschehen

Bertelsmann !
CHRONIK

Impressum

Herausgegeben vom Zeitverlag Gerd Bucerius GmbH & Co. KG
Herausgeber: Dr. Stefan Willeke

VERLAG:

Zeitverlag Gerd Bucerius GmbH & Co. KG
Pressehaus, Buceriusstraße, Eingang Speersort 1, 20095 Hamburg

wissenmedia in der inmediaONE] GmbH
Hauptsitz wissenmedia
Avenwedder Straße 55, 33311 Gütersloh

Bibliografische Information der Deutschen Nationalbibliothek
Die Deutsche Nationalbibliothek verzeichnet diese Publikation in der Deutschen Nationalbibliografie;
detaillierte bibliografische Daten sind im Internet über http://dnb.d-nb.de abrufbar.

© 2011 Zeitverlag Gerd Bucerius GmbH & Co. KG

Printed in Germany
ISBN: 978-3-577-14655-5

ZEITVERLAG:
Projektleitung: Sabine M. Müller
Einbandgestaltung: Ingrid Nündel, Mike Kandelhardt

wissenmedia (PRODUKTION):
Projektleitung: Dr. Matthias Herkt
Produktion: Palmedia Publishing Services GmbH, Berlin
Koordination: Dr. Dirk Palm
Zusatztexte: Dr. Andrea Gotzes
Bildredaktion, Bildunterschriften, Schlussredaktion: Wolfgang Bartmann, Magdalena Linnepe
Layout und Satz: Felgner & Zierke, Berlin
Herstellung: Joachim Weintz

Druck und Bindung: Firmengruppe APPL, aprinta druck, Wemding

DIE ZEIT

WOCHENZEITUNG FÜR POLITIK · WIRTSCHAFT · HANDEL UND KULTUR

Preis 40 Pf. / Nr. 1 / 1. Jahrgang Veröffentlicht unter Zulassung Nr. 6 der Militärregierung Donnerstag, 21. Februar 1946

Die erste Probe

Unsere Aufgabe

Parteien

Von GERD BUCERIUS

TREIBEIS

Die Titelseite der ersten ZEIT-Ausgabe vom 21. Februar 1946.

Hinweise für den Leser

Um den Charakter der ZEIT-Artikel als Originaldokumente ihrer Erscheinungszeit beizubehalten, sind sie ungekürzt und in der damals gültigen Rechtschreibung mit den zu jener Zeit üblichen Schreibweisen abgedruckt. Sie wurden zur besseren Anschaulichkeit mit Fotomaterial neu illustriert und in einem separaten Absatz um Hintergrundinformationen aus heutiger Sicht ergänzt.

Die neuen Bestandteile des Buches liegen in aktueller Rechtschreibung vor, daher kann es dazu kommen, dass innerhalb des Buches unterschiedliche Schreibweisen verwendet werden.

Unter Extremisten

Was muss ein Reporter können? Er muss warten können. Die Hälfte seines Lebens verbringt ein Reporter mit Warten. Er wartet auf das Eintreffen eines Ministers. Auf die Fähre, die den Kongofluss überqueren soll. Auf einen Übersetzer. Oder auf einen entscheidenden Telefonanruf. Ein Reporter muss warten, weil sich die Welt, die er beschreiben will, nicht nach ihm richtet. Ein Reporter ist ein Abhängiger von Abläufen, die er nicht bestimmen kann. Wer weiß schon, ob die Mauer fällt, die Deutschland teilt? Wer weiß schon, ob eine Wirtschaftskrise das System zerreißt? Ein Reporter muss den Zufall mögen, manchmal muss er an ihn glauben. Ein Politiker, der nicht reden will, muss doch irgendwann reden. Ein Mörder, der misstrauisch ist, muss Vertrauen fassen. Ein Geschäftsmann, der nichts zu verschenken hat, muss etwas von sich preisgeben. Auf diesen unwahrscheinlichen Augenblick wartet der Reporter. Gäbe es jemanden, der eine Kulturgeschichte des Wartens schriebe, so müsste er den Reportern ein eigenes Kapitel widmen.

Drei Nachmittage habe ich neben einer stinkenden Männertoilette verbracht und auf einen Chinesen gewartet, der sein Büro gegenüber der Toilette hatte. Der Chinese, ohne den meine Reportage nicht auskam, hatte vergessen, dass er mit mir verabredet war. Als er endlich eintraf, ließ er mich wissen, dass er keine Zeit für mich habe. Das ist für einen Reporter nichts Ungewöhnliches. Ein Reporter investiert viel und hofft dann, dass er etwas dafür bekommt. Warum tut er das bloß?

Ein Reporter ist ein Mensch, der hilflos dasteht, wenn er bei sich zuhause einen Nagel in die Wand schlagen soll. Aber er fährt unter Umständen auf der Pritsche eines Lastwagens durch Afghanistan, ohne sich überfordert zu fühlen. Ein Reporter vergisst den Geburtstag seiner Mutter und kriecht in die Jurten mongolischer Nomaden, um sich dort in die Seelen mongolischer Mütter einzufühlen. Es gibt Reporter, die davon überzeugt sind, man müsse jeden Text so schreiben, als sei es der letzte vor dem Tod. Normal ist das nicht.

In jeder herausragenden Reportage steckt die Leidenschaft des Extremisten. Er will etwas Unentdecktes entdecken, etwas Unerklärtes erklären, etwas Unerzähltes erzählen. Erzählte Zeit. Erzählte ZEIT. Darum geht es in diesem Buch.

Es versammelt Reportagen aus 65 Jahren, eine Auswahl, nicht in jeder Hinsicht repräsentativ, nicht gleichmäßig über die Jahrzehnte verteilt, aber von einer Neugier getrieben: Welche Geschichten berühren und fesseln die Leser, weil sie von einer Welt erzählen, die man auf neue Weise miterleben kann?

Lange hatte die Reportage in der ZEIT keine große Bühne, anders als der Kommentar, der Essay oder die Analyse. Der aufgeklärte Geist, der an der Idee der sachlichen Einordnung festhält, schien sich nicht mit der Idee des Reporters zu vertragen, sich auf die Beobachtung zu verlassen. Zunächst nur verstreut und vorsichtig gelangte die Reportage in unsere Zeitung. War sie nicht verdächtig wegen ihrer Anschaulichkeit? Und können Geschichten über Menschen wirklich Strukturen erklären? Das sind die Fragen der Skeptiker. Reporter fragen: Was erklärt die Folgen eines Gesetzes über Spätabtreibungen besser als eine Geschichte über zwei Frauen, die mit der Entscheidung für und wider ein Kind gerungen haben?

Die ZEIT ist ein guter Nährboden für Reportagen, weil ihnen hier immer wieder die Kritik begegnet, Reporter drückten sich um die Aussagekraft, um die analytische Schärfe und folglich um die Intelligenz. In einer komplizierter werdenden Welt suche der Reporter nach Einfachheit, statt der Kompliziertheit Raum zu geben. Das ist ein berechtigter Einwand. Er fordert den Reporter dazu auf, es bei reinen Beobachtungen nicht zu belassen. Aber wenn ein Reporter alle Möglichkeiten nutzt und aus seiner Erzählung gedankliche Kraft schöpft, dann gelingt der Reportage etwas, was keine andere journalistische Form so gut kann: Sie macht Eindruck. Es drückt sich etwas ein. Ein Bild drückt sich ins Gedächtnis des Lesers. Reporter stoßen auf ihre Bilder nicht in ihrer gewohnten Umgebung, sondern irgendwo da draußen. Auf dem Weg dorthin gehen die schönsten Klischees über die Wirklichkeit kaputt. Die Reportage ist auch eine Methode, sich verunsichern zu lassen.

Mit der Gründung des Ressorts »Modernes Leben« im Jahr 1961 bekamen Reportagen mehr Gewicht – und mit dem ZEIT-Magazin, das 1970 zum ersten Mal erschien, eine wichtige Bühne in der Zeitung. Als das Ressort »Dossier« im Jahr 1978 entstand, wurde ein weiterer Schauplatz geschaffen.

In den achtziger Jahren wurden die Reportagen in der ZEIT frecher, eigenwilliger – und mit wichtigen Journalistenpreisen ausgezeichnet. 36 Theodor-Wolff-Preise sind der ZEIT bis heute verliehen worden, auch für Reportagen. Zwölf Egon-Erwin-Kisch-Preise. Sechs Henri-Nannen-Preise. Heute werden Reportagen in allen Teilen der Zeitung gedruckt, sie sind vom Rand in die Mitte gerückt.

Die Reportage hat einen kurvenreichen Weg hinter sich, der ihr gut getan hat, eine Besinnung aufs Wesentliche. Eine anspruchsvolle Reportage will heute nicht mehr nur traurig sein oder fröhlich, nicht mehr nur anrührend oder verstörend. Sie will oft ein Lehrstück sein, und wenn es besonders gut läuft: eine überraschende Parabel auf den Zustand der Welt.

Gewalt, Krieg, Tod und Lebensdramen bestimmen viele Reportagen. In gewisser Weise sind Reporter notorische Verweigerer der Gewöhnlichkeit. Sie sind anfällig für katastrophale Momente.

Doch wie beschreibt man das Alltägliche, die Gedanken einer Putzfrau, das Fortbestehen der DDR in den Herzen, die Liebe zweier Teenager? Auch darauf antwortet dieses Buch.

Herausgeber

1946–1980

1981–1997

1998–2005

Themenbereiche

■ Deutschland

■ Ausland

■ Lebensgeschichten

■ Wirtschaft

2006–2010

1945/1946 leisteten Trümmerfrauen in zerstörten deutschen Städten Aufräumarbeiten.

Bunkermenschen

Das Leben im Hochbunker bringt eine neue Spezies Mensch hervor

Von **JAN MOLITOR**, erschienen in der ZEIT am 21. Februar 1946

Manchmal, beim Vorübergehen, blikken sie in erleuchtete Fenster. Sie sehen vielleicht einen runden Tisch, ein Stück Bücherregal, ein Stück Tapete. Sie sehen ein paar Quadratmeter eines freien Raumes, auf dem sich keine Menschen drängen. Sie spüren die Atmosphäre von Freiheit innerhalb vier behüteter Wände. Und sie haben dabei das würgende Gefühl von Hungernden, die an einem gefüllten Bäckerladen vorüberkommen. Dann gehen sie »heim« in den Bunker.

Am Eingang hängt noch die Verordnung über das Verhalten bei Fliegeralarm. Obwohl diese Zeiten lange genug vergangen sind, hat man versäumt, den Aushang wegzunehmen. Vielleicht aus Gleichgültigkeit, vielleicht aber auch, weil sich niemand berechtigt dazu fühlte in diesem Kreise der Unberechtigten. Überhaupt ist das Interesse allgemein ganz anders, das man täglich dem nächsten Aushang entgegenbringt: den Portionen der Nahrungsmittelzuteilung. Da wird von »Kalt-« und »Warmverpfle-gung« und von »Kaffeefassen« gesprochen, als sei man beim Militär. Sie leben auch kartenlos wie beim Militär, die Bunkerleute, aber es ist sicher, daß sie die gleichen Verpflegungssätze erhalten, die sich die anderen Menschen, die Wohnungs- oder Unterkunftbesitzenden, in ihrer mehr oder minder bürgerlichen Freiheit auf Karten kaufen können. Daneben wird zweimal täglich »heißes Wasser« angekündigt, als sei auch dies ein Nahrungsmittel. Das dritte Plakat am Bunkereingang aber ist die Ankündigung einer Puppenhandbühne, die für Bunkerinsassen billige Karten oder gar Freiplätze bereithält. So scheint es, daß ein einziger für die Leute im Bunker noch etwas übrig hat, und dies ist das Kasperle.

Das nächste ist, daß man eine Wendeltreppe hinaufgeht oder hinaufstolpert, denn es ist ziemlich dunkel, weil irgendwer wieder einmal eine Glühbirne hat mitgehen heißen. »Ihr, die ihr eintretet...«, steht in Kreideschrift an der Wand. So weit kam der dantekundige Wandschreiber, als man ihn überraschte. Jetzt liegt er auf der Holzbank und hat Hu-

---

Zur Sache

In den zerbombten deutschen Städten lebten die Menschen nach Ende des Zweiten Weltkriegs in Behelfsunterkünften jeder Art, von notdürftig hergerichteten Hausruinen bis zur Massenunterbringung in ehemaligen Sport- oder Lagerhallen. Verschärft wurde der Wohnraummangel durch den Zustrom von Millionen Umsiedlern, Flüchtlingen und Vertriebenen. Zudem fehlte es an Material für den Wiederaufbau. Den etwa 48 Millionen Einwohnern der im Mai 1949 gegründeten Bundesrepublik standen 1950 rund 9,4 Millionen Wohneinheiten zur Verfügung. Durch Verwaltung des Bestands sowie durch die staatliche Förderung des sozialen Wohnungsbaus und auch des privaten Eigenheimbaus entspannte sich die Lage im Laufe des Jahrzehnts nach und nach. So konnte 1960 der Abbau aller den Wohnungsmarkt betreffenden zwangswirtschaftlichen Bindungen beschlossen werden.

Autor dieses Berichts ist Josef Müller-Marein, der von 1956 bis 1968 Chefredakteur der ZEIT war. Seine politischen Beiträge und seine Leitartikel veröffentlichte er unter seinem eigentlichen Namen, Reportagen hingegen stets unter dem Pseudonym »Jan Molitor«.

sten in Zimmer 1, linker Hand, im ersten Stock des Hochbunkers.

Eine geradegeschnittene Bretterwand und eine runde Außenmauer. An der Bretterwand Mäntel, Kleider, leere Rucksäcke; an der Außenmauer rinnt das Wasser. Fenster sind nicht vorhanden, und die Luft ist dick, als könne man sie in Scheiben schneiden mit diesem rostigen Messer dort auf dem Schemel neben der Bank, auf der der hustende alte Mann liegt. Der gleiche weiße Vollbart eines Patriarchen aus den Büchern. Wie aus Büchern, so klingen auch seine Worte.

»Frau!« sagt er. Eine vermummte weibliche Gestalt erhebt sich aus der Ecke, humpelt näher, beugt sich über ihn. »Frau«, wiederholt er, »eile und sage dem Hoteldirektor, daß im Falle der Unmöglichkeit, die Toilettenzustände zu verbessern, ich mit meiner ganzen Suite ausziehen werde aus dem wohlrenommierten Hause!«

Jeder Bunkerraum hat eine eigene Toilette, die morgens gesäubert wird. Aber was nützt es, wenn in jedem Raum so viele Menschen hausen, daß man um die Worte des Alten zu wiederholen, »niemals den betreffenden Übeltäter faßt, der mangels Sauberkeit und Papier und so weiter...« Er sagt: »Zuerst ist man sittlich entrüstet und zutiefst erbost aber schließlich... Was wollen Sie! Bunkermenschen.« Er sagt es nicht wegwerfend oder verächtlich, er spricht es wie eine wissenschaftliche Artbezeichnung aus, als handele es sich um eine neue Spezies Mensch. Er hebt seinen Zeigefinger: »Was macht ein Tier, wenn sie es zwei Tage jagen? Es fällt um und ist tot. Der Mensch aber läuft weiter. Er ist konstruiert, Schlimmeres zu ertragen als irgendein Lebewesen auf dieser Erde. Er gewöhnt sich ein. Hat er keine Wohnung, so kann er sogar in einem Bunker leben. Er kann es, weil er nicht allein ein denkendes, also ein mißtrauisches, sondern vielmehr noch ein hoffendes Lebewesen ist.«

In der Tat, als in diesem Bunker vor einigen Monaten den siebenhundert Insassen anheimgestellt wurde, in ein Barackenlager zu ziehen, nahmen nur achtzig den Vorschlag an, die übrigen blieben. »Und das ist selbstverständlich«, ereiferte sich der Alte, »wir hatten natürlich das Empfinden, als sollte uns mit der Aussicht auf das Barackenlager etwas eingeredet werden. Ausgerechnet beim Winteranfang! Nein, wir blieben im Bunker, dessen Leiden uns wenigstens vertraut sind.«

War er nicht mehr gewöhnt, so lange Sätze zu sprechen? Jedenfalls der Husten überfiel ihn mit solcher Tücke, daß das gutgeschnittene Greisengesicht rot vor Anstrengung wurde und daß aus den halbdunklen Winkeln des Raumes kleine Gestalten ängstlich hervorquollen, die sich nun um das Lager des Patriarchen versammelten. Es waren seine sechs Enkel und Enkelinnen, die er aus der russischen Zone mitgebracht hatte. (Wo ihre Eltern waren, wußten sie nicht.) Dies also war seine Suite. Ein Anblick von besorgtem Gewimmel kleiner flachköpfiger Menschen, ein Bild, das unter der einzigen dürftigen Glühbirne um so rührender wirkte, als man die Suite des Patriarchen jetzt mühelos unterschied von den anderen, wort- und bewegungslos sitzenden großen und kleinen Leuten, die still auf irgend etwas zu warten schienen, vielleicht ohne zu wissen, auf was sie eigentlich noch warten sollten.

Unten, im Erdgeschoß, arbeitet als Rote-Kreuz-Schwester eine junge Arztfrau, Flüchtling gleich den Insassen des Bunkers. Sie sagt, daß sie es nicht gern sieht, wenn die bei neu eingetroffenen Bunkermenschen auffällige Unruhe allmählich aus den Gesichtern schwindet und dem Ausdruck geduldigen Wartens Platz macht. Sie hat es sogar lieber, wenn hie und da geschimpft wird, wenigstens solange die Unruhe nicht in »Bunkerkoller«, in eine hemmungslose Nervosität und plötzliche Feindschaft aller gegen alle ausartet. »Solange sie unruhig sind«, sagt die Arztfrau, »laufen sie noch umher und versuchen Arbeit, Aufenthaltsrecht und eine Unterkunft zu finden. Viele gehen planvoll vor und schaffen es. Andere klopfen, wo sie zufällig ein erleuchtetes Fenster sehen, an die fremden Wohnungstüren und bitten um einen Wohnraum als bettelten sie um Brot. Wenn sie abgewiesen und wieder abgewiesen wurden, beginnen sie stumpf zu werden und blindlings zu warten. Ach, diese erleuchteten Fenster fremder Wohnungen!« Sie lächelt schmerzlich, doch ohne Neid, obwohl sie doch gleich den anderen im Bunker lebt. Es war aber auch das einzig neidlos lächelnde Gesicht, das ich an diesem Tage sah, wenn das Gespräch auf die Wohnungen der anderen, stadteingesessenen Bürger kam. Mag freilich sein, daß ihr Lächeln nicht nur ein Spiegel der Gedanken, sondern auch ein Beispiel, ein Vorlächeln war. Immerhin, ein helles Gesicht, das mehr leuchtet als alle die trüben Bunkerglühlampen zusammen.

Es gab allerdings auch Augenblicke, da diese Idealistin tief enttäuscht wurde. War sie es nicht, die sich gemeinsam mit dem »Bunkerwart« sogar Gedanken darüber gemacht hatte, daß allein schon durch die Auswahl der »Zimmerbelegschaft« allen Bunkerzwangsgästen geholfen werden könne? So hatten sie im oberen Stockwerk lauter junge Mädel untergebracht. Ein Stockwerk tiefer waren zwei kleinere Räume, »Durchgang« genannt, in denen reisende Gäste einquartiert wurden, sozusagen ein Hotelersatz. Und da nun kamen »flotte Mannsbilder aus der Stadt«, wie der Patriarch sie nannte, auf die Idee, sich nur im Schein einzuquartieren und sich, sobald es einigermaßen still im Bunker geworden war, zum oberen Stockwerk hinaufzuschleichen, zu den Jungmädchenräumen. In diesen Nächten und an den Tagen hernach wurde dann so betont von »Bunkermoral« gesprochen, daß es verweinte Augen gab. Ja, jetzt schien es, als hätte sogar die junge Arztfrau den Glauben an die Güte dieser Welt endgültig verloren. Allein der Patriarch meinte, dies sei vornehmlich als ein Zeichen zu nehmen, daß es bald Frühling würde. Und überhaupt, dann würde man ja weitersehen.

Dieses »Man-wird-weiter-Sehen« ist eine ständige Bunkersentenz. Die Bunkermenschen haben diesen Satz gesagt, als sie hier eintraten; sie haben den Bunker mit seinen harten Holzbänken, die statt der Betten als Lagerstatt dienen, mit seiner dumpfen Luft und seiner Dunkelheit als ein Provisorium hingenommen und sind dann darin steckengeblieben. Als eine Frau, die aus der russischen Zone kam und ursprünglich die Idee hatte, in ihre westdeutsche Heimat zu fahren, ein paar Buntdrucke an die Bunkerwände hing, protestierten die Leidensgenossen auf das nachdrücklichste. Bilder an den Wänden, welcher Wahnsinn! Es wäre ja der Versuch, aus dem Bunker ein Heim zu machen. Es wäre ja ein Symptom für eine schier größenwahnsinnige Sucht, den Lebensstandard zu heben. Das wird abgelehnt, denn jedem leuchtet es ein, was ein einbeiniger ehemaliger Soldat, Bunkermensch seit zwei Monaten, ausführte: „Laßt den Bunker so grau wie möglich! Wer hier herumputzt mit Vasen für Papierblumen und Bildern und so 'nem Kram, der verrät bloß, daß er Angst hat, hier nie wieder herauszukommen". Papierblumen und Bilder als Merkmal des Pessimismus!

So ist es, wenn die Bunkermenschen reden. Was aber erst, wenn sie schweigen, wenn sie schlafen!

Wie sie in den Bunkernächten durcheinanderliegen, diese in stickige Kleider und Mäntel gehüllten Gestalten! Was alles sie halbartikuliert und flüsternd

Die Lebensumstände der Flüchtlinge waren äußerst schwierig. Diese Frau bereitet 1945 in Berlin den Kindern ihr Essen auf einer provisorischen Kochstelle unter freiem Himmel zu.

oder laut und vernehmlich, weinend und schimpfend durcheinanderträumen! Bunkerleute sind am Tage unterwegs, solange das Schuhwerk aushält, aber nachts sind sie versammelt und träumen laut und ohne Scham. Verschwiegene und heimliche Gedanken liegen vor allen offenbar. Niemals das Glück von etwas Einsamkeit, selbst nicht in kleinsten Portionen. »Von den Nächten wollen wir nicht reden«, sagen die Bunkermenschen.

Wie sagte der hustende Patriarch? »Die Bunkermenschen sind Verurteilte für Verbrechen, die sie nicht begangen haben. Ebenso ungerecht wie ihre Verurteilung ist auch ihr Freispruch. Junge Leute ohne Anhang kommen leichter frei. Alte Leutchen oder Frauen mit Kindern bleiben sitzen. Wer sollte sie aufnehmen? Warten wir also, bis es uns tatsächlich gelingt, die dicke Luft in Scheiben zu schneiden und sie photographiert der Allgemeinheit zur Schau zu stellen. Warten wir!«

Doch manchmal, im Vorübergehen, blicken die Bunkermenschen in erleuchtete Fenster...

Gläubige vor der Goldenen Moschee in Bagdad im Jahr 1956.

Der Effendi wünscht zu beten …

Heuschrecken, Sandstürme, Kaffeepausen – eine Wüsten-Taxifahrt

Von **MARION GRÄFIN DÖNHOFF**, erschienen in der ZEIT am 29. Mai 1952

Eigentlich hatte ich mir geschworen, nie wieder eines dieser amerikanischen Taxis mit eingebautem Radio zu besteigen, die im Orient überall herumfahren, aber der Gedanke, von Aman nach Bagdad zu fliegen, schien mir sündhaft. Bagdad ist seit den Tagen, da jener sächsische Schriftsteller Karl May mit dem Band »Von Bagdad nach Stambul« meine Phantasie beflügelte, für mich ein Ort von geheimnisvollem Zauber gewesen.

So saß ich denn im glühend heißen Aman, vor mir eine jener Auto-Karawansereien, in denen hochbeladene schwankende Busse, umgeben von Staubwolken, ein- und ausfahren. Ich saß am Straßenrand und wartete. Um zwölf Uhr sollte das Gemeinschafts-Taxi, in dem ich den Sitz neben dem Fahrer gemietet hatte, starten. Doch längst war es zwei Uhr geworden. Die Koffer, die ich um mich versammelt hatte, waren mit einer dicken Staubschicht überzogen; ein paar Bakschich heischende

Knaben hatten schon Grimassen darauf gemalt. Wo blieb das Taxi bloß?

Endlich nahte ein Fahrer, ein negroider dicker Boxertyp, ergriff meine Koffer, schnallte sie mit vielen anderen Koffern, Kisten und Kartons auf dem Dach seines Autos fest; ich stieg begeistert ein. Es war kein amerikanischer, sondern ein französischer Wagen, verhältnismäßig klein. Weiß Gott, wie er die 800 Kilometer Wüste überstehen sollte. Mein Sitzplatz am Straßenrand war übrigens ein Paradies gewesen, verglichen mit dem Platz in dieser durchglühten Blechbüchse. Und wieder ein langes Warten. Bis endlich der Dicke kam, die Tür aufriß und sich ans Steuer setzte. Wir brausten davon. Doch schon am Stadtanfang hielten wir an. Der Dicke verschwand in einem Haus und kam alsbald mit einem Tonkrug zurück, der mehr als einen Meter hoch und mit Trinkwasser gefüllt war. Diesen Super-Krug stellte er mir vor die Füße. Sollte ich wirklich dieses schwankende Ungetüm während der

Zur Sache

In Amman, der Hauptstadt des Haschemitischen Königreichs Jordanien, herrschte 1951/52 Talal bin Abdallah, nachdem sein Vater Abdallah I. durch ein Attentat eines palästinensischen Nationalisten umgekommen war. Talal musste aus gesundheitlichen Gründen abdanken. Sein Sohn Hussein I. regierte das Land von 1953 an bis zu seinem Tode 1999. Den heutigen Irak gab es 1952 erst seit wenig mehr als 30 Jahren. Er entstand 1920, als Großbritannien die drei Großprovinzen des ehemaligen Osmanischen Reiches Bagdad, Mossul und Basra zu einem neuen Staat zusammenfasste. Der Völkerbund erteilte den Briten das Mandat über das Land. Von 1921 an unter dem Haschemiten Faisal I. Königreich, wurde der Irak 1932 unabhängig. Der britische Einfluss blieb jedoch, ebenso der Widerstand gegen ihn. An der Kontrolle der Erdölvorkommen hatten auch die Niederlande, Frankreich und die USA Anteil. Von 1939 an, bis 1953 unter Regentschaft seines Onkels, saß im Irak der Enkel des ersten Königs, Faisal II., auf dem Thron. 1958 stürzten Militärs die probritische Monarchie. 1968 kam, ebenfalls durch einen Putsch, die Baath-Partei dauerhaft an die Macht. Staatspräsident war danach Ahmad Hasan al-Bakr, von 1979 an Saddam Hussein.

nächsten 14 Stunden festhalten müssen? Wir fuhren eine Stunde und landeten aufs neue vor der Karawanserei. Es war drei Uhr geworden, und jetzt nisteten sich auch andere Passagiere mit reichlich vielen Päckchen und Paketen im Fond des Wagens ein: ein ungewöhnlich dicker Herr mit Fez und einem Verdruß in der Hüfte, der ihn wie eine Ente watscheln ließ, ferner ein alter Mann mit Bart und Brille und weißem Kopftuch in arabischer Tracht, offenbar ein Scheich, ein Geistlicher; und schließlich ein unscheinbarer junger Bursche in langem Gewand. Endlich, endlich ging es los. Ich war gespannt, ob wir je ankommen würden.

Ja, wir sind angekommen, allerdings nicht nach vierzehn, sondern vierundzwanzig Stunden. Was für eine Reise! – Gleich am Stadtausgang von Aman der erste Stop: große Telefoniererei, lange Diskussionen mit den anderen Passagieren, dann drehte der Wagen um und fuhr zurück. Unterwegs plötzlich wieder Stop, riesige Begrüßungsszene mit einem entgegenkommenden Wagen, dem ein großer hagerer Mensch (der mit Effendi angeredet wurde) entstieg. Während unser Vehikel wieder den vorbestimmten Kurs einschlug, klemmte er sich zwischen den Fahrer und mich und – blieb dort für die nächsten vierundzwanzig Stunden sitzen! Das war ein harter Schlag. Wahrscheinlich wäre dieses Ölsardinen-*Placement* ganz und gar unerträglich geworden, wenn die Gesellschaft nicht alleweil einen Vorwand gefunden hätte anzuhalten; das verlängerte zwar die Reise, verminderte jedoch das Maß der Leiden. Gleich im ersten Ort, zwanzig Minuten hinter Aman, stiegen alle aus und tranken Kaffee. Im nächsten Ort verließen alle den Wagen, um einzukaufen. Und dann begann die unendliche Wüste. 750 Kilometer ... 750 Kilometer durch eine Öde, die erst graugelb und steinig, dann grauschwarz und steinig und schließlich nur noch gelber Sand war. Aber auch hier erwies meine Spekulation, wir würden ohne Aufenthalt erst einmal ein paar Stunden fahren, sich als komplette Illusion. Zuerst hielten wir mitten in der Wüste. – Diesmal auf Wunsch des dicken Herrn mit dem Fez, der sein Abendgebet verrichten wollte. Er breitete einen Teppich, den er mit sich führte, am Straßenrand aus. Gleich darauf gerieten wir in voller Fahrt in einen Heuschreckenschwarm; eines der gelbgrünen, surrenden und hopsenden riesigen Geschöpfe flog durchs Fenster in

unseren Wagen und erzielte dort einen Effekt, den eine Fledermaus im Mädchenpensionat auslöst: Alle erhoben sich zugleich, alle kreischten, lachten und schrieen. Der Fahrer bremste so plötzlich, daß der Effendi und ich, die wir wie Hühner auf der Stange auf unserem zu engen Sitz balancierten, beinahe mit dem Kopf durch die Scheibe flogen. Eilends quollen alle aus der Blechbehausung, und dann begann der Fahrer seine Jagd auf das Ungeheuer. Das dauerte seine Zeit.

Eine halbe Stunde später erreichten wir im letzten Tagesschimmer den ersten irakischen Grenzposten. Ein Zelt und davor zwei wunderbar aussehende Männer mit blau-schwarzem Haar, langen roten schlafrockähnlichen Mänteln, die bis über die Knöchel reichten und die durch einen breiten Patronengürtel, in denen sichelförmige silberne Messer stachen, zusammengehalten wurden. Auf dem Kopf trugen sie ihr malerisches Tuch, das bei Sandsturm, Kälte oder großer Hitze zum Schutz von Nasen, Hals und Gesicht jeweils zweckentsprechend drapiert wird. Einen Kaffee darf man niemals ablehnen, und so saßen wir bald wieder einmal einträchtig beieinander im Zelt und schlürften, von gestenreichen Gesprächen umrankt, unseren Mokka.

Der neuen Anstrengung, ein Stückchen Wüstenstrecke pausenlos zu fahren, war ebenfalls keine Dauer verliehen. Denn diesmal war es der Effendi, der sein Abendgebet halten wollte. Einsichtsvoll gesellte der junge Mann sich dazu, so daß nur die Sorge blieb, wann wohl der Scheich seine Zeit für gekommen hielte. Wir fuhren danach wieder los, und bald brach die Nacht über uns herein – eine, wie mir schien, unendlich lange Nacht. Tiefe Dunkelheit, die von einer schnurgeraden, grell angestrahlten Straße in zwei Hälften geteilt wurde. Ein paarmal hielten wir noch und tranken Kaffee (den ich nie selbst bezahlen durfte). An immer neuen Polizeistationen zeigten wir die Pässe vor und zwar war insbesondere mein Visum ein Born immer neuer Zweifel und Verwunderung, weil es mangels einer irakischen Vertretung vom ägyptischen Konsulat in Frankfurt und in französischer Sprache ausgestellt war. An der letzten Polizeistation in der Wüste, morgens um drei Uhr, wäre ich beinahe gescheitert ...

An einem mit viel Papier und mit noch viel mehr Käfern übersäten Tisch saß, von einer Petroleumla-

16

terne beleuchtet, im Nachthemd ein total verbaster Mann und starrte ausdruckslos auf meinen Paß. Es war still im Zimmer, nur ein paar Fliegen brummten dann und wann mit einem großen Knall gegen die Laterne. Ich sagte nichts, er schwieg auch. Eine Ewigkeit schien zu vergehen. Plötzlich erhob sich im Hintergrund ein merkwürdiges Gemurmel. Ich sah mich erschrocken um und entdeckte unseren Scheich, der ein schmales, gebrechliches Sofa erklommen hatte und gerade begann, dort sein Tagesanbruchgebet zu verrichten. Eben hatte er sich aufgerichtet und stand nun in voller Größe auf dem Sofa, das bereits bedenklich schaukelte, als ich in einem Anfall von Hellsichtigkeit ein unausbleibliches Unheil sah, rasch zusprang und gerade noch verhindern konnte, daß der alte Herr sich mitsamt dem Sofa nach hinten überschlug. Das Sofa krachte schon bedenklich: Von diesem Lärm aus seinen träumenden Zweifeln gerissen und zur Tat gemahnt, beschloß der Hüter der Ordnung, meinen Fall seinem Vorgesetzten vorzutragen. Wir wanderten alle, einschließlich Fahrer und Effendi, einen dunklen Gang entlang und wurden in ein Zimmer geführt, in dem der Chef (zum Zeichen seiner bürgerlichen Prominenz: im Pyjama) zu Bett lag und gelangweilt gähnte. Nach kurzem Studium zeichnete er freimütig das Visum ab, und wir brachen von neuem auf.

Inzwischen war die leichte Brise vom Abend zu einem starken Wind angeschwollen, der bei Tagesanbruch in einen furchterregenden Sandsturm ausartete und uns zeitweise jede Sicht raubte; fast wie bei einem Schneegestöber konnte man stellenweise nur ein paar Meter weit sehen. Das ging so fast den ganzen Tag hindurch.

Horizontlose Wüste, mitten darin eine endlose Asphaltstraße und Sand. Sand neben uns, über uns, um uns, auch im Wagen. Dann und wann glitten die Schatten vermummter Gestalten mit flatternden Gewändern an uns vorüber; dann und wann tauchten riesige Herden von Kamelen auf, die mit erhobenem Haupt und eiligem Schritt in breiter Front über die endlose Ebene irgendeinem unerklärlichen Ziel zustrebten. Und schließlich der Euphrat: ein breiter, brauner Fluß, der Hochwasser führte und kleine, schmutzige Wellen schlug.

Wir kamen durch zwei Orte: braune Lehmhütten, von hohen braunen Lehmmauern umgeben. Der Straße zugekehrt ein paar offene Kaffeebuden, in Staub und Sand gehüllt; darin saßen Männer mit flatternden Gewändern, unangefochten von den Unbilden ihres Lebens und der Natur. Was für ein Land!

Ich entdeckte plötzlich, daß mir über Nacht eine riesige Beule an der rechten Schläfe gewachsen war. Tief beunruhigt über die vermeintliche Untat eines Skorpions teilte ich wortlos und gebärdenreich den Mitreisenden meine Entdeckung mit. Als ich bald darauf wieder in jenen quälenden, torkelnden Sitzschlaf verfiel, weckte mich der Effendi, um mich darauf aufmerksam zu machen, daß mein Kopf in dumpfem Rhythmus immer wieder gegen die rechte Tür schlug und die Beule daher eine beruhigende physikalische Erklärung fände.

Und bald waren wir dann auch in Bagdad …

Viele Angehörige hofften, von den heimkehrenden Soldaten Nachricht über das Schicksal ihrer Vermissten zu erhalten.

Die letzten Soldaten des Großen Krieges

Aus der Barbarei über die Bürokratie in die Freiheit – Bei den Heimkehrern in Friedland

Von **JAN MOLITOR**, erschienen in der ZEIT am 13. Oktober 1955

Hatten wir geglaubt, es sei Frieden? Schon seit zehn Jahren Frieden? Jetzt erst kehren die letzten Soldaten des Großen Krieges heim. Als am Sonntagmittag im Lager Friedland plötzlich Tausende von wartenden Menschen die Blicke auf die ferne Landstraße am Hang richteten, sah man dort siebzehn schwere Omnibusse langsam näherfahren, gefolgt von einer langen Kette Privatautos. Im Lager begann die Glocke zu läuten. Die Wartenden rührten sich nicht. Über manches Gesicht rollten Tränen. Schließlich näherten sich die Omnibusse, einer nach dem anderen, dem »Begrüßungsplatz«, kurvten dort, und jetzt konnte man die Insassen deutlich sehen. Sie blickten durch die Wagenfenster mit ernsten Mienen zu uns hinunter, junge und alte Männer; einige hatten Blumen in der Hand; alle winkten mit kleinen, engen, hilflosen Bewegungen, hielten den Unterarm steif und drehten die Hand im Gelenk. Man hörte den Schrei einer alten Frau, die ihren Sohn wiedererkannte...

War es dies, was einem die Kehle zuschnürte? Plötzlich stand da ein Mann in abgetragenem Fliegerblau und wandte einem den Blick zu, sagte auch ein Wort, irgendein nichtssagendes Soldatenwort. Man hätte ihm antworten müssen! Aber die Kehle war zugeschnürt. Er wandte sich ab. Ich sah an meinem Anzug hinunter... nein, nicht, daß ich mich der Bügelfalten schämte, aber... Als ich den Mann im Fliegerblau eingeholt hatte, traten inmitten des Gedränges andere Heimkehrer hinzu, und wir schoben uns durch die Menge nach vorn; irgendeiner würde jetzt eine Begrüßungsrede halten. Schließlich standen die Männer ziemlich geschlossen. Auf einmal löste sich auch der Krampf in der Kehle, weil man endlich begriff, was so unfaßbar schien, daß man beim Anblick dieser Männer stumm blieb: sie alle standen noch unterm Gesetz ihrer Soldatengewohnheit: zehn Jahre nach dem Kriege. »In dieser Kluft«, sagte ich höchst überflüssigerweise zum Fliegerblauen, »bin ich auch jahrelang herumgelaufen und herumgeflogen. Komisch, daß das Zeug so lange hält!« – »Hat irgendwo in 'ner Kiste gelegen; bin kein Flieger, bin Panzermann...«

Zur Sache

Im Juni 1955 lud die UdSSR den Kanzler der Bundesrepublik zum Staatsbesuch ein und schlug zugleich die Aufnahme diplomatischer Beziehungen vor. Von großer Bedeutung für die Reaktion auf westdeutscher Seite war die Tatsache, dass sich zu diesem Zeitpunkt noch etwa 10.000 ehemalige Angehörige der Wehrmacht und der Waffen-SS sowie 20.000 Zivilinternierte in sowjetischer Gefangenschaft befanden. Im September 1955 reiste Adenauer nach Moskau. Dort vereinbarte er mit der Kremlführung – den politisch als nicht unbedenklich empfundenen – Botschafteraustausch sowie in schwierigen Verhandlungen die Freilassung der Soldaten, ferner auch der Zivilinternierten.

Für viele Westdeutsche blieb insbesondere die »Heimkehr der Zehntausend« auf Dauer eine der größten Leistungen Adenauers während seiner gesamten Regierungszeit. Die ersten 600 der so genannten Spätheimkehrer trafen Anfang Oktober 1955 im Grenzdurchgangslager Friedland (Niedersachsen) ein, die letzten kamen 1956.

Er hörte aufmerksam die Grußworte des niedersächsischen Ministerpräsidenten Hellwege, faltete die Hände, als Bischof Lilje das »Vaterunser« beten ließ, nickte zu den Worten der Bundestags-Alterspräsidentin Frau Lüders, als sie sagte: »Seid nicht ungeduldig gegenüber euren Angehörigen« und klatschte aufgeregt in die Hände und rief »Bravo« und »Jawohl«, als Vizekanzler Blücher von ihrer

Bundeskanzler Konrad Adenauer im Gespräch mit Kriegsheimkehrern im Durchgangslager Friedland, 1955. Nach langen Verhandlungen war es ihm gelungen, in Moskau die Freilassung der letzten deutschen Kriegsgefangenen zu erreichen.

Pflicht sprach, dem Kanzler zu danken. »Wir sind die letzten Soldaten des Großen Krieges«, sagte der Sprecher der Heimkehrer. »Wir weinen und schämen uns der Tränen nicht...« und sprach von den vielen, vielen Gräbern, in die sie ihre Toten gelegt, und sagte, daß sie selbst, die wenigen Überlebenden, von der Liebe der Deutschen daheim seien aufrechtgehalten worden. Als die Nationalhymne gesungen wurde, hub mein Nebenmann mit kräftiger Stimme an: »Deutschland, Deutschland über alles«, schwieg dann jäh, als ein junges Mädchen mit kräftigem Sopran sang: »Einigkeit und Recht und Freiheit«. Er sah sich um und drehte seine alte Soldatenmütze in der Hand. Ihm fehlten zehn Jahre...

Der fliegerblaue Panzermann, aber auch alle anderen bemühten sich, mit jedem, der in der Nähe stand, ins Gespräch zu kommen. Es waren nichtssa-

gende Gespräche. »Schön, daß die Sonne scheint... Fein warm habt ihr's hier... Als wir vor zehn Tagen in Swerdlowsk abfuhren, hatte es da 20 Grad Kälte...« Dergleichen waren die Gespräche. Man sprach vom Wetter. Landser unterhielten sich über den Kasernenzaun mit den Zivilisten draußen: so war es. Es gingen Frauen und Kinder, aber auch Männer mit selbstgemalten Schildern, die sie an Stangen trugen, durch das Gedränge: »Wer weiß etwas über...«; dann folgte Name, Dienstgrad, Feldpostnummer. Manchmal traten Frauen an die letzten Soldaten heran: »Bitte, bitte, ist Karl Müller dabei?« – »Kann nicht dabei sein, liebe Frau. Wir sind die Buchstaben A und B und W und H–G.« Man hat die letzten Soldaten nach dem Alphabet, dem russischen, entlassen; und da die Russen kein H haben, statt dessen stets ein G nehmen, kam die Kombination H–G zustande.

Der allerletzte Kern der deutschen Osttruppen, zehn Jahre zurückgehalten, meist wider jedes menschliche Recht, oft zusammengewürfelt in den Straflagern mit Menschen aller Völker der russischen Erde, in einem Durcheinander, das niemand, nicht einmal die sowjetischen Kerkermeister, durchschauen konnte, und dann nach dem Alphabet entlassen: so vermählte sich Barbarei mit Bürokratie.

Zwei Szenen vom »Begrüßungsplatz« seien noch verzeichnet: »Mensch, Jupp, alter Kumpel – daß du auch mit diesem Transport gekommen bist!« – »Mensch, Paul, oller Dussel, bin ja schon seit zwei Jahren hier.« – Der andere, der eine blaue Steppjacke trägt, schlägt sich vor die Stirn. »Stimmt, Jupp! Ich wurde ja vor zwei Jahren aus dem Transport wieder rausgeholt. Na, wie is' es denn so hier? Bist ja mächtig fein in Schale, Jupp.« – »Wie es so is', Paul. Und wenn du nach Bochum kommst, haste bei mir immer 'ne Bleibe...« Neben dem Omnibus Nummer 15 steht ein älterer Mann, weißhaarig und in einer Wolljacke; hat einen Feldblumenstrauß in der rissigen Hand, trägt die Blumen aufrecht, und es sieht aus, als hielte er sich daran fest. Angestarrt von den Umstehenden, heult er hemmungslos und stöhnt vor sich hin: »Wir sind durch meine Heimat gefahren, und nun bin ich hier.« – »Warum auch nich«, tröstet Paul. »Hast doch deine Familie im Westen! Mann, du warst doch unterwegs ganz vernünftig. Und jetzt drehste durch?« – »Ich hatte das nich überlegt«, sagt der weinende Soldat, »ich bin durch unsere Kreisstadt gefahren. Ich dachte immer: Zu Hause is zu Hause...« – »Ja, denken mußte nich!«

Allmählich verlor sich der Kontakt zwischen »Soldaten« und »Zivilisten«. Die Heimkehrer standen in Gruppen beieinander. Sie nahmen gruppenweise ihre Habseligkeit aus den abgestellten Autobussen, gingen gruppenweise zu den Baracken hinüber. Für sie ist der Krieg jetzt gerade erst zu Ende gegangen. Wir anderen sahen ihnen zu. Ihre Bewegungen, ihre Haltung, ihr gruppenhaftes Beieinandersein war uns vertraut und fremd zugleich. Wir sahen noch einmal die letzte Station des Großen Krieges.

»Jungens, ihr habt's gut«, rief eine forsche Stimme. »Kriegt 6000 Mark und einen Kulturbeutel.« – Einer der Männer in blauer Wattejacke blieb stehen, sah den Rufenden an und tippte sich an die Stirn... (Die 6000 Mark, von denen die zum Empfang der Heimkehrer Gekommenen ziemlich oft redeten, sind die staatlichen Beihilfen. Der »Kulturbeutel« muß ein Begriff sein, der aus dem Russischen nach Friedland gekommen ist: er enthält Seife, Schwamm, Rasierzeug, Zahnpaste und ähnliches, und das Wort erinnert mich daran, daß die Russen einen Park mit Denkmälern und Limonadebuden einen »Kulturpark« und daß sie ein Klosett mit Wasserspülung ein »Kultur-Klo« nennen.)

Zwischen den Baracken hinter dem Lagerzaun gingen ältere, schüchterne Herren umher, die nicht Wolljacken, nicht Steppdecken, nicht verblichene Uniformröcke, sondern blaue und dunkelblaue »Sonntagsanzüge« mit Hüten trugen: daran erkannte man die Heimkehrer der Generaltransporte aus dem Lager Woikowo. Derartig bürgerlich verkleidet, hatten sie auf der Durchgangsstation Moskau eine Stadtrundfahrt machen und erleben dürfen, daß Vertreter der Sowjetbehörde geschwind versuchten, sich mit ihnen anzubiedern. Nicht nur, daß im klassenlosen Staat die Ränge der Generale durch bürgerliche Anzüge und durch ein Kaviarpaket ausgezeichnet wurden – einige, für prominenter gehaltene Männer, wurden sogar gebeten, sich in ein Gästebuch einzutragen. Einer der Generale erwiderte: »Seit wann bitten Henker ihre Delinquenten, sich ins Gästebuch einzutragen?«

Nur Seydlitz hat den Sowjets für ihre Wohltaten gedankt, Seydlitz, vor dem man zur Zeit des »Dritten Reiches« in Gesellschaften gewarnt wurde: »Kein Wort gegen Hitler, wenn Seydlitz kommt: er ist hitlertreu!« und der dann in der Gefangenschaft die schwarz-weiß-rot umränderten Flugzettel unterzeichnete, in denen die Truppe aufgefordert wurde, zu den Sowjets überzulaufen. Im Lager Friedland eingetroffen, hat er dann die inzwischen sattsam bekannten Reden geführt vom »Deutschen Reich« und der sowjet-deutschen Freundschaft, die er ein Jahrzehnt früher als Adenauer entdeckt habe, und daß seine Farben Schwarz-Weiß-Rot seien. Insgesamt Tiraden, die er, in seiner Heimatstadt Verden angekommen, prompt widerrief. In Friedland hieß es: »Ich will Politiker werden«, in Verden: »Ich denke nicht daran, Politiker zu werden.« – Aber einer der Heimkehrer, ein früherer Oberst, sagte zu alledem: »Es gibt derlei Herren mehr, die einmal Schwarz-Weiß-Rot mit dem Hakenkreuz trugen und heute Schwarz-Weiß-Rot mit dem Hammer und Sichel für ein zukunftsträchtiges Banner halten. Die reden dann von Rapallo und der Seeckt-Tradition. O, mein Freund, da brät noch allerhand heran, was interessanter ist als die müßige Frage, warum wir – gerade wir zehn Jahre lang in Straf- und Schweigelagern zurückgehalten wurden. Übrigens: Haben Sie gesehen, wer hier die Matadoren sind?«

Die Matadoren unter den ersten Transporten waren Baur, weil er der Pilot des »Führers« war, und ein harmlos-ärmlich aussehendes Männlein, der Hitlers Kammerdiener gewesen war und jetzt den ausländischen Journalisten versprach, er werde bald seine Memoiren schreiben. Und schon notierte er eifrig Adressen, an die er sich wenden wolle, habe er erst sein Werk beendet...

Übrigens: Die Sowjets halten Wort. Rund zweitausend Heimkehrer sind bisher in Deutschland angekommen; die Mehrzahl kam in den Westen; viele, die nach Mitteldeutschland gehörten, fuhren gleich weiter westwärts, als sie sahen, daß die Volkspolizisten es der Bevölkerung verboten, ihre letzten Soldaten des Großen Krieges zu begrüßen. Einer sagte: »Dem Vopomann, der mich in Fürstenwalde festhalten wollte, erzählte ich ganz ruhig: ›Hier hängen zwanzig Ohrfeigen in der Luft. Wie viele soll ich dir pflücken?‹ Da machte er ›Pühh‹ und verduftete... Aber jetzt? Was machen wir jetzt? Ich kenne hier im Westen keinen Hund, keine Katz'.« – »Es ist Arbeit genug vorhanden.« – »Gut, dann werden wir sehen«, sagte der Landser und schenkte seine Soldatenmütze einem Kind: »Willst du 'n Andenken? Bitte ...«

Kurz vor der Eröffnung eines Grenzkontrollpunkts nahe Lübeck errichten Volkspolizisten im Winter 1960 eine Hinweistafel.

Die unselige Grenze

In Paris versammelten sich am Montag die Regierungschefs Großbritanniens, Frankreichs, der Vereinigten Staaten von Nordamerika und der Sowjetunion miteinander. Ihre Hauptthemen: Abrüstung und Entspannung, aber auch Deutschland. Wie es heute an der unseligen Grenze aussieht, die unser Land seit fünfzehn Jahren teilt und längst zu einem internationalen Politikum geworden ist, schildert unser Redaktionsmitglied **Theo Sommer**

Erschienen in der ZEIT am 20. Mai 1960

Es trennen uns höchstens fünfzehn Meter. Ich stehe hüben am Waldrand, er steht drüben. Durchs Glas mustern wir einander. Zum Greifen nahe erscheint sein junges Gesicht im Feldstecher; ein offenes, sonngebräuntes Gesicht. Lange Haare, Vor-Währungsreformschnitt; schräg darauf gedrückt ein Schiffchen. Es ist erdbraun wie die ganze Uniform des sowjetzonalen Grenzpolizisten, erdbraun wie die Uniform der Russen. Russisch ist auch die Maschinenpistole, die ihm, Mündung nach unten, über der Schulter baumelt.

Plötzlich jedoch ist er weg, der Erdbraune, ist mit einem Satz hinter dichtem Gebüsch in Deckung gegangen. Er hat die Kamera meines Begleiters wahrgenommen, und photographieren läßt er sich nicht:

Seine Dienstvorschrift verbietet es. Jetzt trabt er im Laufschritt über die Lichtung und hält dabei den linken Arm schützend vor den Kopf gewinkelt. Im Waldschatten trifft er auch seinen Schatten wieder: den zweiten Mann der *Grepo*-Streife.

»Ach, da ist mal wieder die Presse«, hören wir sie drüben höhnen. »Die werden schöne Märchen über uns verzapfen.«

»Diese Brüder, das sind doch die richtigen Gebrüder Grimm ...«

So ist das. Fünfundzwanzig Meter nur sind wir auseinander, und doch klafft ein Abgrund dazwischen. Zwei Welten stoßen hier aneinander, zwei Weltanschauungen. Mitten durch Deutschland verläuft die Grenze, die unselige, elende Grenze, die

Zur Sache

Aus der 1949 gegründeten DDR flohen Jahr für Jahr teils über 100.000, teils weit über 300.000 Menschen in den Westen. Diesen sowohl für die Wirtschaft als auch für das Ansehen des Landes katastrophalen Zustand beendete die DDR-Führung mit Einverständnis Moskaus durch den Mauerbau vom 13. August 1961, der mit den Übergängen zwischen dem östlichen und westlichen Teil Berlins das Hauptschlupfloch abriegelte. Zugleich begann man damit, die innerdeutsche Grenze auf gesamter Länge noch weiter zu befestigen, zunächst mit Tretminen, Gräben, elektrisch geladenen Zäunen, ab 1966 auch mit Selbstschussanlagen. Die Grenzpolizei der DDR (ab 1974: »Grenztruppen der DDR«) gehörte von 1961 an zur Nationalen Volksarmee. Der Schusswaffengebrauch gegen Flüchtende war vorgesehen. Auf die Straftat des ungesetzlichen Grenzübertritts (»Republikflucht«) standen bis zu drei Jahre Haft.
Bis 1989 starben Hunderte von Menschen bei dem Versuch, unerlaubt aus der DDR in den Westen zu gelangen: Sie wurden erschossen, sie ertranken, nicht wenige erlitten in der lebensgefährlichen Situation einen Herzinfarkt. Die genaue Zahl aller Todesopfer an Berliner Mauer und innerdeutscher Grenze ist bis heute umstritten.

grausam zerreißt, was zusammengehört. Und damit keiner sie übersehe, damit auch keiner sie übertrete, ist sie allenthalben deutlich markiert. Mitten durch Deutschland zieht sich der gepflügte und stets aufs neue säuberlich geeggte »Todesstreifen«, die *Pieck-Allee.*

Von Prex bis Priwall

Dieser Streifen, der Deutschland von Deutschland trennt und Deutsche von Deutschen, bezeichnet die Zonengrenze von der *Ostsee* bis zum *Fichtelgebirge,* von der Halbinsel *Priwall* gegenüber Travemünde bis zum Dorfe *Prex* im Landkreis Rehau. Er ist zehn

aber auch immer öfter aus Beton. Und überall ist die Grenze mit hölzernen Wachtürmen gespickt. Sie sehen aus wie KZ-Türme. Über ein halbes Tausend haben die westdeutschen Grenzer davon gezählt.

Acht Tage lang sind wir an der Zonengrenze entlang gefahren, von Prex bis Priwall. Acht Tage lang haben wir Wachtürme gesehen und Volkspolizisten, Schlagbäume und Sperren, Gräben und Drahtverhaue. Und immer wieder das Schild: *»Achtung Zonengrenze.«* Sackgassen, tote Enden, abgestorbene Adern. Autobahnen, die von senkrecht in den Zement gerammten Eisenbahnschienen versperrt sind. Straßen und Wege, mit Bohlen verrammelt, mit Brettern vernagelt. Abgebrochene

LKW-Fahrer warten im Sommer 1951 stundenlang auf ihre Weiterfahrt am Grenzkontrollpunkt Helmstedt. Gebühren mussten in Ost-Mark entrichtet, dafür aber West-Mark im Verhältnis 1:1 eingetauscht werden.

Meter breit und 1381 Kilometer lang. Und er allein genügt noch nicht. Ein Stacheldrahtzaun, nach 1952 von den sowjetzonalen Behörden errichtet, begleitet den Zehnmeterstreifen über drei Viertel seiner Länge. Bald ist es ein einfacher Zaun, bald ein doppelter; meist sind die Pfosten aus Holz, neuerdings

Schienenstränge, die im Unkraut enden; die Signale stehen auf Halt. Gesprengte Brücken, verfallende Häuser jenseits des Stacheldrahts, unbewohnt, mit bröckelndem Putz und zerrottetem Fachwerk, zugemauert die Türen und Fenster. Acht Tage lang: *Achtung Zonengrenze …*

Der Beamte vom Zollgrenzdienst, mit dem wir am Todesstreifen stehen und hinüberschauen zu den beiden Erdbraunen im Waldschatten, kann die Statistik auswendig hersagen. »Gesperrt sind zwischen Hof und Lübeck insgesamt 35 Eisenbahnlinien, 3 Autobahnen, 29 Bundesstraßen, 66 Landstraßen erster Ordnung, ebenso viele Landstraßen zweiter Ordnung. Dazu noch Tausende von öffentlichen Gemeindewegen und privaten Wirtschaftswegen.« Drüben blinken die russischen Maschinenpistolen durchs Laub. Unser Zöllner fährt fort: »Geöffnet zwischen Deutschland und Deutschland sind bloß acht Eisenbahnübergänge, fünf Straßenübergänge und für den Schiffsverkehr die Elbe und der Mittellandkanal.«

»Lassen Sie sich nicht ins Bockhorn jagen«, sagt der westdeutsche Zollbeamte wieder. »An manchen Stellen haben die drüben in den vergangenen Wochen den Draht abmontiert, aber das will nicht viel heißen. Das ist nur der Optik wegen. Vorn bauen sie ab, hinten bauen sie wieder auf, staffeln nur die Sperren etwas tiefer, legen im Hinterland neue Hindernisse an, neue Stolperdrähte, neue Alarmanlagen. Wo man sie nicht sehen kann ...«

Der gepflügte Streifen beginnt östlich von Hof im Tal der Regnitz, im alten Dreiländereck zwischen Bayern, Sachsen und der Tschechoslowakei. Einst stand dort ein Gasthof, der auf jeder Seite einen Eingang hatte – ein Stelldichein der Schmuggler aus drei Ländern; mancher Mastochse aus der Tschechei ging dort in die Hände bayerischer Händler über. Jetzt ist die Waldlichtung tot, der Gasthof bis auf die Grundmauern niedergerissen.

Hähne krähen von ferne. Tschechische? Sowjetzonale? Bundesrepublikanische? Die Regnitz plätschert hell vor sich hin. Der hölzerne Steg, der sie früher überquerte, ist längst zerfallen und davongeschwemmt. Die Grenze läuft mitten durch das Flüßchen. »Prachtvolles Forellenwasser«, sagt der Inspektor von der bayerischen Grenzpolizei, der uns hergeführt hat. In der Nähe, bei Prex, beginnt an einem Soldatengrab die elende Grenze zwischen Deutschland und Deutschland. Fast 1400 Kilometer entfernt davon endet sie am Ostseestrand: Dort verläuft der Stacheldraht im Sande. Die See hat das letzte Stück des Verhaues, der bis ins Wasser reichte, hinweggerissen; dieses Jahr ist er noch nicht erneuert worden. Nur eine Art Schlagbaum ist noch da, ein

Geländer und die Schilder. Auf westlicher Seite, wo sich im Sommer die Erholungsuchenden tummeln, ein weißes Schild: *Achtung! Zonengrenze – Akta Zongräns – Attention, Limit of Zone.* Auf östlicher Seite, wo der Strand das ganze Jahr über öde bleibt – ausgestorben, ein schwarzrotgoldenes Schild: *Grenze zwischen der Deutschen Demokratischen Republik und der Bundesrepublik.*

Sprechen verboten!

Nicht weit von dem Soldatengrab an der Dreiländerecke liegt solch ein geteiltes Dorf: *Mödlareuth* im Landkreis Hof. Acht Höfe sind's auf unserer Seite, fünfzehn auf der anderen. Im Dorfe diesseits hängen Rupfensäcke zum Trocknen über den Zäunen, an den schieferverkleideten Hauswänden ist Brennholz aufgestapelt. Im Dorfe jenseits hängen auch Säcke zum Trocknen an den Zäunen, und auch dort stapelt sich Brennholz an den schieferverkleideten Hauswänden.

Aber das Dorf drüben – das ist ein vollgenossenschaftliches Dorf, ein sozialistisches Dorf. So verkündet es ein Plakat. Der Traktorfahrer wagt keinen Blick herüber, auch nicht die junge Mutter, die ihren Kinderwagen die Dorfstraße längsschiebt, fünf Schritte nur von uns, gleich überm Bach, durch den der Drahtverhau gespannt ist.

»Sie haben's Herz gar net«, erklärt die Frau des Dorfkrämers. »Schon, wir sind alle verwandt oder verschwägert. Manchmal nicken sie auch oder grüßen. Aber sprechen? Das ist ihnen verboten. Und sie haben's Herz einfach net ...«

Fünf Jahre lang, von 1952 bis 1957, waren die beiden Orte, das bayerische Mödlareuth und das thüringische, durch eine hohe Bretterwand voneinander getrennt. Die Bretterwand war zur Touristenattraktion geworden; deswegen wurde sie schließlich niedergerissen. Doch der Stacheldraht, der sie ersetzte, ist nicht minder undurchdringlich. Dahinter haben sich die anderen Deutschen verschanzt, jene, die über die Fassade des ersten Hauses im thüringischen Mödlareuth das Transparent gespannt haben: *»Gruß allen westdeutschen Patrioten, die entschlossen gegen Militarismus und Atomkriegsgefahr, für die friedliche Lösung der deutschen Frage kämpfen!«*

Wir haben das Plakat noch oft gesehen in den nächsten Tagen, bei Hirschberg, bei Philippsthal, weiter oben im Norden. Und viele andere, gleich stupide Texte.

Die Autobahnbrücke über die Saale, Richtung Berlin, bei Kriegsende gesprengt: darf nicht wiederhergestellt werden. Die Autobahn nach Eisenach: verbarrikadiert. Die alte Reichsstraße 1, die einst von Aachen über Berlin nach Königsberg führte: zwischen Helmstedt und Marienborn versperrt vom ausgebrannten Wrack eines Wehrmachtsbusses. All die vielen Straßen, nach Saalfeld, Sonneberg, Meiningen, Bad Salzungen, Mühlhausen, Heiligenstadt, Magdeburg, Ludwigslust, Schwerin – alle verriegelt, vernagelt ... Deutsche an einen Tisch?

Nur an einer einzigen Stelle der deutschen Stacheldrahtgrenze gibt es noch einen kleinen Grenzverkehr: zu *Reichenbach* im Frankenwald, 30 Kilometer von Kronach entfernt. Täglich gehen dort 86 westdeutsche Arbeiter hinüber; Schieferwerker, die in den Brüchen von *Lehesten* arbeiten, wie sie das in ihrer Jugend getan haben und wie das schon ihre Väter und Großväter taten.

Abends kurz vor fünf kommt der blaue Omnibus zurück, mit dem die meisten Männer hinüberfahren in die volkseigenen Schieferbrüche. Manche haben ein Motorrad, andere kommen mit dem Fahrrad oder gehen zu Fuß.

Ihren Grundlohn von 1,86 Mark die Stunde erhalten die Schieferwerker in Westmark ausgezahlt; was drüber ist, die Prämien, die Akkordzuschläge und das Kindergeld, wird ihnen auf ein Ostmark-Konto gutgeschrieben. Das macht bei den meisten rund ein Drittel des Verdienstes aus, und für dieses Drittel dürfen sie im Konsum und im HO-Laden von *Lehesten* einkaufen. Die Quittungen müssen sie dem westdeutschen Zoll vorlegen, und die Beamten notieren, was jeder gekauft hat und wie hoch sein Ostmark-Konto ist. Da steht dann: ein Kinderbett, komplett, 105,10; ein Korb 28,–; ein Pfund Butter 5,–; ein Laufgitter 19,70; eine Wilde Sau 11,80. Wilde Sau heißt eine Sorte Schnaps, und Schnaps oder Wodka haben die meisten Männer an den Einkaufstagen im Rucksack ...

Zwei westdeutsche Aktivisten

Konrad Hoderlein ist der DGB-Kartellvorsitzende von Reichenbach. Um die Vierzig mag er sein, und sein Leben lang – mit Ausnahme der Kriegsjahre

und der Jahre 1952 bis 1955, da auch dieses Loch im Eisernen Vorhang verstopft war – hat er in den Schieferbrüchen von Lehesten gearbeitet. Auch jetzt wieder.

»Ob wir drüben unter Druck gesetzt werden? Überhaupt nicht«, beantwortet er meine Frage. »Von Zeit zu Zeit gibt es eine Bayern-Versammlung, wie das heißt; da geht jeder hin, weil es sich um Fragen wie Sozialversicherung oder Berufsverkehr oder so was handelt. Einmal hat uns einer vom Kreis den ›Plan des Volkes‹ für die Wiedervereinigung erläutert. Hinterher sollte Diskussion sein, aber die war gleich Null: Keiner hat was gesagt. Und wer nicht will, braucht da nicht hin.« Einmal geschah es, daß zwei Schieferwerker als »Aktivisten« ausgezeichnet wurden. Das Aktivistenabzeichen bekamen sie und 120 Mark.

»Es war alles ganz unpolitisch«, sagt Konrad Hoderlein. »Hätten wir denn den beiden Kollegen die 120 Mark vermiesen sollen?«

Sie gehen nicht wegen der Politik zur Arbeit in die Zone. Facharbeiter sind sie, manche wählen auch CDU, aber drüben werden sie besser bezahlt und besser versorgt als hüben. Manche haben es versucht auf dieser Seite und möchten gern wieder zurück – aber sie dürfen nicht. »Wir sind ja nicht dran schuld, daß wir drüben arbeiten müssen«, sagt der DGB-Kartellvorsitzende. »Wenn die Bundesregierung das nicht will, dann soll sie doch etwas für uns tun.«

Schicksal am Zehnmeterstreifen ...

Die Bäuerin Bischof in *Welitsch,* Kreis Kronach, zieht mit dem Rechenstiel sorgsam drei Furchen in das schmale Beet vor ihrer Baracke. Sie sät Karotten. Wenn sie sich erhebt, kann sie hinüberblicken ins thüringische Heinersdorf, aus dem sie 1952 mit ihrem Mann geflohen ist, als die Sperrzone eingerichtet wurde. Eines Tages sollten sie unterschreiben, daß sie sich »freiwillig« evakuieren ließen. Da flohen sie lieber, und mit ihnen noch drei Bauern. Ihre Äcker hatten sie zum Teil im Bayerischen, und dort leben sie jetzt, in Baracken. Bis zu dem schiefergrauen Schulhaus, in dem sie Lesen und Schreiben lernten, und zu der Kirche, in der sie konfirmiert wurden, sind es zehn Minuten. Aber als jüngst der Vater des Bauern Bischof starb und der Bauer sogar eine Aufenthaltsgenehmigung erhielt, für das Begräbnis, da war er einen ganzen Tag lang unterwegs, denn er mußte über Ludwigsstadt fahren. Nur die beiden

Bischof-Kinder haben es einmal fertiggebracht, die Oma auf dem nächsten Weg zu besuchen: Als der Opa noch lebte und die Großeltern goldene Hochzeit feierten, krochen sie einfach durch den Stacheldrahtzaun.

Drüben verfällt das eigene Haus

Da lebt im Hessischen, bei *Hünfeld,* der Buchenmüller. Die Buchenmühle steht in einem Tal, wie es sonst nur im Volkslied oder im Heimatfilm vorkommt. Der Mühlbach rauscht, friedlich weiden die Kühe, an der Wäscheleine flattern drei Babyjäckchen, drei Strampelhöschen, drei Hemdchen, drei winzige Sabberlätze: Ein Bild Eichendorffschen Friedens.

Aber einen Meter hinter den Wäschepfählen stehen die Grenzpfähle. Übermannshoch wie die Ruten, mit denen der Stacheldraht durchflochten ist. Drüben liegen das alte Wohnhaus des Buchenmüllers, die Backstube, der Brunnen. Das Wohnhaus ist verfallen. Geborstenes Holzwerk, abgeblätterter Putz, leere Fensterhöhlen. Zwei erdbraune Grenzpolizisten starren durch Ferngläser die beiden blitzsauberen Müllerstöchter, sechzehn- und achtzehnjährig, an. Jetzt treten noch zwei »Grepos« auf die brüchige Treppenempore. Sie sind fünf Meter weg.

Zu Pfingsten 1952 ist der Buchenmüller mit seiner Familie das letzte Mal nach Wenigentaft hinüber in die Kirche gegangen. Seitdem ist die Grenze dicht. Die Hauptkundschaft hat er verloren, und er tut sich schwer jetzt. Aber er kommt zurecht, und er hat sich in einem bundesrepublikanischen Flügel seines Anwesens eingerichtet. Der Müllerin können die Vopos mit bloßen Augen in die Töpfe schauen.

Der Polizist schoß doch

Weiter im Norden, östlich von Bad Hersfeld, trennt die Werra *Philippsthal* von *Vacha.* Philippsthal gehört zur Bundesrepublik, Vacha zur Sowjetzone. Zwischen beiden spannt sich eine massive Steinbrücke, aber sie verbindet nichts mehr. Über dem mittleren Brückenbogen erhebt sich drohend ein hölzerner Wachturm, mitten auf der Werrabrücke. Man darf nicht hin, man darf auch nicht heraus. Ein Zwanzigjähriger, der gleich jenseits des Stacheldrahtes wohnte, hat es am 21. Dezember 1959 versucht. Wollte herüberklettern, über die Brücke turnen, aus-

brechen. »Halt!« rief der Grenzpolizist vom Wachturm. »Nicht schießen!« rief der Junge. Der Polizist schoß doch. Die Leiche des Jungen fischten sie am nächsten Tag aus der Werra.

Den alten Drucker Hoßfeld hat der Schuß aus dem Schlaf gerissen. Er wohnt am bundesrepublikanischen Ende der Werra-Brücke. Den Wachturm hat er ständig vor Augen, und von der Sowjetzone trennt ihn nur eine Wand: die Grenze läuft mitten durch sein Haus, mitten durchs Nebenzimmer. Das Klavier befindet sich noch im Westen, die Nähmaschine schon im Osten. Die Fenster sind mit Blechen vernagelt, die Rollos heruntergelassen.

Früher mußte der Drucker Hoßfeld durch die Sowjetzone, wenn er sein Haus betreten wollte; der Eingang liegt drüben. »Wo der Eingang ist, gehört das ganze Haus hin«, sagten ihm die Russen. Daraufhin mauerte er den Eingang kurzerhand zu und brach im Westen eine neue Haustür durch; im Erdgeschoß mauerte er die Türen zur Sowjetzone zu. Seit dem 1. Januar 1952 lebt er ganz im westlichen Teil seines Hauses. Den östlichen wollten die Vopos abbrechen, aber das schafften sie nicht. Der alte Hoßfeld kann eine reichhaltige Sammlung gewichtiger Mauersteine vorzeigen, die sie durch die Fenster warfen, um die Ostfront der Druckerei zu demolieren. Auch das gaben sie erst auf, als die Bleche angebracht wurden.

Heute tut es dem Drucker Hoßfeld leid, daß er damals seinen östlichen Hauseingang zumauerte. »Schauen Sie sich doch um«, fordert er uns auf. Die Druckerei bietet in der Tat einen traurigen Anblick. Die Maschinen sind noch von Anno dazumal, und die meisten sind mit Packpapier abgedeckt. »Nicht in Benutzung. Nur die eine da läuft. Formulare, Aufkleber, Kleinkram. Ich hätte mir mein Alter auch anders vorgestellt!«

Achtzig Prozent der Hoßfeldkundschaft wohnen auf der anderen Seite der Werra. Und der alte Drucker, der fünfzig Jahre lang die »Rhönzeitung« redigierte und druckte, kann keine neuen Kunden finden. Er liegt im toten Winkel der Zonengrenze.

»Ich habe es schon oft bereut, daß ich 1952 die Tür zugemacht habe«, bricht es aus ihm heraus. Alles hat man mir versprochen, nichts hat man gehalten. Wir seien keine Zonengeschädigten sagen sie! Ich möchte wissen, wer dann Zonengeschädigter ist!« Erregt läuft er auf und ab. »Nie hätte ich es tun sollen. Enteignen lassen sollen hätte ich mich vom

Russen, dann wäre ich eines Tages mit meiner ganzen Mischpoke über die Grenze marschiert und fein entschädigt worden, dann müßte ich mir jetzt nicht vorwerfen lassen, ich hätte ja nur alte Maschinen …«

»Sie müssen den Vater verstehen«, besänftigt Hoßfeld junior beim Abschied. »Sie können sich schwer vorstellen, wie das ist, wenn man so ein Leben ohne Hoffnung führt!«

Schicksal an der Zonengrenze, dieser irren, wirren Grenze … 1945 bestimmten die Alliierten, die Demarkationslinie zwischen den westlichen und der sowjetischen Besatzungszone sollte längs der Westgrenze Mecklenburgs, Sachsen-Anhalts, Thüringens und längs der Nordgrenze Bayerns verlaufen. Aber das war nur eine Daumenregel. Da wurde hier ein bißchen gefeilscht, dort ein wenig ausgetauscht – bisweilen offiziell wie am Falkenstein bei Ludwigstadt, wo man heute auf thüringischem Boden Kaffee trinken kann, zuweilen inoffiziell wie bei Lübeck-Schlutup, wo ein Haus auf mecklenburgischem Boden für eine Flasche Schnaps vom Russen eingehandelt wurde. So kommt es, daß die Stadt Duderstadt heute ohne Stadtwald ist (er wurde der Zone zugeschlagen) und daß es – man staune! – Niemandsland gibt zwischen Deutschland und Deutschland. Streifen, die jenseits der alten Ländergrenze liegen, aber diesseits des Stacheldrahtes.

Hundert Mark Kopfgeld

Wo das der Fall ist, heißt es vor der sowjetzonalen Grenzpolizei auf der Hut sein. Die wartet nur darauf, daß einer das »Hoheitsgebiet der DDR« verletzt, und flugs holt sie ihn über den Streifen. Hundert Mark Kopfgeld gibt es für jeden geschnappten Grenzverletzer. Das hat neulich ein geflüchteter Grenzpolizist ausgesagt.

Wirr ist die Grenze auch südlich von Helmstedt, im Braunkohlengebiet um *Offleben*. Dort sahen wir Äcker, die der Bauer nicht bestellt hatte, von Unkraut überwuchertes Land vor dem Stacheldraht. »Wenn Sie über die Grenzsteine visieren, sehen Sie, daß es nach drüben gehört. Zwar verläuft der Zehnmeterstreifen weiter hinten – aber wer weiß, was die tun, wenn ich mich da zu schaffen mache«, sagt er.

Dafür ist Preußisch-Offleben, auch auf Grund irgendeiner interalliierten Abmachung, noch Bundesrepublik; die alte Grenze geht mitten durch den

Amboß des Dorfschmieds, der neue Stacheldraht steht fünfhundert Meter östlich. Gehört nicht zu Niedersachsen, sagen die in Hannover. Gehört aber zur Bundesrepublik, heißt es in Bonn. Über 600 Einwohner von 2230 wohnen im preußischen Teil. Bis vor einiger Zeit führte die Gemeindeverwaltung noch getrennte Kassen, eine für Preußisch-Offleben, eine für Braunschweigisch-Offleben. Jetzt sind sie zusammengeworfen worden, jetzt wird auch ein Ersatz-Kataster für den preußischen Ortsteil angelegt. »Er kommt so schnell doch nicht wieder«, sagen die Offlebener.

Und überall die erdbraunen Grenzpolizisten. In *Hohegeiß* im Harz laufen ihre Streifen direkt an der ländlichen Kurpromenade entlang. Zwanzig Meter von der Bundesstraße 4 erhebt sich ganz in der Nähe ein Wachturm, eine makabre Touristenattraktion. Kein Omnibus, der nicht dort anhält – und es kommen Dutzende von Omnibussen vorbei am Tage.

Die Ausflügler nicken. »Eh! Du«, rufen sie einem jungen Burschen zu, »sei vorsichtig!« Er: »Ich werde doch wohl da rüber dürfen! Das ist doch auch Deutschland, das sind doch auch Deutsche!«

»Das sind doch keine Deutschen«, sagt aufgebracht einer der Touristen, »das sind Kommunisten.«

Wenn Vopos fliehen …

Sind es wirklich Kommunisten, die Grenzpolizisten? Junge Burschen sind's, und viele mögen fanatisch sein. Aber es flüchten doch immer wieder welche, obwohl es ihnen durch ein raffiniertes System gegenseitiger Bespitzelung fast unmöglich gemacht wird. Ganz selten nur erwidern sie den Gruß eines Westdeutschen – sie trauen dem andern nicht. Ganz selten nur winken sie. Ganz selten nur nehmen sie eine Zigarette an …

An der Werra wollte einer fliehen. »Schieß nicht, Kollege«, sagte er, und stieg in den Fluß. Der Kollege schoß, traf ihn schwer. Aber er selber besaß noch die Kraft, zurückzuschießen und traf den anderen schwer. Am Ende lag ein toter Grenzpolizist in der Werra, und ein zweiter Toter am Ufer.

Da hatten zwei andere seit langem vor, »abzuhauen«. Ganz sicher waren sie einander indes nicht. Sie mußten ja hintereinander hertrotten, wenn es dem Ausguck auf dem Wachturm nicht auffallen sollte. Aber wenn der hintere ein Gewehr hatte? Es war knifflig wie in der Fabel vom Fährmann, dem Korb mit Kohl, der Ziege und dem Wolf. Die Lösung: der vorne ging, nahm beide Gewehre.

tet, Hasen und Rebhühner und zuweilen Rehe. In Hohegeiß an der Promenade sagt ein Kurgast: »Sieh mal, Mutti, die Bachstelze da, die braucht

Im Januar 1953 können zwischen Welitsch (Hessen) und Heinersdorf (Thüringen) Flüchtlinge aus der DDR noch die Daheimgebliebenen über die Grenze hinweg grüßen. Später wird hier eine Mauer stehen.

Freilich gehört auch dies zu dieser Grenze: das Wandern zwischen den beiden Welten. Immer noch schlagen sich welche durch von drüben. Kein Flüchtlingsstrom mehr wie vor zehn Jahren, doch ein stetes Tröpfeln. Und manche überschreiten die Grenze in östlicher Richtung. Ein Fünftel? Ein Drittel? Die Statistik schweigt, wo sie nicht lügt.

Ihnen auf dieser Seite wird kein Hindernis in den Weg gelegt. Nur ausweisen müssen sie sich und gedulden, bis die Grenzer festgestellt haben, daß die Wanderlustigen nicht in der Fahndungsliste stehen.

Sonst überqueren nur Hasen den Streifen, der Deutschland und Europa in zwei Hälften spal-

keinen Passierschein.« Und bei *Bleckede* blickt so ein Sechsjähriger über die Elbe, zum Wachturm, auf dem ein Erdbrauner steht und durchs Fernglas starrt; dann sieht er hinauf zum Himmel. »Mutti«, fragt er, »dürfen denn die Vögelchen rüberfliegen?«

Erich Kästner kennt er noch nicht. Auch jene Kinder kennen Kästner nicht, die am Stacheldraht spielen, der quer durch ihr Land läuft, am Todesstreifen, an den Grenzsteinen. Auf einen dieser Steine hat Kästner gedichtet:

Was wir hier stehngelassen haben,
das ist ein Grabstein, daß ihr's wißt!
Hier liegt ein Teil des Hunds begraben,
auf den ein Volk gekommen ist …

Rudolf Augstein am 27. Oktober 1962 auf dem Weg zu einer polizeilichen Vernehmung. In der Nacht zuvor hatten Polizeikräfte die Redaktion des von Augstein herausgegebenen Nachrichtenmagazins »Der Spiegel« durchsucht.

»Bald wird etwas passieren!«

In Rückblick in den Abgrund: Die »Spiegel«-Affäre vor 40 Jahren war die erste große Krise der Bundesrepublik. Eine persönliche Chronik in zwei Folgen

Von **THEO SOMMER**, erschienen in der ZEIT am 17. Oktober 2002

Am Samstag gehört Papi uns, es wird also nicht gearbeitet – vor 40 Jahren war diese Gewerkschaftsforderung noch lange nicht erfüllt. Auch die ZEIT-Redaktion arbeitete am Sonnabendvormittag noch. Normalerweise versammelte sich das Politische Ressort um 11 Uhr im Zimmer von Gräfin Dönhoff, um die Ausgabe der nächsten Woche zu besprechen. Doch am Samstag, dem 27. Oktober 1962, war dies mit einigen Schwierigkeiten verbunden.

Es war kaum ein Herankommen an das Hamburger Pressehaus. Überall um den Speersort herum standen Mannschaftswagen der Polizei, Polizisten in Uniform, Polizisten in Zivil. An der Pförtnerloge neben den Paternostern wurde jeder streng kontrolliert. Passieren durften nur die Mitarbeiter von »Morgenpost« und »Hamburger Echo«, von »Wild und Hund«, »stern« und ZEIT und »Spiegel« – sie alle saßen damals im Pressehaus, einem Backsteinklotz aus der Nazizeit, in

dem auch die Rotationsmaschine stand, Setzer und Drucker arbeiteten. Zur »Spiegel«-Redaktion selbst, im sechsten und siebten Stock, wurde niemand durchgelassen. Die Räume waren am Abend vorher, kurz vor halb zehn, in einer Nacht- und Nebel-Aktion von Angehörigen der Sicherungsgruppe Bonn gestürmt, besetzt, durchsucht, verschlossen und versiegelt worden. Im Konferenzzimmer, wo heute die ZEIT-Redaktion ihr Blatt plant, schlug der Erste Staatsanwalt Siegfried Buback von der Bundesanwaltschaft in Karlsruhe sein Hauptquartier auf.

Mit Mühe und Not konnten elf diensthabende Redakteure in den frühen Morgenstunden noch die laufende Ausgabe Nr. 44 abschließen. Dabei stand hinter jedem Schlussredakteur ein Kriminalbeamter, die Türen mussten offen bleiben, und Telefonieren war verboten. Danach wurden die »Spiegel«-Büros auf mehrere Wochen zugesperrt. Die Schreibmaschinen blieben beschlagnahmt. Vor

Zur Person

Rudolf Augstein hat das politische Geschehen in Deutschland über 50 Jahre lang journalistisch begleitet. Mit 23 Jahren gründete er 1947 den »Spiegel«. Er hatte wechselnde Mitherausgeber, wurde 1969 Alleineigentümer und beteiligte 1973 seine Mitarbeiter. 1972/73 saß er drei Monate lang für die FDP im Bundestag. Bis kurz vor seinem Tode 2002 hat Augstein für sein Wochenmagazin geschrieben.

Über drei Monate lang war er 1962/63 inhaftiert. Der Vorwurf lautete auf Landesverrat – wegen eines »Spiegel«-Artikels zum westdeutschen Verteidigungskonzept. Andere Presseorgane solidarisierten sich mit dem »Spiegel«, in vielen deutschen Städten wurde für die Pressefreiheit demonstriert. Die »Spiegel-Affäre« wandelte sich zur »Strauß-Affäre«, als sich zeigte, dass der Verteidigungsminister Franz Josef Strauß (CSU)

ohne rechtliche Grundlage auf die Festnahme des Journalisten Conny Ahlers hingewirkt hatte, der den umstrittenen Beitrag verfasst hatte und sich gerade in Spanien befand. Das Verfahren gegen Augstein wurde (endgültig 1965) eingestellt, Strauß verlor sein Amt. Augstein veröffentlichte mehrere Bücher. Sein bekanntestes, »Preußens Friedrich und die Deutschen«, erschien 1968.

dem legendären Archiv des Nachrichtenmagazins – 17 000 Leitz-Ordner und 4000 Schnellhefter mit 5,5 Millionen Blatt Papier, 1000 Meter Mikrofilm, 6000 Bücher, 500 000 Fotos – schoben Polizisten Wache.

Die Obrigkeit hatte, Landesverrat und Bestechung witternd, mit harter Hand zugeschlagen. Von den Spitzenleuten des »Spiegels« saßen einige bereits in Haft, nach anderen wurde gefahndet. Die Bundesrepublik Deutschland hatte ihre erste große Krise. Ein »Spiegel«-Skandal? Eine Presseaffäre? Eine Staatskrise?

Eigentlich hatten wir uns alle für das übliche 11-Uhr-Treffen im Zimmer von Marion Dönhoff auf das Thema vorbereitet, das seit Tagen an jedermanns Nerven zerrte: die Weltkrise, die sich unausweichlich anzubahnen schien, seit die Amerikaner entdeckt hatten, dass Nikita Chruschtschow, der starke Mann der Sowjetunion, auf Kuba Abschussrampen für Mittelstreckenraketen bauen ließ, die mit ihren Atomsprengköpfen einen großen Teil des Territoriums der Vereinigten Staaten erreichen konnten. Wollte er mit einem gefährlichen Erpressungsmanöver sich doch noch West-Berlins bemächtigen, wie er dies seit 1958 vorhatte?

Seit Wochen schon knackt es auffällig in den Telefonen

Am 16. Oktober hatten amerikanische U2-Aufklärer fotografische Beweise für den Bau der Raketenstellungen mitgebracht, am 19. Oktober verhängte Präsident John F. Kennedy eine »Quarantäne« über die Castro-Insel. Hunderte von US-Kriegsschiffen, 1000 Flugzeuge, 140 000 Mann Bodentruppen standen bereit, der Seeblockade Durchschlagskraft zu geben und notfalls in Kuba zu intervenieren. Der sowjetische Frachter *Poltawa* dampfte mit seiner Ladung Atomraketen dem US-Blockadering entgegen. Kennedy veranschlagte die Wahrscheinlichkeit, dass es Krieg gäbe, auf 1:3 bis 1:1. Sein Sonderbotschafter Dean Acheson unterrichtete Bundeskanzler Konrad Adenauer am 20. Oktober über die Krise. Die Bundeswehr wurde in höchste Alarmbereitschaft versetzt. Zwei Tage darauf bekundete der US-Präsident im Fernsehen seine Unbeugsamkeit. Moskau müsse den Bau der Raketenstellungen abbrechen und die *Poltawa* heim-

beordern. Kennedy warnte: Die Welt stehe *at the abyss of destruction* – am Rande eines Abgrunds der Zerstörung.

Wie würde sich Chruschtschow angesichts des amerikanischen Ultimatums verhalten? Würde er es auf einen Atomkrieg ankommen lassen? Würde er klein beigeben? Oder würde er einen Kuhhandel vorschlagen: West-Berlin gegen Raketenabzug?

Wir wussten, als wir an jenem Samstagvormittag bei der Gräfin saßen, nichts von den *back channel*-Verhandlungen zwischen dem Weißen Haus und dem Kreml. Krieg lag in der Luft. Noch war nicht zu erkennen, dass Chruschtschow am nächsten Tag in die Knie gehen werde. Ohnehin beschäftigten uns mehr die Vorgänge im eigenen Haus.

Am Vorabend noch waren Claus Jacobi und Johannes K. Engel festgenommen worden, die beiden Chefredakteure des »Spiegels«. Ihre Wohnungen wurden durchsucht; private Notizen und private Briefe fortgeschafft. Jacobis Kinder, sechs und elf Jahre alt, wurden aus den Betten geschüttelt, damit die Matratzen umgedreht werden konnten. »Spiegel«-Herausgeber Rudolf Augstein (der zuvor am Abend einen Kuba-Kommentar abgeliefert hatte: *Weltmachtpolitik aus dem Sattel*) fanden die Häscher nicht; er trank mit seinem Verlagsdirektor Hans Detlev Becker (der eine Woche später verhaftet wurde) am Leinpfad eine Flasche Mosel vom Sonnenjahrgang 59. Durch seinen Bruder, den Hannoveraner Rechtsanwalt Josef Augstein (der später ebenfalls inhaftiert wurde), ließ er den Fahndern mitteilen, er werde sich am nächsten Tag stellen.

Der Wirtschaftschef des Magazins, Leo Brawand, der sich noch in der Redaktion aufhielt, hatte den Anwalt alarmiert. Als Brawand Schritte auf dem Flur hörte, löschte er reflexartig das Licht und versteckte sich im mannshohen Kleiderschrank seines Büros; Setzer schafften ihn dann über das hintere Treppenhaus hinaus.

In Bonn wurde zur gleichen Zeit der Bürochef Hans-Peter Jaene sistiert, sein Kollege Hans Schmelz nach der Rückkehr von einer Ungarnreise in Haft genommen. Hinter dem stellvertretenden Chefredakteur Conrad (»Conny«) Ahlers, der in Spanien Urlaub machte, waren die Häscher noch her.

Ein Kollege brachte eine Tickermeldung in die Dönhoff-Runde – die Verlautbarung der Bundesanwaltschaft: »Mehrere Mitarbeiter des ›Spiegels‹ sind wegen des Verdachts des Landesverrats, der landesverräterischen Fälschung und der aktiven Bestechung vorläufig festgenommen worden. Die umfangreichen Ermittlungen erstrecken sich auch auf Offiziere, Beamte und Angestellte der Bundeswehr, die verdächtig sind, dem ›Spiegel‹ gegen

gie, nach der das Bundesgebiet am Rhein verteidigt werden sollte, nicht etwa an der Zonengrenze. Aber auch dies rechtfertigte nicht den Vorwurf des Landesverrats.

Es war uns auch nicht verborgen geblieben, dass der in der Ausgabe vom 10. Oktober erschienene Artikel *Bedingt abwehrbereit?* – Verfasser: Conny

Im Bundestag muss sich Innenminister Hermann Höcherl am 7. November 1962 den unangenehmen Fragen der SPD-Fraktion stellen. Ganz links auf der Regierungsbank sitzt Verteidigungsminister Franz Josef Strauß.

Entgelt Staatsgeheimnisse verraten zu haben.« Den Anlass hätten Artikel gegeben, »die sich mit wichtigen Fragen der Landesverteidigung in einer Art und Weise befassen, die den Bestand der Bundesrepublik sowie die Sicherheit und Freiheit des deutschen Volkes gefährden«. Das war starker Tobak. Gefährdung der Sicherheit und Freiheit? Alle in der Runde kannten die einschlägigen »Spiegel«-Artikel. Sie waren kritisch – aber das ist noch kein Landesverrat. Sie waren misstrauisch gegenüber der strategischen Doktrin der massiven Vergeltung und der Verteidigung Deutschlands mit taktischen Atomwaffen. Und sie gaben nichts auf eine Strate-

Ahlers und Hans Schmelz – in Bonn nicht nur Stirnrunzeln, sondern Panik ausgelöst hatte; vor allem die Absätze, die sich mit der Ende September abgelaufenen Nato-Übung Fallex 62 befassten. Schon Tage vor der Besetzung der »Spiegel«-Räume hatten wir Gruppen von auffällig-unauffälligen Herren bemerkt, die um das Pressehaus herumschlichen. Seit zwei Wochen knackte es in unseren Telefonen. Den Beweis, dass wir – und wohl alle Redaktionen im Haus – ständig abgehört wurden, lieferten die Lauscher der ZEIT-Kunstredakteurin Petra Kipphoff. Als sie, entnervt von den Nebengeräuschen, in den Apparat bläffte: »Wenn Sie hier schon mithören, dann knacken Sie wenigstens nicht so aufdringlich!«, bläffte der fremde Fernsprechteilnehmer dreist zurück: »Ich denke gar nicht daran, Ihrer unverschämten Aufforderung nachzukommen!«

Seltsame Vorfälle im Brühler Schlosspark

Damals schrieb ich viel über Strategie und Verteidigungspolitik. An dem Fallex-Text fand ich nichts auszusetzen. Dem Tenor des nicht sonderlich aufregend geschriebenen Artikels stimmte ich durch-

bei dem mir gut bekannten Oberst Gerd Schmückle, dem Pressesprecher des Verteidigungsministeriums, bestärkte mich in meiner Ansicht. Warum also der obrigkeitliche Holzhammer? Die »Vollstreckung zur Nachtzeit« – so ausdrücklich angeordnet, wie in den düsteren Zeiten des »Dritten Reiches«? Die ganze hoheitliche Aufplusterung?

Am Morgen nach der Haupt- und Staatsaktion hatten wir nur eine einleuchtende Erklärung: die Urfehde zwischen Rudolf Augstein und Franz Josef Strauß. Strauß war seit Jahren Augsteins liebster Feind, er hielt ihn für eine öffentliche Gefahr.

Polizisten durchsuchen in der Nacht zum 27. Oktober 1962 die Redaktionsräume des »Spiegels« im Hamburger Pressehaus. Den Redakteuren des Nachrichtenmagazins wurde wegen eines kritischen Artikels Landesverrat vorgeworfen.

aus zu: weg von den Weltuntergangsszenarien der reinen Atomstrategie, hin zur konventionellen Verteidigung, die Deutschland im Kriegsfall eine Überlebenschance ließ. Geheimnisverrat aber? Ich entdeckte nichts in der Ahlers-Analyse, was nicht schon x-mal gedruckt zu lesen war – in der Tat stellte der »Spiegel« später vier Bände mit 2100 Vorveröffentlichungen zusammen, 34 960 Zeitungsausschnitte und 8731 Seiten aus Fachzeitschriften. Ein Anruf

Der »Spiegel« enthüllte die Geschichte des Bonner Verkehrspolizisten Halbohm, der Strauß an der Kreuzung beim Palais Schaumburg nicht die Vorfahrt freigab und deshalb auf Drängen des Ministers strafversetzt werden sollte. Das Nachrichtenmagazin breitete genüsslich den Mini-Skandal um »Onkel Aloys« aus, einen väterlichen Freund von Frau Marianne Strauß – einen mittellosen Menschen, den Straußens persönlicher Referent mit den Beschaffungsverantwortlichen des Ministeriums bekannt machte; fortan verdiente er Millionen als provisionsberechtigter Verbindungsmann für die Einkäufe der Bundeswehr. Das Nachrichtenmagazin weidete sich auch jahrelang an der Fibag-Affäre: Strauß hatte dem US-Verteidigungsminister Thomas Gates einen windigen Spezi als geeigneten Geschäftspartner empfohlen, um in 47 Orten der Bundesrepublik 5334 Wohnungen für die amerikanischen Truppen bauen zu lassen. Der Passauer Verleger Hans Kapfinger, ein enger Strauß-Freund, war an dem Vorhaben beteiligt; bei Gelegenheit ließ er durchblicken, dass er ja »mit Strauß teilen« müsse. Auch nach mehreren deswegen geführten Prozessen durfte Augstein ungestraft behaupten, es hafte ein »Ruch von Korruption« an dem bayerischen Politiker.

Hinzu kam, dass der »Spiegel«-Chef Strauß im Verdacht hatte, er wolle nicht nur die Bundeswehr zur stärksten Armee in Europa machen, sondern strebe auch Atomwaffen in deutscher Verfügungsgewalt an. Die Behauptung stimmte, die Einzelheiten sind in Straußens 1989, posthum, erschienenen Lebenserinnerungen nachzulesen. So zog Augstein alle Register, um dem Bayern den Weg ins Kanzleramt zu verlegen. Schon im April 1961 rief er zum »Endkampf« gegen den macht- und atomgierigen Minister auf. Den »Spiegel« sah er dabei – das Wort ist oft zitiert worden – als »Sturmgeschütz der Demokratie«

Strauß blieb Augstein nichts schuldig. Er bezichtigte den »Spiegel« noch in seinen Memoiren des Nihilismus, unterstellte ihm Verbindungen zum sowjetischen KGB und giftete, das Magazin werde von den gleichen linken Labour-Kreisen in London gedeckt, die es 1947 gegründet hatten. Jetzt wollte der Minister es Augstein geben. »Ich glaube, wir müssen nunmehr aktiv den Kampf aufnehmen«, schrieb er – vier Tage vor der Veröffentlichung des Fallex-Artikels! – an den CDU/CSU-Fraktionschef und ehemaligen Außenminister Heinrich von Brentano, »sonst wird bald Herr Augstein … bestimmen …, wer was wird.« Zehn Tage, ehe die »Spiegel«-Aktion anlief, hörten ihn Gäste des Bergischen Hofs in Schladern beim Souper renommieren: »Mit dem ›Spiegel‹ geht es so nicht weiter, bald wird etwas passieren!« Und am Abend des 25. Oktober wurde Strauß noch deutlicher.

Tags zuvor – am Mittwoch – hatte Adenauer das Bundeskabinett über die Zuspitzung der Kubakrise informiert, von der zu befürchten war, sie könne

sich auf Berlin auswirken. Am Donnerstag war es im Bundestag zum Abschluss des Fibag-Untersuchungsausschusses gekommen: Die Koalitionsmehrheit von CDU, CSU und FDP gewährte Franz Josef Strauß Entlastung. Auf den Abend lud Bundespräsident Heinrich Lübke die Parlamentarier zu einem Empfang ins Brühler Schloss Augustusburg. Es war die Nacht, da Chruschtschows Raketenfrachter auf die amerikanische Blockadelinie zusteuerte.

Am nächsten Tag bereits wurde kolportiert, Strauß habe in Brühl lauthals bramarbasiert, dem SPD-Abgeordneten (und späteren Justizminister) Gerhard Jahn, der im Fibag-Ausschuss die bohrendsten Fragen gestellt hatte, gehöre der Schädel eingeschlagen; Hamburgs Innensenator Helmut Schmidt müsse als Landesverräter eingesperrt werden. Kurz danach verschwand der Minister im Schlosspark und erbrach sich dort hinter den Büschen. Später bestritt er, dass seine befremdliche Aufführung auf übermäßigen Alkoholgenuss zurückgehe; seine Ironie sei missverstanden worden, sein Unwohlsein die Folge einer Gelbsucht im Kriege und einer Überbeanspruchung in den letzten Wochen.

Um diese Zeit waren die Fahnder aus Bonn und Karlsruhe schon in Hamburg. Während sie auf den Befehl zum Losschlagen warteten, gingen sie noch einmal alles durch: die Vorgeschichte, die gutachterliche Basis des staatlichen Eingreifens, die rechtliche Lage.

Da hatte am 11. Oktober der Würzburger Staatsrechtler August Freiherr von der Heydte gegen den »Spiegel« wegen staatsgefährdender Indiskretionen Strafanzeige erstattet – ein katholischer Abendländler mit einem ziemlich dunkelmännerischen Demokratieverständnis, Eichenlaubträger des Zweiten Weltkriegs und Bundeswehr-Oberst der Reserve, in welcher Eigenschaft er dafür eintrat, das Heer in katholische und evangelische Regimenter aufzuteilen (noch im Oktober, welcher Zufall, wurde er zum Brigadegeneral befördert).

Dann war da das Gutachten des Oberregierungsrates Heinrich Wunder aus der Rechtsabteilung des Bundesministeriums der Verteidigung. Die Essenz: Der Fallex-Artikel berühre in 41 Fällen den Bereich des Staatsgeheimnisses; nur 24 der inkriminierten Stellen seien in der einen oder anderen Form vorher veröffentlicht worden. Das Gutachten stand indes auf sehr dünnen Beinen: Es basierte ganz auf den Angaben der Militärs und dem dürftigen

Ausschnitt-Archiv des Ministeriums. Schließlich die rechtliche Grundlage: Verbrechen nach Paragraf 100 Absatz 1 des Strafgesetzbuches. Dazu kam der Bestechungsvorwurf, begründet mit »allgemeiner Lebenserfahrung«. Vermutlich, so die Unterstellung im ersten Haftbefehl, habe Augstein die »inkriminierten Informationen dadurch erhalten, dass er Angehörige der bewaffneten Macht durch Geldgeschenke und andere Zuwendungen« bestochen habe.

Strauß drängt auf Tempo, Augstein sei schon in Kuba

Von einem war bei dieser juristischen Einweisung natürlich so wenig die Rede wie bei der samstäglichen Redaktionssitzung mit Marion Dönhoff: von der zwielichtigen Rolle des Franz Josef Strauß. Die ZEIT-Redakteure trauten ihm zwar alles zu. Auch Theodor Eschenburg, der Tübinger Politikwissenschaftler, der damals oft für das Blatt schrieb, unter-

drückte die Vermutung nicht, Strauß habe zum Gegenschlag gegen seinen Erzfeind ausgeholt, »stammt er doch aus einem bayerischen Gebiet, wo der Bierdurst ebenso groß wie der Rachedurst sein soll«. Doch Genaues wussten wir zu jenem Zeitpunkt nicht. Erst allmählich kam die Wahrheit ans Licht; fetzenweise wurde sie Strauß entrissen.

Zum einen: Es war der Verteidigungsminister, der seinem Namensvetter Walter Strauß, dem Staatssekretär im Justizministerium, untersagte, seinen Minister Wolfgang Stammberger von der bevorstehenden Aktion zu unterrichten. Dabei berief er sich auf eine ausdrückliche Weisung des Bundeskanzlers, deren Existenz Adenauer später entschieden bestritt. So wurde der FDP-Mann ausgeschaltet. Wenige Tage danach trat er zurück.

Zum zweiten: Die Verhaftung von Conny Ahlers in Spanien – »etwas außerhalb der Legalität« nannte sie Innenminister Hermann Höcherl (CSU) – ging auf die direkte Intervention von Strauß bei Oberst

Verteidigungsminister Franz Josef Strauß 1958 in seinem Arbeitszimmer in der Ermekeilkaserne in Bonn.

Achim Oster zurück, dem deutschen Militärattaché in Madrid.

Bei der Durchsuchung des Ahlers-Hauses am Freitagabend hatten die Beamten erfahren, dass der Fallex-Autor mit seiner Frau in Torremolinos Urlaub machte und für Samstag einen Ausflug nach Tanger plante. Kurz nach Mitternacht eröffnete Strauß dem Oberst Oster telefonisch, dass eine Anzahl von »Spiegel«-Redakteuren unter dem Verdacht des Landesverrats verhaftet worden seien, auch gegen Ahlers

bestehe Haftbefehl. Strauß: »Ich komme gerade vom Kanzler, was ich jetzt sage, ist ein Befehl, nicht nur in meinem Namen, sondern auch im Namen des Kanzlers.« Es sei von entscheidender Bedeutung, dass Ahlers so schnell wie möglich festgenommen werde. Augstein sei bereits in Kuba. Das Leck im Verteidigungsministerium müsse gestopft werden; möglicherweise müsse man in den nächsten Tagen ja Berlin verteidigen. Der Haftbefehl für Ahlers sei per Interpol unterwegs.

»Augstein raus und Strauß hinein!«

Die Regierung verloren, aber ein mündiges Volk gewonnen: Wie die »Spiegel«-Affäre im Herbst des Jahres 1962 die Republik veränderte. Eine persönliche Chronik (Teil II und Schluss)

Von **THEO SOMMER**, erschienen in der ZEIT am 24. Oktober 2002

In der Nacht vom 26. auf den 27. Oktober 1962 dampfte der sowjetische Frachter *Poltawa* mit einer Ladung Raketen durch den Atlantik in Richtung Kuba. Nur wenige hundert Seemeilen trennten ihn von dem Seeblockadering der U.S. Navy, die ihn abfangen sollte. Die Welt, so schien es, stand kurz vor dem atomaren Armageddon.

Um Mitternacht saß Verteidigungsminister Franz Josef Strauß in seinem Büro in der Bonner Ermekeilkaserne. In Hamburg war die »Spiegel«-Redaktion seit vier Stunden besetzt – Landesverrat warf die Bundesanwaltschaft dem unbequemen Nachrichtenmagazin vor. Gegen halb eins ließ Strauß sich den deutschen Militärattaché in Madrid, Oberst Achim Oster, ans Telefon holen. »Auch im Namen des Kanzlers« befahl er ihm, so schnell wie möglich die Verhaftung des stellvertretenden »Spiegel«-Chefredakteurs Conny Ahlers zu veranlassen, der in Torremolinos Urlaub machte. Es sei besonders wichtig, ihn zu finden, weil Augstein bereits nach Kuba geflohen sei.

Das war eine faustdicke Lüge. Womöglich ging sie darauf zurück, dass Ahlers tags zuvor von Málaga aus den Chefredakteur Jacobi angerufen und gefragt hatte, was der Spiegel wegen der Kubakrise unternehme. Ob er seine Koffer packen solle? Jacobis Antwort: »Nicht nötig. Rudolf [Augstein] hat schon etwas ge-

macht.« Offenkundig hatten die Lauscher nur das Stichwort »Kuba« mitbekommen, aber nicht richtig hingehört.

Der wackere Oberst Oster – als CSU-Mitgründer ein Duzfreund von Strauß, aber auch seit langem mit Ahlers befreundet – suchte mitten in der Nacht den spanischen Interpol-Chef Pozo González auf. Er sprach von gemeiner strafbarer Handlung, von Kriegsgefahr, kommunistischer Organisation und Flucht des »Spiegel«-Herausgebers nach Kuba. Noch herrschte Franco in Spanien. González handelte sofort und gab der Polizei in Málaga telefonisch den Auftrag, Ahlers in seinem Hotel Nido in Torremolinos festzunehmen. Morgens um drei wurden der »Spiegel«-Mann und seine Frau aus dem Bett geholt. Ahlers erklärte sich zur freiwilligen Heimkehr bereit. Bei der Ankunft auf dem Frankfurter Flughafen erwartete ihn die Polizei.

Die Dönhoff-Runde, die derweil im Hamburger Pressehaus die nächste ZEIT-Ausgabe plante, vertagte sich am Samstagmittag mit dem Vorsatz, auf der Seite eins der nächsten Ausgabe die Kubakrise und die »Spiegel«-Affäre in gleicher Länge zu kommentieren. Dann begann ein großes Möbelschieben, um Platz zu schaffen für die Kollegen vom »Spiegel«. Sie erhielten Schreibmaschinen, Archivzugang, Sekretariatsunterstützung – alles, was sie zum Weitermachen brauchten. Auch »stern« und »Morgenpost« halfen, selbst Springers Blätter, die in einem neuen Haus am anderen Ende der Hamburger Innenstadt saßen. Die Obrigkeit bedrohte die Pressefreiheit; die Presse rückte zusammen. Für den »Spiegel« war das überlebenswichtig. Den Ausfall von zwei, drei, vier Nummern hätte das Magazin wirtschaftlich nicht überstanden, räumte Rudolf Augstein rückblickend ein.

Überall in der Republik gibt es Sitzstreiks und Demonstrationen

Am Sonntagnachmittag wurde der »Spiegel«-Herausgeber in sein Büro gebracht, wo der Erste Staatsanwalt Siegfried Buback den Schreibtisch durchsuchte. Ich kenne dieses Büro gut – als ZEIT-Chefredakteur habe ich, nachdem der »Spiegel« ein paar Straßen weiter in einen Neubau an der Brandstwiete gezogen war, 20 Jahre lang in dem palisandergetäfelten Chefzimmer im sechsten Stock gesessen. Neben der Eingangstür war der mächtige Safe im Kleiderschrank verborgen. Ich habe ihn kaum benutzt, höchstens zuweilen Gehaltslisten und interne oder intime Korrespondenz dort deponiert. Aber ich konnte mir die Kombination nie merken und musste jedes Mal bei Augsteins Sekretärin anrufen. Dem »Spiegel«-Herausgeber wurde dieser Safe am dritten Tag der Affäre um ein Haar zum Verhängnis.

Zuunterst in einem Stapel von Schriftstücken fand Buback die Kopie eines Exposés über den Zustand der Bundeswehr, das Oberst Alfred Martin, ein Kontaktmann des »Spiegels« im Bundesverteidigungsministerium, Ahlers im Sommer überlassen hatte – das Basismaterial für den Artikel *Bedingt abwehrbereit*. Augstein hatte noch versucht, den Umschlag unter einen bereits durchsuchten Stapel Papiere zu schieben, vergebens. War dies der Schuldbeweis, der »rauchende Colt«?

Kurze Zeit danach kam der ZEIT-Verleger Gerd Bucerius aus seinem Büro im 4. Stock nach oben. Er traf Buback schwitzend, erschöpft und seufzend vor: »Ich bin hier völlig allein und muss sämtliche Akten selbst durchsuchen.« Bucerius monierte: »Wenn Sie solch eine Aktion unternehmen, dann können Sie nicht mit einem einzelnen Herrn kommen, dazu brauchen Sie ein Dutzend Staatsanwälte!« Bucerius – damals noch Bundestagsabgeordneter der CDU – lag

daran, dass die Besetzung des Pressehauses sich nicht ewig hinzog. Er rief in Karlsruhe an und erwirkte Verstärkung.

Das Echo auf den »kriegsähnlichen Überfall«, wie Sebastian Haffner die »Spiegel«-Aktion nannte, war gewaltig. Überall in der Republik veranstalteten Studenten Sitzstreiks nach dem Motto: »Wer sich heute nicht setzt, kann morgen schon sitzen.« Es gab Demonstrationen, Podiumsdiskussionen, Protestadressen, Solidaritätsappelle zuhauf. Augstein konnte nachts im Untersuchungsgefängnis nicht schlafen, weil Demonstranten unter seinem Zellenfenster unentwegt den Schlachtruf skandierten, der in den nächsten Wochen immer wieder zu hören war: »Alle Leute müssen schrein: Augstein raus und Strauß hinein!«

Der Ruf verstärkte sich nach den tumultuösen Bundestagssitzungen vom 7., 8. und 9. November. Im Laufe der erregten Debatte hatte Adenauer den denkwürdigen Satz gesagt: »Wir haben einen Abgrund von Landesverrat im Lande. Ich sage das, denn wenn von einem Blatt, das in einer Auflage von 500 000 Exemplaren erscheint, systematisch, um Geld zu verdienen, Landesverrat getrieben wird ...« Der Rest des Satzes ging in empörten Zurufen unter.

Doch Adenauer ließ sich nicht beirren. Auf Augstein gemünzt, polterte er: »Auf der einen Seite verdient er am Landesverrat, und das finde ich einfach gemein. Und zweitens verdient er an allgemeiner Hetze auch gegen die Koalitionsparteien ...« Der Kanzler setzte noch eins drauf: »Gott, was ist mir schließlich Augstein! Der Mann hat Geld verdient auf seine Weise. Es gibt Leute, die ihm dabei geholfen haben, indem sie den ›Spiegel‹ abonniert haben und indem sie Annoncen hineingesetzt haben.« Worauf Adolf Arndt, der Kronjurist der SPD, mit schneidender Stimme erwiderte: »Der einzige Eingriff in ein schwebendes Verfahren ist, dass hier Herr Augstein schon als Landesverräter behandelt wird und dass alle die diffamiert werden, die im »Spiegel« inseriert haben. Offenbar ist dem Herrn Bundeskanzler entgangen, dass die Bundeswehr immer im »Spiegel« inseriert!«

Auch Helmut Schmidt gerät ins Visier der Ermittler

Die Vorgänge in Málaga suchte der greise Kanzler zu bagatellisieren: Wäre Ahlers in Deutschland gewesen, wäre er doch auch verhaftet worden. So habe ihn in Spanien eben das gleiche Missgeschick getroffen. Außerdem habe er doch nach Tanger gewollt. Adenauer: »Holen Sie bitte mal einen aus Tanger raus! Ich wüsste nicht, wie wir das machen sollten.« Aber das Ablenkungsmanöver verfing nicht. Die bohrenden Fragen der SPD brachten bald die Wahrheit ans Licht.

gruppe von höchster Verschlagenheit«. Ritter fragte: »Gibt es in unserer schwatzhaften Demokratie überhaupt keine Möglichkeit mehr, militärische Geheimnisse vor dem Sensationshunger der Allzuvielen und vor dem Geschäftsinteresse der Sensationsblätter zu schützen?« Und: Lebe man in Westdeutschland bereits unter einer Art Terror der Nachrichtenmagazi-

Das Vorgehen gegen den »Spiegel« rief, wie hier in Frankfurt, überall in der Bundesrepublik Proteste hervor.

Das konservative Lager wehrte sich. Es gehe nicht darum, die Freiheit gegen die staatliche Autorität zu schützen, sondern umgekehrt um den Schutz der Autorität vor einer zügellosen, chaotischen Freiheit, predigte der baden-württembergische Ministerpräsident und spätere Bundeskanzler Kurt-Georg Kiesinger. »SPD – das heißt ›Spiegel‹-Partei Deutschlands«, trompetete der CDU-Geschäftsführer Will Rasner.

In der »FAZ« veröffentlichte der Freiburger Historiker Gerhard Ritter, getrieben von vaterländischem Empfinden, einen bestürzenden Leserbrief. Die »Spiegel«-Redaktion nannte er eine »Journalisten-

ne? »Das wäre dann freilich eine jämmerliche Sorte von demokratischer Freiheit.«

Drei Tage später – zur Ehre der Zunft sei es gesagt – entgegnete ihm sein Bonner Kollege Karl Dietrich Bracher in einem weiteren »FAZ«-Leserbrief, Ritter rechtfertige »den verhängnisvollen traditionellen Obrigkeitsstaat in Deutschland auf Kosten der Demokratie, in der wir eben die ersten Schritte tun«. Dies degradiere den Bürger zum Untertan und unterwerfe die Prinzipien der Demokratie der Ordnungs- und Militärverteidigung.

Ende November oder Anfang Dezember hielt ich auf Einladung des Politologen Arnold Bergsträsser an der Freiburger Universität einen Vortrag über die »Spiegel«-Affäre. Der angekündigte Titel: *Regierungskrise, Staatskrise oder Krise des Staatsbewußtseins?* Die Aula war voll besetzt. In der vordersten Reihe saß Gerhard Ritter, den ich als Autor einer großen Biografie über den Leipziger Oberbürgermeister und späteren Nazigegner Carl Goerdeler hoch schätzte. Als ich sagte, die »Spiegel«-Krise habe die Verfassungsunsicherheit der Staatsverwalter und ihr anachronistisches ob-

Stelle trat Kai Uwe von Hassel. Nach vier Wochen endete die Besetzung der »Spiegel«-Redaktion. Die Verhafteten wurden einer nach dem anderen entlassen. Am längsten saß Rudolf Augstein. Er kam, 15 Pfund leichter, erst nach 103 Tagen wieder frei; Hans Schmelz nach 81, Ahlers nach 56 Tagen. In immer neuen Gutachten schrumpften die Verdachtsmomente gegen den »Spiegel« von Jahr zu Jahr stärker zusammen. Das Gerichtsver-

Rudolf Augstein in Begleitung von Conrad Ahlers, dem stellvertretenden Chefredakteur des »Spiegels«, nach seiner Haftentlassung am 7. Februar 1963.

rigkeitsstaatliches Denken zutage gefördert, wir hätten eine Regierungskrise und daher eine potenzielle Staatskrise, erhob sich Ritter demonstrativ und stelzte steifbeinig aus dem Saal. Im Hinausgehen hörte er wohl noch meine Feststellung, wir hätten mitnichten eine Krise des Staatsbewusstseins – dieses sei durch die Affäre vielmehr geweckt und geschärft worden.

So war es in der Tat. Die öffentliche Empörung schwemmte Strauß aus dem Amt: Die FDP zog ihre Minister aus dem Kabinett zurück und weigerte sich, in die Regierung zurückzukehren, falls der Bayer in der Ermekeilkaserne bleibe; an seine

fahren ging aus wie das Hornberger Schießen. Am 5. August 1966 zog das Bundesverfassungsgericht einen Schlussstrich: Alle Beschuldigten wurden außer Verfolgung gesetzt – übrigens auch Hamburgs Innensenator Helmut Schmidt.

Schmidt – seit der Veröffentlichung seines Buches *Verteidigung oder Vergeltung* Deutschlands sachverständigster Wehrpolitiker – war damals erst eine halbe Stunde vor Beginn der Aktion unterrichtet worden und hatte später sein Befremden darüber kundgetan. Aber er war selbst ins Visier der Ermittler geraten. Einige Monate vor Erscheinen des Artikels

Bedingt abwehrbereit hatte ihm Ahlers einen ersten Entwurf vorgelegt. Schmidt riet Ahlers, überprüfen zu lassen, ob einige Punkte nicht geheimhaltungsbedürftig seien. Daraufhin wandte sich Ahlers an Oberst Wicht vom Bundesnachrichtendienst. Der monierte einige Punkte, im Übrigen jedoch fand er das Manuskript in Ordnung. Dafür wurde er später verhaftet. (Strauß und Adenauer hatten zeitweise geglaubt, der BND-Chef Reinhard Gehlen habe die ganze Affäre angezettelt. Der Kanzler wollte ihn gleich im Bundeskanzleramt, im Palais Schaumburg, verhaften lassen, doch Justizminister Stammberger vereitelte dies mit dem Hinweis, dass es dafür keine rechtliche Handhabe gebe.)

Die Affäre katapultierte die Auflage des »Spiegels« über die Halbmillionenmarke; sie kletterte alsbald auf eine Million. Das Magazin war jetzt eine nationale Institution. Conny Ahlers wurde 1966 stellvertretender Pressechef der Großen Koalition, 1969 Regierungssprecher unter Willy Brandt. Hans Schmelz trat in die Dienste des Staates und brachte es zum Stellvertreter des Leiters Planungsstab im Bundesministerium der Verteidigung. Siegfried Buback stieg zum Generalbundesanwalt auf; 1977 fiel er in Karlsruhe einem Mordanschlag der RAF zum Opfer. Helmut Schmidt wurde fünf Jahre nach der Affäre SPD-Fraktionsvorsitzender, 1969 Verteidigungsminister, 1974 Bundeskanzler.

Franz Josef Strauß aber? Sein Comeback ließ nicht lange auf sich warten. Er wurde 1966 Bundesfinanzminister, 1978 bayerischer Ministerpräsident, 1980 Kanzlerkandidat der CDU/CSU. Als Finanzminister erwarb er sich unbestrittene Lorbeeren; als Ministerpräsident prägte er das Antlitz des modernen Bayern; als Kanzleraspirant ging er gegen Helmut Schmidt ruhmlos unter. Noch in seinen *Erinnerungen* hielt er unbeirrt und unbekehrt an den Lügen von 1962 fest: »Ich bin damals behandelt worden wie ein Jude, der es gewagt hätte, auf dem Reichsparteitag der NSDAP aufzutreten. Es gab Anzeichen eines ausgesprochenen Massenwahns – ohne Rücksicht auf die Fakten wurde für den ›Spiegel‹ und damit gegen mich agiert und agitiert. Unter einer Woge einseitiger Stimmungsmache sollte der Keim der Affäre verborgen werden, nämlich der un-

geheuerliche Verrat brisanter militärischer Geheimnisse aus Augsteins Blatt.«

Die letzten Tage des deutschen Obrigkeitsstaates

Einsicht war Straußens Sache nicht. Den Ruch des Unseriösen, Dubiosen, Rücksichtslosen wurde er nie ganz los. Theodor Eschenburgs Charakterisierung haftete ihm an bis ans Ende seiner Tage: »Man traut ihm alles zu, dem hochintelligenten, sehr gebildeten, willensstarken Mann. Aber das eine erwartet man nicht von ihm: den Respekt vor den rechtsstaatlichen Schranken.«

In Freiburg beendete ich meinen Vortrag mit dem Satz: »Hoffen wir, dass wir in der Rückschau einmal sagen dürfen: Wir haben bei dieser Krise eine Regierung verloren, aber ein mündiges Volk gewonnen.« Die Hoffnung ist in Erfüllung gegangen. Eine mächtige Freiheitsregung machte sich in unserem öffentlichen Leben bemerkbar. Das Staatsgeheimnis wurde im Strafgesetzbuch neu definiert – so, dass es die Presse nicht mehr genierte und jene »Mosaiktheorie« verworfen wurde, nach der selbst die bloße publizistische Zusammenfügung bekannter Fakten Landesverrat sein konnte. Dem Sicherheitsbedürfnis des Staates wurde kein Vorrang mehr vor den Grundrechten eingeräumt; von nun an konnte die Pressefreiheit dem militärischen Interesse an Geheimhaltung demokratische Schranken ziehen. Deutsche Richter bescheinigten Strauß, sein Vorgehen habe den objektiven Tatbestand des Amtsmissbrauchs und der Freiheitsberaubung erfüllt. Die Macht musste vor dem Recht zurückweichen.

Sieben Jahrzehnte zuvor hatte der französische Schriftsteller Anatole France über die Affäre Dreyfus geschrieben, sie habe Frankreich einen unschätzbaren Dienst erwiesen, »indem sie allmählich die Kräfte der Vergangenheit und die Kräfte der Zukunft konfrontierte und aufdeckte«.

Denselben Dienst leistete die »Spiegel«-Affäre der jungen Bundesrepublik. Was wir damals im Pressehaus erlebten, war der Epilog auf den deutschen Obrigkeitsstaat und zugleich die Ouvertüre der modernen, freien, vom Untertanengeist entlüfteten deutschen Demokratie.

Jacqueline Kennedy mit den Kindern Caroline und John jr. bei der Trauerfeier für John F. Kennedy am 25. November 1963.

Der Tod des Präsidenten

Die Schüsse von Dallas – Abschied der Amerikaner von John F. Kennedy

Von **THILO KOCH**, erschienen in der ZEIT am 29. November 1963

Es war ein Freitag, wie jeder andere. Washington hatte *Lunchtime*. In den Kantinen und Restaurants saß man beim Dessert und träumte vom Wochenende. Es war ein ungewöhnlich milder, ein schläfriger Spätherbsttag, dieser 22. November 1963.

In meinem Stammlokal, dem »Wisconsin«, wurde gegen halb zwei Uhr ein amerikanischer Kollege zum Telephon gerufen. Er kam eilig zurück und rief mir im Hinausgehen zu: »*Kennedy ist verletzt.*« Der erste Gedanke war – irgend etwas mit der Wirbelsäule? Dann kamen die Nachrichten aus Dallas. Ja richtig, Kennedy war ja auf einer Vortragsreise in Texas. Der Süden konnte im Wahlkampf vielleicht ausschlaggebend sein – für oder gegen den Präsidenten, der selbstverständlich auch der nächste Präsidentschaftskandidat seiner Partei werden würde. Jackie war bei ihm – zum erstenmal seit dem Tod ihres dritten Kindes, seit sie nach einer schweren Geburt wieder genesen war.

Gegen vierzehn Uhr unterbrachen die Rundfunk- und Fernsehsender ihre Programme. Das Unwahrscheinliche schien sich zu bestätigen: Ein Attentat war verübt worden. Es hieß, der Präsident sei von Schüssen getroffen und schwerverletzt worden. Auch der Gouverneur von Texas, *John B. Connally,* sei getroffen. Dann ging alles schneller, als das Bewußtsein es aufnehmen konnte: Krankenhaus, zwei Priester bei ihm, letzte Ölung, schließlich: John Kennedy war um dreizehn Uhr Lokalzeit im Parkland-Krankenhaus der Stadt Dallas im Staate Texas gestorben. Er hatte das Bewußtsein nicht wieder erlangt. Seine Frau, neben ihm im Wagen, hatte versucht, ihn aufzufangen. Ihr Schreckenswort war: »Oh no«. Noch wenige Minuten vorher hatte sie zu ihm gesagt: »Du

Zur Person

John F. Kennedy war mit 43 Jahren bei seiner Vereidigung 1961 der jüngste Präsident in der Geschichte der Vereinigten Staaten. Seine Frau Jacqueline und er galten als der Inbegriff des amerikanischen Traumpaares.

Kennedy entstammte einer überaus reichen und mächtigen Familie. In den dreißiger Jahren studierte er in Princeton, Harvard und Stanford, musste seine Studien allerdings mehrfach wegen seiner schwachen körperlichen Konstitution unterbrechen.

Nach seinem Militärdienst, während dessen er als Kommandant eines Schnellboots eingesetzt und ausgezeichnet wurde, verfolgte er mit der Unterstützung seiner Familie von 1946 an eine politische Karriere. Im selben Jahr wurde er in das Repräsentantenhaus gewählt, 1952 zog er in den Senat ein, bevor er sich in den Präsidentschaftswahlen am 8. November 1960 knapp gegen Richard Nixon durchsetzen konnte.

Seine harte Haltung auf internationalem Parkett, die ihm den Ruf der Unbestechlichkeit einbrachte, machte ihn vor allem in Europa populär. Legendär ist Kennedys Deutschland-Besuch im Juni 1963, als er in Berlin vor dem Schöneberger Rathaus die berühmten Worte sprach: »Ich bin ein Berliner«.

Innenpolitisch trat er für Mindestlöhne, Steuersenkungen und das Wahlrecht für Schwarze ein, was konservative Kreise gegen ihn aufbrachte. Am 22. November 1963 fiel er unter bis heute ungeklärten Umständen in Dallas, Texas, einem Attentat zum Opfer.

kannst nicht behaupten, Texas empfinge dich nicht freundlich.«

Ein Mann namens Oswald

Konnte es wahr sein? War er nicht der beliebteste Präsident dieses Jahrhunderts? Hatte er uns nicht noch vor wenigen Tagen gegenübergestanden, bei seiner letzten Pressekonferenz im Großen Saal des State Departement, wo wir so oft Gelegenheit hatten, seine Arbeitsenergie, seinen Verstand, seine Informiertheit, seine Formulierungsgabe, seinen Humor, seine Souveränität zu bewundern?

Ein Jagdgewehr mit Zielfernrohr wurde gefunden. Der verhängnisvolle Schuß sollte aus dem Fenster eines Hauses abgegeben worden sein. Ein Mann mit dem Namen *Oswald* wurde verhaftet. Die Vermutungen richteten sich zunächst gegen rechtsradikale Fanatiker, wie sie sich gerade in Texas formierten. War nicht vor kurzem auch US-Botschafter *Adlai Stevenson* in Dallas tätlich angegriffen worden? Der als Mörder verdächtige Oswald jedoch sollte linksradikale Neigungen gezeigt haben, ein Kommunist und Castro-Anhänger sein. Dies in Texas? Und der Mann hatte gedient, in einer Elitetruppe, bei den legendären »Ledernacken«, der Marine-Infanterie.

John F. Kennedy bei seinem umjubelten Berlin-Besuch am 26. Juni 1963 vor dem Schöneberger Rathaus. Knapp fünf Monate später wurde er ermordet.

Dieser Mann das Opfer eines Mörders? Schlechter Krimi – so etwas konnte es nicht mehr geben, in einem zivilisierten Lande, mitten im Frieden, in einer Situation relativen Wohlstandes und relativ großer Sicherheit im Inneren wie nach außen. Aber da kamen die ersten Reportagen aus Dallas auf dem Bildschirm, da wiederholte sich immer wieder der Satz: *»The President is dead* – der Präsident ist tot.« Aber wer hatte es getan und warum?

Wenn er es war – was hatte er für ein Motiv? Wer konnte hinter ihm stecken? Welche Abgründe im politischen Leben der Vereinigten Staaten taten sich da plötzlich auf?

Wenn es je einen »schwarzen« Freitag gegeben hatte – dies war der schwärzeste. Die westliche Welt war plötzlich führerlos. Der jüngste Präsident in der Geschichte der Vereinigten Staaten ausgelöscht, kaum, daß er begonnen hatte, seine Aufgabe, »das schwierigste Amt der Welt«, zu meistern. Die junge Generation endlich einmal an der Macht. Der Jahrgang 1917, einer derjenigen, die vom Zweiten Weltkrieg geprägt waren, in der höchsten Entscheidungsgewalt. Ein Mann von 46 Jahren saß in dem berühmten ovalen Arbeitsraum des Präsidenten der Vereinigten Staaten, das *Franklin D. Roosevelt* einmal »das einsamste Zimmer der Welt« genannt hatte. Täglich kamen Entscheidungen, Anregungen, Ideen aus dem Weißen Haus zu Washington, das seit dem 20. Januar 1961 wieder ein aktives Zentrum der Weltpolitik geworden war.

»Ich glaube es nicht«

Drüben, in Europa regierten sie noch immer, die »großen alten Männer«, deren Bewußtsein im 19. Jahrhundert geprägt worden war, die den »jungen Mann in Washington« mit einer Mischung aus Skepsis und widerstrebender Aufmerksamkeit beobachteten. Aber er würde sie ja alle überleben, de Gaulle, Salazar und Macmillan. Sie und nicht zuletzt den 69jährigen Nikita Chruschtschow. Seine junge Kraft, seine Ungeduld, seine kühnen Perspektiven, seine moderne Anwendung der politischen und ökonomischen Wissenschaften, die Klugheit seiner Berater, seine eigene gediegene Bildung, sein genaues Bewußtsein vom Zustand unserer Welt, seine einzigartige Gabe, Zusammenhänge zu erkennen und begreiflich zu machen, nicht zuletzt aber sein ausgeprägter Sinn für die Macht und ihren maßvollen Gebrauch – das alles ließ ihn so überlegen erscheinen, so voller Zukunft. So positiv und realistisch inmitten zahlloser Irrtümer eines rückwärts gewandten Denkens, mit dem die Triebkräfte dieses Jahrhunderts nicht mehr zu begreifen sind. Schien sich nicht geradezu eine Jahrhunderthälfte der Kennedys, ein »Kennedyismus« anzubahnen?

Er mag sehr oft nicht den simplen Amerikaner, den »Burschen hinter der nächsten Tür« angesprochen oder erreicht haben. Obwohl er sich routiniert und brillant des Fernsehens bediente, um sein *New-frontier*-Programm, das Bewußtsein einer »neuen Grenze«, einer neuen Aufgabe, nicht nur ins Wohnzimmer der Intellektuellen, sondern auch des letzten Mittelwestlers hineinzutragen, hatte er wenig Glück mit seinen Reformen. Die Leitartikler kritisierten seinen Mangel an Wärme, an Herz. Er erreiche, so

hieß es, nur den Kopf der Leute. Aber wie paßte das zu einer Popularitätskurve, die steiler verlief, als die Harry Trumans und sogar als die Eisenhowers, des »großen Vaters der Nation«. Wie kam es, daß er zusammen mit seiner Frau Jacqueline die Phantasie der Amerikaner – und nicht nur der Amerikaner – mehr beschäftigte als irgendeine »First family«, die vor den Kennedys im Weißen Haus lebte?

Spätestens in der Stunde seines Todes rührte dieser Präsident eine ganze Nation tief auf, faszinierte er eine ganze Welt. Der Schrecken über diesen Tod – er förderte etwas merkwürdig Positives zutage: Die Welt wurde der Mission inne, die John Kennedy nicht nur erfüllte, sondern die ihn manchmal zu verzehren schien.

»John spricht nur über Politik«, soll Jackie einmal geklagt haben. Die Wahrheit ist wohl: Kennedy war Politik. Viele Bilder zeigten ihn als liebevollen Vater. Anekdoten wurden verbreitet über seinen Stolz auf John Fitzgerald junior und über seine Späße mit Töchterchen Caroline. Die *First Lady* zeigte sich oft und immer lächelnd an seiner Seite. Aber führte er wirklich ein Privatleben, dieser 35. Präsident der Vereinigten Staaten?

Niemals zuvor hatte man in Washington die Schreibtischlampen in den Büros der Regierung abends so lange brennen sehen. Niemals war ein Präsident so oft und so schnell gereist. Es war nicht nur die »Düsen-Diplomatie«, die ihn nach Caracas und Bogota, nach Mexiko und Ottawa führte und in die europäischen Hauptstädte, bis nach Berlin. Kaum ein Wochenende verbrachte »J.F.K.« im Weißen Haus. Sogar die Familientreffen in einem der »little white houses« wurden oft zu politischen Konferenzen.

Kein Wunder, daß plötzlich seit jenem Freitagmittag alle Räder still zu stehen schienen. Ratlosigkeit, Benommenheit, Entsetzen – das war die erste Reaktion. Ein Neger sagte: *»Ich fühle mich etwas weniger frei, etwas weniger sicher, seit es geschah. Es ist kälter geworden in Amerika.«* Eine ältere Frau erklärte: *»Ich glaube es nicht. Er ist schon zweimal knapp dem Tod entronnen. Damals als Kommandant von PT 109 und vor ein paar Jahren, als er gelähmt war und die zwei Operationen an der Wirbelsäule hatte.«* Die Kinder kamen am Freitag aus der Schule und erzählten: Lehrer hätten weinend den Unterricht verlassen, Schüler hätten geschluchzt – Gefühle brachen aus, die man im Urgrund der scheinbar wohltemperierten amerikanischen Seele nicht erwartet hätte.

Vereidigung auf dem Flugplatz

Sogar ein Wunder geschah: Als es zur Gewißheit wurde, daß der Präsident einem Attentat zum Opfer gefallen war, verstummten alle »*Commercials*«, all die unsagbar törichten Werbesendungen des Fernsehens und des Rundfunks. Die allmächtigen Massenmedien besannen sich innerhalb weniger Minuten auf eine nationale Pflicht, die sie sonst so gleichmütig ihren kommerziellen Interessen unterordnen. Dieses immer wieder erstaunliche Volk der Amerikaner bewies plötzlich, daß es mit selbstverständlicher Würde einen unverhofften Schicksalsschlag hinnehmen kann. Die minutiöse Genauigkeit, die geradezu ergreifende Nüchternheit, die umfassende Großzügigkeit, mit der ein Heer von Reportern und Kameraleuten, von Organisatoren und Technikern 24 Stunden am Tage die Nation informierte und damit indirekt vor Panik bewahrte – das war und ist eine ganz einzigartige Leistung.

Es hat nicht länger als 90 Minuten gedauert, bis die USA nach dem plötzlichen Tode ihres 35. Präsidenten einen 36. hatten. Die Verfassung regelt das Nachfolgeproblem. *Lyndon B. Johnson* befand sich in der Begleitung John Kennedys, als das Attentat verübt wurde. An der Seite Jacqueline Kennedys wurde er noch auf dem Flugplatz von Dallas vereidigt. Er mochte selbst kaum begriffen haben, was geschah – da war er Regierungschef und Staatsoberhaupt, Oberbefehlshaber der Streitkräfte, Führer des mächtigsten Landes der Erde, Schirmherr der westlichen Welt. Es widerfuhr ihm, was bereits sieben andere Vize-Präsidenten der amerikanischen Geschichte erlebt hatten – zuletzt Harry Truman.

Ein Hang zur Brutalität

Präsident Johnson zieht besser vorbereitet ins Weiße Haus ein als Truman, der Vizepräsident Franklin D. Roosevelts. Präsident Kennedy legte Wert darauf, seinen Stellvertreter in allen wichtigen Regierungsgeschäften einzubeziehen. Johnson nahm zum Beispiel an den Sitzungen des nationalen Sicherheitsrates teil. Er hat sich zwar nach außen hin nie besonders nachdrücklich für die Politik Kennedys ausgesprochen. Viele, die den Vizepräsidenten als *big wheel*, als Schlüsselfigur des Kongresses gekannt hatten, waren enttäuscht oder beunruhigt. Aber der *Selfmademan* aus Texas stimmte sicherlich trotzdem mit dem Kurs des Millionärssohns aus Boston überein. »Lyndon Johnson steht mit beiden Füßen auf der Erde – er respektiert den Geist und das persönliche Regiment J.F.K.s und hält sich zurück.« Diese Erklärung konnte man gelegentlich aus der Umgebung Johnsons vernehmen.

Seit dem schwarzen Freitag Amerikas sehen wir den neuen Herrn im Weißen Haus ohne Lächeln, ohne sein berühmtes Augenzwinkern unter den Trauernden stehen, in die dringenden Sitzungen eilen, die notwendigen Erklärungen abgeben. Das erste, was er getan haben soll, war: Er schrieb mit eigener Hand zwei Briefe – einen an Caroline Kennedy und einen an John F. Kennedy jr. Der kleine Sohn des Präsidenten wurde am Tage der Beerdigung seines Vaters drei Jahre, Caroline zwei Tage später sechs Jahre alt.

John F. Kennedy war der vierte Präsident, der einem Attentat zum Opfer fiel. Eine erschreckende Gewalttätigkeit scheint in den Hintergründen des nationalen Lebens der Vereinigten Staaten zu schlummern. Ein Hang zu Anarchie und Brutalität, vielleicht überkommen aus der Zeit des Wilden Westens, des Indianer-Abschießens, des Faustrechts unter den Einwanderern, bricht unvorhersehbar auf.

Papst *Paul VI.* hat zum Tod des ersten katholischen Präsidenten der USA gesagt, der Mord offenbare, wieviel Haß und welche Macht des Bösen auf Erden herrsche. Es ist in besonderem Maße tragisch, daß gerade ein Mann von der Art Kennedys diesem Haß, diesem untergründigen amerikanischen Anarchismus zum Opfer fiel. Angesichts der Ausschreitungen im Rassenkampf erinnerte dieser Präsident unermüdlich daran, daß der »*american way of life*« vor allem in der Achtung vor dem Gesetz bestehe. Die Auseinandersetzung zwischen Schwarz und Weiß dürfe nicht auf der Straße ausgetragen werden. Offenbar aber gibt es einen *american way of death*, eine besondere amerikanische Art zu sterben – für Präsidenten. Daß gerade ein Präsident, der den Ausgleich suchte – nach innen wie nach außen –, in seinem eigenen Vaterland ermordet wurde, das wirft ein unheimliches Zwielicht auf Amerika.

Im Zwielicht steht auch der vermutliche Mörder Kennedys. Es gibt kein Geständnis des 24jährigen

Lee Harvey Oswald aus New Orleans. Genau zwei Tage später als sein Opfer starb der Mörder im selben Hospital in der Stadt Dallas, ebenfalls ermordet. Die Fernsehstationen wiederholten immer wieder, zum Teil in Zeitlupe, den ersten exakt gefilmten wirklichen Mord der amerikanischen Fernsehgeschichte, den Anschlag des Nachtklubbesitzers *Jack Rubinstein* aus Chikago auf den vermutlichen Präsidentenmörder Lee Oswald. Beide Morde sollen ausschließlich persönlichen Motiven, zufälligem Fanatismus entsprungen sein? Mit befremdlicher Eile erklärten die lokalen Polizeiorgane in Texas den Fall als abgeschlossen. Die Bundeskriminalpolizei in Washington kommentierte lakonisch: *»Nichts ist abgeschlossen.«*

Die Schüsse von Dallas haben mehr getötet als einen Mann. John Kennedy war nicht nur ein mächtiger Herrscher in diesem neuen Rom auf der anderen Seite des Atlantik, dem Mittelmeer unserer Zeit. Er war ein Programm. Er war selbst der artikulierteste Repräsentant jener »atlantischen Generation«, die er vor fünf Monaten in der Frankfurter Paulskirche proklamierte. Er strebte mit Umsicht und Zähigkeit nach sozialer Gerechtigkeit für 190 Millionen Amerikaner. Er zeigte Festigkeit und Verständigungsbereitschaft im Umgang mit dem Kommunismus. Seine oft kritisierte Außenpolitik bewahrte den Weltfrieden, ohne Berlin zu opfern oder sowjetische Raketen auf Kuba hinzunehmen. Er war mehr als ein kluger Politiker und gewandter Redner. In den zwei Jahren und zehn Monaten, die ihm vergönnt waren, wurde er zu einem Staatsmann, den nicht zuletzt der große Gegenspieler Chruschtschow respektieren lernte.

Vom Weißen Haus nach Arlington

92 Nationen entsandten Abordnungen zu den Trauerfeierlichkeiten für John Kennedy am Montag, dem 25. November 1963. Niemals zuvor waren bei irgendeiner Gelegenheit so viele Staatsmänner versammelt. 16 Präsidenten und Regierungschefs, 38 Außenminister, 13 Mitglieder königlicher Familien standen am Grabe des Heldenfriedhofs von Arlington.

Bei der Prozession vom Weißen Haus zur Matthaeus-Kathedrale überragte die Gestalt Charles de Gaulles bei weitem alle anderen. Nun war er doch gekommen, der Führer Frankreichs, der wie kein anderer der außenpolitischen Zielsetzung Kennedys widersprach. Es war vielleicht die traurigste Begegnung an diesem nationalen Trauertag. Bundeskanzler Erhard ging in der zweiten Reihe hinter Bundespräsident Lübke. Der Berliner Bürgermeister Brandt wurde später durch eine Privataudienz bei Mrs. Kennedy ausgezeichnet. Dem Vernehmen nach waren die letzten Ausländer, die John Kennedy überhaupt sah, drei Berliner Kinder. Sie hatten Erlaubnis bekommen, ihm die Hand zu schütteln. Er nahm sie mit in den Rosengarten hinter seinem Arbeitszimmer und unterhielt sich fünfzehn Minuten mit ihnen.

Am Morgen des Attentats treffen die Kennedys auf dem Flughafen von Dallas ein. Wenige Stunden später ist John F. Kennedy tot.

Von der Grabstätte des Präsidenten aus hat man einen Blick über den Potomac mit seinen Brücken hinüber zum Lincoln-Denkmal. Mrs. Kennedy entzündete eine Ewige Flamme am Grab. Kurz vor Mitternacht, am Tage des Begräbnisses, besuchte sie, geleitet von Robert Kennedy, noch einmal die letzte Ruhestätte ihres Mannes. Mrs. Kennedy wird nicht mehr *Jackie* genannt. Das puppenhafte Lächeln ist verschwunden. Sie zeigte eine bewundernswerte Haltung.

Vor drei Jahren war John F. Kennedy die Pennsylvania Avenue an der Seite Präsident Eisenhowers hinaufgefahren, lachend und voller Zukunftsvisionen, ein Liebling der Götter, so schien es – am Montag wurde er denselben Weg zurückgefahren, auf einer Lafette, gezogen von sechs Grauschimmeln. Es war ein sonniger Spätherbsttag.

Wilhelm Boger, der »Teufel von Auschwitz«, wurde im Frankfurter Auschwitz-Prozess zu lebenslanger Haft verurteilt.

Im Schatten des Galgens

Seine Kinder liebt er, andere tötete er: Wilhelm Boger, der Teufel von Auschwitz

Von **DIETRICH STROTHMANN**, erschienen in der ZEIT am 24. April 1964

Das Frankfurter Gallus-Viertel in der Nähe des Hauptbahnhofs gehört nicht zu den bevorzugten Wohngegenden der betriebsamen Main-Metropole. Einst, vor nun schon 300 Jahren, stand hier, vor den Festungsmauern und Wehrtürmen, auf einem Hügel der Galgen. Es war ein unwirtlicher Platz, ängstlich gemieden von den ehrbaren Bürgern. So verrufen war damals dieser Platz mit dem Hügel, daß sich die honorigen Frankfurter sogar scheuten, das Wort »Galgen« in den Mund zu nehmen. So sagten sie »Gallus«.

Die Zeiten gingen dahin. Die Stadt breitete sich aus. Der Hügel mit dem Galgen verschwand. Später wurde dort ein Gotteshaus gebaut, das – da es auch einen katholischen Heiligen dieses Namens gab – als St.-Gallus-Kirche geweiht wurde. Seit den Ostertagen dieses Jahres steht nun in diesem Stadtteil, unweit eines noch übrig gebliebenen mittelalterlichen Wachturmes, ein modernes Bürgerhaus, ein nüchterner Bau aus Glas und Beton, das *Gallus*-Haus.

Dreimal in der Woche, gegen acht Uhr morgens, fahren hier drei grüne Wagen vor. Polizeiwagen. Sie kommen vom Untersuchungsgefängnis in der Hammelsgasse. Elf Männer steigen aus, streng bewacht von bewaffneten Beamten, die 11 der 21 Angeklagten des Auschwitz-Prozesses. Pünktlich, eine halbe Stunde später, eröffnet der Vorsitzende des Schwurgerichts die Verhandlung gegen »Mulka und andere«. Noch einmal in diesen Monaten wird das Viertel um den Galgenhügel zu einer Stätte des Schreckens und des Todes, zu einem Platz, wo Verbrecher ihren Urteilsspruch erwarten.

Durch die hohe Glaswand dringt der Lärm der Straße, unterbrochen zuweilen von dem schrillen Klingeln einer Pausenschelle und dem vielstimmigen, fröhlichen Geschrei der Kinder, die auf dem

Zur Sache

Im NS-Konzentrations- und Vernichtungslager Auschwitz kamen von 1940 bis Januar 1945 mindestens 1,1 Millionen Menschen ums Leben, die meisten davon Juden. Sie wurden mit Giftgas umgebracht oder erschossen oder starben durch Krankheit, Folter, Entkräftung.

1963 begann in Frankfurt am Main der so genannte Auschwitz-Prozess, in dem sich zunächst 22, schließlich noch 20 ehemalige Aufseher und Angehörige der Lagerleitung des KZ Auschwitz wegen ihrer dort begangenen Verbrechen zu verantworten hatten. Von Februar 1964 bis Mai 1965 wurden dazu 359 Zeugen aus 19 Ländern gehört. Im August 1965 kam der bis dahin größte deutsche Schwurgerichtsprozess zum Abschluss. Sechs der Angeklagten (darunter auch Wilhelm Boger) erhielten lebenslange Zuchthausstrafen, elf weitere drei bis 14 Jahre Haft, drei wurden freigesprochen. Für die mehrheitlich milden Urteile, die viele als empörend empfanden, war ausschlaggebend gewesen, dass das Gericht zwischen einem – oft schwer nachweisbaren – Täterwillen und einem Gehilfenwillen unterschieden hatte.

Wie Umfragen zeigten, stieg in der westdeutschen Bevölkerung in denselben Jahren insgesamt der Wunsch, unter die NS-Vergangenheit »einen Schlussstrich zu ziehen«.

Wilhelm Boger kam nicht mehr frei: er starb 1977 im Gefängnis.

Schulhof nebenan Fangen spielen. Im Theatersaal des Bürgerhauses sind die Angeklagten, die Verteidiger, die Staatsanwälte und Zuschauer aufgestanden. Durch einen Seiteneingang der mit einem blauen Vorhang drapierten Bühne kommen die Richter und die Geschworenen. Die Sitzung beginnt. Es ist der 36. Verhandlungstag.

Unmittelbar vor der Fassade mit den Milchglasfenstern, auf einer aus rohen Brettern provisorisch zurechtgezimmerten zweiten Bühne sitzen sie in bequemen Stühlen, eingerahmt von den Polizisten in dunkelblauen Uniformen und den Anwälten in den weiten, schwarzen Talaren: die Adjutanten, Ge-

fuhr«, so berichtete eine Zeugin, »war das für die Häftlinge ein schwarzer Freitag.« Und ein anderer erinnerte sich: »Er sprach sehr wenig. Aber wenn er durchs Lager marschierte – für uns war es, als wenn der Tod um die Ecke kommt.«

Noch zwanzig Jahre danach, vor dem Zeugentisch im Theatersaal des Frankfurter Gallus-Hauses, stockt jenen, die in Bogers Hände gefallen waren, die Stimme, kämpfen manche mit den Tränen, wenn sie nur den Namen dieses Mannes nennen, sobald sie erzählen, wie er sie blutig schlug, wie er sie auf sein Marterinstrument, die »Boger-Schaukel«, spannte, wie er an der »Schwarzen Wand« nackten

Blick auf die Anklagebank während des Frankfurter Auschwitz-Prozesses. Insgesamt mussten sich in diesem Verfahren 22 ehemalige Mitglieder der Lagermannschaft des Konzentrationslagers verantworten.

stapo-Männer, Sanitäter, Ärzte, Rapportführer und Aufseher aus dem KZ Auschwitz. Und unter ihnen einer, den damals, in den Jahren von 1942 bis 1945, Tausende fürchteten, wie sonst kaum jemanden in dem Vernichtungslager: *Wilhelm Boger.*

Die Häftlinge nannten ihn den »Teufel von Auschwitz«, den Satan, den Tiger, den fahrenden Tod. »Wenn er mit seinem Fahrrad durch das Lager

Häftlingen ins Genick schoß. Und Wilhelm Boger war stolz darauf, brüstete sich damit, der gefürchtetste Mann, der Schrecken von Auschwitz zu sein. Ein Teufel in der Uniform eines SS-Oberscharführers.

Heute ist er adrett gekleidet, trägt einen dunklen Anzug, mit dem Kavalierstuch in der Reverstasche. Er hat Manieren, springt sofort auf, wenn ihn der Vorsitzende etwas fragt, hilft seinem Anwalt in die

Robe, läßt sich nichts anmerken, wenn die Zeugen über ihn und seine Taten reden.

Boger sitzt ganz vorn, direkt an der Richtertribüne. Eine Brille verdeckt seine Augen. Das Haar, kurz geschnitten, akkurat gekämmt, ist grau geworden. Das Gesicht, in den ersten Wochen des Prozesses noch breit und klobig, wirkt jetzt schmaler, die Falten sind tiefer eingegraben, der Mund ist noch verkniffener. Kaum, daß er auf seinem bequemen Stuhl hin- und herrückt. Kein Zeichen von Nervosität.

Ein behäbiger 58jähriger Mann, so sitzt er manchmal wie selbstzufrieden da, als wäre er noch hinter seinem Schreibtisch in Stuttgart, im Büro der Heinkel-Werke, Papiere vor sich, einen Telephonapparat, Akten ordnend. Und daheim, in der Mietwohnung im Dorf Hemmingen, wartete am Abend die Familie auf ihn, seine Frau, die drei Töchter. Man aß gemeinsam, setzte sich vor den Fernsehapparat, erzählte sich dies und das, wie es im Betrieb gewesen, was die Nachbarsleute an Neuigkeiten wußten.

So war es Jahr für Jahr bei den Bogers in Hemmingen bei Stuttgart. Es war der Alltag genügsamer, ungeschoren lebender, arbeitsamer Bürger, ohne Fehl und Tadel – für die anderen. Bis an einem Tag vor sechs Jahren die Polizei kam und den Vater abführte. Und nur seine Frau mochte damals ahnen, warum.

Wilhelm Boger ist gebürtiger Stuttgarter, Jahrgang 06. Sein Vater, so erfuhr die Staatsanwaltschaft, soll ein Trinker gewesen sein. Sein Bruder hat ein langes Vorstrafenregister, darunter Zuhälterei und Erpressung. »Mein Bruder war das schwarze Schaf der Familie«, räumte der Angeklagte vor Gericht ein. Und er selber?

Wilhelm Boger, der die mittlere Reife ablegte und in die kaufmännische Lehre ging, ist voll zurechnungsfähig für das, was er in Auschwitz tat. Er war der einzige unter den 22 Mitangeklagten, der von einem Gerichtsmediziner auf seinen Geisteszustand hin untersucht wurde.

Noch heute finden die Staatsanwälte keine Antwort auf die eine Frage: Warum war ein Mensch wie Wilhelm Boger so grausam, daß es kaum mit Worten beschrieben werden kann? Wie kam er auf die teuflische Idee, seine Folterschaukel zu konstruieren? Was für ein Herz hat ein Mensch, der andere zu Krüppeln schlägt, der wehrlose Frauen erschießt, Kinder bestialisch tötet? Wird einer schon zum Teu-

fel, bloß weil er eine Uniform trägt, weil er die Gewalt zum Töten hat, weil ihm beigebracht wird: Es gibt Deutsche und Läuse? Und die »Läuse« sind Juden, Zigeuner, Polen und russische Kriegsgefangene. Und Läuse zertritt man.

Wilhelm Boger protzte noch später damit, ein »alter Kämpfer« gewesen zu sein. Er war sechzehn Jahre alt, als er in Hitlers Jugendorganisation eintrat. Das war 1922. Acht Jahre darauf wurde er Mitglied der SS. 1933 erwarb er sich als Kriminalbeamter in Friedrichshafen seine ersten Sporen. Schon damals, bei der Jagd nach »Staatsfeinden«, legte er Proben seiner brutalen Verhörtechnik ab. Um Geständnisse zu erpressen, machte er mit den Verhafteten wenig Federlesens. Zum Lohn wurde er Kriminalkommissar und – nach einer Verwundung an der Front – im Konzentrationslager Auschwitz Vernehmungs-Chef der Politischen Abteilung. Die Karriere des »Teufels von Auschwitz« begann, des »Herrn über Leben und Tod« der abertausend Häftlinge.

»Man führte mich in die Politische Abteilung«, sagt der tschechoslowakische Zeuge *Georg Beranovsky* aus. »Bogers Zimmer war schon eingerichtet und mit roten Teppichen ausgelegt, die er aus französischen Transportzügen hatte herausholen lassen.«

Eine andere Zeugin, die Häftlingsschreiberin in dieser Abteilung war, berichtet, Boger habe sich eine regelrechte Folterkammer mit Daumenschrauben, anderen Marterwerkzeugen und der berüchtigten »Schaukel« eingerichtet. »Er misshandelte Häftlinge bis zur Unkenntlichkeit.« Man hörte ihre entsetzlichen Schreie bis auf die Straße hinaus. Auf einer Bahre wurden sie dann aus seinem Zimmer herausgetragen. Am nächsten Tag waren sie tot.

Diese »Boger-Schaukel«, die »Sprechmaschine« des SS-Oberscharführers, mit der er seine Opfer »zerbrach«, durch die sie »hindurchgehen« mußten, wie es damals in Auschwitz hieß. Immer wieder ist in dem Prozeß von diesem Folterinstrument die Rede. Einer von denen, die sie am eigenen Leibe kennenlernten, führt dem Gericht ein selbstgebasteltes Modell vor. Dem Häftling wurden die Hände über den Knien zusammengebunden, danach wurde unter die Kniekehlen eine Stange geschoben, die auf zwei Stutzen ruhte. Kopfüber, knapp über dem Boden, hing der Gefolterte zusammengekrümmt auf der »Maschine« wie an einem Reck. Boger schrie ihn an: »Ich werde dich schon zum Reden bringen.« Und dann schlug er ihn mit einem Knüppel zwischen die Beine, so stark, daß der Häftling auf der Stange »schaukelte«, bis das Blut in Strömen lief und er bewußtlos wurde. Dann bekam er einen Eimer Wasser über den Kopf, wurde wieder abgeschnallt und in den Arrestbunker zurückgeschafft. Mit Vorliebe, so wird dem Gericht geschildert, schlug Boger auf die Geschlechtsteile. »Die Hände waren abgescheuert, das Gesäß in Fetzen, das Gesicht voll Blut.«

Der dies berichtet, redet noch im Gerichtssaal seinen Folterknecht höflich mit »Herr Boger« an. Es sei eine Spezialität des »Herrn Boger« gewesen, einen mißhandelten Häftling nach zwei bis drei Tagen erneut zu foltern. »Beim erstenmal war es noch auszuhalten. Dann aber, wenn er wieder auf die wunden Stellen schlug, war der Schmerz kaum zu ertragen. Es gab auch viele, die Sachen eingestanden, die gar nicht stimmten – nur um aus der »Sprechmaschine« befreit zu werden, aus den Händen des »Herrn Boger«.

Als der Vorsitzende wissen will, was der Angeklagte dazu zu sagen habe, springt Boger auf, spricht ins Mikrophon – so, als schildere er einen ganz gewöhnlichen Vorgang, von dem man plötzlich viel zuviel Aufhebens macht. Natürlich, der Zeuge berichte »von seiner Sicht aus ziemlich objektiv«. Und dann kommt es: »In dem Moment, wo das Blut aus den Hosen hinauslief, ist die Vernehmung abgebrochen worden.« Und noch einmal, wie um auch den letzten Zweifel auszuräumen: »Der Zweck der verschärften Vernehmung war erreicht, wenn das Blut durch die Hosen lief. Ich habe nicht totgeschlagen, ich habe Befehle ausgeführt.« Die anderen, so versucht Boger sich reinzuwaschen, seien doch viel schlimmer gewesen als er. Und außerdem: »Ich bin auch der Auffassung, daß in manchen Fällen heute noch die Prügelstrafe angebracht wäre, zum Beispiel im heutigen Jugendstrafrecht.«

Boger sagt das in aller Seelenruhe, als sei er noch immer Kriminalbeamter und wolle seinem Vorgesetzten einen nützlichen Verbesserungsvorschlag machen: »Ich weiß schon, wie man Widerspenstige zur Räson bringt. Prügel hilft immer.«

Da ist in Bogers Gesicht kein Anflug von Einsicht, von Scham. Der Teufel von Auschwitz, so scheint es in diesem Augenblick, ist noch immer gegenwärtig, nach zwanzig Jahren noch.

Daheim, in Hemmingen, war Wilhelm Boger ein geachteter Mann. Niemand ging ihm aus dem Wege, denn keiner wußte, was er wirklich für ein Mensch war. Er liebte seine Frau, seine Kinder. Auch Marianne Boger wußte von alledem nichts. Den »Satan von Auschwitz« kannte auch sie nicht. Und sie lebte schon damals mit ihm im Lager zusammen. Daß es kein Sanatorium war, das war ihr wohl bekannt. Aber von der »Schaukel«, von den bestialischen Folterungen – davon hatte sie keine Ahnung. Sie sah es ihrem Mann nicht an, wenn er abends, frisch gewaschen, in das schmucke Einfamilienhaus kam – müde, abgespannt nach einem solchen »arbeitsreichen« Tag im Lager, gleich nebenan.

Noch heute glaubt sie nicht, was Bogers Opfer vor dem Schwurgericht über die Untaten ihres Mannes berichten. Die Qualen etwa, die er sich für den damals 24jährigen polnischen Häftling *Stefan Boratynski* ausgedacht hatte: In Bogers Vernehmungszimmer mußte er einen Teller gefüllt mit gesalzenen Heringen aufessen. Als er sie nicht mehr herunterwürgen konnte, wurden sie ihm gewaltsam in den Hals gestopft; als er sich erbrach, mußte er das alles wieder vom Boden auffressen. Dann, im Stehbunker, litt Boratynski tagelang entsetzlichen Durst. So wollte ihn Boger »weich« machen.

Das gerichtsmedizinische Gutachten aber, das 1960 angefertigt wurde, ergab: Boger sei nicht abartig veranlagt, er sei als durchaus normal zu bezeichnen.

Mordete dieser sonst so pflichtgetreue Angestellte und treusorgende Familienvater aus einer plötzlichen Laune? Folterte er aus purer Lust? Dachte er sich aus Wut und Haß immer neue Qualen aus? Dem Zeugen Boratynski band er die Hände hinter dem Rücken zusammen, zog ihn an einem Pfahl hoch, bis ihm die Arme brachen und schlug ihn dann noch in den Magen. Andere Häftlinge, die am Galgen exekutiert wurden, soll Boger, als sie bereits am Strick hingen, noch geohrfeigt haben.

Zahllos sind die Verbrechen, die Wilhelm Boger beging: Um das Attentat Heydrichs zu rächen, trieb er im Sommer 1943 die Insassen des Theresienstädter Lagers in die Gaskammern. Diejenigen, die an der »schwarzen Wand« liquidiert werden sollten, schrie er an: »Kopf hoch« und schoß ihnen aus kurzer Entfernung ins Genick. Wer ein Stück Brot gestohlen hatte, wurde von ihm »erledigt«. Wenn ein Häftling versucht hatte zu fliehen, ließ er zur Abschreckung gleich ein ganzes Dutzend erhängen und stieß selber die Stühle um, auf denen die Opfer unter dem Galgen standen. Vierzig Angehörige des Gaskammer-Sonderkommandos, die ein Krematorium gesprengt hatten, zwang er, sich vor ihm auf den Bauch zu legen; dann erschoß er sie. Im Januar 1945, bei dem Evakuierungsmarsch, soll er jeden Tag bis zu hundert Kranke und Schwache liquidiert haben, die nicht mehr gehen konnten.

»Geschossen habe ich nie. Ich hätte davor nicht einmal Angst gehabt, denn das wäre nur Erfüllung eines dienstlichen Befehles gewesen.« Und: »Was ich gesagt habe, ist beim heiligen Eide wahr!« Ein andermal meint er ironisch: »Es wäre angenehm zu sagen, ich hätte an der schwarzen Wand schießen müssen … So ziehe ich mir ja den Vorwurf der Feigheit zu.« Oder: »Wegen solcher Lappalien wurde ich nicht tätig.«

Häftlinge des Konzentrationslagers Auschwitz nach ihrer Befreiung durch sowjetische Truppen am 26. Januar 1945. Mindestens 1,1 Millionen Menschen kamen in Auschwitz ums Leben.

Der Ludwigsburger Zentrale für die Aufklärung von NS-Verbrechen aber hatte derselbe Wilhelm Boger nach seiner Verhaftung geschrieben: Er habe doch nur Befehle ausgeführt, »verschärfte Vernehmungen« mußte er »im Interesse der Sicherheit des Lagers durchführen«. Bis heute hat er beharrlich behauptet:

Nicht immer dachte Wilhelm Boger so. In Ostrolenka an der deutsch-russischen Demarkationslinie, wo er nach dem Polenfeldzug eingesetzt war, verweigerte er einmal den Befehl seines SS-Oberen. Damals war Boger Hauptsturmführer. Er sollte einen der SS mißliebigen Wehrmachtsoffizier bei einer Treibjagd hinterrücks erschießen. Es sollte nach einem Unfall aussehen. Doch Boger führte den Mordbefehl nicht aus, wurde dafür eingesperrt und degradiert. Jahre später freilich, in Auschwitz, diente sich der »Unentbehrliche« rasch wieder hoch. Hier wurde er zum »fahrenden Tod«.

Aber Wilhelm Bogers Kinder scheinen noch heute stolz auf ihren Vater zu sein. Zu ihnen war er stets liebevoll und freundlich. Er sorgte sich um sie. Ihnen trug er beim Einkauf in Hemmingen das Netz nach Hause. Als seine älteste Tochter Ute von einem sizilianischen Gastarbeiter ein Baby bekam, da war

Ortsbesichtigung in Auschwitz durch das Frankfurter Schwurgericht am 14. Dezember 1964.

Von dieser Schreckensherrschaft Bogers berichtet ein Zeuge dies: Eine Zigeunerin, die Zwillinge hatte, wollte ihren Kinderwagen nicht hergeben. Sie wehrte sich verzweifelt. Da griff Boger die beiden Babys an den Beinen und schleuderte sie gegen den Ofen. Ebenso sadistisch mordete er, als das Zigeunerlager »aufgelöst«, die Insassen ins Gas getrieben wurden: Sieben Kinder, im Alter von vier bis sieben Jahren, packte Boger und warf sie an die Barackenwand. Sie waren sofort tot.

er nicht etwa zornig. Nur gegen eine Heirat hatte er Einwände. Das wäre doch eine »nationale Schande«, sagte er. Fromm, so erzählen Besucher der Familie in der Hemminger Werkswohnung, war Boger auch: Am Mittagstisch wurde immer gebetet. Noch heute, in der Zelle des Untersuchungsgefängnisses, soll er vor dem Essen seine Hände falten. Diese Hände …

In Auschwitz erschoß, prügelte und trat er Frauen, die vor ihm knieten und um Erbarmen flehten. Dort liquidierte er ein Mädchen, weil es an einen anderen

Häftling einen Liebesbrief geschrieben hatte, ihren Freund aber nicht denunzieren wollte. Wann immer Zeugen davon berichten, lächelt Wilhelm Boger nur oder er schnellt hoch: »Der Zeuge irrt sich. Ich bleibe bei dem, was ich gesagt habe, und wenn noch tausend Zeugen kommen.« Wenn der Richter ihn einmal fragt, warum man ihn denn eigentlich den »Tod von Auschwitz« genannt habe, dann trumpft er auf: »Ich habe noch viel mehr Spitznamen gehabt.« Oder er rühmt sich: Als er im Lager war, nahm die Zahl der Fluchtversuche rapide ab.

Fällt es da etwa noch ins Gewicht, daß Wilhelm Boger auch in Auschwitz zuweilen »menschlich« war? Daß er seinen Häftlingsschreibern gelegentlich ein Stück Brot extra, ein Kochgeschirr mit Suppe gab? Einmal mag selbst dieser Mann etwas Gutes getan haben. 999mal aber war er ein Mörder, der Angst und Schrecken verbreitete, wo er auftauchte.

Ein Satan in Menschengestalt. Doch das ist nicht minder furchterregend: Heute sieht es ihm niemand mehr an, was er damals tat. Er ist höflich, diszipliniert, »devot«. Er hat das Gebaren eines Angestellten, der irgendwo in einem Büro Akten registriert und die eintreffende Post abstempelt. Ein Mann mit seinem Auskommen, bescheiden, fleißig, hilfsbereit – wie andere auch. Und er ist doch ein Angeklagter, beschuldigt des bestialischen, heimtückischen, niederträchtigen Mordes, begangen im Konzentrationslager Auschwitz in den Jahren von 1942 bis 1945.

Erst wenn man Wilhelm Boger im Schwurgericht sitzen sieht, neben dem Polizisten, hinter seinen Pflichtverteidigern, erst wenn man hört, was seine Opfer, die noch einmal davonkamen, über ihn aussagen – erst da merkt man, daß er ein Mörder ist und kein Biedermann. Erst da fällt die Maske.

Aufgebrachte Prager Bürger versuchen, während des Einmarsches am 21. August 1968 die sowjetischen Panzer zu stoppen.

Die unerhörten Tage der Freiheit

40 Jahre nach der Niederschlagung des Prager Frühlings: **Christian Schmidt-Häuer**, der als einer der letzten Korrespondenten aus der ČSSR ausgewiesen wurde, erinnert sich

Erschienen in der ZEIT am 24. Juli 2008

Der Wenzelsplatz ist stockfinster. Die letzten Bierseligen haben die baufälligen Gassen ringsum späte Ruhe finden lassen. Nur aus der Etage der Zeitung *Svobodné Slovo* fällt Licht wie aus einem grellen Schlitz auf die dunkle Stadt. *Svobodné Slovo* bedeutet freies Wort. Einer, der es seit acht Monaten erkämpft und verteidigt hat, steht auf dem Balkon. Der Mann heißt Jaroslav Černý. Als Jugendlicher hat er den Einmarsch der Nazis erlebt. Vor einem Jahr nahm er den jungen deutschen Kollegen in Prag mit offenen Armen auf. Jetzt, in der ersten Stunde des 21. August 1968, lauscht der alte journalistische Fahrensmann in die Nacht. Sie ist still. Noch. »Komm wieder rein«, sagt er, »wir werden sie nicht überhören.«

In den Redaktionsräumen klackern die Fernschreiber, überschneiden sich die Stimmen. Die Sprachen. Die Sendestationen. Nur der sonor vibrierende Tonfall der Nachrichtensprecher ist gleich: »Die Armeen des Warschauer Paktes haben gegen 22 Uhr die Grenzen der Tschechoslowakei überschritten und rücken in breiter Formation vor.« Die Redakteure reißen die Meldungen von den Telexgeräten. Lydia, die Feuilletonistin, spannt frische Papierrollen ein. »Hier«, ruft Černý ihr zu, »das wäre ein Zitat für die Kulturseite – wenn wir noch erscheinen! Der französische Romancier Blaise Cendrars hat mal aus Prag geschrieben: ›Die Welt dreht sich überstürzt rückwärts wie die Turmuhr im alten Judenviertel‹.«

Es ist wieder so weit. Der Kalte Krieg rattert über die Ticker, dröhnt aus dem Radio. Ein ehemaliger NS-Journalist und längst führender Kommentator der DDR-Medien preist die Invasion als Rettung vor dem westdeutschen Revanchismus. Die ersten Augenzeugen aus Nordböhmen, Mähren und der Slowakei berichten live, stockend,

Zur Person

Im Herbst 1969 wurde **Alexander Dubček** zum Botschafter der ČSSR in der Türkei ernannt – ein weiterer Schritt zur restlosen Kaltstellung des Politikers, der im Vorjahr als Erster Sekretär der tschechoslowakischen KP die Reformbestrebungen in der ČSSR angeführt hatte. Im Zuge der Niederschlagung des Prager Frühlings im August 1968 war er in die UdSSR verschleppt und zur Unterzeichnung des »Moskauer Protokolls« gezwungen worden, das einer Kapitulationsurkunde gleichkam. Im April 1969 verlor er seinen Posten an der Parteispitze, 1970 wurde er ausgeschlossen. Danach arbeitete er bis 1986 in Bratislava in der Forstverwaltung.

Im Tschechien der »samtenen Revolution« wurde Dubček noch einmal politisch tätig, war aber nur mäßig erfolgreich, da er, während die Zeichen im Lande auf Überwindung des Sozialismus standen, an seiner Idee von einem »Sozialismus mit menschlichem Antlitz« festhielt. 1990 wurde er zum Präsidenten der Föderalversammlung gewählt, 1992 übernahm er den Vorsitz der Sozialdemokratischen Partei der Slowakei.

Im selben Jahr starb Dubček an den Folgen eines Autounfalls. Vermutungen, dass es sich um einen Anschlag gehandelt habe, wurden in offiziellen Untersuchungen nicht bestätigt.

weinend. Die ersten Falken in Washington, London und Bonn stoßen auf die »zerronnenen Illusionen der Pazifisten und Sozialdemokraten« herab. Präsident und Regierung der ČSSR rufen ihre Landsleute auf, Tauben zu bleiben: »Vermeidet jedes Blutvergießen!«

Der Himmel beginnt zu dröhnen. Wir rennen auf den Balkon zurück. Aus bleigrauen Wolken sinken viermotorige russische Antonow-Transportmaschinen zum Tiefflug über das Nationalmuseum und den Wenzelsplatz herab. In immer kürzeren Abständen bringen sie Panzer und Truppen nach Ruzyně, dem neuen Zivilflughafen.

So senkt sich vom 21. August 1968 an ein alles vernichtender Frost über den Prager Frühling. Für

ausrufen. Über den Wenzelsplatz. Unter dem Jubel von 500 000 Pragern.

Um 4.20 Uhr umstellen Soldaten das Gebäude der Kommunistischen Partei

Am Morgen des 21. August schreckt der Platz gegen drei Uhr früh auf. Hupende Taxis mit tschechoslowakischen Fahnen und Polizeiwagen mit Martinshörnern kreisen um diese ovale Riesenarena böhmischer Geschichte. Doch der erste Auftritt des sowjetischen Imperators spielt auf einer noch leeren Bühne. Wir sind von der Redaktion an das Moldau-Ufer gefahren, zum Hauptquartier der Kommunistischen Partei, dem Zentralkomitee der KPČ. Noch ist keine Men-

---

Prager Frühling

Juli 1967:	Der Prager Schriftstellerkongress fordert Presse- und Redefreiheit. Die KPČ reagiert repressiv.
31.10.1967:	Eine Studentendemonstration wird niedergeknüppelt.
Januar 1968:	Diese Vorfälle spalten die KPČ; Alexander Dubček löst Parteichef Antonín Novotný ab.
23.3.1968:	Die Parteichefs des Ostblocks zitieren Dubček zum Gipfel nach Dresden und warnen ihn.
5.4.1968:	Die KPČ sagt Reise-, Rede- und Versammlungsfreiheit sowie Wirschaftsreformen zu.
Mai 1968:	Die »Bruderstaaten« setzen Prag mit Manövern unter Druck.
27.6.1968:	Prager Intellektuelle fordern im »Manifest der 2000 Worte« Streiks
	und Boykotts gegen diskreditierte Funktionäre. Sie wollen einem ausländischen Eingriff, »wenn nötig mit Waffen«, entgegentreten.
22.7.1968:	Der sowjetische Verteidigungsminister Gretschko wird beauftragt, Maßnahmen für »die Zeit nach dem Eingriff zu ergreifen«.
17.8.1968:	Das Moskauer Politbüro beschließt die Intervention.
20.–21.8.1968:	Panzer der UdSSR, Polens, Ungarns und Bulgariens rollen in die ČSSR ein.
17.4.1969:	Parteichef Dubček wird durch Gustav Husák abgelöst.
1.9.1992:	Dubček stirbt bei einem Autounfall, dessen genaue Ursache ungeklärt bleibt.

---

21 Jahre. Jaroslav Černý wird den langen Winter der Erniedrigungen nicht überleben. Doch der Balkon, auf dem er der zweiten Invasion seines Lebens zusehen muss, hat die nächste geschichtliche Wende Prags noch vor sich. Von hier aus werden Ende 1989 der von aller Welt bewunderte Dissident Václav Havel und der von Moskau geschundene Reformkommunist Alexander Dubček die samtene Revolution

schenseele zu sehen. Im grauen Betonklotz brennt trübes Licht.

Um 4.20 Uhr führt eine schwarze Wolga-Limousine der Sowjetbotschaft drei leichte Panzerwagen aus dem Dämmerlicht heran. Soldaten in langen Feldmänteln umstellen das Gebäude im Laufschritt. Einer der Posten, den wir anzusprechen versuchen, lädt wortlos seine MP durch. Fallschirmjäger mit weinroten Baretts stoßen hinzu. Die ersten T-55-Panzer rasseln heran.

Wir wissen zu dieser Stunde, dass oben, hinter den matt erleuchteten Fenstern, die gesamte KPČ-Führung mit Parteichef Dubček sitzt. Die Reformer und ihre moskautreuen Opponenten haben bereits seit 14 Uhr über die Einberufung eines außerordentlichen Parteitags beraten und gestritten. Der jüngste und klügste Kopf der Reformkommunisten ist der 39-jährige Staatsrechtler Zdeněk Mlynář. Viele Jahre nach dem Einmarsch wird man erfahren, dass Mlynář 1950 beim Studium in Moskau einen russischen Kommilitonen zum Freund gewonnen hat, der 1968 der Welt noch völlig unbekannt ist. Er heißt Michail Gorbatschow. Gut 15 Jahre nach der Invasion wird

er später erzählt, hinter den Gardinen auf die Soldaten hinunter. Da fällt ihm ein Bild aus der Kindheit ein: »In der Nacht nach dem Attentat auf den Reichsprotektor Heydrich sah ich durch ein Fenster, wie die gleichen grauen Gespenster der deutschen Besatzer in unserer Gasse Haus für Haus durchkämmten.«

Bevor die sowjetischen Offiziere ins Zimmer stürzen, hört Mlynář noch die fernen Sprechchöre des ersten Protestzugs: »Russen nach Hause!« Mit der blau-weiß-roten Trikolore der ČSSR – der Tschechoslowakischen Sozialistischen Republik – kommen die Demonstranten in Zwölferreihen auf das ZK-Gebäude zu. Sie haben einander nicht untergehakt wie im gleichen Jahr die Studenten gegen die Polizei in Paris und die Springer-Presse in Berlin. Ihre Lippen sind

Demonstranten in Prag tragen eine blutbefleckte Flagge vor sich her.

dieser Mann die Hoffnungen der Prager Reformer auf sein eigenes Land zu übertragen versuchen.

Am Morgen des 21. August 1968 aber soll alles niedergewalzt werden, was die tschechoslowakischen Kommunisten in den vorangegangenen Monaten beschlossen – von der Abschaffung der Zensur bis zu marktwirtschaftlichen Elementen. Weil sie voller Furcht sehen, dass der Prager Frühling auch die Bürger der DDR, Polens, der Ukraine betört, haben die sogenannten Bruderparteien schon seit Monaten auf den Einmarsch gedrängt.

Während die Reformpolitiker in Dubčeks Arbeitszimmer auf ihre Verhaftung warten, sieht Mlynář, wie

schmaler, ihre Gesichter härter. Ohne die Schritte zu verlangsamen, rücken sie gegen die russischen Posten an. Passanten mit ausgebreiteten Armen können sie nicht aufhalten.

Die Trikolore liegt am Boden, ein junger Mann verblutet auf ihr

Als die Demonstranten die Soldaten erreichen, löst sich ihr Strom in wilde Strudel auf. Einer der Panzer dreht sich, Auspuffwolken ausstoßend, auf der Stelle. Die Tschechen entern ihn, aus dem Rohr hängt bald ihre Fahne. Erste MP-Garben stieben durch die Rauchschwaden. Seit 4.45 Uhr wird in Prag geschossen. Die Trikolore liegt am Boden. Ein junger Mann verblutet auf ihr. Die verfärbte Fahne wandert von da an von Demo zu Demo, wo immer die Panzer drohen und die damals noch wenigen Fernsehkameras drehen. Sie wird zur Zeugin der Anklage in einem beispiellosen, friedlichen Widerstand von Tschechen und Slowaken, der in den nächsten zehn Tagen die Welt erschüttert. War die KP in den Monaten zuvor zur Volkspartei geworden, wird jetzt fast das ganze Volk zur Partei.

Die Helden der samtenen Revolution von 1989 trugen zu dieser Verdrängung bei. Sie ließen die

tionen diskreditiert, Dubčeks »Sozialismus mit menschlichem Antlitz« als illusionäre Propaganda abgetan. Konservative westliche Publizisten assistieren bei dieser Umwertung bis heute. »Fast alle Kommunisten um Alexander Dubček« seien damals dabei gewesen, so stand es erst jüngst in einer großen deutschen Zeitung, »nicht in der Lage oder willens, echte Demokraten zu werden«. War der ganze Prager Frühling also nur eine Scheinblüte?

Ich habe ihn anders erlebt.

Am 25. Juni 1967 brütet ein früher Sommer über Prag. Das Thermometer zeigt 35 Grad. Die Hitze drückt auf die Gemüter. Doch die Hochspannung, die sich im Kulturhaus der Verkehrsbetriebe auflädt,

Während des sowjetischen Einmarsches in Prag versuchen Demonstranten, mit den Soldaten zu diskutieren. Als Zeichen des Widerstands hatten sie auf viele Militärfahrzeuge Parolen und Hakenkreuze gemalt.

nun nicht mehr altkommunistischen, sondern neoliberalen Medien mit ihren oft frisch gebackenen journalistischen Yuppies den Prager Frühling instrumentalisieren. Er wurde für die neue politische Grundsteinlegung in Prag als bloßer Machtkampf zwischen zwei kommunistischen Frak-

hat andere Gründe. In Hemdsärmeln und Hosenträgern verliest der noch allgewaltige Parteisekretär für ideologische Fragen, Jiří Hendrych, die Eröffnungsrede auf dem IV. Schriftstellerkongress. Der Verband, so poltert er, habe alle Kräfte gegen den ideologischen Pluralismus in seinen Reihen zu sammeln.

Der Schriftsteller Milan Kundera schiebt daraufhin sein mit der Partei abgestimmtes Referat für »ein paar Privatbemerkungen« zur Seite. Der Schriftstellerverband müsse in seiner Resolution, so fordert er unter Beifallsstürmen, Rede- und Pressefreiheit verlangen und auch die Herausgabe aller verbotenen Werke.

Als sich immer mehr Autoren dem Aufstand anschließen, stürmt der Parteiideologe mit dem Satz »Jetzt habt ihr Schriftsteller verschissen!« aus dem Saal. Verzagte fürchten, dass die Partei den Kongress auflösen wird. Gerüchte machen die Runde mit Namen von Schriftstellern, die aus dem Verband ausgeschlossen werden sollen – und dann mittellos dastehen würden.

Einer von ihnen ist Ludvík Vaculik. »Ich habe Angst«, sagt er vom Podium herab, »aber es kann nicht verschwiegen werden, dass bei uns in 20 Jahren keine menschliche Frage gelöst wurde – von primären Dingen wie Wohnungen, Schulen, wirtschaftlichen Erfolgen bis zu feineren Bedürfnissen, welche die undemokratischen Systeme dieser Welt nicht erfüllen können. Ich nenne das Gefühl einer vollen Geltung in der Gesellschaft, die Unterordnung politischer Entscheidungen unter ethische Kriterien, den Glauben an den Sinn auch der kleinen Arbeit, das Sehnen nach Vertrauen unter den Menschen. Meine Kritik an diesem Staat hefte ich nicht dem Sozialismus an, weil ich davon überzeugt bin, dass eine solche Entwicklung bei uns nicht nötig war, und weil ich diese Macht nicht mit dem Sozialismus identifiziere, so wie sie es selbst tut.«

Vaculiks Rede löst Erschütterung aus. Ein Parteimitglied aus proletarischem Milieu bricht mit der kommunistischen Wirklichkeit und hält ihr den sozialistischen Wahrheitsanspruch entgegen. Nirgendwo in Europa war die Verbindung von Intellektuellen und KP zuvor so eng und so dauerhaft gewesen wie in der Tschechoslowakei.

Anders als die aufbegehrenden Studenten im Westen, die später das Etikett »68er« erhalten, kann man die Prager Reformer »38er« nennen. Geboren in den zwanziger Jahren, müssen sie 1938 das Münchner Abkommen miterleben – als »die Weltdemokratie ihren abscheulichen Verrat an dem Lande Masaryks und Beneschs beginnt«, wie es Thomas Mann formuliert hat. Im Stich gelassen vom Westen, findet diese Generation in – vor allem

literarischen – marxistischen Texten das Versprechen einer besseren Gesellschaftsordnung.

Die Solidarität der Schriftsteller steckt Bürger, Arbeiter und die Partei an

Nach dem Zweiten Weltkrieg ist die Tschechoslowakei das einzige Land, in dem eine KP die Wahlen gewinnt. Erst die folgenden stalinistischen Verbrechen, die Hinrichtung des jüdischstämmigen KP-Generalsekretärs Rudolf Slánský nach dem Schauprozess von 1952, lassen die Intellektuellen vom realen Kommunismus abrücken. Die legendäre Konferenz zur literarischen Rehabilitierung Franz Kafkas, die der Germanist Eduard Goldstücker 1963 im Schloss von Liblice organisiert, vertieft die Entfremdung.

Diese Vorgeschichte, dieser lange Klimawandel, erklärt, warum der Prager Frühling sich so plötzlich ausbreiten und vom alten Machtapparat nicht aufgehalten werden kann. Nach dem Schriftstellerkongress überstürzen sich die Ereignisse. Die Solidarität der Intellektuellen steckt Bürger, Arbeiter und die Partei an. Für den nach seiner Rede von der KP ausgeschlossenen Ludvík Vaculik, der drei Kinder zu versorgen hat, treffen Geldspenden ein. Stahlarbeiter und Betriebsparteiorganisationen erklären sich solidarisch.

Parteichef Antonín Novotný gerät Ende Oktober unter den Beschuss eines Slowaken, der den Prager Bürgern kaum bekannt ist: Alexander Dubček. Der bezichtigt den Tschechen, die Schriftsteller »diktatorisch« behandelt und die Wirtschaftsreformen vernachlässigt zu haben. Der Parteichef kontert mit dem Vorwurf, Dubčeks Äußerungen verrieten »bourgeoisen slowakischen Nationalismus« – und macht ihn damit zum Helden aller Slowaken. Am selben Abend begeht das Zentralkomitee auf der Prager Burg die 50. Wiederkehr der Oktoberrevolution, die nach dem alten russischen Kalender am 31. Oktober 1917 begann. Während des Festakts schallt es vor der Burg: »Wir wollen Licht!« 1500 Kommilitonen ziehen mit brennenden Kerzen am Hradschin vorbei zum Stadtzentrum.

Sie protestieren dagegen, dass die verrotteten Kabel zu ihrer Studentensiedlung nicht repariert, sondern Abend für Abend durch Stromsperren geschont werden. Prags Polizisten reagieren wie ihre Kollegen in Berlin Monate zuvor beim Schahbesuch, der Benno

Ohnesorg das Leben kostete. Nach Knüppelorgien bleiben 46 verletzte Studenten auf dem Schlachtfeld.

Die Brutalität der Polizei, die Brüskierung der Slowaken, die Bilanz des Schriftstellerkongresses führen zum Sturz des Parteichefs. Unter den Lüstern des Spanischen Saals auf dem Hradschin, wo einst Rudolf II., Habsburgs kaiserlicher und Böhmens königlicher Faust, sich bei seinen Kunstschätzen der widrigen Tagespolitik entzog, öffnet die Partei 1968 selbst das Tor zum Prager Frühling. Während des ZK-Plenums tritt ein Altkommunist aus dem Schatten der Vergangenheit ans Mikrofon. Den kurz geschorenen Graukopf leicht gebeugt, ruft Josef Smrkovský, Minister für Forst- und Wasserwirtschaft, den Stalinismus in Erinnerung. Mit dunkler, schleppender Stimme beschreibt er die Todeszelle, in der er auf sein Urteil wartete, während sein Zellennachbar ohne Prozess erschossen wurde. Darum reiche es nicht, nur die Mitverantwortlichen für jene Untaten abzulösen. Die Herrschaft unkontrollierter, totalitärer Macht müsse für immer gebannt werden – durch Umwandlung der Partei.

Die ZK-Mitglieder, die atemlos zugehört haben, ersetzen mit ihrer allerersten geheimen Abstimmung Antonín Novotný durch Alexander Dubček. Ein Slowake als Parteichef in Prag – auch das hat es noch nie gegeben. Zum ersten Idol der Jugend aber wird Josef Smrkovský. Auf einem wackligen Tisch stehend, über ein hohes Metallgitter mit scharfen Spitzen gebeugt, spricht der Mann aus der Todeszelle der Stalinzeit am 13. März zu Prags Jugendlichen. Sie sind am Nachmittag zum »Graben« geströmt, jener Straße zwischen Wenzelsplatz und Pulverturm, die Egon Erwin Kisch einst den Korso der Deutschen nannte.

Die Moskauer »Prawda« warnt vor einer Restauration des Kapitalismus

Das Slawische Haus dort, in dem sich Schriftsteller und Reformkommunisten zum ersten Mal der Öffentlichkeit präsentieren, ist überfüllt. Das Heerlager draußen blockiert den Verkehr. Smrkovský, der vom Podium drinnen gekommen ist, hält keine Rede. Er spricht in abgehackten Sätzen, manchmal schwerfällig nach Worten suchend, mit den Leuten.

Trotz aller furchtbaren Fehler, sagt Smrkovský, habe die KP noch 1,4 Millionen Menschen in ihren Reihen. »Leider«, antwortet eine Stimme. Alles lacht,

auch der alte Mann hinter dem Gitter. Er gewinnt die Jugend, als er sich auf die Seite der Warschauer Studenten stellt, die gerade gegen den antisemitischen Kurs der polnischen Kommunisten demonstrieren: »Es ist die heilige Pflicht eines jeden Kommunisten, den Antisemitismus in jeglicher Form zu bekämpfen. Antisemitismus ist eine Schande!«

Drinnen im Saal mit seinen Emporen und Säulen aus der Gründerzeit ist das dicht gedrängte Auditorium noch bunter als draußen. Ältere Prager Damen, die eine gutbürgerliche Vergangenheit sichtbar zur Schau tragen. Mädchen mit Miniröcken und Make-Love-Plaketten. Arbeiter in zerknüllten Nylonmänteln. Kommilitonen im Castro-Look. Soldaten und Teenager, die sich immer wieder Notizen machen. Zuhörer, die leise, ungläubig nachsprechen, was sie vom Podium an selbstkritischen, ironischen Pointen hören.

Es ist dieser 13. März im Slawischen Haus, an dem sich Regierte und Regierende zum ersten Mal unter einem Dach finden. Metaphern blühen auf, die bald schon die Schriftstellerzirkel verlassen und über Politiker und Studenten, Arbeiter und Angestellte, Mütter und Militärs die Sprache eines ganzen Volkes für den Traum und Albtraum von 1968 prägen.

Putschgerüchte werden gemeldet. Eine Panzerdivision soll 1030 Reformanhänger verhaften und so Novotný im Amt des Staatspräsidenten halten. Als die Liste veröffentlicht wird, erschießt sich der Stellvertretende Verteidigungsminister General Vladimír Janko. Ein halbes Dutzend höherer Offiziere und Geheimdienstler folgt ihm in den Tod. Novotný verliert seine letzte Bastion. Mit ihm treten binnen 48 Stunden rund 50 Politiker zurück. Mehrmals stehen wir vor leeren Büros, weil die, die wir interviewen wollen, gerade ihre Posten verlassen mussten.

Die Zensoren sind schon arbeitslos, obwohl die Zensur noch gar nicht abgeschafft ist. Die Meldungen überschlagen sich. Zeitungen, die bis vor Kurzem nur wegen des Sportteils gelesen wurden, sind früh um sieben Uhr ausverkauft. Die Presse wird zur Opposition. Sie spiegelt den plötzlichen Überschwang einer schon lange veränderungsbereiten Gesellschaft wider. So trägt sie dazu bei, dass die Revolution von oben, angestoßen vom Reformerflügel, zur bürgerlich-friedlichen, politisch kaum noch einzufriedenden Kulturrevolution von unten wird.

Am 5. April billigt das ZK-Plenum das neue Aktionsprogramm der KPČ. Es kündigt tief greifende Veränderungen an: Rede- und Versammlungsfreiheit, Reisen ins Ausland, Privatisierung kleinerer und mittlerer Betriebe, Entscheidungskompetenzen für Betriebsräte. Dubčeks »Sozialismus mit mensch-

»ehrlich bemühen, die letzte Gelegenheit wahrzunehmen, um die eigene Ehre und die Ehre der Nation zu retten«. Doch habe die Demokratisierung jüngst ihren Schwung verloren. Deshalb empfehlen die Unterzeichner Demonstrationen, Streiks, Boykotts und die Gründung von Bürgerkomitees,

Nach den Gipfelgesprächen in Čierna nad Tissou wird Alexander Dubček von Anhängern gefeiert.

lichem Antlitz« erhält gewinnende Züge. Tschechen und Slowaken können Presse- und Grundfreiheiten genießen, nach Österreich und Westdeutschland reisen, Vereine gründen, den Künsten und ihrem Glauben unbeschränkt frönen. Allein beim Sozialismus soll es bleiben: Das Aktionsprogramm will keine Parteien gestatten »in dem Sinne, dass sich eine Opposition gegen die Linie der staatlichen Politik bildet … und ein politischer Kampf um die Macht im Staate geführt wird«.

Einige Prager Intellektuelle nennen das Programm »minimalistisch«, der sowjetische Parteichef Leonid Breschnew verurteilt es als »revisionistisch«. Moskautreue Genossen der KPČ, die im Parteipräsidium noch gleich stark vertreten sind, sammeln ihre Anhänger zum Gefecht.

Da erscheint am 27. Juni das »Manifest der 2000 Worte«. 69 Prominente haben es unterzeichnet. Sein Verfasser ist Ludvík Vaculik, der ein Jahr zuvor den Schriftstellerkongress erschüttert hat. Das Manifest erkennt an, dass sich die Kommunisten

um die diskreditierten Funktionäre abzulösen. Zur »Möglichkeit, dass fremde Kräfte in unsere innere Entwicklung eingreifen«, heißt es schließlich: »Wir können aber der Regierung versichern, dass wir hinter ihr stehen werden, wenn nötig mit Waffen.«

In hektischer Atmosphäre verurteilt das gespaltene KPČ-Präsidium den Appell als Angriff auf die Parteiführung, der »objektiv antikommunistischen Tendenzen den Weg« ebne. Smrkovský, inzwischen Parlamentspräsident, nennt das Manifest »tragisch«, die Unterzeichner hätten sich von politischer Romantik leiten lassen.

Am Moldau-Ufer, in den Redaktionsräumen von *Literární Listy*, treffe ich Ludvík Vaculik zum Interview. Der Tischlersohn und einstige Fabrikarbeiter, Autor des zu jener Zeit berühmtesten Prager Gegenwartsromans *Das Beil*, trägt wie immer sein groß kariertes Wollhemd, die uralte Aktentasche, den Dreitagebart unter den wirren dunklen Haarsträhnen. »Nichts hat sich verändert«, sagt er. »Der Wirbel ist im Grunde mehr wert als das Manifest selbst. Die

Bürger sollten erkennen, weshalb die Situation im Lande noch immer nicht ausschließt, dass sich bei der Rückkehr aus den Ferien plötzlich die andere Seite etabliert hat.«

Die »andere Seite« nutzt das Manifest, um die angelaufenen Vorbereitungen zur Invasion ideologisch zu flankieren. Die Moskauer *Prawda* warnt vor einem »Umsturz« und der Restauration des Kapitalismus. Dabei hatte sich Parteichef Breschnew anfangs eher bedeckt gehalten. Im Dezember 1967 war er sogar in geheimer Mission nach Prag geflogen, um

Die Delegation der DDR wird am 2. August 1968 auf dem Flughafen von Bratislava von tschechoslowakischen Politikern empfangen. V.l.n.r.: Josef Smrkovský, Alexander Dubček, Walter Ulbricht, Willy Stoph und Oldrich Černik.

den sich anbahnenden Wechsel an der Parteispitze gutzuheißen. Er mochte Novotný nicht, weil der als einziger Ostblockführer 1964 Kritik gewagt hatte, als Breschnew seinen Vorgänger Chruschtschow stürzte. Für Dubček, in einer kirgisischen Bauernkommune aufgewachsen, weil sein slowakischer Vater dort die sowjetische Wirtschaft aufbauen half, empfand er hingegen zunächst Sympathie.

SED-Chef Walter Ulbricht und seine Kollegen in Warschau und Sofia jedoch sehen die ČSSR schon im Februar als Opfer imperialistischer Infiltration. Als im Prager Frühling eine freie Presse aufblüht und die Macht der Altgenossen dahinwelkt, sieht auch Breschnew Handlungsbedarf. Dubček wird zu einem Treffen der Bruderstaaten über gemeinsame Wirtschaftsfragen am 23. März nach Dresden geladen. Doch die Konferenz nimmt ihn ins Kreuzverhör über die Rolle der Partei. Der sowjetische Mi-

nisterpräsident Alexej Kossygin spricht zum ersten Mal das K-Wort von 1968 aus: »Mit dieser Konterrevolution, diesem Dreck, der jetzt überall hochkommt«, müsse Schluss gemacht werden.

Nahezu das gesamte Politbüro ist aus dem Kreml angereist

Ende Mai rücken sowjetische Truppen über die polnische Grenze zu Manövern ein. Der deutsche Bundesnachrichtendienst registriert schon bald »dauerhafte Markierungen im Gelände«. Nach dem »Manifest der 2000 Worte« laden die »Bruderparteien« (mit Ausnahme Rumäniens) am 11. Juli zu einem Gipfel nach Warschau. Doch die Prager Reformer haben drei Tage zuvor beschlossen, nur noch bilaterale Gespräche auf eigenem Boden zu führen. Einer von ihnen sagt mir: »Es war der entscheidende Fehler des Reformators Jan Hus, 1415 zum Konzil nach Konstanz zu fahren.« Dort wurde der Prager erst angehört – und dann verbrannt.

So kommt es am 29. Juli zu einem noch nie da gewesenen Moment in der sowjetischen Geschichte. Die Zeiger der Bahnhofsuhr stehen auf 9.52 Uhr, als ein Sonderzug mit 15 grün gestrichenen Salonwagen über die Grenze der UdSSR in den slowakischen Marktflecken Čierna nad Tissou einrollt. Aus dem Wagen steigen mit verschlossenen Gesichtern neun von elf Mitgliedern des Moskauer Politbüros. Zum ersten Mal seit der Oktoberrevolution ist die nahezu gesamte Kremlführung außer Landes gereist. Kühl begrüßen sie die Prager Genossen. Die Delegationen gehen hinüber zum Kulturhaus der Eisenbahner, wo sich sonst die Dorfbewohner zum Kinobesuch treffen. Über die Begegnung ist absolutes Stillschweigen vereinbart worden. Die Moskauer Gäste geben sich empört, als sie uns Journalisten neben gewaltigen Gänse- und Entenscharen entdecken. Doch sie sind ohnehin nicht gekommen, um zu verhandeln, sondern um eine Spaltung der Prager Führung zu erzwingen.

Das misslingt diesmal noch, aber Dubček wird die Zusage abgepresst, exponierte Reformer zu entlassen und die Presse an die Kandare zu nehmen. Später erfahren wir, dass die »Bruderstaaten« bereits am 15. Juli in Warschau geschlossen für den Einmarsch gestimmt haben.

Am ersten Augustwochenende wird die besorgte Weltöffentlichkeit noch einmal in Sicherheit gewiegt. Die Partei- und Regierungsspitzen der UdSSR, der DDR, Polens, Ungarns, Bulgariens und der Tschechoslowakei treffen sich zum Blitz-Gipfel in der slowakischen Hauptstadt Bratislava. Die Delegationen sitzen sich im Gewerkschaftsheim hoch über der Donau gegenüber. Vom Fluss führt eine schmale Stiege hinauf, vor der zwei geduldige Polizisten stehen. Zu den Journalisten dort unten dringen, wie von Kafkas Schloss, ab und an unbedeutende Botschaften hinunter.

Doch dann kommen, wie Bürokraten aus der Welt des Prager Dichters, drei Männer in Schwarz die Treppe herab: Ministerpräsident Kossygin, der hoch aufgeschossene Moskauer Chefideologe Michail Suslow und der kleine, füllige Parteichef der Ukraine, Pjotr Schelest. Als ich Kossygin nach dem Stand der Gespräche frage, lächelt er: »Lassen wir das doch jetzt beiseite, wir wollen die Donau sehen!« Zwei Minuten schauen die drei offenen Befürworter der Invasion auf den Fluss, dann steigen sie strahlend wieder zum Gipfel hinauf.

Auch DDR-Touristen unterschreiben den Appell an die Prager Führung

Als die Delegationen am späten Nachmittag im Spiegelsaal des Rathauses ihre Deklaration unterschrieben haben und sich gut gelaunt auf der Balustrade zeigen, kennt der Jubel der Menschen keine Grenzen. Die Agenturen melden eine Wende zum Guten. Noch einmal siegt das Wunschdenken. Nur wenige achten auf die in der Deklaration versteckte Formulierung, die später einmal als Breschnew-Doktrin von der begrenzten Souveränität gelten wird: »Die Bruderstaaten … werden es niemals und niemandem erlauben, einen Keil zwischen die sozialistischen Länder zu treiben, die Grundlagen der sozialistischen Ordnung zu untergraben.«

In diesem heißen Sommer stehen Böhmen, Mähren und Slowaken so eng beieinander wie noch nie in ihrer Geschichte. Sie sind zusammengerückt hinter der KPČ wie hinter keiner bürgerlichen Partei zuvor. Nicht nur in Prag, nicht nur vor Zeitungskiosken und in Fabriken. Auf Dorfplätzen versöhnen sich lange verfeindete Bauern »za Dubčeka«, für Dubček. Als sich die Meldung verbreitet, der Kreml habe beide Parteiführungen in voller Besetzung nach Čierna beordert, fragen Schriftsetzer bei *Literární*

Listy an, ob dort ein Aufruf dazu verfasst werde. Sonst würden sie selbst zur Feder greifen. Doch der Schriftsteller Pavel Kohout hat bereits einen Appell an die Prager Führung verfasst.

Kaum ist die Sonderausgabe auf den Prager Straßen, bauen Studentinnen und Rentner, Spaziergänger und Arbeiter in Blaumännern Tische auf und lassen den Appell unterschreiben. Passanten und Polizisten, Kellnerinnen und Köche sammeln sich um die Listen. Und immer wieder auch DDR-Touristen – eine Weile abwartend, bevor sie sich einen Ruck geben und ihren Namen, oft mit voller Adresse, eintragen. Auf dem Graben, Prags Speakers' Corner in diesen Monaten, gehen die Diskussionen Nacht für Nacht bis in die Morgenstunden. »Was ihr hier habt«, sagt ein Dresdner, »gibt es auf der Welt nicht noch mal. Ihr könnt gar nicht wissen, was das für uns bedeutet, weil wir jetzt nicht mehr nur nach'm Westen gucken müssen.«

Als dann das kurze, nichtssagende Kommuniqué von Čierna im Radio verlesen wird, entlädt sich die Anspannung in fieberhafter Erregung und Enttäuschung. Auf dem Altstädter Ring wird das klobige Denkmal, das 1915 zum 500. Todestag des in Konstanz verbrannten Ketzers Jan Hus errichtet wurde, zu einer Menschensäule mit Fahnen und Transparenten. Parlamentspräsident Smrkovský erscheint auf dem gegenüberliegenden Balkon der früheren Musikschule. Das Idol der Jugend wirkt ausgebrannt, spricht schleppend. Sagt nichts Konkretes über die Verhandlungsergebnisse. Die Zwischenrufe werden immer bohrender. »Wir sind keinen Schritt zurückgegangen!«, rechtfertigt sich der Politiker gequält und tritt vom Balkon ab.

Wenig später hetzt ein gespenstischer Zug durch die stockfinsteren Torbögen der Prager Altstadt. Der Parlamentspräsident, der das Haus durch einen Hinterausgang verlassen hat, wird von einer Kette Jugendlicher abgeschirmt. Doch sie können ihn vor dem Gedränge und Geschubse nicht bewahren. Die bis dahin nie schwankende Vaterfigur zeigt nur noch ein todmüdes, verlegenes Lächeln. Einige aus dem Strom klatschen Beifall, andere schreien ihm ins Gesicht: »Die Wahrheit! Wir wollen die Wahrheit hören!« Ein junger Mann läuft voraus und hält einen privaten Wagen an. Smrkovský zwängt sich hinein. Die Menge gibt das eingekeilte Auto frei.

Fünf Tage vor dem Einmarsch warte ich in einem der goldverzierten Säle der Prager Burg auf

Alexander Dubček. Er kommt zu dem vereinbarten Gespräch, nachdem er beim Staatsempfang Rumäniens Präsidenten verabschiedet hat. Mein Weinglas ist fast leer. Dubček sieht es, als er anstoßen will, und schüttet aus seinem Glas nach, genau überprüfend, ob der Wein auch gleichmäßig verteilt ist. »Damit Sie nicht sagen, wir Kommunisten seien ungerecht!«, lacht er. Auch als das Gespräch ernster wird, sind seine Repliken weder eitel noch heftig. Zum geplanten Egerländer Treffen in Schirnding, das die SED propagandistisch ausschlachtet, sagt er nur: »Es ist doch nicht nötig, dass man durch eine solche Sache Unruhe schafft.«

Der Parteichef spricht so selbstverständlich und scheinbar entspannt von den kleineren Sorgen, dass ich ihm die große Frage nach der drohenden Besetzung des Landes gar nicht stellen mag. »Sehen Sie«, weist er auf die Stadt hinunter, »es ist schade, dass die täglichen Straßendiskussionen ein wenig in Gefahr geraten, von verschiedenen Leuten zu anarchistischen Aktionen ausgenutzt zu werden. Wir könnten die nächtlichen Gruppen natürlich leicht mit der Polizei auflösen. Im Westen hat General de Gaulle bei den Pariser Studentendemonstrationen ja ein Beispiel dafür geliefert. Aber für uns ist die Polizei keine Lösung. Wir wollen die Menschen überzeugen.«

Dubček lächelt mit leicht geschlossenen Lidern und etwas zurückgelehntem Kopf. Druck und Erschöpfung der vergangenen Monate haben auf jeder Wange eine scharfe Furche hinterlassen. Auf seine weichen Züge scheint ein Anflug von Trauer zu fallen. Was Wunder: Vom Schlosser war er in zehn Jahren zum Musterschüler der Moskauer Parteihochschule aufgestiegen, kam schnell, aber solide auf der Karriereleiter der KP voran. Selten konnte sie ein toleranterer Genosse erklimmen. Doch zum gewieften Machtpolitiker ohne viele Skrupel, zum Staatsmann gar hat er weder das Zeug noch den Willen. Zum Demokraten eher. Doch bevor Alexander Dubček nach diesem Abend wieder in der Öffentlichkeit erscheint, wird die Freiheit der Tschechoslowakei – für die er einstehen wollte, so gut er konnte – von den Panzern überrollt sein.

Als die Panzer am Morgen des 21. August auf die zentralen Punkte der großen Städte zurollen, haben Tschechen und Slowaken ihre einzigen Waffen in den Händen: Transistorradios. In endlosen Kolonnen machen sie sich auf, um zu verteidigen, was zur De-

mokratisierung des Sozialismus führte: das freie Wort. Vor dem Rundfunk in der Vinohradská bilden die Prager eine lebende Mauer. Mit Straßenbarrieren aus Bussen, Baufahrzeugen und Bulldozern kesseln sie die Panzer in diesem Straßenabschnitt ein. Jugendliche versuchen, ihre Jacken in die Sehschlitze der Panzer zu stopfen. Um 8.10 Uhr strahlt das umkämpfte Radio die niedergeschlagen klingenden Worte Staatspräsident Ludvík Svobodas aus: »Ich möchte euch nur darum bitten, dass ihr völlige Ruhe und Besonnenheit bewahrt.«

In ihrer hilflosen Panik beginnen die sowjetischen Soldaten zu schießen

Mit Gewehrsalven auf die oberen Stockwerke der Häuser gegenüber kämpfen sich die Soldaten den Weg ins Rundfunkgebäude über einen Nebeneingang frei. Wie sie es angekündigt haben, legen die Redakteure als Schlusszeichen die Nationalhymne auf. Dieses eine Mal singen die Tschechen nicht mit. Sie zünden die Barrikaden an. Junge Arbeiter und langmähnige Studenten stehen auf den brennenden Bussen und schwenken die Trikolore. Der erste Panzer geht in Flammen auf, Jugendliche haben die Reservekanister angebohrt. Die behelmten Soldaten auf den Mannschaftswagen beginnen in ihrer hilflosen Panik zu schießen. Zwischen den Stichflammen des brennenden Benzins und den dunkler werdenden Rauchschwaden treffen Querschläger die ersten Opfer. Ein älterer Tscheche reicht mir noch warme Patronenhülsen: »Von unseren Brüdern! Ihr Deutschen seid damals wenigstens als Feinde gekommen!«

Weiter unten am Wenzelsplatz breitet sich der gewaltlose Widerstand aus. Mit jedem T-55 taucht auch ein Lastwagen auf, überladen mit jungen Pragern, gespickt mit Fahnen. Seit dem Nachmittag nehmen die Prager Mädchen das Heft in die Hand. Sie haben ihre schicksten Kleider, ihre kürzesten Miniröcke angezogen. Sie hängen ihre Handtäschchen an MG-Läufe, klettern auf Panzer, fragen die verlegenen, oft ahnungslosen Bauernjungen, die nicht einmal wissen, wo sie sind: »Kommt man so zu Freunden?« Vor den Panzern, auf die oft schon SS-Runen gemalt sind oder Parolen wie »Breschnew = Hitler«, »UdSSR = USA«, »Vietnam«, pflanzen sich Teenager auf. Sie verlesen den geduldig bis stoisch Zuhörenden auf Russisch Resolutionen von Kleinstbetrieben, Gewerkschaften, Theatern.

Der Einmarsch ist ein imperialistischer Akt. Die meisten Soldaten aber erscheinen nicht imperialistisch, sondern ratlos, hungrig, verwirrt. Ich habe Offiziere gesehen, die sich verstohlen die Augen wischten. Vier Fünftel der Okkupationstruppen sind aus der UdSSR gekommen. Die DDR-Einheiten mussten draußen bleiben, auf Anordnung Breschnews und zum Leidwesen Ulbrichts. Rund 500 Menschen verlieren ihr Leben. Dass es nicht mehr werden, ist bei-

den und schreiben: »Achtung! Folgende Wagen verhaften: AE 3092, AD 4819, RK 5313, ABA 7191 …«

Prag wird zur Wandzeitung, die das chinesische Patent weit übertrifft. Jede Sparte, jede Berufsgruppe, jede Organisation klebt ihre eigene Protestresolution an Türen, Fassaden, Schaufenster. Es sind Texte von ohnmächtiger Überlegenheit wie dieser in russischer Sprache: »Soldaten, begreift, dass die Besatzung unseres sozialistischen Landes eine Schande für die KPdSU und ein schwerer Schlag für die kommunistische Weltbewegung ist.«

»Dieser Mann packt nun seine Koffer«

Am 27. April 1969 brachte der DDR-Sender Radio Berlin International in tschechischer Sprache einen Kommentar zur Ausweisung von Christian Schmidt-Häuer. Wir dokumentieren Auszüge: »Liebe Hörer! Spätestens heute Nacht muss ein Mann Ihr Land verlassen, der unsere Aufmerksamkeit verdient. Es handelt sich um Christian Schmidt-Häuer. Was für Sie, liebe Hörer, Grund zur Freude war, gab ihm Anlass zum Bedauern – nämlich dass das Parteiorgan Rudé Právo schließlich eine ganze Reihe von Namen derer veröffentlichte, die in der Tschechoslowakei bourgeoisen Anarchismus praktizierten. Denn alle diese Procházkas, Klímas, Kohouts und Vaculiks waren gute Bekannte der deutschen Medien, für die Schmidt-

Häuer arbeitete. Dieser Mann packt nun seine Koffer. Das tschechoslowakische Außenministerium hat ihm frei heraus erklärt, dass die sozialistische Tschechoslowakei solche Lügen über die politische Situation nicht weiter gelten lassen will. Das Außenministerium ist ebenfalls nicht bereit zu dulden, dass er seinen Status als akkreditierter Journalist zum Sammeln von Informationen über die Verteidigungskapazität der Tschechoslowakei, für die Verletzung weiterer Gesetze oder Beleidigungen von Regierungsvertretern missbraucht. Diese seltsame Art der Pressefreiheit hat für den Augenblick für Christian Schmidt-Häuer ein Ende gefunden.«

den Seiten zu verdanken: der damals noch streng disziplinierten Sowjetarmee und den tschechischen und slowakischen Untergrundsendern.

Sie melden sich plötzlich auf allen Wellen, regen die Widerstands-Happenings an, die sich über das ganze Land verbreiten, und sorgen dafür, dass diese nicht in den aussichtslosen Heroismus von Straßenkämpfen umschlagen. Stattdessen empfehlen sie, alle Straßenschilder abzuschrauben und die Namensschilder an den Türen zu ändern. Vom zweiten Tag an heißt in Prag fast jede Familie Dubček oder Svoboda. Und wohnt in einer Gasse gleichen Namens. Tschechische Stasi-Beamte spielen den Sendern die Nummern jener Autos zu, mit denen Verhaftungen vorgenommen werden sollen. Sofort werden sie ausgestrahlt, wenige Minuten später stehen Hunderte vor den Häuserwän-

Es war der Schlag, der ihren Untergang einleitete. Der Traum von einem Sozialismus mit menschlichem Antlitz, einem liberalen Marxismus als Konkurrenz oder Partner des traditionellen Liberalismus geht im August zu Ende. Die nach Moskau verschleppte Parteiführung kehrt mit dem Diktat zurück, die Reformen selbst zu begraben, da sich zunächst kein Quisling durchsetzen kann. Der kommt acht Monate später an die Macht. Am 17. April 1969 lässt der Kreml Parteichef Dubček stürzen und durch den Slowaken Gustav Husák ersetzen.

Acht Tage später wird mir die Akkreditierung als Prager Korrespondent entzogen und jede Wiedereinreise verboten. Nur 48 Stunden bleiben, um von den nun bedrohten Freunden und Kollegen Abschied zu nehmen. Von vielen für immer.

Aus den Playboys wurden Playdaddys – Curd Jürgens scheint im Sommer 1974 die Gesellschaft seiner jungen Begleiterinnen dennoch zu genießen.

So wurde Johann Baptist Obermaier 50

Die teure italienische Nacht des Münchner Klatsch-Chronisten Hunter

Von **NINA GRUNENBERG**, erschienen in der ZEIT am 22. Juni 1973

Für diese Reportage wurde Nina Grunenberg mit dem Theodor-Wolff-Preis 1973/74 ausgezeichnet.

Am Pfingstmontag feierte Hunter, der Münchner Gesellschaftskolumnist, in Terracina, 110 Kilometer südlich von Rom, auf seinem Landsitz »La Moresca« seinen 50. Geburtstag. Zur Creme de la Creme, die über 400 Gäste umfaßte, gehörten Ex-Kaiserin Soraya, Curd Jürgens, Roberto Blanco, Uschi Glas, Lieselotte Pulver, Joachim Fuchsberger, Franz Antel, Willy Bogner, Friedrich Karl Flick und Ernst Wilhelm Sachs, der Bruder von Gunter. *(Münchner Abendzeitung:* »Sachs stellte eine rassige Wuschelkopf-Dame als seine neue Frau vor. Angeblich hat er sie vor vierzehn Tagen geheiratet, aber das weiß man bei Ernst Wilhelm nicht immer so genau.«)

Die Einladungen waren viersprachig (englisch, italienisch, französisch und deutsch) verfaßt und auf Bütten versandt worden, zusammen mit »Hunters Guide«, aus dem zu erfahren war, wo man ankern sollte, wenn man mit einer Privatjacht kam, und wo sich's am günstigsten landete, wenn man über ein eigenes Flugzeug verfügte. Der Münchner Party-Gastronom Käfer hatte sechs Festzelte in den Sand am Tyrrhenischen Meer gesetzt. Hammel und Fische wurden wie am Fließband gegrillt, Makkaroni in Tonnen gekocht, alle zwei Stunden kam frisches Brot auf den Tisch.

Der Clou war ein Schwertfisch – »so schwer wie der Hausherr«, 96 Kilo. Dazu wurde italienischer Landwein ausgeschenkt, wie man sagte, aus Hunters eigenen Trauben gekeltert. Das Fest hatte am Pfingstmontag mittags um zwölf Uhr begonnen. Um fünfzehn Uhr teilte Barbara Valentin mit, daß sie schon blau sei, aber noch nicht sturzbetrunken. Arriflex-Erbe Bob Arnold hatte ein Kraftwerk nach Terracina transportieren lassen, um die Party zu beleuchten – »wenn wir die eigenen Stromanschlüsse benutzt hätten, wäre wahrscheinlich die Gegend dunkel von Rom bis Neapel«, erklärte Hunter. Weil seine Toiletten ebenfalls nicht ausgereicht hätten, ließ er auch noch zwei Klo-Autos aus Rom anfahren – »Toiletten-Cars« nennt Hunter sie.

Zur Sache

Berichte und Spekulationen über das Leben von Berühmtheiten aus Showbusiness und Sport, der europäischen Adelshäuser und der Superreichen sind ein wichtiges Element in den Boulevardzeitungen und das Kerngeschäft der Regenbogenpresse. Bei Ersteren ist in Deutschland die »Bild«-Zeitung mit einer täglichen verkauften Auflage von über drei Millionen Exemplaren mit Abstand am erfolgreichsten. Die Konkurrenzblätter sind stärker lokal gebunden: »B.Z.« und »Berliner Kurier«, »AZ« und »tz« in München, die »Hamburger Morgenpost«, der Kölner »Express«.

Die einschlägigen illustrierten Wochenzeitschriften wenden sich primär an ein weibliches Publikum. Die höchste Auflage erreicht hier der (nicht ausschließlich dem Gesellschaftsklatsch gewidmete) »Bild«-Ableger »Bild der Frau«. Seit Jahren strahlen private, aber auch öffentlich-rechtliche Sender Magazine aus, die das Genre in TV-Formate übersetzen.

Immer wieder entzündet sich an Beiträgen der Boulevard- und Regenbogenpresse die Frage, wie weit Reporter und besonders Fotografen bei der Darstellung des Privatlebens gehen dürfen. Während manche Prominente auf Unterlassung klagen, nutzen andere die Klatschblätter unübersehbar zur Selbstdarstellung.

Hunter – Leute, die fein sein wollen, sagen »Hönter« und Leute, die sich seine Freunde nennen, einfach »Hannes«, sein Taufname ist Johann Baptist Obermaier, geboren in Mühldorf am Inn – Hunter hatte sich ein handgemachtes weißes Hemd aus Mexiko zum Geburtstag geschenkt und begrüßte seine Gäste im Sombrero. Daß der Mensch, der mit Segeln fliegen konnte und ein Streifband mit »Happy Birthday, Hannes« hinter sich herziehen sollte, am Nachmittag wegen ungünstiger Windverhältnisse nicht starten konnte, betrübte ihn. Enttäuschend war auch, daß Arndt von Bohlen und Halbach, als Ehrengast angekündigt, irgendwo auf dem Wege nach Terracina – ob zu Wasser, in der Luft oder auf dem Lande, war das große Rätsel – verlorengegangen war und Gina Lollobrigida die Grippe bekommen hatte. Dafür klappte das Brillantfeuerwerk, das ihm sein Freund zum Geburtstag geschenkt hatte.

Die *Bild*-Zeitung ließ unter den Gästen einen Vier-Seiten-Sonderdruck verteilen, »50 Jahre Hunter«, und sogar die *Münchner Abendzeitung* brachte ein Extra-Blatt heraus. Obermaier hatte die *AZ* vor zwei Jahren, nachdem er neunzehn Jahre für sie gearbeitet und bei ihr groß geworden war, verlassen, weil ihm *Bild* mehr Geld für seine Klatschkolumne bot. Über diesen Grund – ehrlich währt am längsten – ließ Hunter niemanden im Unklaren. Mit Hilfe seines Markennamens gelang der Münchner Stadtausgabe von *Bild* endlich der Durchbruch auf dem Boulevard-Terrain, auf dem die *AZ* bis dahin Allein-Herrscherin war.

Doch Anneliese Friedmann, Herausgeberin der *AZ*, nimmt Hannes Obermaier das nicht übel. »Wir sind doch Freunde«, sagt sie sanft, und sie sind auch Nachbarn am Tyrrhenischen Meer. In ihrem Geburtstagsgruß schrieb sie an Hannes: »Ohne Sie kamen Playboys und Finanzgrößen wie die Gebrüder Sachs und Arndt Krupp nicht aus und ins öffentliche Licht und keine Gastgeberin zu rechten Ehren. Eine Party ohne ›Hunter‹ war wie eine Hochzeit ohne Musik.«

Was soll das, fünfzig Jahre Hunter, fragt man da in Hamburg. Ich weiß es auch nicht. Man sollte besser nicht darüber nachdenken. Ich weiß nur, daß Hunter den Nerv hatte, ein halbes Tausend Leute nach Italien einzuladen, daß die meisten davon kamen und sich das eine Menge Geld kosten ließen (ein Flug München–Rom und zurück kostet 398

Mark, dazu ein Mietauto, weil anders schlecht nach Terracina zu kommen ist, und ein Hotelzimmer für zwei Nächte). Ich weiß auch, daß ein solches Fest nicht mehr zeitgemäß ist, stattgefunden hat es aber trotzdem. Und ich bin am Ende auch sicher, daß solche Überlegungen von der Hunter-Gesellschaft nicht verstanden werden.

Den leichten Hauch von Traurigkeit in Hunters italienischer Nacht konnten die Cronies dennoch nicht vertreiben. Es war ja nicht nur Hunter, der fünfzig geworden war. Sie alle sind mit ihm gealtert. Aus den Playboys sind die Playdaddys geworden, deren knappe Badehosen nur noch zeigen, daß sie sich sputen müssen. Sie hauen sich auf die Rippen und treffen in den Hüftspeck, und die Jeans-Kluft, die sie wie eine Uniform tragen, macht sie auch nicht straffer. Solche Dialoge waren häufig:

»Wir leben noch, das ist doch die Hauptsache.«

»Wo leben Sie?«

»Ich lebe in Rom.«

Geschafft haben sie es, irgendwie, mit einem kleinen Offenbarungseid dazwischen, aber immer fröhlich und stets bemüht, als *homme à femme* zu gelten, mit dem gewissen brutalen Charme, mit dem Hunter seinen Weg machte und der auch den Münchner Playboy James Graser auszeichnete, Hunters Produkt. Ohne Obermaier hätte es ihn nicht gegeben, hätte es auch den Playboy Gunter Sachs nicht gegeben.

Früher machte James Graser von sich reden, weil er sich von jeder neuen Frau eine jeweils um eine Nummer größere Segeljacht schenken ließ – sagt man. In Terracina sagte jetzt jemand:

»Er sollte sich lieber ein besseres Toupet zulegen.«

»Aber es klebt doch so gut.«

»Warum läßt er es nicht blank da oben?«

»Er tut es doch nur für sich, nicht für die anderen.«

Ein grausames Spielchen. »Irgendwie«, sagte Hunters Freund, »geht das hier zu Ende. Die Jungen, die, die den Hunger hatten nach dem Krieg, sind alte Knaben geworden. Manche haben sich schon auf dem Friedhof zur Ruhe gelegt. Und der Nachwuchs will keinen Gesellschaftsklatsch mehr, sondern harte Busineß-Nachrichten, und im übrigen legt er Wert auf sein Privatleben. Wir waren eine Pseudo-Gesellschaft, aber bitt' schön, eine nette.«

Barbara Valentin gehört auch dazu, schon seit vielen Jahren, und sie ist nicht nur nett, sondern auch komisch. »Weil alle Journalisten große Busen mögen, hat sie Karriere gemacht«, erklärt Hunters Freund. Sie selber legt weniger Wert auf ihre »Brummerage« (münchnerisch), sondern mehr auf ihre Fäuste. »Du

gewinnen wollen. Aber Hunter hatte nur müde gelächelt.

Unfair war er nie. »Man kann sich nicht mit Brachialgewalt oder durch besonders kecke Schreibe die

Johann Baptist Obermaier (mit Krawatte) interviewt Romy Schneider und ihren Ehemann Harry Meyen.

brauchst die große Karriere nicht mehr zu machen«, sagt James Graser zu ihr, »du hast ja einen Mann, wenn der auch ein Schläger ist …« »Was? Der Schläger bin ich. Das ärgert mich doch so, daß er sich die Fresse polieren läßt, bis ihm das Blut aus dem Mund läuft, aber daß er nicht zurückhaut. Da muß ich eingreifen, das kann ich nicht sehen …«

Hunters Gesellschaft kennt keine Klassen. Sie geht quer Beet und reicht vom Fun-Adel bis zur oberen Unterwelt, vom Freiherrn, der die »Schnallen« verteidigt (münchnerisch für Strichdamen), bis zu Hildegard Knef, die auf einem von Hunter arrangierten Ball zum erstenmal gesungen hat. Zu dieser Welt gehörten vor allem auch die Stars und Sternchen aus der Filmbranche, solange es die in Deutschland gab. Aber der Boden, auf dem sie gedeihen konnte, war München, die Stadt, die ihre Würze aus der Nähe des Balkans zieht. Irgendwann einmal hatte Berlins Bürgermeister Schütz Hannes Obermaier für Berlin

eigenen Äste absägen«, sagte er einmal. Hunter lebt von dem, was er nicht schreibt. Und seine Kunden danken es ihm. In der *Bild*-Sonderausgabe gab Curd Jürgens zu Protokoll: »In den letzten Monaten, und leider auch davor, ist über mich und insbesondere über meine Ehe viel Schmarren geschrieben worden. Der einzige, der immer wirklich nur das geschrieben hat, was ich ihm erzählt habe, ist der Hannes.«

Die Helden sind müde, ihre Knochen sind morsch geworden, die Scharniere klappern ein bißchen. Curd Jürgens gab sich dennoch Mühe, seinem Image nachzuleben und mit Hunters schönen Mädchen zu flirten. Wenn Darstellung in Selbstdarstellung umschlägt, wird Entertainment zum harten Job. Und weil das Fest schon um zwölf Uhr mittags begonnen hatte und bis zum nächsten Morgen um sechs Uhr dauern sollte, war ab und zu ein Nickerchen notwendig – möglichst ungestört.

Man wird älter, man wird kälter.

Wenn »mann« nicht weiter weiß, bedeutet das für viele einen Totalabsturz.

Schrei, Mann, wenn du kannst

Nachdem die Frauen gezeigt haben, daß die Weibchenrolle verlernbar ist, versuchen jetzt die Männer, ihre beherrschte Erfolgsfassade zu durchbrechen. »Männergruppen« entstehen – mancher hat dort sein Schlüsselerlebnis

Von **RÜDIGER DILLOO**, erschienen im ZEITmagazin am 27. August 1976

Die Ankündigung dieses Treffens, das ungeahnte Erschütterungen auslösen sollte, hatte nicht sehr aufregend geklungen. Eher allzu vertraut tönte die Psycho-Rhetorik: »Wir, Erich und Uwe, sind seit einem Jahr in einer Männergruppe. Wir haben anfangs die Erfahrung gemacht, wie schwer es ist, selbst hier sich emotional kennenzulernen und sich ohne starke Rationalisierungen unmittelbar aufeinander zu beziehen. Geholfen haben uns Körper- und Wahrnehmungsübungen und vor allem gegenseitige Konfrontationen. Dabei konnten wir unsere Images durchbrechen (›Ich bin immer freundlich. Ich bin der Größte. Mir hilft doch keiner‹). Durch diese direkten Begegnungen wuchs das Vertrauen untereinander. Wir machen ein Wochenende für Männer, am liebsten aus schon bestehenden Männergruppen. Wir haben für das Wochenende einen Bauernhof in Aussicht.« Das stand in der Münchner Zeitschrift »Blatt«.

Ähnliche Hinweise auf die Existenz von »Männergruppen« findet man neuerdings häufiger: In manchen Buchhandlungen liegen seit kurzem »Mannsbild – Zeitung für Männer« sowie ein Taschen-»Kalender für Männer« aus, beide mit vielen Gruppenadressen; der Trikont-Verlag kündigt ein Buch »Männerbilder – Geschichten und Protokolle von Männern und Männergruppen« an (und weckt damit Vorabdruck-Interessen bei *Stern* und *Spiegel);* auf der Buchmesse in Frankfurt, so hört man, will eine Männergruppe in Video-Vorführungen und live ihr Gruppenverhalten demonstrieren und anschließend auf Diskussionstournee.

Nimmt die Emanzipation der Männer hier Formen an, gibt es eine Männerbewegung?

Zur Sache

Zu den Forderungen der Frauenbewegung, die sich ab Ende der sechziger Jahre in den USA und Westeuropa formierte, gehörte auch der Ruf nach einem »neuen Mann«, der bereit sein müsse, seine patriarchal geprägte Geschlechtsidentität zu hinterfragen. Der neue kritische Blick auf Verhältnis und Verhalten der Geschlechter motivierte einen kleinen Teil der Männer, sich nach dem Vorbild der Frauengruppen in informellen Zirkeln auszutauschen. Die Anliegen reichten von der Auseinandersetzung mit der persönlichen Rolle als Partner, Sohn oder Vater über einen offeneren Umgang mit Gefühlen bis zur Klärung der eigenen hetero- oder homosexuellen Orientierung. Zeitschriften und Fachbücher zu »Männerthemen« entstanden, von 1975 an fanden bundesweite Männergruppen-Treffen statt.

Auch heute noch gibt es in ganz Deutschland – eher wenig beachtet – Männergruppen, -workshops und -netzwerke. Öffentlich debattiert wurden in den letzten Jahren spezifische Fragen, wie ein eventuelles Zukurzkommen von Jungen in der Schule oder Plädoyers für mehr Männer in Erzieherberufen. Aspekte der Benachteiligung von Frauen, vor allem bei der Vereinbarkeit von Familie und Beruf, bleiben im Vordergrund.

Um das herauszufinden, dafür schien mir das angekündigte »Wochenende für Männer« gerade recht zu kommen. Zwei Telephonnummern sind im *Blatt* angegeben, ich rufe »Uwe« an. »Gut, Rüdiger«, sagt er, als würde er mich kennen, der Mann am anderen Ende. »Du kannst kommen, aber nicht als Voyeur. Wir machen eine Selbsterfahrungsgruppe, du mußt dich schon auch selber einbringen.« »Natürlich, klar, find ich auch, Uwe.« (Mich einbringen? Was meinte er? Egal, ich wollte Material für meine Geschichte. »Selbsterfahrung« war halt auch so eine Leerformel.)

Treffpunkt Samstag mittag in Niederaudorf im Inntal, eine gute Autostunde von München. (Merkwürdig: Hier war ich als Kind öfter in den Ferien.) Der kleine Ort ist ruhig und bayrisch-dörflich geblieben, die Inntal-Autobahn hat hier keine Ausfahrt. Am Horizont steht der Zahme, dahinter der Wilde Kaiser: markante Gebirgszüge, in denen viele junge Männer – und viel weniger junge Mädchen – das Durchhalten bis zum Gipfel, den Sieg über die Angst und den kühlen Stolz auf Leistung und Härte üben.

Gegen Mittag sind in dem Bauernhof, den die Veranstalter Erich und Uwe geliehen haben, zehn Männer versammelt; mehr werden es nicht. Ihr Alter: Mitte Zwanzig bis Mitte Dreißig, die meisten kommen aus München. Zweien, die *Blatt* in Marburg gelesen haben, war das »Wochenende für Männer« zweimal sechseinhalb Stunden auf der Autobahn wert.

Wir sitzen zunächst in einem schönen Wohnzimmer. Die Männer kommen mir alle eher unverklemmt und sympathisch vor. Auf Vorschlag von Erich – er ist 33, Sozialarbeiter, er und Uwe machen das hier nicht für Geld – sagt jeder zunächst, wie er in Männergruppen gekommen ist und was er hier erwartet.

Für die meisten war die Emanzipationsbewegung der Frauen der Anstoß zu Zweifeln am erlernten Männlichkeitsideal: stark, erfolgreich, potent und überlegen zu sein, Weichheit, Angst, Schwäche und Zärtlichkeitsbedürfnis nicht zu zeigen – oder allenfalls bei der »eigenen« Frau. Norbert, ein 30jähriger, vollbärtiger Physiker, hat sich »irgendwann mal gefragt, warum ich eigentlich meine Gefühle nur Frauen gegenüber rauslassen kann, aber nie bei Männern. Wenn ich es überhaupt schon mal fertig bringe zu weinen, dann nur bei einer Frau.« Seine Erkenntnis, in den emotionalen Ausdrucksmöglichkeiten auf die eine, die weibliche Hälfte der Menschheit beschränkt zu sein, führte ihn in eine Männergruppe – eine typische Entstehungsgeschichte.

Aber unter den Anwesenden, so zeigt sich, ist die Mehrzahl unzufrieden mit dem Zustand der eigenen Gruppe und hofft hier auf Anregungen. Werner, 27, Szenenbildner beim Fernsehen: »Bei uns wird seit einem Jahr ständig über die Probleme gequatscht, die jeder außerhalb der Gruppe hat. Wir reden über Berufsgeschichten und Frauen, da kann jeder seine Fassade behalten, weil die anderen nicht wissen, was stimmt und was nicht. Vor den Gefühlen in der Gruppe drücken wir uns, wir haben Angst, daß es aggressiv werden könnte. Oder zärtlich.« Die Gruppe von Erich B., 34, Leiter eines Rehabilitationszentrums für Alkohol- und Drogensüchtige, ist gerade auseinandergefallen, weil »nur gequatscht und diskutiert wurde«.

Wir unterhalten uns gut übers Unterhalten, da fährt Erich ungeduldig dazwischen: »So könnten wir jetzt stundenlang weiterreden, ich möcht aber, daß was passiert.« Er findet, wir sollten besser woanders hingehen, hier könnte »was kaputtgehen«. (Wieso denn? Was hat er vor?) Wir versammeln uns in einem ebenerdigen, unmöblierten, schmucklosen Raum. Eine nackte Glühbirne brennt, ein Haufen Matratzen liegt herum, zehn Männer stehen im Kreis. Wir haben aufgehört zu sprechen, und plötzlich kommt mir gar nichts mehr bekannt vor. Fremdes Land voraus. Ich dämpfe Unruhe mit dem Gedanken an meine journalistische Aufgabe.

Für die ersten beiden Stunden haben Erich und Uwe ein Programm von Übungen, danach soll sich bis zum Sonntag abend die Dynamik unserer Männergruppe frei austoben können. Wir beginnen mit Atemübungen; stehend, bei geschlossenen Augen: Der Zweck ist konzentrierte Wahrnehmung des eigenen Körpers, von den (eingerollten?) Zehen über den (zusammengekniffenen?) Hintern, den (harten?) Bauch bis zur (gerunzelten?) Stirn. »Ihr müßt nichts ändern«, sagt Erich, »erst einmal nur merken, was mit eurem Körper los ist.«

Seine Anweisungen zur zweiten Übung (»nonverbales Kennenlernen«) verursachen mir das erste scharfe Unbehagen: »Wir gehen langsam in den Raum, reden nicht, schauen den an, dem wir begegnen, aber richtig, berühren ihn, wenn uns danach ist, oder bleiben allein.« Ich wandere unter den

Männern herum, fühle mich unter Druck, beobachte, wie Toni mit dem Wuschelkopf und Erich B. sich umarmen, wie Norbert den Erich am Hintern berührt (sind doch Schwule dabei?). Uwe kommt auf mich zu, ich grinse schief, und er geht weiter.

Dann darf – welche Erleichterung! – wieder gesprochen werden. Wir setzen uns paarweise zusammen, und je drei Minuten lang sagt erst der eine, dann der andere Sätze mit »Ich bin ...« Sehr exhibitionistisch, aber bitte. Dann fordert Erich uns auf, möglichst dieselben Sätze zu wiederholen, wiederum

Reihe nach, welchen Eindruck sie nach diesen ersten Stunden von ihm haben; nacheinander kommt jeder in die Mitte. »Versucht wirklich zu sagen, was ihr denkt«, rät Erich, »und nehmt bewusst wahr, was ihr nicht sagen könnt.« Das ist, merke ich, eine ganze Menge; ich sage fast nur Freundlichkeiten. (Damit umgekehrt mir keiner unfreundlich kommt? Das wird jedenfalls hier nicht mehr lange funktionieren.)

Nach einer Teepause beginnt mit der simplen Frage: »Möchte jemand nach dem, was bisher war, zu einem bestimmten Mann etwas sagen?« eine

Schreien für die Seele: Männer entdecken neue Methoden zur Behandlung von körperlichen und seelischen Problemen. Für viele sind Übungen und Austausch in der Gruppe wichtig.

je drei Minuten lang, aber mit dem Anfang »Ich tue, als ob ich ...« Ich sitze mit Werner zusammen, und wir müssen dabei lachen; einige unserer Ich-Aussagen werden wirklich fragwürdig durch diese formale Variante.

Letzte Übung: Wir bilden zwei Fünfer-Gruppen, einer setzt sich in die Mitte, die anderen sagen der

ganze Kette zunehmend heftiger Konfrontationen. Hans-Werner, Computer-Linguist von Beruf, hat es »geschockt«, daß Uwe fand, er wirke schwul. »Aber das meine ich überhaupt nicht negativ«, versucht Uwe ihn zu beruhigen. »Für mich sind Heterosexualität und Homosexualität gar nicht getrennt, ich seh das als Kontinuum.«

Der Gedanke wird nicht weiter verfolgt, denn Alexander, angehender Musiklehrer, kommt stokkend damit heraus, daß er sich abgelehnt fühle. Speziell von Toni und Erich B. (Wie er das sagt, merke ich: Mir geht's genauso.) Er finde Tonis Ausdruck spöttisch. Nichts, was ihm gefällt an Toni? – Doch, dessen wuscheliger blonder Bart. (Alexanders eigener ist an Hals und Backen exakt rasiert.) Uwe sagt: »Könntest du zu Toni hingehen und seinen Bart anfassen?« Alexander schnaubt heftig, reibt sich die Nasenwurzel. Ich sage: »Das ist doch auch wieder nur so eine Mutprobe für Männer« – »Scheiße!«

Von da an ging's mir immer schlechter. Szenen von beängstigender Intensität entwickelten sich. Ein Mann nach dem andern hatte seine Stunde, ließ sich unter großen Anstrengungen fallen, völlig, bis auf den Gefühlsgrund, und wurde dort von der Gruppe aufgefangen, von tröstenden, liebevollen Männern. Uwe ließ seinem Kummer über den Abschied von einem Freund freien Lauf. Erich B., der Toni eben noch innig umarmt hatte, brachte schluchzend Ekelgefühle vor Männern heraus, vor Schweißgeruch, Bartstoppeln, behaarter Brust, »vor meinem eigenen Schwanz«.

Zur Diskussion des neuen Männerbildes trafen sich 1984 in der Nähe von Darmstadt etwa 100 Männer aus dem In- und Ausland.

brüllt da Erich B. »Du gehst mir auf die Nerven, du sitzt da mit deinem Block und machst schlaue Bemerkungen, statt von dir was rauszulassen, ich hab eine Scheißwut auf dich, was bist du denn, bisher bist du für mich ein Strich in der Landschaft, weiter nichts!« Das ist ungerecht. Sie hatten zugestimmt, daß ich über die Sache schreibe. Ich versuche, cool zu bleiben und stecke den Schreibblock weg.

Erich, der andere Erich, drosch mit der Wucht seines großen Körpers auf eine Matratze ein: »Die blöden Säue, nie hab ich ihnen was recht gemacht« – er meinte seine Eltern. Am meisten kämpfte Alexander. Es war, als bräche er durch einen Panzer, brüllend, schlagend, zuckend. Schließlich saßen und lagen wir alle an ihn gedrängt, streichelten ihn, massierten ihn. Er beruhigte sich, und als er sich endlich aufrichtete, war sein Gesicht wie das eines neugeborenen anderen.

Bei alldem fühlte ich mich draußen. Die Ausbrüche, das Schreien, die furchtbare Heftigkeit waren quälend. Der Schweiß brach mir aus, ich unterdrückte Tränen. Oft wollte ich einfach weggehen. Aber gleichzeitig wuchs mein Neid. Es war so spürbar, welche Erleichterung das den Männern verschaffte.

Erich kommt auf mich zu. »Jetzt zeigen wir uns, was wir voneinander halten, ohne Reden.« Sein Gesicht, dicht vor meinem, verzerrt sich zur Fratze. Er ballt die Fäuste, reißt den Mund auf, bleckt die Zunge. Haß, Häßlichkeit, Wut, meine Fingernägel krallen sich in die Handflächen, ich zittere, kann mich nicht mehr beherrschen, jetzt sind es zwei Haßfratzen, Auge in Auge. Bis die Muskeln nicht mehr können, bis wir keuchend nachlassen. Als ich Erichs Gesicht wieder klar und ruhig vor mir sehe, würgt es mich im Hals. »Laß es kommen«, sagt Erich leise. Ich lasse es kommen. Es krümmt mich am Boden. Ich verkrampfe die Hände ineinander. »Drück die Hände fester zusammen! Was tun deine Hände?« Es schüttelt mich. Was tun meine Hände? »Sie müssen mich zusammenhalten –« »Du hältst dich zusammen, du läßt kein Gefühl aus dir raus. Keine Gefühle kommen aus dir heraus.« Es ist wahr, das ist es. Es beutelt mich.

»Ich mach dir einen Vorschlag«, sagt Erich nach einer Weile. »Wir alle machen jetzt einen Kreis, und du gehst in die Mitte. Du bist Rüdiger, du willst aus dem Kreis, aber da ist der andere Rüdiger, der läßt dich nicht. Du mußt kämpfen, du mußt durch die Mauer durch.« Es wird ein Kampf, an den mich ein schmerzendes Knie noch jetzt erinnert. Schließlich bin ich über die Mauer, die Männermauer, die ich nicht umrennen konnte, hinübergestiegen – Freude, Jubelgeschrei. Ich falle Männern um den Hals, Männer streicheln mich, Männer küssen mich, das Schreckbild »schwul« kommt mir nicht mehr in den Sinn. Hemmungen sind weg, Gefühl ist da, eines, das ich noch nie erlebt hatte: ein Gefühl für Männer.

Und das bleibt, auch nachdem wir zehn auseinandergegangen sind. Mir kommt tagelang vor, als

hätte ich Männer bisher nie als Menschen wahrgenommen, sondern nur als Träger des Kostüms »Mann«. War das ein Schlüsselerlebnis?

Die Euphorie dieser Tage legte sich, ich mußte weiterarbeiten an diesem »Thema«. Interviews, Quellenstudium – gibt es eine Männerbewegung? Wenn ja, dann ist sie viel mehr nach innen gerichtet als die der Frauen, sie hat ja auch nicht so sehr wie jene gegen äußere Unterdrückung zu kämpfen. Es gibt, ganz unzentralisiert, sicher mehr als 50 Männergruppen in mindestens 16 Städten zwischen Kiel und München (dort allein zehn), Aachen und Berlin. Es gibt Männercafés und Männerfeste, es gibt einen Männerverlag (Mann-o-Mann in Berlin).

Es gibt in diesen Gruppen für Männer ganz untypische Verhaltensweisen: im besten Fall Zuhören, Geduld, Ausredenlassen, es gibt im besten Fall keine logische Rechthaberei, kein Analysieren, keine Schadenfreude, keinen Spott. Und es gibt grundsätzliche Probleme in Männergruppen: die schichtenspezifische Beschränkung auf jüngere Männer der Mittelschicht; Konflikte zwischen dem neuen Anti-Macker-Bewußtsein und den Anforderungen der supermännlichen Berufswelt; manchen bierernsten Dogmatismus (»Wenn du nicht ohne Frau auskommst, bist du eben ein Chauvinist«) und manchen ironischen (»Bis zur totalen Gleichberechtigung wird im Sitzen gepinkelt«). Die meisten Männergruppen verstehen sich politisch, da sie sich in der patriarchalisch organisierten Gesellschaft gegen das Patriarchat richten; eine Dachorganisation gibt es (noch?) nicht.

Eines jedenfalls sind Männergruppen nicht: ein Gegentrend zur Frauenbewegung. Zwar halten manche eine Zeit des bewußten Abstands von Frauen für nötig, damit intensive Gefühle zwischen Männern sich überhaupt entwickeln können. Aber am Ende steht Gemeinsamkeit, am Ende sollen die Beziehungen nach zwei Seiten besser werden – von Mann zu Mann, von Mann zu Frau.

Was können Männergruppen demnach im besten Fall befördern? Liebe zu Menschen, glaube ich.

Ein britischer Soldat im Jahr 1972 bei einer Personenkontrolle in Nordirland.

Nordirland. Ein Grab für alle

Längst verstehen die Nordiren ihr Land nicht mehr, wie sollen wir da Nordirland verstehen. In den Pubs gibt es Guiness mit Bomben, die Straßen kontrollieren die britische Armee oder die IRA, und die Innenstädte sind gesperrt wie Pestbezirke im Mittelalter. Aus der Bürgermarschbewegung von 1969 sind Bürgermassaker geworden. Bessbrook, eine nordirische Kleinstadt, ist ein Beispiel, eines für viele

Von **PETER SAGER**, erschienen im ZEITmagazin am 2. April 1976

William Bradley machte den Totenführer. Er hatte 50 Jahre als Weber im nordirischen Dorf Bessbrook gearbeitet, jetzt war er Rentner. Wir fuhren aus seinem Dorf hinaus in die grünen Hügel von Armagh. Kingsmills Road, eine kurvige, schmale Landstraße, Hecken mit Stechginster, einsame Bauernhöfe. Eine schöne Gegend, hier möchte man leben. Stopp, sagt Mr. Bradley nach vier Meilen. Wir steigen aus, kein Laut zu hören, sogar die britischen Armeehubschrauber über Bessbrook wirken wie Libellen. Dann sehen wir am Straßenrand den Holzpflock mit weißer Schleife und Plastikrosen, knallrot. »Hier war es«, sagt William Bradley.

Hier, am Positionsstein NNO 2, starben an einem verregneten Montag im Januar zwei Vettern von Mr. Bradley bei einem Massaker, das die Ereignisse von Belfast und Londonderry an Gewalt und Sinnlosigkeit noch übertraf. Zwölf Arbeiter aus Bessbrook, auf dem Heimweg von der Textilfabrik Compton Ltd. in Glenanne, saßen in ihrem Minibus, der um 17 Uhr 30 kurz hinter Whitecross von Maskierten gestoppt wurde. Richard Hughes, einziger Katholik im Bus, musste sich abseits der Straße hinlegen, das Gesicht ins Gras. Dann hörte er, wie seine protestantischen Kollegen im Kugelhagel automatischer Waffen zusammenbrachen.

Zwanzig Minuten später fand die Polizei neben dem roten Ford Transit EIJ 987 zehn Leichen, einen Schwerverletzten und ein paar Sandwichs, aufgeweicht in Blut und Regen. Die Killer von Kingsmills fand sie nicht. Ein bislang wenig bekannter Flügel

Zur Sache

In den 1960er-Jahren kam es zu einer neuen Stufe des seit Jahrhunderten schwelenden Konflikts in Nordirland. In der britischen Provinz, in der sowohl irischstämmige Katholiken als auch die protestantischen Nachfahren englischer und schottischer Siedler leben, hatte eine Bürgerrechtsbewegung auf Benachteiligungen der Katholiken aufmerksam gemacht. Der seit 1916 für die Unabhängigkeit von Großbritannien und die Vereinigung mit der Republik Irland kämpfende IRA (Irish Republican Army) standen auf Seiten der Protestanten paramilitärische Gruppierungen gegenüber, die ihrerseits zahlreiche Gewaltakte verübten und für einen Verbleib Nordirlands bei Großbritannien eintraten.

Angesichts zunehmender Unruhen und Übergriffe zwischen den Bevölkerungsgruppen entsandte London 1969 Truppen.

1998 willigten die IRA und die protestantischen Kampfverbände mit dem »Karfreitagsabkommen« in eine Entwaffnung ein. In Nordirland wurde ein neues Regionalparlament gewählt und Großbritannien sagte eine Verringerung seiner Truppenpräsenz zu. Irland verzichtete auf das Verfassungsgebot einer Wiedervereinigung mit dem Nordteil der Insel, die jedoch weiter möglich sein soll, sofern die Bevölkerungsmehrheit sie wünscht.

der IRA erklärte sich verantwortlich für dieses Massaker, mit dem die Mordrate in Nordirland seit Beginn der Unruhen 1969 auf 1407 Tote stieg. »Laßt Ulster in seinem eigenen blutigen Saft schmoren«, schrieb der »Daily Mirror« einige Tage später. Aber Premierminister Wilson schickte 300 seiner härtesten Soldaten nach Armagh, Nordirlands südlichster und Englands blutigster Provinz.

»Die Leute auf dem Land leben ganz friedlich zusammen«, versichert uns Eric Thurley von der nordirischen Zentrale für Fremdenverkehr am Flughafen. Wir fahren nach Bessbrook, 96 Kilometer südlich von Belfast, eine Woche nach dem Hungertod des IRA-Terroristen Frank Stagg. Die Angst vor »car bombs«, vor Bomben im Auto, hat die nordirischen Kleinstädte in Fußgängerparadiese verwandelt. Es sind häßliche Paradiese, betongefüllte Tonnen säumen die Straßen, Kontrollzone. Parken verboten. Road Closed. Sackgasse, fahr' außen rum. Die Innenstädte sind abgeriegelt, mit Checkpoints und Barrikaden. Die heißen, nach deutschem Teilungsmuster, »Berlin Wall«. Berliner Mauern in Nordirland.

Bessbrook, sechs Wochen nach dem Massaker, ist versunken in ohnmächtiger Ruhe und Ordnung. »Das malerische Dorf« (Polyglott-Reiseführer 1975) empfängt uns bis an die Zähne bewaffnet. In der Leinenfabrik, einer granitgrauen Festung, sind drei britische Bataillone einquartiert, seit dem Blutbad zusätzlich zwei Kompanien der SAS (Special Air Service). Aus der Schießscharte im Gefechtsstand mitten auf der Straße ragt ein MG. Dies ist die einzige Ein- und Ausfahrt von Bessbrook. Die drei anderen Straßen sind seit vier Jahren mit Tonnen und Barrieren gesperrt. Längst haben sich die einheimischen Autofahrer daran gewöhnt, am Checkpoint Bessie von einheimischen Polizisten täglich kontrolliert zu werden wie Fremde, wie wir. »Stop. Driver open boot and bonnet«, steht auf roten Schildern. Hugh McConnell will nur unseren Kofferraum sehen und die Ausweise. Der schottische Posten hinter ihm hält seine MP wie einen Dudelsack. Die Barriere geht hoch, die aufbetonierten Bodenschwellen machen die Straße zur Sprungschanze. Wellblechwände, zehn Schützenpanzerwagen links, rechts ein Hubschrauberlandeplatz. Bessbrook liegt im katholischen Grenzland Armagh, dem prospektschönen »Garten von Ulster«, den der britische Nordirland-Minister Merlyn Rees umtaufte in »Banditenland«.

Aber in Bessbrook – eine nordirische Rarität – ist kein einziges Haus zerbombt. Einstöckig, aus Granit und Ziegelstein, stehen sie in Squares um weite Rasenflächen. Unter der Eiche blüht der Dorfklatsch. Vor den Haustüren die Milchflaschen von 2400 Einwohnern. 50 Prozent Katholiken, 50 Prozent Protestanten. Die Kinder der einen gehen in die protestantische Primary School. Die Kinder der anderen in die katholische St.-Josephs-Schule, in derselben Straße. Ein Dorf wie eine deutsche Fernsehsendung, ausgewogen und langweilig. Vier Kirchen und keine Kneipe. Denn Bessbrook ist eine Mustersiedlung, von dem Quäker und Spinnerei-Besitzer Richardson Mitte des 19. Jahrhunderts als »Modelldorf« angelegt: ohne Pub, ohne Polizei und ohne Pfandhaus. Seitdem pilgern die katholischen Guiness-Trinker von Bessbrook in das katholische Nachbardorf Camlough, wo es sieben Kneipen gibt; die protestantischen Guiness-Trinker treffen sich im protestantischen »Pit« außerhalb ihres Dorfes. Der wurde dreimal ausgebombt, jetzt ist er brandneu, mit Scheinwerfer und Fernsehkamera über dem Eingang und einem Monitor über der Theke, damit Barkeeper Jack Muldrew den nächsten Bombenleger rechtzeitig kommen sieht.

Vor Jahren hatte der Friseur von Bessbrook versucht, eine Pub-Lizenz zu bekommen, vergebens, und so schneidet er weiter katholische und protestantische Haare. Bessbrooks Polizeistation liegt außerhalb des alten Dorfkerns, wie ein Fußballtor hinter einem hohen Maschendrahtzaun. Zwei Bombenattentate seit 1969, ein Sergeant auf Patrouille erschossen: Mehr ist hier nie passiert. Bis zu jenem Massaker im Januar.

Auf dem Friedhof, wo er acht der zehn Ermordeten ihr Grab geschaufelt hat, ordnet Billy O'Brian, Bäcker und Totengräber, neue Plexiglasherzen mit Plastikblumen, made in Hongkong. »Dieses Blutbad«, sagt er, »hat das Gegenteil von dem bewirkt, was die Provos vom radikalen Flügel der IRA wollten: statt Radikalisierung einen stärkeren Zusammenhalt von Katholiken und Protestanten in unserer Gemeinde.« Zelda, die 30jährige Witwe des erschossenen Kenneth Worton, zeigt auf die weißgekalkten Nachbarhäuser: »Nebenan wohnen Katholiken, wir sind hier alle eine große Familie.« Auf dem Sofa sitzen Raquel und Suzanne, die kleinen Töchter, und wissen nicht, warum ihre Mutter wieder weint. »Ken ging nie zu politischen Versammlungen. Laßt uns doch leben, wie wir leben wollen!«

Ein paar Straßen weiter, Ulster Cottages No. 27, lebt die 62jährige Noreen McWhirter allein mit den Photos ihres ermordeten Mannes. »James und die anderen redeten über Fußball, als sie starben, ganz sicher, nicht über Politik.« Die Protestantin McWhirter zeigt uns das Beileidstelegramm der katholischen Mrs. Reavey, deren drei Söhne am Tag vor

ist 68, und sein Sohn war 18. Der Alte steht mit blaugestrickten Ohrenschützern und weißem Ölzeug vor der protestantischen Schule von Bessbrook. Mit einem großen gelben Schild lotst er die Schüler viermal täglich über eine Straße, die seit Jahren für Autos gesperrt ist – der groteske, rührende Versuch, Ordnung zu garantieren, wenigstens hier. Wenn das Tor der Polizeigarage offensteht, können die Schulkinder den zerschossenen roten Minibus sehen.

Auch die massive Präsenz britischer Soldaten, hier 1972, konnte nicht verhindern, dass der Konflikt seit 1969 viele Todesopfer forderte.

dem Massaker in einem Bauernhaus bei Bessbrook erschossen wurden. Von Protestanten, sagt die IRA, von der IRA, sagen nicht nur Protestanten. Inzwischen weiß keiner mehr genau, wo der andere steht und wofür er stirbt.

Die nordirische Tragödie, die mit Bürgerrechtsmärschen begann und in Bürgermassaker mündete, hat unrühmlichere Helden und sinnlosere Opfer als jeder irische Aufstand zuvor. »Roy, mein Jüngster, war nicht mal bei den Pfadfindern, und diese IRA-Gangster haben ihn abgeknallt!« Robert Chambers

»Nur ein einziger Einwohner von Bessbrook und den umliegenden Gehöften hat nach dem Massaker einen Waffenschein beantragt«, sagt Sergeant Forbes, Polizist und Methodist. »There was no cry for weapons«, kein Ruf nach Rache. George Harpur, auf dessen Bauernhof wir übernachten, besaß schon immer eine Schrotflinte. In der Mordwoche hatte er einen Drohanruf der IRA bekommen, seitdem schließt er die Haustür auch tagsüber ab, auch die vordere Wohnzimmertür. Nach dem Massaker hatten die Harpurs nicht, wie viele Farmer der Umgebung, bei Freunden oder im Dorf übernachtet. George ist Protestant, sein Knecht katholisch und »kann sich nicht beklagen«.

Die Harpurs haben vier Kinder und 90 Kühe, sie würden ihr ererbtes Stück Land auch im Falle einer Vereinigung mit dem katholischen Süden nicht verlassen, obwohl sie dann »eine große Abrechnung« fürchten. Sie lieben Irland, aber ihre Nationalität ist britisch, und das sagen sie auch. George rügt Westminster: »Die IRA durfte zu lange machen, was sie wollte. Die Armee kann nicht schnell und hart genug eingreifen.« Das BBC-Fernsehen überträgt an

Auch nachts, mit starken Suchscheinwerfern, kreisen Hubschrauber über den Feldern. Am Morgen war die Ermordung eines Farmers aus der Nachbarschaft bekannt geworden, eines Mitglieds der protestantischen Bürgerwehr UDR (Ulster Defence Regiment). Nichts darüber in den Spätnachrichten der BBC – »no news, keine Neuigkeit mehr«, sagt George Harpur. »Just another one, wieder einer. Jeder kann der nächste sein.« Dann zählt er die Namen ermordeter Freunde und Bekannter auf, und die Finger seiner beiden Hände reichen nicht aus. Den Sonderstatus für politische Gefangene und die vorzeitige Entlas-

Kinder gegen Soldaten: Die Kluft zwischen Katholiken und Protestanten schien unüberwindlich zu sein, wie hier in Armagh im Frühjahr 1972.

diesem Abend ein Schlagerfestival, Elizabeth Harpur bringt Tee, und hinter ihr tritt ein britischer Soldat in voller Kampfmontur ins Wohnzimmer, das Gesicht schuhcremeschwarz. Nordirischer Alltag.

Auf ihren nächtlichen Patrouillen im »killing triangle«, im mörderischen Dreieck von Süd-Armagh, besuchen die englischen Soldaten die einsamen Bauernhöfe, zum Kennenlernen und zur Sicherheit.

sung von 449 dieser Häftlinge ab 1. März lehnt er ab: »Terroristen sollte man erschießen.« Da sagt seine sanfte bleiche Frau: »I would torture them, ich würde sie foltern.«

Das würde Robert Nixon, protestantischer Pfarrer von Bessbrook, nie sagen. Er lobt die Sanftmut seiner Gemeinde, wo Katholiken und Protestanten »sogar Darts zusammen spielen«. Als sei das der Gipfel der Toleranz. Robert Nixon, dessen Eltern Mitglieder des politischen Ordens der »Orangemen« waren, wählt die Unions-Partei, die Vertreter der protestantischen Vorherrschaft seit dem 17. Jahrhundert. Anders als sein militanter Amtsbruder Ian Paisley greift er nicht aktiv in die Politik ein. Der katholischen Opposition wirft er vor, sie habe »immer nach Dublin geschielt und nie richtig in Stormont, im nordirischen Parlament, mitgearbeitet«. Wie konnte sie das auch, da sie dort bis heute nicht angemessen an der Regierung beteiligt ist und eine Regierungsneubildung erst in diesen Tagen wieder gescheitert ist. Für seine couragierte Predigt beim Begräbnis der Ermordeten erhielt Reverend Nixon den Dank des katholischen Erzbischofs von Armagh und Drohbriefe der IRA.

Hummelfiguren auf dem Kamin, die Pfeife im Mund und im Herzen großen Groll über die Verhältnisse: Das ist Seamus Caraher, Pfarrer von Beruf, Katholik von Geburt, Ire aus Überzeugung. »Wir bluten uns zu Tode in diesem Land. Nordirland ist vergewaltigt, kolonisiert wie Rhodesien.« Ulster nennt er nur »The Six Counties«, die protestantischen Engländer »the colonists«. »Dies«, sagt Pfarrer Caraher, ist »kein Religionskrieg, sondern einer von Besitzenden gegen Nichtbesitzende. Wir haben nichts, weil die andere Seite es uns nahm: ökonomisch, kulturell, administrativ.« Die IRA, darin stimmt der 68jährige Katholik mit seinem protestantischen Amtskollegen überein, »die gegenwärtige IRA hat kein Mandat, keine Mehrheit hinter sich«. Eine Lösung? »Only God knows!« In Bessbrook, sagt er, gibt es keine Diskriminierung: »Meine Haushälterin kauft da ein, wo es am besten und billigsten ist, auch in protestantischen Geschäften.«

Auf dem Weg zu Richard Hughes, dem einzigen katholischen Überlebenden des Massakers, komme ich an Mary McCourts Haus vorbei, gesichert wie eine Polizeistation: Sie hat Maschendraht zwischen Bohnenstangen gespannt und den Weg mit ihrer Mülltonne verbarrikadiert – »Die Jungs hier sind ja so verwildert!« Die einzigen, für die der 56jährige Richard Hughes offen Partei ergreift, sind die Fußballer von Manchester United: »Ich interessiere mich nur für Sport!« Ein vereinigtes Irland? »Das wird noch schlimmer. Sperren Sie mal zwei so verschiedenartige Vögel in einen Käfig!« Weiße Porzellanhunde stehen neben seinem Kamin, darüber Con-

stables »Heuwagen«. Zwei Ärzte behandeln Richard Hughes, aber was sollen sie machen gegen sein Schuldgefühl, als einziger Katholik von dem Blutbad verschont geblieben zu sein? Gegen das Mißtrauen, das er seitdem bei seinen protestantischen Freunden spürt? »Nachts, wenn ich ein Auto vor der Tür höre, zittere ich.«

Wie lebt einer, der nicht mehr leben sollte? Ein Dutzend Kugeln im Körper, ein Dutzend glatte Durchschüsse: Alan Black weiß nicht, warum er als einziger Protestant das Massaker überlebte. Seitdem geht er jeden Sonntag zur Kirche. »Meine besten Freunde sind Katholiken, meine besten protestantischen Freunde sind tot.« Wenn seine Kinder fragen, wer auf ihn geschossen hat, sagt der 32jährige Alan: »Schlechte Menschen.« Er sagt nicht »Katholiken« oder »die IRA«. Er will seine drei Kinder ohne Haß erziehen.

Was er an jenem blutigen Montag im Januar gesehen hat, erzählt er uns nicht. Alan Black hat Angst. Er kontrolliert unseren Presseausweis und die Phototasche. Dann schließt er die Jalousien, die er sonst halb offen läßt, um zu sehen, wer kommt. Frau und Kinder schlafen jetzt meist auswärts bei Freunden. Er benutzt verschiedene Autos, verschiedene Heimwege. Abends sieht er fern und hört auf die Geräusche an der Tür. Der Terror diktiert seinen Tageslauf. Alan Black ist in Bessbrook geboren, warum soll er fortziehen, und wohin? »Keiner will Nordirland haben. England will dieses Schlachthaus loswerden, und Südirland braucht es nicht.«

Am Samstag wurde der ermordete Bauer Joseph McCullough begraben. Letztes Jahr im September hatte er durch Zufall die Erschießung von fünf protestantischen »Orangemen« überlebt. Jetzt hat ihm die IRA auf seiner Farm bei Newtownhamilton die Kehle durchgeschnitten. Eine Stunde lang fuhr der schwarze Wolsey mit Joseph McCulloughs Sarg und einem großen Trauerzug durch die grünen Hügel von Armagh. Auf dem Friedhof Tullyvallen, hinter einem Dudelsackpfeifer, trugen sechs Soldaten der UDR den Sarg, darüber der Union Jack, darauf Orden, Koppel und Barett des Toten. Verteilt im Gelände englisches Militär. Der Bauer, der uns vom Friedhof per Anhalter zurück nach Bessbrook mitnahm, zeigte uns links und rechts vom Weg keine Sehenswürdigkeiten. Er zeigte uns Bauernhöfe ermordeter Freunde.

Axel Springer mit seiner Ehefrau Friede an seinem 70. Geburtstag am 2. Mai 1982 in Ahrensburg bei Hamburg.

Meine Träume werden jetzt kontrolliert

Axel Springer: »Wenn Herr Wallraff will, kann er mich jederzeit sprechen« – Spaziergänge mit Prominenten

Von **BEN WITTER**, erschienen in der ZEIT am 12. Dezember 1980

Im Dezember vor dreizehn Jahren war es noch ein Bungalow, der mehr Glas als Steine hatte, aber das Licht flutete nicht so hindurch wie gewöhnlich; der Dunst über dem Wannsee mischte sich ein. Nun war es November, und es regnete feinfädig auf das, was inzwischen mit ganzer Kraft darauf gesetzt worden war: ein preußisches Herrenhaus. Und der Wachtposten mit Schnurrbart, der den Schlagbaum hob, stand beinahe stramm.

Mit schlenkernden Armen, wie damals, kam mir Axel Springer entgegen und sagte: »Für meine Sicherheit ist gesorgt. Die militante Linke läßt mich nicht aus den Augen, für die militante Rechte bin ich ein Judenknecht, und die militanten Palästinenser haben mich auf ihrer Abschußliste. Ich habe aber nur Angst um meine Frau.«

Das Kaminfeuer brannte. Die Holzscheite in der gläsernen Ablage waren alle gleich groß. Springer zog seine Hand zurück: »Als in meinem Kinderzimmer der Ofen einmal glühend rot geworden war, hatte ich Angst, meine Mutter käme daran. Ich wollte sie immer beschützen.« Die Erinnerung wärmte auch, unsere Blicke waren versorgt, und mit einem Tonfall, der selbstverständlich klingen sollte, kam das noch dazu:

»Im Wochenbett hatte meine Mutter die ›Wahlverwandtschaften‹, gelesen, und zu Beginn des ›Dritten Reiches‹ las sie immer wieder diese Stelle daraus vor: ›Diesem düsteren Geschlecht ist nicht zu helfen. Man mußte nur meistenteils verstummen, um nicht, wie Kassandra, für wahnsinnig gehalten zu werden, wenn man weissagte, was schon vor der Tür steht.‹ Und sie ergänzte: ›Hitler, der Mann bedeutet Krieg. Verlaßt euch darauf.‹«

Wollte nie Verleger werden

Wofür waren die Seltenheitswerte ringsherum nicht schon Zeuge gewesen! Springer machte meinen

Rundblick mit und setzte diesen Satz an den Schluß: »Ich war mein eigener Innenarchitekt. Das hier ist eine Basis für mich in dieser flüchtigen Zeit.« Dann gingen wir durch einen Raum, der Preußen gewidmet war, der nächste Schleswig-Holstein, und einer Dänemark. Altona, Springers Geburtsort, war dänisch gewesen, bevor es an Preußen fiel. »Meine Vorfahren waren Walfänger«, sagte er beim Türenschließen.

Und mit jedem Arm- und Beinschlenker brachte er Abrisse seiner Jugendzeit ein Stück weiter: »Auf dem Realgymnasium hatte ich in Religion, Singen, Turnen und Deutsch eine Eins … Aber ich ging aus der Quarta ab … Die Jugend in den zwanziger Jahren war auch rebellisch … Ich träumte jedoch nicht von einer Pfadfinderkluft, sondern von einem Frack … Meine Mutter kannte meine Träume, doch mein Vater, der Verleger der *Altonaer Nachrichten* und Schatzmeister der ›Deutschen Demokratischen Partei‹, er war ein praktischer Mann. Seine Setzer waren, von zwei Ausnahmen abgesehen, Sozialdemokraten. Er besuchte sie sogar zu Hause.«

Axel Springer war an seinem Schreibtisch angelangt: »Ich wollte nie Journalist oder Verleger werden … Klänge und Stimmen, die Poesie, hatten es mir angetan, Sänger wollte ich werden auf großer Bühne … Mein Gesangslehrer hieß Otto Eichbaum, und mein Idol war Richard Tauber. In Berlin feierte er Triumphe. ›Er ist aber Jude‹, meuterte dann der Pöbel, ›und das noch mit Monokel …‹ Tauber war Halbjude und mußte trotzdem raus.«

Der Butler hatte ein gleichmäßig durchfurchtes Gesicht. Er half uns in die Mäntel, und auf dem Uferweg war Axel Springer wieder bei seiner Mutter und sagte: »Ich habe ihr nie imponiert, auch meine Erfolge nicht; sie mochte nur, wenn ich gute Sachen sagte … Nein, ich weiß nicht genau, wie alt sie geworden ist, ebensowenig weiß ich, wie alt meine Frau ist; sie ist viel jünger als ich. Aber wen man liebt, dessen Alter vergißt man.«

Ich redete nicht mehr in seine Erinnerungen hinein, und er ging langsamer. »Mein Vater steckte mich als Lehrling in die Setzerei. Nach der Setzerlehre folgte ein Jahr Druckerlehre, und danach volontierte ich in einer großen Papierfabrik. Um, wie von meinem Vater geplant, Redaktionsvolontär bei Ullstein in Berlin zu werden, mußte ich von der Pike anfangen. Ich war dann bei ›Wolffs Telegraphenbü-

ro‹ in Hamburg, und von dort aus ging es zur *Bergedorfer Zeitung*. Bergedorf, im Osten Hamburgs, liegt auf dem Weg nach Berlin. Mit meiner Mutter fuhr ich zum erstenmal nach Berlin.«

Der Regen machte keine richtigen Tropfen, und wir fanden, daß die Oberfläche des Wannsees wie ein Reibebrett aussieht. Ja, ich wußte, daß Goebbels die Hamburger »Alpaca-Engländer« genannt hatte und Himmler die anglophilen Söhne Hamburger Kaufleute ins KZ bringen wollte, weil sie mit langen Haaren, Bowler-Hut und Regenschirm gegen die Blut-und-Boden-Parolen protestierten, und im verbotenen Jazz und Swing ihre Träume von Amerika hochspielten, und in Gedanken schon ausgewandert waren. »Sie gehörten doch auch dazu«, sagte ich, »und einige kamen ins KZ. Aber das war trotzdem kein Widerstand.«

Um auf dem Weg zu bleiben, mußten wir dicht nebeneinander gehen. »Es war auch kein Widerstand«, sagte Springer, »daß ich einem unserer Redakteure zur Flucht verhalf und von der Gestapo verhört wurde und ältere Nummern des *Berliner Tageblattes* verteilte. Man war nur mit Haut und Haaren dagegen.« In seinen Augen lag wieder so eine Art Traurigkeitsgefühl, die Hand wurde lasch und rutschte von der Manteltasche ab.

»Ich bin ein Poet und Träumer«, sagte er vor sich hin. »Nach der ›Machtübernahme‹ war es meines Vaters Idee, eine ›Emigrantenzeitung‹ in der Schweiz zu machen. Das stieß dort aber auf wenig Gegenliebe … Da träumte er wohl zum erstenmal … Und ich spielte fünf Monate lang aus Übermut und um vielleicht doch noch das Verbot unseres Blattes hinauszuschieben, den Anwärter im Nationalsozialistischen Kraftfahrkorps, wo man nur leidenschaftlicher Motorsportler sein mußte, sonst nichts …

Nach meinem Austritt wurde ich todkrank. Eine Geschwulst an der Bauchspeicheldrüse sollte operiert werden. Aber der Ausgang war ungewiß … Meine bildungshungrige Mutter sagte nein und tröstete mich mit Goetheworten … Die *Altonaer Nachrichten* waren verboten worden, mein Vater hatte eine Schüttellähmung, und die Wehrmacht musterte mich als dienstuntauglich aus … Aber was kamen da plötzlich für Angebote … Ich hätte auch ohne Parteiabzeichen sämtliche Druckereien im sogenannten Generalgouvernement leiten können. Ich war ja so ein ›nordischer‹ Typ.«

In einem Sanatoriumspark hätte er nicht bedächtiger gehen und vor sich hinsprechen können. Seine Frau winkte. Wir setzten uns mit nassen Haaren wieder an den Kamin. »Ein Freund«, begann Axel Springer, »sagte dann zu mir: ›Mach doch Bücher, was sitzt du da im Waterloo-Theater hinter dem Filmprojektor.‹ Es war das einzige Kino, wo sich nach der Wochenschau die Swing-Jugend versammelte. Ich hatte eine Kurzausbildung als Filmvorführer erhalten und war auch Platzanweiser. Und wir beschafften Papier und brachten Romane, Essays und Krimis aus der alten *Berliner Illustrierten,* und wenn es jüdische Autoren waren unter Pseudonym, zwischen feste Deckel. Der Freund, ein Buchhändler, kam ins KZ und überlebte.«

Ich sagte: »Sie haben einen hohen Bariton, und mit der Stimme läßt sich über alles reden, aber Sie fassen sich kürzer als damals, vor dreizehn Jahren.« Springer sah mich an: »Ich hielt immer viel zu lange Reden, ich bin wortempfindlicher geworden, und ich werde auch weniger politische Reden halten; viele Worte prägen nicht … Unterbrechen Sie mich ruhig, sagen Sie: ›Ja dann, und dann …‹ Also, dann stellte ich mich vor meine Eltern hin und sagte: ›Bald wird das freie Wort in Deutschland wieder gelten, und dann werde ich das größte Zeitungshaus Europas bauen.‹ Meine Mutter sagte: ›Bei ihm weiß man es nie genau. Seiner Bauchspeicheldrüse geht es auch schon besser.‹«

Ewige Worte der Menschlichkeit

Ich wollte vom Kamin weg, aber Springer streckte die Hand aus: »Der Buchverlag war meine Rettung gewesen, und das Schicksal unserer Zeitung. Und hätte ich nicht diese Mutter gehabt, die alle Folgen der Nazizeit voraussah, und meine Freunde, die auf der Flucht oder im KZ, ich wäre am Bartresen großgeworden … Und um mich nach dem Krieg gleich bekanntzumachen, verschickte ich einen Band mit dem Titel: ›Ewige Worte der Menschlichkeit‹ an 6000 Hamburger. Man kannte mich plötzlich.«

»Und dann kamen die großen Träume«, sagte ich. Axel Springer stand auf. In dem Zimmer konnte einer allein spazierengehen: »Erfolg ist eine Eigenschaft. Und aus den Trümmern wurden Ideen. Und als man sich von dem Schreck erholt hatte, die sie auslösten, ging es an die Verwirklichung, koste es,

was es wolle. Doch ohne meinen Glauben hätte es keinen Erfolg gegeben. Aber Religion hat man oder nicht. Es muß immer der Nächste sein, dem man sich zuzuwenden hat. Und alles läuft darin letzten Endes immer wieder auf die ordnende Macht der Zehn Gebote hinaus.«

»Sind Ihre Haare trocken?«, fragte er dann. Ich sagte: »Wie nett das klingt, und für Ihr *Hamburger Abendblatt* erfanden Sie dann den Spruch ›Seid nett zueinander‹, und …« – »Ja, und ich verteilte kleine Blumensträuße auf U-Bahn-Stationen und setzte den Zebrastreifen in der Bundesrepublik durch, und …« – »Ja, und welchen Spruch würden Sie jetzt erfinden?« Springer zögerte nicht: »Es lohnt sich immer, miteinander zu reden.‹ Und das heißt für mich auch, meinen entschiedensten Gegnern die Hand hinzustrecken. Wenn Herr Wallraff mich sprechen möchte, kann er sofort kommen.«

»Ich leide wie ein Hund darunter, daß manches in meinen Blättern steht, womit ich überhaupt nicht einverstanden bin. Und wie oft leide ich, wenn ich morgens die *Bild-Zeitung* lese. In Hunderten von Briefen beschwor ich die Chefredaktion, alles zu unterlassen, was gegen die Würde des Menschen verstößt. *Bild* ist das schnellste Informationsblatt der Welt. Da wird nach dem Sekundenzeiger aufgetischt. Von den Hilfsaktionen und Hilfestellungen, die *Bild* organisiert, redet man nicht. Aber jede Hilfe ist mit Recht ja selbstverständlich. Und ich will auch gar nichts beschönigen.«

Wohin mit den Blicken, wenn alles glänzt oder schnurgerade ist und plötzlich kein Wort mehr da ist? Ich sagte: »Und dann Ihr Christlichkeitsidealismus. In keiner Ihrer Reden fehlt Gott, und es schien jedesmal, als stünden Sie persönlich dahinter …« Axel Springer machte vor dem Kamin halt: »Für mich heißt das doch ganz einfach: du sollst deinen Glauben bekennen. Gott ohne Pathos … Ja, es müssen eben weniger Worte sein … Aber unser System braucht doch endlich ein Ideal …« Ich sagte, daß eine Menge Jugendlicher sich schon lange dem Nächsten zuwenden, und die Hilfe für ihn sei ihr Ideal, und was sich daraus formen ließe; aber es forme sich ganz von selbst … »Und wenn man so glaubt wie Sie, dann hat man ja auch Reue. Ihre Erinnerungen haben wir nun hinter uns …« Springer forschte in meinem Gesicht: »Ja, absolute Reue und sofortige Hilfe; meine Mutter war darin wie der geölte Blitz.«

»Und wie leiden Sie darunter, daß eine Gruppe von Schriftstellern Ihre Kollegen aufgefordert hat, nicht mehr für Ihre Blätter zu schreiben?« Er setzte sich hin. Sein Atem war ungleichmäßig: »Neben den Hauptakteuren gibt es eben auch Mitläufer; wen wundert das, bei der Mentalität unseres Volkes. Aber ist Boykott das richtige Mittel zur Erhaltung der Pressefreiheit? In meinem Verlag gibt es Pannen und

gesagt: ›Die DDR ist weder deutsch, noch demokratisch, noch eine Republik.‹ Ich weiß nicht, wann ich mit diesem Problem fertig bin, aber wenn wir schon von dem so menschlichen Brandt reden, dann auch von Herbert Wehner: Mir imponiert seine Politik, weil sie bestimmt ist von der Sorge um den Menschen, der er sich in Askese und persönlicher Bescheidenheit hingibt. Beide sind Emigranten ... Und

Auf einer Pressekonferenz in Köln stellt der Journalist Günter Wallraff (r.) gemeinsam mit dem Grafiker Klaus Staeck am 4. März 1980 eine Anti-Bild-Aktion vor, nachdem er im Vorfeld unter falschem Namen in der Redaktion des Blattes gearbeitet hatte.

Fehlentscheidungen, doch unabhängig sind wir, unabhängig von wirtschaftlichen und ideologischen Bevormundungen ... Ob ich auch mit diesen Autoren reden würde? Mit Herrn Wallraff kann es beginnen.«

Nach einer großen Lebenskrise

»Aber die DDR kommt immer noch in Anführungsstrichen in Ihre Blätter. Da gibt es Verträge und Begegnungen und...« Er sagte: »Und was gibt es da nicht alles... Aber der junge Willy Brandt, der einer der Gründe war, weshalb ich nach Berlin ging, hatte

wie rannte ich in Hamburg herum, um mitzuhelfen, daß ihr alter Genosse Herbert Weichmann Erster Bürgermeister der Freien und Hansestadt Hamburg wird. Der erste jüdische Ministerpräsident in Deutschland ... Ja, und die vielen Millionen für Israel? Das ist meine persönliche Wiedergutmachung. Aber Geld reicht doch nicht.«

Und dann wieder auf dem Uferweg: keine Blicke für den Wannsee, aber für das feuchte Gras: »Der Selbstmord meines Sohnes Axel, ich habe immer für ihn mitgeträumt, er wurde unter dem Pseudonym Sven Simon ein berühmter Photograph ... aber er hatte Angst vor dem Riesenverlag ... Schon als Kind hatte er Angst, als er in ein Kinderheim sollte ... Zuletzt wollte er ein Jagdrevier haben. Ich bin aber gegen Jagen und Schießen ... Vielleicht wollte er nur ungewöhnliche Photos machen und gar nicht schießen ... Und wie er über jüdische Witze lachen konnte ... Sie sind ja im Hintergrund auch alle so traurig ... David Ben Gurion erzählte er sie früher auf englisch. Haben die beiden gelacht ... Nun habe ich Axel ganz bei mir. Durch meinen Glauben ist die Nähe vollständig.«

Mit schlenkernden Armen ging er voran: »Ja, ich habe meinen Besitz an der Elbe in Hamburg-Altona, er ist über 50000 Quadratmeter groß mit einem Haus darauf, das sogar Architekten photographieren, dem Hamburger Staat geschenkt. ›Sven-Simon-Park‹ soll er heißen. Axel junior war da immer so gerne, schon wegen der Stimmung, wenn die Nebelhörner bliesen ... Bürgermeister Klose, der nicht viel älter ist als er, war vorher bei mir. Er fühlte sich durch die Berichterstattung meiner Blätter auch in seiner Amtsführung behindert. Wir näherten unsere Standpunkte einander an, besonders im menschlichen Bereich ...

Und meine Träume werden jetzt kontrolliert. Die richtigen Kontrolleure sind da und sitzen an einem Tisch. Es geht um die Verbesserung des Vorhandenen und die Beobachtung all dessen, was auf dem Felde des Medienmarktes auf uns zukommt ... Nach Axels Tod meldeten sich in- und ausländische Kaufinteressenten ... Aber ich habe mein Haus bestellt ... Heute bin ich lebendiger denn je; es ist die große Ordnung des Hauses nach einer großen Lebenskrise ... Vor dreizehn Jahren erzählte ich Ihnen auch von einer großen Krise ... Aber was war die dagegen ...«

»Und damals wollten Sie in Schleswig-Holstein nur ein Bauernhaus kaufen«, sagte ich, »und daraus ist ein Herrenhaus geworden wie hier ...« Das Lächeln ließ sich Zeit: »Ich erhalte sie doch hauptsächlich für meine Träume und für meine Gäste ... Jetzt habe ich irgendwo eine Zweieinhalbzimmerwohnung. Da geht das Wichtigste hinein... Ja, ich bin 68 und gesund und wiege jetzt zwanzig Pfund weniger. Vor kurzem wurden meine Frau und ich aber einmal gleichzeitig krank: die Mandeln mußten heraus. Ob sie wirklich Friede heißt? Sie ist Friesin und stammt von der Insel Föhr. Ihr Vorname ist Friede.«

In Begleitung eines Hundes wird es auch in menschenleerer Natur nicht einsam.

Deutschland umsonst

Zu Fuß und ohne Geld durch ein Wohlstandsland

Von **MICHAEL HOLZACH**, erschienen in der ZEIT am 19. Februar 1982

Ohne einen Pfennig in der Tasche wanderte Michael Holzach von Mai bis November 1980 durch die Bundesrepublik. Sein Begleiter: Hund Feldmann aus dem Tierasyl. Wie wirken Land und Menschen auf einen »Nichtseßhaften«? Die Wanderung von Hamburg ins Allgäu und zurück wurde für ihn zu einer nicht alltäglichen Begegnung mit dem deutschen Alltag.

Mein erster Weg führt mich ins Tierasyl. Ein Paar Dutzend Hundeaugen hinter Gittern empfangen mich mit flehendem Blick. Wie festgenagelt bleibe ich im Eingang des Zwingerhauses stehen. Einen Augenaufschlag lang rührt sich nichts. Kaltes Neonlicht fällt von der Decke. Es riecht penetrant nach zoologischem Garten. Irgendwo tropft Wasser. Dann, in einem Aufschrei aus Jaulen, Kläffen und Winseln, werfen sich die eingepferchten Tiere gegen den Gitterdraht ihrer Käfige, drehen sich wild im Kreis, hüpfen hysterisch auf der Stelle. Das Tollhaus ist los. Wie soll ich hier bloß meinen Weggefährten finden?

Verschreckt gehe ich von Zwinger zu Zwinger. Bleibe ich vor einer Zelle stehen, beginnt dort sofort ein heftiges Gerangel um meine Gunst, das meist in erbitterten und oft blutigen Beißereien endet. Es gilt das Gesetz des Stärkeren.

Im vorletzten Käfig, fast am Ende des langen Ganges, liegt eine hellbraune Promenadenmischung auf dem nackten Beton in der Ecke und beobachtet scheu das Toben ihrer Mitgefangenen, mit eingezogenem Schwanz und angelegten Ohren, die Stirn in Sorgenfalten und am ganzen Leibe zitternd. Die grüne Kennkarte, die an ihrem Zwinger festgemacht ist, gibt spärlich Auskunft über den furchtsamen Häftling: »Rasse: Boxermischl.; Geschlecht: rd.; Farbe: br.; Alter etwa ½ J.; Name: unbek.; Heimaufenthalt: seit 1.4.« Handschriftlicher Zusatz: »Mag nicht Autofahren!« – das gibt für mich den Ausschlag.

Zehn Minuten später zerrt mich der scheue Asylhund an einer Schnur als provisorischer Leine ins Freie. Die Nase dicht über dem Pflaster, hetzt er mit

Zur Person

Auf Reportagen über Randgruppen der Gesellschaft war der Journalist und ZEIT-Reporter **Michael Holzach** spezialisiert.

Nachdem er bei der »Westfälischen Rundschau« volontiert hatte, kam er 1974 als Reporter zur ZEIT. Er schrieb Reportagen über Jugendalkoholismus, Gastarbeiter, Arbeitslose und die Anti-Atom-Bewegung. 1978 lebte er ein Jahr unter den Hutterern, einer christlichen Gruppierung in den USA, die dort seit dem 19. Jahrhundert in gemeinsamen Siedlungen lebt. Seine Erfahrungen legte er in dem Buch »Das vergessene Volk« nieder. 1980 wurde Holzach selbst zum Aussteiger auf Zeit: Er durchwanderte monatelang ohne Geld in der Tasche die Bundesrepublik von Norden nach Süden. Seine oft überraschenden Erfahrungen zwischen Abweisung und Gastfreundschaft schilderte er in dem Buch »Deutschland umsonst – Zu Fuß und ohne Geld durch ein Wohlstandsland«, das viele interessierte Leser fand. 1993 entstand frei nach dieser Vorlage ein TV-Vierteiler.

Holzach ertrank 1983 in Dortmund bei dem Versuch, seinen Hund Feldmann aus dem kanalisierten Abwasserfluss Emscher zu retten, wo er für den geplanten TV-Film recherchierte.

mir von Baum zu Baum die Straße hinab, so, als wüßte er ganz genau, wo es langgeht.

Direkt vor den Elbbrücken muß ich erschöpft Rast machen, auf einem Zipfel Grün am Straßenrand; doch der Hund gibt keine Ruhe. Soweit die Leine reicht, beriecht er mit wedelndem Schwanz jeden Grashalm, von oben nach unten, von unten nach oben, verharrt staunend vor der einsamen Gänseblume, nascht ein wenig von einem Haufen Kaninchenködel. Ein Abenteuer, dieses bißchen Wiese, das erste Stück Flora in seinem Leben. Im Asyl hatte mich die Tierpflegerin gewarnt: »Der war noch nie draußen.« Schon als Welpe hat er im Tierheim Itzehoe »gesessen«, und als er dort nicht zu »vermitteln« gewesen war, brachte man ihn nach Hamburg. Während der »Überführung« war er dann im Auto fast erstickt am eigenen Erbrochenen. Daher auch die besondere Charakterisierung auf seiner grünen Kennkarte.

Bevor es weitergeht auf Hamburgs Ausfallstraßen, taufe ich meinen Hund mit einer Scheibe Dauerwurst auf den Namen Feldmann. So sollen im Sauerland alle Hunde heißen, habe ich mal gehört. Wo aber ist das Sauerland?

Die stählernen Auf- und Abschwünge der Elbbrücken begleiten mich und Feldmann auf einem schmalen Gehweg aus der Stadt. Autokolonnen toben uns dreispurig entgegen. Es ist noch früh am Vormittag, die Leute müssen zur Arbeit. Fahl und matt schiebt sich der Fluß unter uns her. Die flache Morgensonne flackert durch die Eisenträger und hält unseren Schritt exakt mit. Alles scheint in Bewegung. Beim letzten Brückenpfeiler verengt sich der Bürgersteig und endet plötzlich vor einer quer montierten Leitplanke. Kein Schild, kein Hinweis. Für wen auch, wir sind die einzigen Fußgänger weit und breit. Feldmann hockt sich mit seinem Asylzittern auf die Hinterläufe und schaut fragend zu mir hoch, zu mir, seinem Herrn und Alpha-Rüden. Aber ich bin so ratlos wie er. Ich fühle mich wie in eine Falle geraten, weiß nicht weiter, weiß nur zurück, zurück jedoch wollen wir beide nicht.

Auf der gegenüberliegenden Seite der Brücke ist der Gehweg nicht unterbrochen, erkenne ich, dort könnten wir zum anderen Ufer laufen, aber der breite Autostrom versperrt uns den Weg. Erst als sich die stadteinwärts drängenden Blechkolonnen stauen, kommt es zu einem zeitweisen Stillstand des Verkehrs. Jetzt kann ich es wagen. Kurz entschlossen klemme ich mir meinen Hund unter den Arm, klettere mit

ihm über die Leitplanke und schlängle mich zwischen den Wagen hindurch. Fahrer hupen verärgert. Einer tippt sich kopfschüttelnd mit dem Zeigefinger an die Stirn. Es quietschen Reifen. Noch drei, vier Meter, und ich bin drüben. Feldmann wickelt im wilden Freudentanz seine Leine um meine Beine. Als Leithund scheine ich meine erste Bewährungsprobe bestanden zu haben.

Und weiter geht es, immer der großen Straße nach, durch graue Quartiere aus rötlichem Klinker, durch Veddel, durch Wilhelmsburg, über die Süderelbe nach Harburg. Mauern ziehen sich von Kreuzung zu Kreuzung, Ampeln unterbrechen das Laufen. Viele Menschen gehen an uns vorbei, aber ich sehe sie nicht an; ich blicke wie ein Blinder weit und starr voraus, spüre die Rucksackriemen in den Schultern, die Kopfsteine unter den Füßen, höre den Takt, den ich mir mit dem Knotenstock auf das Trottoir schlage.

Vor einer roten Fußgängerampel sucht Feldmann schnell Bekanntschaft mit einem Terrier, der ihm aber nur grimmig die Zähne zeigt. Sein Besitzer, ein kleiner Mann mit Thälmann-Mütze, schaut hinter dicken Brillengläsern groß an mir hoch. »Ihr habt euch wohl verlaufen?« fragt er und deutet mit seiner eingerollten *Morgenpost* auf meinen Rucksack. »... sind nur auf der Durchreise«, antworte ich ausweichend. Als würde er mich verstehen, nickt der Mann mit seiner Mütze, murmelt vielsagend »Aha«, dann aber, gerade noch rechtzeitig vor der Frage nach dem »Wohin?«, unterbricht das grüne Ampellicht unsere Unterhaltung.

Erst am Nachmittag, die Sonne verliert deutlich an Höhe, dünnt die Stadt langsam aus. Weniger Autos auf schmaleren Straßen, kleinere Häuser in weiterem Abstand zueinander, dazwischen Schrebergärten, Treibhäuser, ein Schrottplatz. In den Kanälen protzen die Motorboote mit Chrom und Pferdestärken. Auf einer Wiese, neben einem elektrischen Umspannwerk, das erste reetgedeckte Haus. An den Bushaltestellen annoncieren Vorstadtdiscos ihre Gogo-Girl-Wettbewerbe und Schützenvereine laden zum jährlichen Umzug. Hamburger Stadtland.

Hinter mir, in scheinbar unerreichbarer Ferne, ragt der Fernsehturm aus dem Dunst. Häuser, Brücken, selbst das riesige Plaza sind nicht mehr zu sehen. Viel früher als erwartet bin ich in der Fremde. In der nächsten Telephonzelle brauche ich nach meinen beiden Notgroschen nicht lange zu suchen. Freda ist sofort am Apparat, als hätte sie auf meinen Anruf gewartet. »Ich muß dich irgendwo treffen«, sage ich. Keine Antwort. »Vielleicht im Sommer«, setze ich nach, »irgendwo am Rhein.« Freda sagt immer noch nichts. Sie misstraut meiner ungewohnten Entschiedenheit. Schließlich ein zögerndes »mal sehen«, was ich dankbar als feste Zusage nehme. Meine Angst vor dem Alleinsein ist damit fürs erste gemildert.

Am Rande einer monoton-gepflegten Neubausiedlung aus Einfamilienhäusern, nicht weit von einer lärmenden Autobahn, lockt ein kleiner Obstbaumgarten in voller Blüte, von einer dichten Hecke umfriedet. Ein Blick über die Schulter genügt, um sicherzugehen, daß wir unbeobachtet sind; die hölzerne Pforte ist nur angelehnt, und schon sind wir eingehüllt von einem süßlichen Duft. Zwischen zwei kleinwüchsigen Bäumen lasse ich den Rucksack in das hohe Gras fallen, und sofort wird mir leicht und frei. Zum erstenmal binde ich Feldmann von seiner Leine. Erst stutzt der Hund, schaut mich ungläubig an, schüttelt noch einmal die letzten inneren Hemmnisse ab, um dann ungezügelt durch das Gelände zu jagen.

Die Türglocke der Konditorei macht ding-dong. Fette Cremetorten und obstbeladene Kuchenböden springen mir zu Dutzenden ins Auge. Gäste und Bedienung drehen die Köpfe. Ihre Blicke wandern an mir herab: Mein Hemd ist verschwitzt, in die Jeans hat der Stacheldraht einen Triangel gerissen, sandiger Staub bedeckt die Schnürschuhe. Die Landstraße ist mir wohl schon anzusehen. Ich halte mich an meinem Stock fest und warte im Verkaufsraum vor dem Kuchenbüfett, bis ich an der Reihe bin. Fünf Kunden stehen noch vor mir, zwei Uniformierte, zwei sonntagsfeine mollige Damen und ein Junge in kurzen Hosen. Er blickt mit freundlicher Neugierde, bis ihn die eine mit spröder Stimme fragt: »Willst du nun Apfel oder Aprikose?« Er will keins von beiden, lieber Negerküsse. Die Frau bestellt »zwei Aprikosenschnittchen ›mit‹«. Der Junge zieht einen Flunsch.

Nachdem die Soldaten endlich ihre Wahl zwischen dem Schokoladenkuchen, der Rumtorte und dem Buttercremestrudel getroffen haben, wendet sich die Verkäuferin mir zu. »Sie wünschen, bitte?« Welch eine Frage! Mir ist alles recht, ob Schnittchen, ob Torte oder Strudel, auch einzupacken braucht sie es gar nicht erst, ich verzehre gleich hier, stehenden Fußes. Das Bedienungsmädchen, blond, weißgeschürzt, wartet auf meine Bestellung. Ding-dong,

neue Kundschaft kommt, durch den Türspalt sehe ich draußen meinen angebundenen Feldmann, der sorgenvoll zu mir hereinstarrt. »Sie wünschen, bitte?« Ein wenig über den Tresen gebeugt, um nicht zu laut sprechen zu müssen, kommt aus mir der Spruch von Gustav: »Haben Sie wohl etwas altes Brot oder Gebäck übrig?« Mit dieser Frage ist auch meine Verlegenheit über dem Tresen. Als hätte ich dem Mädchen einen unsittlichen Antrag gemacht, läuft sie rot an, sagt nach kurzem Zögern dann »einen Moment« und verschwindet durch eine Tür neben dem schön dekorierten Pralinenregal. Auf der Straße schrillt das Martinshorn einer Militärstreife heran und fährt vorbei. Die Aprikosenschnittchen lächeln mich an. Ding-dong, noch mehr Leute. Endlich kommt die Bedienung zurück, immer noch etwas verfärbt im Gesicht, eine Papiertüte in den Händen. »Bitte«, sagt sie mit betretenem Lächeln. »Danke«, sage ich, bemüht, ihrer Stimmlage zu entsprechen. Mit einem Ding-dong bin ich wieder draußen an der Luft. Feldmann tanzt.

Scheunen gibt es in Dollbergen genug. Gleich beim ersten Bauernhof klopfe ich an die Tür. Ein altes Mütterchen öffnet. Ich sage: »Guten Abend, ich bin auf der Wanderschaft und wollte höflich fragen, ob ich in der Scheune schlafen darf.« Nach kurzem Stutzen schüttelt die Alte ihren kleinen, schrumpeligen Kopf und brummelt etwas von einer Base aus Nordfriesland, der »auch so Wandervolk« beim Rauchen die Scheune überm Kopf angezündet hat, »gleich nach dem zweiten Krieg«. Als ich vorgebe, Nichtraucher zu sein, winkt sie nur ungläubig ab: »Das sagen sie alle, und dann steckt doch die Pip im Büdel.« Überführt steuere ich den Nachbarhof an, wo mich ein feister Bursche vom hohen Traktor herunter abspeist: »Geh doch malochen, dann brauchst keine Scheune.« Immerhin, vom Arbeitslager ist nicht die Rede.

Der Regen wird stärker. Dachrinnen beginnen zu lecken. Das stumpfe Pflaster fängt an zu glänzen. Vor einem kleinen Lebensmittelladen stelle ich mich kurz unter. Eine Frau kommt mit vollen Tüten aus dem Geschäft. Sie trägt nur ein dünnes Kleid, auch sie scheint das Wetter überrascht zu haben. Sie hat es eilig. Ich gehe auf sie zu und stelle meine Frage. Ihre Scheune ist leer, ohne Stroh, ohne Heu, antwortet sie mit ängstlich zum Himmel gerichteten Augen. Ihr Mann hat die Landwirtschaft aufgegeben, er arbeitet in Peine in der Fabrik, und übrigens gibt es dort auch eine Jugendherberge. Danke für den Tip. Nach Peine sind es noch zwanzig Kilometer. Entmutigt gehe ich durch die Dorfstraße. Zwei Knaben folgen mir auf Fahrrädern in vorsichtiger Distanz. Beim nächsten Bauernhaus macht schon niemand mehr auf. Ein Fremder im Dorf, das spricht sich schnell herum. Was kommt denn der ausgerechnet zu uns? In der

müde. Hat denn keiner ein Einsehen mit uns beiden? In einer solchen Situation hilft eigentlich nur noch der Gang zum Dorfpfarrer. Er muß uns doch helfen, schon von Amts wegen. Einen der Burschen, die immer noch hinter uns herschleichen wie Emils Detektive, frage ich, wo denn hier der Pastor wohnt. Moorblick 11, immer geradeaus, antwortet eine Stupsnase überraschend präzise, er ist wohl sein Konfirmand.

Michael Holzach mit seinem Hund Feldmann.

Scheune schlafen, wo gibt's denn heute noch so was? Ist der vielleicht ein Krimineller auf der Flucht? Rollläden runter! Feindseligkeit starrt aus jeder Hofeinfahrt. Mir fehlt der Mut weiterzufragen, die Angst vor neuen Zurückweisungen ist schon zu groß, mein Selbstvertrauen schwindet. Die Lage erscheint mir ausweglos. Das Regenwasser färbt Feldmann den Pelz dunkelbraun. Auch er hat Hunger, auch er ist hunde-

»Morgener« steht da an der Klingel eines häßlichen Neubaus. Gleich zweimal drücke ich den Knopf, Pfarrer Morgener soll wissen, die Sache ist dringend. Feldmann schnuppert am Briefschlitz. Beide lauschen wir in das Innere des Hauses. Alles bleibt still. Ist niemand zu Hause? Ich klingele noch einmal. Endlich eine Bewegung hinter den Glasbausteinen neben der Tür. Eine Hand greift zum Schloß, dreht den Schlüssel zweimal herum und verschwindet wieder. Ich bin platt, ich bin wütend, ich möchte ihn steinigen, diesen Pfarrer Morgener, nach gutem alttestamentarischem Brauch. »Klopfet an, so wird euch aufgetan, spricht der Herr.« Denkste! Zugesperrt hat er, im wahrsten Sinne des Wortes sich mir verschlossen, ohne auch nur zu fragen, was ich will. Verflucht sei er, der Teufel soll ihn holen, und mit ihm das ganze Dollbergen!

Wie ein Ausgestoßener stehle ich mich durch den Regen aus dem Dorf. Im letzten Abendlicht finde ich noch einen verwaisten Viehunterstand, der zwar höllisch stinkt, aber Schutz bietet gegen Nässe und Wind. Auf getrockneten Kuhfladen breite ich meinen Schlafsack aus. Feldmann rollt sich gleich auf meinem Fußende zusammen. Schwere Tropfen prasseln wie Kieselsteine auf das Dach.

Der Weg hinauf zum Internat ist mir geläufig. In zehn Jahren bin ich diese Kilometer sicher gut tausendmal gegangen, ich kenne jede Ecke. In der scharfen Kurve hinter der Redaktion des lokalen *Täglichen Anzeiger* fasse ich an die Narbe meines rechten Oberschenkels, die ich mir genau hier bei einem Fahrradsturz zugezogen habe. Auch der penetrante Geruch, mit dem die Parfümfabrik ein Stück weiter bergauf ihre Umgebung peinigt, hat mit den Jahren nichts von seiner lähmenden Süße verloren, und selbst am Mäuerchen vor der Gaststätte »Der fröhliche Wanderer« sind für den, der sie sehen will, noch feine rote Farbreste sichtbar vom Slogan »Amis raus aus Vietnam«, den wir da in einer 68er-Nacht hingesprüht haben.

Nach der Spurensicherung außerhalb des Internats betrete ich das Gelände des Landschulheims am Solling (LSH) mit feuchten Händen. »Privatbesitz – Durchgang verboten« signalisiert ein Schild die Exklusivität dieser Bildungsstätte, aber ich fühle mich nicht angesprochen, ich betrachte mich hier noch immer als zugehörig. Respektabel stehen die drei massigen Hauptgebäude, das Ober-, Mittel- und das Unterhaus, in der gepflegten Parklandschaft. Menschen sind keine zu sehen, denn die Turmuhr zeigt Viertel vor neun, die zweite Schulstunde muß gerade begonnen haben.

Neben der Sternwarte schlage ich mich in die Büsche, um mir nun endlich meine kurzen Hosen anzuziehen. Nur so wage ich Triller unter die Augen zu treten, denn der Erdkundelehrer Ernst-Günther

Triloff war mein »Kameradschaftsführer«, so nannten sich unsere jugendbewegten Erzieher, und kurze Hosen galten ihnen als Sinnbild ihres Erziehungsprogramms. Wer im Frühjahr zuerst die Shorts anzog, der bekam ebenso eine Tafel Schokolade wie der, der sie im späten Herbst als letzter wieder auszog. Jahrelang habe ich mir beide Tafeln dadurch gesichert, daß ich ausschließlich in den Weihnachtsferien lange Hosen trug, und das auch nur meiner Mutter zuliebe. Da ich in der Schule selten versetzt wurde, waren diese Schokoladenprämien lange Zeit meine einzigen Erfolgserlebnisse.

Kurzbehost klopfe ich also an die Tür des Lehrers. Triloff öffnet, stutzt, traut seinen Augen nicht. »Herr Doktor«, sage ich stolz, »ich bin gekommen, um mir meine Tafel Schokolade abzuholen.« Der alte Wandervogel strahlt. Ich war sein schlechtester Lieblingsschüler und bin ihm treu geblieben. Doch Schokolade hat er leider keine im Haus. Er entschuldigt das mit seiner Pensionierung, schließlich ist er schon über siebzig, die Schüler kennen ihn kaum noch, und kurze Hosen sind inzwischen selbst bei größter Hitze kaum noch zu sehen. Bei einem Glas Apfelsaft höre ich staunend von meinem Lehrer, daß ich schon als Dreizehnjähriger von Holzminden nach Hamburg laufen wollte, und zwar barfuß. Langsam kehrt die Erinnerung zurück: Nachdem ich das dritte Mal sitzengeblieben war, wollte ich der ganzen Schule zeigen, wozu ich fähig war, was in mir steckte. Vokabeln konnte ich mir nicht merken, was Adverbialkontributionen sind, blieb mir bis heute ein Rätsel, aber die Fähigkeit, trotzdem Einmaliges zu vollbringen, die wollte ich allen beweisen. Es blieb bei einer großmäuligen Idee, kein Mensch nahm mich damals für voll.

Und nun, nach zwei Jahrzehnten, komme ich zwar in Schuhen, aber doch zu Fuß aus Hamburg, um mir als erwachsener Mann die Bestätigung abzuholen, die ich als Kind so nötig gebraucht hätte. Hier vor meinem alten Lehrer bin ich wieder der kleine Quintaner, mit den gleichen Ängsten, den gleichen Selbstzweifeln, da hilft kein Abitur, kein Studium und auch kein angesehener Redakteursposten mit Telephon und Sekretärin, die mir die Rechtschreibfehler aus den Manuskripten sucht. Sind diese Kindheitswunden wirklich der Grund, warum ich durchs Land laufen und in kurzen Hosen hier erscheinen muß? Die Frage ist mir zu peinlich, als daß ich sie Herrn Triloff stellen kann.

Stéphanie von Monaco 1986, bei einem ihrer zahlreichen offiziellen Auftritte.

Oh, Stéphanie! Wo bist du?

Auf den Spuren einer wilden Prinzessin, die manchmal Luder ist
und manchmal Backfisch

Von **CORDT SCHNIBBEN**, erschienen in der ZEIT am 29. März 1985

Für diese Reportage
wurde Cordt
Schnibben mit dem
Theodor-Wolff-Preis
1986 ausgezeichnet.

Es begann in Monaco. Und es fing mit einer Polonaise an. Eine rätselhafte Macht hatte meine Hände auf ihre Schultern gelegt, mein Gott, auf die nackten Schultern einer Prinzessin. Die Musik erstarb, die Schlange zerfiel. Sie drehte sich um. Was nun? Wir tanzten. War es Walzer, Bolero oder Breakdance? Sie legte die Stirn in Falten wie der alte Belmondo. Ihre Augen schillerten unergründlich. Sie grinste schräg wie Humphrey Bogart. Ihr Englisch war sehr französisch und ihr Kreuz so breit wie das einer DDR-Schwimmerin. Diese Begegnung sollte mein Leben verändern.

Fortan führt mein Weg samstags im Supermarkt nicht mehr von dem Wursttresen direkt in die Milchecke, sondern zunächst am Zeitschriftenregal vorbei. Erst verstohlen, dann immer gieriger blättere ich die aufliegende Hausfrauen-Presse durch, nach Lebenszeichen von Stéphanie. Je mehr ich finde, desto verzweifelter werde ich, je mehr ich über sie lese, desto weniger kenne ich sie.

Wilde Prinzessin. Pummeliger Backfisch. Strahlend schöne Frau. Luder. Kurzgeschorener Legionär. Prinzessin aus dem Bilderbuch. Rockerlady. Topmodell. Von Woche zu Woche wechselt sie das Gesicht, ändert sich ihr Charakter, rotieren ihre Ansichten. Die ideale Gesamtfrau, alle in einer. Vier Leben in vier Wochen, fünf Männer in fünf Monaten. Ich beginne, ihr nachzuspionieren.

Die Reihenfolge der Männer ist schnell geklärt, alle 19 Hefte der Stéphanie-Presse (früher nannte man sie »Soraya-Presse«) sind sich weitgehend einig: Erst Belmondo junior (»gedrungen, mit pubertär unreiner Haut«), dann Delon junior (»erotisierend, von langen Wimpern verschleierter Blick«), dann Alex Bajatachis (»reich«), bald Rennfahrer Alain Prost (»klein, aber potent«), kurz darauf Stephane Labelle (»Dressman«).

Zur Sache

Das Fürstentum Monaco an der Côte d'Azur ist eine konstitutionelle Monarchie und wird seit Jahrhunderten von der ursprünglich aus Genua stammenden Familie Grimaldi beherrscht. Der Fürst bestimmt als Staatsoberhaupt den Staatsminister, der das Kabinett leitet, bedarf dabei jedoch der Zustimmung des einzigen Nachbarlandes Frankreich. Bei den Reichen der Welt ist der Stadtstaat als Wohnsitz beliebt, weil er weder Einkommen- noch Erbschaftssteuer erhebt.

Aus der Ehe von Fürst Rainier III. mit Fürstin Gracia Patricia, die zuvor als Grace Kelly in Hollywood erfolgreich gewesen war und 1982 bei einem Autounfall starb, gingen drei Kinder hervor. Der Sohn trat 2005 nach dem Tod des Vaters als Albert II. die Thronfolge an, er ist seit Juni 2010 verlobt. Stéphanie, die sich als junge Frau unter anderem als Fotomodell und Popsängerin versuchte, ist zwei Mal geschieden, die ältere Schwester Caroline in dritter Ehe mit Ernst August Prinz von Hannover verheiratet. Über die Mitglieder der Familie Grimaldi wird in der Regenbogenpresse bis heute ausgiebig berichtet. Caroline von Hannover zog mehrmals wegen der Veröffentlichung von Privatfotos vor Gericht und erreichte Urteile, die den Medien strengere Regeln setzten.

Details des höfischen Ablösezeremoniells: Labelle lernte sie kennen, »als ihre Porsches (seiner grün-metallic, ihrer golden) nebeneinander an einer Ampel standen«. Für Prost kaute sie sich beim Grand Prix von Estoril vor Aufregung die Nägel kurz. Mit Delon »schloß sie sich für drei Tage im Hotelzimmer ein«. Belmondo senior daraufhin: »Mein Sohn ist zu anständig für dieses Luder.«

Auch Vater Grimaldi wird ungehalten. Im Palast, so lese ich mit Besorgnis, kommt es zu unschönen Szenen. »Er hielt ihr vor, wann und mit wem sie sich wo in Paris rumgetrieben und geknutscht habe. Stéphanie empört: ›Woher weißt du das eigentlich alles so genau?‹« Etwa aus der Regenbogen-Presse? Nein. »Der Fürst sagte ihr Ungeheuerliches ins Gesicht. Er habe sie überwachen lassen.« Noch des öfteren werde ich Gelegenheit bekommen, die Abhörkunst der Paparazzi zu bewundern. So wissen sie beispielsweise von verzweifelten Erziehungsversuchen des Fürsten und seines Sohnes: »Nächtelang haben die beiden Männer bereits mit dem Mädchen geredet und ihm geraten, seinen Lebensstil zu ändern. Ohne Erfolg.«

Wenn die Fürstin noch lebte

Woche für Woche gerät Stéphanie tiefer in den Sumpf unadeligen Tuns. »Mit mindestens einem Pfund Gel im Haar« wird sie auf dem Nürburgring erwischt, »drei Schichten Rouge auf den eingefallenen Wangen« fährt sie durchs nächtliche Paris spazieren, in »schnipselkleinen Bikinis« geht sie baden und trägt Kleider, »in denen sogar Marilyn Monroe errötet wäre«.

Noch Anfang des letzten Jahres »war sie ein wohlerzogenes Mädchen mit kastanienbraunem, schulterlangem Haar«, »brav wie ein Schulmädchen, nett, unauffällig«. Sie war eine Prinzessin, wie man sich eine Prinzessin vorstellt. Innerhalb von zwölf Monaten ist sie zu einem Sicherheitsrisiko geworden, das ein ganzes Fürstentum zum Zittern zwingt. Die Monegassen, längst das meistbefragteste Volk der Welt, schütteln immer heftiger die Köpfe. »Die Leute in den Straßen von Monte Carlo sagen ganz offen: ›Wenn unsere Fürstin noch lebte, niemals wären solche Sachen hier denkbar gewesen‹.« Alte Damen, Taxichauffeure, Schulkinder, Croupiers, Metzger – alle sind entrüstet und verzweifelt. Sodom an der Cote d'Azur, noch schlimmer: »Denver« an der Cote d'Azur.

Monaco ist wie Fernsehen am Mittwochabend: Blake Carrington ist Fürst Rainier. Krystle ist tot. Alexis ist Caroline. Fallon ist Stéphanie. Steven ist Albert. Schon »die Skyline von Monaco erinnert an Denver. Wolkenkratzer beherrschen das Stadtbild. Blake Carrington und Fürst Rainier – beide regieren ein Imperium. Fallon und Stéphanie, die Parallelen verblüffen – beide erfolgreich bei Männern. Beide eigensinnig. Und beide haben einen grauhaarigen Herrn Papa, der bei den Eskapaden seiner Tochter schon mal ein Auge zudrückt.« Die *Bunte* (»Prawda des Hochadels«), Sammlern zuliebe sei es erwähnt, entlarvte diese Achse der Verkommenheit. Was die Kollegen allerdings übersehen haben: Auch Richard von Weizsäcker ist grauhaarig. Auch in Bonn stehen Wolkenkratzer. Fallon und Petra Kelly – beide sind eigensinnig. Miß Elly und Frau von Weizsäcker, beide haben Kinder. Krystle und Hannelore, beide sind blond. J.R. und Joschka Fischer, beide grinsen gemein. Steven Carrington und Manfred Wörner, beide sind verheiratet. Stéphanie und Möllemann, beide können schwimmen. Verblüffende Parallelen.

Was keiner ahnt: Zur Ordnung rufen kann Fürst Rainier Stéphanie nicht. Die Ärzte stehen gegen ihn. »Psychologen in Paris untersuchten Stéphanie und kamen zu dem Ergebnis: Die Prinzessin braucht die völlige Freiheit, sich auszuleben – nur so könne sie ihre Schwermut überwinden. Sie tobt sich auf ärztliche Anweisung aus.« Aber muß sie auch noch ihren Bruder Prinz Albert in den Abgrund reißen? Der Schüchterne findet nämlich keine Frau, »weil Stéphanies freizügiger Lebenswandel die europäischen Fürstenfamilien zu sehr verschreckt«. Ist es da ein Wunder, daß die Regenbogen-Presse einschreitet? Sich um Stéphanie kümmert wie eine Stiefmutter? Sie mit Ratschlägen füttert? »Wenn Stéphanie die Haare wachsen läßt, auf Schminke verzichtet und den Busen bedeckt hält, besteht Hoffnung.«

Ein paar Wochen wird es still um unser Sorgenkind. Meine sonnabendlichen Streifzüge entlang der Zeitschriftenregale sind erfreulich unergiebig. Stéphanie hält sich bedeckt und läßt die Haare wachsen. Doch dann kommt ihr 20. Geburtstag, diese schreckliche Nacht. Die Stéphanie-Presse kocht. »Die qualmende, dickgeschminkte Stéphanie auf dem Weg zu ihrem Geburtstagsfest. Der knallrote Lippenstift hinterläßt häßliche Spuren auf dem Zigarettenfilter.« Und erst ihre Gäste: »Ob Fürstin

Gracia Patricia da einem überhaupt die Hand gegeben hätte?« Was passierte hinter den Türen des Pariser Nachtclubs »L'Atmosphère«? Wen hat sie geküßt und wie? »Stéphanie küßte den Froschmann und dachte dabei an ihren Belmondo. Sie schenkte Belmondo heiße Blicke, aber sie vermied es, mit ihm zu tanzen«, berichtet die *Neue Welt*.

an diesem Gummikerl? Was will sie mit Belmondo, der war doch schon längst erledigt? Was stimmt überhaupt? Ich rufe an – bei der *Neuen Welt*. Woher wissen Sie, was Stéphanie dachte, als sie den Froschmann küßte? Woher wissen Sie, daß sie küßte? Der Ressortleiter: »Wir haben unsere Informanten, und im übrigen weiß der Chefredakteur Näheres.« Wa-

Stéphanie wurden von der Regenbogenpresse allerlei Affären angedichtet – auch mit dem Formel-1-Fahrer Alain Prost, der hier seinen Boliden durch die Häuserschluchten von Monte Carlo steuert.

Doch was muß ich im *Echo der Frau* lesen? »Ihr liebster Gast, mit dem sie besonders eng und verliebt tanzte, war Paul Belmondo, ihre einstige große Liebe und ihr künftiges neues Glück.« Wer hat recht? *Frau aktuell* überrascht mit einer dritten Variante: Der Froschmann soll nicht nur Kußobjekt, sondern ihr Neuer sein, Graf Christian le Carryer de Beauvais, der in einem dunklen Taucheranzug auf der Party herumwatschelte. »Wie ein Blitz hat wohl bei beiden die Liebe eingeschlagen. Stéphanie ist richtig sanft geworden, anlehnungsbedürftig, voller Zärtlichkeit und sehr, sehr weiblich. Das neue Glück sieht man ihr an.«

Ich bin durcheinander, Stéphanie sieht aus wie immer, finde ich. Verstellt sie sich? Was findet sie

rum liebt Stéphanie in Ihrer Zeitung Belmondo, während sie in *Frau aktuell* dem Froschmann verfallen ist? Der stellvertretende Chefredakteur: »Ich kann doch nicht jede Kleinigkeit nachrecherchieren. Wir sind schließlich für zwei Blätter verantwortlich, nicht nur für die *Neue Welt*.« Wie, für welches Blatt denn noch? »Für *Frau aktuell*.«

Auch *Echo der Frau* erscheint im selben Verlag, wie ich an der Telephonnummer merke, als ich Näheres über die Partyküsse wissen möchte. »Dieser Froschmann ist hochgespielt worden«, kritisiert der zuständige Mann bei *Echo der Frau*, »manche Blätter machen doch aus jedem Typen eine Affäre.« Er erklärt mir, daß Stéphanie immer an Belmondo hängen wird, weil er ihr Erster war, »und den vergessen Frauen nicht«. Darum glaubt er an die neuentflammte Liebe zu Belmondo. »Ums Spekulieren kommen wir natürlich nicht herum.« Und wenn Sie sich verspekulieren? »Dann bringen wir neue Spekulationen, das ist unsere Art von Richtigstellung.«

Bauer-Verlag wissen genau, was unsere Leser lesen wollen, durch Befragungen.« Stéphanie liege an vierter Stelle. Königin Sylvia, Prinzessin Diana und Prinz Charles seien gefragter – die unantastbaren Leitmonarchen. Stéphanie sei nur für die jüngeren Lesergruppen Sympathieträger, »darum kann man

Prinzessin Stéphanie trat in den achtziger Jahren auch als Popsängerin auf. Das Bild zeigt sie mit dem niederländischen Moderator Jaap de Groot nach einem Interview.

Mir stehen harte Sonnabende bevor. Stéphanies Leben wird immer undurchsichtiger. Sie sei mit dem Gummi-Grafen auf die »Liebesinsel« Mauritius geflogen, schreibt *Auf einen Blick*. Sie werde bald Belmondo heiraten, »in einer kleinen Dorfkirche«, meldet *Das Neue*.

Ich folge zunächst der Hochzeitsspur. »Wenn Sie mich persönlich fragen«, antwortet der Ressortleiter, »ich kann es nicht glauben und möchte es auch nicht.« Weil er aber Freunden von Stéphanie glaubt, daß sie an die Hochzeit glauben, hat er den Artikel trotzdem gebracht. Irgendwas über Stéphanie müsse er schließlich im Blatt haben. Wieso? »Wir beim

sie schon mal härter anpacken, darf sie kritisieren, aber nicht zu hart, sonst macht man die Figur kaputt«. Oh, Stéphanie, wem bis du da in die Finger gefallen?

Bald schon in Hollywood

»Geht's um eine Falschmeldung?« fragt mich Redakteurin Irene Prinzessin zu Schleswig-Holstein, als ich bei *Auf einen Blick* wissen möchte, wer denn Stéphanie von Monaco bearbeitet. Frau Holstein ist es nicht, der zuständige Kollege (Prinz von Sinnen?) sei im Urlaub, erklärt der Ressortchef, »für fünf Wochen, in Australien«, und er sagt es so, als sonne sich der Mann bei jeder Nachfrage gerade in Australien. Ich verlange Details über den gemeinsamen Mauritius-Urlaub von Stéphanie und Graf Froschmann, da ich inzwischen in *Bildwoche* (»Der Neue kam nicht zum Liebesurlaub«) und in *Echo der Frau* (»Süß, sexy und ganz allein«) lesen und sehen konnte, daß die Prinzessin ohne Begleitung (und Bekleidung) im Wasser planschte. »Wissen Sie«, sagt der Ressortchef, »unter diesen Blättern nimmt das eine das andere nicht so ernst. Da kommt so was immer mal vor.«

Belmondo hier, Graf da – auch dem Papa reißt der Geduldsfaden. »Die erste von mehreren angekündigten Maßnahmen trat bereits in Kraft: Stéphanies Konto ist bis auf weiteres gesperrt.« Auf welchem Weg, möchte ich wissen, hat *7 Tage* das Bankgeheimnis geknackt? »Unsere Pariser Korrespondentin denkt sich allerlei aus, Sie wissen ja, wie das läuft. Die Königshäuser haben längst aufgegeben, so was zu dementieren«, beruhigt mich die zuständige Redakteurin bei *7 Tage*. Kein Grund zur Sorge also, Stéphanie bleibt flüssig. Mehr noch, sie kommt zur Besinnung.

»Mit der Prinzessin ist in den zurückliegenden Wochen eine Wandlung vorgegangen. Schlagartig wurde ihr klar, daß es so wie bisher nicht weitergehen konnte«, berichtet *Frau im Spiegel*. Stéphanie wolle noch einmal ganz von vorne anfangen und nun »dem leuchtenden Beispiel ihrer tödlich verunglückten Mutter Gracia Patricia nacheifern«. Angebote aus Hollywood seien bereits eingegangen. Endlich einmal eine gute Nachricht! Und da Stéphanie mehr Sex und Charme hat als Brooke Shields und Nastassja Kinski zusammen, sehe ich sie schon in Breitwand vor mir.

Doch selbst das Gute ist schlecht. »Wir denken uns nur Positives aus«, klärt mich der Chef des Ressorts »Adel« auf, »wir machen Stéphanie lieb, um uns von den anderen abzuheben. Was man gut erfindet, hat man exklusiv.« Dabei lacht er. »Das ist die journalistische Freiheit.«

Man muß den Mann verstehen. Schuld sind die Monarchien selbst. Nur noch zehn sind übrig in Europa, nur drei geben wirklich was her – und die hüllen sich in Schweigen. Wie soll da die Adels-Presse, die monatlich 75 Millionen Heftchen in deutsche Zeitungständer stopft, existieren? Seriöse Journalisten haben es einfacher. Sie sind wenige, aber haben viel, über das sie schreiben können: Gipfeltreffen, Streiks, Premieren, Kriege, Parlamentssitzungen, Arbeitslose, Trauerfälle.

Aber die Heere der Hofberichterstatter müssen sich um ein Häuflein von Blaublütigen schlagen, obendrein meist graue Mäuse. Wann verlieben die sich schon mal wirklich? Wie oft sind die denn tatsächlich schwanger? Wo schlagen die schon mal in Wirklichkeit über die Stränge? Monotonie herrscht in den Monarchien.

Was soll die Königs-Presse machen? Soll sie die Seiten füllen mit Geschichten wie mit der über Graf Ingolf von Rosenberg, Cousin der dänischen Königin, der als Bauer glücklich ist, aber »leider so schielt, daß er Schwierigkeiten hat, mit dem Traktor gerade Furchen zu ziehen«?

Soll sie berichten, daß Prinz Emmanuel von Hohenzollern seine Prinzessin an einen Wäschevertreter verloren hat und arbeitslos ist?

Daß Willem-Alexander lieber Ingenieur denn König der Niederlande werden will? Ist doch alles viel zu bürgerlich und bäuerlich. Damit kann man keinen Staat machen, geschweige denn glitzernde Regenbögen.

Nur Stéphanie kann die schleichende Abdankung des europäischen Hochadels aufhalten und so Dutzende von Arbeitsplätzen in der Druckindustrie retten. Sie ist das Schönste, Interessanteste, Aufregendste, was die Monarchien während der letzten Jahrzehnte in die Welt gesetzt haben. Sie hat eine große Karriere als umjubelte Skandalprinzessin vor sich. Dagegen kann sie nichts machen. Und bei ein wenig Anstrengung wird sie zur Hoheit Nr. 1 aufsteigen: Mit ein, zwei Kindern zieht sie mühelos an Prinzessin Diana vorbei, und wenn sie einen Deutschen heiratet, hängt sie garantiert auch Königin Sylvia ab – ein Bürgerlicher würde reichen.

Lieutenant William Calley musste sich als Einziger für das Massaker von My Lai vor Gericht verantworten. 1971 wurde er zu lebenslanger Haft verurteilt, aber von US-Präsident Nixon umgehend begnadigt. Nach drei Jahren Hausarrest kam er frei.

My Lai – Die Karriere eines Kriegsverbrechens

Glaubt man dem amerikanischen Präsidenten und einer Flut neuer amerikanischer Filme, dann kämpfte in Vietnam eine Armee aus Helden einen Krieg voller Ruhm. Unser Reporter sprach mit dem prominentesten Helden des Vietnamkriegs, William Calley, Hauptakteur des Massakers von My Lai, und mit Pan Thi Trinh, die als Kind damals mit dem Leben davonkam

Von **CORDT SCHNIBBEN**, erschienen in der ZEIT am 12. September 1986

Für diese Reportage wurde Cordt Schnibben mit dem Egon-Erwin-Kisch-Preis 1986 ausgezeichnet.

Der Filmheld Rambo tötet in neunzig Kinominuten 45 vietnamesische Soldaten. Der Lieutenant William Calley Jr. ermordete in neunzig Minuten 102 vietnamesische Bauern. Warum gibt es über Calley noch keinen Film?

Das Juweliergeschäft; »V. V. Vick« liegt in einem großen Einkaufszentrum von Columbus, Georgia. Die schwere Glastür läßt sich leicht öffnen. Aus dem Hintergrund des weitläufigen Ladens kommt eine junge Verkäuferin auf mich zu. »Kann ich Ihnen helfen?« – »Ich suche William Calley ...«

– »Ja, bitte, dort der Herr, der ist Mr. Calley.« Sie zeigt auf einen Mann in einem grauen Anzug mit Weste, der hinter einer Schmuckvitrine sitzt. Er hat meine Frage gehört, schaut herüber. Während ich auf ihn zugehe, senkt er den Blick und guckt erst wieder auf, scheinbar überrascht, als ich ihn anspreche.

»Mr. Calley?«

»Ja? ...«

»Ich möchte mich gern mit Ihnen unterhalten.«

»Worüber?«

»Über das Massaker von My Lai.«

Eine leichte Röte huscht über sein helles, fleischiges Gesicht. Die eine Hand fährt über die Stirnglatze, die andere greift nach einem Geschäftsformular. Calley starrt aus wässerigen Augen von seinem Stuhl hoch. Das Telephon auf dem Schreibtisch neben der Vitrine klingelt. Schnell hebt Calley den Hörer ab. Ein Geschäftsfreund muß am anderen Ende sein, Calley bedankt sich wortreich für irgendeine

Zur Sache

Den Krieg, den die USA von 1964/65 an in Vietnam führten und als notwendige Bekämpfung des internationalen Kommunismus rechtfertigten, sahen in der westlichen Welt mit den Jahren immer mehr Menschen mit kritischen Augen. Während viele Amerikaner dem Militärengagement angesichts eigener Verluste die Unterstützung entzogen und darauf drängten, dass man »die Jungs nach Hause zurückholen« solle, standen bei den großen Protestdemonstrationen, die ab Mitte der sechziger Jahre in den USA und Westeuropa stattfanden, die Kritik am US-Imperialismus und das Leiden der vietnamesischen Zivilbevölkerung im Mittelpunkt. Als Sinnbilder amerikanischer Brutalität und Rücksichtslosigkeit galten neben Massakern wie dem von My Lai auch das hochgiftige Entlaubungsmittel »Agent Orange« und die ebenfalls eingesetzten Napalm-Bomben.

1973 schlossen die Vereinigten Staaten in Paris ein Waffenstillstandsabkommen. Damit beendete die Regierung Nixon den als aussichtslos erkannten Krieg. Nord- und Südvietnam wurden 1976 unter sozialistischem Vorzeichen wiedervereinigt. Hunderttausende flohen vor dem neuen Regime über das Meer ins Ausland.

1995 nahmen die USA und Vietnam erneut diplomatische Beziehungen auf.

Hilfeleistung. Während des Gesprächs richtet er unablässig seine silberne Krawatte, »… den Rest wird die Versicherung klären«.

Calley legt auf und schaut wieder hoch. »Was wollen Sie?« – »Über das Massaker sprechen.« – »Sind Sie Journalist? Ohne Anwalt sage ich nichts. Ich sage überhaupt nichts. Ich habe genug Ärger gehabt, damals.« Wie er heute über den Vietnamkrieg denke, frage ich. »Wenn Sie über Vietnam reden wollen, dann machen Sie das doch mit Jimmy Carter, der wohnt ein paar Straßen weiter!«

Obwohl Calley auch durch hartnäckiges Nachfragen nicht dazu zu bringen ist, sich zu äußern, macht er keine Anstalten, mich hinauszuwerfen. Er will zwar nichts sagen, scheint aber froh, gefragt zu werden. In seinem Blick liegt Angst und Trotz. Je länger ich frage, um so mutiger wird Calley. »Na ja, eine Heldentat ist das damals wohl nicht gerade gewesen«, sagt er schließlich und versucht, ironisch zu lächeln. »Aber ich möchte darüber nicht reden, wirklich nicht.« – »Warum nicht?« – »Dann fängt alles von vorne an, und die Tür steht nicht mehr still.«

Die fünf Verkäuferinnen des Ladens sind etwas näher an uns herangerückt, jede ist damit beschäftigt, irgendwelche Ringe, Uhren und ähnliches in den Vitrinen zu ordnen. Calley spricht nicht besonders leise, man hat nicht den Eindruck, daß er den Inhalt unseres Gesprächs verheimlichen möchte. »Ich bin in My Lai gewesen, Mr. Calley, und habe mit dem Mädchen gesprochen, das Sie damals nicht getötet haben.« Calley guckt unbeeindruckt, wenn auch vielleicht etwas verlegen. Er grübelt, spielt mit einem Formular. Ich sage ihm, daß er ruhig mit seinem Anwalt sprechen solle. Wenn er es sich überlegt habe, könne er mich hereinholen, ich säße draußen im Auto.

Pan Thi Trinh zeigt zwischen zwei Bananenbäumen hindurch auf einen Graben. »Hier an dieser Stelle haben sie gelegen, über hundert Frauen, Kinder und Babys, und alle voller Blut.« – »Was ist passiert, an jenem 16. März 1968?« – »Ich war an dem Morgen sehr früh wach«, erzählt die junge Frau, die damals ein 10-jähriges Mädchen war. »Ich hörte in der Ferne die Hubschrauber. Wir krochen schnell in unsere Erdlöcher. Eine Stunde lang explodierten Granaten, knatterten Maschinengewehre. Dann war es still. Ich dachte, alles sei vorbei und kroch heraus. Aber da standen drei Soldaten vor mir, auch ein Neger.

Die schrien mich an, ich verstand aber nichts. Sie schlugen mit den Gewehren und trieben uns zu unseren Nachbarn und schossen auf uns. Meine Mutter fiel um. Ich hatte einen Schuß im Arm. ›Lauf weg‹, flüsterte meine Mutter. ›Lauf weg, ganz weit weg.‹ Ich lief nach hinten in eine Kammer, dort lag schon meine Tante mit ihrem Baby. Wir hatten Angst, weil es so laut weinte. Sie haben von draußen in die Kammer geschossen. Das Baby hörte auf, aber dann fing es wieder an, und die Soldaten kamen zurück. Wir hörten ihre Stiefel. Ich lag unter meiner Tante. Sie hat viele Kugeln abgekriegt, ich nur drei. Sie hat geflüstert: ›Sei still, sei still.‹ Da bin ich eingeschlafen.

Später bin ich aufgewacht. Alles war still. Meine Tante lag tot über mir. Meine Großmutter hatte sich in einem Schrank versteckt, jetzt hing sie halb heraus, die Kugeln waren durch das Holz gegangen. Draußen lag meine Mutter, ihr halbes Gesicht war weg. Viele Häuser brannten, etwas weiter fand ich meine Geschwister, daneben meinen Freund Huang. Dann bin ich an diesen Graben gekommen. Er war voll mit roten Leibern.«

Dort fanden Bauern aus dem Nachbardorf die bewußtlose und blutende Pan Thi Trinh und brachten sie ins Krankenhaus. Fünf Dorfbewohner überlebten das Massaker; 507 starben an diesem Morgen, unter ihnen 173 Kinder, 76 Babys und 60 Greise.

»Glückwünsche den Offizieren und Mannschaften zum ausgezeichneten Gefecht«, telegraphierte General Westmoreland, damals Oberbefehlshaber der US-Streitkräfte in Vietnam, an die Einheit »Charlie Company«, welche die Unbewaffneten hingerichtet hatte. »128 Gegner im Kampf getötet, 13 Verdächtige festgenommen und drei Waffen erbeutet« – so hieß es im offiziellen Gefechtsbericht von »Charlie Company« über das Massaker. Die Aktion prangte auf den Titelseiten der amerikanischen Zeitungen, als großer Schlag gegen die Vietcong, als erfolgreichste Aktion der »American«-Division im gesamten Vietnamkrieg. 18 Monate später erfuhren die Amerikaner und der Rest der Welt, was in My Lai wirklich passiert war – eigentlich nur durch Zufall.

Der Soldat Ron Ridenhour, dem Kameraden vom Massaker berichteten, hatte nach seiner Entlassung aus der Army, ein Jahr nach dem Vorfall, einen Brief verfaßt und ihn an 30 Personen geschickt, unter anderem an Präsident Richard Nixon, Senator Edward Kennedy und verschiedene Abgeordnete. Nur zwei der Abgeordneten gingen den Vorwürfen nach und veranlaßten eine (streng geheime) Untersuchung der My-Lai-Aktion. Der Journalist Seymour Hersh kam dahinter und veröffentlichte seine Story in 30 kleineren Zeitungen, nachdem zwei große abgewinkt hatten. Kurz darauf tauchten in Zeitungen

nische Taktik: Feuerübergewicht erkämpfen und sie halten. Wir halten den Feind am Boden. Darum ist die amerikanische Armee die beste, die es gibt … Es war kein Abwehrfeuer des Vietcong zu hören. Wir marschierten in Linie auf das Dorf zu. Wegen der Häuser und Bäume war sie nicht zu halten …. Ich kam an ein

Am 16. März 1968 töteten US-Soldaten im vietnamesischen Ort My Lai mindestens 400 Zivilisten, davon mehrheitlich Kinder und Babys. Berichte über das Massaker von My Lai veränderten nachhaltig die öffentliche Meinung in den USA zum Krieg in Vietnam.

Photos vom Massaker auf, aufgenommen vom damals beteiligten Army-Photographen, der sie nun – als Zivilist – für 55 000 Dollar verkaufte.

Amerika war schockiert: Amerikanische Soldaten, Vorkämpfer für Freiheit, Demokratie und Menschenrechte, entlarvt als Bande von Massenmördern, die unschuldige Frauen, Babys und Greise schlachteten. Unter dem Druck der Öffentlichkeit setzte die Army eine offizielle Untersuchungskommission ein. Ein Name tauchte in allen Berichten immer wieder auf: Lieutenant William Calley Jr.

Calley damals: »Unser Hubschrauber war der erste, der an dem Dorf ankam. Wir sprangen heraus und suchten Deckung. Unsere Bomber bearbeiteten das Dorf noch. Dann kam unser Einsatzbefehl. Wir begannen mit schwerem Feuer … Das ist die amerika-

großes Haus aus Steinen und guckte durch ein Fenster. Sechs oder acht Menschen lagen auf dem Boden. Ein Mann ging gerade zum Fenster. Ich erschoß ihn. Dann stand da ein Mann am Kamin, sah aus, als ob er da rausgekrochen sei. Ich erschoß ihn … Einer von meinen Leuten hatte sich ein vietnamesisches Mädchen geschnappt, seine Hosen waren schon runter. Es mag altmodisch klingen, aber ich bin gegen Vergewaltigung im Gefecht. Das gehört nicht zu unserem Job, das lenkt nur ab … Meine Männer hatten eine große Gruppe von Dorfbewohnern zusammengetrieben. Wir kamen zu langsam voran. Über Funk beschwerte sich Captain Medina, warum wir so lange brauchen. ›Beseitigen Sie diese Leute, aber schnell.‹ Ich sagte zu Mitchell: ›Stell dein Maschinengewehr da bei den drei Bäumen auf …‹ Etwas weiter, an einem Wassergraben, hatten meine Leute einen Haufen Vietnamesen vor sich und schossen auf sie. Ich stellte mich dazu und hielt auch hinein.«

Die Untergebenen von Lieutenant Calley schilderten während der Untersuchungen das Vorgehen ihres Vorgesetzten detaillierter. Paul Meadlo, von dem Calley sagte, er sei ein perfekter Soldat, einer, der nie Fragen stelle, sagte aus: »Wir hatten 30 bis 40 Dorfbewohner zusammen und bewachten sie. Lieutenant Calley kam und sagte: ›Ich will sie tot.‹ Er trat ein paar Schritte zurück, stellte seine MP auf Automatik und feuerte los. Er sagte, ich soll ihm

Eine Überlebende des Massakers von My Lai auf einer Trauerfeier im Jahr 2008.

helfen. Ich schoß auch. Wir wechselten sechs- oder siebenmal die Magazine ... Danach trieben wir 70 bis 100 Leute in einen Graben. ›Da wartet noch ein anderer Job auf uns, Meadlo‹, sagte der Lieutenant. Ich konnte nicht mehr, ich begann zu heulen. Calley feuerte in den Graben und ich auch ...«

Grenadier Conti: »Ich sah das Mündungsfeuer, schaute nach unten und sah eine Frau, die versuchte, noch hochzukommen. Lieutenant Calley zielte auf sie und schoß ihren halben Kopf weg.«

MG-Schütze Olsen: »Im Graben waren in der Mehrzahl Frauen, Kinder, Babys. Manche schienen schon tot zu sein, andere verfolgten mich mit ihren Augen, als ich den Graben überquerte.«

Funker Sledge: »Jemand schrie, da ist ein Kind. Es rannte ins Dorf zurück. Lieutenant Calley lief hinterher, grabschte den Kleinen am Arm, warf ihn in den Graben und schoß.«

Calley: »Babys! Die kleinen unschuldigen Babys! Falls Ihr Sohn eines Tages von diesen Babys getötet wird, werden Sie mich anschreien: Warum haben Sie damals diese Babys nicht umgelegt?«

Im Juwelierladen V. V. Vick herrscht reger Betrieb. Ein Geschäft mit Renommee, das sieht man den Leuten an, die es an diesem Morgen betreten. Das Geschäft gehört Calleys Schwiegervater, Calley ist Geschäftsführer. Durch das Schaufenster sehe ich ihn an seinem Schreibtisch sitzen, sehe ihn telephonieren, essen, schreiben, dösen, seine Goldrandbrille putzen. Manchmal tritt eine Verkäuferin vor ihn, sagt etwas, er lächelt freundlich, antwortet, sie geht wieder. Sie scheinen ihn zu mögen.

Nebenan im »Sweetbriar Smokeshop« wissen die Leute, wer William Calley ist, aber sie äußern sich über ihn weder besonders begeistert noch besonders abschätzig. Ein berühmter Nachbar, bescheiden, nett und grüßt immer. Die Verkäuferin in »White's Bookstore« schildert ihn als ausgesprochen höflich. Alle sprechen von ihm, als sei er ein in Ehren ergrauter Baseballstar.

»O ja, ich habe Mr. Calley immer bewundert und respektiert«, sagt Jack Mickells, in den siebziger Jahren Bürgermeister von Columbus. »Er ist einer der besten Männer, die ich je kennengelernt habe. Er spendet für alle noblen Zwecke. Ich würde alles für ihn tun. Wir haben ihn den ganzen langen Weg unterstützt.«

Entdeckt haben die Bewohner von Columbus ihren hervorragenden Bürger am 5. September 1969. Bis zu diesem Tag war William Calley Jr. ein Niemand: Der 666. Beste eines Jahrganges von 731 Schülern auf der High School, der 120. von 156 Offiziersanwärtern auf der Militärschule in Fort Benning. Zwischen Schule und Militär war er als Tellerwäscher, Busschaffner, Versicherungsdetektiv gescheitert; ein 160 Zentimeter kleiner, unscheinbarer 24-Jähriger ohne Freund und Freundin, für den der Krieg die letzte Chance war, aus seinem Leben noch etwas zu machen. Seine 26 Untergebenen dirigierte er mit dem Standardsatz: »*I'm the boss.*« Er erkämpfte sich einen »Bronce Star« und das »Purple Heart« und verlängerte freiwillig seinen Dienst in Vietnam. Als das Pentagon ihn von der Front ins Heimatfort beorderte, dachte er: »Jetzt kriege ich noch einen Orden.«

Am 5. September 1969 verkündete die Armee, nach Abschluß der Voruntersuchungen und 18 Monate nach dem Massaker, daß Lieutenant William Calley Jr. wegen Mordes an 102 »menschlich-orientalischen Wesen« angeklagt sei. Die Zeitungsmeldung erregte noch kein großes Aufsehen, erst als die Bilder vom Massaker erschienen, schreckten die Amerikaner auf. Nachdem sich das erste Entsetzen gelegt hatte, beruhigten sie sich mit der Feststellung, daß ein Amerikaner wohl nicht ohne Grund 102 Vietnamesen töte. Im November 1970, als im Fort Benning in Columbus der Militärpro-

Telegramme überschwemmten das Weiße Haus. Selbst Vietnamkriegsgegner forderten »*free Calley*«. Hunderte von Soldaten erklärten: »Wir haben das gleiche getan wie Calley, verurteilt uns auch!«

Calley war zum Inbegriff des pflichtbewussten amerikanischen Soldaten geworden, der tut, was man ihm befohlen hat, und dafür verurteilt wird. Calleys Verteidiger: »Sie waren gute amerikanische Jungs, die zum Töten erzogen, und zum Töten nach Übersee geschickt wurden, denen das Töten befohlen wurde und die nun Mörder sein sollen, weil sie ihren Job gemacht haben?«

Der amerikanische Vietnamkrieg

1960 Aufstand der Vietcong (Nationale Befreiungsfront) im Süden. Beginn des zweiten Indochinakrieges.

1962 US-Militärberater nehmen am Bürgerkrieg teil.

1964 Tonking-Zwischenfall: Beginn der amerikanischen Luftangriffe gegen Nordvietnam.

1965 US-Truppen landen in Südvietnam. Bis Ende des Jahres 250.000 Soldaten, später über 550.000.

1968 Tet-Offensive der Vietcong. Massaker in My Lai. Beginn der Pariser Waffenstillstandsgespräche.

1970 Verringerung der amerikanischen Truppen. Bombardierung Kambodschas.

1973 Pariser Waffenstillstandsabkommen. Abzug der US-Truppen.

1975 Großoffensive Nordvietnams. Die letzten Amerikaner verlassen Vietnam. Saigon vom Vietcong erobert.

Bilanz des Krieges:

Insgesamt 3,3 Mio. Amerikaner dienten in Vietnam, 58.721 starben.

US-Kriegskosten: 165 Milliarden Dollar.

20 Millionen Bombentrichter, pro Kopf der vietnamesischen Bevölkerung 500 Kilogramm Sprengstoff abgeworfen.

10 Prozent der Fläche Südvietnams durch Dioxin verseucht.

10 Millionen vertriebene Landbewohner; 3 Millionen tote Vietnamesen, davon die Hälfte Zivilisten.

zeß gegen Calley begann, war der Lieutenant schon ein Volksheld, ein Opfer und kein Täter mehr.

In Columbus konnte er in den Restaurants kostenlos essen, aus allen Teilen der Staaten bekam er von Familien Briefe mit Einladungen, und die Offiziere klopften ihm auf die Schulter. Unbefangene Geschworene waren kaum zu finden; ein für das Amt vorgeschlagener Hauptmann äußerte gar, der Angeklagte gehöre nicht bestraft, sondern befördert.

Als Calley schließlich zu lebenslänglich Gefängnis verurteilt wurde, wegen 22-fachen vorsätzlichen Mordes, schlug ihn das Volk endgültig zum Märtyrer. »Sie haben ihn gekreuzigt«, riefen Menschen vor dem Gerichtsgebäude. Mehr als 100 000

Während des Prozesses hatte Calley nie bestritten, Frauen, Kinder und Alte erschossen zu haben, lediglich um die Anzahl wurde gestritten, und darüber, ob es einen Befehl von oben gab, das Dorf auszurotten oder nicht.

Calley über die Einsatzbesprechung am Vorabend: »Captain Medina zeichnete eine Karte unseres Operationsgebietes in den Sand. Das ist My Lai 4. Unser Job ist es, schnell durchzugehen und alles zu neutralisieren. Jeden töten. ›Auch Frauen und Kinder, Captain Medina?‹ – ›Ich sagte jeden, alles, was sich bewegt.‹« 21 GIs bestätigten diese Darstellung. Medina selbst und zwei GIs bestritten sie.

Calley: »Ich habe an diesem Tag in My Lai keinen Menschen getötet, nicht ich als Person tat es. Ich tat es für die Vereinigten Staaten von Amerika, mein Land. Und wir waren nicht da, um menschliche Wesen zu töten. Wir waren da, um eine Ideologie zu töten. Um den Kommunismus zu zerstören.«

Dörfer und ihre Bewohner zu zerstören, um sie vor den Kommunisten zu retten, das war Teil der amerikanischen Strategie im Vietnamkrieg. Ganze Landstriche wurden zur *free-fire-zone* erklärt, die Bevölkerung dieser Gebiete zum Verlassen ihrer Häuser aufgefordert, und fortan war jedes menschliche Wesen in diesen Zonen Freiwild. Bomben, in 10 000 Meter Höhe irgendwo über den Wolken ausgeklinkt, töteten hier Zehntausende Zivilisten. Calleys Verteidiger: »Es ist in Ordnung, wenn die Air Force Städte bombardiert. Es ist in Ordnung, wenn die Artillerie Gebäude zusammenschießt und das Leben aller auslöscht. Aber wenn ein Infanterist sein Gewehr für den gleichen Zweck einsetzt, soll das auf einmal falsch sein?« Calley: »Was ist ein Massaker? Eine Atombombe auf Hiroshima ist kein Massaker, aber hundert Leute sind eins?«

Je länger der Prozeß dauerte, um so gewöhnlicher, normaler, alltäglicher wurde das Massaker von My Lai. Colonel Oran Henderson, der Kommandeur von Calleys Brigade, konnte schließlich erklären: »Jede Brigade in Vietnam hatte ihr My Lai, aber nicht jede hatte einen Ridenhour, der es verrät.« Bei einer Umfrage nach dem Prozeß äußerte die Hälfte der befragten Amerikaner, Massaker wie das in My Lai seien keine Ausnahme, sondern die Regel im Vietnamkrieg. Und 79 Prozent sprachen sich gegen Calleys Verurteilung aus. Aber immerhin 32 Prozent verlangten, daß hohe Militärs und Regierungsmitglieder wegen der Kriegsverbrechen vor Gericht gestellt werden sollten.

Den Durchschnittsamerikaner empörte, daß ein guter Durchschnittsamerikaner, der seine Pflicht tut, wegen der Liquidierung von ein paar Schlitzaugen ins Gefängnis wandern sollte; den Kriegsgegner regte auf, daß ein kleiner Durchschnittsamerikaner stellvertretend für seine Vorgesetzten ins Gefängnis wandern sollte. *Time* veröffentlichte eine Befehlskette, die von Calley über den Kompaniechef, den Divisionskommandeur, den Oberbefehlshaber Westmoreland bis zum Verteidigungsminister Clark Clifford und dem damaligen Präsidenten Lyndon B. Johnson reichte. *Newsweek* fragte auf der Titelseite: »Wer noch ist schuldig?«

Prozeßbeobachtern war aufgefallen, daß der Anwalt von Calley während der sechsmonatigen Verhandlung wenig getan hatte, um höhere Militärs zu belasten oder sie vor Gericht zu laden. Der Ankläger hielt sich strikt daran, nur Calleys Verhalten anzuklagen: »Er *(Calley)* veranstaltete das ganze Unternehmen in eigener Initiative und auf seine eigene Art.« Von dem anfangs von Militärjuristen geäußerten Vorhaben, einen Massenprozeß nach dem Vorbild der Kriegsverbrecherprozesse von Nürnberg abzuhalten, war nicht mehr die Rede. 25 Mitwisser und Mittäter hatte die militärische Untersuchungskommission ermittelt, Calley jedoch wurde als einziger verurteilt. Nur fünf Soldaten wurden überhaupt vor Gericht gestellt.

Ein Sergeant wurde mit der Begründung freigesprochen, er habe lediglich Befehle ausgeführt. Einer seiner Richter erklärte: »Ein Soldat sollte auch ungesetzlichen Befehlen eines Offiziers gehorchen, denn er ist ein blinder Vollstrecker der Anordnungen seines Vorgesetzten.« Calleys Divisionskommandeur Koster, zum Zeitpunkt der Ermittlungen Leiter der Offiziershochschule »West Point«, wurde von der Beschuldigung freigesprochen, das Massaker zumindest vertuscht zu haben. Sein Richter war Lieutenant General Seaman, als Kommandeur der 1. US-Division beschuldigt, in Vietnam für besonders grausame Morde an Zivilisten verantwortlich zu sein.

»Es ist uns offensichtlich nicht gelungen, das zu lernen, was wir uns angemaßt haben, in Nürnberg zu lehren«, urteilte resigniert der amerikanische Hauptankläger bei den Nürnberger Kriegsverbrecherprozessen, Telford Taylor. Der pensionierte General forderte vergeblich, den Oberbefehlshaber in Vietnam, William Westmoreland, vor Gericht zu stellen.

Auch als Verurteilter blieb Calley seiner Regierung ergeben und sah sich als Sündenbock für Volk und Army. Calley über seine Rolle: »In den Zeitungen ein Haufen von toten Frauen, Kindern und Babys. Die amerikanische Regierung konnte nicht sagen, oh, so ist es überall in Vietnam. Sie mußte zwei Millionen Kriegsveteranen und 100 Millionen Bürger schützen. Sie mußte jedermann sagen: ›Ein verrückter Killer hat es getan.‹«

Erst drei Jahre nach Calleys Verurteilung und sechs Jahre nach den Vorfällen gab die Regierung Teile des Peers-Reports über die militärinternen Untersuchungen des Massakers zur Veröffentlichung frei. Nicht nur die Verstrickung von 25 zum Teil hohen Militärs wurde darin aufgedeckt. Es wurde auch über ein zweites Massaker an Zivilisten berichtet, das von derselben Division, aber einer anderen Einheit am selben Tag in My Khe, nicht weit von My Lai entfernt, begangen worden war. Zwischen 90 und 150 Frauen, Kinder und Alte wurden dabei getötet. Die GIs waren – wie die Befragung durch die Ermittler der Army ergeben hatte – ähnlich vorgegangen wie Calley und seine Leute. »Ich erinnere mich, daß das Baby nicht weit entfernt war. Er feuerte mit seiner 45er und schoß daneben. Wir lachten alle. Er ging näher ran. Wieder vorbei. Wir lachten. Dann stand er direkt über dem Kind und hat es vollgepumpt … Ein Hubschrauber brachte eine Extra-Ladung TNT, hundert Stangen. Sie wurden in die Bunker geworfen, in die sich die Leute verkrochen hatten. Wir veranstalteten eine Art Wettbewerb, um zu sehen, wer es mit der kürzesten Lunte schaffte.«

Mit den Worten »Das ist das, worauf ihr gewartet habt, aufspüren und zerstören, ihr kriegt es«, waren die GIs dieser Einheit am Abend vor dem Massaker auf die Aktion eingestellt worden. »Wir wurden informiert, da runterzugehen und den verdammten Ort auszumisten … Alle waren begeistert, dort runterzugehen. Wir wollten sie beseitigen, das Nest säubern …« Man hatte den Soldaten gesagt, sie würden dort unten auf das 48. Vietcong-Bataillon treffen, eine Einheit, die während der gerade zu Ende gegangenen Tet-Offensive den Amerikanern die bis dahin größte Niederlage des Vietnamkrieges zugefügt hatte. Doch statt auf bewaffnete Guerillas trafen die GIs in My Khe ängstlich davonlaufende Frauen und Kinder.

Massaker wie in My Lai und My Khe habe es Anfang März 1968 in 31 Orten Südvietnams gegeben, behauptete damals die vietnamesische Befreiungsfront. Die Aktion solle die Bevölkerung einschüchtern und von der Unterstützung der während der Tet-Offensive so erfolgreichen Partisanen abhalten.

Die im Peers-Report beschriebenen Vorfälle in My Khe blieben ohne Folgen für die beteiligten GIs. Keiner wurde angeklagt oder verurteilt. Erst nach Galleys Prozeß erfuhr die amerikanische Öffentlichkeit von dem anderen Massaker am selben Tag. Die Regierung Nixon hatte den Peers-Report unter Verschluß gehalten. Erst der erzwungene Rücktritt des Präsidenten machte den Weg frei, um zumindest Teile zu publizieren. Nixon, so hieß es nun, hätte die My-Lai-Debatte nach dem Calley-Prozeß nicht neu aufleben lassen wollen und darum die Freigabe des Reports jahrelang verhindert.

Bereits unmittelbar nach dem Schuldspruch hatte sich Nixon in das Calley-Verfahren eingemischt. Der Präsident ordnete an, den Verurteilten aus dem Gefängnis von Fort Leavenworth zu entlassen und bis zu seiner Berufungsverhandlung lediglich unter

Der für den Einsatz von My Lai verantwortliche Captain Ernest Medina im Mai 1971 auf einer Pressekonferenz anlässlich der Verurteilung von Lieutenant William Calley.

Hausarrest zu stellen. Calley durfte in seine Wohnung im Militärstützpunkt nach Columbus zurückkehren und eine Sekretärin zur Erledigung seiner Fan-Post beschäftigen. Der Ankläger der Army schrieb Nixon einen entsetzten Brief, der mit den Worten schloß: »Ich hätte erwartet, daß der Präsident der Vereinigten Staaten … in einer moralischen Angelegenheit, die klar zutage liegt und bei der es keinen Kompromiß geben kann, voll hinter den Gesetzen dieses Landes stehen würde.«

Unbeirrt ließ Nixon verkünden, er persönlich werde den Fall überprüfen, die endgültige Entscheidung treffen und obendrein in seiner Rolle als Oberbefehlshaber der Streitkräfte »nach eigenem Ermessen« in das militärische Berufungsverfahren eingreifen.

Fünf Monate nach Calleys Verurteilung zu lebenslanger Haft reduzierte die Army seine Strafe auf 20 Jahre Arrest. Nixons Heeresminister Callaway kürzte noch einmal, auf zehn Jahre, und entließ Calley nach Verbüßung von dreieinhalb Jahren endgültig aus dem Militärgefängnis. Der Lieutenant habe während des Massakers geglaubt, »in Übereinstimmung mit den

Befehlen zu handeln, die er erhalten habe«, erklärte der Minister, außerdem sei er »nur einer von vielen, die in diese Affäre verstrickt seien«. Da es keine Anzeichen dafür gebe, daß Calley eine Gefahr für irgend jemanden sei, könne man ihn freilassen.

Der Massenmörder verließ das Gefängnis als gemachter Mann. In Columbus war seine Popularität am größten, und so blieb Calley dort, wo sein Leben diese glückliche Wendung genommen hatte. In der Nähe von Fort Benning, dort, wo er vom Durchschnittsamerikaner zum Lieutenant ausgebildet worden war, und wo er des mehrfachen Mordes an »menschlichen orientalischen Wesen« schuldig befunden wurde, kaufte er sich von dem Geld, das er für Interviews bekommen hatte, ein Haus. Der berühmteste Bürger von Columbus blieb nicht lange allein. Sein Leben lang hatte Calley kein Glück bei den Frauen gehabt, nun interessierte sich die Tochter des Juweliers Vick für den tapferen Soldaten. Er heiratete sie – und den Laden ihres Vaters. Rambo war Juwelier geworden.

»Verfolgt haben mich die Toten von My Lai nie«, sagte er damals.

Pan Thi Trinh hat Calley nie aus den Augen verloren. Nachdem die Wunden des Massakers im Krankenhaus versorgt worden waren, kam sie in ein Nachbardorf zu Verwandten. Dort sah sie Calley drei Jahre später auf den Photos wieder, die inzwischen durch die Weltpresse gegangen waren und schließlich auch in der Zeitung der Provinz Quang Ngai auftauchten.

Sechsmal noch mußte Pan Thi Trinh mit ihren neuen Eltern vor amerikanischen GIs und südvietnamesischen Soldaten fliehen, als diese die Dörfer nach Vietcongs durchkämmten und in Brand steckten. Jetzt lebt sie wieder dort, wo ihre Familie ausgelöscht wurde. Trinh führt Besucher durch die Gedenkstätte My Lai, zeigt den Graben, in dem hundert Dorfbewohner starben und die Wegkreuzung, wo vierzig Menschen umkamen, erläutert die Einsatzpläne der US Army und die Photos von den Tätern – Calleys hängt auch an der Wand. Auf einer großen Tafel stehen die Namen der Ermordeten, dahinter das Alter: Pham Cu 6 Jahre, Pham Chanh 1 Jahr, Pham T Hoat 72 Jahre …

Wie eine routinierte Museumswärterin erklärt Pan Thi Trinh die Bilder mit den zerstückelten und blutverschmierten Leichen, scheinbar teilnahmslos spricht sie von den Maschinengewehrtypen der Amerikaner und dem Zeitplan des Massakers. Ihr Blick ist dabei starr geradeaus gerichtet, ihr Gesicht bleibt hart wie eine Maske. Nur die Lippen beben manchmal schwach. Als wir uns setzen, um Tee zu trinken, zittern ihre Hände so stark, daß sie ein wenig Tee aus der Tasse über ihre weiße Bluse schüttet. Sie müsse sich mehr zusammennehmen, entschuldigt sie sich.

Mehrmals in der Woche erzählt sie die Geschichte des Massakers, fünfzehn-, zwanzigmal im Monat sterben ihre Eltern und Geschwister. »Ich möchte nicht noch einmal über so ein Massaker hören, nirgends auf der Welt. Darum muß ich mich zusammennehmen und erzählen. Das muß ich tun, das ist das Beste, was ich tun kann.«

Drei Sack Reis hat Pan Thi Trinh von der südvietnamesischen Regierung als Wiedergutmachung bekommen, damals, als das Massaker durch die Zeitungen ging. Von der amerikanischen Regierung hat sie bis heute nichts erhalten.

Trinh weiß, daß Calley aus dem Gefängnis kam, noch ehe der Vietnamkrieg zu Ende war. Sie weiß, daß die anderen Täter vollkommen ungeschoren blieben. Sie weiß, daß die meisten Amerikaner die Ausrottung ihres Heimatdorfes nicht einmal als Verbrechen ansehen. Doch wie die meisten Vietnamesen empfindet auch sie keinen Haß auf »Amerikaner«. Aus einem Kassettenrecorder plärrt amerikanische Rockmusik über die Gedenkstätte: »*Born in the USA*«.

Aus Calleys Juwelierladen tritt ein GI im Kampfanzug. Ich steige aus dem Auto aus, folge ihm und spreche ihn an. Er stammt aus Atlanta und ist zur Ausbildung im Fort Benning; noch immer befindet sich in Columbus eines der größten Trainingscamps der Army. Von My Lai hat er gehört, schlimm sei das gewesen. Es gebe einen Trainingsfilm über die Behandlung von Zivilisten im Krieg, der werde den GIs zur Abschreckung gezeigt. »Uns wird gesagt, daß wir solche Befehle verweigern müssen.« Lieutenant Calley? Nie gehört.

Am Abend vorher hatte ich im Kino-Center von Columbus mit einer Gruppe von GIs gesprochen. Auch ihnen sagte der Name »Calley« nichts. »Vietnam« sei eine Tragödie gewesen, womit sie aber nicht den Krieg meinten, sondern seinen Ausgang.

Sie hatten gerade den Film »Iron Eagle« gesehen: Der Sohn eines in Vietnam mehrfach ausgezeichneten Kampffliegers stiehlt eine F-16, um damit seinen inzwischen »irgendwo in Nordafrika« in Gefangenschaft geratenen Vater aus den Klauen eines unberechenbaren Diktators freizubomben. Laut johlend hatte das GI-Heer im Kino jeden Treffer gefeiert. Im Vorprogramm lief die Ankündigung des Films »Top Gun«: Der Sohn eines in Vietnam verschollenen Fliegerhelden schießt sich zum Top-Flieger hoch und holt im Finale mehrere sowjetische MIGs vom Himmel – trampelnder Beifall.

Zehn Jahre nach seinem Ende verwandelt sich der Vietnamkrieg auf der Leinwand in einen Krieg voller Heldentaten, der nur deswegen nicht gewonnen wurde, weil die Männer mit den nackten Oberkörpern nicht so bomben und töten durften wie sie wollten; nun soll zumindest in Breitwand das *unfinished business* zu Ende gebracht werden, in Vietnam, Libyen und überall sonst, wo diese *gooks* und *dyinks* hausen.

»Ich fühle mich diesen Leuten überlegen. Ich bin der Amerikaner von der anderen Seite des Ozeans. Ich kann es diesen Leuten zeigen« (Calley).

Einer der Soldaten im Kino trägt ein T-Shirt mit dem Aufdruck: *»Join the Army, travel to distant countries, meet interesting people – and kill them.«*

Der CBS-Chefkommentator prophezeite 1971: »Der Calley-Prozeß ist erst der Anfang eines anderen Prozesses, der Anfang bei der Suche nach der vollen Wahrheit: Was haben wir den Asiaten und uns selbst angetan?« Die Amerikaner haben nicht nur nicht nach der Wahrheit gesucht, sie haben das, was sie über den Vietnamkrieg wußten, systematisch vergessen. Wie für die jungen Soldaten im Kino von Columbus, so sind für die meisten Amerikaner in Vietnam nur 58.721 Menschen gefallen. Drei Millionen tote Vietnamesen sind vergessen, drei Milliarden Dollar versprochene Wiedergutmachung ebenso.

Der Vietnamkrieg wurde während des vergangenen Jahrzehnts einer Schönheitskur unterzogen. »Ich denke, die Amerikaner haben in Vietnam einen guten Eindruck gemacht«, sagt der Ex-GI und »Dallas«-Star Ray Krebs. »Meine Einheit hat ausgezeichnete Arbeit geleistet. Ich bin den Leuten überlegen, die diese Erfahrungen nicht gemacht haben.« Am diesjährigen Memorial Day erklärte der Präsident der Amerikaner die »Jungs von Vietnam« zum Vorbild für die heutige Jugend: »Sie entschieden sich, ehrlich zu sein. Sie entschieden sich, dem modischen Skeptizismus ihrer Zeit zu widerstehen. Sie entschieden sich, dem Ruf der Pflicht zu folgen.«

»Ich führe meine Befehle aus. Dafür ist die Armee da. Wenn die Amerikaner sagen: ›Löscht Südamerika

aus‹, wird es die Army machen. Wenn eine Mehrheit sagt, Lieutenant, los, massakrieren Sie tausend Feinde, werde ich tausend Feinde massakrieren« (Calley).

Die völkische Gehirnwäsche, die in zehn Jahren aus einem viehischen Krieg eine noble Sache gemacht hat, findet außer in Präsidentenreden im Kinosaal statt. Im Kino-Center von Columbus waren fünf von sechs Filmen hochmoderne Kriegsstreifen, in denen der Vietnamkrieg weitergeführt oder woanders neu begonnen wird. Die GIs auf der Leinwand zeigen ihren Kollegen im Parkett, wie geil Krieg ist, wie erotisch der Luftkampf und wie orgiastisch der Abschuß ist – Krieg als die Fortsetzung des Lebens mit lustigen Mitteln.

»Vier fünfzig-kalibrige Maschinengewehre am Heck gaben Dauerfeuer: das war Ballerei à gogo. Das ist das Großartigste auf der Welt ... Ein LSD-Trip ist in etwa so wie ein Morgen in My Lai. Oder sonstwo. Hinterher fragst du dich: Nun, was habe ich getan, einen Haufen Deutsche oder Japaner oder Vietnamesen umgebracht. Big goddamn deal« (Calley).

»Damals«, so sagte ein Vietnam-Veteran am Memorial Day in einer Fernsehsendung, »fanden alle meine Freunde Krieg fürchterlich, aber ich ging nach Vietnam. Heute habe ich das komische Gefühl, Krieg ist schick geworden, und ich komme mir vor, als sei ich nicht von heute.« Keiner verkörpert den Sinneswandel besser als »Rambo« Sylvester Stallone. Während des Vietnamkrieges entzog sich Stallone dem Wehrdienst und diente als Leibwächter in einem Schweizer Mädcheninternat, heute ist Rambo der Rammbock der modernen Kriegsmentalität.

Calley tritt aus seinem Juweliergeschäft. An der Hand führt er seinen fünfjährigen Sohn, sie gehen in »White's Bookstore«, kaufen Malblöcke und kehren in den Laden zurück. Calley baut sich hinter der Schaufensterscheibe auf, schaut zu mir herüber. Er muß die Kamera in meiner Hand sehen, rührt sich aber nicht von der Stelle.

Hat ein Massenmörder ein Recht darauf, in Ruhe gelassen zu werden? Soll ich an seine Schmuckvitrine treten und ihm die Bilder von Pan Thi Trinh zeigen?

Ein Mercedes-Kombi fährt vor. Calley eilt aus dem Laden, hinter einer Aktentasche sein Gesicht verbergend, und schlüpft in den Fond des Wagens. Seine Frau sitzt am Steuer und gibt Gas. Hinter der Schaufensterscheibe stehen die fünf Verkäuferinnen Calleys und schauen, ob ich ihrem Boß folge. Wozu?

Ein Rekrut der Nationalen Volksarmee während seiner Grundausbildung.

Besuch bei der Volksarmee

Würden Deutsche auf Deutsche schießen?

Von **THEO SOMMER**, erschienen in der ZEIT am 27. Juni 1986

Der Jeep der Nationalen Volksarmee wartet an der regennassen Autobahnabfahrt Lehnitz-Oranienburg, fünfzig Kilometer nördlich von Berlin. Ein strammer junger Offizier meldet sich als Lotse zur Kaserne des Rudolf-Gyptner-Regiments. Die Unterkünfte sind ziemlich neu und wirken wie blank gewienert. Der Parkplatz gleich hinter dem Kasernentor steht leer. Vom Dienstbetrieb ist nichts zu sehen; er scheint sich anderswo abzuspielen.

Unsere Fahrzeugkolonne hält vor dem Klubgebäude des Lehnitzer Artillerieregiments. Fünf Obristen und Oberstleutnante empfangen mich in freundlicher Befangenheit; ein Gefühl, das ich durchaus teile. Sie wissen, daß ich einmal Leiter des Planungsstabes im Bundesministerium der Verteidigung war; ich weiß, daß ich der erste westdeutsche Journalist bin, den die Volksarmee ganz offizi-

ell zu sich gelassen hat. Die Herren stellen sich vor, ehe wir ins Traditionszimmer hinaufgehen: stellvertretender Divisionskommandeur; Parteisekretär; Leiter der Politabteilung; ein grauhaariger Haudegen, der von Anfang an – seit dreißig Jahren – dabei ist. Auch Oberst Jochen Michel ist gekommen, der Sprecher des Verteidigungsministeriums.

Er hat eine Sekretärin dabei, die das Gespräch mitstenographiert. Der Regimentskommandeur, ein schlanker, nachdenklicher Typ, heißt Aré-Lallement.

Wären da nicht die hellgrauen Uniformblusen, die Schulterstücke der Wehrmacht, die uns Westdeutschen sehr fremd geworden sind, die unvertrauten Orden und Ehrenzeichen, ich hätte mir leicht einbilden können, ich wäre bei der Bundeswehr in Neumünster oder Sigmaringen. Ich erkannte sie jedenfalls alle wieder: den knochenharten Troupier, den Schreibtischoffizier, den Intellektuellen, den

---

Zur Sache

Die Nationale Volksarmee der DDR entstand 1956 aus den Verbänden der Kasernierten Volkspolizei sowie aus See- und Luftstreitkräften, die man von 1950 an getarnt aufgebaut hatte. Sie unterstand dem Oberbefehl des Warschauer Pakts. Von 1962 an galt die allgemeine Wehrpflicht. Sie konnte nicht verweigert werden, wohl aber – aufgrund religiöser oder ähnlicher Überzeugungen – der Dienst an der Waffe. Leicht durchzusetzen war dies allerdings nicht.

Auch in der Bundesrepublik wurde schon ab 1950 die Aufstellung von Streitkräften vorbereitet. Die Pariser Verträge von 1955, die dem westdeutschen Staat weitgehende Souveränität zusprachen, ermöglichten die von einer heftigen Wiederbewaffnungsdebatte begleitete Gründung der Bundeswehr. Sie war von Anfang an in das westliche Verteidigungsbündnis der NATO integriert. Von 1956 an wurden Wehrpflichtige eingezogen. Dem grundgesetz-

lich geschützten Recht auf Kriegsdienstverweigerung wurde mit einem Zivilersatzdienst Rechnung getragen.

Mit der deutschen Wiedervereinigung am 3. Oktober 1990 endete die Existenz der NVA. Von den Anfang 1989 173.000 Soldaten der NVA wurden 3.000 Offiziere und 7.600 Unteroffiziere von der Bundeswehr übernommen. Knapp die Hälfte der ehemals rund 48.000 Zivilangestellten der NVA fanden weiter Beschäftigung.

Verantwortlichen für die Innere Führung, pardon: für die Politabteilung. Militär ist überall Militär, Soldaten sind Soldaten. Und Traditionszimmer sind Traditionszimmer. Fahnen und Wimpel; Modelle von Waffen und Kriegsgerät; Vitrinen mit Pokalen, Erinnerungsstücken, Urkunden, Photos von Manövern und Verbündeten.

Nur daß es im Falle des Regiments in Lehnitz andere Verbündete sind: nicht Amerikaner, sondern Sowjets, nicht eine belgische Brigade, sondern das Warschauer Artillerieregiment. Und daß, natürlich, eine andere Tradition gepflegt wird. Scharnhorst und Gneisenau, gewiß, aber sonst nichts von Preußens Gloria, nichts aus der Zeit der Reichswehr, erst recht nichts aus Hitlers Wehrmacht. Orden aus dem Zweiten Weltkrieg; »Die haben wir noch nie getragen«, sagt Oberstleutnant Hill, der Mann der ersten Stunde. »Auch nicht ohne Hakenkreuz?« – »Noch nie!«

Der Regimentskommandeur Aré-Lallement hat, zwischen Kaffeegeschirr und Gebäckteller, Notizen zur Traditionspflege in der Nationalen Volksarmee vor sich liegen. »Sie ist eingebunden in die gesamte Erziehungsarbeit«, sagt er. »Sie dient der Motivierung hinsichtlich des Klassenauftrages unserer Armee; es ist die Pflege der Tradition des Kampfes gegen den Faschismus und Krieg. Die Vereidigung unserer jungen Soldaten findet halbjährlich in der nationalen Gedenkstätte Sachsenhausen statt, unter großer Beteiligung der Bevölkerung. Die Erinnerung an die Tatsache, daß dort hunderttausend Menschen von den Faschisten umgebracht worden sind, läßt manchen Armeeangehörigen die Waffe fester fassen. An der Vereidigungszeremonie wird die progressive Zielstellung der NVA deutlich.«

In der DDR heißt es meistens »Zielstellung«, wo wir »Zielsetzung« sagen. Ich frage mich, ob das semantisch von Bedeutung ist: *Setzen* tut man sich Ziele selbst, *gestellt* werden sie einem, darin liegt der Unterschied zwischen Selbstverwirklichung und Fremdbestimmung. Ich frage mich auch, ob der drahtige Oberstleutnant Helga Schuberts Geschichte »Luft zum Leben« kennt, die Geschichte, wie ihr Sohn zur Volksarmee eingezogen und in Sachsenhausen vereidigt wurde:

»An einem Donnerstag um 12 Uhr, als er 19 geworden war, haben wir ihn zur Armee gebracht: sein Vater, seine Freundin und ich ... Zehn Tage später war seine Vereidigung: An einem Mahnmal. Alle im Stahlhelm mit bleichen Gesichtern. Der Weg zum Mahnmal ging über den Friedhof. Hin an den Gräbern vorbei, und auch zurück an den Gräbern vorbei. Die Frauen, die die Gräber harkten ... Wie hübsch er in der Uniform aussieht, sagte seine Freundin leise zu mir. Sie steht ihm am besten von allen hier, nicht? Er stand groß und schlank da. Mit ernsten grauen Augen. Sah seine Eltern an, sein Mädchen an der Hand, und sagte lächelnd: Ihr habt gar nicht gesehen, daß ich Ehrensoldat war. Ich mußte die Fahne nach vorn bringen. Haben wir ganz schön üben müssen. Ein deutscher Soldat, dachte ich. Ich habe ein Kind, das ein deutscher Soldat ist. Mein Vater, der war nur neun Jahre älter, als er starb als ein deutscher Soldat.«

Aré-Lallement, zwei goldene Sterne auf den geflochtenen Achselklappen, ernst und ein bißchen angestrengt die Miene, sagt: »Generell ist es eines unserer Ziele in der Traditionsarbeit, daß wir die Erinnerung an die Leiden der Menschen wachhalten.« So könnte es auch ein Bundeswehroffizier ausdrücken. »Dafür die Waffe zu tragen, daß sich das nicht wiederholt, ist unser wichtigster Auftrag.« Er erklärt, wer Rudolf Gyptner ist, nach dem das Regiment seit 1. März 1967 benannt ist: Sohn eines deutschen Altkommunisten, Widerstandskämpfer, mit 21 Jahren als Partisan in Polens Wäldern gefallen. »Wir ehren unser revolutionäres Vorbild in Meetings und dadurch, daß wir alljährlich einen Rudolf-Gyptner-Gedenklauf durchführen.«

Die Volksarmee ist eine Bündnisarmee – wie die Bundeswehr. »Die gesamte Generalstabsausbildung findet in der Sowjetunion statt«, erfahre ich am Rande. Die NVA übt viel mit den Verbündeten. Einer der Herren fügt hinzu: »Der Stolz, den ich empfinde, wenn ich die jungen Menschen bei Übungen und Wettkämpfen mit dem Waffenpartner erlebe, erfüllt mir Herz und Seele.«

Wettkämpfe und Wettbewerbe spielen eine große Rolle im Alltag der Volksarmee. »Eine Kompanie ruft auf zum sozialistischen Wettbewerb. Die Leistung dieser Kompanie wird dann zum Maßstab.« Beurteilt werden der politisch-moralische Zustand, der Ausbildungsstand, die sportlichen Erfolge, die »Ableistung von Soldatenauszeichnungen«, die Zahl der Schützenschnüre. »Es geht dabei um die Festigung des militärischen Kampfkollektivs. Die Sache wird ideell und materiell stimuliert.« Auf gut Deutsch: Der Soldat hat etwas davon. Für ein Klassifizierungsabzeichen, das »besonders gute Beherrschung der Kampftechnik« belohnt, gibt es 300 bis 500 Mark extra, nicht bloß ein Stück Lametta für die Ordensschnalle.

Der Regen hat sich mittlerweile gelegt. Wir fahren hinaus auf den Schießplatz. Wäßriger Dunst liegt über dem weitläufigen Gelände: braune Heide, eingesäumt von märkischen Kiefern. Der Platz hat Tradition, wie viele Standorte in der DDR. Jüterbog, Nauen, Strausberg, Zossen – rund um Berlin war das Militär schon immer zu Hause. Eine Stunde

Bund«). »Grab meiner Jugend« nennen die jungen Leute den vorpommerschen Übungsplatz, vertraute mir eine Berlinerin an, deren Sohn dort war. »Alles halb so wild«, kommentierte milde lächelnd der stellvertretende Divisionskommandeur in Lehnitz.

Auf dem Schießplatz geht es nicht viel anders zu als bei der Bundeswehr. »Treffen mit dem ersten Schuß«, ist die Devise. Gleich vornean steht ein Plakat: »Hohe Gefechtsbereitschaft – Produkt unserer Tätigkeit«. In Bundeswehranzeigen hieß es lange: »Wir produzieren Sicherheit.«

Angehörige eines NVA-Artillerie-Regiments bei der Ausbildung an Panzerabwehrkanonen.

Autofahrt weiter nördlich liegt Eggesin, wo viele der 174 000 Volksarmee-Soldaten ihre Grundausbildung durchlaufen, wenn sie für 18 Monate »zur Fahne« gehen (wie ihre westdeutschen Altersgenossen »zum

Vier Geschütze sind in Stellung gegangen, Kaliber 122 mm. Halblaute Kommandos. Gelbe und rote Warnflaggen; Stapel von Munitionskisten; Kanoniere im Laufschritt, verschwitzte Gesichter unter dem flachen Helm der Volksarmee – eine Kartusche wiegt 48 Kilo. Laden, Richten, Zünder einstellen, Feuern, Schußdistanz 800 Meter. Es knallt gewaltig. Schwaden von Pulverdampf treiben über die Heide. Der hünenhafte Übungsleiter, im Kampfanzug, braun gestricheltes Graugrün, auf dem mächtigen, kahlen Schädel ein Schiffchen, paßt auf wie ein Schießhund.

Gespräch am Rande. »Gibt es bei Ihren Soldaten Klagen über Gammeldienst?« – »Das ist nicht ihr Ausdruck, aber die Sache ist bekannt. Sie haben's lieber, wenn es rumst, als wenn sie Geräte reinigen müssen.«

Was sie von der Bundeswehr halten? »Wissen Sie«, sagt Oberstleutnant Aré-Lallement, »wenn

gelegenen Dienstgebäude zur Diskussion mit dem westdeutschen Journalisten, Soldaten, Gefreite, Unteroffiziere, der Batteriechef, alles gute Typen: frisch, aufgeweckt, artikuliert, schlank, gut geschnittene Gesichter. Die Herren vom Stab sind auch dabei.

»Was ist denn national an der Nationalen Volksarmee?«

»Wir verstehen uns als ein Teil des Volkes«, sagt einer.

»Da wird uns weizumachen versucht, daß die deutsche Nation ein Ganzes wäre«, setzt der Batteriechef hinzu. »Ich persönlich glaube das nicht. Da

Wehrpflichtige bei der Ankunft in ihrer Kaserne in Oranienburg, 1982. In den kommenden 18 Monaten leisteten sie hier ihren Grundwehrdienst ab.

ich das Photo eines Bundeswehrsoldaten sehe, frage ich mich immer: »Was geht wohl unter dem Helm vor?« – »Wissen Sie«, sage ich, »das ist dieselbe Frage, die sich unsere Offiziere stellen, wenn sie das Photo eines Soldaten der Nationalen Volksarmee sehen ...«

Die Übung ist beendet. Die Kanoniere ziehen sich Drillichzeug an. Zwei Dutzend versammeln sich, vor Bergen von belegten Brötchen, im nahe-

haben ganz andere Leute den Schlußstrich gezogen. Wir haben eine andere Kultur, andere Produktionsverhältnisse. Unsere Menschen haben eine ganz andere Lebensauffassung.«

»Diskutieren auch Sie«, erkundige ich mich, »die Frage, die in der Bundeswehr oft diskutiert wird: Würden im Ernstfall Deutsche auf Deutsche schießen?«

Die Antwort gibt einer der Stabsoffiziere: »Die Bundesrepublik ist Partner in der Nato, wir sind Verbündete im Warschauer Vertrag. Bei einem Krieg treten zwei verschiedene Staaten, zwei verschiedene Gesellschaftsordnungen gegeneinander an. Unser Auftrag ist es, einen Krieg zu verhindern, und, wenn er doch eintritt, ihn so schnell wie möglich zu beenden. Wenn die Bundeswehr eine Intervention machen würde, würden wir selbstverständlich zur Waffe greifen.«

Ein Gefreiter meldet sich: »Da werden in der BRD noch immer FDJ-Angehörige aus den Zügen geholt. Da werden Grenzen in Frage gestellt – wie beim Schlesiertreffen. Für welche Interessen kämpft der Bundeswehrsoldat eigentlich?«

Ein Oberst stößt nach: »Was unsere Genossen immer wieder bewegt« – auch in der Volksarmee nennt man einander Genosse – »ist dies: Die Bundesrepublik Deutschland spielt eine außerordentliche Rolle in der Nato. Aber bei den Chemiewaffen spielt sie den Vorreiter. Sie bekundet die Überzeugung, daß von deutschem Boden kein Krieg mehr ausgehen darf, aber sie unternimmt keine praktischen Schritte.«

Der alte Haudegen ergänzt die Klageliste: Die Bundesrepublik habe SDI bedingungslos zugestimmt; sie habe den amerikanischen Staatsterrorismus gegen Libyen unterstützt; wegen Tschernobyl habe sie aus fadenscheinigen Gründen eine Massenpsychose ausgelöst; es habe schon lange nicht mehr solch unverfrorene »Revanchistentreffen« gegeben wie in München und Essen; warum sage die Bundesregierung den Amerikanern nicht: Macht Schluß mit den Kernwaffentests. Unsere Menschen verstehen das nicht.

Ich versuche dagegenzuhalten: daß SDI bisher nur ein Forschungsvorhaben sei; daß wir den Bomben auf Libyen ja nicht eben Beifall geklatscht hätten, im Gegenteil; daß die Treffen der Landsmannschaften im wesentlichen, nun: Heimattreffen seien, bei denen alte Bekannte wieder einmal ein Glas miteinander leerten;

schließlich, daß die Verängstigung wegen Tschernobyl ja wohl der sowjetischen Informationspolitik zuzuschreiben sei, nicht der Bundesregierung – überhaupt, warum solle sie eigentlich Atomangst schüren, wo sie doch für Kernkraft eintrete?

Die belegten Brötchen sind noch unberührt. Alles wartet, bis der stellvertretende Divisionskommandeur zulangt, der jedoch wartet, bis der Gast zugreift. Im Eifer des Gesprächs habe ich es total vergessen. Ich wette: Die Platten waren leergeputzt, kaum daß wir fünf Minuten aus dem Saal waren.

Auf dem Weg zum Auto will der stellvertretende Divisionskommandeur noch wissen, wie wir zu den Geraer Forderungen Erich Honeckers stehen. Dann reden wir über Feindbilder, und ich frage nach der »Erziehung zum Haß«, wie sie in der Volksarmee geübt wird. »Es gibt keine Erziehung zum Haß«, werde ich belehrt.

Oberstleutnant Aré-Lallement kommt noch einmal auf die Frage zurück, ob Deutsche auf Deutsche schießen würden: »Wir haben nichts gegen den einzelnen Menschen in der BRD. Aber in dem Moment, in dem er zur Waffe greift, wird er zum Feind, egal, ob er der Onkel ist oder nicht. Wenn ich nicht auf ihn schieße, wird er doch auf meinen Waffengefährten neben mir schießen ...«

Es ist die offizielle Antwort, wie sie in ähnlicher Formulierung, wenngleich mit umgekehrten Vorzeichen, auch in der Bundeswehr gegeben wird. Im Auto zurück von Lehnitz nach Berlin, versunken in die Betrachtung zweier Klassifizierungsabzeichen und einer silbernen Schützenschnur, die mir der stellvertretende Divisionskommandeur zum Abschied verehrt hat, frage ich mich, ob diese offizielle Antwort eigentlich beschreibt, was wirklich passieren würde, wenn es je zum Schlimmsten käme.

Ganz sicher kann sich da wohl keiner sein – weder hüben noch drüben.

Von einer Karriere als Primaballerina träumen bis heute viele junge russische Mädchen.

Tanja Ballerina: Tanzen lernen an der Newa

Leningrads Hohe Schule des Balletts wurde vor 250 Jahren von einer Zarin gegründet und von keiner Revolution gestürzt. Hier lernten sie alle die Kunst des klassischen Tanzes, von Nishinskij bis Baryschnikow. Wie geht es heute zu in der Akademie der russischen Tanzelite?

Von **PETER SAGER**, erschienen im ZEITmagazin am 17. März 1989

Für diese Reportage wurde Peter Sager mit dem Egon-Erwin-Kisch-Preis 1986 ausgezeichnet.

Tanja tanzt. Sie ist vierzehn und will tanzen wie einst die Pawlowa. *I ras, i dwa, i tri!* »Und eins, und zwei, und drei!« Sechs Mädchen in schwarzen Trikots und lachsrosa Schuhen aus Satin strecken ihre Beine, heben ihre Arme, biegen ihren Körper zurück, weit, noch weiter: *choroscho*, gut. »*Plié! Croise!* Linker Fuß, rechter Fuß, alles weich machen, ganz weich!«

Exercices an der Stange. Grundübungen im klassischen Tanz, jeden Morgen kurz nach neun. Stoisch spielt der Mann am Klavier die immer gleichen Akkorde aus dem »Don Quichotte«, geduldig üben die Mädchen die immer gleichen Bewegungen. Kritisch, ehrgeizig beobachten sie sich in der Spiegelwand: Asja, Lada, Wika, Olja, Maja, Tanja. Strenge, schmale Kindergesichter, seltsam alt und etwas traurig. Sie haben ihre Haare glatt nach hinten zum Knoten gebunden, die internationale Ordensfrisur der Balletteusen. Nur eine erlaubt sich eine kleine Extravaganz, eine Korkenzieherlocke über der bleichen Stirn: Tanja Iwanowa.

Ab und zu sprenkelt eines der Mädchen mit einer roten Plastikgießkanne Wasser übers Parkett, damit der Tanzboden griffig bleibt. Er hat eine Neigung von sieben Prozent, zur Entlastung der Wirbelsäule. *I ras, i dwa, i rond*: Zwölf superlange Mädchenbeine drehen ihre Pirouetten quer durch den Raum. Eineinhalb Stunden Training, ohne Pause. »Seid ihr müde? Nicht nachlässig werden! Alle Bewegungen ganz präzise!« Kein lautes Wort der Lehrerin, kaum ein Flüstern der Schülerinnen. Nur die schleifenden Geräusche der Ballettschuhe über dem Holz. *Choroscho*, gut, genug fürs erste.

Das Mädchen mit der Korkenzieherlocke, Tanja, ist eine von 477 Schülern der ältesten, berühmtesten

Zur Sache

Die Ursprünge des klassischen Balletts reichen bis zu den Prunkumzügen und Maskenspielen zurück, die im 15. und 16. Jahrhundert an den Fürstenhöfen Italiens und Frankreichs aufgeführt wurden. Ludwig XIV. rief 1661 in Paris die erste Tanzakademie ins Leben. Im 18. Jahrhundert kam das Handlungsballett auf. Das 19. Jahrhundert brachte die Blütezeit, in der die bis heute populären großen romantischen Ballette entstanden.

Der aus Marseille stammende Tänzer und Choreograf Marius Petipa, der 1847 ins Zarenreich kam, gilt als Begründer des klassischen russischen Balletts. Er wirkte bis 1903 in Petersburg, wo er mit Tschaikowski und anderen führenden Komponisten zusammenarbeitete. Neue Maßstäbe für das 20. Jahrhundert setzte die von 1914 an in Paris angesiedelte Kompagnie der »Ballets russes«, die der Impresario Sergei Diaghilew aus

Tänzern der führenden Kompagnien Moskaus und Petersburgs zusammengestellt hatte.

In der Sowjetzeit wurde der klassische Bühnentanz in Moskau und Leningrad auf höchstem Niveau und traditionsbewusst weitergepflegt. Moderneren Strömungen des Balletts gestand man hingegen kaum Raum zu. Erst ab den neunziger Jahren gewann der zeitgenössische Tanz auch in Russland an Boden.

Ballettschule Rußlands. Gegründet von einer Zarin, von keiner Revolution gestürzt: Als hieße Leningrad noch St. Petersburg, so tanzt hier der Sozialismus über seine Verhältnisse hinweg den *Grand pas de deux* mit seiner feudalen Vergangenheit.

Im Entree steht eine Gipsbüste, umgeben von Palmenkübeln und Pappkartons: Agrippina Waganowa, 1879 bis 1951. Sie gab der Tanzakademie ihren Namen und ihren letzten Schliff. Eine Marmortafel erinnert an die Gründerin der Schule, die Zarin Anna Iwanowna. Für ihre Bühne im Winterpalast engagierte sie italienische Sänger, die deutsche Schauspieltruppe der Neuberin und einen französischen Lehrer für Gesellschaftstanz, Jean-Baptiste Landé. Zum Erlernen des »ausländischen Schritts«, des Menuetts, richtete Landé 1738 eine Ballettschule ein. Seine ersten Schüler: zwölf Mädchen und Knaben, Kinder des Hofpersonals.

250 Jahre später kommen die Waganowa-Eleven aus den fernsten Winkeln der Sowjetunion, aus Jakutin und Sachalin, Kirgisien und Kasachstan, sie kommen aus Ungarn, Holland, Italien, aus Vietnam, Japan und Argentinien. Tanja kommt aus Tschicharewo, zwei Eisenbahn- und tausend Trainingsstunden entfernt von Leningrad.

Schon im Kindergarten war die kleine Iwanowa durch einen Hang zum Hüpfen aufgefallen. Zur Förderung solcher Talente gibt es überall im Sowjetreich die beliebten Volkstanzzirkel. Vier Jahre lang besuchte Tanja den Rodnitschok, den »Springbrunnen« der Junioren im Kulturhaus ihres Heimatorts. Dann, erzählt die Lehrerin, »hat sie ihre Eltern angefleht: ›Bitte, bringt mich nach Leningrad, ich will auf die Ballettschule!‹ Das war für sie wie ein Heiligtum.« Millionen russische Tänzerträume fangen so an. Die meisten enden irgendwann zwischen April und Juni in Saal 26 im dritten Stock der Waganowa-Schule.

Aufnahmeprüfung. Ein hoher Raum mit Neonlicht. Die Kandidaten, acht bis neun Jahre alt, sitzen aufgereiht in der Ecke, ohne sich anzulehnen. Mitten im Raum der Tisch der Prüfungskommission. Den Vorsitz hat Jurij Iwanowitsch Umrichin, seit 38 Jahren Ballettmeister der Schule: »Zweitausend Kinder gehen jedes Jahr durch diesen Saal.« Und wie viele werden aufgenommen? »Etwa vierzig. Wir nehmen nur das Beste vom Besten.«

Nastja geht als erste auf dem roten Läufer zur Meßlatte. »Länge 1,30. Beine 68«. meldet die Prü-

ferin. Mit dem Lineal sucht Jurij Iwanowitsch auf seiner Tabelle eine magische Schlüsselzahl. »52.3 – nicht schlecht.« Ideal wäre der Index 52: »Die Beine müssen etwas länger sein als der Oberkörper.« Mit dieser elementaren Proportionstabelle der sowjetischen Medizinerin Professor Natalja Dembo, mit dem goldenen Tänzer-Schnitt beginnt jede Waganowa-Prüfung.

Nun geht es weiter wie auf dem Pferdemarkt. Walentina Ssokolowa, die Prüferin, greift Nastja an die Hinterbacken, tastet ihre Wirbelsäule ab, die Stellung der Füße, bis in die Zehenspitzen. Starr, mit scheuen Fohlenaugen läßt Nastja alles über sich ergehen, während die Männer am Tisch etwas von »gutem *plié*« murmeln, und daß ihre Beine »aus« sind. »Aus«, soviel weiß Nastja, ist gut: schon im Hüftgelenk leicht nach außen gestellt. Daß man bereits bei der Kandidatenkür so drakonische Körpernormen anlegt, trägt nicht unwesentlich zum Waganowa-Erfolg bei, zu jener brillanten Ensemblewirkung des Kirow-Balletts, einheitlich von der Fuß- bis zur Nasenspitze.

Jetzt muß Nastja an der Stange zeigen, was sie schon kann. Beine strecken, Rücken beugen, *choroscho*, gut, und nun noch springen, *ras – ras – ras!* Die Prüfer am Tisch feuern die kleine Tänzerin an wie beim *krakowjak*, und Nastja springt, was die Achillessehne hergibt. »Mittlere Werte«, urteilt die Kommission, empfehlenswert für die Vorbereitungsklasse. »Die ideale Ballettsilhouette sieht natürlich anders aus«, befindet der Vorsitzende: »Kleiner Kopf, langer Hals, fließende Schulterlinien, gerades Rückgrat, grazile Hände. Wir sehen auf den ersten Blick, ob ein Kind zum Tanzen taugt oder nicht. Wir nehmen ganz Schmale, Hochgewachsene auf, aber dann«, Jurij Iwanowitsch seufzt, »dann wachsen sie und werden dick und untersetzt.«

Was ich an diesem Nachmittag sehe, ist nur ein Bruchteil der Prüfungsprozedur. Es geht ja nicht nur um Meßwerte und Muskulatur: auch Musikalität, Rhythmus, Bewegungsphantasie werden getestet. Es gibt drei Prüfungsdurchgänge: allein der medizinische Teil ist mit acht bis zehn Spezialisten besetzt. Und Tanja? »Die kleine Iwanowa«. erinnert sich ein Prüfer, »haben wir gleich in der ersten Runde aufgenommen.«

Heute, fünf Jahre später, gehört Tanja zu den 32 besten Schülern der Waganowa. Ihr Konterfei hängt im Treppenhaus des Instituts, das wie jeder sozialistische Musterbetrieb seine »Bestarbeiter« plakatiert. Leningrads Balletteleven lernen ja nicht nur tanzen, sondern acht Jahre lang alle Fächer einer normalen russischen Mittelschule. Chemie und Mathematik ebenso wie Geschichte und Französisch. Dazu täglich vier bis fünf Stunden Ballett- und Musikunterricht, in Klassen von 12 bis 22 Schülern. Jungen und Mädchen gemischt, knapp ein Drittel Jungs.

Unterricht endet, beginnt für viele noch die Theaterarbeit: Probe oder Auftritt im Kirow-Ballett.

Schon von der zweiten Klasse an (»je kleiner, desto besser«) nehmen die Waganowa-Kinder an öffentlichen Veranstaltungen der Kirow-Elite teil. Das bringt ihnen pro Auftritt drei Rubel Taschengeld, für jede Probe 1,50 Rubel, vor allem aber unbezahlbare, frühe Bühnenpraxis. Tagsüber Unterricht, abends oft Probe, manchmal bis elf auf der Bühne: Was für

Schülerinnen der berühmten Waganowa-Ballettakademie im heutigen St. Petersburg.

»Vor allem wollen wir aus ihnen intelligente Menschen machen. egal ob sie Primaballerina, einfache Ballerina oder gar keine Ballerina werden«, sagt Tanjas Klassenlehrerin Natalja Kriwenkowa. Einmal in der Woche gibt es eine sogenannte Klassenstunde: »Da sprechen wir über alle Probleme des Lebens. Zum Fernsehen haben die Kinder ja keine Zeit, geschweige denn zum Zeitunglesen, weil sie zu stark beschäftigt sind.« Wenn abends gegen halb sechs der

ein Streß! Tanja, die Schweigsame, schüttelt nur ihre Korkenzieherlocke. »Streß? Damit werden sie fertig, indem sie weiter üben.« Tanjas Lehrerin Tatjana Borowikowa lächelt sanft wie ein Karatemeister: »Wenn sie das nicht machen, werden sie keine Ballettänzer. Deshalb ist die Auswahl ja auch so brutal.« *I ras, i dwa, i tri:* In Saal 3 übt die zweite Klasse. Eben reichen sie mit den Schultern an die oberste Stange. Acht Mädchen in weißen Trikots, acht kleine sterbende Schwäne. Auf einem Stuhl vor der schwarzgerahmten Spiegelwand thront Galina Petrowna Nowizkaja, von Modeschmuck glitzernd wie eine Ikone in der Isaaks-Kathedrale.

Vor einem halben Jahrhundert hat Galina Petrowna an der Waganowa-Schule tanzen gelernt, vor 30 Jahren ist sie als Lehrerin hierher zurückgekehrt. Mit einem Finger dirigiert sie nun das Auf und Ab

Unvergleichlich, auch in anderen Klassen, diese Mischung aus Gefühl und Härte, Präzision und Poesie der Arbeit, die unerbittliche Geduld beim Korrigieren der kleinsten Details, die unerschöpfliche Lust am Tanz. »Bist du müde, Lena?« – »Nein«, sagt die müde Lena, nimmt ihren Teddybär und tanzt das »Nußknacker«-Duett. »Natascha hat eben ein bißchen geweint, das heißt, ihr sind die Fehler

Auch zu Zeiten der Sowjetunion wurde die Tradition des klassischen Balletts aufrecht erhalten.

der 16 zarten, zähen Glieder, gurrend und schnalzend lockt sie die Kleinen im Spitzentanz durch den Raum, wie ein französisches Märchen erzählt sie ihnen von *battement frappé, battement battu.* Dann erhebt sich Galina Petrowna. beugt sich wie eine Glukke über Natascha und reißt ihr mit einem Griff das erhobene Bein hoch, noch höher, man mag gar nicht hinsehen, so hoch. Doch schon ertönt wieder, *choroscho, choroscho,* Galina Petrownas russisch-französisches Gurren, und alle flattern zurück an die Stange.

nicht gleichgültig«. Sanft rückt Galina Petrowna ein schwankendes Bein ins Lot, und ihre Fingernägel drücken sich wie Sporen ins Fleisch. Muß man die Kleinen so schinden? »Natürlich, sonst kommt nichts Großes heraus.« Vor mir sitzt eine der Großen des klassischen Balletts, Natalja Dudinskaja, geboren in der Zarenzeit, Lieblingsschülerin der Waganowa, einst Primaballerina, jetzt Tanzlehrerin an ihrer alten Schule. »Die Waganowa war außerordentlich streng zu uns, geradezu despotisch. Sie verzieh keine Nachlässigkeit.« Wenn die Leningrader in der Hitze des Sommers stöhnten, sah die Waganowa ideale Trainingsbedingungen: »Man braucht dann keine Zeit zu verschwenden, um sich warmzumachen«, pflegte sie ihren Schülern zu sagen. »Sie hat als erste in den klassischen Tanz ein akademisches System gebracht, eine einheitliche Lehrmethode«, erklärt die Dudinskaja. Und Konstantin Sergejew, ihr Mann, ergänzt mit Bühnenpathos: »Alle Ballettschulen kommen aus dieser Schule. Hier ist der Ursprung.«

Konstantin Michailowitsch Sergejew, Jahrgang 1910, Waganowa-Absolvent, strahlender Romeo bei Prokofjews Uraufführung am Kirow-Theater, Traumtänzer der Stalinzeit, Volkskünstler der UdSSR, ist heute künstlerischer Direktor der Waganowa-Schule, ein Gralshüterposten. »Wir halten sehr an unseren Traditionen fest. Aber alles entwickelt sich. Wir lehren auch *Jazz Dance*. Unsere ehemaligen Schüler am Kirow tanzen auch Werke von Béjart oder Roland Petit.« Und der Direktor des Moskauer Bolschoi-Balletts, wo hat Jurij Grigorowitsch wohl tanzen gelernt? »Natürlich bei uns.«

Da ist sie wieder, die klassische Rivalität zwischen dem Kirow und dem Bolschoi, dem Ballett der alten und der neuen Hauptstadt. Gerne nutzt Konstantin Sergejew die Gelegenheit zu einer kleinen Stichelei: »Was wir gemeinsam haben, ist der Spielplan, ›Schwanensee‹ hier, ›Schwanensee‹ dort. Aber geboren wurde das alles in Leningrad. Das Bolschoi war immer glitzernder, repräsentativer. Wir sind zurückhaltender, graziler, wir glauben auch, etwas musikalischer.« Von solchen Feinheiten unbeeindruckt, besucht Gorbatschows Enkeltochter Okssana seit kurzem die Moskauer Ballettschule.

Dann verrät mir Konstantin Sergejew eines der Geheimnisse des klassischen Petersburger Balletts. Er zeigt aus dem Fenster: »Die Schule beginnt mit der Rossi-Straße, mit dieser großartigen strengen Architektur.« Eine Straße mit zwei spiegelgleichen, narzissengelben Fassaden, im Hauptgeschoß zwei lange Reihen weißer dorischer Säulenpaare, die *Chorus Line* des Klassizismus.

Dies ist die schönste (und kürzeste) Straße Leningrads, entworfen 1828 von dem Architekten Karl Iwanowitsch Rossi. Er baute auch das Puschkin-Theater, auf dessen Rückseite die Straße zuläuft. Generationen von Ballettschülern sind durch diese Säulenallee gegangen, und noch bevor der Tanz-

meister mit seinen *exercices* begann, hat ihnen der Baumeister schon zugerufen: Haltung! Disziplin! Rhythmus! Nie gingen gebaute und getanzte Schönheit so harmonisch nebeneinander wie hier. Auch die Straße der Tänzer hat ihren Index, ihre idealen Proportionen: 22 Meter hoch die Gebäude, 22 Meter breit die Straße. und beide 220 Meter lang. Daß Baumeister Rossi Sohn einer italienischen Ballerina war, gibt dieser unschuldigen Straße eine fast schon unwahrscheinliche Perfektion.

Königliche Waganowa-Fassade. Dahinter riecht es nach Schweiß und Weißkohlsuppe. Ich gehe durch die langen Korridore, vorbei an der Galerie der Absolventen, Klassenphotos noch aus der Zarenzeit, sepiabraune, gestochen scharfe Erinnerungen an eine verschwundene Gesellschaft. Bilder einer Abschlußklasse. 1907, ein guter Jahrgang: Nishinskij hat bestanden, da sitzt er neben seinen Freunden im Atelier des Petersburger Hofphotographen, mit Stehkragen und schwarzem Anzug. 1897, die Waganowa-Klasse: vier robuste Mädchen mit langen Zöpfen, langen Kleidern, weißen Schürzen, als seien sie höhere Töchter einer Haushaltsschule. Künstlerische Ambitionen, tänzerische Exhibitionen gar bleiben züchtig im Rahmen der bürgerlichen Anstaltskleidung.

Auch zur sozialistischen Ballettakademie gehört die Schuluniform. Arm in Arm kommen mir zwei Mädchen in braunem Rock und schwarzer Schürze entgegen, dazu das rote Halstuch der Jungen Pioniere. Sie grüßen mich mit einem Petersburger Hofknicks; dann, in einiger Entfernung, kyrillisches Gekicher. Wie alle Ballerinen gehen sie im Watschelgang mit auswärts gedrehten Füßen, kerzengerade, das Kinn vielleicht noch ein wenig höher als anderswo.

Ganz oben im fünften Stock, auf der Direktoren-Etage, geht noch der Geist des Revolutionsballetts um. Da hängen Photos sowjetischer Afghanistan-Veteranen (»Unsere Soldaten – Internationalisten«), da lerne ich die Panzer, Raketen und Kampfflugzeuge der Roten Armee kennen (»Soldaten – Helden der Friedenszeit«). Solche Agitprop-Tafeln gehören zum Fach Wehrkunde, zur paramilitärischen Ausbildung der drei letzten Tanzschulklassen. *I ras, i dwa, i tri:* sozialistischer Ballett-Realismus auch dies.

Und immer »Dornröschen«, »Nußknacker«, Klaviermusik hinter hohen Flügeltüren, wo die Pianisten Konzertmeister heißen und früh melancholisch werden, die dumpfen Geräusche der Sprünge, der *battus* und *jetés*, der endlose Kampf gegen die eigene Schwerkraft, die Welt der immer gleichen Bewegungen: *i piller, i passer, i pirouette*. Es ist eine hermetische Welt, asketisch, absolut. Wie gut, daß es die *babuschka* gibt, unten an der Garderobe. Als sei es ihre Großmutter, hat sich dicht neben sie eines dieser verlorenen Tanzkinder gesetzt. Weil die Waganowa genug *babuschkas* hat, braucht sie nur einen Schulpsychologen.

Wer tanzen lernt, muß auch fasten lernen. Leningrads Ballettschule hat eine Kantine, die den Appetit nicht übermäßig anregt und insofern aufs beste ihren Zweck erfüllt. An der Wand ein Poster mit einer sowjetischen neben einer amerikanischen Teetasse, ein *ssamowar* der Völkerfreundschaft. Tee gibt es hier immer, auch Buchweizen oder Reis, rote Bete, Kohlsalat, Gulasch, sogar Bœuf Stroganoff. Das teuerste Gericht kostet 59 Kopeken, knapp zwei Mark.

Bunt geblümte Bademäntel über den Tanztrikots, in dicken Wollstrümpfen drängen sich Galina Petrownas Küken an der Theke. Sie holen sich ein Schälchen Quark mit Ei und Zucker und eine Tafel Schokolade. Was, Süßigkeiten? »Der eine darf, der andere nicht«, sagt Tanja, die Kühle mit der Korkenzieherlocke. Tanja löffelt *schtschi*, Weißkohlsuppe. Gewichtsprobleme hat sie nicht: Die 14jährige wiegt nur 35 Kilo, bei einer Größe von 1,53 Meter etwas wenig auf dem langen Weg zur Primaballerina. »Wenn sie so klein bleibt«, sagt einer ihrer Lehrer, »wird sie auch auf der Bühne klein bleiben.«

Manchmal, wenn sie eine Stunde frei haben, gehen die Kleinen hinunter ins Ballettmuseum. Mit großen Augen stehen sie da vor den Bildern ihrer Stars, die ja alle einmal als Stangenkinder dieser Schule ihre ersten Sprünge gelernt haben wie sie selber. Aufgeregt beugen sie sich über die Vitrinen mit den Reliquien der Pawlowa: da, ihr Schminkkästchen, ihre gelben Stiefeletten, ihre verblichenen lachsfarbenen Spitzenschuhe. Und rasch berührt jeder den Bronzeabguß ihres Fußes. Dann gehen die Waganowa-Kinder zur Leiterin des Museums, die alle Ballettgeschichten kennt: Marina, bitte, erzähl uns was!

Marina mit dem kastanienroten Haar, ehemalige Puschkin-Schauspielerin. Madame Vivien zupft ihren Strickumhang zurecht und erzählt die geile Geschichte des Ex-Schülers Nishinkij: »In Peters-

burg im Jahre 1911, im Kirow, das damals noch Mariinskij-Theater hieß, tanzte Nishinskij »Giselle« in einem Kostüm von Léon Bakst. Er wagte, was vorher undenkbar war: Statt in der üblichen Pumphose tanzte Nishinskij in einem hautengen Trikot. Die Direktion war so erschrocken, daß sie den Vorhang zuziehen wollte. Im Publikum saßen die höheren Töchter mit ihren Anstandsdamen – die Gouvernanten tobten, die Mädchen klatschten. Ein Skandal! Dann ging Nishinskij nach Paris und kam nie wieder.«

Wenn Marina jene dunklen Höhepunkte im Leben ihrer Lieblinge erreicht, wo sie Rußland verließen, vertrieben von Revolution und Stagnation – Nishinskij, Nurejew, die Pawlowa, die Makarowa, Balanchine und Baryschnikow, all die verlorenen Söhne und Töchter der Waganowa – dann wird die sonst so erzählfreudige Chronistin des Ballettmuseums ganz einsilbig, und Marinas schöne melancholische Augen werden noch melancholischer.

Anna Pawlowa, Tochter einer Wäscherin, *Primaballerina assoluta* in Diaghilews *Ballets Russes* in Paris, auf überlebensgroßen Postern ist sie zurückgekehrt in ihre Schule. Den heutigen Eleven demonstriert sie nun auch die Politischen Pirouetten ihres Landes. Als Lenins Revolutionäre die Verhältnisse zum Tanzen brachten, galt die zaristische Ballettschule vielen als Inbegriff bourgeoiser Dekadenz. Die Jugendstilvilla einer Petersburger Primaballerina wurde zum Hauptquartier der Bolschewiken. Diese Villa am Gorkij-Prospekt, heute »Museum der Großen Sozialistischen Oktoberrevolution«, war ein Geschenk des letzten Zaren, Nikolajs II., an die Tänzerin Matilda Ksseschinskajam, seine (und seines Bruders) Mätresse. »Eine hochintelligente Frau«, sagt Marina, »ihre Briefe an den Zaren waren bis vor kurzem unter Verschluß, jetzt kann man sie lesen – Perestrojka!«

Auch Lenins Ideologen lernten: Eine Ballettschule ist eine Schule der Frauen; man kann sie nur lieben oder lassen, aber doch nicht schließen! Allen Puristen zum Trotz hatten Arbeiter, Matrosen, Soldaten im roten Petrograd ein elementares Bedürfnis nach »Schwanensee«. Strawinsky und die revolutionäre Ballett-Avantgarde der Diaghilew-Truppe war den Kulturrevolutionären indes ein Greuel. Das neue Proletkult-Publikum wollte die alten Hüte der Klassik. Das war die Stunde der Waganowa.

Drei Jahrzehnte lang konservierte sie als Lehrerin die Tradition der Petersburger Schule. So gelang der

Waganowa das schillernde Paradox, in einer sozialistischen Gesellschaft eine aristokratische Kunstform zu höchster Perfektion zu treiben. Doch manche der besten ihrer Schüler sahen ihre Ausdrucksfreiheit kaserniert, im Namen des Volkes und der Klasse.

Während Marina mich durch ihr Museum führt, tritt ein weißhaariger Herr hinzu: Robert Gerbeck, 81jähriger Ballettlehrer der Schule. In stockendem Deutsch, freundlich lächelnd, berichtet er dem deutschen Besucher von der Belagerung Leningrads durch Hitlers Truppen, neunhundert Tage, drei eisige Winter lang. »Ich war damals schon Lehrer hier. Wir froren und hungerten, und wir mußten tanzen.« Die Waganowa-Schüler tanzten vor den Frontsoldaten, sie halfen als Meldegänger, beim Löschen von

Totentänze. Rund eine Million Einwohner starben damals in dieser Stadt, die meisten verhungerten und erfroren.

Kurz vor der Blockade wurde ein Teil der Waganowa-Schule nach Perm evakuiert, in den Ural. Ein Jahr später, im Herbst 1942, nahm man trotz allem neue Schüler auf: magere Kinder mit kurzgeschorenen Haaren, Waisenkinder. »Ich könnte von meiner Freundin erzählen, die Tänzerin werden wollte wie ich«, sagt Marina. »In diesem ersten furchtbaren Winter 1941 wollte sie sich Filzstiefel besorgen. Sie stand an der Straßenbahnhaltestelle, als ihr ein Artilleriegeschoß beide Beine abriß.« Damals war Marina in der fünften Klasse der Waganowa-Schule, wie Tanja heute.

Das Bolschoi-Theater in Moskau ist bis heute eine der besten Adressen für klassisches Ballett.

Brandbomben, und sie tanzten in den Krankenhäusern, wo das Blut fest fror an den Händen der Ärzte. »Wir spielten ›Das bucklige Rößlein‹ und ›Esmeralda‹«, erinnert sich Robert Gerbeck. Leningrader

»Wer ist dein Vorbild? Einer der Stars hier im Museum?« Tanja schüttelt ihre Michael-Jackson-Locke. Kein Idol aus Museum oder Disco: »Galina Mesenzewa.« Wir treffen die 36jährige Primaballerina des Kirow-Theaters in einem der Probenräumen, auch sie Waganowa-Absolventin: »Diese Schule ist mein Glücksstern, mein ganzes Leben.« Was sie dort vermißt habe? »Nichts.« Nicht einmal den modernen Tanz? »Wenn man eine klassische Ausbildung hat, kommt alles andere leicht dazu. Modern Dance macht einen Ballettänzer nur schlampig.«

Doch was tut Galinas alte Schule? Engagiert jetzt erstmals einen Lehrer für *Modern Dance*, Benjamin Felixdaal aus Amsterdam. Diese Berufung hat ein Mann betrieben, der kein bloßes Museum des klassischen Tanzes verwalten will, sondern »die schönste und beste Ballettschule der Welt«: Leonid Nikolajewitsch Nadirow, technischer Direktor, eigentlicher Chef des Hauses.

Der gebürtige Leningrader, Jahrgang 1940, trägt einen dunkelblauen Anzug, am Revers das Abgeordnetenabzeichen des Stadtsowjet. »Alles kommt von Gott«, sagt er, als wir über tänzerische Begabung sprechen. Leonid Nikolajewitsch hat Bautechnik und Ökonomie studiert, als Regisseur und Schauspieler gearbeitet. Während unseres Interviews empfängt er Mitarbeiter, telephoniert, gelegentlich mit Telephonhörern an beiden Ohren, wie Manager in Hollywood-Klamotten. Bühnenreif auch sein Büro: schwarzlackierte Möbel mit lila Polstern, Lenin-Porträt, antike Standuhr, in der Ecke die Schulfahne aus rotem Samt, geschmückt mit dem Lenin-Orden.

Diese höchste Auszeichnung der Sowjetunion erhielt die Schule zu ihrem 250jährigen Bestehen im letzten Mai. Den Festakt im Kirow läßt Direktor Nadirow immer wieder gerne über seine Toshiba-Anlage rauschen: Ein Kadett bläst die Fanfare Peters des Großen, ein Knabenchor singt »Freude, schöner Götterfunken«, Ballettschuldelegationen aus aller Welt gratulieren, die Vaganova Academy aus Kanada, die Palucca-Schule aus Dresden, aus der Bundesrepublik niemand. »Warum Ihre Ballettleute so wenig Interesse für unsere Schule zeigen, wundert mich.« Leonid Nadirow vermißt auch westdeutsche Tanzschüler. Entspricht ihr Standard nicht dem der Waganowa? »Das könnte sein«, meint er. Es ist so: In den 53 deutschen Ballettensembles halten deutsche Tänzer eine Minderheitsbeteiligung von schlaffen 20 Prozent.

»Die Ballettkunst ist ein Spiegel des Kulturniveaus einer Nation«, sagt Leonid Nadirow. Jedes Jahr müssen etwa achtzig Schüler die Waganowa verlassen. Opfer der »Diktatur des Talents«. Tanjas Tanzklas-

se hatte am Anfang neun Kinder, jetzt noch sechs, davon haben drei »Perspektiven«. Für sozialistische Verhältnisse glänzende Perspektiven: Eleven haben Monatsgehälter bis zu 140 Rubel, Spitzentänzer bis zu 6000 Rubel. Dazu kommen Gagen, für eine Primaballerina etwa 120 Rubel pro Auftritt – soviel wie ein sowjetischer Arzt oder Ingenieur durchschnittlich im Monat verdient. Mit 38 haben Tänzer Anspruch auf eine Pension, seit kurzem 300 Rubel. »Nicht einmal Minister bekommen eine so hohe Pension«, freut sich Nadirow, »das ist unser erster Perestrojka-Sieg.«

Wie erklärt der Waganowa-Direktor seinen Eleven, daß so manche Stars ihrer Schule nach Tourneen im Westen nicht wieder zu Hause antanzten? Die Geschichte hat leider gezeigt, daß sie recht behielten. Nurejew oder Baryschnikow hätten sich wohl kaum so großartig entwickeln können, wenn sie nicht emigriert wären. Wir erklären das den Schülern also von der Position des gesunden Menschenverstandes. Das ist doch der Sinn unserer Perestrojka, kurz gesagt: die Rückkehr zum gesunden Menschenverstand.«

Kürzlich hat Direktor Nadirow »die beiden modernsten Ballettschulen der Welt« besichtigt, die in Peking und Paris, »aber keine andere Schule ist in einem so schönen, historischen Haus untergebracht wie unsere«. Indes fällt der Tanzelite der Nation bald die Decke auf den Kopf. Es leckt und bröckelt überall. Höchste Zeit für eine Generalrenovierung. Sie beginnt nächstes Jahr, kostet mindestens 16 Millionen Mark und soll den Waganowa-Kindern einen Swimmingpool, ein neues Theater und zusätzliche Tanzsäle bescheren. Ein ganzer Wohnblock hinter der Schule wird umquartiert, endlich Platz für das Internat, bisher weitab in der Prawda-Straße 3.

Die meisten der rund 150 Internatsschüler wohnen in Vier- bis Acht-Bett-Zimmern. Tanja und Nora haben Glück, ein Doppelzimmer, eben groß genug für die Ballettgymnastik, mit der jeder Tag beginnt und endet. An der blaugetünchten Wand ein kleines Bücherbord, ein Radio, eine Tanz-Intarsie. Im Sessel sitzt *Scharik,* Tanjas Teddy. Über ihrem Bett das Poster eines Bassets. Nora, ihre Freundin, kommt aus Kirgisien, mit der Eisenbahn fünf Tagesreisen entfernt von Leningrad.

Auch samstags ist volles Schulprogramm, Freizeit ein Fremdwort. Und sonntags? »Ausschlafen!« Da sehe ich Tanja zum ersten Mal lachen. »Das

126

größte Problem«, sagt eine der Erzieherinnen, »die Kinder sind physisch überlastet.« So halten sich die Turbulenzen mit den Jungs in der dritten Etage in Grenzen. »Manchmal, wenn sie uns vertrauen«, erzählt eine der Erzieherinnen, »sagen die Mädchen: ›Einen Tänzer heiraten? Seine verschwitzten Trikots waschen, seine Muskeln massieren – nie im Leben!‹ Genau dasselbe sagen die Jungs: ›Nur kein Mädchen vom Ballett!‹«

Einmal im Monat besucht Tanja die Eltern in Tschicharewo, ihrem Geburtsort. Eine Kleinstadt nordöstlich von Leningrad: 17 000 Einwohner, eine Düngemittelfabrik, ein Fertigbaukombinat, ringsum Ackerland und Sümpfe. Tanjas Vater Viktor war bis zu einem Unfall Frachtgutverlader; ihre Mutter Ljudmila verdient als Kindergärtnerin im Monat 125 Rubel. »Für Tanjas Ausbildung ist uns nichts zuviel.« Sogar ein Klavier steht in der kleinen Dreizimmerwohnung.

Schulgeld muß keiner zahlen, für die drei letzten Waganowa-Klassen gibt es Stipendien. Den Rest tragen die Eltern: monatlich 56 Rubel für das Internat (in Tanjas Fall die Hälfte), die Kosten für Trikotage und Ballettschuhe. »Letztes Jahr hat Tanja 14 Paar Spitzenschuhe zertanzt«, sagt ihre Mutter. »Auch blutige Zehen hat sie bekommen, aber darüber spricht sie nie.«

Tanja Ballerina. Tanjuscha. Töchterchen Frost: Wovon träumst du unter der Korkenzieherlocke? Von großen Kirow-Auftritten, vom Bolschoi? Schon hat sie erste Fernsehrollen getanzt: die Mascha im »Nußknacker«, die kleine Agrippina in einem Waganowa-Film. »Wir kommen aus einfachen Verhältnissen«, sagt Tanjas Mutter, »sie will uns nichts vormachen, was sie nicht erreichen kann. ›Eine Primaballerina werde ich kaum‹, sagt sie. Ihr Wunschtraum: einmal an die Waganowa-Schule zurückzukommen als Tanzlehrerin.«

Der Vorstandssprecher der Deutschen Bank, Alfred Herrhausen (hier im Mai 1988), wurde bei einem von der RAF verübten Bombenattentat am 30. November 1989 getötet.

Stumme Gewalt

Für die RAF-Terroristen war Alfred Herrhausen ein Feind. Für unsere Autorin **Carolin Emcke** war er Patenonkel und Freund. Achtzehn Jahre nach dem Attentat beschreibt sie den Schock des 30. November 1989. Ihr Plädoyer: Amnestie gegen ein Ende des Schweigens

Erschienen im ZEITmagazin am 6. September 2007

Für diese Reportage wurde Carolin Emcke mit dem Theodor- Wolff-Preis 2008 ausgezeichnet.

Ich denke immer noch an den Taxifahrer. Es war bereits Mittag, als die Maschine aus London in Frankfurt landete. Ich stieg in das erstbeste Taxi auf dem Standstreifen im unteren Stockwerk des Flughafens und nannte dem Fahrer erklärungslos die Adresse in Bad Homburg. Er verzog keine Miene. Dabei musste er wissen, wessen Haus das war. Den ganzen Tag über war die Nachricht im Radio gemeldet worden. Den ganzen Tag über hatte er aufgeregt diskutierende Gäste durch die veränderte Stadt chauffiert. Wortlos nahm er mir meine alte, zerknautschte Ledertasche ab und verstaute sie im Kofferraum.

Damals schien mir das nicht erstaunlich. Ich kann mich nicht erinnern, ob er auf der Fahrt mein Gesicht im Rückspiegel beobachtet, nach Spuren der Verzagtheit gesucht hat. Ich erinnere mich nur, dass ich regungslos dasaß und aus dem Fenster starrte.

Unfähig, mich auf die vorbeihuschenden Landschaften, innen oder außen, zu konzentrieren. Erst in Richtung Kassel. Dann runter von der Autobahn und die vertraute Pappelallee entlang, von dort nach rechts auf den Kreisel zu. Wie naiv muss ich gewesen sein, zu glauben, wir könnten die Strecke an diesem Tag fahren. Als sei nichts geschehen. Wie wohlwollend muss der Taxifahrer gewesen sein, dass er mir trotzdem diesen Gefallen tun wollte. Wir bogen zum Seedammweg ein – und alles stockte hinter den Absperrungen. Wir saßen fest.

Von hier an ist die Erinnerung bruchstückhaft. Eine Metapher – und doch wahr. Es sind nur Fetzen geblieben. Ich stieg aus. Habe ich dem Fahrer irgendeine Erklärung gegeben? Habe ich ihm gesagt: Ich will nur einmal sehen, was da los ist? Ich kann mich nicht erinnern. Überall waren Kontrollen, Po-

Zur Person

Alfred Herrhausen kam am 30. November 1989 in Bad Homburg vor der Höhe auf dem Weg zur Arbeit durch ein Bombenattentat ums Leben. Der 59-jährige Topmanager war zu diesem Zeitpunkt seit anderthalb Jahren alleiniger und sehr erfolgreicher Vorstandssprecher der Deutschen Bank. Zuvor hatte er den Posten drei Jahre lang gemeinsam mit F. W. Christians bekleidet. Dem Vorstand der Deutschen Bank gehörte der promovierte Volkswirt – nach Tätigkeiten bei der Ruhrgas AG und den VEW Westfalen – seit 1971 an. Der wirtschaftspolitische Berater Helmut Kohls trat verschiedentlich durch für seinen Berufsstand untypische Äußerungen zur Verantwortung der Banken hervor. Viel Aufsehen erregte er 1987 bei einer Weltbank-Tagung in Washington mit dem Vorschlag eines partiellen Schuldenerlasses für Länder der Dritten Welt. Zum Mord an Herrhausen bekannte sich die Rote Armee Fraktion mit einem Anruf sowie einem Schreiben, in dem es hieß, das »Kommando Wolfgang Beer« habe den Manager »hingerichtet«. Er habe als Kopf der europaweit größten Bank »an der Spitze der faschistischen Kapitalstruktur« gestanden, gegen die sich »jeder Widerstand durchsetzen muß.« Die Identität der Täter ist bis heute nicht geklärt.

lizisten, Schaulustige, BKA-Beamte. Geschäftigkeit und Hilflosigkeit prägten das Getümmel vor und in der Kreuzung. Ein langer Stau hatte sich gebildet, aber niemand hupte, niemand beschwerte sich. Ich bin ungehindert in den Seedammweg spaziert. Hat mich jemand nach meinem Ausweis gefragt? Hat jemand wissen wollen, was ich an diesem Ort zu suchen hatte? Vermutlich. Aber auch dafür habe ich keine Belege mehr in meinem inneren Bildarchiv.

Auf einmal hatte ich freien Blick auf die ganze Szene, die Straße hinunter und wieder hinauf, den Hügel hoch, an dem die Schule liegt. Warum habe ich mir das angetan? Warum musste ich es sehen? Was ich erwartet hatte, kann ich nicht sagen. Ich stand am Anfang der Straße und schaute auf den Wagen. Den Wagen. Den gesprengten, verkohlten Mercedes, in dem wenige Stunden zuvor mein Patenonkel auf dem Rücksitz gestorben war. An einer Schlagader getroffen, der Arteria femoralis, und verblutet, durch eine als Hohlladungsmine konstruierte Bombe.

Der Wagen stand quer auf der Straße. Unnatürlich wie ein verrenktes Gelenk, das vom Leib absteht. Ich erinnere mich noch, wie mir kurz einfiel: »Aber Jakob ist immer quer über die Gleise gegangen.« Dann huschten auch diese Worte davon, und alles wich aus mir. Als ob unwillkürlich Platz geschaffen werden musste, damit die Wirklichkeit dieses Ereignisses einziehen konnte.

Wie lange braucht es, um zu begreifen, dass ein Freund ermordet worden ist? Wie lange braucht es, um zu verstehen, dass es keinen Abschied gab? Dass du versäumt hast, zu sagen, was er hätte wissen sollen? Dass sie, die Mörder, dir, der Angehörigen des Opfers, Schuld aufgeladen haben?

Als ich wieder zu mir kam, saß ich in einem Feuerwehrfahrzeug. Ich hielt, glaube ich, eine Tasse in der Hand. Oder einen Becher. Jemand sprach auf mich ein. Beruhigend. Ich glaube nicht, dass ich die Worte verstand. Wie ich von der Straße in den Wagen gekommen bin, weiß ich nicht. Was vorher geschah, kann ich nicht sagen. War ich gestürzt? Gefallen? Hatte mich jemand aufgehoben? Getragen?

Es gab einen Riss. Exakt in dem Augenblick, an jenem 30. November 1989, dort auf dem Seedammweg, zwischen dem hässlichen Parkhaus und der absurden Taunus-Therme, in dem das Bewusstsein begriff, dass wahr war, was wahr war: Unbekannte Attentäter hatten Alfred Herrhausen ermordet.

Dieser Moment des Verstehens ist verschollen. Wie sollte das auch jemand verstehen und intakt bleiben. So blendete das Bewusstsein sich aus. Koppelte die Erfahrung vor dem Begreifen des Unbegreiflichen ab von der Erfahrung danach. In der Mitte nur eine Bruchstelle der Bewusstlosigkeit.

Seitdem gibt es nur noch ein Vorher und ein Nachher.

Nachher versuchte ich, irgendetwas zu sagen. Über den Becher in meiner Hand hinweg zu den freundlichen Pflegern oder Feuerwehrmännern. Irgendetwas. Viel konnte es nicht sein. Ich wolle in den Ellerhöhweg. Dort warte man auf mich. Ob mich jemand dorthin bringen könne. Vorbei an den Sperren und Behinderungen. Ich glaube, ich habe ihnen meinen Pass gegeben, damit sie per Funk in irgendeinem Computer nachforschen konnten, wer ich war.

An meinen Taxifahrer habe ich gar nicht mehr gedacht. Er muss die ganze Zeit dort vor der Kreuzung gestanden haben, auf dem Bürgersteig.

Wie lange mochte das her sein? Wie lange hatte ich auf diesen Wagen gestarrt? Wie lange war ich abgetaucht? Aber als mich der Polizist schließlich mit einem Einsatzfahrzeug den Berg hochfuhr, war die alte Ledertasche im Kofferraum. Er musste sie den Beamten gegeben haben. Wortlos vermutlich. Als ob selbstverständlich.

Ich habe ihn nie bezahlt.

Dabei war es eine lange Strecke gewesen. Vom Flughafen Frankfurt bis zum Tatort in Bad Homburg. Was mag er gedacht haben, als ich so einfach ausstieg? Und verschwand. Wie lange mag er gewartet haben?

Immer wenn ich an diesen Tag denke, fällt er mir wieder ein und dass ich ihn ausfindig machen muss.

Einmal habe ich es versucht. Jahre später. Ich habe die Taxizentrale angerufen, um festzustellen, dass es das gar nicht mehr gibt: Taxizentralen. Es ist alles dezentral und vereinzelt, und jemanden suchen kann man immer nur innerhalb einer Firma, aber nicht darüber hinaus. In dieser Taxigemeinschaft jedenfalls war kein Fahrer zu finden, der an jenem Tag um die Fahrkosten geprellt worden war.

Achtzehn Jahre ist das nun her. Erzählt habe ich es nie. Auch nicht geschrieben. Dabei bin ich Journalistin geworden. Immer wieder gab es Gelegenheiten und Anfragen, diese Geschichte zu erzählen. Manchmal freundlich neugierige. Meistens manipulative. Ein idealer Fall eigentlich. Eine Betroffene selbst. Mit Zugang zu allen Beteiligten. Nur sonderbarerweise war da kein Zugang. Nicht zu der Geschichte als Erfahrung in meinem eigenen Leben. Nicht so, dass ich sie anderen hätte mitteilen wollen.

Das habe ich mit den Terroristen gemein.

Am Abend des ersten Tages saßen die Personenschützer in der Küche. Wenn mich nicht alles täuscht, dieselben vom Morgen. Sie waren nicht abgezogen worden. Sie schoben Dienst. Als ob es noch jemanden zu bewachen gäbe. Da saßen sie nun an dem kleinen Holztisch. Sprachlos. Beschämt. Hilflos in ihrer ganzen muskelbepackten Größe. Pro-

Polizisten stehen am Wrack der Herrhausen-Limousine in Bad Homburg.

Ich habe zu rauchen begonnen an jenem Tag. Von einem Moment auf den anderen. Camel. Ohne Filter. Eine Schachtel am Tag. Die ersten Wochen auch mehrere. Wir haben viel getrunken in jenen Tagen. Aspirin geschluckt. Ich habe Taschentücher vollgeblutet. Eines nach dem anderen. Ich neige nicht zu Nasenbluten. Aber damals lief es einfach heraus. Nicht Tränen, sondern Blut.

Mit Alkohol und Zigaretten setzen wir der Körperlichkeit zu, als könnten wir uns so verwunden. Gegessen haben wir gut. Sehr gut. Und gelacht haben wir auch. Herzlich. Hemmungslos. Verzweifelt.

fessionelle psychische Betreuung bekamen sie an diesem Tag nicht. Vielleicht hatte einfach niemand an sie gedacht. An die Selbstvorwürfe, die sie nun aushöhlen würden. An die Schockwellen der Bilder des Anschlags, denen sie ausgeliefert waren. Warum hatten sie überlebt? Und nicht der, den sie hatten beschützen sollen? So kümmerte sich Traudl Herrhausen um sie. Hörte ihnen zu. Schenkte Schnaps und Kaffee aus. Tröstete die, die anstelle ihres Mannes am Leben waren.

Am späten Nachmittag hatte die RAF angerufen. Das ist nicht richtig. Da war keine Gruppe, die anrief. Da war noch nicht einmal ein Mensch. Es war eine gesichtslose, akzentfreie männliche Stimme, die mit niemandem sprechen wollte, sondern nur verkünden.

Wir waren zu mehreren in der Küche. Ich erinnere mich nicht mehr genau, wer zuerst am Apparat war und mich dann zu sich rief, damit ich mithören konnte. Wir hielten den Hörer leicht schräg. Es dauerte eine Minute, schätze ich.

»Kommando Wolfgang Beer«, »Herrhausen, der mächtigste Mann Europas«, es waren die üblichen

zur Lösung der Schuldenkrise der Dritten Welt gemacht hatte.

Ich kann nicht sagen, dass es mich beruhigt hätte, wenn mein Freund von politisch rationalen Mördern hingerichtet worden wäre, aber diese paradoxe »Begründung« verstörte mich. Sollten die linksradikalen Täter ausgerechnet einen Banker ermorden, der bereit gewesen war, auf Kapital und Profit zu verzichten, um die Entwicklungsländer

Mehr als tausend Menschen erwiesen Alfred Herrhausen bei der offiziellen Trauerfeier im Frankfurter Dom die letzte Ehre.

ideologischen Schablonen. In der Passage, die ich mithörte, wurde die gerade durch die Deutsche Bank vermittelte Fusion von Daimler-Benz und MBB von der Stimme nicht erwähnt. Ich weiß noch, wie mich das irritierte. Innerhalb ihrer eigenen Logik musste die Vereinigung des Autokonzerns mit dem Rüstungsunternehmen das Symbol schlechthin sein für das, was die RAF den »militärisch-industriellen Komplex« nannte. Ich dachte deswegen daran, weil Alfred Herrhausen und ich darüber furchtbar gestritten hatten, als die Fusion zustande gekommen war. Warum bezogen sie sich nicht darauf?

Stattdessen sprachen sie nun ausdrücklich von Alfred Herrhausen als demjenigen, der Vorschläge

aus dem Zirkel der Abhängigkeit zu entlassen? Oder war Alfred Herrhausen lediglich zum Feind geworden, weil er das vertraute Feindbild unterwanderte? War der Vorschlag für eine Lösung der Schuldenkrise der Dritten Welt eine Bedrohung? Nicht der Dritten Welt, sondern der eigenen Ideologie?

Hatte das die Deutsche Bank mit den Terroristen gemein?

Eine sonderbare Vorstellung ist das: Nicht nur jemanden zu ermorden, sondern auch noch am selben Tag bei der Familie des Opfers anzurufen. Es fehlte nur, dass sie uns »einen schönen Tag« gewünscht hätten. Vermutlich glaubten die Täter in ihrer phantasmagorischen Welt, die Nachricht würde niemals von uns, den Betroffenen, angenommen werden.

Vermutlich glaubten sie, ihr Bekenneranruf lande umgehend in den Kopfhörern der abhörenden BKA-Beamten. Vermutlich glaubten sie, Polizisten bedienten die Telefonanlage im Ellerhöhweg. Ehrlich gesagt, auch ohne die verschwörungstheoretischen Hirngespinste der Täter hatte ich dieselben Vorstellungen.

Als die Botschaft abbrach, schauten wir uns alle an. Wir mussten die Polizei benachrichtigen. Ich fragte, wo denn die Beamten am Morgen den Zettel mit ihren Telefonnummern hinterlegt hätten. Ihre Visitenkarten. Irgendwas. Ich konnte mir nicht vorstellen, dass daran niemand gedacht haben sollte. Aber da gab es nichts. Also rief ich die Polizei an. 110. Und ich sagte: »Guten Tag, mein Name ist Carolin Emcke. Ich rufe an aus dem Hause Herrhausen. Hier hat gerade die RAF angerufen … Können Sie mich mit irgendjemandem verbinden?« Witzig. Wirklich witzig.

Es wurde noch besser. Als ich dann endlich mit jemandem verbunden wurde, erzählte ich, was geschehen war, fragte, ob es eine Fangschaltung gebe, mit der man den Anrufer ermitteln könne. Nichts. Dabei waren zwischen dem Anschlag am Morgen und dem Anruf am Nachmittag bestimmt acht Stunden vergangen. Tags darauf kam dann ein Beamter mit etwas, was für den Laien nach einem klassischen alten Kassettenrekorder aussah und was für den Profi ein klassischer alter Kassettenrekorder war. Er stellte es auf die Arbeitsplatte in der Küche, unterhalb des Wandtelefons, schloss es an und sagte: »Wenn jemand anruft, drücken Sie diese beiden Tasten hier zur Aufnahme: ›play‹ und ›rec‹.« Er sprach »rec« mit hartem, störrischem r aus: »rrrrrrrrrrrrrreck«. »Drükken Sie ›play‹ und ›rrrrrrrrrrrrreck‹.« Großartig.

Wir waren eine Gemeinschaft. Wie schliefen auf Matratzen auf dem Fußboden, verteilt auf verschiedene Betten, unterschiedlichste Generationen und Typen. An einer großen Tafel aßen, diskutierten und organisierten, tranken, weinten und lachten wir zusammen. Ein offenes Haus. Frei und verwundbar noch jetzt, da die Gewalt uns hätte verschließen können. Keiner scherte sich um das, was uns im Leben, im früheren, im anderen, irgendwo da draußen, unterschied. Niemand hat mir einen Vorwurf gemacht. Niemand machte mich, die linke, junge Intellektuelle, verantwortlich. Niemand überschritt diese Grenze, zu der der Zorn auch leicht hätte treiben können. Ungerechtigkeit keimt allzu oft als giftige Blüte des Kummers. Doch niemand ließ das zu in diesen Tagen und Wochen. Wir sahen mehr nach einer Studentenkommune aus als nach dem Umfeld des Sprechers des Vorstands der Deutschen Bank, wie wir da zusammenhielten im Schmerz.

Das ist das Gewalttätigste an der Gewalt des Terrors: die Sprachlosigkeit, in der die Angehörigen der Opfer zurückgelassen werden. Ich weiß nicht, ob sich die Täter jemals überlegt haben, was es heißt, »abzutauchen«. Nicht vor der Staatsgewalt, nicht vor der Strafe, nicht vor dem Gefängnis. Sondern vor dem Gespräch, vor der Pflicht, Rede und Antwort zu stehen.

Kaum jemand, der nicht Opfer dieser stummen Gewalt geworden ist, kann verstehen, was das heißt: allein zu sein mit dieser Stille, in der Fragen verhallen ohne Echo. Allein zu sein mit diesem Zorn, der keinen Adressaten kennt. Nicht Einspruch erheben zu können, selbst wenn es zu spät ist. Einklagen zu können, eine Rechtfertigung zumindest, die in der Logik des Gegenübers sinnhaftig wäre.

Denn anders als manch unbeteiligte Kommentatoren, anders als manch betroffene Angehörige der Opfer terroristischer Gewalt halte ich die Attentäter nicht einfach für Kriminelle. Nicht weil der Akt als solcher nicht, juristisch betrachtet, kriminell wäre, nicht weil die Vorbereitung der Morde nicht eine kriminelle Energie verlangte, sondern weil es aus der Perspektive der Täter ein absichtsvoller, gerichteter Mord ist, der sich nicht gegen eine private Person, sondern gegen einen Repräsentanten wendet. Gewiss: Das ist politisch eine Schimäre, psychisch eine Projektion, das ist ästhetisch eine Simplifizierung, und moralisch … moralisch ist es schlicht und ergreifend falsch.

Aber aus der Perspektive der Opfer kann die Perspektive der Täter eine Rolle spielen. Für mich hat sie von Anfang an eine Rolle gespielt.

Da waren Unbekannte, die haben nachgedacht. Sie haben geglaubt, sie hätten das Recht dazu, dieses Leben auszulöschen. Sie glaubten an Gründe für ihr Verbrechen. Warum sonst hätten sie diesen Anruf im Haus der Angehörigen gemacht?

Bis heute ist es das, was ich verlange: ein Gespräch, in dem mir die Gründe auseinandergesetzt werden und in dem sich die Täter Einwänden und Kritik stellen. Bis heute ist es das, was ich unverzeihlich finde: das Schweigen.

Wer behauptet, aus politischen Motiven heraus zu töten, wer sein eigenes Handeln in eine komplexere politische Vision bettet, wer das Morden als Widerstand begreift, wer zur Gewalt lediglich ein instrumentelles Verhältnis herstellt, der muss den begangenen Mord auch öffentlich erklären, muss sich einem öffentlichen, kontroversen Diskurs stellen. Worin sonst sollte der politische Charakter des Tötens bestehen?

Für ein Geständnis einer solchen Tat droht Strafe. Gewiss. Aber auch das, die Bereitschaft, für die eigene Überzeugung, für den Akt des Widerstands die Strafe der Gemeinschaft, in der man lebt, anzunehmen, gehört zum Merkmal des Politischen.

Warum ich davon so überzeugt bin? Ich habe meine Magisterarbeit über das Recht auf Widerstand geschrieben. Das war Jahre nach dem Mord. Ich hatte mein Studium in London abgebrochen und war nach Frankfurt gezogen. Am Philosophischen Institut in Frankfurt wusste kaum jemand davon, dass dies nicht nur eine theoretische Auseinandersetzung war.

Ich habe nur Autoren diskutiert, die Widerstand und zivilen Ungehorsam *legitimieren*. Das hatte ich mir geschworen. In der ersten Woche. Da war Alfred Herrhausen noch nicht einmal beerdigt. Dass es den Mördern niemals gelingen sollte, mich zu einer anderen Person zu machen. Dass ich ihnen nicht den Triumph gönnen würde, mich politisch zu verbittern, dass ich intellektuell offen bleiben müsse – *aus Hass gegenüber den schweigenden Tätern.*

Es schafft einen ganz eigenen Raum um sich herum, dieses Schweigen, in den werden wir eingeschlossen: Täter und Opfer zugleich. Die Stille verfestigt sich wie eine Eisschicht. Darin eingefroren, vergeht die Zeit ohne uns.

Wir bleiben zurück im Moment des Attentats. Wir können uns davon nicht lösen. Können es weder vergessen noch verarbeiten. Das Ereignis, das die Leben beider, des Täters und der Angehörigen des Opfers, bestimmt hat wie kein anderes, bindet uns zusammen: weil wir nicht begreifen können, was keine Geschichte hat, die erzählt werden könnte. Wir können die Geschichte nicht erzählen, weil wir sie nicht kennen. Die *anderen* wollen sie nicht erzählen, weil wir sie dann *erkennen*.

So bleiben wir ohne Wissen und ohne Gegenüber. Ausgeliefert dem Schweigen der anderen. Und der eigenen Fantasie.

Wie ist die Entscheidung gefällt worden, Alfred Herrhausen zu töten? Wie geht so was? Wird da abgestimmt? Sitzen sie alle in einer Runde und nicken dann zustimmend mit den Köpfen? Heben sie die Hand? Hat jemand widersprochen? Darf das jemand in diesem Kollektiv? Gab es alternative Kandidaten für einen Mord? Was sprach für Alfred Herrhausen? Wirklich nur seine Funktion? Die Geografie von Bad Homburg?

Wie lange wurde ausspioniert? Wie immens muss die motivationale Kraft zu töten sein, dass sie sich durch alle logistischen und technischen Details der Vorbereitung hindurch erhalten kann?

Woran denkt jemand, der TNT für eine Bombe präpariert? An die behutsamen Bewegungen, die es braucht, um alles sauber und genau zu machen? An eine flüchtige Begegnung mit einer Bekannten vor einigen Monaten? An einen vertrauten Song, der gleichzeitig im Radio läuft? An die gläserne Fassade der Türme der Deutschen Bank? An das ersehnte Abendessen? Und als dann die Bombe in ein Paket gewickelt wurde und das Paket auf dem Gepäckträger des Fahrrads deponiert wurde, was ging da durch ihre Köpfe? Vorfreude auf das große Ereignis? Sorge vor technischen Pannen? Furcht vor der Ergreifung?

Und hat es einen einzigen Moment gegeben, in dem fragende Nachdenklichkeit statthaben durfte? Sind jemandem Zweifel gekommen? An dem Objekt des Hasses? An dem Hass selbst? Hat es einen einzigen Moment gegeben, an dem jemand unsicher wurde? Nur ein Hauch von Zweifel, vorbeihuschend, aber doch deutlich genug, um Angst vor der eigenen Angst zu machen. In einem unbeobachteten Augenblick. Vielleicht beim Kauf des Fahrrads, das an der Laterne am Seedammweg abgestellt wurde. Es hätte ja auch ein Kind auf dem Schulweg treffen können. Oder einen schwimmbegeisterten Rentner, der in der Taunus-Therme morgens immer seine Bahnen dreht. Spielt das eigentlich eine Rolle, wen man da mit einer 20-Kilo-Ladung Sprengstoff umbringt?

Entscheidet man sich erst, zum Mörder zu werden? Und danach für das Opfer? Das muss wohl so sein. Denn es kann ja kein Opfer geben ohne vorherigen Entschluss zu töten. Wenn aber zuerst feststeht, dass man töten wird, und erst anschließend das Ziel ausgesucht wird – wie kann man dann noch den Mord durch die Auswahl des Opfers rechtfertigen?

Alfred Herrhausen hatte ein neues Hüftgelenk. Titan, wenn mich nicht alles täuscht. Jahrelang hatte er unter Schmerzen das Bein leicht nachgezogen. Der behandelnde Chirurg war erschrocken gewesen, als er die Röntgenbilder das erste Mal sah. Verständnislos, wie jemand sich hatte so lange quälen können. Als er schließlich operiert wurde, sollte auch die Rekon-

Ruhrgebiet geboren. Er in Essen. Ich in Mülheim. Er hielt das Glas hoch, »man sieht ihn nicht«, er schnupperte erfolglos an dem Fusel, »man riecht ihn nicht«, er schlug das Glas mit dem unsichtbaren Brennstoff auf die kahle Tischplatte, lauschte dem knallenden Klopfen, »…aber man hört ihn«. Das war gerade zehn Monate her. Kein langes Leben für ein Hüftgelenk.

Haben sie das bemerkt bei ihrem Ausspionieren? Dass ihr Opfer diesen leicht synkopischen Gang noch

Die Ermittlungen nach dem Anschlag auf Alfred Herrhausen führten bis heute nicht zu den Tätern.

valeszenz so unauffällig wie möglich verlaufen. Ich hatte ihn besucht, irgendwo südlich von Hamburg, ich weiß den Namen der Klinik nicht mehr, als er ungeduldig wie ein kleines Kind die Operation vergessen machen wollte. Wir sind essen gegangen. Vertraut wie immer. Wir kannten uns seit über einem Jahrzehnt. Ich hatte keinen »echten« Patenonkel. Meine Taufe hatte lediglich einen Tag vor der Konfirmation stattgefunden. Da war keine lange Begleitung durch Paten möglich. Alfred Herrhausen war immer schon der Freund meiner Eltern gewesen, der mir am nächsten war, der mir auch nah sein wollte. Über alle Jahre und Differenzen hinweg. Das nannten wir beide einen Patenonkel. Damals hat mir Alfred Herrhausen beigebracht, wie man Schnaps trinkt. Wir waren beide im

hatte? Dass der Körper etwas aus der Achse rutschte? Dass er versuchte, es zu überwinden?

Beim Ausforschen der Gewohnheiten, der Abläufe, der Uhrzeiten im tagtäglichen Tag muss ihnen das doch aufgefallen sein.

Wer den Tod eines anderen plant, muss sich mit seinem Leben befassen.

Und wie sie da so auf der Lauer lagen, tagein, tagaus, vermutlich unregelmäßig, um keine Aufmerksamkeit zu erregen, da müssen sie einen Menschen beobachtet haben, jemanden, dessen Hund sich nicht um die Anzüge scherte und aufgeregt an ihm hochsprang, jemanden, der leidenschaftlich Fahrrad fuhr, dessen Tochter morgens zur Schule ging, einer Schule, die so nah an der späteren Anschlagsstelle

135

lag, dass man die Detonation in den Klassenräumen würde hören können, jemanden mit einer Familie, die sich wirklich liebte, einen leicht humpelnden Menschen.

Ist ihnen nicht aufgefallen, dass man nur in der Theorie einen Repräsentanten tötet, in der Praxis aber ein Individuum? Haben sie darüber nachgedacht?

Es schafft einen ganz eigenen Raum um sich herum, dieses Schweigen, in den werden wir eingeschlossen: Täter und Opfer zugleich. Die Stille verfestigt sich wie eine Eisschicht. Darin eingefroren, vergeht die Zeit ohne uns.

Wie schaffen sie das? Diejenigen unter ihnen, die noch unentdeckt in Freiheit leben? Diejenigen unter

können sie jemand anders werden, wenn sie über ihre eigene Geschichte nicht sprechen?

Wir sind sprachliche Wesen. Wir verstehen uns nur im Gespräch mit anderen. Erzählend entwickeln wir unsere Vorstellung von uns selbst. Von unserer Herkunft erfahren wir durch die Geschichten, die erinnerten, die erfundenen, unserer Vorfahren, von uns selbst erfahren wir durch die Reaktionen der anderen.

Als solche sprachliche Wesen, die sich dialogisch, mit und durch andere begreifen, sind wir abhängig davon, dass wir unsere Erfahrungen in eine Geschichte betten können. Wie mäandernd sich unsere Leben auch ihren Weg bahnen, suchen wir doch danach, den Verlauf in ein Narrativ bringen zu können.

Tief betroffen reagierten Bundeskanzler Helmut Kohl und der Daimler-Benz-Vorstandsvorsitzende Edzard Reuter (r.) auf die Nachricht vom Tode Alfred Herrhausens.

ihnen, die im Gefängnis sitzen, verurteilt womöglich für eine andere Tat, nicht den Mord an meinem Freund? Wie halten sie es aus, dieses Schweigen? Wie können sie weiterleben? Als wer?

Wie können sie sein, wer sie sind, wenn sie über ihre eigene Geschichte nicht sprechen können? Wie

Erzählend vollziehen wir die beabsichtigten wie unbeabsichtigten Bewegungen nach. Zeichnen das Vorgefundene erst aus. Geben den Zufällen einen Sinn, den Unfällen eine Bedeutung und uns selbst eine bestimmte Kontur. Es ist im Gespräch mit anderen, in dem die Kontinuität unserer narrativen Identität sich beweisen muss. In der sie bestätigt und hinterfragt wird. Durch die Anerkennung oder Abweisung der Gegenüber zeichnen sich unsere Eigenheiten und Andersartigkeiten, Ähnlichkeiten und Verschiedenheiten, unsere Individualität also, erst ab und aus.

Wie soll ihnen das gelingen? Sie können ihr Leben nicht vermitteln, anderen nicht und damit auch sich selbst nicht. Denn ihr Leben hat einen schweigenden Bruch, den sie nicht einflechten können in ihre Erzählung. Sie müssten erklären können, wie sie dorthin gekommen sind – jenseits der Schablonen vom »System« und vom »Staat«. Sondern indem sie »ich« sagen.

Keiner will ihnen das zugestehen: die Mittäter nicht, denn sie müssten dazu aus dem Kollektiv ausbrechen und wieder ein Subjekt, ein Individuum werden. Die Gegenseite nicht, denn die will ihnen jede Subjektivität, jede Menschlichkeit absprechen. Die vermeintlichen Sympathisanten verstehen nicht, dass sie sie nur weiter im Eis der unbegriffenen, weil unerzählten Erfahrung einschließen. Die vermeintlichen Repräsentanten verstehen nicht, dass die Täter nicht einfach bereuen können, was sie nicht vorher als Eigenes begriffen haben.

Ich möchte keine Reue. Ich möchte, dass sie mir ihre Geschichte erzählen. Mit allem, was darin für mich schmerzlich sein mag. Das müsste ich aushalten. Aber erst dann wird der Mord an meinem Freund vorstellbar. Erst dann kann die Fantasie aufhören, mich zu quälen. Ich brauche ihre Geschichte. Denn es ist auch meine.

Sie wiederum, dessen bin ich sicher, brauchen auch meine. Inklusive der Einwände. Ansonsten können sie weder diesen Mord in ihrer eigenen Geschichte begreifen noch ihr Leben danach. Im Gefängnis. Oder in der unsicheren Freiheit desjenigen, der nicht gefasst wurde und der den Rest seines Lebens mit der Angst ringen muss und dem Wissen, über dieses Leben nicht sprechen zu können.

Das, scheint mir, ist die größte Strafe, die ihnen zuteil werden konnte. Das muss schlimmer sein als das Leiden hinter verschlossenen Toren.

Die Liebe zur Musik scheinen einige von uns seltsamerweise zu teilen. »Uns« …? Die Liebe zur Musik. Einmal haben wir zusammen Musik gehört, Alfred Herrhausen, Traudl und ich. Still. Wir saßen auf dem Fußboden, wenn mich nicht alles täuscht. Ich zumindest. Es war ein Abend im Winter. Ihre Tochter schlief schon. Erschöpft von einer mächtigen Schneeballschlacht, die wir uns vor dem Haus geliefert hatten. Ich wusste damals noch nicht so recht, was ich mit Kindern anfangen sollte. Eine Schneeballschlacht schien mir ein gutes Programm zu sein, auch wenn dieses Kind unerfreulich gut darin war. Den ganzen Tag über waren Alfred Herrhausen und ich durch den Schnee gestapft, während die anderen Ski fuhren. Da konnte er schon nicht mehr Ski laufen mit der Hüfte. Den Abend lang dann hatten wir uns wach geredet. Merkwürdigerweise weiß ich auch noch, dass es Flädlesuppe zum Abendessen gab. Und jetzt wollten wir nur noch still sein und Musik hören. Schubert. Kammermusik. Zum Abschied anderntags habe ich die Platte geschenkt bekommen. So eine richtig schwere Vinylschallplatte war das. Jahrelang habe ich sie aufgehoben. Als ich schon längst keinen Plattenspieler mehr hatte. Und nur noch die CD-Sammlung umzog von Wohnung zu Wohnung. Die Platte wanderte immer noch mit. Irgendwann konnte ich sie nicht mehr sehen. Da habe ich sie weggeworfen. Einfach so. Die Erinnerung war nicht mehr abhängig von der Schallplatte. Ich habe es nicht bereut. Es war Schuberts *Der Tod und das Mädchen*.

Sie müssen sprechen. Für sich allein. Nicht für die anderen. Als Individuum. So wie ich hier auch nicht im Namen der anderen schreibe. Nicht schreiben kann. Jeder von uns hat eine eigene Art des Trauerns. Eigenen Zorn. Eigene Albträume. Wir leben mit diesem Bruch alle unterschiedlich. Und was ich empfinde und schreibe, mag andere verstören und irritieren. Nicht nur die Angehörigen der Opfer, sondern auch meinen Freundes- und Bekanntenkreis, in dem viele von diesem Teil meiner Biografie nichts wissen. Aber dies ist meine Geschichte mit dem Verbrechen und der Stille. Achtzehn Jahre lang habe ich dazu geschwiegen, und so musste ich sie mir erst selbst aneignen, um sie beschreiben zu können. Musste sie erst beschreiben, um sie mir aneignen zu können.

Sie sollen nach Hause gehen können. Wo immer das für sie sein mag. Aber sie sollen diese Geschichte erzählen. Sie sollen gehen dürfen. Frei sein. Aus dem Gefängnis entlassen. Aber reden sollen sie vorher. Bitte. Gewiss: Es ist dem Rechtsstaat ein Bedürfnis, dass sie verurteilt werden. Und dass die Strafe abgesessen wird. Aber mir? Ob sie zehn oder fünfzehn Jahre in einer Zelle eingesperrt sind?

Oder zwanzig? Zwanzig scheinen so unangemessen wie zehn. Die Strafe steht ohnehin in keinem Verhältnis zum Verlust.

Ich hatte deswegen nie das Bedürfnis, die Mörder meines Freundes verurteilt zu sehen, sie im Gefängnis zu wissen, nie die Sehnsucht nach Rache. Rache ist nur umgeleiteter Schmerz. Eine Verschiebung der Trauer. Nicht nach innen auf einen Mangel gerichtet, sondern nach außen auf einen Stellvertreter für den Mangel. Es ist nichts verächtlich an der Rache, wie Jan Philipp Reemtsma zu Recht schreibt. Aber Rache spendet keinen Trost. Sie ist ein emotionaler Wettlauf auf verlorenem Posten. Am Ende steht immer schon, immer noch der unverminderte Schmerz.

Oft habe ich mich gefragt, wie ihr Tag da so aussieht: in einer Zelle. Wie es dort riecht. Was sie für Geräusche hören. Nachts. Was sie wohl lesen können. Ob sie das Gleiche lesen wie ich. Ob es im Sommer heiß ist hinter den Gefängniswänden. Oder kühl. Ob die Betonwände rau sind. Oder glatt. Ob sie sich die eigenen Taten wertvoll reden müssen, weil es sonst ganz unerträglich wäre, dieses weggesperrte Leben? Oder ob sie sich dort im Stillen, jetzt, da es zu spät ist, Zweifel gestatten?

Zu spät ist es eigentlich nie für Zweifel.

Vielleicht ist es das, was mir am unverständlichsten bleibt. Wie sie so *sicher* sein konnten. So sicher sein konnten, das Richtige zu tun. So sicher, dass sie sich eine Tat zutrauten, die irreversibel ist. Die sich nicht korrigieren lässt. Wie konnten sie da so sicher sein? Ich zweifle dauernd. Und fürchte, anderen zu schaden durch meine Irrtümer: in der Liebe, in der Zugewandtheit zu anderen, in allen Bezügen, der Arbeit, im Schreiben, bei der Suche nach dem richtigen Wort, der richtigen Geste, der richtigen Berührung. Es ist das, was ich immer schon das Schwerste beim Schreiben fand: das Gefühl zu haben, mir ein Urteil erlauben zu können. Vermutlich bin ich deswegen so langsam. Nicht nur im Schreiben. Sondern schon im Beobachten. Fühle ich mich deswegen sicherer in meinen Urteilen? Eigentlich nicht.

Es ist richtig, dass der Rechtsstaat sich ausschließlich am Gesetz orientiert. Und nicht an den Bedürfnissen der Angehörigen der Opfer. Für die rechtsstaatlichen Antworten auf die Verbrechen können und dürfen unsere Empfindungen keine Rolle spielen. Da kann der Bundespräsident in guter Absicht die Angehörigen aufsuchen oder die *Bild*-Zeitung in schlechter Absicht ihre ekelhaften Hetzkampagnen fahren. Das eine bleibt so falsch wie das andere. Für die Taten, die geklärt sind, für die Täter, die verurteilt wurden, sollen die vorgesehenen richterlichen und psychologischen Instanzen entscheiden. Wer demnach entlassen werden kann, soll unbehelligt gehen können. In ein neues Leben. Und wir sollten ihnen zugestehen, dass es das gibt: ein neues Leben. Und wenn das neue Leben Lehren aus dem alten zieht, wie bei Susanne Albrecht oder bei Silke Maier-Witt, dann wäre ich froh, wenn meine Kinder von diesen Menschen lernen dürften, wäre froh, wenn meine Gemeinschaft von diesen Erfahrungen profitieren könnte.

Aber es bleiben die ungeklärten Verbrechen.

Eine Gesellschaft, die diese historische Epoche begreifen möchte, ohne über Jahrzehnte von ihr aufgewühlt zu werden, sollte sich überlegen, ob es vielleicht noch andere Instrumente geben könnte, jenseits der Strafe und der mehr oder minder willkürlich erteilten Gnade, mit den ungeklärten Verbrechen so umzugehen, dass wir sie wirklich *überleben*.

Von der Bundesanwaltschaft jedenfalls wird keine Aufklärung zu erwarten sein. Wer nur an Rache und Sühne interessiert ist, wird die Wahrheit nicht erfahren.

Vielleicht sollten die Sicherheitsbehörden auch einfach zugeben, dass sie an bestimmten Fällen längst nicht mehr arbeiten. Die Verbrechen mögen nicht verjähren können. Und deswegen können sie es vielleicht nicht offiziell erklären. Aber glauben sie wirklich, dass wir ihnen glauben, dass sie sich noch um Aufklärung bemühen? Dass da noch eine Einheit sitzt über verstaubten Akten, ein Beamter jeden Morgen an seinen Schreibtisch geht und nach neuen Spuren sucht?

Warum also sollten wir dieses Bild der aktiven Gegnerschaft, der fortdauernden Ermittlungen in Sachen »ungeklärte Fälle der RAF« noch aufrechterhalten?

Für wen? Meinen sie, wir fühlten uns sicherer, wenn sie sich noch als ermittelnde, unvermindert harte Justiz geben?

»Gewalt ist Herrschaft, aber Einsamkeit«, schreibt Emmanuel Lévinas. Die Sicherheitsbehörden mögen in dieser Versteifung verharren. Sie mögen an dieser fixierten Haltung aus Gewalt und Gegengewalt festhalten, weil sie damit überhaupt eine Haltung verbinden. Weil sie sich damit überlegen glauben einem

Gegner gegenüber, der Angst einflößt, obgleich er längst aufgegeben hat. Aber wem ist damit gedient? Gewalt ist Herrschaft, aber Einsamkeit. Wir sollten aus dieser einsamen Position heraustreten und miteinander reden.

Wir sollten anerkennen, dass es eine andere Lösung nicht geben kann. Das Warten auf neue Ermittlungen ist illusorisch. Das Warten auf plötzliche Geständnisse auch. Das permanente Hetzen der Boulevardpresse gegen die, die zu keinerlei Verteidigung mehr fähig sind, ist ebenso unwürdig wie ihre verklärende Huldigung durch die Boulevardsympathisanten. Populistisch und banal alle beide.

Die Täter sollen freikommen. Aber sprechen müssen sie. Wenn es dazu eines »Forums der Aufklärung« bedürfte, dann sollten wir es einrichten. Amnestie für ein Ende des Schweigens. Freiheit für Aufklärung. Die Täter werden aufgefordert, aus ihren Verstecken, aus ihrer Stille hervorzutreten und sich zu stellen. Keiner Anklage. Sondern ihrer eigenen Geschichte. Wer aufklärt, wird nicht bestraft. Nur so können wir entlassen werden aus der Ungewissheit, und nur so können sie selbst entlassen werden aus der Lüge.

Und nur so befreien wir uns gegenseitig.

Ein Forum »Freiheit für Aufklärung« dient unserer Selbstverständigung.

Denn in einer solchen öffentlichen Debatte werden auch gesellschaftliche Werte und Sehnsüchte verhandelt. Das ist mehr als das, was überliefert wurde. Mehr als das, was geschrieben steht. Unsere Werte und Sehnsüchte bestimmen und erklären, wer wir sind. Und dieses Wir ist veränderlich. Offen. Beweglich. Weil es erschüttert wird. Berührt wird. Sich dehnt oder zusammenzieht. Weil wir mehr werden. Anders. Und wir uns immer wieder neu verständigen müssen. Neu herausfiltern müssen, wer wir geworden sind. Und warum. Wer wir sind, entscheidet sich daran, wer wir sein wollen. Wie wir sein wollen, wie wir leben wollen, aus welchen Quellen wir unsere Überzeugungen ziehen, auf welchen Horizont hin wir uns ausrichten wollen.

Wer wir sein wollen, zeigt sich nicht zuletzt darin, wie wir diejenigen behandeln, die nicht dazugehören wollen oder können. Wer wir sein wollen, zeigt sich auch darin, wie wir umgehen mit denen, die uns infrage stellen. Erst durch jene, die uns anzweifeln, können wir herausfinden, wie sicher wir uns unserer

selbst sind. Nicht indem wir uns versteifen und verhärten. Sondern indem wir uns hinterfragen lassen, indem wir uns der Kritik unterziehen, indem wir uns verständigen über unsere Werte und Sehnsüchte, indem wir ihre Entstehung nachzeichnen, indem wir fragen, ob wir ihnen eigentlich gerecht werden.

Es ist an der Zeit.

Achtzehn Jahre ist der Mord an Alfred Herrhausen her. Jeder von uns vermisst vermutlich etwas anderes: Mir fehlt seine Fähigkeit, sich zu freuen. Und dieses wunderbare »wohl« am Ende eines Satzes. Ich hatte nie verstanden, was das eigentlich heißen sollte: »wohl«.

Es schloss einen Gedanken ab und schien doch gleichzeitig etwas zu eröffnen. Es war ein »Es ist gut«, und dann lud es aber noch ein zu einer Antwort, zum Weitersprechen. Vielleicht hätte er das zu der Forderung nach einem Ende des Schweigens gesagt. Ich weiß es nicht. »Wohl.«

Achtzehn Jahre ist der Mord an Alfred Herrhausen her. Jemand wird erwachsen genannt, der diese Zeitspanne überlebt hat. Ich war zu jung damals, um das Unverfügbare zu kennen. Zu alt, um es abstreiten zu können. Die Täter sind zu alt heute, um noch an die Logik des Verrats zu glauben.

Zu jung, um ihr Leben in der Lüge weiterzuleben.

Die Bundesrepublik ist alt genug, um selbstkritisch sein zu können. Zu jung, um die Verkrustungen der Vergangenheit nicht aufbrechen zu können. Niemand braucht zu fürchten, der Staat zeige Schwäche oder löse sich auf, wenn er auf sein Recht auf Strafe verzichtete.

Dreißig Jahre ist der Deutsche Herbst her. Die gesellschaftliche Selbstsicherheit, die damals noch nicht bestand, ließe sich heute auch gegenüber denjenigen demonstrieren, die sie infrage stellen: durch Großzügigkeit. Durch ein Angebot. Zum Gespräch. Zur Aufklärung.

Damit wären die Verbrechen nicht entschuldigt. Damit wären die Taten nicht verharmlost. Aber das Eis könnte zu schmelzen beginnen.

Und vielleicht, ganz vielleicht würde dann auch mein Taxifahrer erfahren von dieser Geschichte. Vielleicht würde er mit mir reden wollen über jenen Tag vor mehr als achtzehn Jahren. Als ich ihn stehen gelassen habe dort oben am Seedammweg, wo der Wagen quer auf der Straße stand.

Menschen aus Ost und West feiern am 12. November 1989 die Öffnung der Mauer am Potsdamer Platz.

Die Mauer

Schutzwall, Todesstreifen, deutsche Wertarbeit, Kunstwerk, Denkmal – die Berliner setzen sich mit der alten Grenze durch ihre Stadt neu auseinander

Von **THOMAS KLEINE-BROCKHOFF**, **KUNO KRUSE** UND **MICHAEL SONTHEIMER**, erschienen in der ZEIT am 17. November 1989

Es ist einer dieser trostlosen Berliner Novembertage. Dichter, kalter Nebel hängt in den Straßen. Einsam steht der Mann von der Stadtreinigung auf dem Bürgersteig und kehrt. Die Trottoirs der Potsdamer Straße im amerikanischen Sektor sind übersät mit Papier, Cola-Büchsen und Glasscherben. Er sieht erschöpft aus.

Montag morgen kurz nach sieben: Die große Party der drei Millionen ist vorbei. Das rauschende Fest des Wiedersehens, das die westliche Halbstadt drei Tage und Nächte kopfstehen ließ, ist zu Ende gegangen. Berlin erwacht aus einem Traum und kehrt zum Alltag zurück. Die Trabis sind verschwunden, die Luft ist nicht mehr ganz so abgasblau. Die Kinder gehen wieder in die Schule, die türkischen Gemüsehändler haben wieder Bananen. »War det ein Trubel«, seufzt die Zeitungsverkäuferin und schüttelt den Kopf, als könnte sie es immer noch nicht fassen, was in den letzten Tagen in der ehemaligen Reichshauptstadt geschehen ist. »Wir hatten det janze Wochenende über offen. Ick mußte die Ostler ja richtig vollreden, daß se nich jeden Scheiß koofen. Jestern um achte bin ick ins Bett jefallen und hab jeschlafen wie 'ne Tote.« Sie gähnt schon wieder.

»Guten Morgen Deutschland«, wünscht »Bild«, auf der »BZ« prangt das »Baby Berlin« mit seiner Prenzlauer Mutter, nach einem Ku'damm-Bummel schnell im Westen geboren. Darunter: »Berlin ist jetzt das Herz des Planeten«. Er ist wieder auferstanden, der notorische Berliner Größenwahn, der Ost- und Westberliner auch in den Jahren der Trennung vereinte. Die einzige Weltstadt, die Deutschland je hatte, ist aus ihrer geteilten Normalität katapultiert – nur weiß niemand, wohin die Reise geht.

Berlin wird sich seiner tunlichst verdrängten doppelten Existenz wieder bewußt. Die Polizeipräsiden-

---

Zur Sache

Nach dem Mauerfall versuchte man, in Berlin alle Reste der deutschen Teilung zu beseitigen. Die Wunde in der Stadt sollte sich schließen, nichts Osten und Westen mehr sichtbar trennen. Zudem gab es plötzlich Grundstücke in bester Lage. Spektakuläre Baukomplexe wurden errichtet, insbesondere am Potsdamer Platz, der vor dem Krieg einer der belebtesten Orte Berlins gewesen war. Danach befand sich hier ein Trümmerfeld, über dessen Areal die Sektorengrenze verlief.

Schon 1990 wurden Reststücke der Mauer unter Denkmalschutz gestellt. Wie sich zeigte, haben viele Menschen – und gerade auch die zahlreichen Besucher Berlins – das Bedürfnis, der Geschichte der »Mauerstadt« nachzugehen. Seit 1998 gibt es die »Gedenkstätte Berliner Mauer« an der Bernauer Straße, zu der ein Dokumentationszentrum, die Kapelle der Ver-

söhnung und ein Restabschnitt der ehemaligen Grenzanlage gehören. Sie wird derzeit zu einem zentralen Ort der Erinnerung ausgebaut. Mehrere Mahnmale, eines davon in Reichstagsnähe, erinnern an die Mauertoten.

Zu den meistbesuchten Museen Berlins gehört nach wie vor das private »Mauermuseum am Checkpoint Charlie«, das der Publizist Rainer Hildebrandt 1963 gegründet hat.

ten haben sich getroffen, um am Brandenburger Tor für Ruhe und Ordnung zu sorgen. Hätte es einen sinnvolleren Akt geben können, als gerade dieses Tor zu öffnen? Die Mauer, das Symbol der Stadt, ist nicht gefallen, aber sie hat große Löcher. Am Ku'damm werden kleine Stücke von ihr als Reliquien verkauft, für zwanzig Mark West. Das KaDeWe nimmt auch Ost-Mark. Die Koexistenz der beiden deutschen Währungen ist wiederhergestellt. Berlin ist eine offene Stadt.

eines weltweiten Atomkrieges explodieren könnte; für zerrissene Familien und zahllose individuelle Tragödien, aber auch für die geradezu perverse Fähigkeit von Menschen, die groteske Wirklichkeit einer zerschnittenen Stadt aus ihrem Alltag zu verdrängen; schließlich für den Schlußpunkt der Teilung Deutschlands, den erst die Entspannungspolitik möglich gemacht hat.

Die Breschen, die am vergangenen Wochenende in die Betonbarriere geschlagen wurden, haben

Kampfgruppen der Ostberliner Betriebe bauen am 19. August 1961 die Mauer an der Potsdamer Straße Ecke Linkstraße aus.

In der kollektiven Ekstase des Wiedersehens ging vieles unter, wofür die Mauer nahezu drei Jahrzehnte gestanden hat: für die wohl brutalste, auf jeden Fall symbolträchtigste Trennung, der ein Gemeinwesen im 20. Jahrhundert unterworfen wurde, für staatlich organisierten und legitimierten Mord, für Jahrzehnte der nun endenden Feindschaft zwischen Ost und West, zwischen Kommunismus und Kapitalismus, für die Angst, daß der Kalte Krieg in der Apokalypse

auch Erinnerungen an die Zeiten wachgerufen, in denen es noch keine Mauer gab. Und abseits von den ins Scheinwerferlicht getauchten Schauplätzen, dem Rausch, einem historischen Ereignis beizuwohnen, in den endlosen Staus und hoffnungslos überfüllten U-Bahnen schlichen sich erste Zweifel ein. Was bedeutet die unerwartete Öffnung der östlichen Halbstadt für die westliche? Wie wird das alles weitergehen?

Angesichts der historischen Bedeutung wirkte es schon bis zur Komik banal, wie beiläufig und unpräpariert der berlinernde SED-Informationssekretär Günter Schabowski am Donnerstag vergangener Woche verkündete, daß DDR-Bürger ab sofort frei reisen dürften. Da konnte sich auch niemand mehr über die surrealen Szenen wundern, die sich schon drei Stunden später in der Stadt abspielten:

Zwei Punks surfen auf ihren Skateboards im Slalom durch das Brandenburger Tor schnurstracks bis zum Alexanderplatz. Eine alte Ostberlinerin kommt im Morgenmantel über die Oberbaumbrücke in den Westen, eine junge schreit nur noch »Ave Maria«. Es ist einfach nicht zu fassen.

Am zweiten Tag der großen Freiheit ziehen bereits endlose Kolonnen von DDR-Bürgern in den Westteil der Stadt. Mit Applaus und Tränen in den Augen werden sie von den Westberlinern empfangen, nach Hause eingeladen und bewirtet. Alte Bekannte treffen sich endlich wieder, neue Freundschaften werden geschlossen. Für hunderttausende ist es ein Ausflug in ein exotisches Land, das sie nur aus dem Fernsehen kennen.

Am dritten Tag der sanften Invasion beginnt der Reiz des Neuen schon wieder zu verblassen. Und anstelle der alten Mauer aus Beton, so läßt sich auf dem Kurfürstendamm beobachten, trennen neue Mauern Ostler und Westler. Sie sind aus Glas. Hinter ihnen liegen Pelze, Schmuck oder Haute Couture. Oder sie tragen, aufgemalt in schwungvollen Lettern, große Namen »Kempinski«. Vor dem traditionsreichen Nobelhotel stehen die DDR-Bürger auch im Westen Schlange. Für sie gibt es Gratis-Buletten aus der Haute Cuisine. Hinter den Scheiben sitzen Bundesrepublikaner bei Kaffee und Kuchen und mustern die fremden Brüder und Schwestern in den *stonewashed* Jeans, die längst die armen Vettern sind. Das Staunen in ihren großen Augen steigert die Freude am eigenen Reichtum. Ansonsten überläßt man ihnen für ein Wochenende den Kurfürstendamm.

Die Westberliner zieht es in diesen Tagen an die Mauer. Sie formieren sich zu einer endlosen Prozession; immer an der Wand lang. Und sie werden Augenzeugen von noch gestern Unvorstellbarem. Rund tausend Schaulustige beobachten Freitag nacht im Wedding auf westlicher Seite das volkseigene Abbruchunternehmen bei der Arbeit. Nur

noch ein paar Stunden, dann ist das Bollwerk an der Bernauer Straße geschleift und der neue Grenzübergang eröffnet.

Die Nacht gehört den alten Weddingern, die ihren willkürlich gespaltenen Kiez neu in Besitz nehmen. Ein Rentner, Kamera und Blitzlicht unter dem Arm, irrlichtert durch die Menschenmenge vor der Mauer. Jedem, der es hören will, erzählt er, was er hier erlebt hat, seit die DDR-Bautrupps vor seinem Haus, keine zehn Meter von der Eingangstür entfernt, den Wall hochgezogen haben. »Alles dokumentiert«, sagt er und hebt die Kamera bis zur Schulter hoch. »Alles schwarzweiß.« Immer wieder spricht er junge Leute an und zeigt auf die Mauer und den Bürgersteig davor.

Dort, nur auf der anderen Straßenseite, also bereits im Ostteil der Stadt, standen am 13. August 1961 fünfstöckige Mietshäuser, das Trottoir davor gehört zum französischen Sektor. Nirgends hat es in den ersten Wochen nach dem Mauerbau dramatischere Szenen bei der Flucht gegeben; die Bernauer Straße gilt den Berlinern seitdem als ein Symbol für Unmenschlichkeit und Brutalität. »Da oben«, sagt der alte Mann und deutet mit dem Finger schräg hinauf in den sternenklaren Himmel, dorthin, wo vor dem Abriß die oberen Geschosse der Mietskasernen gewesen sein müssen, »da oben sind sie aus den Fenstern gesprungen und hier unten in den Sprungtüchern gelandet. Jawoll, hab ich alles mit eigenen Augen gesehen.«

Unauslöschlich hat sich dem alten Mann jener Tag sechs Wochen nach dem Mauerbau eingeprägt, an dem eine 77jährige Ostberlinerin einen unendlich lang erscheinenden Moment an der Hauswand herabhing, von einem Stasi-Agenten an der linken Hand nach oben gezogen, von einem jungen Westberliner am rechten Fuß nach unten. Dank der Schwerkraft und des wütenden Gebrülls der Menschenmenge auf der Straße behielt der Untere die Oberhand. Die Frau blieb unverletzt. Die Zeitungen der Frontstadt schrieben, wieder habe man einen Menschen »dem Kommunismus entrissen«.

Die Nationale Volksarmee ließ sofort 600 Wohnungen, eine ganze Häuserzeile, räumen. Mehr als 50 Hauseingänge, drei Dutzend Läden und 1253 Fenster wurden zugemauert. Binnen einiger Wochen sah die Bernauer Straße aus wie eine monströse Straßenbarrikade; überall Stacheldrahtverhaue, die,

Schlingpflanzen gleich, bis auf die Dächer hinauf wucherten.

Bis die Häuser entvölkert und perfekt abgeriegelt waren, hatten sich durch die Fenster einige Dutzend Menschen in den »freien Westen« gestürzt. Vier Flüchtlinge sprangen in den Tod, weil sie das Sprungtuch verfehlten. Andere überlebten – mit Knochenbrüchen, schweren inneren Verletzungen und Wirbelsäulenschäden. Wieder anderen jagten die Soldaten noch Maschinenpistolen-Salven nach. Nirgends klebt so viel Blut an der Mauer wie in der Bernauer Straße.

Wo einst die Fassade des Wohnblocks war, steht heute nur noch die Mauer. Rittlings sitzen einige Dutzend Abriß-Touristen Freitag nacht auf der Krone und beobachten die Szenerie zu ihren Füßen: im sowjetischen Sektor die Baukolonne, die eilends Betonplatten für eine provisorische Straße verlegt; im französischen die Menschenmenge, die jede Bewegung des Baukrans auf der anderen Seite feiert; mittendrin die Feuerwehrleute, die mit Schweißbrenner und Preßlufthammer eine stählerne Aussichtsplattform zerlegen; hinten die Ödnis des Todesstreifens, in der noch bis zur Sprengung vor vier Jahren die evangelische Versöhnungskirche stand, unerreichbar für die Gemeindemitglieder aus beiden Teilen der Stadt.

Ein paar hundert Meter von der Kirche entfernt krabbelten am 3. und 4. Oktober 1964 insgesamt 57 Menschen in den Westen. Unter einer ehemaligen Bäckerei in der Bernauer Straße endete der längste Tunnel in der langen Geschichte der Fluchtversuche. Ein halbes Jahr lang hatten 36 junge Männer und eine Frau die 145 Meter lange Röhre gegraben. Nie zuvor und nie danach flüchteten so viele durch die Mauer. Der Staatssicherheitsdienst verstopfte nach und nach auch den Weg durch den Untergrund. Er schleuste systematisch Spitzel in die Fluchthilfeorganisationen ein. Es dauerte nicht lange, bis die Bernauer Straße, an drei Seiten von der Mauer eingerahmt, perfekt vom Ostteil der Stadt abgeschottet war.

Seit Samstag morgen, acht Uhr, ist sie wieder Durchgangsstraße. Gleich nach der Eröffnung des neuen Grenzübergangs läßt sich ein alter Ostberliner vor den demolierten Fertigbauteilen photographieren. Es sind die Ruinen jener Mauer, die er als dienstverpflichteter Feuerwehrmann einst selbst errichten half.

Einige Kilometer weiter, am Checkpoint Charlie, dem Grenzübergang für Alliierte und andere Ausländer, marschiert ein paar Stunden später die »Karnevalsgesellschaft Berlin von 1986 e.V.« mit ihren roten Uniformen in der Friedrichstraße auf. Kurzberockte Funkenmariechen werfen den Trabis ihre nackten Beine entgegen. Es ist der 11. 11., Fasching an jenem Grenzübergang, an dem sich kurz nach dem Bau der Mauer russische und amerikanische Panzer schußbereit gegenüberstanden. Helau.

Im Eckhaus an der Mauer lehnen einige jener GIs im ersten Stock am Fenster, die in weniger turbulenten Zeiten am Schlagbaum Dienst schieben. Sie schütteln nur unbeteiligt den Kopf. Unter ihnen vollzieht sich das Ritual des Wiedersehens: Trabis und Wartburgs, denen begeisterte Westberliner applaudieren oder aufs Dach schlagen, Hände, die sich aus den Wagenfenstern dem Spalier entgegenrecken. Nur wenn ein Wagen mit US-Kennzeichen aus dem Osten angerollt kommt, wird es auf einmal still. Es rührt sich keine Hand. Die Scheiben der amerikanischen Limousinen sind meist geschlossen, die Insassen sehen eher ängstlich als fröhlich aus.

Als ein US-Offizier in der Nacht vom 9. auf den 10. November, der Stunde der Anarchie, von dem Westberliner Einsatzleiter verlangt, er solle die jubelnde Menge von der Friedrichstraße räumen lassen, antwortet der Polizist »Arschloch« und geht einfach weiter. Es sind nicht die Tage der Schutzmächte.

Abends auf dem Heimweg schauen viele Ostberliner noch schnell beim »Haus am Checkpoint Charlie« vorbei, das am vergangenen Freitag vielleicht vollends zum historischen Museum wurde. Wenn alles gutgeht, muß die Dokumentation der Flucht und die Sammlung origineller Hilfsmittel künftig nicht mehr ergänzt werden. Staunend laufen die Leute an den Exponaten vorbei, gesammelt in 28 Jahren: die winzige umgebaute Isetta, das Mini-U-Boot, der Heißluftballon, die Musiktruhe, das 260 Kilogramm schwere Schweißgerät.

Warum er an seinem ersten Tag im Westen ausgerechnet das Mauer-Museum besuche, will ein Tourist aus dem Bundesgebiet von einem Ostberliner wissen. »Weil man hier gute Ideen abstauben kann«, gibt der zurück, offenbar davon überzeugt, daß die neue Reisefreiheit nur ein temporäres Vergnügen ist.

Eine kleine Gruppe sammelt sich um die Schautafeln mit der Geschichte des Peter Fechter, der direkt neben dem Checkpoint Charlie eines grausamen Todes starb. Mit einem Freund versuchte der Achtzehnjährige, die an dieser Stelle unübersichtliche, aber gut bewachte Sektorengrenze zu überwinden. Der Freund schaffte es unverletzt, Peter Fechter brach von zwei Kalaschnikow-Salven getroffen unmittelbar vor dem rettenden amerikanischen Sektor zusammen.

»Charlie's retired«, in Rente gegangen, prangt in schwarzer Sprühfarbe seit dem vergangenen Wochenende direkt neben dem Checkpoint Charlie auf dem absurden Artefakt. Bereits am Donnerstag abend hatten junge Leute angefangen, mit Hammer und Meißel im Stile von Handwerkerkolonnen das Betonbollwerk zu bearbeiten. Am Brandenburger Tor hört sich das Klopfen an, als sei ein Schwarm

Der 19-jährige Volkspolizist Conrad Schumann bei seiner spektakulären Flucht nach Westberlin am 15. August 1961. Zwei Tage zuvor hat die DDR die Sektorengrenzen geschlossen.

Er schrie nach Hilfe, röchelte, aber die Westberliner Polizisten trauten sich nicht in den russischen Sektor, die DDR-Grenzer hatten ihrerseits Angst, beschossen zu werden, wenn sie ihn zu holen versuchten. Aufgebrachte Westberliner bestürmten den diensthabenden US-Offizier, den Schwerverletzten zu bergen. Seine Antwort: *»Sorry, but this is not our problem.«* Peter Fechter verblutete. Er war, am 17. August 1962, bereits der 38. Tote an der Mauer. Das letzte, das 80. Opfer starb am 5. Februar 1989, zwei Monate vor der Aufhebung des Schießbefehls.

wildgewordener Spechte am Werk. Fast so schnell wie Sprüher und Demolierer reagiert Willy Brandt. Er schlägt vor, ein Stück von dem »häßlichen Bauwerk« als »geschichtliches Monstrum« stehen zu lassen, so wie man sich nach dem Krieg entschlossen habe, die Ruine der Kaiser-Wilhelm-Kirche als Gedächtnisstütze zu bewahren und nicht wiederaufzubauen.

Rainer Hildebrandt, der mit der »Arbeitsgemeinschaft 13. August« den Abbruch der Mauer fordert, seit es sie gibt, will nun ebenfalls aus dem Schandmal ein Denkmal machen, zumindest aus einigen Teilen. Nach der Öffnung der Grenze steht er, einst Kalter Krieger, jetzt Anhänger des gewaltlosen Widerstandes, glücklich vor seinem Flucht-Museum »Haus am Checkpoint Charlie« und berauscht sich an den blauen Abgasschwaden der endlosen Trabi-Kolonnen.

Welt als Objektkunstwerke verkaufen. »Das Guggenheim-Museum würde bestimmt viel Geld dafür lockermachen«, träumt Streckebach.

In der grenzenlosen Euphorie dieser Tage ignorieren viele Berliner einfach die Tatsache, daß bisher erst rund zwei Dutzend der insgesamt 106 000 Platten von einem Meter Breite aus dem Wall her-

Ostberliner Sicherheitskräfte heben am 3. Oktober 1962 am Lohmühlenplatz, in der Nähe der Neuköllner Sektorengrenze, einen Fluchttunnel aus.

Im Museum für Verkehr und Technik wird auch schon über einen neuen Sinn für das Relikt nachgedacht. Der stellvertretende Direktor Klaus Streckebach, der über die Mauer nur noch in der Vergangenheitsform spricht, weil sie ihre Funktion verloren habe, möchte Mauer-Teile – »vielleicht so zehn Meter lange Portionen« – an die großen Museen der

ausgebrochen sind. Kein leichtes Unterfangen: Die Bauarbeiter schaffen es nur mit Mühe, die tonnenschweren, widerspenstigen Klötze aus den Angeln zu heben. Den Konstrukteuren kann somit bestätigt werden: Ihr häßliches Kind hat seine Bewährungsprobe bestanden – wenn auch erst bei seinem Teil-Abriß. Der Codename »Chinesische Mauer II«, den die Planer ihrem Jahrhundert-Projekt gaben, ist keine Hochstapelei.

Die Mauer ist ein Stück deutsche Wertarbeit, ein Triumph der Deutschen Demokratischen Baukunst. Das »Volk der DDR«, wie Walter Momper die Ostler trefflich nannte, kann sich nur wünschen, daß bald überall so vorbildliche und gründliche Arbeit geleistet wird wie beim Bau des »Antifaschistischen Schutzwalls«.

Daß es überhaupt möglich wurde, eine ganze Stadt über Jahrzehnte einzumauern, verdankt die Regierung der DDR der von Marx prophezeiten Entfesselung der Produktivkräfte, konkret der Erfindung des Stahlbetons und einer für DDR-Verhältnisse avantgardistischen Rationalisierung der Produktion. In den vergangenen 28 Jahren ist es den Konstrukteuren gelungen, die Mauer-Baukunst so zur Minimal art zu verfeinern, daß die modernste Ausführung mit nur vier standardisierten Fertigteilen auskommt: ein monolithischer Block, unüberwindbar, abweisend, kalt.

Jedes der vier Bauteile erfüllt seine Funktion perfekt, das wurde wissenschaftlich erforscht. Die zweiteiligen Betonsockel sind so abschüssig, daß der Flüchtling mit den Füßen keinen Halt findet. Die darin eingelassenen Meterplatten aus Stahlbeton sind so dick, daß eine aus nächster Nähe abgefeuerte Maschinenpistolen-Salve nicht durchschlägt; und so schwer, daß Lastwagen und Panzer deformiert abprallen. Die Mauerkronen, die aussehen wie aufgesetzte Abwasserrohre, sind so groß, daß Arme sie nicht umgreifen können. Einmal montiert wird das Bauwerk auf der östlichen Seite regelmäßig weiß getüncht, damit die Vopo-Scharfschützen flüchtende Menschen besser erkennen können.

Das Gesamtkunstwerk Mauer läßt sich auf 106 Kilometern Länge betrachten. Dem westlichen Blick zumeist entzogen, verbergen sich dahinter noch 127,5 Kilometer Kontakt- oder Signalzaun, 259 Hundelaufanlagen, 20 Erdbunker, 302 Beobachtungstürme und ungezählte Streckmetallzäune. In ihrer Arbeitsweise sind alle Teile dieses – laut Eigenwerbung – »besten Grenzsicherungssystems der Welt« fein aufeinander abgestimmt.

Die tödliche Perfektion des Walls erklärt sich aus seiner langen Entwicklungszeit. Was den Berlinern heute im Wege steht, ist schon die vierte Baulinie. Im August 1961 waren es nur rohe Hohlblocksteine, ursprünglich gedacht für den Wohnungsbau, die Arbeiter eilig aufmauerten. Bombenanschlägen und Durchbrüchen mit schweren Lastwagen hielt das Provisorium nicht stand.

Daß die häßliche Wand möglicherweise baugeschichtliche Berühmtheit erlangen würde, ahnte als erster Joseph Beuys. Er schlug vor, die Mauer um zehn Zentimeter zu erhöhen, damit die Proportionen stimmten. Sein Wunsch ging in Erfüllung – allerdings schossen die innovativen Ingenieure mit den heute üblichen 4,10 Meter Höhe weit über Beuys' Goldenen Schnitt hinaus.

Die Mauer der zweiten Generation, 1963 begonnen, ersetzte die Steinwand durch massiven Beton. Wenig später erwog die Ostberliner Führung eine Verschönerungsaktion. Die Mauer sollte in einen großen Graben verlegt und rundherum mit Rosen und Blumenbeeten geschmückt werden. Die Idee wurde verworfen.

Statt dessen feierte die Norm einen Triumph, als Stück für Stück die Mauer der dritten Generation hochgezogen wurde: Alle Teile wurden in Serienproduktion und von hoher Qualität gefertigt. Durch die Mauer der vierten Generation (Baubeginn 1976) konnte die Tötungsmaschinerie nicht weiter verbessert werden, wohl aber ihre abschreckende Wirkung. Das fugenlose und stromlinienförmige Bollwerk der achtziger Jahre wirkt monumentaler als seine Vorgänger-Modelle: ein Werk der Dauerhaftigkeit und Solidität.

Doch was einst sprachlos machte, ist längst zur Endlos-Schreibtafel geworden: Politische Propaganda, Berliner Humor und jungwilde Malerei überlagern sich zum wirren Code, zu einer semiotischen Apokalypse. Der »taz«-Journalist Klaus Hartung stellte einst fest: »Die Mauer spricht, von ihr hallt zurück, was die Menschen beschäftigt.« Seit die Mauer zur kilometerlangen Graffiti-Wandzeitung wurde, zur überdimensionalen Betonleinwand, fasziniert sie die Touristen aus aller Welt nicht mehr nur mit ihrer schrecklichen Seite. Erst die tödliche Perfektion im Osten schaffte die Voraussetzung für die kreative Kommunikation im Westen.

Dort, wo die Bilder am eindrucksvollsten, die Liebesgrüße am herzlichsten und die immer wieder übermalten Schichten am dichtesten sind, dringen am Sonntag morgen Preßlufthämmer durch die Fugen. Seit Stunden wühlt sich der Bulldozer durch das von Scheinwerfern erleuchtete Brachland des Potsdamer Platzes.

Es ist 5.35 Uhr. Ein Bauarbeiterhelm taucht über der Mauerkrone auf: Applaus und Jubel, unterstützendes »Hau ruck« von den Menschen, die auf der Westseite der trennenden Wand seit Stunden der Eiseskälte in dieser Vollmondnacht trotzen. Jetzt legt sich der Arbeiter über die Betonröhre, hängt das Drahtseil in zwei durch die Mauer getriebene Stahlstäbe. Ein Handzeichen, schon hebt der militärgrüne Hydraulikkran unter dem Blitzlichtgewitter der Photographen die erste Betonplatte aus den Angeln. Der Potsdamer Platz, das Zentrum Berlins, ist wieder offen.

Die Menschen drängen zur neuen Öffnung, wollen hinüber in den Todesstreifen, der an diesen Tagen seinen Schrecken verloren hat. Die Ketten Westberliner Polizisten, die sich schützend vor der Baustelle postiert haben, drohen unter ihrem Druck zu zerreißen. Da werfen junge Volksarmisten ihre Kalaschnikows ab und eilen der West-Polizei zur Hilfe. Doch diejenigen, die hier unter dem Ruf »Frühstück am Alex« nach vorn stoßen, sind aufsässige junge Kreuzberger, darunter ehemalige Hausbesetzer, die nicht das erste Mal gegen Polizeiketten drängen.

Nur einer versteht sich hier noch Respekt zu verschaffen: der Bär. Dem Berliner Wappentier, das sich heute morgen mit seinem Dompteur aus einem Kinderzirkus hierher auf den Weg gemacht hat, wird eine Gasse gebahnt. Immer mehr Menschen strömen in der Dämmerung zum Potsdamer Platz, dichter und dichter wird der Pulk. Langsam, zu langsam werden die Mauerplatten aus den Angeln gerissen. Menschentrauben drängen sich auf der Aussichtsplattform, drohen herabzufallen, durch die Dächer der armseligen Andenkenbaracken und Currywurst-Buden zu brechen, die heute die gesamte Geschäftswelt des Platzes ausmachen.

Es ist kurz vor acht Uhr. »Da geht er auf, ach ick könnt ihm auf die Glatze knutschen«, ruft ein älterer Berliner. »Walter, Walter«, skandiert die Menge. Seit der Kundgebung vor dem Schöneberger Rathaus und seinem Satz »Wir Deutschen sind heute das glücklichste Volk auf der Welt« ist Walter Momper Berlins neuer Held, ein würdiger Enkel Willy Brandts und eindeutiger Punktsieger gegen Helmut Kohl. Auch Konrad Adenauer wurde in Berlin ausgepfiffen. Der erste Bundeskanzler hatte sich zu der Interpretation

hinreißen lassen, Chruschtschow habe die Mauer nur gebaut, um Willy Brandt im Wahlkampf zu unterstützen. Als er erst zehn Tage nach dem Bau der Mauer im Auffanglager Marienfelde auftrat, wurde er von Flüchtlingen mit Tomaten beworfen.

Regierender Bürgermeister West, Walter Momper, und Oberbürgermeister Ost, Erhard Krack, gehen einander entgegen. Der Kreuzberger findet die Worte des Tages: »Das alte Herz Berlins beginnt wieder zu schlagen.« Der Pankower überreicht ihm das passende Geschenk: ein Modell jenes Verkehrsturms, der vor dem Krieg den dichten Verkehr regelte, mit der ersten Ampel Deutschlands.

Denn hier, so schrieb 1922 der Journalist Hardy Worms, brüllte am Tage fieberhaftes Leben, »als werde ein Riesenfeuerwerk abgebrannt, als schössen Brüllraketen empor, zerplatzten an den Dächern der Häuser und überschütteten die ganze Stadt mit einer Flut von Geräuschen, die den Rädern der Trams, Autos und Lastfuhrwerke entsprungen ist. Wild stürzen die Autos heran. Knatternd schnellen sie über den Asphalt ... Man quetscht sich durch die Fahrzeuge, die wie bebende Tiere warten, daß das Signal zum Start gegeben werde. Und es schreien die Zeitungsverkäufer. Obsthändler locken die Vorübergehenden an. Stiefelputzer preisen ihre saubere Arbeit. Von Blüten ganz umhüllt, stehen die Blumenfrauen. Auf den Terrassen der Cafés sitzen gutgekleidete Menschen und schlürfen Eisgetränke ...«

Dabei war es gar kein Platz, eher eine unübersichtliche Kreuzung aus fünf Straßen, die auch in diesen Tagen zu einem Mißverständnis zwischen Ost und West führen sollte. Schon den ganzen Sonnabend standen die Westberliner staunend, gelegentlich applaudierend um sieben türkische Arbeiter und einen deutschen Polier herum, die der Potsdamer Straße einen neuen Gehweg asphaltierten. Doch während die Männer vom Straßenbau noch seelenruhig und stolz die neue deutsche Ost-West-Verbindung planierten, kam bei Johann Schilcher vom Bezirk Tiergarten, der den Bau beaufsichtigte, Unsicherheit auf: »Hoffentlich haben wir die richtige Straße erwischt.«

Seine Hoffnung war trügerisch; die beiden Bautrupps verfehlten sich zielsicher. Während die Bausoldaten der DDR-Grenztruppen die alte Bellevuestraße in Richtung Tiergarten anpeilten, hatten sich die West-Planer auf die alte Potsdamer Straße kapriziert – die sie schon lange zuvor mit dem Koloß der Staatsbibliothek versperren ließen. Doch schon schwärmt der Tiefbauer von der Wiederbelebung alter, bislang toter Straßen.

Die Perspektive einer offenen Stadt macht Generationen von Plänen zur Makulatur. Wurde im Westteil der Stadt noch vor vierzehn Tagen unter dem Druck von wohnungssuchenden Übersiedlern jede Brachfläche als möglicher Bauplatz für Sozialwohnungen vermessen, sind für Michaele Schreyer,

Berlin ist für Michaele Schreyer zwar nicht über Nacht eine neue Stadt geworden, »aber eine Stadt mit völlig neuen Chancen«. Der Potsdamer Platz, in den zwanziger Jahren der verkehrsreichste Europas, könnte wieder zu einem Knotenpunkt werden. Wo heute die Magnetbahn vollautomatisch und meist ohne Fahrgäste wie eine Geisterbahn über drei Stationen hin- und herpendelt, kreuzten sich einst vierzig Straßenbahn- und Buslinien.

Der provisorische Grenzübergang am Potsdamer Platz am 16. November 1989. Das ehemalige Herz der Stadt ist seit dem Zweiten Weltkrieg eine Brache gewesen.

die alternative Senatorin für Stadtplanung und Umweltschutz, nun »alle Fragen neu gestellt«. Auch Pläne zum »Grüner Wohnen« direkt am Tiergarten, die seit langem in den Schubladen ökologisch inspirierter Architekten der Postmoderne lagerten, werden dort erst mal liegenbleiben. Schon immer war der Potsdamer Platz der Ort, wo es auch für grün-alternative Politik galt, »die Mauer«, wie die Senatorin es formuliert, »am intensivsten zu überdenken«. Jetzt ist für sie eine neue Phase eingeleitet worden. Sie wünscht sich eine städtebauliche Abstimmung mit den Verantwortlichen im Ostteil der Stadt.

Nicht die Erinnerung an diese Zeit hat die vielen jungen Berliner, die an den Mauerbau kaum noch eine Erinnerung haben, an diesem Sonntagmorgen zum Potsdamer Platz gelockt. Für viele von ihnen ist dies nicht ein Ort der Geschichte, es ist ein Ort der Geschichtchen aus der Welt des Glitters, Glamours und Chichis, der vermeintlich goldenen zwanziger Jahre, als Berlin sich neben New York, London und Paris die Aufnahme in die exklusive Familie der Weltstädte erkämpfte.

Neben dem Bahnhof stand hier Europas größtes Restaurant mit über 2000 Plätzen: ein langgezogener riesiger Vergnügungstempel aus Stahl, Glas und Stein – Kempinskis »Haus Vaterland«. Hier gab sich der Besucher aus der Provinz ganz weltmännisch, hier wurden die kleinen Ladenmädchen unversehens in ferne Städte und Länder gezaubert. Whiskey in der stilechten Wildwestbar, Heuriger unter dem nächtlichen Panorama Wiens, untermalt von einem als Wäschemaderln ausstaffierten Orchester. Feurige Zigeunermusik und -speisen in den Pußta-

Als Werner Fritz an diesem Sonntag als einer der ersten aus dem Osten über den Platz schreitet, murmelt er irritiert: »Aber ick kenn det noch.« Doch auch in seiner Erinnerung stehen hier bereits Ruinen: »Det alte Warenhaus, die Reste vom Leipziger Tor, und det wat vom Hotel Esplanade übrigjeblieben is.« Bis auf das Weinhaus Huth sind all jene Etablissements den alliierten Bomben oder der Abrißbirne zum Opfer gefallen.

Am Tag nach der Maueröffnung passieren lange Autokolonnen unter großem Jubel die Berliner Grenzübergänge.

Csárdás-Stuben oder schuhplattlernde Jünglinge nebst Schweinshaxen mit Kraut. Und das »Haus Vaterland« war nicht die einzige Attraktion. Rund um den Platz lockten große Hotel- und Restaurationspaläste die Massen an: das »Pschorrhaus«, die Weinhäuser »Huth« und »Rheingold«, »Café Josty«, »Hotel Fürstenhof«, »Palasthotel« …

Das Brachland war bereits zu einem Todesstreifen geworden, lange bevor die Mauer gebaut war. Gleich neben dem Gerippe des Potsdamer Platzes erhebt sich ein grasüberwachsener Hügel. Er ist alles, was von Hitlers neuer Reichskanzlei, der Kommandozentrale, die Millionen in den Tod geschickt hat, übriggeblieben ist. Aus dem Betonlabyrinth des Führerbunkers wurde die letzte Durchhalteparole für den »Schicksalskampf des deutschen Volkes« hinausgeschickt. Hier lagen 1945 die verkohlten Leichen von Goebbels, seiner Frau und den fünf Kindern, Eva Braun und die des Führers.

Ein Hakenkreuz, das jemand auf die Mauer gemalt hatte, wird an diesem Morgen mit der Betonplatte weggehoben. Heute werden hier Visionen von einer anderen Welt wach. »Das muß einen ja bewegen«, gesteht auch der Generaloberst der DDR-Grenztruppen ein, der Durchbruch der Mauer heißt für ihn »der Zeit Rechnung tragen«. »Wir möchten endlich anfangen zu arbeiten«, ruft der Grenzpolizist zur Disziplin. Vor kleinen Armeezelten werden Tische aufgebaut, Stempel und Visavordrucke zurechtgerückt. Und nun: »Immer schön der Reihe nach.« Preußische Korrektheit erobert den Grenzübergang zurück. Auch die DDR-Zöllner wissen sich hier für die nächste Zukunft auf sicheren Posten: »Wir stehen schon in der Bibel.«

Die neue Zeit ist auch über Kreuzberg hereingebrochen. Am Schlesischen Tor, in der hintersten Ecke des verrufenen Bezirks, wo vor wenigen Tagen noch dörfliche Ruhe herrschte, wogt ein Meer von Menschen. Der »Orientexpress« spuckt die Massen im Minutentakt aus. Die Züge der grünen U-Bahn-Linie aus der City sind schon seit Stunden hoffnungslos überfüllt. Ein endloser Strom zieht vom Bahnhof in Richtung Spree zur Oberbaumbrücke: Ostberliner auf dem Weg nach Hause. Eine Demonstration mit Einkaufstüten. Türken haben Stände aufgebaut und verkaufen Bananen und Coca-Cola. Der Grenzübergang faßt die Menge nicht, eine große Traube staut sich davor. »Ausweise hochhalten«, ruft ein Vopo, aber es ist kein Problem, als Westler mit durchzuschlüpfen.

Wer nicht in Richtung Spree läuft, biegt, aus dem U-Bahnhof kommend, gleich in die Schlesische Straße ein. Vor wenigen Stunden war sie noch eine vergessene, graue Sackgasse im Kreuzberger Grenzland, jetzt ist sie zum Boulevard geworden. Dutzende stehen vor einer Videothek. Vor dem türkischen Imbiß eine lange Schlange. Ein Stück weiter klafft ein großes wunderbares Loch in der Mauer – der neue Grenzübergang Schlesische Straße/Puschkin-Allee. »Die ganze Nacht haben wir gearbeitet, die Straße freigelegt, da war ja Erde und Gras drüber«, erzählt ein Vopo. »Als wir heute mittag fertig waren,

warteten schon 4000 Leute.« Der Vopo ist bester Laune, freundlich. »Mensch, die Leute reden wieder mit uns«, sagt er glücklich, während die endlose Prozession in Richtung Treptow und Köpenick an ihm vorbeizieht.

»Det wird allet wieder wie vor der Mauer«, prophezeit Michael Baumann, der in einer von Nieten glitzernden schwarzen Lederjacke bei den Ostlern Aufsehen erregt. Der unter dem *nom de guerre* »Bommi« bekanntgewordene Ex-Terrorist, Autor und Kreuzberger Kneipen-Kollektivist hat seine ersten zwölf Jahre im Ostberliner Bezirk Lichtenberg verbracht. »So voll war die Straße seit 28 Jahren nicht mehr.«

Vor einem heruntergekommenen Bau, in dem die Schaubühne probt, bleibt er stehen. »Das war vor der Mauer das ›Lido‹«, erinnert er sich, »eines von mindestens fünf Grenzkinos in der Straße. Hier liefen rund um die Uhr die amerikanischen B-Movies. Ich hab als Kind alle Ronald-Reagan-Filme da gesehen, Western, Piratenfilme, Sciencefiction … Da sind wir alle hin, nur die Kinder der SED-Bonzen durften nicht. Die Kinos, hieß es, waren vom BND subventioniert, als Agententreffs. Für uns kostete der Eintritt nur 25 Pfennig West. Du mußtest bloß irgendein DDR-Dokument vorzeigen, 'ne Lebensmittelkarte oder den Jungen-Pionier-Ausweis.«

Vor dem Bau der Mauer passierten täglich Hunderttausende die Grenze zwischen dem russischen Sektor und den Westsektoren der Stadt. Anfang der fünfziger Jahre waren es rund 200 000, kurz vor dem Bau der Mauer noch 100 000, die jeden Tag zwischen den beiden Halbstädten pendelten. Wer im Osten wohnte und im Westen arbeitete, galt als »Grenzgänger«; wer als Westler im sowjetischen Sektor beschäftigt war, hieß »Tauscher«. Für beide Gruppen wurde bereits 1949 auf Anordnung der westlichen Besatzungsmächte die »Lohnausgleichskasse« gegründet. Hier konnten die Gastarbeiter einen Teil ihres Verdienstes zum Kurs von 1:1 umtauschen. Die Grenzgänger, die natürlich auch schwarztauschten, profitierten am meisten von der Koexistenz der beiden Währungen.

Wer die Sektorengrenze überqueren wollte, mußte lediglich seinen Personalausweis vorzeigen. Die Vopos durchsuchten zwar gelegentlich Verdächtige, aber lückenlos ließ sich der Grenzverkehr nicht kontrollieren. In den überfüllten U- und S-Bahn-Zügen blieb es bei Stichproben. »Wenn du vom Osten aus rüberfuhrst, haben die Vopos dich vor allem nach Lebensmitteln gefilzt«, erinnert sich Bommi Baumann. »Wenn du zurückkamst, waren sie hinter Flugblättern her, Zeitungen, Medikamenten oder Westgeld. Wir Ostler durften keine West-Mark einführen, Spalter-Mark hieß sie. Und die Vopos waren auf der Suche nach revanchistischen und imperialistischen Agenten und Saboteuren, die Sabogenten, machten sich die Leute über die Propaganda lustig. Aber die Kalten Krieger haben wirklich versucht, gezielt die DDR-Wirtschaft kaputtzumachen.«

Unmittelbar hinter der Grenze im Westen standen Wechselstuben, 1952 wurden 56 dieser kleinen Goldgruben gezählt. Der Schwarzmarktkurs in beiden Teilen der Stadt schwankte in den fünfziger Jahren zwischen vier und fünf Mark Ost für eine Mark West. Die Wechselstuben verdienten an jeder getauschten West-Mark rund fünf Pfennig. Der aktuelle Kurs wurde wie der Wetterbericht jeden Tag über den Rias, die »Freie Stimme der Freien Welt«, bekanntgegeben. Viele Westberliner Geschäfte führten zwei Kassen; die Läden in der Nähe der Sektorengrenze zeichneten ihre Waren in beiden Währungen aus.

Schmuggel, Schwarzhandel und Schieberei blühten auf. Wer nur irgendwie konnte, machte seine Geschäftchen. Geschoben wurde dabei in beide Richtungen. Die Ostberliner kauften Damenschuhe, Nylonstrümpfe, Kaffee, amerikanische Zigaretten oder Whiskey – für sich selbst oder um mit der Konterbande zu handeln. Kinder hatten Micky-Maus-Hefte in der Hose, Intellektuelle den »Spiegel«, der im Westen, unweit des Potsdamer Platzes, in der »Lesestube Ost« gratis verteilt wurde. Um an West-Mark zu kommen, schmuggelten Ostler Lebensmittel, Antiquitäten, Meißener Porzellan, Zeiss-Ikon-Produkte und Buntmetalle über die Grenze nach Westen. »Bei uns schräg rüber wohnte Frau Straub«, erinnert sich Bommi Baumann, »eine ganz fromme, die immer morgens in die Frühmesse ging. Die hat auf einem Ruinengrundstück Schweine gezüchtet und hatte auch ein paar Kühe. Frau Straub hat den lieben langen Tag geschoben – wie geisteskrank. Eines Tages stand im ›Neuen Deutschland‹ ein Bericht mit dem Titel ›Schlüpfrige Butter‹. Da hatten sie die gute Frau mit zwanzig Kilo Butter in der Unterhose an der Grenze erwischt.«

Wer mit Butter gefaßt wurde, kam noch einigermaßen glimpflich davon, wer jedoch Kupfer, Quecksilber und andere knappe Rohstoffe in den Westen verhökerte und sich dabei erwischen ließ, hatte nichts zu lachen. »Da sind Leute nachts an die Bahnlinien und haben die Kabel rausgerissen«, berichtet Baumann, »dem betenden Knaben im Schloßpark von Sanssouci haben sie die Arme abgesägt und in den Westen verschoben. Wovon lebt der Max so flott? Vom Schrott. Der Schrecken aller Buntmetallschieber war Hilde Benjamin, die Auschwitz überlebt hatte und dann Richterin wurde, später Justizministerin. Bei der Roten Hilde bist du abgegangen, da gab's sogar lebenslänglich auf Buntmetallschmuggel. Es blieb der DDR ja auch gar nichts anderes übrig. Die Schieberei war schlimmer als in Neapel.«

Die Westberliner wiederum fuhren wegen der billigen Dienstleistungen rüber, etwa um sich am Alex die Haare schneiden zu lassen. Otto Schily schwärmt noch heute von seinem Schneider in Ost-Berlin, bei dem er sich seine Anzüge nähen ließ. Er gehört zu den vielen hunderttausend älteren Berlinerinnen und Berlinern, die unvermutet von der Vergangenheit eingeholt wurden und in diesen Tagen ein *déjà vu* erlebten.

»Det wird wieder wie vor der Mauer«, sagt Bommi Baumann immer wieder. »Der Agentenirrsinn hat sich zum Glück erledigt, aber ansonsten brauchten die Ostler doch wieder Westgeld. Ost-Bräute werden wieder im Westen anschaffen gehn. Und die Schieberei geht auch sofort wieder los. Die Antiquitätenläden werden überschwemmt, die Antiquariate. Samt, Seide, Leder wird wieder geschmuggelt werden. Und in vier Wochen erkennst du diese Straße nicht mehr wieder.«

Kreuzberg ist unmittelbar von der Peripherie ins Zentrum gerückt. Und ebenso ergeht es allen Vierteln entlang der Mauer, die nach dem 13. August regelrecht verödet sind und derer sich zu großen Teilen die Alternativszene bemächtigt hat. »Das darf nicht wahr sein«, stöhnt eine junge Kreuzbergerin, ganz in schwarzem Leder. »Das war so eine wunderbar ruhige Straße.« Wenn das so weitergehe, müsse sie wohl flüchten, sagt sie augenzwinkernd. »Wenn die alle rüberkommen, geh' ich in den Osten.«

In den sowjetischen Sektor werden allerdings bald auch Segnungen des freien Westens Einzug halten, von denen Ost-Berlin dank der Mauer bislang verschont blieb. Drogen aller Art werden gen Osten geschmuggelt werden, das gleiche gilt für Pornographie. Die wohl obskursten Szenen der großen Wiedersehensfeier haben sich in den Peep-Shows abgespielt.

Mit einem neuen Problem sieht sich die Westberliner Polizei konfrontiert. Auf dem Polenmarkt wurden bereits Dutzende von gestohlenen Videorecordern an DDR-Bürger verkauft und die Hehler-

Lange Schlangen bilden sich in den ersten Tagen nach dem Mauerfall vor den Geschäften in Westberlin.

Selbst um drei Uhr nachts stehen Neugierige vor dem »Sexyland« unweit des Ku'damms Schlange. Ein junger Hilfszuhälter schiebt mit gönnerhaftem Grinsen die Schaulustigen hinein. Drinnen drängen sich im rötlichen Schummerlicht fassungslose Ostler, Männer und Frauen. Mindestens fünf hängen jeweils vor dem Fenster einer Kabine, um einen Blick auf eine gelangweilte nackte Thai-Frau zu werfen. Die Regale mit den Pornos sind schon lange leer. Die meisten der Neugierigen sind schockiert. »Det muß ja nun nich sein«, findet eine ältere Frau. »Das ist die Fäulnis des Kapitalismus, die Dekadenz des Westens«, ruft ein Westler. Einer Minderheit scheint sie gleichwohl zu gefallen. Einem Unscheinbaren, Typ Familienvater, kommt in der Kabine die Erleuchtung: »Die haben mich um die schönsten Jahre meines Lebens betrogen.«

ware umgehend in den sowjetischen Sektor getragen. Es ist auch nur eine Frage der Zeit, wann Ost-Ganoven ihre Aktivitäten in den Westen verlagern, wo fraglos mehr zu holen ist. Wenn schwere Jungs nach einem Bruch in den Osten verschwinden, ist die West-Polizei machtlos. Zwischen der Bundesrepublik und der DDR existiert kein Rechtshilfeabkommen, und der Status West-Berlins ist nach wie vor umstritten.

Nachdem die Euphorie des unverhofften Wiedersehens verflogen ist, werden langsam die Probleme sichtbar, welche die Öffnung mit sich bringt. Dabei haben die Politiker in Ost-Berlin wesentlich mehr Grund, sich Sorgen zu machen, als ihre Kollegen im Westen. Einer von denen, die skeptisch in die Zukunft der offenen Stadt blicken, ist Rolf Spitzner, der Leiter der Abteilung Internationale Beziehungen

»Mauerspechte« schlagen kurz nach der Grenzöffnung Stücke aus dem ehemaligen Grenzwall der DDR.

des DDR-Gewerkschaftsbundes FDGB. Der 37 Jahre alte, alerte SED-Kader kommt gerade von einer Sonntagssitzung der Volkskammerabgeordneten. Er äußert sich vorsichtig, »rein privat«. »Was passiert denn«, fragt Spitzner rhetorisch, »wenn erst einmal eine Milliarde DDR-Mark in West-Berlin liegt?« Seine Antwort: »Dann beginnt der große Ausverkauf unseres Landes.«

Spitzners Befürchtung ist nicht unbegründet. Etliche Geschäfte in West-Berlin nehmen DDR-Mark an – zum Kurs von eins zu zehn. Wenn also zukünftig DDR-Bürger als neue »Grenzgänger« in West-Berlin arbeiten – und sei es auch nur schwarz und weit unter Tarif –, aber weiterhin im Osten wohnen, werden sie über Nacht reich: Tausend Mark West sind für sie zehntausend Mark Ost. Dazu können jene Westler kommen, die DDR-Mark gekauft haben, sowie jene Westberliner und Bundesbürger, die einfach so – zum Einkaufen – durch die Mauer in das Billigland DDR fahren.

Spitzner sieht Lösungen für derlei Probleme, er verklausuliert sie nur leicht: »Unsere Juristen haben vorgeschlagen, daß jene ihr Visum verlieren, die in der BRD arbeiten.« Und Spitzner, der sicher zur jungen Garde derer zählt, die sich jetzt anschicken, die zu erwartenden Vakanzen in den höchsten Stellen der DDR zu besetzen, versteht sich auch auf die subtile Drohung. »Was ist denn heute anders als 1961?«, fragt er wieder rhetorisch. Seine Antwort: »Damals hatten Sie noch nicht fünf Millionen Ausländer in der Bundesrepublik, jetzt haben Sie nicht nur die, sondern auch unsere Leute, die Polen, und demnächst dürfen auch die Sowjetbürger reisen.« Spitzners Vorschlag: »DDR-Bürger müßten in der Bundesrepublik nur mit Genehmigung arbeiten dürfen.« Er ist Realist und weiß: »Wenn ein Ausverkauf beginnt, ist die Sicherung der Grundstruktur unseres Staates nicht mehr gewährleistet.«

Es herrscht eine eigenartige Ruhe in Ost-Berlin an diesem Wochenende, nicht nur, weil so viele im

Westen unterwegs sind. Spitzner sagt, was viele Politiker denken: »Bei aller Euphorie – wir müssen einen kühlen Kopf bewahren.« Eigentlich ein überflüssiger Hinweis, der Alltag in der DDR ist ernüchternd genug und wird es lange über diesen Tag hinaus bleiben. Jubelszenen, wie sie jenseits der Mauer das Bild beherrschen, fehlen diesseits fast vollkommen.

Am Brandenburger Tor, gesichert von mehreren Reihen Volkspolizei, photographiert Torsten Froschauer, ein Maschinenbauer aus Hanau, seine Freundin Sylvia Röckel, eine Lehrerin aus Ost-Berlin. Am Plattensee in Ungarn haben sich die beiden im vergangenen Sommer kennengelernt. Fünfmal hat er seither die Mauer überquert, keinmal sie. Seit zehn Jahren wohnt sie in der Leipziger Straße, mit Blick auf den Axel Springer Verlag jenseits des Bauwerks. Zuerst hatte auch sie geglaubt, daß der »antifaschistische Schutzwall« um West-Berlin berechtigt sei. Dann ist auch ihr die Absurdität aufgestoßen: West-Berlin war eingemauert, aber eingesperrt war sie: »Es war wie im Gefängnis.« Doch trotz aller Veränderung ihres Denkens, das Vermächtnis Springers macht sie sich nicht zu eigen: »Wiedervereinigung, das muß wirklich nicht sein.«

Brav und ruhig stehen die Massen an den Grenzübergängen an, wenn sie ausreisen. Schnell und still verschwinden sie in den U-Bahn-Eingängen, wenn sie zurückfahren. Auf der Leipziger Straße, keine hundert Schritte vom Betonwall entfernt, ist eine Häuserzeile frisch renoviert. Schwarzer Granit, Chrom und Neon schmücken die Läden in den Erdgeschossen: eine Parfümerie, ein Schuhgeschäft, drei Kleiderboutiquen, das Café »Rose« und das Restaurant »Peking« vermitteln eine Andeutung von westlichem Konsum und Genuß – die Gaststätten und Geschäfte unterscheiden sich nicht von jenen auf der anderen Seite des Checkpoint Charlie.

Müde vom langen Tag im Westen, stolpert eine Familie in das China-Restaurant. Sie möchte sich einfach hinsetzen, etwas essen und trinken, wie im Westen, wird aber trotz freier Tische abgewiesen: »Alles reserviert.« Resigniert stößt der Familienvater hervor: »Kaum wieder im Osten, da ist doch alles beim alten.«

Werner Künz sitzt 1991 in seinem Wohnzimmer vor Zeitungsausschnitten aus Oranienburger Zeitungen, die vom Streit mit seinem ehemals besten Freund, dem Bürgermeister Udo Moser, berichten.

Neue Heimat, Ost

»Ihr spinnt!« Freunde und Verwandte schüttelten entsetzt die Köpfe, als die Familie Künz aus dem hessischen Zwingenberg vor drei Jahren in die DDR übersiedelte – um dort zu leben. Die Künzes brachten Mercedes und Möbel mit und ihre aufmüpfige West-Mentalität. Und obwohl sie damit oft und gern anecken, haben sie ihren Schritt noch nicht bereut

Von **WOLFRAM RUNKEL**, erschienen im ZEITmagazin am 27. Oktober 1989

Die Kinder spielen Kapitalismus. Genauer: »Monopoly«. Sieben Jungen und Mädchen sitzen auf der Terrasse des Gasthauses »Zum Anker«, in dem 380-Seelen-Dorf Malz bei Oranienburg in der DDR und würfeln um Häuser, Straßen und Millionen. Der zehnjährige Udo, mit dem silbernen Ring im Ohr, muß ein Hotel verkaufen, ausgerechnet in der Schloßallee; fieberhaft rechnet er hin und her, wie er den drohenden Verlust vielleicht doch noch abwenden kann. Udos Vater, der Wirt vom »Anker«, ein gemütlicher und wohlgenährter Mann, tritt durch die Kneipentür auf die Terrasse. Er begrüßt uns, die Gäste aus dem Westen, deutet lächelnd zu den Kindern und sagt spöttisch: »Das böse Kapitalistenspiel.«

Werner Künz – so heißt der Mann – ist der kapitalistischen Denkungsart dabei keineswegs abgeneigt. Künz ist selbst Unternehmer – freilich einer, der mit den sozialistischen Spielregeln in der DDR klarkommen muß.

Der 51jährige Hesse aus Zwingenberg bei Darmstadt ging nach »drüben«; und zwar freiwillig. Ein Auswanderer aus dem gelobten Westland, der »Staatsbürger der DDR« wurde. Vor drei Jahren kam Künz mit Frau und Kind, mit Mercedes und Golf und West-Möbeln hierher nach Malz, nördlich von Ost-Berlin. Er kam weder aus ideologisch-politischen Gründen, noch war er auf der Flucht vor der Polizei oder wollte der Arbeitslosigkeit im Westen entgehen. Der gelernte Anstreicher, der 30 Jahre beim selben Meister gearbeitet hatte, kann sich

Zur Sache

Während ihres gesamten Bestehens von 1949 bis 1990 verlor die DDR rund 4 Millionen ihrer Bürger an den Westen. In der Bundesrepublik galten sie automatisch als Deutsche im Sinne des Grundgesetzes.

Die Anzahl der Menschen, die im gleichen Zeitraum vom westlichen ins östliche Deutschland wechselten, wird mit 500.000 bis 600.000 angegeben. Die große Mehrheit von ihnen entschloss sich in der Zeit vor dem Mauerbau (1961) zu diesem Schritt. Die DDR brauchte Arbeitskräfte, begegnete den Einwanderungswilligen aber mit viel Misstrauen. Vor allem in den fünfziger und sechziger Jahren, aber auch später noch sah man in ihnen mögliche Spione und Saboteure. Entsprechend genau wurden sie geprüft und beobachtet.

Die Motive der Übersiedler waren manchmal politischer, gelegentlich wirtschaftlicher, am häufigsten aber privater Natur. Es ging um Familienzusammenführung, Eheschließung oder Heimkehr: Rund zwei Drittel hatten zuvor bereits in der sowjetischen Besatzungszone bzw. in der DDR gelebt. Einige bekannte Künstler, vor allem Schriftsteller, zog es aufgrund ihrer sozialistischer Überzeugungen aus dem Westen in den noch jungen »Arbeiter- und Bauernstaat«.

heute noch empören, wenn er daran denkt, wie ihn ein Grenzer bei der Einreise ganz selbstverständlich fragte: »Seit wann sind Sie arbeitslos?«

Von 1963 an, nachdem auch Inge Künz ihre Heimat besuchen durfte, verlegte die Familie ihre Urlaubsziele von Mallorca nach Malz. Die Besucher

Die Ex-West-Familie Künz im Jahr 1989 vor ihrer Kneipe in Malz bei Ostberlin.

Go east. Die Geschichte dieser Übersiedlung ist in Wahrheit eine deutsch-deutsche Romanze; eine Geschichte von Liebe und Heimweh. Denn Werners Ehefrau Inge stammt aus der DDR, ist geborene Malzerin, die 1956 siebzehnjährig von einer West-Reise nicht zurückkehrte. Die gelernte Verkäuferin fand erst einen Job in Bensheim an der Weinstraße und dann einen Mann in Zwingenberg – den damals 20jährigen Malergesellen Werner Künz. Sie heirateten, obwohl Inge Künz schon damals, 1958, das Heimweh plagte. Aber sämtliche Briefe in die DDR, ob an die offenbar beleidigten Behörden oder an die Verwandten in Malz, blieben unbeantwortet. So fuhr erstmals 1961 – das Paar hatte inzwischen zwei Söhne, Jörg und Bernd – Werner Künz als Kundschafter in Inges Heimat; er lernte die Verwandten, die Malzer und die verträumte stille Havellandschaft kennen. Und lieben.

wohnten dann in Tante Lizas hundert Jahre altem »Gasthaus und Ausspannung zum Anker«. Inge half in der Kneipe, Werner renovierte das Gebäude. Die Kinder spielten in den märkischen Wäldern, den Havelwiesen oder zwischen den Hopfenbüschen am Oder-Havel-Kanal. Die privaten Ost-West-Beziehungen zwischen Zwingenberg und Malz wurden so eng, daß Familie Künz die Taufe des dritten Sohnes Udo 1979 im »Anker« feierte. Sechs Jahre später starb die Tante; und ihre West-Nichte erbte den Gasthof. Damit war für Inge Künz der Zeitpunkt gekommen, zurückzukehren.

Einfach so? Ihrem Mann fiel »die Entscheidung erheblich schwerer«. Alles aufgeben? Da war seine Firma in Zwingenberg, da war das selbstgebaute Eigenheim, da waren seine Verwandten und seine vielen Freunde. Und natürlich hegte er, nach seinen Malz-Besuchen, auch Skepsis gegenüber den Lebensbedingungen »da drüben«. Vor allem mürbten ihn die Versorgungsprobleme: »Wenn du da eine Arbeit anfängst, dann fehlt dir plötzlich eine Drei-Millimeter-Schraube, und die gibt's eben nicht, wochenlang.« Um seine bürgerlichen Freiheitsrechte machte er sich keine Sorgen: »In der Kneipe sagt jeder ungeniert seine Meinung, und das werde ich erst recht tun!«

Jedenfalls wurden alle Bedenken und Warnungen der Zwingenberger (und der Malzer!) Freunde und Verwandten weggewischt von seiner Frau: »Ich mußte zurück. In Zwingenberg wäre ich vor Heimweh zugrunde gegangen …« Die Familie siedelte schließlich über, allerdings ohne die beiden erwachsenen Söhne, für die die elterlichen Pläne eine herbe Familientrennung bedeuteten. Die vielen Freunde konnten die antizyklische Reise oft nur mit »Ihr spinnt« kommentieren. Von West nach Ost? Einige Arbeitskollegen schimpften Künz gar einen »Kommunisten«.

Auf Empfehlung der Ständigen Vertretung der DDR in Bonn fuhren die Auswanderer am 1. Juli 1986 an den Grenzübergang Herleshausen, wo sie von den staunenden Grenzern nach Zepernick bei Ost-Berlin geschickt und in ein Aufnahmelager einquartiert wurden.

Hier lebten sie sechs Wochen unter anderen antizyklischen Übersiedlern, Leuten, die aus »Heimweh wie wir«, aber auch »wegen Arbeitslosigkeit, wegen einer Eheschließung oder nach eingestürzten privaten Beziehungen drüben« ausgestiegen sind.

Im Jahr 1986, als die Künzes übersiedelten, machten außer ihnen noch 2516 Westdeutsche den Schritt von hüben nach drüben. Bonn legt Auswanderern generell keine Steine in den Weg; im Ministerium für innerdeutsche Beziehungen kann man sich ein zweiseitiges Merkblatt in die Hand drücken lassen, das DDR-Interessierte über wichtige Punkte, vom Devisenrecht bis zur Rentenversicherung, aufklärt. »Bei der Erstübersiedlung«, erklärt Susan Knoll, Sprecherin des Bonner Ministeriums, »sind es ja häufig Rentner, die hier niemanden mehr haben, aber deren engste Verwandte in der DDR leben. Doch oft haben wir auch sogenannte Rücküber-siedlungen – von Leuten, die aus der DDR kommen und sich hier nicht zurechtfinden oder einfach Heimweh haben.«

Eine Statistik über die Begründungen führt das Ministerium freilich nicht – »Niemand muß sich erklären« –, wohl aber hält das Statistische Bundesamt, Abteilung Wanderungen VIII B, die blanken Zahlen über Fortzüge fest. Danach hat die Bereitschaft zu einem Leben im anderen deutschen Staat in den vergangenen zehn Jahren merklich zugenommen. Waren es 1978 nur 1177 Westdeutsche, die übersiedelten, so stieg die Quote auf 2360 im Jahr 1988. »Über die Ursachen kann man nur mutmaßen«, sagt Susan Knoll. Gewiß ist aber, daß die West-Ost-Quote nur einen minimalen Bruchteil der Ost-West-Übersiedlungen ausmacht.

Nach sechs Wochen im Lager erhielten die Künzes die DDR-Staatsbürgerschaft und im Tausch gegen die BRD-Reisepässe die blauen DDR-Personalausweise. Zur Feier des Tages hielt Werner Künz mit einem Glas Sekt in der Hand eine kleine Ansprache: »Ob ich mich eines Tages für meinen neuen Ausweis bedanken kann, weiß ich nicht. Das muß die Zeit zeigen.«

Drei Jahre ist das her. Und Werner Künz weiß es immer noch nicht. Er begann sein neues Leben als Anstreicher in einem VEB-Betrieb, da zunächst die Kneipe noch nicht frei war: Noch bewirtete der staatseigene Konsum als Pächter das Lokal. Als 1987 der alte Filialleiter in Rente ging, übernahmen die Künzes die Kneipe, zunächst nur als Pächter im eigenen Haus. Nach einem Jahr erhielten die Künzes das Angebot, die Kneipe in eigener Regie – und auf eigenes Risiko – zu führen. Der Mann aus dem Westen hatte den SED-Bürgermeister, zuständig für Versorgung und Unterhaltung im Dorf, mit seiner Tüchtigkeit und seinem Renovierungselan ordentlich beeindruckt.

Und in der Tat, die Kneipe ist ein gepflegtes Reich. Auf den Tischen frische Tücher und duftende Nelken; Kamine und Wandschmuck stammen aus dem vorigen Jahrhundert, die Bürstenspüle aus der Bundesrepublik, Bier und Schnaps aus der DDR. Neben der Kneipe gibt es den »Großen Saal« mit Bühne und Bar, wo einmal im Monat ein Tanzvergnügen die Malzer lockt.

Tagsüber zimmert, mauert und tapeziert Künz, zum Beispiel in der neuen »Weinstube«, abends serviert er Bier und Eisbein. Inge Künz zapft. Das Geschäft läuft, der Laden ist ermutigend voll. Aber die Künzes schätzen die Rush-hour nicht nur wegen des Gewinns. »Nein, das ist man einfach von drüben noch so gewohnt: Wenn's richtig läuft, macht's mehr Spaß!«

Jedenfalls hat Werner Künz mit seiner aufmüpfigen Do-it-yourself-Initiative nicht nur die Kneipe auf Vordermann gebracht. Als auf der anderen Straßenseite ein Anstreicher den neuen Bus-Unterstand anmalte, ohne den Untergrund zu verputzen, sprang Werner aus dem Haus und sagte: »So geht's aber nicht! Da ist die Farbe ja nach dem ersten Regen wieder weg.« Künz ließ sich auf keine Diskussion ein, sondern klapperte wütend alle Läden in der Umgebung ab, bis er das richtige Material gefunden hatte und höchstpersönlich und äußerst fachmännisch den Bus-Unterstand verputzte. »Übrigens auf eigene Kosten!« Nach Künz' Meinung hat der Staat schuld an Resignation und Passivität seiner Bürger: »Er behandelt sie wie Minderjährige, denen man nichts zutraut, die man immer an die Hand nehmen muß.« Und nach einer Pause: »Manchmal behandelt er sie nicht mal wie Minderjährige, sondern wie Sklaven!«

Künz, der sich gern selbstbewußt gibt, will nun gewiß kein Sklave sein. Mit mutigen Attacken hat er sich bisher gegen Bevormundungen zur Wehr gesetzt. In diesem Sommer beispielsweise, als ihm sein Vertragspartner keine Eiskrem für die Gaststätte liefern konnte, las er eines Morgens im *Neuen Deutschland* die markige Anklage: »Viele Eltern in der BRD sind so arm, daß sie ihren Kindern kein Eis kaufen können.« Empört rief er den Bürgermeister an: »Ihr lügt euren Bürgern vor, in der Bundesrepublik könnten sich manche kein Eis leisten, während es hier überhaupt kein Eis gibt!« Seitdem wird ihm der Nachtisch pünktlich geliefert. »Die da oben sind es nicht gewohnt, daß man so mit ihnen spricht«, meint er.

Auch in der Kneipe trachtet Künz nach Unabhängigkeit. Statt in der für Servierpersonal vorgeschriebenen Schwarzweiß-Kluft bedient das Ehepaar in Jeans und Baumwollpulli, »weil das einfach praktischer ist«.

Auf den Tischen liegen Bierdeckel von Bitburger Pils aus, wenn auch nur die DDR-Marke Pilsator ausgeschenkt wird; das Glas zu 58 Pfennig. Im Fremdenzimmertrakt liegen alte »Spiegel« und andere zerlesene Westzeitschriften aus, überall dudelt der Rias seine Pop- und Politik-Beiträge, selbst wenn der SED-Bürgermeister an der Theke sitzt. Bei besonders staatsgefährdenden Meldungen fordert er Künz

schon mal auf: »Schalt doch Musik ein!« Aber das ist nicht so ernst gemeint. Schließlich guckt auch des Bürgermeisters Sohn Mirko zu Hause SAT 1. Mirko ist ein Freund des zehnjährigen Udo Künz. Die beiden schwimmen in der Havel, angeln und spielen »Monopoly«.

Udo Künz aber ist der Star der Nachbarschaft. Der Zehnjährige verfügt schließlich über ein Spielzeugarsenal mit Fernseher, Computer und elektronisch gesteuerten Autos, und im ehemaligen Stall stehen Rennrad, Mountain-Bike und sogar ein echtes Motorrad, mit dem er schon über 100 Liter Benzin auf dem Sportplatz verfahren hat. Zudem stehen dem Jungen rundherum riesige natürliche Spielflächen zur Verfügung, abenteuerliche Wiesen, Wälder und Felder, von denen Kinder in der Bundesrepublik nur träumen können.

In der Schule, die sogar gegen seinen Ohrring nichts einwendete, hatte Udo anfangs Schwierigkeiten mit dem Stillsitzen. Inzwischen ist »das kein Problem mehr«, er lernt gern Russisch und ist Mitglied bei den »Pionieren«.

Nein, mit seinem Leben in der DDR ist Udo zufriedener als viele Kameraden, die ständig von »drüben« träumen. Tatsächlich wurde Udo weniger von dem geographischen als vom Berufswechsel seiner Eltern betroffen. Er ist Wirtshauskind geworden. Die Eltern hoffen, daß er später die Kneipe übernimmt. »Aber wer weiß schon, was in zehn Jahren sein wird?« Vielleicht trägt Udo dann die Uniform der Nationalen Volksarmee.

Udos Brüder leben im Westen. Im Malzer Wohnzimmer hängen Photos der beiden mit ihren Bräuten. Bernd in Bundeswehruniform. Vielleicht wird er noch in zehn Jahren zur Reserveübung eingezogen. Wer weiß, was in zehn Jahren ist?

Bis jetzt haben die Künzes ihren Schritt noch nicht bereut. Beiden macht die Arbeit Spaß, beide glauben, daß sie mit ihrem Einsatz der »Bevölkerung, ja auch dem Staat der DDR helfen«. Und beide konnten sich, von Kleinigkeiten abgesehen, bisher nicht über Schikanen der Bürokratie beschweren.

Bisher. Jetzt droht der erste ernste Zwischenfall. Es geht um Besuchsreisen in die Bundesrepublik. Die Familie war in den vergangenen Jahren schon mehrmals – zusammen und getrennt – im hessischen Zwingenberg. Sie haben so viele Verwandte drüben, daß sich meist der erforderliche »runde Geburtstag« findet. Im Gegensatz zu den meisten DDR-Bürgern, die ihre Westreise im Zug machen müssen (nur Behinderte dürfen mit dem Trabi raus), durften die Künzes bisher in ihrem weißen Mercedes mit dem DDR-Kennzeichen die Grenze passieren. Diesmal aber hat die zuständige Sachbearbeiterin bei der Polizei in Oranienburg angekündigt, daß sie die Stren-

wöchige Schließung des Lokals keineswegs recht ist, schaltet sich ein. Beim Mittagessen erfahren auch die Stammgäste von der drohenden einwöchigen Trokkenlegung. Sie maulen. Am Freitagmittag – es gibt die scharfe Soljanka-Suppe für 1,10 Mark, Rouladen für 4,20 Mark und schon reichlich Bier – muß Inge Künz ihre Gäste um 14 Uhr rausschmeißen. »Wir müssen zur Polizei.«

Rush-hour im »Anker«: Die Kneipe floriert, und Inge Künz blüht auf dabei: »Das ist man von drüben noch so gewohnt – wenn's richtig läuft, macht's einfach mehr Spaß!«

ge des Gesetzes auch auf die Künzes anwenden will. Das bedeutet, daß Werner nicht den kaputten Mikrowellenherd zur Reparatur mitnehmen kann und daß die beiden vorgesehenen Gaststätten-Ruhetage im »Anker« wegen der betulichen Zugfahrt nicht reichen für die Reise nach Westen. »Dann müssen wir eben von Sonntag bis Samstag reisen und die Kneipe mehrere Tage schließen«, antwortet Inge Künz am Telephon. »Das ist Erpressung«, sagt die Sachbearbeiterin und legt auf.

Für heute nachmittag ist die endgültige Entscheidung bei der Polizei angesagt, die erste schwere Kraftprobe. Sogar der Bürgermeister, dem die ein-

Die Sonne scheint an diesem Septembernachmittag sommerlich warm, der Wind schüttelt die Bäume nur sanft, und doch fallen die Eicheln zu Dutzenden herunter wie schwere Tropfen. Die Kühe kauen und glotzen von ihrer Wiese einem Schwan hinterher, der durch die Havelkurven gleitet. Um vier kommt das Ehepaar aus Oranienburg zurück. Die Polizei hat entschieden: Künzes müssen mit dem Zug fahren. Der Mercedes bleibt hier. Ohne Begründung, nur Paragraph soundso. Werner Künz ist sauer. Er schimpft, fühlt sich ungerecht behandelt. »Die werden ihre Quittung schon kriegen, die müssen noch viel lernen. Von seinem Mercedes will er jetzt das

»DDR«-Kennzeichen abreißen, »das brauche ich ja nur im Ausland«, sagt er.

Im Wohnzimmer liegt ein Prospekt: »Ungarn lädt ein«. Die Künzes haben in diesem Jahr ihren Sommerurlaub am Plattensee verbracht – und sind in die DDR zurückgekehrt, ohne an die österreichische Grenze zu denken. Werner Künz geht in die Küche und brät die Zigeunerschnitzel. Die Kneipe ist schon um halb sieben brechend voll. An einem langen Tisch feiern zehn Arbeiter von der Schiffswerft Geburtstag, mit DDR-Weinbrand und Bier. Auf seinem Stammplatz in der Ecke sitzt der 83jährige Bäcker, der schon den Ersten Weltkrieg in Malz er-

und animiert offenbar zu entschlossenem Trinken, gleichsam als alkoholische Vorratshaltung. Die meisten hier haben eh ihre kleinen Überlebensstrategien entwickelt. Der eine züchtet nebenbei Hühner und verscherbelt die Eier für 60 Pfennig an den Konsum-Laden, der die »gestützte« – subventionierte – Ware für 40 Pfennig verkauft. (Oft freilich kauft auch die Ehefrau des Züchters die Eier für 40 Pfennig vorn im Laden, damit ihr Mann sie hinten noch einmal verkaufen kann, mit 20 Pfennig Gewinn versteht sich. Andere machen dasselbe Geschäft mit Gänsen, die vom Konsum für 100 Mark ge- und für 60 verkauft werden.)

Im Osten was Neues: Die Einbauküche stammt aus dem Westen. Sohn Udo schmeckt das Dortsein.

lebt hat und heute noch die Brötchen backt. Wir sitzen am Stammtisch mit »Goldfinger«-Werner, einem angeblichen DDR-Millionär, mit Axel, dem Kanalschiffer und dem unermüdlich witzelnden Günter, einem Automechaniker. Wir spielen Skat. »Kontra« heißt hier »mit Schmock«.

Daß die Kneipe wegen des Autofahrverbots schon am Sonntagabend für eine Woche geschlossen wird, statt für zwei Tage, verbittert die Gäste

An den meisten Tischen wird über die Verhältnisse in diesem Land gespottet und gejammert. Wollen sie hier weg? »Was sollen wir da drüben? Wir haben doch hier unser Zuhause, unsere Verwandten und unsere Freunde, hier sind wir verwurzelt, und hier ist es schön.«

Nach Meinung der Malzer jedenfalls würden nur wenige abhauen, wenn alle wenigstens mal im Urlaub hier rausdürften. Jemand mutmaßt sogar, daß dann mehr Leute aus der BRD hierhin umsiedeln würden, so wie der Werner. Bleibt allerdings fraglich, ob die DDR überhaupt mehrere Werners haben will, ob sie Werner als heilsame Spritze oder als subversiven Stänkerer einschätzen soll.

Werner jedenfalls greift nicht ein, wenn an den Tischen DDR-kritische, sogenannte »subversive« Sätze fallen. »Nur, wenn jemand hier so richtig agitiert, dann müßte ich den wohl stoppen«, meint er

nachdenklich. An diesem Abend, zwei Tage vor der Wochenschließung, läßt Inge Künz die Zecher bis halb zwölf statt nur bis zehn gewähren, bis die Fässer leer sind und es nur noch warmes Flaschenbier gibt. Die Gäste danken's mit Kneipenlyrik. »Hopfen und Malz, Künz erhalt's«, schwadroniert jemand.

Drei Tage später rufen wir die Künzes im hessischen Zwingenberg an. Wie geht's? »Ach, wir haben schon wieder Sehnsucht nach Malz.«

Das Drama von Malz

Von einem, der gen Osten zog, sein Glück in der damals noch existierenden DDR zu machen, berichtete das ZEITmagazin vor zwei Jahren. Dem Malermeister Werner Künz war durch eine Erbschaft ein Gasthof in der märkischen Ortschaft Malz zugefallen. Kaum hatte er sich halbwegs arrangiert, da kam die politische Wende. Und damit begann der Ärger, wie unsere Reporter bei ihrem zweitem Besuch erfahren mußten

Von **WOLFRAM RUNKEL**, erschienen im ZEITmagazin am 12. September 1991

»Auf der Terrasse spielen Kinder Kapitalismus: Monoply«.

So begann im Sommer vor der Wende unsere Reportage über die Familie Künz, die 1986 aus der Bundesrepublik in die DDR auswanderte, weil sie dort, in Malz bei Oranienburg, eine Kneipe geerbt hatte.

Der Gasthof »Zum Anker«, damals grün wie die märkischen Wiesen, leuchtet jetzt in einem so strahlenden Blau, als wollte er dem märkischen Himmel Konkurrenz machen. Aus dem Spiel von damals ist Ernst geworden. Kapitalismus wird nicht mehr mit Kunstgeld geprobt, sondern mit harter Mark und Leib und Seele. Die Monopoly spielenden Kinder sind abgetreten; statt dessen wirbelt auf der Terrasse ein Model mit Kamerateam, das Modephotos für eine neue Frauenzeitschrift schießt. Ein leuchtender Reflektionsschirm färbt Gesichter, Kleider, Luft und sogar das blaue Haus golden ein. Malz, ein Sommermärchen.

Und wie sieht's drinnen aus? Die schöne alte Kneipe mit den Kaminen und dem Wandschmuck aus dem vorigen Jahrhundert wird von grellen Blitzen und zischenden Biep-Lauten durchzuckt. Drei Ka-

nalschiffer verzocken am einarmigen Banditen ihre Heuer. Am Stammtisch sitzen zwei Gäste, die nichts zu sagen haben. Hinter dem Tresen steht Frau Inge Künz und lächelt tapfer. Weitere Geräusche kommen aus dem Gang zwischen Gaststube und Klo, in der Jugendliche stumm vor Flipper und Videogeräten hocken. In der Kneipe, in der noch vor knapp zwei Jahren die Malzer mit großem Hallo und ungerührt durch die Anwesenheit des SED-Bürgermeisters die neuesten Ausreisezahlen aus Ungarn diskutierten, herrscht elektronischer Totentanz.

Was ist hier los? Nichts ist los. Was hat sich verändert? Frage ich. »Det Bier ist teurer geworden«, kommt eine düstere Antwort. Das alte Pilsator für 47 Pfennige gibt es nicht mehr. Satt dessen (West-) Berliner Kindl für 1 Mark 70 oder das Potsdamer Rex in Gläsern mit Altem-Fritz-Konterfei für 1 Mark 20. Die Leute haben kein Geld, oder sie befriedigen damit ihren Nachholbedarf an Konsumgütern: »Bier ist ja nichts Neues«, seufzt Inge Künz. »Und wer unbedingt Bier trinken will, kauft es bei Aldi und trinkt zu Hause.« Als Info-Börse hat die Kneipe ausgedient. Das erzählen regimefeindlicher Witze hat seinen subversiven Kick als mutige Kleinst-

Um das Werbeschild von Werner Künzens Gaststätte hat es Ärger gegeben: Nun steht es ein paar Meter weiter auf privatem Grund.

rebellion verloren. »Kohl-Witze, det kann ja jeder.« Meinungsfreiheit als Lust-Verlust.

Plötzlich beugt sich Frau Künz konspirativ zu uns: »Die Wende kam für uns zu früh. Nicht menschlich natürlich, geldlich.« Wir bestellen ein neues Fridericus Rex. Frau Künz zapft mit Freude. »Wir haben in den letzten Monaten zugebuttert. Nur die Automaten haben uns über Wasser gehalten.« Der Kapitalismus und seine Automatisierung. Wenn die Kneipengespräche langweilig werden, unterhält man sich mit dem Glücksspielautomaten. Von den alten Skatpartien »mit Schmock« (Contra), zu denen ich damals eingeladen wurde, ist nur eine Freitagsabendrunde geblieben.

Heute ist Dienstag. Statt nach Spielkarten fragen wir nach der Speisekarte. Aber auch die ist abgeschafft – es gibt nur zwei Gerichte: paniertes Schweineschnitzel und Bratwurst, jeweils mit Pommes frites. Auch der Koch Mario mit seinen scharfen Peperoni-Raffinessen fiel der dünnen Wende-Nachfrage zum Opfer. In der Küche steht wieder Werner Künz, der Herr des Herdes. Er muß heute nur die beiden Essen für die Westgäste bereiten. Er reicht die Teller, hält einen Moment sein gequältes Gesicht in die Gaststube und zieht sich zurück, ohne uns zu begrüßen. Er ist nicht gut drauf.

Für Werner Künz ist durch die Wende eine Welt zusammengebrochen. Der BRD-Emigrant, dessen

Kneipe der beliebteste Treffpunkt am Orte war, verlor nicht nur den größten Teil seiner Klientel. Auch seine Westreserven im heimischen Zwingenberg, wo er sein Eigenheim vermietet hat, sanken durch die Währungsreform erheblich im Kurs. Schließlich büßte er sogar seinen Sonderstatus als exotischer Wessi-Star ein, der mit einem weißen Mercedes durch die graue Trabi-Öde gondelte.

Am schlimmsten aber: Er verlor seinen bis dato wohl besten Freund im Ort, den Bürgermeister Udo Moser, der ihm den Weg zur Einreise geebnet hatte, im »Anker« ein treuer Stammgast war und im großen Saal die Massenveranstaltungen durchzog – selbst dann, wenn der Wirt gnadenlos den verbotenen Westsender Rias dudeln ließ. Ausgerechnet die neuen freien Wahlen machten die Bierfreunde zu Erzfeinden. Künz gründete den SPD-Ortsverein Malz und bekämpfte seinen alten Kumpel Udo, der mit seinen Anhängern flugs eine Bürgerbewegung ins Leben gerufen hatte, als Vertreter einer »altstalinistischen Partei«. Udo Moser fühlte sich von dem Mann, den er sozusagen mach Malz geholt hatte, schmählich verraten.

Künz hatte 1985 sein Haus in Zwingenberg verlassen, um das Heimweh seiner Frau zu stillen: Inge Künz, eine gebürtige Malzerin, war 1956 als Siebzehnjährige in den Westen übergesiedelt und hatte 1958 den damals zwanzigjährigen Malergesellen Werner Künz geheiratet. Unter dem entsetzten Protest zweier erwachsener Söhne, ihrer Freunde und Kollegen zogen die Künzens mit Kind (dem damals siebenjährigen Nachkömmling Udo) und Kegel in die DDR, wo sie das gerade geerbte Gasthaus übernehmen sollten.

Obwohl sie in den vergangenen Jahren oft ihren Urlaub in Malz verbracht hatten und sich der Bürgermeister, Werners Freund und des Sohnes Udos Namensvetter, an höchster Stelle für die reibungslose Übersiedlung einsetzte, mußte die Familie nach ihrer Einreise damals noch sechs Wochen lang in einem Lager »zur Überprüfung« in Quarantäne leben. Sie wurden buchstäblich bis auf die Knochen untersucht, täglich verhört, wie Gefangene zu Arbeiten eingeteilt und sogar über ihr Intimleben befragt. Um nicht die Blamage einer Abschiebung zurück zu erleiden, heuchelte der Sozialdemokrat Künz Interesse am DDR-sozialistischen System.

Nach sechs Wochen dieser speziellen Untersuchungshaft zog die Familie endlich in die Kneipe

ein und erhielt im Austausch gegen ihre BRD-Reisepässe die blauen DDR-Personalausweise. Mit einem Glas Sekt in der Hand hielt Werner Künz eine kleine Ansprache: »Ob ich mich eines Tages für meinen neuen Ausweis bedanken kann, weiß ich noch nicht. Das muß die Zeit zeigen.«

Drei Jahre später – bei unserem ersten Besuch – wußte er noch immer nicht genau, ob er sich bedanken sollte. Zwar liebte er seine neue Kneipe, die er emsig mit BRD-Produkten auf westliches Niveau renovierte, aber die Bürokratie und Bevormundung, besonders die eingeschränkte Reisefreiheit in den Westen, sowie »die verlogenen Zeitungsmeldungen« nervten ihn erheblich. Da er aus seinem Herzen keine Mördergrube machen wollte, fiel er gelegentlich auch den hohen Verwaltungsbeamten durch Aufmüpfigkeit auf. Andererseits wußten sie alle seine ungewöhnliche Initiative zu schätzen, mit der er in den sozialistischen Alltag einstieg.

Als beispielsweise ein Anstreicher die neue Bushaltestelle gegenüber der Kneipe anmalte, ohne den Untergrund zu verputzen, sprang Malermeister Künz aus dem Haus und rief: »Das ist Pfusch. Da ist die Farbe nach dem ersten Regen wieder runter!« Den Einwand, es gebe keine Grundierungsfarbe, ließ er nicht gelten. Persönlich klapperte er alle Läden ab, bis er das richtige Material gefunden hatte und den Unterstand fachmännisch verputzte und anstrich.

Auf eigene Kosten erledigte er das auch im neuen Jugendclub, der in einem Raum im kleinen Rathaus untergebracht wurde – wie konnte er ahnen, daß er damit einen zukünftigen Konkurrenten aufbaute? Als nämlich nach der Wende der FDJ-Klub geschlossen wurde und die freie Marktwirtschaft in Malz einzog, übernahm einer der Jugendlichen, ein Hüne namens Torsten, den Raum, blies den Blauhemd-Mief raus, modelte das Ganze zu einer attraktiven, westlich aufgemotzten Disco-Kneipe um und montierte eine knallige Leuchtreklame: »Big Torsten«.

Aufgebracht beschwerte sich Künz beim Bürgermeister, daß ausgerechnet im Rathaus ein Nachtclub etabliert würde, doch dieser konterte gelassen: »Aber du hast die Kneipe doch selber verputzt.« Außerdem, so ergänzte der Bürgermeister hämisch, erhalte er monatlich 800 Mark Pacht von Big Torsten; das sei eine Geldeinnahme fürs Gemeindesäckel, die Künz doch wohl gutheißen müsse, da er der Gemeindeverwaltung sonst immer Verschwendung öffentlicher Gelder vorwerfe.

Tatsächlich kritisiert Künz regelmäßig die Finanzpolitik des Bürgermeisters und insbesondere die »Durchführung verschiedener Vorhaben«, die er in den Ratssitzungen ebenfalls »Pfusch« nennt. Wenn beispielsweise von den ersten Bundesmitteln der alte Feuerwehrturm renoviert wird und die Planer einfach auf eine Dachrinne verzichten, platzt dem 150prozentigen Handwerker der Kragen. In flammenden Ansprachen protestiert er und setzt den Einbau der Rinne (»ohne die der ganze Feuerwehrturm vergammelt«) durch.

Im Kommunalwahlkampf entwirft und malt Künz eigene Wahlplakate und veranstaltet Info-Abende »gegen altstalinistische Seilschaften«, was »keineswegs persönlich gemeint« sei, wodurch sich sein Feind Udo Moser gleichwohl »persönlich angegriffen« fühlt: »In mir brach eine Welt zusammen. Ich konnte nachts nicht mehr schlafen.« Moser ist freilich nicht nur durch die harschen Verbalattacken erschüttert, sondern er empfindet den Wahlkampf des Freundes als Angriff auf seine Existenz: »Wenn ich als Bürgermeister nicht wiedergewählt werde, sitze ich auf der Terrasse, arbeitslos.« Moser ist tatsächlich so schwer beleidigt, daß er sämtliche Kontakte zu Künz abgebrochen hat und sogar dessen »SPD-Kneipe« meidet, obwohl »mir da das Bier am besten schmeckt«.

Künz wiederum rückt seinem Widersacher mit neuen spektakulären SPD-Aktionen auf den Leib. So erscheint er eines Tages mit einem Partei-Trupp auf dem Friedhof, legt das überwucherte und vergammelte Kriegerdenkmal für die gefallenen Malzer Soldaten (»Sind sie nicht im Heimatland, so liegen sie in fernem Sand«) nebst verschüttetem Eisernen Kreuz frei und restauriert es säuberlich. Der geschockte Bürgermeister, unter dessen SED-Ägide das Kriegsmal verfallen war, will sich als neuer, der CDU nahestehender Politiker von der SPD auf keinen Fall national überholen lassen. So versucht er, Künz mit dessen eigenen Mitteln zu schlagen, und erklärt diese Renovierung zur »Pfuscharbeit«, weil Künz und Co. die alten Wülste nicht sauber wiederhergestellt hätten.

Die Denkmalsrettung brachte der SPD jedenfalls nicht den erhofften Wahlsieg: Der alte Bürgermeister Udo Moser gewinnt mit seiner neuen Bürgerbewegung sechs der fünfzehn Ratssitze gegen fünf der

SPD (den Rest teilen sich FDP und CDU). Künz wird zum leidenschaftlichsten Sprecher der Opposition und wegen seiner vielen Pfuschvorwürfe bald als cholerisch eingestuft. Tatsächlich regt Künz sich schon beim Nacherzählen der 1001 Episoden so auf, daß wir uns Sorgen um seine Gesundheit machen. Er scheint seine Geduld während der bitteren Lagertage und bei seinen demütigenden Erlebnissen als DDR-Bürger überstrapaziert zu haben und glaubt jetzt – in einer Art später Rache –, den Altkommunisten auf die schon wieder frechen Finger klopfen zu müssen. Vor der Wende verhielt sich der Gastwirt – obzwar DDR-Bürger – meistens noch wie ein braver, gelegentlich aufmüpfiger Gast in einem fremden Land. Nach der Wende war er dann zunächst »froh, ohne zu reisen wieder da zu sein, wo ich herkam: in der Bundesrepublik«. Als Alt-Bundesbürger wandelte er sich unter all den neuen Bundesbürgern vom geduldeten Gast zum ungeduldigen Herrn, der weiß, wo's langgeht.

Der »Anker«-Wirt und der Bürgermeister von Malz leben eine besondere Variante des problematischen Ost-West-Verhältnisses vor, nach der Devise: Jetzt wächst auseinander, was zusammengehört. Jedenfalls weiß Künz in bester Wessi-Manier alles besser, und der Bürgermeister »würde ja gerne Künzens Know-how übernehmen, aber nicht in diesem Ton«. Der soll sich lieber um seine Kneipe kümmern, meint Moser und verweist höhnisch auf die florierende Rathaus-Bar des Big Torsten, der seine Zeit nicht mit Politik verschwende. Zum Lohn für Torsten (und vermutlich auch zur Strafe für Werner, der sich doch auf seine Kneipe konzentrieren soll) gestattet er seinem Pächter riesengroße Reklameschilder an der Häuserwand, die Big Torsten freilich noch mit übergroßen, an die Wand gesprühten Werbebildern ergänzt. Das ganze Rathaus wirkt dadurch wie eine einzige Super-Kneipe.

Damit bringt der exkommunistische Bürgermeister, (den wir hier mal ruhig einen »deutschen Peppone« nennen wollen), natürlich wieder den anderen Kneipenbesitzer, (den wir hier, wo es keinen Pfarrer und keine Kirche gibt, ruhig mal einen »deutschen Don Camillo« nennen dürfen), in Rage. Der wirft nun seinerseits dem Bürgermeister die Vermengung von Politik und Wirtschaft vor.

Der Bürgermeister, in die Enge getrieben, ließ inzwischen Torstens Zeichnungen wieder weiß übermalen, versprach die Bestellung eines neuen, großen Schildes mit der Aufschrift »Gemeindeverwaltung«, das demnächst neben »Big Torsten« an der Wand prangen soll, und sicherte die Amtsstuben vor dem Zugriff wildgewordener Kneipenbesucher durch »die Anbringung von Eisengittertüren«. Künz' Kommentar: »Jetzt sieht das Amtszimmer wie ein Gefängnis aus.«

formiert, stehen einige Halteverbotsschilder an der Wand, die von einem weiteren Schildbürgerstreich erzählen. Dem Bürgermeister, der gegenüber vom Rathaus und somit auch von Big Torsten sein eigenes Häuschen hat, wurde eines Nachts der Lärm der Torsten-Gäste zu laut. So beschloß er, das ganze Umfeld der Torsten-Kneipe nächtens mit Parkverbotsschildern zu bepflanzen und somit die Autos

Idyllisches Malz: Aber es scheint, dass hier seit der Wende auseinanderwächst, was zusammengehört.

In dem Amtszimmer, in dem der Bürgermeister die Reporter zu einem Gespräch empfängt und uns über die Beziehungen zum SPD-Bürgermeister von Hopfen, der bayerischen Partnerstadt von Malz, informiert, stehen einige Halteverbotsschilder an der

von Torstens Gästen ans Ende der Straße zu vertreiben – genau vor die Tür von Künzens »Anker«. Der nunmehr nicht nur um die Gäste, sondern auch um den Schlaf gebrachte »Anker«-Wirt alarmierte die

Polizei, die wiederum den Bürgermeister belehrte, daß er nicht das Recht habe, eigenhändig Verkehrsschilder aufzustellen.

Der Bürgermeister baute die Schilder ab und hält sie jetzt in der Amtsstube bereit. Im Gegenzug attackierte er Künzens Hinweisschild »Gaststätte Zum

pro Monat. Künz konterte eiskalt. Er bat den Besitzer eines Gartens neben dem öffentlichen Boden, bei ihm sein Schild aufstellen zu dürfen. Jetzt steht es einen Meter neben der alten Stelle auf Privatbesitz, ragt aber mit drei Zentimetern wieder in öffentliche Luft hinein. Was ihn möglicherweise eine Nutzungsgebühr von 2 Mark 50 kosten könnte.

Die Baustelle für die kommunale Kläranlage gibt Anlass zum Streit: Werner Künz befürchtet, dass vor Baubeginn die Eigentumsverhältnisse des Grundstücks nicht ausreichend geklärt worden sind.

Anker 500 Meter« am Ortseingang: Dieses stehe auf öffentlichem Boden, und deshalb verlange er, der Bürgermeister, eine Nutzungsgebühr von 25 Mark

Der Streit der beiden Männer und ihrer politischen Anhänger nahm zeitweilig solche Formen an, daß auch die Oranienburger Zeitungen regelmäßig darüber berichteten (»Bürgerkriegsstimmung in Malz«). Die beiden Kontrahenten sammeln sorgfältig die Zeitungsausschnitte, wobei sich der Bürgermeister in seiner Sammlung besondere Stellen über seinen Widersacher rot angestrichen hat. Material für eine eventuelle große Abrechnung? Offiziell gibt er sich gelassen, verlangt »nur eine öffentliche Entschuldigung für den Stalinismus-Vorwurf«, den sein Widersacher freilich gar nicht gemacht haben will.

Warum fällt es diesen beiden Männern so schwer, sich zu verstehen und sich zusammenzuraufen? Es sind keineswegs ihre Unterschiede, die unterschiedliche Stammprovinz und das unterschiedliche Gesellschaftssystem, die ihnen Probleme bereiten, (damit sind sie drei Jahre gut klargekommen). Es ist im Gegenteil ihre Ähnlichkeit, ihre deutsche Verwandtschaft, die sie in ihre Haßliebe treibt, ihre Besserwisserei, Rechthaberei, Sturheit, ihre Larmoyanz, ihr Beleidigtsein.

Außer der Pflege dieser Geschichte hat der Bürgermeister freilich noch ein paar andere Aufgaben zu erledigen. Da ist beispielsweise das »Medienproblem«, die Installierung des Telephonnetzes nämlich, für das auf der Straße gerade die Gräben ausgeschachtet werden. Überhaupt die Straßenfrage: Soll das romantische Kopfsteinpflaster bleiben, oder soll asphaltiert werden? Sollen die sandigen Randstreifen für den Pferdeverkehr in Parkplätze verwandelt werden? Soll man hier Tourismus einführen? Malz liegt im nostalgischen Havelland am Ende der halbwegs zivilisierten Welt, wo die Straße in kilometerlangem märkischen Wald versandet. Das einzige Haus mit Fremdenzimmern ist Künzens »Anker«.

Des Bürgermeisters Hauptprogramm in diesen Tagen sind die »Fäkalsitzungen«. Mit den zu einem Zweckverband zusammengeschlossenen Kollegen der Nachbarorte berät man über den Bau einer gemeinsamen Kläranlage. Da bisher jeder Malzer seinen Dreck selber entsorgen muß, ist das Grundwasser stark nitratbelastet und das Trinkwasser für Kleinkinder bereits gefährlich.

Der Bürgermeister nimmt uns mit zu einem Waldstück, das gerade für die Anlage freigeschlagen wird. Er steht einem Fernsehteam zur Verfügung und stellt uns seinen Amtskollegen aus den Nachbarorten als »meine Reporter« vor. Dabei sind wir doch eigentlich Werner Künzens Reporter. Dieser kommentiert den Bau der Kläranlage mit der Befürchtung, daß »der Moser die Eigentumsfrage des Waldes nicht geklärt« habe. Jüngst hat er in einer Ratssitzung die Frage zur Diskussion gestellt, ob ein kleiner 380-Seelen-Ort überhaupt einen hauptamtlichen Bürgermeister nötig hat, ob er ihn sich leisten kann.

Jedenfalls verdient der Bürgermeister nur 1200 Mark netto im Monat und ist »dabei dienstbereit rund um die Uhr.« Sogar nachts kommen die Leute mit ihren Problemen. »Vor kurzem war ich eingeschlafen, als es um Mitternacht klingelte; ich rannte nackt an die Haustür, da standen zwei Leute, denen gerade die Oma gestorben war, und sie wußten nicht, wohin damit.« Da kann man sich fragen. warum Peppone so an dem Job hängt. Und warum Don Camillo ihm den nicht gönnt und sich in Schadenfreude sonnt.

Aber Künz will eben nur das Beste. Auch er hat neben seiner Spezialaffäre mit dem Bürgermeister genug anderes an den Hacken. Nach Meinung seiner Frau sollte er sich lieber auf sein eigenes Reich, den Ausbau seines Hauses mit allem Drin und Drum kümmern als um den kapitalistischen Aufbau der großen, weiten Malzer Welt. In der Kneipe könnte man beispielsweise eine Zwingenberger Speisekarte einführen und – mit des Bürgermeisters Empfehlung – im großen Saal statt SPD-Treffs wieder große »Vergnügen« veranstalten. Künz selbst fürchtet auch, er müßte sich statt um den großen Udo mehr um den kleinen Udo, seinen inzwischen dreizehnjährigen Sohn, kümmern. Dieser fühlt sich vernachlässigt, ist in der Schule abgesackt und brettert um Mitternacht auf seinem Mofa über das Kopfsteinpflaster (wozu der Bürgermeister »bald kein Auge mehr zudrücken kann«).

Abschied in Malz. Ein letztes Rex, ein Händedruck mit Frau Inge und der Weg in die Küche. Werner singt laut und kräftig: »Und dann wird mein Traum endlich waaaahr.« Welcher Traum und wann? Wir fragen nicht mehr. Er schenkt uns einen Satz alter DDR-Münzen zum Andenken.

Und sagt: »Kommt bald wieder.« Dann guckt er weg: »Vielleicht bin ich aber bald auch schon wieder in Zwingenberg.«

Fans des FC Carl Zeiss Jena auf dem heimischen Ernst-Abbe-Sportfeld.

Eine Liebe im Osten

Der FC Carl Zeiss Jena, die Erinnerungen an die alte DDR-Fußballherrlichkeit und das böse Erwachen der Fans bei der Reise in den immer noch so fernen und feindseligen Westen

Von **CHRISTOPH DIECKMANN**, erschienen in der ZEIT am 1. Oktober 1993

Für diese Reportage wurde Christoph Dieckmann mit dem Egon-Erwin-Kisch-Preis 1994 ausgezeichnet.

Guten Morgen, Jena-Fans! – *Guten Morgen, guten Morgen!* – Willkommen an Bord. Wie ihr wißt, geht's heute nach München zu den Löwen. Besonders begrüße ich unseren Heinz Schröder mit seinen 82 Jahren. Heinz hat mir gesagt, daß er heute gut in Form ist. – *Auswärtssieg, Auswärtssieg!* – Getränke sind genügend vorhanden, der Kühlschrank ist voll, es darf geraucht werden, was wollen wir mehr. – *Nieder mit der Limo!* – Unterwegs machen wir die nötigen Kurzpausen, und so um neun, in der Gegend von Nürnberg, kehren wir ausgiebig zum Frühstück ein. – *Überfall, Überfall! O Jena, wir holen zwei Punkte, o Jena, wir holen den Sieg!*

Halt, Leser, hiergeblieben! Willst du schon wieder fort aus unserem Bus, der sich durch Nacht und Nebel allgemach nach Süden tastet? *Haut doch mal den Nebel um!* Schlag sechs, stockdunkel war's, stiegen wir ein am Ernst-Abbe-Sportfeld zu Jena. Die Jungs aus Pößneck und Kahla hatte der Bus schon abgeholt. Den hinteren Teil okkupierte der Fanclub Letscho aus Jena-Lobeda, mit Duschhauben behelmt, und fuhr fort in der nächtlichen Feier seines 3. Platzes beim Fanclub-Turnier. *Und wir saufen das schäumende Bier. Und wir kotzen dem Wirt auf die Theke, schenket ein, schenket ein, schenket ein …*

Euphoria tremens: Was immer man erkennt, draußen im fahlen Licht, das wird stürmisch bejubelt, sei's der Drogeriemarkt Schlecker, sei's ein Reh, sei es das Rindvieh auf der Weide. *Hallo Kuh, hallo Kuh!* Dann erhebt sich aus der Nebelwatte der purpurne Ball und klimmt über die Thüringer Tannen. *Aaah!* Ergriffen opfert man Phoebus ein taufrisches Jenaer Burschenpils (»Jenaer je lieber«), das freilich alsbald seinerseits nach Opfern ruft. *Anhalten, anhalten!* Raus. Luft! Ein Kirchlein bimmelt von fern. Wir sind schon in Franken.

Zur Sache

In der DDR gehörten neben dem Ost-Berliner Fußballclub BFC Dynamo, der von 1979 an zehn Mal in Folge die DDR-Meisterschaft gewann, auch der 1. FC Jena und Dynamo Dresden zu den besonders erfolgreichen Mannschaften. Höchste Spielklasse war die DDR-Oberliga, es folgten die DDR-Liga und die Bezirksebene. Von 1949 an wurde um den DDR-Fußballpokal gespielt. Der Einfluss der SED und ihrer Funktionäre zeigte sich in der Nutzung der Stadien und der Vereinnahmung von Spielern für Propagandazwecke, in der Mitsprache bei Spielertransfers und gelegentlich auch in der Manipulation von Spielergebnissen.

Hansa Rostock war 1991 letzter Sieger in der DDR-Oberliga, die seit Vollendung der deutschen Einheit »Fußball-Oberliga Nordost« hieß und anschließend aufgelöst wurde. Der Deutsche Fußball-Verband der DDR trat im selben Jahr dem DFB bei. Hansa Rostock und Dynamo Dresden wurden in die Bundesliga aufgenommen, in der Dresden bis 1995, Rostock mit Unterbrechungen bis 2008 spielte.

In der Saison 2010/11 ist in der ersten Bundesliga kein Verein aus den neuen Bundesländern vertreten. In der zweiten Bundesliga spielen der FC Erzgebirge Aue, der 1. FC Union Berlin und Energie Cottbus.

Weiter geht's. Leser, du scheust Gesellen, die sich im Sonntagmorgengrauen an eisigen Bieren erwärmen? Die schnarchen bald. Setz dich nach vorn zu den ruhigen Jungs, die was sehen wollen vom Westen, und 49 Mark inklusive Eintrittskarte sind doch geschenkt für München und zurück. Setz dich zum alten Schröder. Der wartet nur darauf, daß er erzählen kann, und wenn dich das Nordmeer nicht interessiert, Schröders Schnellboot-Angriff auf Murmansk und das mörderische Russenfeuer von den Klippen, dann laß dich unterweisen in Jenas Fußballmythologie. Höre von Schorsch Buschner, von Fritzsche und Müller, der ja eigentlich aus Steinach kam, von Karli Schnieke und den unsterblichen Ducke-Brüdern, wobei Gott Roland Gott Peter öfters eine klebte, wenn der das Dribbling übertrieb. Seit 1962 reist Heinz Schröder zu jedem Auswärtsspiel.

Vor ihm sitzt Hubert Möller, einst medizinischer Fachschullehrer, jetzt im *Vorruhestand* mit 56 Jahren. Ihm starb die Frau an Krebs, noch in der alten Zeit, nachdem sie nicht zur Behandlung in den Westen reisen durfte. Unsere Ehe war tipptopp, richtig altmodisch mit Moral, da gab's kein Fremdgehen. Nach ihrem Tode hab' ich mich völlig zurückgezogen, aber davon ist sie nicht wieder lebendig geworden. Dann bin ich zu Männerrunden gegangen, Skat und so, da wurde mir zuviel getrunken und gequalmt. Also Fußball. Auf den Fahrten waren anfangs welche bei, die brüllten: Deutschland den Deutschen, Ausländer raus. Da wollt' ich was gegen tun. Hab' mich also in die Bibliothek gesetzt und gelesen und geforscht über die Städte und Mannschaften und dann im Bus Vorträge gehalten. Und wenn wir nach Hannover kamen, wußten die Kinder schon was über Heynckes und Siemensmeyer und daß man das Niedersachsenstadion nach dem Kriege gebaut hat, aus Trümmerschutt. Zum Schluß gab's immer ein Fußballquiz.

Auch für diesmal hat Hubert Möller auf Karteikarten in winziger Schrift alles notiert, was geschah, seit Heinrich der Löwe 1158 jenes München schuf, das seit 1860 die Löwen mit Fußball vergolden.

Der Vortrag aber muß erbeten sein. Dies tut über Bordfunk und mit wärmsten Worten Reiseleiter Uwe Dern. Später, sagt Möller, in der Holledau. Dort wächst der Hopfen. Ist ein guter Einstieg. Alles, was mit Bier zu tun hat, interessiert die Jungs.

Blau, Gold und Weiß
Diese Farben ich immer preis'.

Ob der hellste Sonnenschein
lacht dem ersten Sportverein,
ob ein Wetter ihn umdräu',
diesen Farben bleib' ich treu:
Blau, Gold und Weiß!

Der FC Carl Zeiss Jena ist ein Traditionsverein. Auf Betreiben des Zeiss-Werkes gegründet, spielte er 1903 sein erstes Match, gegen Weimar ging's. Jena muß wohl gewonnen haben, denn die Weimarer schrieben, das Rückspiel wollten sie mit ihrer ersten Mannschaft bestreiten. Jenas ganz große Fußballzeit begann erst Ende der fünfziger Jahre mit drei DDR-Meistertiteln (1963, 1968, 1970) und mit vier Pokalsiegen (1960, 1972, 1974, 1980). Im Europacup fegte man Clubs wie Ajax Amsterdam, Benfica Lissabon und den FC Valencia vom Rasen des Abbe-Sportfeldes. Das Europapokal-Video »Der Weg ins Finale« (von Gegentreffern gereinigt) ist heute noch der Fanclub-Renner. Mit einem 3:0-Hinspielsieg war der arrogante AS Rom am 2. Oktober 1980 nach Jena gekommen. Mit 4:0 schlich er von dannen, erlegt vom Doppelschuß eines staksigen Einwechslers aus Zwickau. *Bielau rein!* schrien die Fans noch auf Jahre, obschon Bielau ein Blinder war und nur traf, wenn er nicht guckte. Roms Trainer Liedholm taumelte zur Pressekonferenz und nannte Jena Weltklasse. »Diese Mannschaft spielt wie ein gewaltiger Choral.«

Dissonanzen: Nie verwanden es die Fans, daß sie 1981 nicht mit zum Finale nach Düsseldorf fahren durften. Ein halbes Jahr später wurde der damalige (und heutige) Clubchef Ernst Schmidt entlassen, weil er beim internationalen Fußballvergleich in Karlsruhe den Gastgebern Zeiss-Operngläser und -Feldstecher überreicht hatte. Erlaubt waren Kleinodien im Wert von fünfzehn Ostmark, und hinterher im »Parkhotel« deutsch-deutsch zu feiern galt für nicht minder eklatant als die Terribilitäten von Altstar Peter Ducke, der etwa mit dem Auto der Westverwandtschaft ins Jenaer Stadion kurvte und den Seinen von drüben sozialistische Sportanlagen zeigte. Das setzte Rausschmiß. Der heutige Assistenztrainer Konrad Weise, einst ein Welt-Stopper, kriegte Riesenärger, weil »Bild« ihn in sportlicher Umarmung mit seinem Bundes-Gegenspieler Ottmar Hitzfeld zeigte. »Ich wurde freigesprochen, weil Hitzfelds Arm um meine Schultern lag, nicht umgekehrt.«

Auch sportlich ging's bergab. Die Wende war die Wende. Jena beschenkte sich in letzter Sekunde mit dem Aufstieg zur 2. Bundesliga, sodann mit dem westdeutschen Trainer-Unikum Klaus Schlappner. Der Schlappi paßte hier zum Anfang gut rein, sagt Torwart Perry Bräutigam. Obwohl, er hat auch tüchtigen Mist erzählt. In der DDR-Oberliga war Shakehands nach Foul normal. Jetzt sollten wir uns vorstellen, der Gegenspieler bricht in unsere Wohnung ein und macht uns den Kühlschrank leer. Später wollte Schlappi unbedingt in die 1. Liga aufsteigen. Als das nicht klappte, hat er die Spieler beleidigt.

sungslosen deutschen Fußballnation, es sei ein Wermutstropfen in den Kelch der Jenaer Freude gefallen: Der Jugoslawe Pejovic habe im Jubel sein Trikot unters Volk geworfen. Somit sei der komplette Satz Hemden zerrissen. Im armen Thüringen kam das gut an, aber Pejo war so erschüttert, daß er tags darauf im Clubheim seine 200 Mark Telephonschulden beglich. Mit Trinkgeld, sagt die Sekretärin.

Jetzt aber los, zum Freundschaftsspiel beim Viertligisten Apolda. Ein halbes Stündchen Fahrt durch

Die Jenaer Fußballlegenden Roland (l.) und Peter Ducke setzen sich in der Meistersaison 1969/1970 gegen den am Boden liegenden Dresdner Klaus Sammer durch.

Heute trainiert der Wessi Uwe Erkenbrecher (vorher Wolfsburg) die Kicker in Jena. Dies ist ein Arbeitsplatz in der Bundesrepublik, sagt er, dafür muß man dankbar sein. Ost-West-Unterschiede? Die Spieler hängen hier mehr zusammen, die kennen sich schon lange. Die Kameradschaft macht sie stark, nicht so sehr die Individualität. Es gibt eine Schmerzgrenze, die heißt Geld, aber Heimatverbundenheit ersetzt hier jedenfalls ein paar Mark.

Kürzlich, nach dem Pokaltriumph in Dortmund, sprach Präsident Schmidt im Fernsehen zur fas-

den wunderschönen Thüringer Herbst, dann sind wir da, erwartet von 200 Leuten. Jena, was Wunder, ballert Apolda die Kiepe voll: 12:2. Pokalheld Olaf Schreiber verwandelt eine Ecke direkt und lacht wie ein Schulkind. Der Nigerianer Akpoborie trifft mit Schwarzer Kunst. Der Exdresdner Torsten Gütschow macht sein erstes Tor für Carl Zeiss. Perry Bräutigam hat heute frei.

Gütschow, sagt er, tja … Wie das rauskam mit dem Torsten und der Stasi bei Dynamo Dresden vor anderthalb Jahren, da hab' ich mich erst mal erschrocken: Wer könnt's bei uns gewesen sein? Wir wurden dann alle vom Verein befragt und mußten unterschreiben, daß da nichts war mit IM und so. Unser Präsident hat auch bei der Gauck-Behörde angefragt. Rausgekommen ist nichts. Wir waren ja auch kein Polizeiclub wie Dynamo. Jetzt kam der Torsten Gütschow zu mir als Kapitän und druckste so rum, er müßte der Mannschaft was sagen. Ich konnte mir schon denken, worum's ging. Ich sage: Torsten, brauchste nicht, von uns haste keinem was getan. Das Thema ist abgeschlossen. Null Probleme.

Nach Spielschluß gibt's Bier und riesige Bratwürste. Jenas Kämpen langen zu und gehen unters Volk. Jonny Akpoborie ist der allgemeine Clou. Sag mal, könnteste nicht mal ein Photo machen von mir und dem Schwarzen, Apo ..., Ako ..., ich bring's nicht raus. Machste? Stark. Bitte, schick mir's, ich sag' dir die Adresse, aber nicht vergessen, Ost-Ehrenwort. Wenn ich mit *dem* Bild ankomme, heime in der Kneipe, dann bin ich der King.

Peter Kotte von Dynamo Dresden (l.) behauptet in der Partie am 25. August 1979 den Ball gegen Jenas Spieler Konrad Weise.

So, sagt Konni Weise zu den Leuten, jetzt müssen wir wieder. Euer Bier hier, das schmeckt. Jetzt hatt' ich richtig Durst nach der prima Bratwurst. Sie strahlen. Er hat von unserem Tellerchen gegessen, er hat aus unserem Becherchen getrunken. Tschüs, Konni, grüß die Welt!

Die Welt ist Jena. In Apolda ging die Industrie kaputt. Dort saniert kein Lothar Späth. Im Auto sagt Weise: Wenn man die Leute hier fragt, ob sie die DDR wiederhaben wollen, dann rufen die ja!

Jena scheint davonzukommen. Unter zehn Prozent Arbeitslose, Stadtpolitik in größter Koalition, auch im Sozialressort, wo man, wie Stadtrat Stephan Dorschner erklärt, die kommunalen Jugendclubs nicht schließt wie anderswo. Was aber der FC Carl Zeiss an Jugendarbeit leistet und wie er »gegnerische« Fans empfängt, das hat auch dem Deutschen Fußballbund imponiert bei seiner Visite im August. 64 Zeiss-Fanclubs zählt der ABMer Uwe Dern uns auf. Deren gut 600 Mitglieder sind sämtlich registriert. Die Clubs heißen »Torlatte«, »Betonwüste«, »Krätze-Luigi«; wer sich »Ostfront« nennen will, wird gestoppt. »Ostpower« heißen sie jetzt, sagt Uwe. Die meinten gar nichts Militaristisches. Die Jungs sind oft schwierig, aber unheimlich lieb, wenn man sie nur richtig anspricht.

Der Bus erreicht den Rastplatz Nürnberg-Feucht. Alles mal herhören, ruft Uwe. Bevor wir die Gaststätte betreten, möchte ich daran erinnern, daß jeder von uns den FC Carl Zeiss Jena vertritt. Ich betone: jeder. Und nun guten Appetit.

Soweit möglich, waltet Sitte. Auch die Letschos reißen sich am Riemen, obzwar die fränkische Kundschaft angesichts der grünen Badehauben staunt, wie doch die Ossis von den Menschen sich so heftig unterscheiden. Ein Fan klaut unbemerkt ein kleines Plüschtier. Ein anderer löhnt Zeche plus Trinkgeld: »Hier, haut hin!« – »Bitte?« – »Na, haut hin!« Uwe dolmetscht: »Er meint, es stimmt so. Das Wechselgeld ist Ihrs.«

Weiter geht's. Vom Band dröhnen die Böhsen Onkelz: Bretterknaller-Deutschrock, hart am rechten Wind. Das, sagt Uwe ein bißchen verlegen, sind so die Kompromisse, die man machen muß. Richtiger Rechtsrock wie Störkraft kommt hier nicht rein.

Ingolstadt vorbei. Die Donau hinter uns. Die Holledau beginnt mit ihren Hopfenfeldern, und Hubert Möller hebt an zur Münchner Weltgeschichte. Die setzt ein bei Karl dem Großen und endet etwas hastig mit einem weiteren dringenden Stopp. Dann München-Harlaching. Am Ziel. Bis zum Spiel sind noch zwei Stunden Zeit, obwohl schon der Aufmarsch der Löwen beginnt. Es werden 24 000.

Sie sind so lieb. Man sitzt bei »Knoll«, dem Stadion gegenüber, trinkt Weißbier und versucht, der inneren Stimme wenigstens ein Unentschieden abzumarkten. »2:2, Jungs, vielleicht schaffen wir ein 2:2.« Ein Blauweißer hört das zage Wort, kommt herüber, legt die Tatze auf Jenas scheue Schulter und spricht mit der ganzen Güte des leiderprobten Fans: »Buam, heit gwinnst.« – »Sind Sie Bayern-Fan?« – »Naaa! Ois Löwe geboan.«

Anpfiff. Jena legt los wie die Feuerwehr – bis zum 16-Meter-Raum. München kontert. Chancen bleiben knapp. Jenas Libero Szangolies hebelt Imhof aus. Gelb! Bis zum Stachus kann man's hören, daß unserem Schango himmelschreiend Unrecht widerfuhr. *Schiri, deine Frau geht fremd,* bis auch der Münchner Miller die gelbe Karte kassiert. Und dann verletzt sich Röser, Jenas Abwehr stellt hektisch um, Münchner Paß nach links, Gerlach pennt, Pacult haut drauf, Bräutigam fliegt. Er fliegt umsonst.

Ein gräßlicher Cancan beschallt das Rund. Der Ansager ist greulich frohgemut: 27. Minute, unsere Löwen führen 1:0 durch Peter ... – ... *Arschloch,* brüllt Jenas Block. Pause. Zweite Halbzeit: Jena rakkert und rennt, aber Schreiber köpft drüber, Akpoborie fummelt zuviel, Gütschow steht ewig hinterm Mann. Schango rückt auf, und die 60er stechen ins entblößte Feld. Zweimal rettet Bräutigam in höchster Not. *Perry für Deutschland! Thüringen!* Dann, zwölf Minuten vor Schluß, Freistoß an Jenas Strafraumeck. Am langen Pfosten steht der Münchner Winkler völlig ungedeckt. Kopfball ...

Cancan, das Stadion tobt. *Welcome loneliness:* In Jenas erfahrenem Fan steigt die kühle Stille der Entsagung auf. Die Kinder aber haben nichts als Trauer und Trotz. *Ostdeutschland, Ostdeutschland! Bambule, Randale, wir kommen von der Saale!* Hohler Chor; sie sind ganz leer. Eine Zigarettenschachtel fliegt auf den Platz. Polizei rückt in den Jenaer Block und führt den Werfer ab. Wut! Tumult! Uwe geht dazwischen, wiegelt ab. Aber der Junge muß mit.

Nach dem Spiel erwarten ihn die Jenafans in ihrem Bus am Stadiontor. Unten steht das Polizeikommando. Ein Fan macht hinterm Fenster Bäh! und zeigt den Stinkefinger. Fünf Mann hoch, so stürmen sie den Bus, reißen den Jungen raus, dreschen einem zweiten, der das hindern will, ins Gesicht, daß ihm das Blut rinnt, und zerren ihn fort. Als er endlich

draußen liegt, gibt's noch einen Tritt. Der Einsatzleiter, Polizeioberrat Burger, interessierter Mann, steht dabei und fragt, was denn los sei.

Der Burger ist ja Mensch. Warum man sich von einer Kinderzunge provozieren lasse? Ja, sagt er, hinterher sei man immer klüger als zuvor. Ein untergebener Waffenbruder: »Mir lossn uns net schlogn und beleidigen, des ist net die Münchner Linie, sein S' mer net bös.« Aber gibt der Klügere, falls er's ist, nicht auch mal nach? – Was heiße hier nachgeben? Ein Beamter sei verletzt. – Ob er uns den mal zeigen könne? »Der is schon weg«, sagt der Burger, »mir zeign jetzt goar nix mehr.« Thüringer Volksmund: »Wie früher die Stasi-Bullen.« Gottlob hat der Burger das nicht gehört.

Politisch sind wir eins, sagt ihm Uwe Dern, aber dem Kopf, aber dem Herzen helfen solche Aktionen nicht. Fast scheint's, als würde den Burger was gereuen. Schon acht Tage zuvor, beim Pokalspiel in Uerdingen, machten Jenas Reisige die Bekanntschaft der Polizei. Vor dem Stadion hatten sie, zwecks Fanverbrüderung, eine Kaffeetafel aufgebaut. Die Polizei umstellte sie mit Hunden. Nach dem Spiel brüllten etliche Uerdinger *Ossi-Schweine! Zieht die Mauer wieder hoch!* Vier Jenaer rannten los und zogen einem der Rufer die Mütze vom Kopf. Verhaftung, Pressemitteilung der Polizei. Deutschlandweit war zu lesen: Jenaer Skinheads gingen auf Menschenjagd. Heilfroh ist der FC Carl Zeiss, daß Skinheads ihn meiden. Wer Kinder und Kindsköpfe *Rechte* nennt, dem könnten sie glauben.

Der Besuch beim Oktoberfest entfiel. Statt dessen harrten die Jena-Fans drei Stunden im Bus vor der Wache, bis die Kräfte des bayerischen Lichts die drei Verbrecher entließen. Dann reisten sie heim und fühlten sich wie Sondermüll Ost. Am Montag morgen gegen drei erreichten sie Jena.

In zwei Wochen fahren sie wieder los. Was anderes haben sie nicht. Sie wissen sonst nicht, wohin mit ihrem Herzen, und wer nichts zu lieben findet, muß hassen. Aber sie lieben – diesen Fußballclub. Und setzen ihr bißchen Geld daran und fahren und fahren, unterwegs zu einer Freude, die nicht immer nur den anderen zufallen kann. Dann werden sie gewinnen. Jetzt ist Kummer. Dann ist Glück. Also sprach Perry Bräutigam: »Die Zeit heilt alle Wunden.«

Vor allem per Hubschrauber versuchte Moskau 1994, die Opposition gegen den tschetschenischen Präsidenten Dshochar Dudajew zu unterstützen.

Krokodile über dem Kaukasus

In der abgefallenen GUS-Republik Tschetschenien wird schnell geschossen und rasch begraben. Gründe zum Sterben gibt es genug: Blutrache, ethnischer Eigensinn, nackte Kriminalität, die Interessen der Clans und Moskaus Unentschlossenheit, an Russlands ausfransendem Südrand Ordnung zu schaffen

Von **CHRISTIAN SCHMIDT-HÄUER**, erschienen in der ZEIT am 18. November 1994

D a sitzt er nun.
Einst ein Held. Ein Ordensträger des russischen Imperiums. Verdienter Freistilringer. Erster und letzter Tschetschene, der zum Sowjetgeneral aufstieg. Kommandeur einer strategischen Bomberdivision im Baltikum, die nukleare Sprengköpfe mit sich führte. Eine Vertrauensstellung in engstem Einvernehmen mit dem KGB.

Heute hat Dshochar Dudajew, Präsident über eine Million Tschetschenen, die Nachfolgeorganisation des KGB im Nacken. Oppositionelle Clan-Chefs bedrohen ihn mit Blutrache. Und russische Kampfhubschrauber kreisen schon mal über seinem Amtssitz in der Hauptstadt Grosny. Viele warten auf sein Ende.

Fragen danach nimmt der Präsident mit halbgeschlossenen Lidern und verschwommenem Lächeln auf. Und er verkündet auch die wildesten Konterattacken und Verschwörungstheorien mit sanftem Schmelz. Die gesenkte Stimme suggeriert Besonnenheit. Die Sätze sind pompös und kunstvoll zugleich wie die silbernen Dolche an den Wänden seines palastartigen Gemaches.

Dudajew wirkt so selbstverliebt, maniert und manisch, als ob er zum brennenden Kaukasus die Leier schlagen könnte. Der schwarze Maßanzug läßt den Fünfzigjährigen noch schmächtiger und durchsichtiger erscheinen. Seine blanken, spitzen Stiefelchen haben fünf Zentimeter hohe Absätze. Das Menjoubärtchen hebt sich messerscharf von der

Zur Sache

1991 erklärte die Kaukasusregion Tschetschenien – zuvor Teil der Tschetschenisch-Inguschischen ASSR, einer autonomen Republik innerhalb der größten Sowjetrepublik RSFSR – unter ihrem frisch gewählten Präsidenten Dshochar Dudajew (1944–1996) ihre Unabhängigkeit. Moskau betrachtete Tschetschenien jedoch als der Russischen Föderation zugehörig, die im selben Jahr aus der RSFSR hervorging.

Mit dem Einmarsch russischer Truppen begann 1994 der erste Tschetschenienkrieg. Nach Erfolgen der Rebellen um Dudajew, die auch die Hauptstadt Grosny von der russischen Armee zurückerobern konnten, wurde 1996 ein Waffenstillstand, 1997 ein Friedensvertrag geschlossen und die Klärung der Unabhängigkeitsfrage auf 2001 verschoben.

1999 erfolgte eine weitere russische Invasion, die blutige Kämpfe nach sich zog. Im folgenden Jahr wurde Tschetschenien unter die direkte Verwaltung des russischen Präsidenten gestellt. In einem umstrittenen Referendum votierte 2003 offiziell die Mehrheit der Bevölkerung für den Verbleib bei Russland.

Zur Geschichte des Tschetschenienkonflikts gehören zahlreiche Terroranschläge und Geiselnahmen im und außerhalb des Kaukasus sowie Morde an Aktivisten und Journalisten, die der russischen Armee schwere Menschenrechtsverletzungen vorgeworfen hatten. Nach offiziellen Schätzungen sind in beiden Tschetschenienkriegen ca. 160.000 Menschen ums Leben gekommen.

Oberlippe ab – und von den unrasierten Kinnladen der Turnschuh- und Kalaschnikowträger vor der Tür.

Durch diese Tür ist der Exgeneralmajor vor drei Jahren eingetreten, halbwegs legal. Nach dem gescheiterten Moskauer August-Coup 1991 belagerten er und sein Clan den putschistenfreundlichen Parteipalast von Grosny wochenlang mit Zelten, Freiheitsparolen und Hammel am Spieß. Nach dem Sieg ließ sich Dudajew von seinen Tschetschenen – unter Ausschluß der russischen Minderheit – zum ersten gewählten Präsidenten küren. Er legte den Kommunismus ab und leistete seinen neuen Eid auf den Koran. Dann rief er die kaukasischen Nationen wie der Imam Schamil im 19. Jahrhundert zum Heiligen Krieg gegen Rußland auf.

Der Heilige Krieg fand nicht statt. Die Nachbarn haben ihre eigenen Sorgen und Konflikte, die sie ohne Moskau nicht lösen können. Heute ist die Tschetschenische Republik, die offiziell zu den 89 »Subjekten der Russischen Föderation« zählt, als letztes abtrünniges Subjekt hinterblieben. Sie gefährdet nicht mehr Rußlands territorialen Bestand, wohl aber sein inneres Machtgefüge.

Das islamische Land zwischen Schwarzem und Kaspischem Meer mit dem Ausmaß Schleswig-Holsteins hat unter Dudajews Selbstbedienung nur seinen traurigen Ruhm als Mafiastaat gemehrt. Die oppositionellen Clans sind kaum besser – aber aus Geschäftsgründen nach Moskau orientiert. Rußlands Präsident Jelzin munitioniert die Opposition gegen Dudajew. Er strebt eine Lösung »wie in Haiti« an, weil er fürchtet, daß sonst Moskauer Militärs selbst gegen Tschetschenien losschlagen und sich zu Rettern der russischen Erde aufspielen.

»Reichen die Kräfte, um Grosny und den Palast auf Dauer gegen die Opposition zu verteidigen?« – Dudajew lacht hell auf. »Hier gibt es keine Opposition. Hier gibt es nur russische Besatzer und ihre Handlanger. Je mehr Greueltaten Moskau begeht, desto vernichtender werden wir es strafen.«

Mit der Atombombe, die der Exgeneral vor eineinhalb Jahren gegenüber der ZEIT angekündigt hat?

»Keine Atombombe. Eine ideologische Ideenbombe, die Rußland endlos Blut spucken lassen wird. Die müssen für jeden bezahlen, den sie hier herangezüchtet haben.« Der Präsident wird herausgerufen. Der Sicherheitsrat tritt zusammen. Im gleichen

Gebäude. Das ist angekündigt, auch die Opposition weiß es. Wir gehen vorbei am Maschinengewehr im Vorzimmer neben dem zarten Schneewittchen mit dem Stenogrammblock, hinab über die marmorne Hintertreppe zum Informationsminister. Das Gespräch dauert eine Stunde. Der Sicherheitsapparat tagt noch, als wir den Palast verlassen.

In diesem Moment schwillt das Knattern eines Hubschraubers an. Das ist zum Alarmzeichen in Grosny geworden. Denn die talentiertesten Tschetschenen fahren Rolls-Royce und nennen einen BMW selbstironisch *Bojewaja Maschina Wajnach* – »Die Kampfmaschine der Tschetschenen«. Immer wieder finden sich auch solche, die Zivilflugzeuge entführen können, was die Russen programmgemäß demütigt. Doch Moskaus komplizierte Armeehubschrauber vermag kein Tschetschene zu fliegen – der Bomberpilot Dshochar Dudajew vielleicht ausgenommen.

Das Mißtrauen gegen die russische Lufthoheit über der tschetschenischen Erde erweist sich wieder einmal als berechtigt. Eine heftige Detonation läßt die waffenstarrenden Debattierzirkel vor dem Palast zusammenfahren. Das »Krokodil«, ein Mi-24-Kampfhubschrauber, hat eine Rakete in den 16. Stock eines nahe gelegenen Wohnblocks gejagt. Das Geschoß hat sein Ziel – den Präsidentenpalast und den Sicherheitsrat – um rund 300 Meter verfehlt. Wie das? In den Lagern der Opposition erfahren wir dazu in den nächsten Tagen orientalisch klingende Versionen. Vom Schattenkabinett des aus Moskau unterstützten Provisorischen Rates in Snamenskoje, hundert Kilometer nordwestlich von Grosny, bekommen wir zu hören: »Der Pilot hat im letzten Moment Stinger-Raketen auf dem Dach des Präsidentenpalastes entdeckt und beim Abdrehen die Rakete ausgelöst.«

Aus dem Lager des berühmtesten Tschetschenen, des von Jelzin im Weißen Haus beschossenen und abgesetzten Vorsitzenden des russischen Parlaments, Ruslan Chasbulatow, der heute nördlich von Grosny seine Front gegen Dudajew errichtet hat, erhalten wir am Ende die wahrscheinlich richtige Information. Sie ist dennoch nahezu unglaublich und zeigt, wie wenig die Feinde Dudajews auch voneinander halten. Der russische Pilot, so diese Angabe, habe Order gehabt, das höchste Gebäude im Zentrum von Grosny aufs Korn zu nehmen, und diese Anweisung auch perfekt befolgt. Seine tschetschenischen Auftraggeber – in Snamenskoje – hätten nur übersehen, daß der Präsidentenpalast etwas niedriger sei als der benachbarte und getroffene Wohnblock.

blauen Dieselwolken ruckartig davon. Der zweite Panzer spießt mit seinem Rohr einen mittelgroßen Autobus auf und schleift ihn wie einen Rammbock in einen abgestellten Lkw. Der Ruf zu den Waffen

Dshochar Dudajew (vorne links) 1991 bei einer Wahlveranstaltung in Grosny im Kreise seiner Anhänger.

Nach dem Fehlschuß geht auch alles andere daneben. Die Opposition versucht gleich anschließend einen Sturmangriff auf die Stadt. Doch da Präsidentensitz und Sicherheitsrat unversehrt sind, bleibt auch die erhoffte Verwirrung aus. Um den Palast fahren Panzer auf, fünf T 76. Kettenfahrzeuge schleppen rasselnd zwei Haubitzen heran. Trotz der Straßensperren ums Zentrum rasen die Verteidiger in Privatwagen aller Klassen mit quietschenden Rädern vor.

Ein Mann, ein Auto, eine Kalaschnikow – auf dem Beifahrersitz. Einer zeigt stolz die zwei Wochen zuvor von Geschoßgarben durchsiebte Tür auf der Fahrerseite. Er weist auf seine kugelsichere Weste und streckt den Daumen hoch: Qualitätskontrolle bestanden. Die Tür hat er mit einer aufgeklebten amerikanischen Flagge abgedichtet. Zwei T 76, gespickt mit triumphierenden Kriegern, rattern in

nimmt den meisten Tschetschenen das Kalkulationsvermögen. Über den Freiheitsplatz vor dem Palast steppen die älteren Männer unter ihren hohen Karakulpelzmützen in Tanzschritten – sie zelebrieren den Sikr, die heilige Demonstration der Todesbereitschaft.

Stolz zählen die Umstehenden die Stockwerke des Palastes. Bravo. In Dudajews Räumen brennt noch Licht. Für das russische Fernsehen in Moskau, das sich in Grosny empfangen läßt, obwohl alle Verbindungen *aus* der Stadt zu dieser Stunde unterbrochen sind, ist Dudajew praktisch schon untergetaucht. »Wo sich der Präsident befindet, ist nicht bekannt«, heißt es insinuierend. Nachrichten als Wunschprogramm: »Die Opposition kontrolliert den östlichen Teil der Stadt und den größten Teil des Landes.« Kreuz und quer waren wir gerade durchs Land gefahren: Die meisten Straßensperren bilden Kuh- und

Gänseherden. Die Opposition kontrolliert nur im Nordwesten kurz vor dem Stabsquartier des Provisorischen Rats. Ansonsten ist, wo nicht gerade ein Scharmützel stattfindet, machtpolitisch Niemandsland.

Ruß. Doch diese Brandspuren sind schon älter. Der blauäugige Gunman, der ohne Russlands Unterstützung »arbeitet« und vorzugshalber Mafiosi aus anderen Clans umlegt, war im Juni nach einem blutigen *shoot out* mit schweren Verletzungen noch gerade

Tschetschenische Kämpfer vor einem von ihnen abgeschossenen russischen Militärhubschrauber.

Der Ärger über das russische Fernsehen treibt uns in der Nacht trotz Ausgangssperre in den östlichen Teil der Stadt. »Du bist Deutscher, zeig deinen Moskauer Presseausweis und frag einfach nach den Straßen, die ich dir nenne«, rät der georgische Kollege. »Die Tschetschenen sind so gastfreundlich, daß sie dir gleich den richtigen Weg zeigen, statt dich festzuhalten.« Nach dieser Methode kommen wir über vier bewaffnete Posten in den 6. Mikro-Rayon. Die Salven automatischer Gewehre und leichter Kanonen werden lauter.

Im trüben Laternen- und Mondlicht erkennen wir das Mietshaus, in dem der oppositionelle Bandenführer Ruslan Labasanow, der spendierfreudige Robin Hood von Tschetschenien, seinen Unterschlupf hatte. Die eine Hausfront ist schwarz von

aus der Stadt gekommen. Sein Vetter Arbi und zwei Mitkämpfer fielen. Ihre abgetrennten Häupter stellten Dudajews Anhänger auf dem verkehrsreichsten Platz namens »Minütchen« stundenlang zur Schau. Das Staatsoberhaupt weiß also, was ihm droht: Labasanows ehemalige Afghanistan-Kämpfer tragen seither das schwarze Stirnband der Blutrache.

Auch in dieser Nacht verliert die Opposition nahe beim »Minütchen-Platz« fast den Kopf. Ein gepanzerter Schützenwagen wird abgeschossen, ein Panzer T 62 bleibt beschädigt liegen. Ein dicker Oberst im Tarnanzug, mit Schnurrbart und Barett, und auch andere Anführer blasen zum Rückzug. Doch ein Teil der Truppe will sich weiter in die Stadt vorkämpfen. Die Reihen geraten durcheinander. Disziplin gibt es nicht, der Abzug verläuft chaotisch.

Umar Awturchanow, Oberbefehlshaber des Provisorischen Rats in Snamenskoje, rührt am übernächsten Morgen etwas verlegen mit dem Löffel im Kaffeesatz: »Es war eine Generalprobe, um die Schwächen unserer Leute und die Sympathien der Bevölkerung zu testen.« Doch Bislan Gantemirow, unter Dudajew früherer Bürgermeister und jetzt »Militärführer« gegen ihn im Süden des Landes, spielt strahlend mit dem Colt am Gürtel, während der Leibwächter die MP auf mich hält: »Es war eine Gefechtsaufklärung mit besten Resultaten.«

Jedem das Seine. »Der Sieg ist unser«, jubelt am Morgen nach dem Scharmützel Aslan Maschadow im Präsidentenpalast, »jetzt wird die russische Partei ausgelöscht.« Es ist Sonntag. Und draußen auf dem Freiheitsplatz beginnt, was so ähnlich aussieht wie Karl-May-Festspiele. Fast 5000 Präsidentenanhänger sind wieder einmal zusammengeströmt. In wehenden grünen Seidenumhängen über kugelsicheren Westen, in weißen Filzgewändern, in Camouflage- und Jogginganzügen, Lederjacken oder dandyhaften Nadelstreifensakkos. Mit Pudelmützen oder roten Samt-Fesen und schwarzen Quasten, mit Papaks aus Lammfell oder Pelzhüten, die das weiße Band des Mekkapilgers umwickelt. Ein Volk von Gleichen nur durch die Kalaschnikows im Arm, vor dem Bauch, auf dem Rücken.

Seit drei Jahren geht das so. Endlose Verdammung Moskaus in langen Litaneien; Erinnerungen an die Deportation der Tschetschenen unter Stalin; Heldenepen des Kaukasus, Märchenbazar des Orients; die Alten auf Bänke gelehnt und Stöcke gestützt, die Frauen dürfen auch sitzen, wenn der Andrang gering ist. Aus der Wiederholung der Legenden wird Vergangenheit, die aktuelle Forderungen stellt.

Da ist und bleibt zum Beispiel der Flugzeugentführer Said Satujew, der so viele Nachahmer fand. Er hatte im November 1991 eine russische Passagiermaschine vom Kurs auf Jelzins Heimatort Jekaterinburg mit der Pistole nach Ankara umdirigiert. Erst erzählte er seine Story monatelang der Weltpresse. Dann den Tschetschenen, denen er noch immer fast täglich ausmalt, wie er ganz Rußland in Angst versetzte – peng, peng, peng. Doch das Hohngelächter darüber wurde allmählich leiser, die Zuhörerschaft der Freiheitsfilibuster bröckelte ab.

Nun, nach dem Angriff, sind wieder alle da. Sie leben auf im alten Ritual des Säbelrasselns und der Mobilmachung. Herrisch schaffen die Ältesten Raum für ein freies Geviert. Der Sikr, der Märtyrertanz, geht weiter. Sein malerischer Zeremonienmeister Mohamad Hadschi, ein weißbärtiger, wieselflinker Alter mit bloßen Füßen, umarmt mich als Ehrengast. Das bringt einen Mann mit stechendem Blick in unerklärliche Rage. Er schickt einen vierschrötigen Kämpen mit Sonnenbrille herüber.

»Sie sind vergangene Nacht in Chasbulatows Fernsehen aufgetreten!« – »Ich war hier, sogar beim Präsidenten.« – »Man hat Sie aber gesehen.« – »Ich habe Chasbulatow vor zwei Tagen interviewt. Ein Kameramann stand dabei. Ich wußte nicht, daß seine Macht bis zu einem eigenen Fernsehkanal reicht.« – »Sie haben sich mit Chasbulatow für heute hier zur Siegesfeier verabredet.« – »Ich habe nur gesagt: ›Auf Wiedersehen‹.« – »Er hat Ihnen die Hand gereicht ...« Die Sache wird ungemütlich. Ein Kollege von *Komsomolskaja Prawda* geht dazwischen und schafft uns freies Geleit.

Ruslan Chasbulatow, der um den Globus gereiste Staatsmann und »Weltökonom« in den Augen seiner Anhänger, lagert heute dort, wo der 23jährige Soldat Leo Tolstoj den Sommer 1851 verbrachte. Damals war die Siedlung Staryj-Jurt, dreißig Kilometer nördlich von Grosny, ein wichtiger Stützpunkt auf der linken Flanke der russischen Kaukasustruppen. Heute heißt der Ort mit seinen 8000 Seelen Tolstoj-Jurt nach dem großen Schriftsteller, der dem vergeblichen Befreiungskrieg der Tschetschenen und Dagestaner gegen die Zaren seine Novelle über Schamils Unterführer Hadschi Murad gewidmet hat. Ob Tolstoj-Jurt unter Chasbulatow wieder ein wichtiger russischer Stützpunkt auf der linken Flanke ist – neben Snamenskoje auf der rechten –, läßt sich kaum durchschauen.

Jelzins Widerpart der vergangenen Jahre ist in das Dorf seiner Sippe zurückgekehrt, »weil mich 100 000 Anhänger und Verwandte baten, ihnen gegen Dudajew zu helfen«. Am Ortsrand steht das Haus seiner achtzigjährigen Mutter, in dem auch die Geschwister wohnen. Die Schwester ist Dozentin, der Bruder Professor, an solchen Titeln ist Tschetschenien nicht arm. Bei Ausbruch des Konfliktes zwischen Moskau und Grosny im November 1991, als Chasbulatow noch an Jelzins Seite stand, hatten Dudajew-Anhänger das Haus gestürmt, in Anwesenheit der Mutter den Parlamentsvorsitzenden im

Weißen Haus in Moskau angerufen und ihm mit Repressalien gegen die Familie gedroht.

Das Duell zwischen Dudajew und Chasbulatow, die beide 1944 – bald nach der Geburt – mit ihren Familien für dreizehn Jahre nach Kasachstan deportiert worden waren, weil Stalin die Tschetschenen der Kollaboration mit den Deutschen bezichtigt hatte, ist eine eigene Geschichte wert. Kurz nach seinem Machtantritt hatte Dudajew den Parlamentsvorsitzenden in Moskau »russischer als die Russen« genannt. Er ließ Chasbulatow das Parlamentsmandat der tschetschenischen Wähler entziehen und später auch die tschetschenische Staatsbürgerschaft. Als jedoch Boris Jelzin am 4. Oktober 1993 das Parlament stürmen und dessen Vorsitzenden ins Gefängnis Lefortowo stecken ließ, organisierte der tschetschenische Präsident Massenkundgebungen für Chasbulatows Freilassung aus dem russischen Kerker. Per Dekret gab er ihm die Staatsbürgerschaft zurück. Aber nur ein eingesperrter Tschetschene ist wohl ein guter Tschetschene: Nachdem der amnestierte Chasbulatow in diesem Jahr seine Zelte in Tolstoj-Jurt aufgeschlagen hatte, verlor er gleich wieder seine Aufenthaltsgenehmigung.

Das stört ihn nicht weiter. Sein Stabsquartier im Betonklotz des örtlichen Kulturzentrums ziert das Schild: »Friedenstiftende Gruppe des Professors Chasbulatow«. Vor dem Eisentor, dessen verbogene Stäbe einen bequemen Durchgang erlauben, stehen gerade zwei Kühe und auf dem Vorplatz zwei gepanzerte Schützenwagen. Die imposante Antenne auf dem Dach dient für ein Satellitentelephon im Wert von 40 000 Dollar, das ein Geschäftsfreund aus Moskau gespendet hat. Am Eingang und in der Vorhalle stehen etwa sechzig Bewaffnete herum.

Ruslan Chasbulatow, der in dieser Umgebung wie ein fremder Sendbote des Abendlandes wirkt, spricht Worte der Mäßigung. In seinem engen »Kabinett« mit winzigem Tisch, Gelsenkirchener Barock, einem Weckglas voller Kompott auf dem riesigen Kühlschrank und leichtem Uringeruch von der Kulturhaus-Toilette nebenan, bemüht sich der Professor, jene Verhandlungsgeduld zu demonstrieren, die ihm in Moskau fehlte, was ihn am Ende um seine prunkvollen Amtsräume in Kreml und Weißem Haus gebracht hatte. Wie Jelzin wünscht er nun eine Lösung à la Haiti, »nicht schon wieder Blutvergießen«.

Doch seine Rücktrittsappelle an Dudajew und sein Bemühen, als »moralischer Führer« die Opposition zu einen, haben kein Echo gefunden. Allein die potentiellen Wahlchancen des gewieften Taktikers bei den Tschetschenen sind nicht schlecht. Deshalb betont er seine Unabhängigkeit von Rußland: keinerlei Unterstützung aus Moskau und Mosdok, jener russischen Garnison im benachbarten Nordossetien, von der aus die Hilfe für die tschetschenische Opposition koordiniert wird.

Doch als wir Chasbulatows Kemenate verlassen, spricht gerade sein Mitarbeiter ins Satellitentelephon auf dem Flur: »Wir kommen nicht nach Mosdok durch. Sagt denen, daß sie die zwei Hubschrauber rüberschicken sollen. Wir nehmen sie dann in Empfang.« An diesem Nachmittag schießen zwei Mi-24 mit Raketen auf den Ort Pirwomajsk bei Grosny, der zu Dudajew steht.

Der Präsident kann – entgegen allen Behauptungen der Opposition – noch durchaus erfolgreich zurückschlagen. In den vergangenen Wochen richteten sich seine Ausfälle gegen Urus-Martan und Gechi, die Lager seines früheren Spezis Gantemirow im Süden. Wir sind über die große Magistrale in Richtung Baku, vorbei am Stawropoler Gau, wo Gorbatschows Karriere begann, durch die verfeindeten Kaukasusrepubliken Nordossetien und Inguschien, in denen Truppen des russischen Innenministeriums den Ausnahmezustand mit ständigen Straßensperren kontrollieren, schließlich auf abenteuerlichen Knüppeldämmen nach Gechi gelangt.

Am Ende des Fleckens, an der Gorkij-Straße genannten Schotterpiste, steht ein Panzerwagen mit der tschetschenischen Flagge. Unter ihm scharrt eine Handvoll Hühner und Puter. Obenauf steht ein Kämpfer mit schwarzem Filzhut, Sonnenbrille und bunter Trainingsjacke.

Doch die Idylle vor dem weinbewachsenen Hof des Warlords Gantemirow trügt. Ein übernächtigtes und ziemlich dreckiges Dutzend Pistoleros springt aus dem Schatten und kontrolliert uns mißtrauisch. »Du mußt die Wahrheit schreiben! Wie dieses Schwein in Grosny und seine Söldner unter Drogen unser stolzes Volk bettelarm machen.« Die Verwendung von Drogen und Söldnern wirft die Opposition Dudajew und Dudajew wiederum Chasbulatow routinemäßig vor. Die desperate Laune in Gechi hat andere Gründe.

An diesem Morgen kurz nach Sonnenaufgang hat ein Trupp des Präsidenten den »Stützpunkt« Gantemirows nebenan in Urus-Martan angegriffen. Fünf Tote auf jeder Seite. Über den grünen Zaun der früheren sowjetischen Raketenstellung – einige Raketen und Kanonen stehen noch im Gelände – wird mit Lautsprechern zu Blutspenden aufgerufen. Die »Kommandeure« sind bereits zu den Beisetzungen in den umliegenden Dörfern aufgebrochen – so schnell wird hier geschossen und begraben.

Es war Dudajews siebter Versuch, Gantemirows Stellung zu nehmen. Der achte Konterangriff eine Woche später – nach dem Sturmangriff der Opposition gegen Grosny – fügt Gantemirow eine blutige Schlappe zu. Diesmal läßt der Präsident mehr

drängte Präsident, der da sofort seine Panzer rausgelassen hat, war offensichtlich bestens informiert.

Und der Verdacht erhärtet sich, daß alle drei – Jelzin, ein großer Teil der tschetschenischen Opposition und Dudajew – ihre Gründe haben, den Konflikt lieber auf kleiner Flamme köcheln zu lassen, statt ihn schnell zu einer massiven Entscheidungsschlacht zu führen. Was nicht ausschließt, daß das eine oder andere Attentat auf Dudajew – von den Bluträchern oder der eigenen Entourage – durchschlagender ausfallen könnte als die bisherigen.

Das Kriegsgeschrei geht in jedem Fall weiter. Der 31jährige Bislan Gantemirow, eine vielseitige Frohnatur mit Autorität, früher Hauptmann im Innenministerium, 1991 Revolutionsführer und Waffenverteiler, Koran-Importeur und Parteigründer

Ende 1994 flammten die Kämpfe in Tschetschenien erneut auf. Vor allem die Zivilbevölkerung litt unter den Feindseligkeiten.

als zwanzig Panzer gegen Urus-Martan rollen. Und die russischen »Krokodile« bringen der Opposition keine Entlastung aus der Luft. Der einmonatige »Hubschrauber-Vertrag« zwischen dem Provisorischen Rat und dem russischen Koordinierungszentrum in Mosdok ist gerade abgelaufen. Der be-

(Islamischer Weg), Professor der Rechtswissenschaft nach mehrmonatigem Abendkurs, sagt im nächtlichen Gespräch in Snamenskoje: »Ich habe eine Blutrache mit Dudajew, dessen Wächter meinen Vetter erschossen haben. Als ich Bürgermeister und Polizeichef war, hat er sich die gesamte Wirtschaft unter den Nagel gerissen. Wir werden ihn noch vor dem Winter kriegen. Und dann werden wir eine parlamentarische Republik nach dem türkischen Staatsmodell einführen.«

Da ist Ruslan Labasanow, der Robin Hood aus Argun östlich von Grosny, viel bescheidener. Er will nach Dudajews Tod in Rußland Präsident werden – aber nur bei der Vereinigung für östliche Kampfsportarten. Labasanow, der in Südrussland schon mal unter Mordanklage stand, befehligte anfangs Dudajews Präsidentengarde. Dann nahm er seinen eigenen Kampf für die Gerechtigkeit auf. Er

recht: Der Präsident des Landes hat Labasanow inzwischen übers Fernsehen zum Duell aufgefordert.

Der vierte Oppositionelle – Umar Awturchanow, Chef des im Sommer gebildeten Provisorischen Rates – hat keinen Grund zur Blutrache und ist auch sonst der einzige nach dem Geschmack der russischen »Ordnungspolitiker«. Der fünfzigjährige Provinzchef im Nordwesten saß früher in der sowjetischen Militärverwaltung für den Kaukasus. Den Weg zu ihm kontrollieren schon zwanzig Kilometer vor Snamenskoje Männer von Rußlands Föderalem Sicherheitsdienst (FSK, dem KGB-Nachfolger).

Ruslan Chasbulatow (l.) neben Boris Jelzin. Im Kampf gegen Dudajew unterstützte Jelzin seinen alten Gegner, den er nach dem Sturm auf das Parlament in Moskau am 4. Oktober 1993 noch hatte inhaftieren lassen.

führt das Gespräch gern lässig vom Feldbett und teilt von dort aus seinen Getreuen Dollar-Bündel zu. Auch viele Rentner und manche Krankenhäuser verehren Labasanow als Wohltäter. »Gerechtigkeit und Disziplin gehören zusammen«, sagt er, mit dem Messer spielend, »ich habe jetzt zwei Betrunkene erschießen müssen. Dudajew wird enden. Der Krieg nicht ...« Nach einer Denkpause setzt er hinzu: »Das tschetschenische Volk ist ein besonderes.« Da hat er

»Zu Awturchanow? Niemand da. Alle kämpfen in Grosny.« – »Wir kommen aus Grosny. Der Kampf ist vorbei.« Der Offizier nimmt den Presseausweis und telephoniert mit dem Stabsquartier, während der Wagen gefilzt wird. Wir dürfen die Betonklötze im Slalom passieren; einer mit der Panzerfaust zieht seinen schwarzen Filzhut.

Snamenskoje liegt langgestreckt in einer trockenen Ebene, in der es dennoch wie überall rostet:

Öltürme, Mähdrescher, Werksgelände ringsum verkommen. Autos ziehen Staubfahnen über die harte Dorfpiste. Doch hinter den hellblauen oder grünen metallenen Hoftoren verbirgt sich noch jener bukolische Reichtum an Federvieh und Früchten, Glasveranden und Dächern aus Weinlaub, der die Filme des benachbarten Georgien so berühmt gemacht hat. Vor dem Stabsquartier des Provisorischen Rates streiten sich die Männer aus dem Ort noch in dunkler Nacht, wer uns unterbringen darf. Die legendäre Gastfreundschaft der Tschetschenen wenigstens ist unzerstört und kennt keine Parteien: Kaum ist über unser Nachtlager entschieden, haben die – fast unsichtbaren – Frauen dort ein Festmahl und blütensaubere Schlafstätten bereitet.

In den verfallenden Landstrich pumpt Moskau nun Milliarden, um den Nordwesten mit Awturchanows Provisorischem Rat zur Musterprovinz zu machen, die möglichst viele Dudajew-Anhänger abziehen soll. Der Chef der Schattenregierung, schlecht und recht ein Funktionär alter Schule, antwortet auf die Frage nach der materiellen und militärischen Unterstützung: »In der Verfassung steht, daß Tschetschenien Subjekt der Russischen Föderation ist und als solches Mittel aus dem Staatshaushalt erhält. Dudajew hat sie nicht bekommen, weil Rußland sein Regime nicht anerkannte. Da der Provisorische Rat jetzt normale Beziehungen zu Moskau unterhält, gehen die Zuwendungen an uns. Es sind allerdings nicht 150 Milliarden Rubel und 100 Millionen Dollar, wie Dudajew behauptet, sondern 6 Milliarden Rubel für längst ausstehende Renten und Löhne.«

Die Frage nach der Militärhilfe überhört Awturchanow. Doch in seinem Vorzimmer waren wir bereits auf einen Lkw-Fahrer gestoßen, der gerade Waffen aus Mosdok gebracht hatte und fragte, ob er die Fuhre gleich abladen könne. »Das ist immer eine gefährliche Route, weil Dudajews Leute unterwegs noch einen Ort kontrollieren«, berichtet er bereitwillig.

Wir werden auf der Fahrt nach Mosdok nur noch jenseits der Grenze, auf nordossetischem Territorium und schon vom russischen Sicherheitsdienst, überprüft. Die Militärbasis liegt jenseits des Terek. Die Unterstützung für die tschetschenische Opposition koordiniert Alexander Kotenkow, der frühere Chef der Rechtsverwaltung bei Präsident Jelzin. Doch der ist gerade in Moskau. Die Männer vom Sicherheitsdienst sind nach einigen Verhandlungen bereit, den westlichen Korrespondenten auf dem Stützpunkt zu empfangen.

Der Chef der Aufklärung und zwei gescheite, hochprofessionelle Sicherheitsoffiziere argumentieren: Nicht der Nationalismus, sondern die Kriminalität des Dudajew-Regimes stecken den ganzen Nordkaukasus an. Über die Opposition machen sie sich wenig Illusionen: »Jeder verfolgt seine eigenen Ziele, das wirkt sich auf die Kommandeure aus, die auch schon tun, was sie wollen. Mit denen ist ein friedlicher Machtwechsel schwer.« – »Und wie viele Waffen gehen nun wirklich an diese Opposition?« Da winkt einer der drei lachend ab: »Die Frage übersteigt unsere Gehälter.«

Ist Tschetschenien wirklich zu einer »kriminellen Freihandelszone« geworden? So nennt es Jelzins stellvertretender Ministerpräsident Sergej Schachraj, der für Nationalitätenpolitik zuständig ist und selbst aus dem Nordkaukasus stammt. Die Wahrheit sieht komplizierter aus.

1. Es gibt viele Politiker und Dunkelmänner in Rußland, die auf die Tschetschenen zeigen, um vom eigenen wirtschaftlichen und politischen »Freihandel« abzulenken. Einer von diesen vielen ist Moskaus Oberbürgermeister Jurij Luschkow. Er ködert die geprellte russische Bevölkerung mit einer Apartheidpolitik gegenüber den »Schwarzen« vom Kaukasus und macht Moskau dabei zu seinem eigenen Stadtstaat.

2. Die Tschetschenen pflegen noch engere Verwandtschaftsbeziehungen als andere Kaukasusvölker. Ihre Clans kommen dem italienischen Beispiel am nächsten. Gefürchtet sind Hierarchie und Disziplin der rein kriminellen tschetschenischen Banden. Präzise Ausführung geht dabei über Einfallsreichtum. Deshalb liefen und laufen besonders Waffen- und Autohandel über sie. Kenner sind davon überzeugt, daß der größte Bankbetrug in der russischen Geschichte mit gefälschten Überweisungsaufträgen über umgerechnet 700 Millionen Dollar 1992 zwar von Tschetschenen ausgeführt, aber von Moskauer Hintermännern eingefädelt wurde. Die Wahl sei dabei ganz bewußt auf die Tschetschenen gefallen: »Nur die konnten das.«

3. Als Dudajews Clique vor genau drei Jahren an die Macht kam, besaß sie keine Vorstellungen

davon, wie Staat und Ökonomie zu organisieren sind. Statt wenigstens die Ölindustrie mit Erfolg zu verwalten, wirtschafteten die Sippen des Präsidenten nur in die eigenen Taschen – nach dem alten Ceauşescu-Prinzip, wonach die Befreiung von Rußland alles erlaubt. Je ärmer die übrigen Tschetschenen wurden, desto archaischer reagierten auch sie: Erst kommt die Sippe, dann die Moral.

Das aber brachte vor allem die Russen – früher etwa die Hälfte der 300 000 Einwohner von Grosny – ins Hintertreffen, die sich nie um derartige Beziehungen gekümmert hatten. Zwei Jahre ohne Löhne und Gehälter – das können sich Sippen leisten, aber keine Einzelfamilien. Die tschetschenisch-russische Nachbarschaft im Wohnblock litt nicht unter nationaler Diskriminierung – aber die wachsende Kriminalität ließ die Russen auch zu bequemen Opfern werden, weil sie keine Blutrache üben.

Damit begann der große Exodus der Lehrer, des medizinischen Personals und der technischen Fachleute. Ohne sie kann das Land auf Dauer nur ins Mittelalter. zurückfallen. »Ich kenne hier gerade zwei Landsleute, die einen Computer bedienen können«, sagt ein junger Tschetschene. Das Land mit den meisten Waffen in den Händen der Bevölkerung stellt nicht die einfachste Pistole selber her.

4. So ist Dudajews Regime in eine Zwickmühle geraten, in der es zugleich der Kriminalität Vorschub leistet und dem *bisnis*, dem Geschäft, Abbruch tut. Noch vor zwei Jahren war Grosny die Stadt in der GUS mit den meisten westlichen Luxuslimousinen auf den Straßen. Heute stehen Rolls-Royce oder Lincoln zumeist auf dem Hof, damit sie nicht entwendet werden. Während der Präsident noch immer auf seine Trumpfkarte Souveränität setzt, wirbt die Opposition damit, dass sich Dudajew geschäftsschädigend verhält und es Gegnern wie Konkurrenten leichter macht, die Republik als Mafia-Staat zu isolieren.

Richtig ist, daß Tschetschenien in den vergangenen zwanzig Jahren mit Moskau nicht schlecht gefahren ist. Zwar vergißt dieses unbeugsame, autochthone Kaukasusvolk nie den russischen Kolonialismus – weder die Untaten und Sprüche des Zarengenerals Alexej Jermolow (»Ich werde dafür sorgen, daß im Kaukasus kein einziger Tschetschene übrigbleibt«) noch die von Dudajew als Genozid

bezeichnete Deportation durch den georgischen Kreml-Tyrannen Stalin. Doch davon unbeeindruckt, haben die Tschetschenen seit Breschnjews Tagen prächtig abgesahnt.

Nicht zufällig besitzen sie heute ihre Waffenberge. Vieles spricht dafür, daß der Waffenhandel mit dem Nahen Osten früher über den – vor knapp zwei Monaten von russischen Mi-24-Hubschraubern zerstörten – Flughafen von Grosny lief. Die dortigen russischen Truppen erhielten viele Ausrüstungen nur zum Schein. Und beim überstürzten Abzug aus Tschetschenien 1992 – Verteidigungsminister Gratschow erklärte vor dem Parlament, die Armee hätte alle Waffen mitgenommen – blieben in Wirklichkeit Flugzeuge, Panzer, Raketen, Kanonen und mindestens 50 000 Schußwaffen zurück. Auf Geschäftsgrundlage, versteht sich.

Das ist das explosive Gemisch von Konflikt und Kooperation zwischen lokalen ethnischen Eliten und korrupten zentralen Bürokratien, das ferne Institute, die nur Rußlands Großmachtkontrolle im Auge haben, schwer analysieren können:

Tschetschenien bescherte Jelzin nach dessen Sieg über die Putschisten im August 1991 den ersten großen nationalen Konflikt innerhalb Russlands – doch alles, was da bis heute in der Kaukasusrepublik schießt und explodiert, stammt von der russischen Armee.

Am 8. November 1991 hatte Jelzin die Mobilmachung Dudajews gegen die russische Verwaltung (»Seit 300 Jahren bemüht sich das tschetschenische Volk, dieses Imperium zu zerschlagen«) mit der Verhängung des Ausnahmezustands beantwortet. Doch die nach Grosny entsandte, 600 Mann starke Truppe wurde von Tausenden Demonstranten umzingelt. Vor das Weiße Haus in Moskau ritten malerische Tschetschenen auf Pferden, die sie beim hauptstädtischen Zoo ausgeliehen hatten. Die tschetschenische Mafia in Moskau drohte, die Metropole in ein Notstandsgebiet zu verwandeln. Das Parlament lehnte den Ausnahmezustand ab und ging damit zum ersten Mal in jenen Clinch mit Jelzin, der zwei Jahre später zum Sturm aufs Weiße Haus führte.

Der Machtkampf in Moskau überschattete lange den Konflikt um Tschetscheniens Austritt aus der Russischen Föderation. Doch seit im Frühjahr 1994 die spektakulären Flugzeugentführungen von der nordkaukasischen Tourismus-Drehscheibe

Mineralnyje Wody Schlagzeilen machten, wuchs der Druck auf Jelzin, Rußlands Südgrenzen nicht länger kriminell und territorial ausfransen zu lassen. Denn was den Amerikanern die Karibik, das ist den Russen der Kaukasus: eine ihnen »zustehende« Einflußzone. Er ist das Hinterland für die Häfen am Schwarzen

4. Oktober, dem ersten Jahrestag seiner Beschießung des eigenen Parlaments: »Die Entwicklung in Tschetschenien begrüßen wir. Unter keinen Umständen darf Gewalt von Rußland kommen … Wenn wir gegen dieses Prinzip in Tschetschenien verstoßen, wird sich der ganze Kaukasus erheben.«

Der populäre ehemalige General Alexander Lebed (1950–2002) handelte als Militärberater des russischen Präsidenten Boris Jelzin im Sommer 1996 ein Friedensabkommen mit der tschetschenischen Rebellenarmee aus.

Meer, ein Sprungbrett zum Nahen Osten, eine Pufferzone gegen den Fundamentalismus.

Jelzin aber zögerte, dieses Glacis mit einem imperialen Prankenschlag gegen Tschetschenien zu erschüttern. Sein Apparat förderte statt dessen die tschetschenische Opposition und startete Anfang August eine Propagandaoffensive für den gerade gegründeten Provisorischen Rat Awturchanows: Hilfe zur Selbsthilfe. Seither schießen Tschetschenen auf Tschetschenen – was freilich mehr Kanonade ist als Krieg. Der russische Präsident am

Das war eine Dramatisierung, die heute nicht mehr zutrifft – Jelzin ging es in Wirklichkeit auch mehr um die interne Machtbalance als um den Kaukasus. Denn der brodelt gar nicht mehr so heftig gegen Rußland. Und schon gar nicht auf *einer* Flamme. Die georgischen und abchasischen Erbfeinde hat Moskau geschickt gegeneinander ausgespielt. Inguschen und Nordosseten beschießen einander selbst, weil die Inguschen ein reiches Stück Erde zurückhaben wollen, das ihnen vor der Deportation durch Stalin gehört hatte. Der eigentli-

ZEIT-Gespräch mit Tschetscheniens Präsident Dshochar Dudajew

»Man reißt uns in den Krieg«

ZEIT: Herr Präsident, wie halten Sie es mit der Opposition?

Dudajew: Man nennt sich nur Opposition. Im Westen würde man solche Oppositionellen aufknüpfen. Sie haben einen internationalen Mythos geschaffen, entartete Vorstellungen von Tschetschenien.

ZEIT: Sie sind aber auch nicht zimperlich...

Dudajew: Man provoziert uns zu kontern, man will uns zu Gegenterrorismus zwingen. Wenn wir uns verteidigen, zeigt man mit anklagenden Fingern auf uns. Man führt keinen offenen Krieg, man vernichtet die Volkswirtschaft.

ZEIT: Was im einzelnen?

Dudajew: Die Ölindustrie, die Energiewirtschaft, die Eisenbahn wird blockiert, der Flughafen bombardiert, Passagierflugzeuge und Hubschrauber sind am Boden zerstört worden, der Gesamtschaden beträgt bisher 235 Milliarden Rubel, rund 80 Millionen Dollar.

ZEIT: Wer bombardiert?

Dudajew: Alle in Moskau behaupten, daß es keine russischen Maschinen seien. Aber wir kennen die Russen doch, wir leben seit dreihundert Jahren unter ihrem Druck, für uns ist das nichts Neues. Nur: Die Welt wird durch sie gefährdet. Die zivilisierte Gemeinschaft muß sie auf internationaler Rechtsgrundlage zur Verantwortung ziehen und Rußlands Mitgliedschaft im UN-Sicherheitsrat zur Diskussion stellen.

ZEIT: Was hindert Sie daran, der Opposition das Wasser abzugraben?

Dudajew: Rußland. Es wäre doch hirnverbrannt, gegen Rußland Krieg zu führen. Aber man reißt uns hinein. Die Aggression läuft.

ZEIT: Ganz Rußland geschlossen gegen Tschetschenien?

Dudajew: Nein. Keiner glaubt, daß die heutige Führung im Kreml es noch lange macht. Jeder versucht, sich sein Stück zu schnappen und davonzulaufen. Der Einsatz der Gelder gegen Tschetschenien war der Ausgangspunkt des Rubelkrachs am Schwarzen Dienstag. Sie haben tonnenweise Falschgeld gedruckt.

ZEIT: Und Sie haben Tschetscheniens Wirtschaft fest im Griff?

Dudajew: Gib mir Macht in Rußland, und ich werde in drei Monaten für Ordnung sorgen. Als man in Moskau sah, daß ich hier alles unter Kontrolle nahm, neue Programme für Wirtschaft, Sozialpolitik, Umwelt entwickelte, da ist das denen wie ein Knochen im Halse steckengeblieben.

che Hauptinhalt der Kaukasuskonflikte besteht im Kampf der Ethnien um »ihren« Boden, im Streit um die Aneignung benachbarter Territorien durch unbehinderte Migration, im Zusammenprall tradierter Dorfzivilisation mit einer abgebrochenen, weil nicht mehr finanzierbaren Urbanisierung.

Aber es gibt heute keine ernstzunehmenden politischen Kräfte mehr, die Dudajews Regime unterstützen. Sein Lehrmeister, der antirussische Expräsident Georgiens, Swiad Gamsachurdia, ist tot – begraben in Grosny unter einer hohen Pappel im Garten einer heruntergekommenen Parteivilla. Dudajews Drohung mit einem neuen Kaukasuskrieg ist nur noch reiner Bluff.

Das russische Militär hätte keine Probleme, Grosny im Handstreich zu nehmen. Erst danach müßten brutale Sanktionen folgen, um die Bildung tschetschenischer Mudschahedin-Kommandos im Keim zu ersticken. Eine Entscheidung für solche militärischen Mittel aber wäre zugleich schon eine Entscheidung für eine andere russische Staatsführung, meint Arkadij Popow vom Analyse-Zentrum des Präsidenten. Es wäre die Option für Ordnung mit der imperialen Faust.

Rußland hat eine alte Nostalgie nach Generälen, die das Land im Süden durch Vorwärtsverteidigung schützen. Sie reicht vom Zarengeneral Jermolow im Kaukasus über die »ehrenhaften Soldaten« Gromow und Ruzkoj in Afghanistan bis zum neu aufgehenden Stern des General Lebedj in Moldawien. Wer sich heute als Bonaparte oder Pinochet präsentieren will in diesem Lande

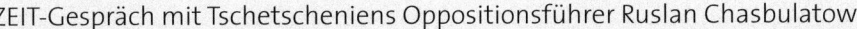

ZEIT-Gespräch mit Tschetscheniens Oppositionsführer Ruslan Chasbulatow

»Kein Krieg«

ZEIT: In Tolstoj-Jurt wird es ungemütlich, der Winter nähert sich. Wie können Sie Ihre »friedenstiftende Gruppe« ohne Kasernen zusammenhalten?

Chasbulatow: Sie haben recht, der Winter rückt an, die Leute werden nervös. Aber ein konsequenter Sturm auf die Stadt würde bedeuten, daß wieder Blut vergossen wird. Ehrlich gesagt: Ich bremse. Ich verhandle sogar mit Kommandeuren Dudajews. Unter unserem Einfluß ist seine Truppe schon um zwei Drittel zusammengeschmolzen. So versuchen wir, den Bürgerkrieg zu vermeiden. Aber Dudajew will ihn provozieren. Deshalb wäre es selbst für Dudajews Leute schlimm, wenn ich dem Land den Rücken kehren würde.

ZEIT: Wie groß ist die Unterstützung aus Moskau für Sie?

Chasbulatow: Unser Hauptquartier existiert nur von Spenden der Umgebung, der Bevölkerung. Vom Provisorischen Rat erhalten wir einen kleinen Anteil der russischen Budgetmittel für Tschetschenien, die jetzt aus Moskau kommen.

ZEIT: Aber Sie haben sich doch im September selber in Moskau um Hilfe bemüht?

Chasbulatow: Das war nach dem Angriff auf Tolstoj-Jurt, als plötzlich zehn Panzer Dudajews auf der Bergkette erschienen und die Bevölkerung heldenhaft unser Stabsquartier verteidigte. Damals erhielten wir keine Unterstützung vom Provisorischen Rat. Daraufhin habe ich selbst mit Moskau Kontakt aufgenommen, und man fragte mich: Können Sie denn alle Schmähungen vergessen, die Ihnen vom Kreml zugefügt wurden? Ich antwortete: Wenn es um den Frieden für das tschetschenische Volk geht, stelle ich alle persönlichen Dinge zurück. Dann verhandelte ich dort mit der höchsten Führung...

ZEIT: Mit wem genau?

Chasbulatow: ... und unmittelbar nach meiner Rückkehr erhielt der Provisorische Rat finanzielle und militärische Hilfe durch die Hubschrauber. Mich wollte Moskau hier aber lieber weghaben. Doch der Rat meiner Ältesten forderte: Bleib bei uns.

ZEIT: Und was wollen Sie selbst erreichen?

Chasbulatow: Kein Präsident werden. Die Leute wollen hier keinen Präsidenten mehr, sondern ein parlamentarisches System. Ich habe genug erlebt, und möchte mich nicht nach neuen Lasten drängen. Aber natürlich darf man sich der Verantwortung nicht entziehen. Ohne falsche Bescheidenheit: Hier kann nur einer Führer werden, den ich aussuche.

der Abscheu vor Politikern und der Angst vor der Mafia – für den liegt in Tschetschenien die große Versuchung, mit einem Schlag zu patriotischer Prominenz aufzusteigen.

Dies ist der Grund für Jelzins Bemühen, der Armee den (Süd-)Wind aus den Segeln zu nehmen; für die inkonsequente Militärhilfe an die tschetschenische Opposition; für die Alibiangriffe mit »Hubschrauber-Verträgen«, die ausgerechnet in der Nacht des Sturmangriffs ablaufen. Und das erklärt die Zusammenarbeit mit Warlords, die nach dem Eindruck des Militärkommentators Pawel Felgengauer »versprechen, den Gegner zu zerfetzen, dann aber hauptsächlich saufen«, – das tun die Tschetschenen nicht – »in die Luft schießen und mehr Sold fordern. Warum auch soll diese Opposition Grosny so

bald einnehmen und auf den reichen Futtertrog verzichten? ... Hubschrauber allein aber können nicht siegen. Städte werden von regulären Truppen eingenommen und nicht von bewaffnetem Pack.«

Eben darin scheint Boris Jelzin noch das geringste Übel zu sehen: wenig heroisch an der Grenze zu warten, daß sich Dudajew selbst erledigt. Ziviler und salopp ausgedrückt, hofft er auf den Geschäftssinn der Tschetschenen. Auf eine Lösung, wie sie ein junger Armenier in Grosny prophezeit: »Gäbe es Rußland nicht, gäbe es hier auch keine Mercedes. Und da Politik doch am Ende von denen bestimmt wird, die Mercedes fahren, wird Tschetschenien früher oder später zu Rußland zurückkehren.«

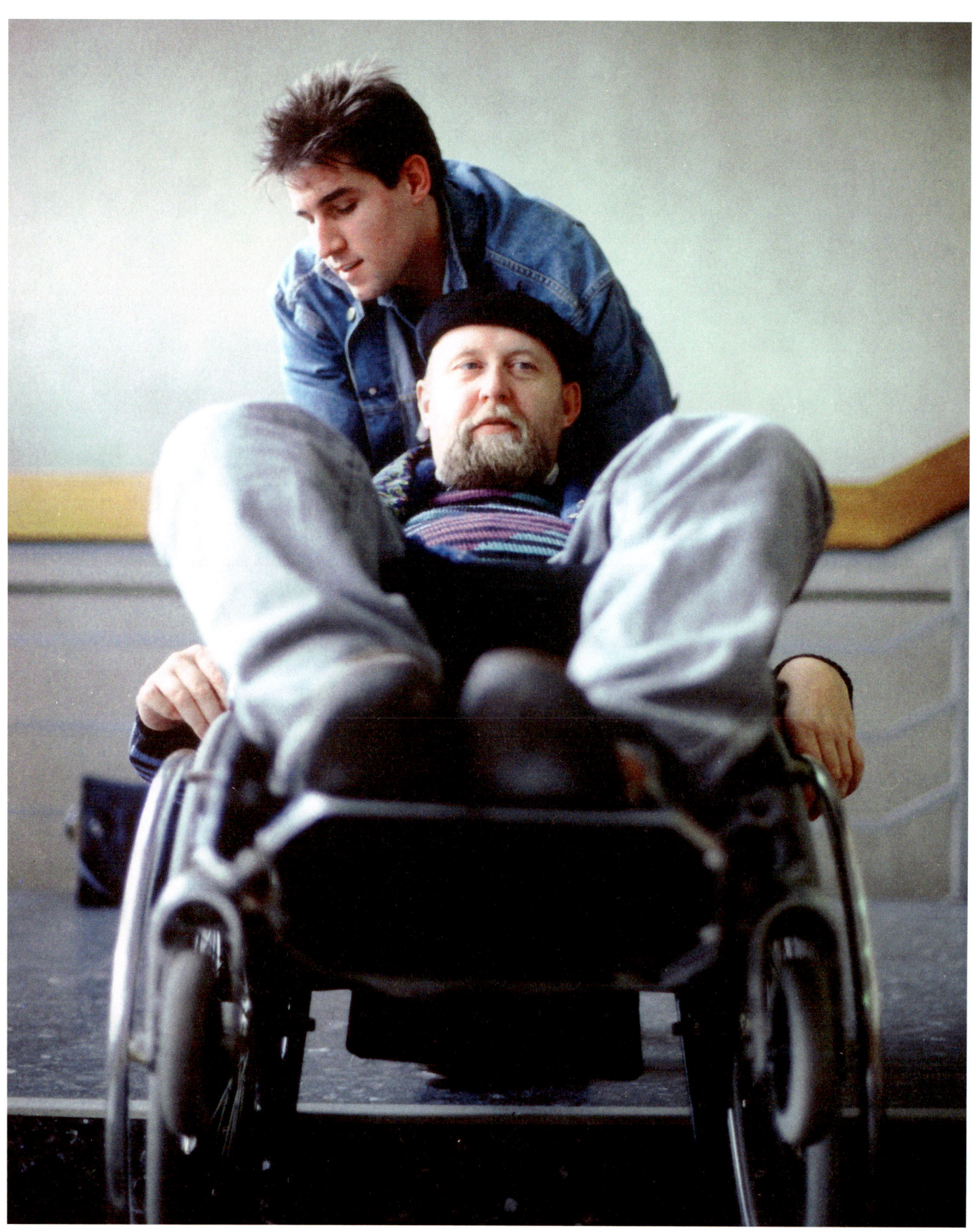

Bei fast allen Tätigkeiten im Leben ist Bodo Lemke auf die Hilfe seiner Zivis angewiesen.

Dann eben im Sitzen!

Ein Sprung ins Wasser, ein Schlag, ein Knacken im Hals wie das Brechen trockener Äste. Seit seinem Badeunfall im Atlantik kann Bodo Lemke nur noch Schulter und Kopf frei bewegen. Dennoch meldet sich der Lehrer an seinem Arbeitsplatz zurück. Ein Bericht aus einem Leben gegen den Alltag

Von **HOLDE-BARBARA ULRICH**, erschienen im ZEITmagazin am 21. Oktober 1994

Für diese Reportage wurde Holde-Barbara Ulrich mit den Egon-Erwin-Kisch-Preis 1995 ausgezeichnet.

Kurz nach fünf klingelt der Wecker. Bodo Lemke liegt schon wach. Dienstag ist ein schwerer Tag: Zivi-Wechsel; der Neue beginnt seinen Dienst, und alles wird anders sein als in der Woche zuvor. Dirk kommt in den Raum, knipst das Licht an. »He, Alter«, sagt Bodo, »dreh mich doch gleich erst mal um.«

Dirk schlägt die Decke zurück, nimmt die Stützkissen beiseite und rollt den kräftigen, großen Mann auf den Rücken. Er deckt ihn wieder zu, bringt das automatische Bett per Knopfdruck in Sitzposition und stellt den kleinen Frühstückstisch auf das Bett. Aus der Küche holt er ein Glas Saft.

Mit einem kleinen abgehackten Schwung bringt Bodo die Arme nach vorn und schiebt sich das Glas zwischen die kraftlosen Hände. Er hebt es leicht an, beugt den Kopf nach vorn und trinkt in langsamen Schlucken. Die Nacht beginnt sich zu lichten. Im Garten zwitschern die Vögel. Noch ein paar Minuten zur Besinnung.

Es war in dieser Jahreszeit, Spätsommer 82. Bodo Lemke war 29. Wie so oft schon, Urlaub in Frankreich. Ein paar Monate vorher hatte er sein Lehramt an der Berufsschule Essen begonnen. Cap Ferret, in den Atlantik geschnittenes urwüchsiges Dünenland. Sein Vater, der in sich gekehrte und ganz in die Natur vertiefte Mann, hatte oft davon geschwärmt. Die Mutter, eine starke, strenge Frau, die in ihrer Ehe mit einem Briefträger nicht gerade die Erfüllung fand, hätte ihren Sohn im Urlaub lieber bei sich gesehen. Er war ihre große Lebenshoffnung. Sie hing an dem Jungen, als gehöre er ihr. Doch so erbarmungslos streng sie ihn erzogen hatte, so stolz war sie, als er sich durch seinen Sport hoch und breitschultrig auswuchs. Er war ein guter Schwimmer, ein begeisterter Radrennfahrer. Also

Zur Sache

Bei einer Querschnittslähmung werden – ausgelöst etwa durch einen Wirbelbruch oder einen Tumor – die Nervenbahnen im Rückenmark auf Dauer teilweise oder ganz unterbrochen.

Patienten, die ihre untere Körperhälfte nicht mehr bewegen können und auch nichts in ihr fühlen, leiden unter einer Paraplegie. Bei einer Tetraplegie sind auch die oberen Extremitäten gelähmt.

Bei etwa 65 Prozent der Patienten ist die Ursache ein Verkehrs-, Arbeits- oder Sportunfall. Männer sind deutlich häufiger betroffen als Frauen.

Ethisch, aber auch medizinisch umstritten sind Forschungen zum therapeutischen Einsatz menschlicher embryonaler Stammzellen bei Querschnittslähmung. Der bisher berühmteste Verfechter dieses Ansatzes war kein Mediziner, sondern

der 2004 verstorbene US-Schauspieler und »Superman«-Darsteller Christopher Reeve, der 1995 durch einen Reitunfall Tetraplegiepatient wurde.

In den USA wurde 2009 erstmals eine Untersuchungsreihe gestattet, bei der embryonale Stammzellen in das Rückenmark freiwilliger Versuchspersonen injiziert werden sollen. 2010 begann die erste klinische Testphase.

gut, sollte er doch, wo er das Wasser so liebte, an seinen Ozean fahren.

Der Tag ließ sich herrlich an. Der Wind war gut, und die Wellen schlugen hoch bis an die Brust. Mit schnellem Lauf stürzte sich Bodo im Hechtsprung in die glitzernde Dünung. Ein bißchen zu früh, ein bißchen zu spät – gleich unterm Wasser war der Sand. Ein Knacken im Hals wie das Brechen trokkener Äste. Es nahm ihm den Atem und alle Beweglichkeit. Etwas Endgültiges. Vielleicht der Tod. Sein letzter Gedanke. So ungeheuerlich war der gar nicht. Als er aufdämmerte, stand ein Pulk weißer Kittel um

sein, um die Arme ein paar Zentimeter zu heben? Der Vater kam zu Besuch in die Klinik. Es rüttelte und schüttelte ihn, und vor Heulen brachte er nichts heraus. Nur den Satz: »Sag bloß der Mutter nichts ...« Bodo sagte nichts. Sie kam nur einige Male. Mehr hielt sie nicht aus. Es war vielleicht besser so, auch für ihn. Weihnachten durfte er das erste Mal nach Haus. Gerade und steif in einem Bett. Die Mutter war außer zu weinen zu nichts imstande. Der Vater half sich mit Pillen – eine fremde Fröhlichkeit. Sylvester fanden sie ihn draußen im Garten an einem Baum. Er hatte sich erhängt.

Auf einem Urlaub in Malaysia badet Bodo Lemke im Meer – das erste Mal seit seinem Badeunfall 1982.

ihn. Und dann hörte er das Wort: »Tetraplegie«. Er kannte sich aus, sein Onkel war Arzt. Das Wort war schlimmer als Sterben. Es hieß Halswirbelbruch und Querschnittslähmung total.

Später, nach monatelangem harten Üben, stellte sich heraus, daß eine geringfügige Beweglichkeit in der oberen Schulterpartie übriggeblieben war. Aber wieviel Zeit, wie viel Kraft und Mut würden nötig

Sobald er endgültig aus der Klinik käme, würde er sich eine eigene Wohnung nehmen, das stand fest. Claudia, die Liebste, war für ihn da. Trennung kam gar nicht in Frage, da war sie sich sicher. Sie würden heiraten. Vielleicht sogar Kinder haben. Sie konnte mit ihm schlafen, und es war schön für sie – warum also nicht? »Das Gefühl war auch bei mir da, aber nicht mehr so wie früher, eher so ein diffuser

Schmerz, wenn ich kam. Aber nichts war ja mehr so, wie es vorher war«, sagt Bodo. Er ließ sich untersuchen. Etwas zögerlich meinten die Ärzte, Kinder lägen im Bereich des Möglichen.

Bodo muß oft an Paolo denken, neunzehn Jahre alt, Italiener. Ein Jüngling mit dieser unnachahmlichen Grandezza. Sein Bettnachbar damals in der Heidelberger Spezialklinik. Wie der schluchzend sagte: »Bodo, du hast schon Liebe gemacht, aber ich kann es niemals tun.« Bodo nickte und sagte: »Ja, ich hab' wirklich noch Schwein gehabt.«

Eines Sonntags, Claudia war da, kam eine Krankenschwester mit starrem Gesicht ins Zimmer. Sie wollte es ihm nicht selber sagen, bat Claudia mit hinaus. Seine Mutter hatte sich das Leben genommen. Da hatte er gerade gelernt, aus der Tasse zu trinken.

Bodo hat sein Glas Saft leer getrunken. Er braucht viel Flüssigkeit wegen der Nieren. Wenn die nicht versagen, hat er nach allen Erfahrungen noch so um die zwanzig Jahre Lebenszeit. Allein um den Harnfluß richtig zu leiten, waren mehrere Operationen nötig. Zivi Dirk stellt das Bett zurück in die Waagerechte, achtet darauf, daß Bodo bequem und glatt zu liegen kommt. Der hilft ihm mit knappen, ruhigen Worten.

Dirk spreizt die Beine des Mannes und klemmt die Hacken hinter die Bettkanten. Er fängt an, die Blase zu klopfen, minutenlang. Zuletzt preßt er die Fäuste mit heftigem Druck in den Unterleib. Bodo verzieht keine Miene. Der Urin beginnt zu fließen, rinnt durch das Kondom in einen Schlauch und von dort in den Plastikbeutel, der am Unterschenkel befestigt ist. Dirk löst Kondom samt Schlauch und Urinal vom Penis und beginnt, Bodo sorgfältig zu waschen. Dann fönt er den Penis. Irgendwann, als die Zivis schon nicht mehr wußten, wie sie selbst mit Klebstoff das Kondom festkriegen sollten, kam Bodo auf die Idee mit dem Fön. Die Haut war einfach zu feucht. »Das war ein echter Geniestreich, denn mit meiner Frisur kam mir die Idee an dieses Gerät natürlich zuletzt«, erzählt der Mann mit dem fast kahlen Charakterkopf.

Das Anziehen. Die seidenen Füßlinge zuerst, dann die festen Stützstrümpfe, die Wasserablagerungen in den Beinen verhindern sollen. Darüber der Urinbeutel. Danach die Unterhose – durch den Schlitz wird der Schlauch des Kondoms mit dem Beutel verbunden – Unterhemd, Jeans. Hemd. Es dürfen sich keine Stoffalten bilden, das ist oberstes Gebot. Druckstellen können bei dem schlecht durchbluteten Gewebe schnell zu Vergiftungen führen. Und er selbst spürt nicht, ob was drückt oder nicht.

»Dirk ist einer von der genauen Sorte«, sagt Bodo, als der junge Mann noch immer an ihm zerrt und zurrt und glättet und streicht, »da kriegste schon manchmal das Gähnen. Aber dafür kannst du sicher sein, daß alles perfekt sitzt.« Dirk schmunzelt. Er mag Bodo, hat große Achtung vor ihm – ein warmes, freundschaftliches Gefühl. Dirk stellt das Bett wieder hoch und hievt den Mann mit geübtem Griff und schnellem Ruck hinüber in den Stuhl.

Bodo rollt ins Wohnzimmer an den runden Tisch, trinkt seinen Kaffee und schiebt sich die kleingeschnittenen Happen geschickt auf den Handrücken und von dort in den Mund. Als er gelernt hatte, ohne seine Eßhilfen auszukommen – jene ungelenken Apparaturen, die an die Unterarme gesteckt werden – und seine Schiebetechnik entwickelte, hatte er plötzlich Nachahmer. Fremde Kinder im Café fanden es aufregend, ihre Torte auf dieselbe Weise in den Mund zu befördern. Das ging selten ohne Bruchlandungen und Flecken ab. Den Eltern war es peinlich, Bodo amüsierte sich und fand es in Ordnung …

Noch zehn Minuten, dann ist Aufbruch. Eine halbe Stunde Autofahrt von Heiligenhaus bis zur Schule in Essen. Der Unterricht beginnt um acht. Studienrat Lemke unterrichtet Mathematik, Technologie und Technisches Zeichnen. Ein letztes ruhiges Durchatmen. Mit diesem unnachahmlichen kleinen Schwung kreuzt er die Arme über der Brust; er legt den Kopf ein wenig in den Nacken und schaut hinaus in das frühe Licht. Der Tag kommt langsam auf ihn zu.

Das hat ihn endgültig zurückgebracht in die Welt, daß er wieder in seinem Beruf arbeiten konnte. Seine Kollegen ließen ihn nie fallen, besuchten und beredeten ihn, bis er sich schließlich auf einen Versuch einließ. »Mein Unterricht war katastrophal«, sagt Bodo. »Ich war unkonzentriert, gehemmt, genervt. Sieben Jahre hab' ich gebraucht, um wieder Halt zu finden. Wenn die anderen mir nicht immer wieder Mut gemacht hätten, ich weiß nicht …«

Mathematikstunde bei künftigen Orthopädiemechanikern. Trotz einiger Lauttöner, die es in jeder

Klasse gibt, herrscht Arbeitsatmosphäre. Konzentriert, ohne Hektik. Akzeptanz auf beiden Seiten. Wenn Lemke Aufgabenformulare verteilen will oder etwas an die Tafel zu bringen hat und dann sagt »Hilft mir mal einer?«, geht das reibungslos.

Heute sind Entfernungsberechnungen dran. Ein paar stöhnen. Lemke grinst: »Gebt euch mal 'n bißchen Mühe.« Und dann: »Also mal 'n ganz einfaches Problem, direkt aus dem Leben gegriffen. Wer's richtig hat, kriegt einen Preis.« Eine verklausulierte Satellitenberechnung. Udo von ganz hinten nölt: »Die Dinger bewegen sich doch nicht, sonst gäb's gar kein vernünftiges Bild.« Da sagt Lemke und muß sich das Lachen verkneifen: »Mensch, Udo, guck doch mal 'n bißchen über deine Prothesen hinaus. Nach oben, mein Lieber. Seit wann gibt's denn im Himmel keine Bewegung?« Die anderen feixen, und der erste hat schon die Lösung parat. »Ausgezeichnet«, sagt Lemke, »dafür spendier' ich dir nachher 'n Kaffee.« Als es ihm dann nicht gelingt, den Bildwerfer anzustellen, murmelt er »Scheiß Technik!«, da geht schon Steffen nach vorn und macht es für ihn.

»Die Jungs sind in Ordnung«, sagt er und meint damit auch die paar Mädchen. Er erzählt, daß ihn die etwas ruppigeren Karosseriebauer in der anderen Klasse schon mal fragen: »Haben Sie eigentlich 'ne Freundin, Herr Lemke?« oder »Wie geht denn das mit dem Vögeln bei Ihnen?« Und dann sagt er es ihnen.

Dirk, der Zivi, liegt inzwischen in Lemkes Lehrerzimmer und ruht sich aus für die nächste Runde. Heute ist ein harter Tag. Nach dem Unterricht Wiegen auf der Gepäckwaage am Güterbahnhof. Die Arbeiter kennen den Lehrer schon und machen ihm Platz. »Na?« erkundigen sie sich. »Alles palletti«, sagt Lemke und ist zufrieden, daß er sein Gewicht gehalten hat. Dann in die Unibibliothek und dann noch einkaufen. Das heißt mindestens fünfmal rein ins Auto und wieder raus. Viel Technik ist dabei, aber Lemke wiegt knapp hundert Kilo. Das mit dem Brett ist die beste Methode. Es wird Bodo unter den Hintern geschoben und der Zivi zerrt ihn dann am Bund seiner derben Jeans hinüber in den Stuhl. Bodo hilft, so gut er kann; für ihn ist es die größere Strapaze.

Im Supermarkt. Bodo steht an einem Regal. Da kommt jemand und schiebt ihn einfach ein Stück beiseite. Wie einen Einkaufswagen, der im Wege steht. Es passiert auch schon mal, daß irgendein altes Mütterchen ihm ein Fünfmarkstück in die Hand drückt. Das macht ihn längst nicht so bitter wie die Gedankenlosigkeit der Eiligen. Aber niemals fragt er sich: »Warum gerade ich?« Wundern tut er sich häufiger. Auch über seine Träume, in denen er sich immer nur als Fußgänger sieht.

Im Essener Unigelände gibt es keine Bordsteinkanten. Neben jeder Treppe eine Schräge für Menschen im Rollstuhl. Die technische Bibliothek sitzt im fünften Stock. Bodo schaut einen Augenblick aus dem Fenster. Ein großer grüner hochgewachsener Park. Zu seiner Zeit, als er noch mit dem Rad die Wege langspurtete, begann es hier gerade erst mit dem Wachsen. Der Unfall zerriß seinen Blick für solche Dinge. Er mußte erst wieder sehen lernen.

Als er damals aus der Klinik kam, nahm er sich eine Wohnung. Auch im fünften Stock. »Es war wie im Raumschiff Enterprise; ich sah nur immer das Reklameschild der Sparkasse, das wie eine außerirdische Raumsonde um sich selbst kreist. Man bekam Platzangst auf die Dauer.« Später zog er zurück ins Elternhaus, wo es den Hamamelisstrauch gab und die riesige Sternmagnolie, den blaublühenden Hibiskus und den hohen Rotdornbaum. Die hatte sein Vater angepflanzt. Langsam lernte er, diesen Gedanken zu ertragen. Er ließ sich eine Terrasse aufschütten und holte den Garten ganz nah zu sich. Da hatte er sich nach hundert quälerischen Anläufen schon von Claudia getrennt.

»Als ich noch Fußgänger war, konnte sie immer zu mir aufblicken. Nun war ich von ein Meter neunzig auf einsdreißig geschrumpft … Wie hatte sie meine Füße gemocht, und nun diese Elefantenlatschen … Ich hatte nichts mehr mit dem Mann zu tun, in den sie sich verliebt hatte. Und ich wollte um nichts in der Welt, daß es Mitleid wird.«

Damals kam ihm schon mal der Gedanke: »Lemke, laß gut sein, mach endlich Schluß mit der Quälerei.« Aber dann war es vorüber und kam nie wieder. Er dachte: »Jetzt gerade!« – und es war Wut dabei und Trotz und Neugier, ob er es packen könnte. Blicke zurück verbot er sich. Alles, was zählte, war, den Tag zu besiegen und seine Einsamkeit.

Aus der Lethargie stürzte er sich in einen Lebensrausch. Er rollte durch die Kneipen, vernebelte seine Ängste in Suff und Rauch, mimte auf Feten den Entertainer. »He, Leute, Lemke kommt, ein ehemaliger Fußgänger, der trotzdem Spaß am Leben hat.« Er sah die Frauen mit ihren fragenden Augen und ihren

Lüsten und auch ihrer Scheu, ihm näherzukommen. Aber er war ein junger Mann. Breites Kreuz, starkes Gesicht und ein irrsinnig gutes Lächeln darin. Mit dem sparte er nicht, ihnen Mut zu machen. Und dann traf er Irmi.

im Hintern herum wie ein Kaminkehrer, und wenn sich sein Glied steifte bei den Waschungen, ganz automatisch und unerläßlich zum Kondomwechseln, nahm sie es als unzüchtige Regung und fühlte sich mißbraucht. Eines Tages dann die Bedingung von

Hin und wieder richten seine Zivis ihn mitsamt seinem Bett auf, um den Kreislauf zu trainieren.

Mit ihr ging es ihm besser als je zuvor. Drei furiose Monate lang. Aber die Zivis, diese ständig wechselnden, fremden Menschen, die von morgens bis abends bei ihm waren. Nicht immer im selben Raum, aber im Haus, und bei hundert Verrichtungen nötig. Irmi allein hätte es nicht schaffen können. Und eine feste Hilfskraft? Auch das hatte Lemke versucht. Gleich, als er aus der Klinik kam, hatten sie ihm die Gemeindeschwester zugeteilt. Für die war er nichts als ein hilfloser Patient, durch Unachtsamkeit zu nichts mehr imstande. Sie fuhrwerkte ihm

Irmi: »Entweder ich oder die anderen.« Bodo hatte diese Freiheit der Wahl nicht.

Die Trennung war wie eine Zäsur. Er lernte unterscheiden, was ihm gut tat und was nicht. Er wurde kompromißlos dabei und konzentrierte sich auf das Wichtige. Seine Zivis, die aufzutreiben schwer genug für ihn war, gehören dazu. Er ist ihr Chef, ihr Patient, ihr Kumpel, für einige der beste Freund und für viele auch so eine Art Vaterersatz. Da Grenzen zu setzen und sie manchmal auch zu überschreiten ist eine diffizile psychologische Arbeit.

Wenn sich eine seiner Kolleginnen, die Mutter und Ehefrau ist, von Zeit zu Zeit über ihr Los beklagt, tröstet er sie: »Und was soll ich sagen – ich bin kinderreich, alleinerziehend und schwerstbehindert.«

Zurück von Essen nach Heiligenhaus. An der Ruhr entlang, die die Wiesen an ihren Ufern selbst bei Trockenheit im Grünen hält. An so einem harten Tag läßt Bodo seinen Zivi die längere, schönere Strecke fahren, um den Augen Raum zu geben. Reden mag er dann nicht mehr. Ein letztes Mal die Mühsal des Umsteigens in seinen Stuhl. Er rollt noch ein Weilchen raus auf die Terrasse, schaut ins Licht und läßt den Tag von sich fallen.

Nach dem Tee wieder Arbeit. In seiner Computerecke erledigt er seine private Post, korrespondiert

Das Telephon klingelt. Oli und Anke, Freunde aus Düsseldorf. Sie wollen abends ins »Kesselhaus«. Draußen im Hof was essen und trinken. »Klar«, sagt Lemke, »ich komme. Ist so ein schöner Abend.«

Vierzig Minuten Autofahrt. Dirk gibt Gas. Großes Hallo, und dann wird erzählt. Der nächste Urlaub liegt im Visier. Wenn Bodo mit Oli, dem Arzt, und Anke, der Designerin, fährt, braucht er keine Zivis. Die drei sind ein eingespieltes Team. Bodo Lemke ist noch nie so viel in der Welt herumgekommen wie nach dem Unfall: Italien, Amerika, Kanada, Malaysia, Südafrika … »Ohne das wär' ich Banane«, sagt er im Slang seiner Schüler. Wenn er dann mit verschmitztem Gesicht seine Urlaubsstorys erzählt, bleibt keine Auge trocken.

Im Unterricht benötigt Bodo Lemke die Hilfe seiner Schüler – etwa, wenn er Arbeitsblätter verteilen möchte.

mit Ämtern und Institutionen. Er will sein schönes Haus verkaufen und nach Essen ziehen. Ein Riesenverlust, aber vieles wäre bequemer für ihn. Es ist ein mühseliges Ziel, dem viel Bürokratie im Wege steht. Schließlich die Vorbereitungen auf den morgigen Unterricht.

Malaysia zum Beispiel. Tief im Land. Seine zwei Zivis schieben ihn in ein Restaurant. Wie auf Befehl hören die Leute zu essen auf und lassen die Stäbchen fallen. Keiner von ihnen hatte bisher einen Weißen gesehen, noch dazu einen so imposanten kahlköpfigen Menschen, der sich von zwei Bediensteten im Stuhl durch die Gegend kutschieren läßt. Zum Schluß haben ihm Diebe im Hotel noch seine uralten Camelboots geklaut, das einzige Paar Schuhe, das er noch besaß.

Anke erinnert an die Amerikatour im letzten Jahr. Bodo mit Sonnenbrille und Strohhut, den gebräunten Oberkörper nackt, mit Blick über den Grand Canyon. Hemingway! Diese Wahnsinnsfarben – und das ganze Land behindertengerecht. »Bis auf ihre Prüderie«, wirft Bodo ein, »weißt du noch, wie sich die Amis lieber in die Hose gemacht hätten, als die Toilette in einem Bad zu benutzen, in dem du mir beim Duschen geholfen hast?«

Der Abend wird spät, und es ist schon wie Herbst. Bodo fängt an zu frösteln. Die Haut außen merkt es nicht, nur der Kopf nimmt es wahr. Er ist so schnell am Frieren, und das ist reines Gift für ihn. Wenn er es merkt, ist es meist zu spät, dann ist der Körper schon unterkühlt. Da war dieser heiße Sommer genau das richtige für ihn.

Sechzehn Stunden, dieser Tag. Sitzend, immer in derselben Position. Und nicht einmal die Füße vertreten. Jetzt liegt er flach auf dem Rücken, schaut in die Luft. Blase triggern, Kondom abnehmen, Waschen, Fönen, Schwellkörper stimulieren, Kondom kleben. Früh und abends immer das gleiche. Und manchmal, wenn etwas schiefgeht, auch zwischendurch noch mal. Abends dazu noch der Stuhlgang.

Nackt läßt sich Bodo schlecht transportieren. Dirk rollt den Hebekran, der an eine Deckenschiene montiert ist, über das Bett, schnallt Bodo daran fest, liftet ihn per Knopfdruck ein Stückchen hoch, um ihn auf den Dusch- und Toilettenstuhl zu setzen.

Auch der Mastdarm ist gelähmt, ohne Hilfe geht nichts. Danach die gründliche Reinigung. Bodo nennt es »Unterbodenpflege«. Zum Schluß, wie ein Ausgleich dafür, das Duschen – dieser herrliche, heiße, ermüdende Guß. Er wird nicht satt von der Wärme, die sich vom Kopf in sein Innerstes schlägt.

Nächstes Jahr will er vielleicht nach Westafrika, auch Sibirien würde ihn reizen. Manchmal flackert der Gedanke auf, daß er nicht mehr viel Zeit hat dafür, seine Kräfte lassen nach. Doch bis es soweit ist, kann ihm noch viel begegnen. Auch das Glück. Wie voriges Jahr am Pazifik. Da haben ihn seine Zivis ins Meer getragen. Und dann saß er in dieser Unendlichkeit, und die Welle brach über ihn. Es schmeckte salzig und brannte in den Augen. So, wie es früher immer war.

Harald Juhnke und Deborah Kaufmann in dem Fernsehfilm »Der Trinker« nach dem gleichnamigen Roman von Hans Fallada.

Der Trinker

Der öffentliche Alkoholiker Harald Juhnke steht derzeit in einer Paraderolle vor der Kamera. Er spielt den »Trinker«, nach einem Roman von Hans Fallada. Die Presse lauert nun auf seinen nächsten Absturz. Denn wenn Juhnke säuft, steigen die Auflagen. Der Schauspieler und die Massenmedien – die Geschichte einer intimen Beziehung

Von **DIRK KURBJUWEIT**, erschienen in der ZEIT am 21. Juli 1995

Kürzlich, in Neuruppin, verschwand ein Mann mit Hut leicht torkelnd in einem Bahnhofspissoir. Es ist nicht ganz klar, was dann passierte, jedenfalls lag er kurz darauf hilflos auf dem Boden, den Kopf in der Pißrinne, in die er kurz zuvor sein Wasser abgeschlagen hatte.

Der Mann war jetzt deutlich als Harald Juhnke zu erkennen. Als er sich regte, zerbrach die Schnapsflasche, die in einer Tasche seines Sakkos steckte. Auf dem Sakko waren Flecken, vielleicht Essenreste. Ein Mann kam herein und erleichterte sich. Er ging, ohne ein Wort gesagt zu haben. Juhnke, dem harte Bartstoppeln im Gesicht standen, sah ihm nach und sang leise *»Oh my love«*. Draußen schien grell die Sonne, und man hörte einen Zug anrollen, halten und weiterfahren. Er fuhr nach Wittstock. Im Pissoir, das aus grünen Latten gezimmert war, kam von der Sonne wenig an. Aber man konnte sehen, daß Urin von Jahrzehnten die Pißrinne, in der Juhnke immer noch lag, gelb verfärbt hatte. Es war ein Original-Kleinstadtbahnhofspissoir. Es fehlten nur die Fliegen.

Eine wahre Geschichte? Alkohol hat den Schauspieler und Entertainer Harald Juhnke schon häufiger aus dem Gleichgewicht gebracht. Und wenn es passiert ist, waren meist Journalisten zugegen. Es könnte so gewesen sein, und es war auch so: Juhnke lag im Pissoir, eine Schnapsflasche zerbrach, ein Mann trat an die Rinne. Aber er hielt sein Wasser, tat nur so, war, wie Juhnke sagte, »erster Pisser«, ein Komparse.

Zur Person

Harald Juhnke wurde am 10. Juni 1929 als Sohn eines Polizeibüroangestellten im Berliner Arbeiterbezirk Wedding geboren. Nach dem Besuch des Gymnasiums einer Schauspielschule feierte er schon bald erste Erfolge auf Berliner Bühnen und beim Film.

1953 heiratete Juhnke die Tänzerin Sybil Werden, mit der er bis 1962 zusammenblieb. Gemeinsam wurden sie Eltern von Sohn Peer und Tochter Barbara, die jedoch im Alter von 14 Monaten verstarb. Am 8. April 1971 heiratete Juhnke die Schauspielerin Susanne Hsiao, 1972 wurde ihr Sohn Oliver Marlon geboren.

Mit der Übernahme der beliebten TV-Show »Musik ist Trumpf« schaffte Juhnke seinen Durchbruch im deutschen Fernsehen, wo er in zahlreichen Sendungen und Serien (»Drei Damen vom Grill«, »Harald und Eddi«) auftrat. Die neunziger Jahre brachten Juhnke sein Comeback im Kino. Für seine Rollen in den Filmen »Schtonk!«, »Der Papagei« (beide 1992) und »Der Hauptmann von Köpenick« (1997) erhielt er Auszeichnungen und Preise.

Schon in den achtziger Jahren war Juhnkes schwere Alkoholkrankheit in der Öffentlichkeit bekannt geworden, und es kam immer häufiger zu Meldungen über Alkoholexzesse des Schauspielers. Seit 2001 lebte Juhnke in einem Heim für Demenzkranke. Hier verstarb er am 1. April 2005 an den Folgen seiner Erkrankung.

Eigentlich lag auch nicht Harald Juhnke in der Rinne, sondern Erwin Sommer, gespielt von Harald Juhnke. Sommer ist »Der Trinker«, eine Figur, die Hans Fallada für seinen gleichnamigen Roman erfunden hat. Der WDR läßt das Buch derzeit verfilmen, mit einem Hauptdarsteller, der seine Lebensrolle zu spielen scheint. Schließlich gilt er den Medien als erster Trinker des Landes. Demnach war der Mann in der Pißrinne doch Harald Juhnke, gespielt von Harald Juhnke.

Es paßt gut, daß auch Erwin Sommer ein Verhältnis mit einer weit jüngeren Frau hat, denn Juhnke ist bekannt für solche Liebeleien. Und doch teilen die beiden nicht das gleiche Schicksal: Erwin Sommer säuft und wird dafür bestraft. Harald Juhnke säuft und wird dafür geliebt.

Der Mann ist ein Star, vielleicht sogar *der* Star in Deutschland, wenn man es daran mißt, wem die Schlagzeilen auf dem Boulevard gehören. Populärer sind allenfalls ein paar Sportler, Boris Becker oder Steffi Graf, aber die frustrieren das Volk, indem sie über ihr Privatleben nur fein dosiert berichten. Juhnke dagegen hält nichts hinterm Berg. Wenn er trinkt, hockt die Nation am anderen Ende des Tresens. Wenn er mit einem Mädchen ins Hotel zieht, lädt er sich Millionen Gäste ein. Er ist der öffentliche Mensch, und das macht ihn zum dankbarsten Objekt einer Mediengesellschaft, die Geheimnisse nicht zulassen will.

Als der WDR die Presse zu den Dreharbeiten eingeladen hatte, reisten drei Dutzend Journalisten ins Brandenburgische, nach Wustrau nahe Neuruppin, wo in einer alten Villa neben einer Wassermühle gedreht wurde. Es rauschte der Bach, es klickten die Kameras. »Harald«, riefen die Photographen, Harald hierhin, Harald dorthin. Juhnke war willig, zeigte weisungsgemäß mal ein bübisches Grinsen, mal einen halbverhangenen Säuferblick. Aber zufrieden waren die Photographen nicht. Langweiliger Kram kam ihnen da vor die Linse, ein Juhnke mit Hut, darunter das verknautschte Gesicht mit der großen Nase und den regen Pupillen, die unablässig durchs Augenweiß kullern. Alles schon gesehen, alles schon gehabt. »Den Harald«, sagte einer der Photographen, »habe ich so oft abgelichtet, daß ich mit den Bildern meine Wohnung tapezieren kann.«

Wo war die Story? Juhnke wirkte nüchtern, aber vielleicht ... man weiß ja nie. Listig fragte ein Reporter: »Harald, muß man nicht besoffen sein, um einen Besoffenen gut spielen zu können?« Im Gegenteil, sagte Juhnke. Pech gehabt, ein schöner Ausflug ins Grüne, aber kein Tag für daumendicke Schlagzeilen.

Was die Medien sich von Juhnke erhoffen, ist der öffentliche Exzess. Saufen soll er und sich dabei schlecht benehmen. Juhnke hat diesem Wunsch immer wieder entsprochen, stürzte ab, ließ Auftritte platzen und begann im Suff Affären. In den Boulevardzeitungen wird dann ein Ton angeschlagen, der aus Alkoholismus einen großen Spaß macht. Zwar bringt auch *Bild* Artikel, die sorgenvoll Anteil nehmen, aber schon am nächsten Tag wird kein nach Lachern heischendes Wortspiel ausgelassen. Der »Phoenix aus der Flasche« ist ein beliebter Gag, genauso der Satz: »Juhnke wieder voll da«. »Gluck, gluck, gluck?« fragte *Bild*, als es den Anschein hatte, Juhnke sei rückfällig geworden.

Die Zeitschrift *Wiener* schickte ihm einen Reporter nach Hause, der lustvoll den eigenen Alkoholismus beschrieb und es spaßig fand, sich vor Juhnke an einer eigens mitgebrachten Flasche Doornkaat zu laben. (»Ich glucker mir noch einen.«)

Soll nur niemand auf die Idee kommen, es könne sich um eine Krankheit handeln. Einen Diabetiker würde kein Journalist verulken, auch keinen Heroinsüchtigen. Aber wenn die Medien Juhnke als Kranken zeigten, der die Kontrolle über sich verloren hat, könnten sie das Publikum verschrecken. Denn der eine oder andere Leser säuft auch und lacht darüber. Eine Zeitung, die den Spaß nicht mitmacht, fände er womöglich nicht mehr lesenswert.

Christa Merfert-Diete hat Harald Juhnke bei einer Talk-Show über Sucht getroffen. Während Experten diskutierten, sang er ein Liedchen übers Trinken. Merfert-Diete ist Referentin in der Deutschen Hauptstelle gegen die Suchtgefahren in Hamm, und der Trubel um Juhnkes Trunksucht macht ihr die Arbeit schwerer. Die Deutschen trinken im Schnitt dreizehn Liter reinen Alkohols und sind damit Weltmeister. In Juhnke haben sie ein prächtiges Vorbild. »Männer können sich mit ihm identifizieren, und bei Frauen fordert er die Helferinstinkte heraus.« Außerdem könne jeder sehen, daß Juhnke offenbar ganz prima klarkommt – trotz Alkohol.

Das kann man von den Männern, die am Bahnhof von Neuruppin ihren Schnaps kippen, leider nicht sagen. Während Juhnke nebenan den Trin-

Nach Peter Frankenfelds Tod 1979 übernahm Harald Juhnke die beliebte Fernsehshow »Musik ist Trumpf«. 1981 brach Juhnke in der Sendung zusammen. Das ZDF trennte sich daraufhin von dem Entertainer.

ker mimte, starrten sie schon mittags ziellos in eine vernebelte Welt. Hier sah man Alkoholgestalten im halben Dutzend, und man wußte, daß es für diese Männer, die abgewetzte und fleckige Kleidung trugen, nie ein Comeback geben würde. Sie sind die wahren Erwin Sommers. Einer von ihnen, ein Mann mit verschlissenem Gesicht, wagte sich sanft schwankend an Juhnke heran und stammelte: »Harald, Ssie ssind mein Idol.« Leicht indigniert schrieb der Schauspieler ein Autogramm, das er mit wegschiebender Geste überreichte. Zehn Minuten später war die kleine Szene schon eine Anekdote, mit der er beim Filmteam glucksende Lacher erntete. Juhnke, der immer wieder nach Anerkennung heischt, bescherte das eine kleine Zufriedenheit.

Auch andere Stars trinken, aber sie tun's in der stillen Kammer, während Juhnke nicht nur öffentlich sein Glas hebt, sondern auch jede Frage nach seiner Trinkerei gerne beantwortet. Fast in jedem Interview erzählt er die Geschichte vom Professor Kielholz in Basel, der seine Gehirnströme gemessen habe, mit dem Ergebnis, daß er kein Alkoholiker sei, sondern allenfalls ein bißchen verrückt. Er nennt sich einen Quartalssäufer und hat den Medien eine Unzahl von Erklärungen angeboten, warum er regelmäßig zum Glas greife. Eine Auswahl:

»Ich saufe, weil ich so allein bin.« *(Bild* am 15. April 1985)

»Ich bin zu begabt, ich werde mit meinem Genie nicht mehr fertig.« *(Bild* am 26. Juni 1991)

»Ich habe diese ungeheure Popularität nicht verkraftet. Jeder duzt dich. Jeder faßt dich an. Da habe ich angefangen zu saufen.« *(Bunte* am 1. Juni 1994)

Zu Hitler fiel Juhnke ein, daß es das »Dritte Reich« nicht gegeben hätte, wäre er ein Säufer gewesen. So redet er gerne, flapsig, ungeschützt, manchmal gedankenlos. Das freut Zeitungen wie *Bild,* die sich bei ihm Zitate zu Gott und der Welt abholen: der Star als Vehikel für Meinungsmache. Todesstrafe für Attentate auf Ausländer – Juhnke ist dafür.

Die Berliner Schnauze, mit der er so freigebig formuliert, ist ihm im Berliner Arbeiterviertel Wedding gewachsen. Der *Wochenpost* erzählte er über seine Herkunft: »Ich komme ja aus kleinen Verhältnissen. Mein Vater war Polizeibüroangestellter, wir lebten in einer Zweieinhalbzimmerwohnung. Mein Zimmer

Nun begann ein Spektakel, das seinesgleichen nicht kennt. Harald Juhnke, 66, verheiratet, zwei Kinder, zog mit der achtzehnjährigen Christiane Weigang in Suite 1015 des Berliner Hotels »Intercontinental« und war in den folgenden Tagen zumeist betrunken. In der Lobby lungerte ein Schock Presseleute, begierig, in Suite 1015 vorzudringen. Die aber war gut bewacht – von Kollegen der *Bild*-Zeitung. Sie saßen hinter der Tür, leisteten dem Liebespaar Gesellschaft und berichteten hautnah.

In dem Film »Der Trinker« spielte Juhnke nach Ansicht vieler vor allem sich selbst.

war so klein, daß man nicht mal ein Bett aufstellen konnte.« Nach dem Gymnasium besuchte er eine Schauspielschule und etablierte sich schnell bei Film und Fernsehen. Doch Schlagzeilen machte er erst, als er öffentlich soff, und noch mehr, als er alt genug war, um Affären mit jungen Mädchen den Anschein schwerer Verruchtheit zu geben.

Am 12. Dezember des vergangenen Jahres meldete selig geifernd der *Kölner Express:* »Die Neue ist 18!«

Es hat eine Reportage vom Geschlechtsverkehr zwischen Harald Juhnke und Christiane Weigang nicht gegeben. Aber in jenen Wintertagen wurde sie denkbar. *Bild* teilte mit, wie Juhnke seine Freundin ins Bett lockte. Erst an diesem Punkt endete Öffentlichkeit, begann Intimität. Man sollte nicht ausschließen, daß sich die Grenze weiter verschieben wird. Jüngst hat sich eine englische Zeitung von einer Prostituierten erzählen lassen, was genau sie mit dem Schauspieler Hugh Grant angestellt hat und wie dessen Penis beschaffen ist. Das alles könnte ein Vorgeschmack sein auf die totale Mediengesellschaft, in der die Begriffe Intimität und Öffentlichkeit überflüssig würden. Was intim ist, wäre öffentlich und umgekehrt. Juhnke dürfte sich einen Vorreiter nennen.

In einer Drehpause, als Erwin Sommer/Harald Juhnke gerade mit seiner Frau wegen einer Flasche Wein gestritten hatte, war Zeit für eine kurze Frage an den Schauspieler: »Ist Ihnen peinlich, daß jedes Detail Ihrer Affäre mit Christiane Weigang verbreitet wurde?« Als Antwort kam ein schnelles Nein, so harmlos vorgetragen, daß Zweifel nicht blieben. Was soll einem Menschen, dessen Eskapaden schon längere Zeittafeln füllen, noch peinlich sein?

Und er weiß ja, daß ihm sein Publikum nichts übelnimmt. *Bild* hat das unnachahmlich beschrieben: »Schon wieder fiel er um, schon wieder war er blau, aber dennoch lieben wir ihn.« Das bewies sich einmal mehr, als Juhnke im Januar 1995, nach überstandenem Absturz, als Entertainer im hochglanzbayerischen Rottach-Egern auftrat. Kurz vorher herrschte im Hotel »Bachmair am See« jene fröhliche Spannung, die sich vor Juhnkes Auftritten breitmacht: Kommt er, kommt er nicht? Man hob das Glas, ein Prosit, auf daß Harald nüchtern ist. Draußen stand er schon, von Photographen belagert, an seiner Fliege zupfend und mit einer jungen, wimpernklimpernden Journalistin ein kleines Interview verabredend.

Als er auf die Bühne schuffelte, in seinem schleichenden, elastischen Gang, wärmte ihn Beifallsrauschen. Nüchtern, hurra! Juhnke tanzte und sang, zumeist alte Schlager oder Hits von Frank Sinatra, ins Deutsche übertragen. Verzückt nahm das Publikum jeden Satz als Zitat aus seinem Leben: *Nichts auf der Welt haut mich um, auch kein Rum. Was ich im Leben tat, das war bestimmt nicht immer richtig. Erwachsen werde ich nie. Alle küßt du und bleibst keiner treu. Ich war ein Playboy, ein Säufer, ein Spieler, ein Kind.* Zwischendurch machte Juhnke flache Witzchen übers Trinken, so daß er im Prinzip nichts anderes war als seine selbstgesungene *Bild*-Zeitung. Das Publikum sollte Intimität erleben, das scheinbar schonungslose Bekenntnis eines Lebemanns. Es dankte mit Seufzern aus älteren Damenkehlen und glückseligem Applaus.

Wer sich fragt, warum Juhnke alles verziehen wird, kann bei Falk Berger eine Antwort finden. Berger, in dessen Arbeitszimmer neben Schreibtisch und Stuhl auch eine Liege steht, ist Psychologe und arbeitet am Sigmund-Freud-Institut in Frankfurt am Main. In Juhnke sieht er einen Stellvertreter. »Was ich mir selber nicht erlauben kann, macht der für mich. Es soll jemanden geben, der den Gesetzen des Lebens nicht unterworfen ist. Alle werden bestraft, wenn sie sich Ausschweifungen erlauben, nur der eine, den wir uns kreieren, kommt straffrei davon.« Juhnke lebe vor allem die Träume des Kleinbürgertums: »Sekt und wilde Weiber«. Aber auch die anderen, die Großbürger und die Intellektuellen, sind Voyeure, »trauen sich wahrscheinlich nur nicht, das Interesse so deutlich zu bekunden«.

Zudem, sagt Falk Berger, habe es auch etwas Sympathisches, wenn man wie Juhnke trotz aller Beteuerung regelmäßig seinem Laster verfalle. »Man nimmt sich immer wieder vor, die Unart, die einem eigen ist, abzustellen, schafft das aber nicht. Juhnke versöhnt damit, daß man an den eigenen Grundsätzen scheitert.«

Es geht natürlich auch, ganz simpel, um Nähe zum Volk. Juhnke würde nicht zum Stellvertreter taugen, wenn er sich vom Publikum entfernt hätte. Das hat er nicht, wie bei den Dreharbeiten für den »Trinker« zu beobachten war.

Gerade hatte er, als angetrunkener Erwin Sommer, mit dem fiesen Lobedanz um einen Koffer gerungen, als Regisseur Tom Toelle seine Beleuchter die Lampen verrücken ließ, weshalb die Schauspieler fünf Minuten Pause hatten. Wie immer zog sich Juhnke nicht in das Wohnmobil zurück, sondern machte sich gleich auf die Suche nach Publikum für seine Witze. Dabei war er nicht wählerisch, hielt sich an Garderobiere oder Tonhelfer, die ihm – von Schauspielern oft verachtet – dankbar zuhörten. Juhnke war nicht Star, sondern der behaglich lustige Onkel, dem die Familienfeier ihr Gelingen verdankt. Und von den Zaungästen, die zaghaft um ein Lächeln und ein Autogramm anhielten, ging niemand leer aus.

Am liebsten jedoch läßt sich Juhnke mit Journalisten ein. Wie süchtig sucht er immer wieder die Begegnung, auch noch kurz vor Auftritten und in Drehpausen. Wenn er weiß, daß Presse in der Nähe ist, knüpfen seine Augen rasch Kontakt, und schon bald schlendert er heran, um ein Gespräch zu beginnen, meist mit einer kleinen Anekdote aus dem eigenen Leben.

Wie eng Juhnke und die Journalisten liiert sind, mußte auch die achtzehnjährige Christiane Weigang feststellen, als sie sich vergangenen Dezember über die Gäste in Suite 1015 verwunderte. »Die haben gesagt, sie kennen den Harald seit etlichen Jahren, sie hätten ein Recht darauf.« Dieser Eindruck bestätigte sich, als Regisseur Toelle den Photographen untersagte, Juhnke beim Drehen ins Bild zu bannen. Da machte sich zickige Empörung breit, als wäre die Ehefrau ausgeschlossen worden. Lange, intensive Beziehungen begründen nun einmal Rechte. Juhnke scheint das genauso zu sehen. Nach der Affäre im Berliner »Interconti« rief er bei *Bild* an und bat zu einer Abschlußbesprechung in sein Haus. Boulevardjournalisten kennen die Nummer, unter der Juhnke zu erreichen ist, auch wenn er sich in einer Baseler Trinkerklinik aufhält. Als seine Frau nicht mit ihm schlafen wollte, konnte man das als Juhnkes Zitat in *Bild* lesen.

Niemand beherzigt den Grundsatz, wonach auch eine schlechte Nachricht eine gute Nachricht ist, so konsequent wie Juhnke. Wenn er die Schlagzeilen beherrscht, interessieren sich Millionen für ihn, damit auch für seine Filme und Shows, also hat er Aufträge genug. Intimität wird in der Mediengesellschaft zur Ware, und Juhnke hat sie in einem *barter trade* – Ware wird mit Ware bezahlt – gegen Aufmerksamkeit getauscht. Es ist jedoch auch möglich, direkt an Geld zu kommen. Die Prostituierte soll für ihre Plauderei über Hugh Grant 250 000 Dollar bekommen haben. Auch Christiane Weigang ließ sich gegen Honorar interviewen, kassierte »einige tausend Mark vielleicht«, wie sie dem Magazin der *Süddeutschen Zeitung* anvertraute.

»Dieses Jahrhundert«, sagte der Psychologe Falk Berger, »ist gekennzeichnet durch Beschäftigung der Menschen mit sich selbst, also durch Narzißmus. Für einen Narzißten liegt der Genuß in der Mitteilung des vermeintlichen Genusses. Es geht nicht darum, Intimität miteinander herzustellen, sondern den Rummel darum.« Sex mit einem Mädchen, so könnte man übersetzen, macht einem Narzißten erst richtig Spaß, wenn andere davon erfahren. Deshalb ist der Narziß die eine Säule der Mediengesellschaft, der Voyeur die andere. Kuppler zwischen beiden sind die

Medien. Im Kampf um die Voyeure reicht das, was Juhnke von selbst anstellt, längst nicht mehr. Als er in Suite 1015 ein bißchen schlafen wollte, lotste *Bild* Christiane Weigang ins Kaufhaus des Westens, wo das Mädchen vor Brautkleidern abgelichtet wurde. Zudem kaufte sie photogen Boxershorts, ein Geschenk für Juhnke. *Bild* hatte sich eine Exklusivgeschichte geschaffen, romantisch und schlüpfrig zugleich, und sie wurde mit bebendem Genuß verbreitet.

Die Reporterin Brita Segger, die kurz in der Suite 1015 war, beschrieb in der Zeitschrift *Super Illu*, wie sie dort eine plötzliche Wandlung durchmachte: »Auf einmal bin ich nicht mehr Journalistin, sondern nur noch eine Frau. Und der Mann, der mir dort gegenübersitzt, ist nur noch der Mensch Harald Juhnke, der Hilfe und Zuwendung braucht.« Sie wußte gleich Rat, zitiert sich mit dem Satz: »Harald, so geht das doch nicht weiter.« Juhnke streichelte ihre Hand »wie ein Vater«. Schließlich: »Tränen kullern über meine Wangen.«

Dieser Text ist garniert mit zwölf opulenten Farbphotos, die den Menschen, der Hilfe und Zuwendung braucht, hilflos in einem weißen Bademantel zeigen, im Gesicht die Spuren des Alkohols, auf dem Schoß Christiane Weigang. Von Brita Segger ist zu sehen, daß sie eine Hand Juhnkes mit ihren Händen umschließt. Man sieht auch, daß sie jung ist, keine dreißig Jahre alt, adrett, nett.

Hat sie wirklich geweint? Brita Segger lacht, als sie diese Frage hört. »Mir traten die Tränen in die Augen.« Ein schlechtes Gewissen, sagt sie, habe sie nicht. »Die Gesellschaft hat ein gewisses Recht, informiert zu werden. Wir richten uns nach dem Markt und liegen mit dieser Schiene ganz gut. Jeder, der die Chance gehabt hätte, wäre reingegangen. Fertig.« Was sie wirklich von ihrer Arbeit hält, kommt mit einem unbedachten Satz ans Licht: Die *Bild*-Aktion mit den Brautkleidern sei »etwas niveauloser« gewesen. Zudem hat sie es für nötig befunden, Juhnke einen Brief zu schreiben und sich für die Photos zu entschuldigen. Ansonsten ist nur zu erfahren, daß sie aus Ostdeutschland stammt. »Mein Privatleben geht niemanden etwas an.«

Ihr Artikel war ein typisches Produkt von Medienkonkurrenz. Weil *Bild* und *BZ* sich vor Weihnachten täglich über die Intimsphäre Harald Juhnkes verbreiteten, verschaffte sich die Wochenzeitschrift *Super Illu* eine exklusive Reportage, indem sie eine eigene

Intimität herstellte, zwischen Journalistin und Objekt der Berichterstattung. In der totalen Mediengesellschaft könnte dann folgende Schlagzeile Leser locken: »Unsere Reporterin schlief mit Harald Juhnke«.

Als bei den Dreharbeiten Pressetag war, fand sich ein Journalist, der erklären konnte, wie wichtig einer Boulevardzeitung Harald Juhnkes Eskapaden sind. Dieser Mann, der namenlos bleiben muß, kennt *Bild* und den einen oder anderen Konkurrenten,

Hilfe – die Versöhnung mit der Gattin – glanzvolles Comeback.

Es lag nahe, das einmal am jüngsten Fall zu überprüfen. Folgende Schlagzeilen fanden sich in *Bild:*

»Juhnke total blau« (20. Dezember)

»Wer kann ihn retten?« (23. Dezember)

»Verzeiht ihm seine Frau?« (24. Dezember)

»Jubel-Auftritt in Tirol – Harald so lieben wir dich!« (4. Januar)

Juhnkes zweite Ehefrau Susanne, mit der er seit 1971 verheiratet war (hier bei einer AIDS-Gala 1998), musste unter den Alkoholexzessen ihres Mannes oft leiden. 2001 lieferte sie Harald Juhnke in ein Pflegeheim für Demenzkranke ein, wo der Schauspieler 2005 verstarb.

und er berichtete, welcher Druck auf einem Ressort lastet, sobald es länger keine Schlagzeile für die erste Seite angeboten habe. »Ein Absturz von Juhnke ist die Rettung. Dann hat man mindestens eine Woche Ruhe.« Die Geschichte würde immer nach demselben Muster gedehnt: der Absturz – die Frage nach

Der anonyme Journalist schätzt, daß eine saftige Schlagzeile über Juhnke die Auflage einer Boulevardzeitung um fünf bis zehn Prozent steigern könne. Dafür, behauptete Juhnke in einem Interview mit dem Berliner *Tagesspiegel,* zeigten sich einige Journalisten erkenntlich: »Mit der *Bild*-Zeitung, die mir dann am Hals sitzt, deichsele ich das so, daß sie auf jeden Fall auch berichtet, wenn ich einen großen Erfolg habe.« Tatsächlich fällt auf, daß *Bild* die Arbeit des Schauspielers und Entertainers immer wieder in schrillen Tönen lobt.

Die *Süddeutsche Zeitung* argwöhnt, Juhnkes Affären, von denen letztendlich alle Beteiligten etwas hätten, seien nur inszeniert. Natürlich wird das vom Schauspieler bestritten. Es wäre auch fatal für ihn und die interessierte Presse, setzte sich dieser Eindruck beim Publikum durch. Wer viel Zeit mit dem Konsum von Medien verbringt, erlebt selbst nur wenig und möchte daher über Bildschirm oder Papier zum Zeugen werden, wie andere etwas erleben. Deshalb sind auch Tränen ein wichtiger Stoff in der Mediengesellschaft. Tränen verheißen Authentizität, Intimität, echte Gefühle also, und das macht den Erfolg von Sendungen aus, in denen Mütter ihre weggelaufenen Kinder beweinen. Auch über Juhnkes Tränen war schon zu lesen.

Die Kulturzeitschrift *du* hat wahrscheinlich noch nie über Harald Juhnke geschrieben. Aber dort fand sich ein schöner Satz von Peter Rüedi, der viel zum Thema sagt: »Alle Geschichten vom Trinken und über Trinker sind Geschichten über das verlorene Paradies.« Es kann kein Zufall sein, daß dieses Paradies bei einer Medienfigur wie Harald Juhnke ein Platz in den Medien ist. »Ich will raus aus den Schlagzeilen und rein ins Feuilleton«, sagte er dem *Tagesspiegel* im Februar dieses Jahres.

Kurz nach der Affäre mit Christiane Weigang spielte Juhnke im Theater am Kurfürstendamm in der Komödie »Sonny Boys«, einem lausigen Stück, das seinen Witz unter anderem daraus gewann, daß Juhnke einer Krankenschwester minutenlang unter den kurzen Rock schaute. Aber er schuffelte, blickte bübisch und nuschelte über die ständig vorgeschobene Unterlippe hinweg. Es war wie immer, und das reichte, um das Publikum zu begeistern. Doch ins Feuilleton kommt er damit nicht. Die meiste Zeit seines Schauspielerlebens hat Juhnke mit solchen Rollen verbracht, vor allem in unsäglichen Filmchen.

Es gibt aber auch eine andere Seite. Juhnke spielte auf der Bühne den »Geizigen« von Moliere und den Blinden in Peter Turrinis »Alpenglühen«. Für seine Rollen in den Kinofilmen »Schtonk« und »Der Papagei« wurde er ausgezeichnet. Und nach allem, was in drei Tagen bei den Dreharbeiten für den »Trinker«

zu beobachten war, wird er einen überzeugenden Erwin Sommer abgeben. Moritz Rinke, Theaterkritiker beim Berliner *Tagesspiegel,* ist ein Mann, der Plätze im Feuilleton vergibt. Von Juhnke sagt er, daß er der einzige Schauspieler sei, der »selbstreferentiell« spiele: Nicht die Rolle an sich interessiere, sondern die Frage, was sie mit Juhnkes Leben zu tun habe. »Er ist ein guter Schauspieler, aber einer ohne Geheimnis. Das Unsagbare, das Neue, das durch einen großartigen Schauspieler entsteht, wird es bei ihm nicht geben. Juhnke bleibt Juhnke.«

Aber das will er nicht wahrhaben. Die Anerkennung, die ihm das Feuilleton verweigert, schafft sich Juhnke selbst. Noch einmal Auszüge aus Interviews:

»Jedes Land hat einen großen Star. Früher war es Hans Albers, heute bin ich es« (Hamburger *Morgenpost* am 9. Januar 1995).

»Ich bin eine Legende« (*Wochenpost* am 19. August 1993).

»Na ja, ich bin so etwas wie der deutsche Dean Martin« (*stern* am 12. September 1991),

»Ich bin im Laufe der letzten Jahre eine Art Kultfigur für junge Leute geworden« (*Tagesspiegel* am 16. Februar 1995).

Mit Penetranz bettet sich Juhnke in die Gesellschaft berühmter Kollegen und Regisseure. Sein Buch »Was ich Ihnen noch sagen wollte...« (Heyne) beginnt mit Zitaten der großen Schauspieler Bernhard Minetti und Will Quadflieg, die ihn loben. Ihre Namen führt er ständig im Mund, genauso den Frank Sinatras, Idol seines Lebens. Auch Sinatra ist Schauspieler und Entertainer, auch er säuft und hat Frauengeschichten, aber er wurde damit ein Weltstar, Juhnke nur ein Star des deutschen Boulevards.

Der Zufall will es, daß Martin Wiebel, Dramaturg beim WDR, wie Harald Juhnke im Berliner Arbeiterviertel Wedding aufgewachsen ist und dort dasselbe Gymnasium besucht hat. Nun dreht er mit Juhnke den »Trinker«, und am Rand der Dreharbeiten sagte er: »Niemand ging ungestraft auf ein Gymnasium im Wedding. Man mußte die Lücke schließen zwischen Herkunft und Anspruch, und das habe ich als unglaublichen Druck empfunden.«

In solcher Zeit entstehen Träume. Wiebel: »Minetti? Sinatra? Ich glaube, daß der Schuljunge Juhnke, der den Wedding abstreifen mußte, genau das werden wollte.« Demnach spricht einiges für die Variante, mit der Juhnke dem *Spiegel* seine Trinkerei erklärt hat.

206

Nach Hinweis auf den »ganzen Scheißdreck«, den er gespielt hat, sagte er: »Ich mußte mich betäuben.«

Nun bringt er sich immer wieder selbst ins Gespräch für die großen Rollen. Richard III. würde er gerne spielen, sagt er ungefragt nahezu jedem Journalisten, dem er begegnet. Doch die Schlagzeile, daß mit ihm ein neuer Minetti gefunden sei, liest er nie. Und das ist die Tragik der Medienfigur Harald Juhnke: Beim Tausch von Intimität gegen Aufmerksamkeit hat er nicht soviel bekommen wie erhofft.

Aber hat er denn viel gegeben? Man kennt seine Affären, seine Zusammenbrüche, doch kennt man wirklich Harald Juhnke? Einzelne Interviews können durchaus den Eindruck erwecken, als lege da jemand die Karten auf den Tisch. Doch nach der Lektüre von einigen Kilo Presseberichten aus zwanzig Jahren bleibt ein seltsam verwaschenes, flüchtiges Bild: viel Plauderei, viel Selbstlob, viel Widersprüchliches, viele Beteuerungen mit kurzer Halbwertszeit.

Harald Juhnke hat der ZEIT für diese Geschichte zwei längere Interviews gegeben. Als das erste im Januar verabredet wurde, saß er in einem dunklen und schäbigen Hinterzimmer des Theaters am Kurfürstendamm. Er trug einen Bademantel, Socken und Schuhe. Er sah fern.

»Haben Sie den Rummel um die Affäre mit dem Mädchen gut überstanden?«

»Ach, wissen Sie, ich bin einer der letzten großen Stars. Da sind die Medien sehr interessiert an mir.«

Beim Interview am nächsten Tag nannte er unter anderem die Namen Heinz Rühmann, Bernhard Minetti, Curd Jürgens, Humphrey Bogart, Robert Mitchum, Lawrence Olivier, Martin Held, Gustav Gründgens. Er erzählte auch, ungefragt, die Geschichte von Professor Kielholz und den Gehirnströmen. Beim zweiten Interview, das Anfang Juli in einer Drehpause stattfand, erzählte er diese Geschichte noch einmal.

Juhnke hat natürlich noch mehr erzählt, auch Ernstzunehmendes, aber nach diesen beiden Interviews verstärkte sich der Eindruck, daß er womöglich gar nicht so offen ist, wie man meinen könnte. Der *Wochenpost* hat Juhnke einmal gesagt, daß »das letzte Geheimnis keiner aus mir herauskriegen wird«. Zwei Möglichkeiten sind nun denkbar: Es gibt dieses Geheimnis gar nicht. Oder Juhnke versteht es, sich durch Überinformation und Dauerpräsenz in den Medien undurchsichtig zu machen. Während er Intimitäten verbreitet, auf die sich alle stürzen, bewahrt er sich die Freiräume, die er zum Leben braucht. Wenn das zuträfe, müßte man wohl sagen, daß über den öffentlichen Menschen Harald Juhnke nichts Wesentliches zu erfahren war.

Die Alte Brücke von Mostar, im 16. Jahrhundert erbaut, galt als symbolische Verbindung zwischen christlicher und islamischer Welt. Während des Krieges wurde sie 1993 zerstört, bis 2004 mit internationalen Hilfsgeldern jedoch rekonstruiert.

Das Land, in dem die Gräber reden

In Bosnien gibt der schmelzende Schnee unanfechtbare Beweise frei: Skelette am Wegesrand, unter Steinhaufen verscharrte Leichen, brache Todesäcker. Zeugen kennen die Namen der Opfer – und der Mörder. Noch schneller als der Gerichtshof in Den Haag haben engagierte Polizisten und Richter in Sarajevo und Sanski Most die Verfolgung der Kriegsverbrecher aufgenommen

Von **KUNO KRUSE**, erschienen in der ZEIT am 15. März 1996

Für diese Reportage wurde Kuno Kruse mit dem Egon-Erwin-Kisch-Preis 1997 ausgezeichnet.

Der Bauer muß gewußt haben, wo er den Pflug zu wenden hat. Die Furchen brechen in einer bizarren Linie ab. Der Blick herab von der gesprengten Brücke bleibt hängen an diesem verformten Feld. Die gemiedene Stelle ist braun und faulig, eben freigegeben vom Schnee. Gut fünfzig Schritte mögen es sein, die sich das Massengrab vom Flußufer in den Acker schiebt.

Die britischen Pioniere wußten nichts und hatten den Blick auch nicht schweifen lassen. Die Betonbrücke über die Sana sollte wieder aufgebaut werden. Sie waren mit dem Bagger gekommen, die Schaufel grub sich in den Lehm. Dann brauchten die Soldaten ihre Gasmasken und zogen aus dem schweren Boden, was einmal ein Mensch gewesen war. Eine Frau, sagt der bosnische Polizist, der an der Brücke Wache schob, fast beschämt. Er hat es gesehen und erkannt und benutzt ein Wort, das eher Wäsche bedeutet als Kleidung. Auch die zweite Leiche im Lehm war die einer Frau, die dritte war männlich. Nach der fünften wurden die Arbeiten eingestellt. Die Betonbrocken der Brücke bei Vrhpolje sind Grabsteine.

Der Winter in Nordwestbosnien ist gebrochen, und der Boden läßt die Toten los. Viermal hat der Bauer den Acker an der Brücke bestellt, seit sie dort liegen. Es sind zwei Massengräber direkt nebeneinander. Ein drittes ist der Fluß. Es war am 26. Mai 1992 gewesen, als sich fünfzig Menschen an der Stelle, wo die Kinder sonst gebadet haben, aufstellen mußten zum Erschossenwerden. Es soll ein heller

Frühsommertag gewesen sein. Die Sana trieb grünklar dahin, gnadenlos grünklar wie heute.

Das Dorf Hrustovo, woher die fünfzig Ermordeten kamen, hat heute keinen Einwohner mehr. Die Häuser stehen verkohlt wie hohle Zähne. Der Ort liegt dreihundert Meter von der Brücke am Weg zur Grotte. Er muß mit seiner alten Schmalspurbahn aus österreichischer Zeit wie aus einem Kinderbuch gewesen sein. Von dem alten Holzsteg über den Bach, der hier in die Sana mündet, blieben ein paar schwarze Balken. Im Graben verrottet ein leichter Zweispänner, gefedert, mit feinen Holzspeichen. Damit fuhr man früher an Feiertagen aus, vorneweg die Pferde. Feiertage gibt es in Hrustovo nicht mehr.

Es war am frühen Nachmittag gewesen, als die serbischen Schergen ins Dorf gekommen waren. Simić Djuró führte sie an, der Direktor der Schule im Nachbarort Tomira, und Sava Vojin, der Tierarzt. Die bewaffneten Männer wollten Geld, wollten Gold, denn viele aus Hrustovo hatten in Deutschland gearbeitet, und es war Wohlstand ins Dorf gezogen. Und sie wollten morden. Dreißig Frauen und Kinder und Alte wurden in der Garage vom alten Merdanović erschossen, in der sie Zuflucht gesucht hatten. Und man wirft noch einmal einen langen Blick auf den Feiertagswagen im Graben und bemerkt, daß dessen Rückbank fehlt, so daß eine Ladefläche entstand, auf der sich vielleicht Leichen transportieren ließen. Ein Säugling, wenige Monate alt, heißt es, habe überlebt. Er habe schreiend unter den anderen gelegen, und ein serbischer Soldat habe sich seiner erbarmt. Irgend jemand wüßte auch, wo das Kind jetzt lebt. Es müßte vier Jahre alt sein. Das sei die Wahrheit.

Der schmelzende bosnische Schnee gibt den Blick auf die Opfer frei. Er ruft Tatzeugen in Erinnerung, was sie gesehen haben. Und er holt die Täter aus der Anonymität. Es ist, als ob die Gräber zu reden begönnen. Zukić Seida schrie in ihrem Haus fünfundzwanzig Minuten lang, sagt ein damals dreizehnjähriger Junge, der sich unter dem Dach des Nachbarhauses versteckt hatte. Später fand er sie mit durchschnittener Kehle. Durch eine Lücke in den Ziegeln hat der Junge den Mörder gesehen, wie er mit dem blutigen Messer aus dem Haus kam. Es sei Mile Tutus gewesen, der einmal Kaufmann im Dorf gewesen war. Er trug schwarze Handschuhe.

Dann ging er in das Haus von Asema Merdanović. Auch sie hörte der Junge lange schreien.

Die zweite Erschießung war ein Jahr später. Siebzehn Menschen hatten sich zwölf Monate lang im Wald und in Scheunen versteckt. Drei Frauen hatten ihnen heimlich zu essen gebracht. Dann eröffneten die Serben die Treibjagd. Die Helferinnen liegen jetzt mit im Lehm. Und man erkennt sie nur noch an ihrer Wäsche.

Von 34 solchen wilden Leichenkippen weiß man allein im 25-Kilometer-Radius um die Kreisstadt Sanski Most, 143 sind in die Karte von Bosnien-Herzegowina vorläufig eingezeichnet, wieder andere wurden in Ostslawonien gefunden und in der Krajina: UN-Beobachter reden offiziell von insgesamt 190 Massengräbern, in 16 liegen mehr als 500 Tote. In einem Massengrab können drei liegen oder tausend. Die größten sind hier in Nordbosnien, im Osten bei Brčko und bei Srebrenica, wo Satellitenphotos tausend in einem Grab vermuten lassen.

Jahrelang haben Menschenrechtsorganisationen, Beobachter der Vereinten Nationen und der Europäischen Union, aber auch die örtliche Kriminalpolizei die Untaten dokumentiert. Beim Komitee zur Ermittlung von Kriegsverbrechen in Zagreb sind sie mit kleinen Kreisen in Generalstabskarten eingezeichnet. Sie haben Nummern, und jede Chiffre steht für Namen. Es sind die der Opfer, der Zeugen und der Täter. Alles Beweismaterial wird weitergeleitet an das Zagreber Außenbüro des Internationalen Gerichtshofs in Den Haag. Genauso wird in Sarajevo verfahren. Und auch in Belgrad wurde jetzt ein Verbindungsbüro des Gerichts eröffnet.

In Den Haag wurde inzwischen gegen 53 Beschuldigte Anklage erhoben. Als Kriegsverbrechen gelten nicht nur die Schlächtereien losgelassener Soldatenrotten, auch die Beschießung von Städten wie Sarajevo oder Ost-Mostar und das systematische Schleifen von Gotteshäusern sind ein Fall für die Richter.

Wer von der Krajina über die muslimische Enklave Bihać – die über Jahre der Aushungerung widerstand und auf deren Markt jetzt Orangen verkauft werden und Erdnüsse – und von dort weiter in Richtung Osten nach Sanski Most fährt, an dem ziehen auf hundert Kilometer sanfter Berglandschaft nur Ruinen vorbei und ausgebrannte Wracks. In diesem Teil Bosniens hatte seinen Anfang genommen, was

210

als ethnische Säuberung inzwischen zum Begriff geworden ist. Hier sind die Namen von Todeslagern so bekannt wie die der kleinen Städte und malerischen Dörfer. Omarska, Keraterm, Manjaca. In Nordwestbosnien gelten 60 000 Muslime als vermißt, 35 000 allein aus der Stadt Prijedor. Ob sie alle tot sind, weiß man nicht. Allein die gesprengten Moscheen sind gezählt: 217.

vom vorigen September. Sasina, ein paar über das lange Tal verstreute Häuser, ausgeweidet, zertrümmert, ein Laden, eine Schule, in der drei Leichen faulen. Mit Fensterflügeln und Türen treibt der Wind sein Spiel. Auf dem Berg thront noch immer die katholische Kirche, auch wenn sie nur noch ein löchriger Turm ist und eingefallene Mauern. Am Kirchweg spannt sich, nur durch ein paar Samenfus-

Der serbische Milizenführer Zeljko Raznatović, genannt Arkan, ist für viele von Serben begangene Kriegsverbrechen verantwortlich. Hier mustert er im September 1996 seine Einheiten.

Die Toten an der Sanabrücke gehören zu den ersten Opfern eines Massenmordes, der Krieg im ehemaligen Jugoslawien heißt, obwohl der eigentlich nur über Slowenien, Kroatien und Bosnien hinwegzog. Und den es, als die Menschen von Hrustovo ermordet wurden, auch in Bosnien noch gar nicht gab.

Von der zerstörten Betonbrücke sind es zwanzig Kilometer bis Sasina. Dort liegen die letzten Opfer,

seln verraten, ein kaum sichtbarer Draht. Unten an der Straße stehen Schilder, die vor Minen warnen.

Die Straße führte einmal nach Banja Luka. Jetzt ist sie eine unbefahrbare Matschpiste mit knietiefen Wasserkuhlen, über die britische Panzer patrouillieren. Sasina liegt in dem vier Kilometer schmalen Korridor, den die Internationalen Friedenstruppen Ifor zwischen die bosnische und serbische Front gezogen hat. Hier stoppte im vergangenen Herbst, auf Kommando von Uno und Nato, der Feldzug der bosnischen Armee.

Dort, wo der Kirchweg in die Straße mündet, zwischen Steinbruch und Brombeersträuchern, liegen Menschenknochen. Der Mann ist vornübergefallen, auf einen frischen Geröllhügel. Über die linke Elle spannt sich noch Haut, wie helles Leder. Dort sind zwei sich kreuzende Schwerter eintätowiert, darunter die Chiffre JNA 67 – wohl ein Andenken an seinen Wehrdienst bei der jugoslawischen Volksarmee. Demnach mag er Mitte Vierzig gewesen sein, als ihm etwas den Rücken durchschlug und den Brustkorb sprengte. Der Leichnam ist seltsam ver-

jenem 22. September 1995, bevor der Krieg genau hier in Sasina in die große Pause ging, die jetzt durch das Dayton-Abkommen besiegelt ist.

Mehmed Talić nimmt die Schaufel. Der graue Hüne ist mit dem Richter gekommen, dem Polizisten und einem Zeugen. Er selbst ist Arbeiter und weiß, wer hier in diesen Erdhügeln verwest. Er sagt, sie seien Sklaven gewesen, alles Muslime oder Kroaten, die hiergeblieben waren und die Zwangsarbeiten verrichteten für die Serben und Schützengräben aushoben. Er hat selbst zu ihnen gehört: ein Leben, streng bewacht, nachts schlaflos in Ställen und Ruinen. Am schlimmsten war es, wenn sie stritten, sagt er, ob sie einen erschießen sollten oder nicht.

Frauen während einer Trauerfeier zu Ehren der Opfer des Massakers von Srebrenica. Serbische Truppen hatten 1995 mehr als 8.000 bosnische Jungen und Männer getötet.

renkt. Der Mann starb mit freiem Oberkörper und barfuß. Aus der Tasche seiner Jeans kommt eine Angelschnur.

Vielleicht hat er den Schotterhaufen selbst aufgeworfen, aus dem der Fetzen eines karierten Hemdes auftaucht und ein Stiefel. Und aus dem Verwesung weht. Er wurde vielleicht verschont, für die Dauer dieser Arbeit nur, die Nachbarn und Bekannten zu verscharren. Vielleicht war er der letzte, der starb, an

Als die bosnische Armee vorrückte, haben die Serben viele ihrer Zwangsarbeiter erschossen. Es waren die »Tiger«, die private Killerarmee von Arkan, der eigentlich Zeljko Raznjatović heißt. Früher war er ein international gesuchter Krimineller, heute ist er ein international gesuchter Kriegsverbrecher, der Kalender von sich drucken läßt und sich als Abgeordneter der Kosovo-Serben im Belgrader Parlament bläht. Arkans Schergen aber wurden geleitet von serbischen Todeslotsen aus Sanski Most. Sie holten die verbliebenen Muslime aus den Häusern, fesselten sie an die Laternen. Nach Mitternacht wurden sie weggebracht, in zwei Bussen und einem Lastwagen.

Mehmed Talić schaufelt. In dem Stiefel steckt eine Socke. Und schon ein flüchtiger Blick darauf ist eine Verletzung der Intimität dieses Toten. Mehmed Talić schaufelt weiter. In dem Socken steckt ein Fuß, ein Bein. Der graue Hüne legt einen zweiten Socken frei, ein zweites Bein. Der Tote liegt auf dem Rücken. Mehmed Talić sucht. Er sucht seinen Bruder. Er sucht seinen Neffen. Er gibt auf: Es können hundert sein, die hier liegen.

Mehr wollte der ihn begleitende Richter vorerst auch nicht wissen. Er mißt die Hügel aus. So viele Menschen kann man jetzt nicht exhumieren. Er wollte nur sicher sein, dass hier im Niemandsland niemand mehr Spuren verwischen kann. Deswegen hat er alles photographiert. Auch eine Feuerstelle, in der noch eine Schädelkappe liegt.

Der Zeuge steht stumm dabei. Er war, am Bein verletzt, geflohen in jener Septembernacht, als sie hier im Scheinwerferkegel des Lastwagens Aufstellung nehmen mußten. Er ist nervös, saugt den Rauch der Zigarette ein. Dann preßt er die Hand auf den Mund. War es wirklich hier? Er läuft ins Gelände. Er sucht den Wald wieder, durch den er in jener Nacht rannte. Er ist sich nicht sicher. Gibt es hier noch ein Massengrab? Aber wie soll er in diesen Geröllhügeln jene Nacht wiederfinden?

Jetzt ist ein Panzer vorgefahren. Ein britischer Offizier, der hier die Hoheitsrechte wahrnimmt, verlangt Auskunft, was man hier treibe. Der Richter erklärt. Okay, sagt der Offizier, machen wir es offiziell. Es sollen Spezialisten aus Den Haag kommen. Und der bosnische Polizist sagt: »Super.«

Es gibt Momente, die haben eine Dimension, die sich nicht beschreiben läßt und auch nicht photographieren. So ein ewiger Moment brennt sich ein, als der große, graue Arbeiter Mehmed Talić nun allein auf dem lehmigen Leichenhügel hockt, aus dem noch immer der Stiefel ragt. Er hat keine Tränen, und doch liegt in den Augen eine Trauer, die aus Jahren kommen muß. Er will jeden begraben. Er hat es eilig: »Damit ich sie noch erkennen kann.« Auf dem Rückweg läßt er den Wagen noch einmal stoppen. Dort liegt am Straßenrand, merkwürdig verdreht, wie eine weggeworfene Schaufensterpup-

pe, schon wieder ein Mensch, vom Winter mumifiziert. Nein, sagt Talić nach einem kurzen Blick, das sei doch nicht sein Freund Niko. Der hatte andere Zähne. Dann läßt er sich in Sanski Most bei der alten Halle absetzen, die jetzt ein Getränkediscount ist. Er sitzt allein auf den leeren Kisten und trinkt ein Bier.

Der Richter kennt die Orte, an denen die Toten warten: bei Hambarine, Briševo, Kijevci, Greda, Krkojevci, Lukavica, Ocreć. Er kennt die Namen der Opfer. Und er kennt auch die Täter. Die Beweise sind schon an den Internationalen Gerichtshof nach Den Haag gegangen. Die Beweise sprechen gegen Rasula Hedjelko, den Vorsitzenden der Gemeinde Sanski Most, er war auch Minister für Kultur in Pale, sie sprechen gegen Vlado Vrkeš, den Ortsvorsitzenden der Serbischen Nationalistenpartei SDS, sie sprechen auch gegen Branko Basara, den Kommandeur der VI. Brigade. »Arkan«, sagt der Richter, »ist nur eine Maske.« Und das soll heißen: Die Killertrupps mordeten im Auftrag der örtlichen Nomenklatur.

Der Richter sagt niemals: die Serben. Er ist ein erfahrener Jurist, eher still, sehr vorsichtig und bescheiden. Als ein Mann, der mit dem Mercedes aus Deutschland zurückgekommen ist, zu ihm sagt: »Ich habe Sie wiedererkannt, im Fernsehen, auf den Bildern aus dem Lager«, macht ihn das verlegen. Millionen haben den Richter damals bei den Aufnahmen im serbischen Konzentrationslager gesehen. Abgemagert und in Not. Und die Bilder des britischen ITN-Teams haben vielen der Lagerhäftlingen das Leben gerettet. Auch ihm.

Am 15. Mai 1992, das Datum hat er behalten, wurde der Richter nach vierzehn Dienstjahren von den neuen serbischen Machthabern entlassen, dann verhaftet und abtransportiert. Er sagt heute: »Trotz aller Grausamkeiten, waren die, die in den Lagern überlebten, noch die Glücklicheren im Unglück.« Sie wurden von der Weltöffentlichkeit zur Kenntnis genommen.

Die vielen anderen Opfer sah niemand. Jetzt sucht der Richter nach ihnen. Die Verwandten erkennen sie an der Kleidung wieder, manchmal nur noch an dem Ort, wo man sie findet. Die Ausrüstung des Richters sind seine Augen und Ohren. Dazu hat ihm ein Mitarbeiter der Uno einen Photoapparat geliehen und auch einen Kopierer. Aber er hat keine Filme und nur ein paar Blatt Papier.

Manchmal kommt die Pathologin aus Bihać, aber meistens beschaut der Richter die Toten allein mit seinen Polizisten. »Jeden Tag höre ich Zeugen, und immer finde ich etwas Neues heraus.« Der Richter durchwühlt Müllhaufen nach Akten. Über seiner Badewanne trocknen Amtspapiere in kyrillischer Schrift. Im Abfall hat er zwei Ordner der VI. Krajina-Brigade gefunden, die hier wütete. Er findet viel, so als habe kein serbischer Offizier damit gerechnet, daß Sanski Most so schnell zurückerobert würde. Der Richter liest bis in die Morgenstunden Tagesbefehle und Dokumente. Aus der weggeworfenen Tasche eines Boten zog er einen Brief, den ein Mörder aus dem Gefängnis in Banja Luka an den Vorsitzenden der Serbischen Nationalistenpartei in Sanski Most geschrieben hatte. »Hol mich hier raus«, stand darin, sonst würde er sich dem Gerichtshof in Den Haag stellen und verraten, wie viele er auf Befehl des Parteivorsitzenden Vlado Vrkeš erschossen habe, daß der Polizeichef Mirko Vučinić dabeigestanden habe und Mico Krunić, der Lagerleiter, auch.

In dem wiedereröffneten alten Gasthof im Zentrum von Sanski Most wischt der Mann an der Theke das ihm angebotene Glas zu Boden. »Von dir«, schreit er den Nebenmann an, »lass' ich mich nicht einladen. Du hast meinen Bruder im Lager in den Arsch gefickt.« Sie packen sich. Nedzad Besić, der Polizist, geht dazwischen. Die Greuel der Lager, in denen Gefangene gezwungen wurden, sich gegenseitig zu penetrieren oder die Hoden abzubeißen, sind Gegenwart geblieben in der Kreisstadt. Wer weiß noch, was Wirklichkeit war und was die Alpträume eines Betrunkenen sind.

Wen man auch anspricht, jeder trägt seine eigene Beklemmung mit sich herum, will auch der Welt mitteilen, was hier geschah. Untereinander aber haben sich die Männer nichts mehr zu sagen. »Geh doch nach Den Haag«, ist ein bitterer Abservierer an der Theke des alten Gasthofs in Sanski Most, so als wollte man sagen: Erzähl es doch deinem Friseur.

»Ich würde gern nach Den Haag gehen«, sagt Nedzad Besić, der Polizist. Er würde gerne mal Duško Tadić sehen: »Sein Gesicht steht vor mir.« Tadić sei mit seinem großen Bruder befreundet gewesen, habe wohl hundertmal bei ihnen zu Hause übernachtet. Nedzad Besić ist aus Kozarac. Tadić, der Folterer aus dem Lager Omarska, war der erste Kriegsverbrecher,

der gefaßt wurde und seither in Den Haag in Untersuchungshaft sitzt. Der Karatesportler aus Kozarac wurde von Journalisten in München aufgespürt. Inzwischen wurde ein zweiter mutmaßlicher Kriegsverbrecher festgenommen – wieder in Deutschland. Zwei serbische Generäle gerieten in der Nähe des Flughafens von Sarajevo in die Fänge bosnischer Polizisten und sitzen jetzt ebenfalls in Den Haag.

Ein muslimischer Kriegsverbrecher ist noch nicht angeklagt. Aber weder Serbien noch Kroatien haben bisher einen ihrer eigenen Täter ausgeliefert. Und schon gar nicht die Warlords, wie Karadžić oder Mladić, die in Pale herrschen – denn dann müßten sie sich selbst zuerst abliefern. Die Anklageschriften gegen sie sind formuliert. General Ratko Mladić gönnte sich am vergangenen Wochenende oberhalb Sarajevos einen demonstrativen Skiausflug. Via griechisches Fernsehen hatte er ein paar Tage zuvor die Ifor vor jedem Versuch gewarnt, ihn festzunehmen: »Ich bin sehr, sehr teuer.« Mladić gab vor laufender Kamera den Befehl, jedem in den Kopf zu schießen, der sich ihm näherte. Doch niemand nähert sich ihm oder Karadžić, denn die Festnahme von Kriegsverbrechern durch die Ifor ist im Abkommen von Dayton nicht vorgeschrieben.

Das kann Nedzad Besić, der Polizist, nicht verstehen. Er ist jung, groß und stark. Er kam als Sieger nach Sanski Most und rief die letzten eingeschüchterten Muslime aus ihren Verstecken, die Uniformen nur mit Serben in Verbindung brachten. Und so kann er erst recht nicht begreifen, warum der Vormarsch der bosnischen Armee von der Uno hier angehalten wurde. Dann gibt er sich selbst eine Antwort: »Vielleicht hatten sie Angst, wir könnten durchdrehen, wenn wir all die vergrabenen Toten finden.« Und so blieben die Massengräber mit den meisten bosnischen Leichen auf serbischem Gebiet.

Auch Nedzad Besićs Dorf liegt heute jenseits des Ifor-Korridors. Der Urlaubsort Kozarac gehörte zu den wenigen Dörfern an der Straße von Prijedor nach Banja Luka, die sich 1992 verzweifelt gewehrt hatten und die eines nach dem anderen brannten – vierzig Tage lang. Nur das »Café Nippon« in der Marschall-Tito-Straße, das dem Kriegsverbrecher Dusko Tadić gehört hatte, steht unversehrt. Ebenso die Schule, in der jetzt mehr als vierhundert serbische Flüchtlinge Schutz vor dem Winter gefunden haben. Ihnen, denen ihre Führer das ganze Land schenken wollten, ist nur ein Platz im Etagenbett geblieben. Sie sammeln sich um die Öfen, legen ab und an ein Holzscheit nach. Die Schulbänke sind zu langen Tischreihen zusammengestellt, für die gemeinsame Suppe aus Blechnäpfen. Auch sie sind Gefangene dieses Krieges.

keiner sei je herausgekommen. Die Anwohner, die keine fünfhundert Meter von der Zufahrt entfernt leben, mußten in ihren Häusern bleiben, wenn die Transporte kamen. Nicht einmal die Serben hätten sich dort herumtreiben dürfen.

Im Jahr 2003 wurden in Zvornik Hunderte Opfer des Massakers von Srebrenica aus einem Massengrab exhumiert.

Noch immer wird die Existenz von Massengräbern in Belgrad und Pale offiziell geleugnet, aber auch von den Menschen, die jetzt in der Schule hausen. Niemand will etwas wissen von den Gebeinen, die nur ein paar Kilometer entfernt in Tagebaukratern zerfallen, in Omarska, Ljubija und in Tomasica, wo das Eisenbahngleis endet.

In den Betriebsgebäuden des Bergwerks Omarska war das berüchtigte Konzentrationslager. Vier Kilometer weiter sind fünfzig Meter hoch Abraumhalden aufgeschüttet. Um den Tagebau von Ljubija herum liegen Tretminen. Ein totes Bergwerk, doch die Zugänge sind von serbischen Soldaten bewacht. Zeugen sagen, Busse und Lastwagen hätten vor vier Jahren viele Menschen hier hineingefahren, und

»Wir sind das Gelände mit dem Hubschrauber abgeflogen«, sagt ein britischer Offizier, »aber wir haben nichts entdeckt.« Doch das muß nicht viel bedeuten. Die Erzgruben, heißt es in einem Bericht der Expertenkommission an die Uno, böten eine einfache Möglichkeit, Menschen in Massen unter die Erde zu bringen. Menschenrechtsorganisationen vermuten hier mehrere tausend Tote. Es gehen Gerüchte, daß Gebeine in Maschinen zerkleinert worden seien.

Bis Anfang März fühlte sich die Internationale Friedenstruppe Ifor für die Massengräber nicht zuständig. Im Abkommen von Dayton war für Mordopfer kein Platz. »Soldaten«, sagte der Offizier, »sind keine Totengräber.« Jetzt wurde der Auftrag erweitert: Pflicht der Ifor ist es nun nicht allein, die feindlichen Parteien auseinanderzuhalten. Sie sollen auch die Ermittlungsarbeiten aus Den Haag unterstützen.

Die Ifor hat die Straßen frei gemacht: Der Weg von Sanski Most über Kljuc, Jajce, Travnik, Vitez, Kiseljak nach Sarajevo ist wieder gefahrlos befahrbar. Es sind ungefähr 120 Kilometer. Viele trauen sich noch nicht auf die Straße. Aber es fährt schon ein Bus. Es geht durch einen serbischen Korridor, durch einen kroatischen, einen muslimischen. Und alle haben ihre Checkpoints. Die arabischen Journalisten

der kroatisch-muslimischen Allianz 1995. Und danach, als sie sich nach dem Abkommen von Dayton von hier wieder zurückziehen mußten. Auch hier wurde ein Massengrab geöffnet. Neben Soldaten liegen dort auch Zivilisten. Schwere Gefechte, heißt es, habe es in Mrkonjić Grad nicht gegeben. Jajce ist wieder kroatisch. Keine zehn Kilometer von dort hat das Hochwasser Gebeine aus dem Ufersand des Jesevrov-Sees gespült. Es sind die von Muslimen, die in die Hände von Serben fielen, als hier 1993 die kroa-

Am 21. November 1995 unterzeichneten Serbiens Präsident Slobodan Milošević, sein bosnischer Amtskollege Alija Izetbegović und der kroatische Präsident Franjo Tudjman (v.l.n.r.) das Friedensabkommen von Dayton.

müssen am kroatischen Kontrollpunkt aussteigen, was gegen das Abkommen von Dayton verstößt, das die Bewegungsfreiheit in ganz Bosnien-Herzegowina garantieren soll.

Mrkonjić Grad liegt im serbischen Korridor. Viele der Häuser sind abgebrannt. Das, sagen die Menschen, hätten die Kroaten getan, bei der Offensive

tische Allianz zerriß und 40 000 Menschen die Flucht ergriffen. Von da an zieht sich die Schmauchspur des Krieges, der nun zwischen Kroaten und Muslimen tobte, durch ausgehöhlte Dörfer und Kleinstädte. Gornji Vakuf, die Häuser sind Steingerippe, von dem Wohnblock im Zentrum steht nur die Treppe. Alt-Vitez, die muslimische Enklave in der kroatischen

Enklave Vitez, wurde von Kroaten zertrümmert. Die Dörfer um Vitez wurden niedergebrannt von Muslimen. In diesem Teil Bosniens, zwischen der Lašva und der Neretva, zerriß der Haß die Dörfer.

Es ist ein Tagesbefehl. Er trägt ein Datum: 20. 6. 1993. Auch einen Stempel und eine Unterschrift: Galip Dervisić, Kommandant des 3. Korps der VII. Brigade der Armee von Bosnien-Herzegowina. Befohlen wird der Angriff auf den kroatischen Ort Zepće. Alle Ustaše werden, so der Befehl, festgenommen, wenn nicht möglich, getötet, Frauen und Kinder gefangengenommen. Eine Gruppe soll das Krankenhaus stürmen, und alle, auch die Verletzten liquidieren. Das Personal, so sieht der Befehl vor, ist zu schonen. »In Treue zu Allah«, schließt der Kommandant, »und zu unserem freien und einheitlichen, und – wenn Allah so will – islamischen Staat.« Nach dem Angriff wurden siebzig Tote gezählt.

Ein kroatischer Soldat berichtete dem Komitee zur Ermittlung von Kriegsverbrechen in Zagreb von einer Art Mutprobe in einer Mudschahedin-Gruppe, die ein junger bosnischer Kämpfer bestehen sollte. Das Opfer sei ein junger serbischer Kriegsgefangener gewesen. Halb sei ihm der Kopf mit dem Messer vom Hals getrennt worden, dann sollte der junge Bosnier ihn mit einem Handgriff ganz abreißen. »Es war wie ein Ritual«, sagte der Zeuge. Der Prüfling habe »versagt«, sei hinausgeworfen worden, und der Anführer habe die Schlächterei selbst zu Ende gebracht. Freiwillige aus Algerien und Afghanistan sind zum Schrecken für Kroaten und Serben geworden.

Stupni Do liegt abseits der großen Kampflinie. Und doch ist das muslimische Dorf nordöstlich von Sarajevo zum Synonym geworden für kroatische Grausamkeit. In Stupni Do gab es 52 Häuser. Heute gibt es 52 Ruinen. Als ein Konvoi des UNHCR, durch das Scharfschützenfeuer der Kroaten, im Oktober 1993 das Dorf erreichte, brauchte der Ort keine Lebensmittel mehr. Eine kroatische Einheit war singend die Dorfstraße entlanggezogen, dann hatte das Töten begonnen. Die Mörder waren schwarz gekleidet und trugen Masken. Einige wurden dennoch erkannt. Einer war Polizist, die anderen waren Lumpenpack aus dem Nachbarstädtchen Vares. Und die Szenen wiederholen sich, ob Bosnier sterben, Kroaten oder Serben. »Ich konnte Ibrahim

und seine Frau Jeva brüllen hören, als sie lebendig in ihrem Haus verbrannten«, sagt Žinata Likić, die sich mit ihren beiden Kindern im Keller des Nachbarhauses versteckt hatte. Sie hörte Frauen schreien, die vergewaltigt wurden, und Menschen, die um ihr Leben bettelten. Als UN-Soldaten eintrafen, sahen sie gerade noch die trunkene Mörderbande abziehen. Und dem britischen Offizier blieb allein übrig, zu versprechen, daß die Täter sich eines Tages würden verantworten müssen. Dafür und für andere Massaker im Lasva-Tal sollen die Kroaten Ivica Rajić, Dario Kordić und Tihofil Blaskić dem Gericht in Den Haag ausgeliefert werden.

»Es hat schwere Verbrechen auf allen Seiten gegeben«, sagt die kroatische Ärztin Željka Martić aus Zagreb, die zusammen mit einer serbischen Kollegin in Belgrad zwei Jahre lang für die Menschenrechtsorganisation Helsinki Watch Augenzeugen der Kriegsgreuel aus ganz Bosnien befragte. Dicke Bücher klagen an. Ihr Inhalt: die minutiöse Auflistung von Morden, Vergewaltigungen, Brandstiftungen. Alles mehrfach nachgeprüft. Die Opfer sind Zivilisten: Muslime, Kroaten, auch Serben. Und doch ergibt die Bilanz des Mordens ein Bild, das der serbischen Seite eindeutig ein höheres Maß an Schuld testiert. »Man kann nicht den bequemen Schluß ziehen, daß letztlich alle gleich sind«, insistiert die Ärztin Martić. Die Schandtaten muslimischer oder kroatischer Banden seien in der Regel Haßausbrüche und Machtexzesse gewesen, mitten im Krieg. »Aber: kein Plan, keine zentrale Steuerung. Das unterscheidet sie von den ethnischen Säuberungen durch die Serben.« Zum gleichen Schluß kam auch eine Untersuchungskommission der Uno.

Zwischen Vogošća und Sarajevo liegt ein großer, weißer Friedhof. Schnee bedeckt die Gräber. Vogošća galt als serbischer Vorort von Sarajevo, weil alle anderen daraus vertrieben worden waren. Josip Engel hatte hier ein Sommerhaus. Im November 1991, ein halbes Jahr vor dem Kriegsausbruch in Bosnien, wurde Engel von serbischen Freunden gefragt, ob er ihnen das Häuschen überlassen könnte, für serbische Flüchtlinge aus Sarajevo. Flüchtlinge? fragte sich der alte Partisan. Dann ahnte er, was kommen könnte, rief sämtliche Persönlichkeiten der Vielvölkerstadt zusammen, schlug Alarm, daß sich da was zusammenbraue – und konnte doch nichts verhindern. Jetzt versucht er wenigstens aufzuklären. Josip Engel ist 85 Jahre alt, und seine Erfahrung wurde in Sarajevo zum Grundstein des Komitees zur Aufklärung von Kriegsverbrechen. Er war hier einst Vorsitzender des Obersten Gerichts.

Schon einmal hatte Engel mit Kriegsverbrechern zu tun: Das war nach den Zweiten Weltkrieg, und er war ein junger Richter, der das KZ in Deutschland überlebt hatte. Penibilität in der Beweisführung und Genauigkeit in der Zahl hat Josip Engel zum obersten Gebot des Komitees erhoben. Denn auch mit falschen Zahlen hatte Engel schon einmal zu tun: als Titos Kommunistische Partei falsche Zahlen über die Opfer des Ustaša-Regimes offiziell machte. Diese Geschichtsfälschung war eine Prise Pulver mehr in das Faß, das 1992 auf dem Balkan explodierte.

»Alles«, sagt Engel, »muß haarklein bewiesen sein.« Er erinnert sich noch an die mühsame Beweissuche in einem seiner ersten Prozesse 1948, als eine serbische Bäuerin einen Kroaten angezeigt hatte, der sie mit anderen in eine Grube geworfen und dann immer wieder hineingeschossen hatte. Nach dem Krieg sah sie den Mörder in der Position des Gemeindevorsitzenden wieder. »Wir überprüften alles ganz genau, und die Alte hatte recht.« Engel sprach aber auch frei. Zum Beispiel sechs Bauern aus Foća, die von der Polizei zu Geständnissen geprügelt worden waren. Am Tag nach dem Urteil erschien ein Offizier der politischen Polizei, um sich den Richter nur einmal anzusehen. »Da habe ich in seiner Gegenwart gleich den Innenminister angerufen.« Josip Engel konnte das. Er war ein Sozialist, der freiwillig allen Familienbesitz abgegeben hatte, nachdem er aus einem deutschen Internierungslager zurückgekommen war. Sein Vater war von der kroatischen Ustaša erschossen worden, seine Mutter und zwei seiner Brüder starben im Lager. Und Ilija Engel, sein jüngerer Bruder, war als Spanienkämpfer und Partisan zum Nationalhelden geworden.

So ist auch sein Schüler im Komitee, Mirsad Tokaca, erpicht auf Beweise, auf Unabhängigkeit und Zahlen. Er dokumentiert Horror auf 50 000 DIN-A4-Seiten, auf 12 000 Photonegativen, auf 1000 Stunden Videoband. Vier Monate arbeitete das Komitee allein an einem Dossier über Heckenschützen. Das Ergebnis: 1000 Täter. »Die Friedhöfe von Sarajevo«, sagt Tokaca, »sind Massengräber.« 673 Dörfer sind komplett verwüstet, 917 Moscheen völlig zerstört, ebenso 275 katholische Kirchen, 7 Synagogen und auch 34 orthodoxe Kirchen der Serben. »Wir können es uns

nicht erlauben, muslimische Täter zu verschweigen, aber die Zahl der Täter macht den gewaltigen Unterschied zwischen Muslimen und Serben deutlich.«

Nur die allerwenigsten, sagt Josip Engel, seien nach dem Zweiten Weltkrieg bestraft worden, nur die Exekutoren. Deshalb will der alte Mann, der zwischendurch krank geworden war, die Arbeit wieder aufnehmen. Er will die Wegbereiter anklagen, »die Träger der Idee«, und zählt auf: Die Ideologin Biljana Plavsić. Den großen Shakespeare-Exegeten Nikola Koljeviv und auch Milošević.

Wie vielen Menschen haben diese Ideen in Bosnien das Leben gekostet? 200 000, wie der ehemalige bosnische Ministerpräsident Haris Silajdžić angab? Oder höchstens 60 000, wie der amerikanische Balkanexperte George Kenney ausgerechnet hat? Denn: Gestorben wurde meist dort, wo nicht gekämpft wurde. Da, wo Muslime unter Waffen standen, waren die Verluste gering. Die Bestialitäten der Serben sollten Panik verbreiten und die Menschen fliehen lassen. Denn die Heere waren klein. Starke Kanonen, von ein paar Mann geladen, genügten, von den Bergen herunter ganze Städte zu tyrannisieren. 1500 serbische Soldaten überrannten Srebrenica und richteten das entsetzlichste Blutbad in diesem Krieg an. Oft waren es einfach Rudel von Schwerverbrechern, die unter dem Schutz der Armee auf einen Raubzug gingen.

Es ist sechs Uhr morgens in Vogošća. Der Tag, an dem der Ort als vorletzter Vorort Sarajevos von den Serben an die Bosnier übergeben werden soll. Es ist hier wie in jedem Vorort von Sarajevo, der von den Serben geräumt werden muß. Nur wenige Lichter brennen im Ort. Fensterrahmen sind herausgerissen, einige der modernen Appartements ausgeweidet bis auf den letzten Stecker, ein Laden kokelt vor sich hin. Manche Häuserwände tragen Ringe aus Eiskristall, die abziehenden Serben haben die Wasserhähne aufgedreht. Zurückgeblieben sind die Alten und die Hunde. Eigene Verstrickung, Propaganda aus dem Fernsehen in Pale, Terror serbischer Nationalisten und Angst vor dem Terror muslimischer Banden haben die meisten ihre Sachen packen lassen. Ein letzter Verantwortlicher schiebt ein paar Alte in einen der wartenden Busse. Gerade noch ein Dutzend Menschen steigen eingeschüchtert ein. Die ethnische Flurbereinigung findet unter den Augen der Ifor ihren Abschluß. Die serbische Polizeiwache

Bosnische Gefangene 1992 im serbischen Lager Manjaca.

ist verlassen, zurückgeblieben sind leere Dosen, Flaschen, Matratzen und ein paar Handgranaten. Es riecht nach zu vielen Männern.

Auch in Vogošća wird man nun nach Gräbern suchen. Denn hier war die »Pension Sonja«, in der bosnische Mädchen vergewaltigt wurden. Auf einer Lichtung, nicht weit von der gelben Eisenbahnstation und von dort fünf Kilometer den Berg hinauf, wurden sie erschossen. Borislav Herak war einer der Mörder. Er sagte: »Eine Kugel in den Rücken, wo das Herz liegt.« Herak wurde 1993 in Sarajevo von einem bosnischen Militärgericht als erster Kriegsverbrecher zum Tode verurteilt. Dem Photographen und Autor Zoran Filipović hat er im Angesicht des Todes eine stundenlange Beichte abgelegt. Auch über die Mädchen in der Pension: »Der Boden war mit dickem Teppich ausgelegt, der Fuß versank darin. Auf dem Tisch stand Alkohol. Niemand sollte merken, daß es ein Gefängnis für die Frauen war.

Man gab uns ein Mädchen für uns drei. Ich habe auf den Körpern der Mädchen viele blaue Flecken gesehen. Sie schwiegen, sie weinten nicht. Nichts.« Alle zehn Tage wurden neue Mädchen herbeigeschleppt, manchmal waren bis zu siebzig gleichzeitig in der Pension eingesperrt. Und Herak wußte noch manchen Namen: »Es war eine Amela dabei, auch eine Sombula, eine Fatima, keine älter als 25.« Und er erinnerte sich an die Lichtung, auf der die Geschändeten hingerichtet wurden, und daß er nicht der einzige Henker gewesen sei, der hier sein Werk vollbrachte: »Ich roch den Gestank schon beim ersten Mal, den Gestank ziemlich vieler Leichen.« Niemand weiß, ob die Leiber der Mädchen heute noch dort in dem Wald oberhalb der gelben Bahnstation in Massengräbern liegen. Bald, wenn es taut, aber werden die Trupps losziehen mit Hacke und Schaufel.

219

Greenpeace-Aktivisten bei einer Aktion auf hoher See. Die wohl bekannteste Umweltschutzorganisation der Welt wurde 1995 für ihre Kampagne gegen die geplante Versenkung der Ölplattform Brent Spar durch den Shell-Konzern heftig kritisiert.

Die Protest-Maschine

Wenn eine Greenpeace-Kampagne erst einmal läuft, können Tatsachen sie nicht stoppen

Von **REINER LUYKEN**, erschienen in der ZEIT am 6. September 1996

Für diese Reportage wurde Reiner Luyken mit dem Theodor-Wolff-Preis 1997 ausgezeichnet.

Kapitel 1: Wohin mit der *Brent Spar?*

Enttäuschend klein wirkt die Brent Spar nach den Fernsehbildern, die einem vom letzten Jahr noch im Kopf umgehen. Geradezu winzig erscheint die seit dem Greenpeace-Sieg über Shell hier verankerte Ölspeicherinsel, verglichen mit all den riesigen Schwimmkränen und Bohrplattformen in den Werften von Stavanger, die wir auf dem Weg vom Sola Heliport überflogen. Der Erfjord windet sich nordwestlich von Stavanger zwischen steilen Hügelkanten tief ins Landesinnere. Im Ende der Bucht steht, von Lachsfarmen umringt, ein schmutziggelber Stahlpilz im Wasser. Das ist sie.

Als der Hubschrauber auf dem Helideck aufsetzt, sieht man unter sich nur Wasser. Man hat das Gefühl, auf einer Nadelspitze zu landen. Unspektakulär. Anders kann man das Ding kaum beschreiben. Enge Eisentreppen, Gitterroste, Rohrleitungen, Pumpen und hydraulische Ankerwinschen. Alles sieht so aus, wie es auf einem stillgelegten Schiff nun einmal aussieht. Nicht so sauber wie ein deutsches Wohnzimmer. Aber eigentlich überraschend wenig Rost und kaum eine Spur von Öl. Kein Problem, bis auf Deck K, zehn Meter unter der Meeresoberfläche, hinabzusteigen.

Eine »schwimmende Giftinsel«, meldete »Bild« am 17. Mai 1995. »Die Shell AG will sie einfach im Meer versenken.« Der »Spiegel« berichtete von Bord der zum erstenmal besetzten Ölinsel: »Aus dem Inneren riecht es nach Chemikalien. Aus Sicherheitsgründen verzichteten die mit Schutzanzügen und Spezialdetektoren ausgestatteten Öko-Streiter bisher darauf, die Betriebsanlagen der Spar zu erkunden. ›Da unten‹, sagt ein Besetzer, ›liegt der ganze Schweinkram.‹«

Zur Sache

Die internationale Umweltorganisation Greenpeace wurde 1971 gegründet. Zu ihren Schwerpunktthemen gehören der Widerstand gegen Atomenergie und Atomwaffen, der Schutz der Wälder sowie der Ozeane einschließlich der Fischbestände und der Wale, das Problem der Erderwärmung und in den letzten Jahren auch der Kampf gegen gentechnisch veränderte Lebensmittel. Besondere Aufmerksamkeit erregte Greenpeace stets, wenn über Infokampagnen oder Boykottaufrufe hinaus Mitarbeiter der Organisation bei spektakulären Aktionen Risiken eingingen, etwa indem sie Walfangschiffe behinderten, in Kernkraftwerke eindrangen oder auf hohen Gebäuden Transparente anbrachten. Kritik an Greenpeace wurde laut, als sich herausstellte, dass der Protest gegen die Versenkung der Ölplattform Brent Spar (1995) auf falschen Angaben zum Ausmaß der Verunreinigung beruhte. Manche werfen den Ökoaktivisten auch vor, bei der Auswahl und Präsentation ihrer Anliegen generell mehr auf Emotionalisierung als auf Sachlichkeit zu setzen.

Die Arbeit von Greenpeace wird zu über 90 Prozent durch Spenden und Fördergelder finanziert. 2009 hatte die Organisation nach eigenen Angaben weltweit rund drei Millionen Fördermitglieder, davon 562.000 in Deutschland.

Daß die *Spar* weder eine »toxische Zeitbombe« noch mit fünfeinhalbtausend Tonnen Öl oder sinistren Chemikalien beladen ist, wie damals behauptet wurde, hat ja mittlerweile Den Norske Veritas (DNV) bestätigt. Ein Zertifikat der DNV gilt in Schiffahrtskreisen als das höchste Gütesiegel. Ihr Bericht fällt ein vernichtendes Urteil über die wissenschaftliche Kompetenz der Firma Greenpeace. Die im Greenpeace-Labor in Exeter durchgeführten Analysen »identifizieren in Ölresten üblicherweise enthaltene Bestandteile. Die Analyse enthält keinerlei Quantifizierung der jeweiligen Bestandteile.« Ebenso landläufig sind die von dem Labor dingfest gemachten Schwermetalle: »Das einzige Metall in höheren als den normalerweise in Meereswasser vorgefundenen Konzentrationen ist Zink. Die Erhöhung der Zinkkonzentrationen

Brent Spar – das ist im wesentlichen eine doppelwandige Tonne aus 6700 Tonnen Stahl mit einem drei Meter dicken und 6800 Tonnen schweren Ballastsegment aus Hämatit im Boden und einem elfstöckigen Aufbau obenauf. »Ein Nagel in Loch Ness«, sagt Eric Faulds über die abgebrochene Versenkung im Atlantik. Faulds, ein eher stiller, zurückhaltender Ingenieur aus Glasgow, ist der für den Abbau der Ölinstallationen in der Nordsee zuständige Manager der Shell Expro, des gemeinschaftlich von Shell und Esso betriebenen Ölförderunternehmens in Aberdeen. Seit über einem Jahr beschäftigt er jetzt einen Stab von sechs Mitarbeitern ausschließlich damit, wie man diesen Nagel am besten in einer auch Greenpeace und der deutschen Öffentlichkeit genehmen Art beseitigen könne.

Aktivisten von Greenpeace demonstrieren am 29. Mai 1995 vor dem Bundesumweltministerium in Bonn gegen die Versenkung der Ölplattform in der Nordsee. Die Proteste waren in Deutschland besonders heftig.

ist nicht signifikant.« DNV-Direktor Ole-Andreas Hafnor nennt die von Shell ursprünglich vorgelegte Inventur »akzeptabel und professionell«. Die von Greenpeace bei ihren Messungen begangenen Fehler seien hingegen »ziemlich elementarer Natur«.

Eigentlich eine postmoderne Farce. Um etliche tausend Tonnen Altstahl wird ein Theater gemacht, als handele es sich um die Plutoniumbestände der Sowjetarmee. Neunzehn internationale Konsortien und Werften wurden jetzt in einem hochkomplizierten Selektionsverfahren in eine Vorauswahl gezogen. Ihre Vorschläge zur Entsorgung an Land erfordern einen größeren Aufwand, als er beim Bau der *Brent Spar* betrieben wurde. Riesige Schwimmkräne, die jede Minute so viel Abgase in die Luft blasen wie eine ganze Autobahn voll Autos; eigens konstruierte Stahlgerüste, die allein schon ein Sechstel des aus der *Spar* gewinnbaren Materials wiegen; gigantische, mit Treibgas aufgepumpte Schwimmkörper aus nicht gerade umweltschonenden Schaumstoffen.

Die technischen Probleme der Landentsorgung sind enorm. Die *Spar* ist eine ziemlich unstabile Tonne. Sie wurde hydrostatisch, das heißt für gleichbleibenden Innen- und Außendruck konstruiert. Das Öl schwamm auf Seewasser, das in die Tanks ein- oder aus ihnen ablief. In den ersten Designentwürfen waren die Tanks unten sogar offen. Einmal schlampte das Bedienungspersonal und vergaß beim Abpumpen von Öl, das Seewasserventil zu öffnen. Zwei der sechs in Segmenten angeordneten Tanks platzten durch den erhöhten Außendruck auf. Die dünne Außenhaut wird nur durch ein vielkammeriges Spantenwerk gestützt.

Die norwegischen Konstrukteure schleppten das unstabile Ding aus der Werft an die gleiche Stelle, an der sie jetzt wieder verankert ist, und kippten sie von der Horizontalen in die Vertikale. Dabei wurde die Außenhaut überdehnt. Deshalb kann man die *Brent Spar* jetzt nicht einfach wieder zurückkippen: Sie würde aufbrechen. Eric Faulds arbeitete von 1991 bis 1993 an Lösungen dieses Grundproblems. Ingenieure der schottisch-kanadischen Bohrinselwerft McDermott überredeten ihn schließlich, es sei doch viel vernünftiger, sie zu versenken.

Faulds sah in der Tonne immer nur Schrott, den es zu entsorgen gilt, nie einen Kapitalwert, der eine neue Nutzanwendung haben könnte. Darin gleichen sich Shell und Greenpeace bis aufs i-Tüpfelchen. Der westlichen Zivilisation scheint die Fähigkeit abhanden gekommen zu sein, aus Fallobst Most zu machen. Vermutlich haben die Menschen auf Vestvågøy sich diese Fähigkeit bewahrt, weil sie so weit von den Trends und Moden Mitteleuropas abgeschnitten sind. Vestvågøy ist die zweitgrößte Lofoteninsel im Norden Norwegens. Hier benutzen die Menschen ihre Köpfe noch zum Denken und nicht ausschließlich zum Fernsehen. Und sie haben ihre eigenen Ideen, was man mit der *Brent Spar* machen

könnte: 135 Meter sind der dreizehnte Teil einer Seemeile, so gut wie nichts hier draußen zur See. Auf die Seite gekippt, ist die *Spar* 135 Meter lang. Etwas länger als die aus dem Wasser ragende Felsnase rechts. Parallel zu der Felsnase ist der Meeresgrund flach, sandig und knapp 50 Meter tief, bevor er steil in den großen Westfjord abfällt. Das kann man den feinen Linien entnehmen, die das Echolot auf eine Papierrolle schriffelt. »Hier«, sagt Walter Pettersen, »wollen wir sie versenken.«

Pettersen, rothaarig und blauäugig, ist Dorschfischer und Abgeordneter der Lofoten im Bezirksrat von Nordland. Wir sind auf seinem winzigen Kutter knapp drei Seemeilen südwestlich der Hafenausfahrt von Ballstad. Die schroffen Berge ragen wie schwarze Hexenpilze in den wolkenverhangenen Himmel. Die aus dem kargen Land am Fuß der Berge geschabten Wiesenstücke sind gelbgrün und naß. Überall sprenkeln schöne, bunte Holzhäuser das Land. Hier soll nun, wenn es nach den Plänen der nonkonformistischen Inselbewohner geht, stattfinden, was Greenpeace im Verein mit den entfesselten Weltverbesserungsinstinkten des deutschen Volkes letztes Jahr zu verhindern wußte. Die treibende Kraft hinter der geplanten Aktion ist Jim-Roger Nordly. Nordly, ein Nachbar Pettersens und Sohn eines Dorschfischers, ist 28 Jahre alt. Mit 20 Jahren gründete er eine Firma, die jetzt NFO-Gruppen AS heißt und überall mitmischt, wo es um Fisch geht: Als technische Beratung für einen türkischen Millionär, der im Schwarzen Meer Fische züchten will, als Lieferant von Impfstoffen für die von Infektionserkrankungen geplagte Lachszuchtindustrie, als Fischexporteur. Das Hauptquartier der Firma ist das zweite Stockwerk über einem Haushaltwarenladen in Leknes, dem Zentrum Vestvågøys. Ein nüchterner Junggesellenbetrieb ohne Schnickschnack und Sekretärinnen. Geschäfte werden in erster Linie am Telephon abgewickelt. Die Hälfte seiner Geschäfte, räumt er fröhlich ein, gehe in den Eimer. Die andere Hälfte klappt.

Nordly kam zuerst mit der Idee auf Shell zu, ausgediente Bohrinseln zu Hochsee-Lachsfarmen umzubauen; sie seien ideale Standorte weit weg von den mit Viren, Bakterien und Parasiten verseuchten Küstenregionen. Shell lud ihn zu einem Treffen in Oslo ein. Bei dem Treffen kam man auf die *Brent Spar* zu sprechen. Nordly blies sofort seine Ideen heraus. Erst

223

diese, dann jene. Letztlich entstand aus dem Ideengebräu der Plan, die tausendkammrige Öltonne als »Fischhaus« zu verwenden.

In dem Fischhaus könnte man jungen, in Zuchten erbrüteten Kabeljau und Heilbutt aussetzen und mit Schlachtabfällen aus den örtlichen Fischfabriken heranfüttern. Die Fabriken wissen nicht, wohin mit ihren Abfällen, seit sie diese nicht mehr ins Meer kippen dürfen. Der deutschen Touristen wegen, die den Gestank nicht vertragen. Letzten Winter wurden im Westfjord 50 000 Tonnen Kabeljau gefangen. Aus den Eingeweiden und Köpfen kann man gut 10 000 Tonnen Silofutter herstellen. In einem Fischhaus, man nennt das *ranching,* werden die heranwachsenden Heilbüttchen und Dörschchen nicht wie in Käfigzuchten festgehalten, sondern sie kolonisieren von dort aus nach und nach den umliegenden Meeresgrund. Der Ingenieur Eric Faulds war beeindruckt. Die Leute der Shell Norway verwarfen die Idee jedoch auf der Stelle: »Das läuft nie.« Die Lofoten gelten als *das* Inbild unberührter, norwegischer Natur. Faulds erklärte Nordly, falls es ihm gelänge, die Inselbewohner und Greenpeace auf seine Seite zu bringen, könne man weiterreden.

Nordly ging sofort zur Sache. In seiner Nachbarschaft hatte er keine Probleme, ganz im Gegenteil. Fischer sind notgedrungen erfinderische Menschen. Sicherheit hat es für sie nie gegeben. Oft dramatische Bestandsschwankungen sind eine natürliche Gegebenheit des Meeres. Damit müssen Fischer leben, das gehört zu ihrem Geschäft. Wenn ein Bestand zusammenbricht, müssen sie sich anders behelfen. Deshalb heben sie immer alles auf. Alles kann irgendwann einmal zweckentfremdet wieder einen Nutzen haben. Auf Hafenmolen türmen sich zerrissene Netze und verrostete Anker, zerfledderte Taue, Plastikfässer und halb ausgeschlachtete Winschen, und angedörrte Hafenmeister führen mit Anschlägen und Strafandrohungen lebenslange, vergebliche Kämpfe um Ordnung. Den meisten Fischern erscheint die Vorstellung, ein nützliches Ding wie die *Brent Spar* in Stücke zu schneiden und einzuschmelzen, wahnsinnig.

In Norwegen ist es auch üblich, alte Schiffe zu versenken. Die Stelle, die Nordly sich für die *Brent Spar* aussuchte, ist einer von 25 dafür vorgesehenen Orten. 36 Schiffe liegen hier schon auf dem Grund. Das größte ist gut 100 Meter lang, der DDR-Frach-

ter *Karlshorst,* der in den achtziger Jahren nach einer Havarie halb vollgeschlagen hierher geschleppt wurde. Die jüngste Leiche in dem Seefriedhof ist der ausgediente 50-Meter-Trawler *Vågamøy,* dem vor drei Monaten die Lenzventile aufgedreht wurden. Das Verfahren ist unkompliziert. Alle Mastaufbauten müssen vorher umgelegt, alle treibfähigen Materialien entfernt und alle umweltgefährdenden Stoffe abgepumpt werden. Ein Polizist überwacht, daß das ordnungsgemäß geschieht.

Die meeresbiologische Produktivität von Wracks ist eine einschlägig bekannte Tatsache. Nach fünf bis sechs Jahren verwandeln sie sich in ganz eigene Biotope mit bis zu 230mal so schwerer Biomasse und der sieben- bis achtfachen Artenvielfalt des umliegenden Meeresbodens: Oasen in der dunklen See. Auch Greenpeace versenkte seinerzeit das Wrack der gesprengten *Rainbow Warrior* vor der neuseeländischen Küste. Vor zehn Jahren kippte Greenpeace mit Beton gefüllte Ölfässer gegen die Schleppnetzfischerei ins Mittelmeer. In einem im letzten Winter verabschiedeten »Verhaltenskodex für verantwortliche Fischerei« fordert die Food and Agriculture Organization der Vereinten Nationen eine »Vermehrung der Fischbestände durch künstliche Riffe und andere Konstruktionen unter Berücksichtigung der Sicherheit für die Schiffahrt«.

Walter Pettersen hat als Typ auf den ersten Blick wenig gemein mit seinem fixen Nachbarn Nordly. Er ist viel bedächtiger und »der letzte Sozialist auf dieser Welt« oder, wie er selber einräumt, zumindest auf den Lofoten. Aber seine eigene Firma hat er auch. Lumar International Ltd. heißt sie. Sie exportiert weniger gebräuchliche Meereslebewesen wie Seeigel und Schnecken. Die gedeihen prächtig auf Wracks. Er, das steht auf seiner Visitenkarte, ist Direktor. Ein Firmendirektor, der in einem verbeulten, schmutzigroten Opel Ascona über die schlaglöchrige Straße zum Hafen brettert. So sind die Leute hier. Als wir jetzt in seinem Kutter über den Schiffsfriedhof gleiten, deutet er immer wieder mit dem Finger auf schwarze Flecken zwischen den Zacken, die das Echolot als Wracks ausweist: »Hier, das ist Fisch. Hier, das auch.«

Die Lokalverwaltung von Vestvågøy veröffentlichte im Februar dieses Jahres einen Antrag auf Zustimmung zum Nordly-Plan. Drei Stellungnahmen gingen ein, alle drei positiv. Søren Voie, Verwaltungschef der Inselbehörde, sagt: »Ich nehme an, die Planungsempfehlung des Rats wird ebenfalls positiv ausfallen. Die Entscheidung liegt letztlich beim Küstendirektorat des Fischereiministeriums. Einige glauben, der Plan wird sich nicht realisieren lassen. Sollte die *Brent Spar* tatsächlich kommen, wird es möglicherweise doch noch Widerstände geben. Ich persönlich hoffe, Herr Nordly wird sein Vorhaben verwirklichen können.«

tion. Kim Unstad dagegen, er ist Meeresbiologe in der Versuchsfischzucht Lofilab, sieht in dem Projekt die Möglichkeit, seine von Sparmaßnahmen bedrohten Forschungen neu zu beleben. Ende der achtziger Jahre, die Kabeljaubestände waren gerade auf dem Tiefpunkt, steckte das Fischereiministerium große Beträge in das *sea ranching*. Die Erbrütung von Kabeljau und Heilbutt ist heute Routine. Unstads Institut setzte vor der Küste aus Beton gegossene Fisch-

Arbeiter der Ölplattform (im Boot links) versuchen am 30. April 1995, Aktivisten von Greenpeace an der Besetzung der Brent Spar zu hindern.

»Trotz seines als Geschäftsmann nicht ganz ungetrübten Rufs?«

»Eines seiner Unternehmen ging pleite. So etwas passiert. Andere gehen gut. Seine Firma besteht nun ja schon eine ganze Weile.«

Jeder hat seine eigenen Motive, warum er die Versenkung der *Brent Spar* unterstützt. Viggo Johannsen betreibt eine Tauchschule in Ballstad und wittert in der berühmten Öltonne eine neue Attrak-

häuser verschiedener Größen aus, »ein ganzes Fischdorf«. Mittlerweile haben sich die Kabeljauschwärme erholt. Das Interesse ist erlahmt. Doch erst die *Brent Spar,* meint Unstad, habe ein Volumen, in dem man das Konzept richtig testen könne.

Dem fixen Jungunternehmer Nordly geht es natürlich in erster Linie ums Geld. Doch kommerziell rechnet sich das *ranching* nicht. Bislang ist der Fischbesatz viel zu teuer. Ihm schwebt ein zehnjähriges

Managementabkommen mit Shell vor. Und regt ein Finanzierungsmodell wie im Golf von Mexiko an. Dort entwickelten Ölfirmen ein *rigs to reef*-Konzept: Geschäftsleute übernehmen die alten Plattformen und betreiben sie als künstliche Riffe für Hochseeangler. Mit den Ölfirmen teilen sie sich die durch die Vermeidung der Abwrackung an Land erzielten Einsparungen.

Katrin Brubakk findet Bodes Reaktion »einerseits komisch, andrerseits nicht so komisch«. Helen Wallace, glaubt sie, »muß das mißverstanden haben«. Katrin Brubakk ist eine der vier festangestellten Mitarbeiter des Greenpeace-Büros in Oslo und vor Ort für *Brent Spar* zuständig. In Norwegen hat Greenpeace eigentlich kaum mitzureden. 1995 verbuchte die Organisation hier umgerechnet gerade 38000

Ein Aktivist hisst am 30. April 1995 auf der besetzten Brent Spar die Flagge der Shetland-Inseln sowie ein Greenpeace-Banner.

Und was sagt Greenpeace dazu?

Versenken bleibt Versenken. Dr. Helen Wallace, wissenschaftliche Direktorin bei Greenpeace in London, höhnt: »Ein anderer Name, das gleiche Spiel.« Und Thilo Bode, Geschäftsführer der Greenpeace International in Amsterdam, braust auf: »Das ist doch Quatsch!«

Mark an Spendengeldern und Mitgliedsbeiträgen. Sie hält sich mühsam mit Zuschüssen aus Amsterdam über Wasser. Nordly wandte sich ursprünglich mit einer psychologisch fein formulierten Bitte um Rat und Expertise an jenes Osloer Büro. Am 20. Februar schrieb Katrin Brubakk ihm, die Wiederverwendung der *Spar* als Fischhaus – natürlich in sauberem Zustand und unter kontrollierten Bedingungen – sei ein »interessantes Konzept«. Seither ließ sie sich in den norwegischen Medien immer wieder positiv über das Lofoten-Projekt aus. Zum Beispiel am 25. März in der »Aftenposten«: »In unseren Augen ist Wiederverwendung besser als Recycling. Recycling ist besser als Wegwerfen.«

Trotz des Rückhalts stehen Nordlys Chancen schlecht. An seinem Plan prallen zwei Welten aufeinander: auf der einen Seite die unbekümmerten Pragmatiker von den Lofoten, auf der anderen – wie die Fronten sich verschieben können! – Greenpeace und Shell. Nordly erkennt in Shell einen riesigen, bürokratischen Apparat, der hauptsächlich Berge von Papier und Expertisen und Gutachten verwurstet. Shell sieht andererseits in Nordly einen zwar interessanten, aber zu ungestümen Exoten, mit dem man nicht recht umzugehen weiß. Und für den Greenpeace-Konzern sind Nordlys Pläne viel zu bodenständig und ungekünstelt, als daß sie sich in ihr Firmenimage einpassen ließen. Man stelle sich nur die Schlagzeile vor: GREENPEACE KEHRT UM! BRENT SPAR WIRD DOCH VERSENKT!

Kapitel 2: Die Macht der Kampagne

Greenpeace hat seit *Brent Spar* schon ohne solchen »Quatsch« genug mit sich selbst zu tun. Vor ein paar Wochen verschickte die deutsche Sektion vierseitige »Hintergrundinformationen« an Journalisten. »Manipulierter Protest? Ein Jahr nach Brent Spar«, heißt die Überschrift. Das Papier »stellt noch einmal die Fakten dar: Damit Shell nicht vom Täter zum Opfer mutiert und damit alle Versenkungspläne für ausgediente Öl- und Gasplattformen endgültig vom Tisch kommen.« Es sei nämlich mittlerweile die Legende aufgekommen, Shell sei Falschmeldungen von Greenpeace sowie einer hysterischen Bevölkerung zum Opfer gefallen.

Die Tatsachen sehen Greenpeace zufolge so aus: »Unsere Angaben werden einer strengen internen Prüfung unterzogen, bevor sie öffentlich gemacht werden. Vor allem und in erster Linie aus Gründen der Informations-Ethik.« Die Erklärung des berühmten »Rechenfehlers« liest sich fast rührend: »Unter den schwierigen Bedingungen der ersten Besetzungstage hatten Greenpeacer mit einer Sonde Proben aus dem Innern der Plattform hochgeholt.

Ein englisches Labor analysierte richtig: Es ist Öl. Eine Berechnung des Volumens vom Ort der Probenentnahme bis in die Tiefe der Ölplattform ergab: Es könnten bis zu 5500 Tonnen Öl in der Plattform verborgen sein. Leider war die Sonde jedoch in einem Rohr steckengeblieben und hatte dort befindliches Öl aufgenommen. Die Berechnung basierte also auf einem Irrtum.«

Greenpeace hat ein Problem. Während *Brent Spar* nahmen die Medien ihr jeden Blödsinn derart unkritisch ab, daß es den unmittelbar beteiligten Greenpeacern oft richtig peinlich war. Seit dem »Rechenfehler« besann sich vor allem der seriöse Journalismus eines besseren. In Großbritannien führten BBC und Channel 4 neue Richtlinien für eine distanziertere Berichterstattung ein. Die ZEIT nahm sich vor: »Das nächste Mal fallen die Fragen schärfer aus.« Das Hauptproblem der »Hintergrundinformationen« besteht nun darin, daß an ihnen fast alles falsch ist. Die ZEIT hat in einer eingehenden Recherche die Entstehung des Rechenfehlers rekonstruiert. Der »Irrtum« war kein Irrtum.

Der 14. Mai 1995. Greenpeace hält die Plattform seit dem 30. April, seit zwei Wochen also, besetzt. Die Medienresonanz ist mäßig. In Großbritannien beschränkt sie sich weitgehend auf schottische Regionalzeitungen. Thilo Bode hat sich bereits bei Kampagnendirektor Ulrich Jürgens beschwert: »Das mit der Brent Spar, das läuft ja überhaupt nicht.«

Jonathan Castle, langjähriger Greenpeace-Skipper und Führer des Besatzungstrupps, erhält per Satellitentelephon eine Bitte des Greenpeace-Labors in Exeter um Proben aus den Tanks der Plattform. Er beauftragt Frank Kamp, einen gelernten Steuermann, die Proben zu ziehen. Weder Castle noch Frank Kamp sind glücklich über den Auftrag. Als gelernte Seeleute wissen sie, wie schwierig es ist, korrekte Peilungen zu nehmen. Eines ist beiden klar: »Wir wollten sehen«, sagt Kamp heute, »*was* dort war. Nicht, wieviel.«

Er klettert auf Deck A, das oberste Deck gleich unter den Kranaufbauten. Dort verbindet eine Sammelleitung die sechs aus den Tanks führenden Lüftungsrohre. Jedes der sechs Rohre ist mit einem Eisendeckel verschraubt. Nur die Rohre zu den Tanks 1, 2 und 4 sind zugänglich. Deck A liegt 56 Meter über der Oberkante der Tanks. Ein Peilgerät ist nicht zur Hand. Frank Kamp improvisiert, so gut es geht. Er bindet ein leeres Erdnussbutterglas und zur Beschwerung einen Eisenbolzen an eine auf eine Kabelrolle gezogene Nylonschnur. Im Lüftungsrohr 1 trifft sein Apparat nach 25 Metern auf Öl und sinkt langsam bis auf 50 Meter. Darunter – also bereits sechs Meter über der Tanköffnung – ist Seewasser. Über Tank 2 stehen die Ölreste, die sich in dem Rohr gesammelt haben, 20 Meter hoch. In Rohr 4 bleibt das Gerät bei 45 Metern in einem öligen Wachspfropfen hängen.

Frank Kamp heute: »Ich erklärte in einer E-Mail an Paul Johnston genau, wie und wo ich die Proben genommen hatte. Der Brief ist etwa zwei A4-Seiten lang. Daraus ging eindeutig hervor, daß die Proben aus den Lüftungsrohren und nicht aus den Tanks stammten. Deshalb war es klar, daß sie nichts über die Ölmenge aussagten.«

Die einzige Kopie dieser Nachricht liegt heute im Labor in Exeter. Paul Johnston, Leiter des Labors, will sie nicht herausrücken, da es sich um ein internes Dokument handele. »Greenpeace Research Laboratories« wird von Greenpeace International finanziert und hat Räumlichkeiten auf dem Gelände der Universität angemietet. Es ist ein Sechsmannbetrieb, der nicht nur alles prüft und mißt, was ihm in die Finger kommt, sondern nebenher Artikel für populärwissenschaftliche Publikationen verfaßt, seine Mitarbeiter als unbezahlte »Ehrendozenten« an die Universität ausleiht und im Gegenzug am relativ guten Ruf der Universität partizipiert. Dieses Arrangement wurde Greenpeace im finanziellen Dürrejahr 1995 zu teuer. Die Schließung des Labors stand zum Jahresende an.

Am 9. Juni 1995 informiert Johnston den in London sitzenden Leiter der Ölkampagne von Greenpeace International, Paul Horseman, über seine Berechnungen. Horseman ist gerade aus Sibirien zurückgekehrt. Die Kampagne läuft jetzt auf Hochtouren. Vor allem die deutsche Zentrale hat die »mit 130 Tonnen teils hochgiftigem Ölmüll belastete« Plattform mittlerweile erfolgreich in die Medien geschoben.

Kampagnendirektor Jürgens will allein »auf der moralisch-ethischen Ebene« weiterfahren. Er hält die Berechnungen aus Exeter, als er davon hört, für »irrwitzig«. Warum sollte Shell so mir nichts, dir nichts Öl im Wert von einer Million Dollar ins

Meer kippen? Er ist stinksauer auf Horseman und Johnston, die sich »eigenmächtig mit der Probengeschichte in die Kampagne einmischen«.

Innerhalb von Greenpeace beginnt ein gnadenloser Wettbewerb, sich an *Brent Spar* zu profilieren. Viele führende Leute, unter ihnen Thilo Bode, die ursprünglich kaum Interesse zeigten, werden jetzt, so Gijs Thieme, der holländische Erfinder der Kampagne, »total medienkrank«. Thieme hatte die Kampagne zuerst ziemlich einsam gegen größte Widerstände innerhalb der Organisation durchgeboxt. Für ihn war sie ein Feldzug gegen die Heuchelei der Shell, die sich in Deutschland ein umweltfreundliches Mäntelchen mit bunten Mülltonnen umhängte (»wir kümmern uns um mehr als nur um Öl und so«) und in Großbritannien ihren Müll ins Meer kippte. Er wehrt sich vergebens gegen die »Nullnummer, daß die Spar das Meer verseucht«.

Am 16. Juni bestätigt Exeter in einem von Dr. Paul Johnston und seinem Mitarbeiter Dr. David Santillo unterzeichneten und an »Dear Paul« (Horseman) adressierten Schreiben, die Kalkulation der »den Tanks entnommenen Proben« hätten einen Ölgehalt von 5550 Tonnen Restöl ergeben. Paul Johnston sagt heute: »Bitte fragen Sie mich nicht nach Details. Die Fehler lagen in einem mangelnden Verständnis der Struktur der Spar und in Kommunikationsproblemen. Ich kann Sie nur bitten, den Irrtum im Kontext der schwierigen Bedingungen zu sehen, unter denen wir hier in Großbritannien arbeiten.« Dem Schreiben sei außerdem klar zu entnehmen, daß die Kalkulationen Schätzwerte seien, die weiterer Nachprüfungen bedürften. In der Tat, das Schreiben ist meistenteils im Konjunktiv formuliert. Doch der Konjunktiv erscheint eher als Pose wissenschaftlichen Understatements. »Unsere Kalkulation des Restöls«, heißt es darin, »unterschätzt aller Wahrscheinlichkeit nach die Gesamtmenge, da die Messungen in den Tanks 2 und 4 nicht die tatsächliche Tiefe der Ölschicht bestimmen konnten.«

Horseman, ein graduierter Meeresbiologe, übersetzt den Brief sofort in ein als wissenschaftliches Traktat verkleidetes »Greenpeace Briefing«. Darin wird die »Schätzung« unzweideutig und ohne jeden Konjunktiv zur Tatsache erklärt. Johnston behauptet heute, er hätte das »Briefing«, wäre es ihm vorgelegt worden, in der Form nicht abgesegnet. Es geht noch am selben Tag – dem 16. und nicht, wie in den »Hintergrundinformationen« behauptet, dem 18. Juni – an die Presse.

Am 20. Juni faßt der Konzernvorstand der Shell den Beschluß zur Umkehr. In erster Linie wegen der selbstmörderischen Anschläge auf Tankstellen in Deutschland und der Lebensgefährdung der Greenpeace-Aktivisten an Bord der *Spar*. Es ist schwer vorstellbar, daß der Etikettenschwindel aus Exeter nicht

Ein paar Wochen später trifft der Probenzieher Frank Kamp – er kann sich an das genaue Datum nicht mehr erinnern – Paul Johnston in England. Kamp zufolge klopft Johnston ihm auf die Schulter und lobt, wie großartig er das gemacht hätte. »Ich sagte ihm, daß ich stinksauer war, wie er damit umgegangen ist. Ich hatte das Gefühl, er wußte schon, daß irgend etwas in der Luft lag. Als ich ihn das nächste Mal traf, ging er mir aus dem Weg.«

Der ausgebrannte Verkaufsraum einer Shell-Tankstelle im Juni 1995 in Hamburg-Volksdorf. Im Rahmen der Proteste gegen die Versenkung der Brent Spar kam es zu Boykottaufrufen und Anschlägen gegen das Unternehmen.

auch eine Rolle gespielt haben soll. Shell wußte ja, daß die Zahlen die Realitäten auf den Kopf stellten. Läge die Tonne heute auf dem Meeresboden, würde die ganze Welt Greenpeace glauben. Shells einzige Chance zur Wiederherstellung ihres Rufs lag in einer unabhängigen Inventur. Gijs Thieme sagt heute aus gutem Grund: »Für uns wäre es besser gewesen, sie hätten das Ding versenkt.«

Am 8. August trifft sich das mit der Inventur beauftragte Team von Det Norske Veritas mit zwei Greenpeace-Vertretern in Oslo. Der eine ist Geschäftsführer der an der Kampagne unbeteiligten norwegischen Sektion, der andere David Santillo aus Exeter. Die DNV-Leute stehen unter dem – falschen – Eindruck, er sei der Leiter des Labors. Sie haben den wahren Ort der Probennahme bereits rekonstruiert. Um sich letzte Gewissheit zu verschaf-fen, führen sie die beiden aufs Glatteis. Sie bitten um eine schriftliche Bestätigung, daß die Peilungen auf Deck M gezogen waren. Tatsächlich, das weiß DNV, drangen die Besatzer nie bis auf das schwer zugäng-liche Deck direkt auf den Tanks vor. Die Norweger

letzten Tagen festgestellt, daß die Sonde sich bei der Probenentnahme noch in dem Rohr befand und nicht in den Tank selber eingedrungen war.« Die Legende vom Irrtum bei der Probenentnahme ist geboren. Frank Kamp heute: »Ich war zutiefst verletzt, als sie jetzt mir die Schuld zuschoben.« Er

Am 25. September 1998 begann man mit der Zerlegung der stillgelegten Ölplattform Brent Spar.

entfernten für ihre eigenen Messungen Segmente aus den Lüftungsrohren auf Deck E. Das wiederum weiß Greenpeace nicht.

Jetzt gesteht Exeter – ohne Rücksprache mit Frank Kamp – in einem Brief an DNV ein, die Proben stammten von Deck A. Es dauert noch einmal bis zum 4. September, bevor der britische Greenpeace-Geschäftsführer Peter Melchett sich in einem zunächst an die englische Presse gefaxten und dann erst »Dear Christopher Fay«, dem Vor-sitzenden der britischen Shell, zugeleiteten Brief für den »Irrtum« entschuldigt: »Wir haben in den

bekräftigt: »Die Proben waren nie dafür bestimmt, wofür sie verwendet wurden.« *Brent Spar* und die Muroroa-Kampagne bescherten Greenpeace sechs Millionen Dollar mehr Spenden 1995. Das Labor in Exeter wurde nicht geschlossen. Paul Johnston sitzt nach wie vor auf seinem Posten. Paul Hor-seman und Helen Wallace malen weiterhin unbe-kümmert Anführungsstriche in die Luft, wenn sie sich über die »sogenannten Wissenschaftler« der Shell oder anderer, nicht mit Greenpeace überein-stimmender Forschungsinstitute auslassen. Statt Selbstkritik immer neue Ausflüchte.

Der tiefere Grund des unbekümmerten Umgangs mit der Wahrheit liegt nicht nur in individuellem Fehlverhalten, sondern in einer bei Greenpeace vorherrschenden Einstellung zur Wissenschaft, die auf einer Stufe mit den Gottesbeweisen des Mittelalters steht. Ihr gehe es darum, eine »mit unseren Wertvorstellungen konsistente Wissenschaft zu schaffen«, erklärt Helen Wallace. Paul Horseman sieht in der Wissenschaft in erster Linie ein »Kampagneninstrument«. Für die altmodische Vorstellung, bei Wissenschaft gehe es um Erkenntnis, haben sie nicht viel übrig. Deshalb spielt es für sie auch keine Rolle, daß es, wie beide einräumen, vom rein wissenschaftlichen Standpunkt kaum Argumente gegen eine Versenkung der *Brent Spar* gibt. Die Hauptsache sei, »wir stehen moralisch auf der richtigen Seite«. Oder, wie Harald Zindler, der Chefphilosoph und Leiter des Action Department der deutschen Greenpeace es so unnachahmlich formuliert: »Der Optimismus der Aktion ist besser als der Pessimismus des Gedankens.«

Am erfolgreichsten profilierte sich Thilo Bode an *Brent Spar*. Seine Berufung zum internationalen Greenpeace-Chef war zwar schon vor der Kampagne eine abgemachte Sache. Doch erst mit *Brent Spar* stieg er in die »Ökopolitikprominenz« – so Gijs Thieme – auf. Von den sieben Mitgliedern des damaligen Kampagnenführungsstabs ist heute jedoch nur noch eines bei Greenpeace. Kampagnendirektor Jürgens, der sich gegen die Veröffentlichung der irrwitzigen Zahlen aus Exeter wehrte, wurde im September gefeuert. Er war bei Thilo Bode wegen seiner zu großen Offenheit im Umgang mit Journalisten angeeckt. Thomas Schultz-Jagow, der Koordinator der Atomkampagne, wurde wegen des gleichen Delikts abgemahnt und nahm im Februar seinen – ebenfalls mit einer Abfindung versüßten – Abschied. Der Aktionskoordinator Paul McGhee war im Oktober dran. »Den ließen sie«, so Jürgens, »ganz fies abtropfen.« Nach elf Jahren bei Greenpeace mit einem Telephonanruf unterwegs in New York. Der Rest des Teams ging aus freien Stücken. Gijs Thieme erhielt nach *Brent Spar* einen Brief von Thilo Bode, in dem Bode sich bei ihm für die Kampagne bedankte. Während der Kampagne hielt Thieme sich völlig im Hintergrund. Heute sagt er: »Im Rückblick war Brent Spar nur ein sogenannter Erfolg. Intern war es kein Erfolg. Jetzt sind die wirklich kreativen Leute alle weg.« Er geht sogar noch einen Schritt weiter: »Vielleicht sollten wir zum 25. Jahrestag die Größe haben, uns aufzulösen. Wir haben über die Jahre viel erreicht. In gewisser Weise haben wir uns überlebt.«

Paul Schäfer, langjähriger Führer der Colonia Dignidad, wurde im März 2005 in Argentinien festgenommen und nach Chile ausgeliefert. Hier ist er bei seiner Ankunft in Chile zu sehen.

Die Folter war sauber und ordentlich

Chile 1975. Drei Gefangene in einem blauen Ford Transit. Das Ziel ist ein Folterkeller. Die Opfer können nicht sehen, wohin sie fahren. Sie vermuten: in die Colonia Dignidad. Haben Paul Schäfer und seine Vasallen für General Pinochet Regimegegner gequält?

Von **DIRK KURBJUWEIT**, erschienen in der ZEIT am 10. Oktober 1997

Für diese Reportage wurde Dirk Kurbjuweit mit dem Egon-Erwin-Kisch-Preis 1998 ausgezeichnet.

Fahrt in die Hölle

Als sich der blaue Ford Transit auf den Weg machte, saß Marcia Merino vorne neben dem Fahrer, aber vielleicht saß sie auch hinter ihm, die Aussagen sind in diesem Punkt widersprüchlich. Erick Zott und Luis Peebles, soviel ist sicher, lagen gefesselt im Laderaum. Peebles hatten die Bewacher schwarzes Tesaband vor die Augen geklebt und nasse Watte in die Ohren gestopft. Der Ford Transit fuhr aus Concepción heraus, Richtung Osten zur Panamericana. Den Gefangenen, die Wochen der Folter hinter sich hatten, kam dieser Transport unheimlich vor. »Ich hatte Angst«, erinnert sich Peebles, »daß alles noch schlimmer würde.« Es war der 2. Februar 1975, Sommer in Chile.

Wenn sich am kommenden Freitag in Raum 204 des Bonner Landgerichts die Anwälte Helmut Neumann und Ludwig Klassen gegenüberstehen, geht es um diese Fahrt, eine Fahrt in die Hölle. Sie werden darüber streiten, ob der blaue Ford Transit in die Colonia Dignidad gefahren ist oder nicht. Sie werden routiniert streiten, den Zivilprozeß Aktenzeichen 3 O 123/77 gibt es seit zwanzig Jahren.

Im März 1977 hat die deutsche Sektion von Amnesty International in einer Broschüre behauptet, in der Colonia Dignidad, einem Landgut deutscher Einwanderer, seien Gegner des Diktators Augusto Pinochet gefoltert worden. Die Beschuldigten antworteten mit einer einstweiligen Verfügung.

Zwanzig Jahre, kein Urteil. Es hätte ohnehin nur symbolische Bedeutung. Längst kann außer

Amnesty jeder ungestraft behaupten, die Colonia Dignidad sei ein Folterort gewesen. Seitdem ihr Anführer Paul Schäfer wegen Kindesmißbrauchs gesucht wird, sind die deutschen Kolonisten in

Ihr wurde Tesaband über die Augen geklebt, und das war ungewöhnlich. Denn Marcia Merino war unter der Folter zusammengebrochen und kollaborierte mit dem Geheimdienst DINA. Wenn selbst sie nichts

Das Haupttor der Colonia Dignidad in Parral, knapp 400 Kilometer südlich von Santiago de Chile, im Jahr 1988.

der Defensive. Der Vorwurf der Vergewaltigung hat den der Folter verdrängt, zumal letzterer nie viel Aufmerksamkeit fand. Doch hat der Bonner Prozeß sein Schattendasein nicht verdient. Denn er erzählt eine Menge über die Diktatur in Chile und einen deutschen Beitrag. Vor allem eine Frage ist brisant: Haben sich Deutsche auch nach 1945 an systematischer Folter beteiligt?

18. September 1997, Frühling in Chile. Dunkle Wolken, zerfetzt wie Lumpen, schirmen die Sonne ab. Wenn sie durchkommt, wird es plötzlich heiß im Auto. Vorbei an Wäldern, über Hügel hinweg, Kurve rechts, Kurve links. Wenn die Zäune nicht so schief stünden, könnte es der Schwarzwald sein. Von Concepción bis zur Panamericana fährt man eine gute Stunde.

Hier irgendwo hat der blaue Transit kurz gehalten. Peebles und Zott hörten Marcia Merino plötzlich schreien. Es klang nach Panik, sie schrie und schrie.

sehen soll, dachten Peebles und Zott, dann wird es furchtbar für uns. Wenn ich nichts sehen soll, dachte Merino, dann werden sie mich wieder foltern oder töten. Nachdem man auch Zott einen Tesastreifen auf die Augen gedrückt hatten, fuhr der blaue Transit weiter. Die Bewacher redeten über das Wetter.

Es ist eine Überraschung, Luis Peebles 22 Jahre später zu sehen. Er ist schmal und elegant, trägt einen dunkelblauen Anzug mit Nadelstreifen, die grauen Haare sind sorgfältig zurückgekämmt. Er ist ein gepflegter, ein schöner Mann, und die Überraschung rührt wohl daher, daß man im Hinterkopf irgendeine krude Vorstellung hat von Menschen, die schwer gefoltert wurden, und Eleganz kommt da nicht vor. Er ist blaß, hat ein fast weißes Gesicht. Das kann von der Nachtschicht kommen, die gerade hinter ihm liegt. Peebles, 50, ist Arzt.

Wir treffen ihn im Goethe-Institut in Santiago, in einem Raum, dessen Wände Photographien von

Klaus Kinski zeigen. Peebles spricht leise, mit sanfter Stimme. Als er sich hingesetzt hat, holt er eine Brille aus der Sakkotasche und legt sie vor sich auf den Tisch. Er wird sie nicht aufsetzen, auch nicht, als er später zu zeichnen beginnt. Er zeichnet den Transit, im Laderaum zwei Strichmännchen, die nebeneinanderliegen. Zott war sein bester Freund. In Concepción waren sie Studentenführer bei der marxistischen Partei MIR, wo auch Marcia Merino mitgemacht hat. Nach dem Militärputsch am 11. September 1973, als General Pinochet den sozialistischen Präsidenten Salvador Allende ermorden ließ, gingen sie in den Untergrund. Nach anderthalb Jahren wurden sie verhaftet.

»Die DINA hat mich in die Colonia Dignidad gebracht«, sagt Peebles. »Daran habe ich keinen Zweifel.« Er kennt sich gut aus in dieser Gegend, und überdies gibt es in Chile nur eine Straße, die von Süden nach Norden führt: die Panamericana. Peebles und Zott sind zwei der wichtigsten Zeugen bei dem Prozeß vor dem Bonner Landgericht, Zeugen, deren Augen verbunden, deren Ohren verstopft waren. Konnten sie den Weg erkennen, den sie gefahren wurden?

Es ist die Aufgabe von Amnesty International, zu beweisen, daß in der Colonia Dignidad gefoltert wurde. Zunächst war es schwierig, Zeugen zu finden, weil in Chile bis 1990 Pinochet herrschte, und viele, die in Frage kamen, im Gefängnis saßen oder Angst hatten, wieder dort zu landen. »Man hat ganz sicherlich unsererseits nicht aufs Gaspedal gedrückt«, sagt in seiner Bonner Kanzlei Helmut Neumann, der die Sache von Amnesty vertritt. »Die Zeit war auf unserer Seite. Je mehr sich die Lage in Chile entspannte, desto leichter konnten wir an Informationen kommen.« Acht breitschultrige Leitz-Ordner füllt dieser Fall, weit mehr als jeder andere in Neumanns Kanzlei. Schriftsatz folgte auf Schriftsatz, eine Buchstabensintflut. Und selten war es schwieriger, eine Arche für die Wahrheit zu finden.

Die Zeugen haben sich selbst und einander widersprochen, weshalb es das Gericht als nötig ansah, die Anfahrtswege und die Colonia Dignidad selbst in Augenschein zu nehmen. Daran aber hatten weder die Colonia Dignidad noch Pinochets Regime ein Interesse. Allein um diesen Ortstermin wurde Jahre gerungen. Auf deutsch und spanisch und mittendrin der alteingesessene Sprachendienst Kaiser, der zu klären hatte, ob cuesta nun Steigung, Abhang oder Hang heißt. Jeder Brief fraß Zeit.

Kurz vor Bulnes, Hoppeln auf einer Straße, die mal die Pocken hatte. Löcher, Narben. Ein Dorf mit Hütten und Staub, dann ein Schild: »Casino familiar«, rechts abbiegen. Wir verlassen die Straße und fahren rechts in einen Schotterweg. Nach fünf Minuten wird aus Chile Kleinbayern. Ein Bierzelt und ein Stahlrohrspielplatz, Parkwächter in brauner Uniform, ein Haus, das an die Alpen erinnern soll, geharkter Kies, ein Verbotsschild neben dem anderen. Nicht filmen. Keine Bikinis tragen. Das »Casino familiar« gehört der Colonia Dignidad.

Man zeigt sich hier kinderlieb und macht in dampfknödeliger Geselligkeit, aber das alles wirkt seltsam starr. Obwohl heute Feiertag ist, essen nur wenige Gäste Leberkäse oder Schweinswürste in dem Bierzelt, wo ihnen deutsche Märsche um die Ohren blasen. Man wundert sich allerdings, daß überhaupt noch Familien kommen, weil nun jeder in Chile weiß, daß Paul Schäfer Jungen vergewaltigt haben soll. Heute empfiehlt das »Casino familiar« Hirschbraten.

Erst bedient Fritzl, dann Martl, dann Kunz; so steht es auf ihren weißen Uniformjacken. Es gibt eine Menge Kellner und ein paar Frauen, die Schinken oder Graubrot verkaufen. Man kann kaum anders, als sie anzustarren. Es ist ein Menschenschlag, der einem sonst nicht in dieser Häufung begegnet. Die Frauen tragen sämtlich Dutt, die Männer zumeist strenge Scheitel. Ihre Brillen sind aus den fünfziger Jahren, und man kann sich nicht helfen, aber irgendwie sind diese Gesichter merkwürdig: eine Nase zu spitz, ein Kinn zu mächtig, ein Augenpaar zu blau, Wangen zu rosig, eine Stirn zu fliehend. Oder ist das alles nur Einbildung? Weil man hier Sonderlinge erwartet, sieht man Sonderlinge? Eines allerdings ist klar, sie wirken nicht bedrohlich, sondern auf eine märchenhafte Art lieb. Folter bringt man mit diesen Menschen nicht zusammen.

Ähnlich dachte der Bonner Anwalt Felix Busse, als im Frühjahr 1977 drei Vertreter der Privaten Sozialen Mission aus Siegburg in seiner Kanzlei vorsprachen. Sie sagten, daß sie die Vertreter der Colonia Dignidad in Deutschland seien, und zeigten sich empört über die Vorwürfe von Amnesty. Busse übernahm das Mandat, gab es aber nach einigen

235

Jahren wieder ab. Er sagt: »Sie machten einen ganz aufrechten, ganz seriösen Eindruck, Folter war ihnen nicht zuzutrauen.« Der Dutt der Frauen, die wollenen Strümpfe, die biederen Gesichter. Dazu paßte, was man von diesen Menschen wußte: daß sie evangelische Christen sind, die Anfang der sechziger Jahre nach Chile auswanderten und in der Wildnis rasch eine mustergültige Großfarm aufgebaut haben. Wie Deutsche so sind. Fleißig. Diszipliniert.

Panamericana, Nordrichtung, Tempo neunzig. Sehen, was Peebles, Zott, Merino nicht sehen konnten. Allerweltslandschaft, flach, hinter dem Dunst im Osten eine Ahnung von den Kordilleren. Am Straßenrand Hosterías, die nach warmem Bier aussehen, Wellblechhütten, wo die Trucker ihre Reifen flicken lassen, Billboards und immer wieder tote Hunde, die Beine verdreht, die Eingeweide bloßgelegt. Gelb blüht der Ginster, dunkelrot die Kamelie. Die Wolkenlumpen sind noch grauer geworden. Was haben die drei Gefangenen gedacht, als sie hier langgefahren wurden? Daß die Fahrt dauern soll, weil Autofahren nicht weh tut.

Peebles hat nichts gesehen, aber er hat gehört, daß der Ford Transit da, wo die Stadt Chillán sein mußte, aufgetankt wurde, daß er auf der Brücke über den Río Nuble – »tschung, tschung, tschung« – über metallene Dehnungsfugen rumpelte, daß an der Mautstation Perquilauquén ein Glöckchen bimmelte. Er hat gespürt, daß der Transit nach etwa eineinhalb Stunden rechts abbog und dann über einen Schotterweg fuhr. Diese und noch weit mehr Wahrnehmungen hat er vor dem Bonner Landgericht zu Protokoll gegeben. Auch von einer Holzbrücke wenige Kilometer vor dem Ziel hat er gesprochen.

Von sieben Zeugen, die von den Richtern angehört wurden, haben drei keine Holzbrücke erwähnt, die anderen eine oder zwei, sich teilweise selbst widersprechend. Die Zeugen erinnern sich, aber sie erinnern sich nicht genau. Ihre Erinnerungen, entstanden in Stunden der Angst, wurden von den Anwälten der Colonia Dignidad genüßlich zerpflückt. Es interessiert sie nicht, daß die beschriebenen Wege grundsätzlich zur Colonia Dignidad führen. Sie pulen an den Details, was man ihnen nicht vorwerfen kann.

Der Oberste Gerichtshof von Chile lehnte eine Recherche des Bonner Landgerichts schließlich ab. Man war aber bereit, eine chilenische Richterin auf den Weg zu schicken. Begleitet von Vertretern der Colonia Dignidad und Anwälten Amnestys fuhr sie am 29. April und 3. Mai 1988 den Weg, den Peebles, Zott und Merino gefahren waren.

Die Sonne hat geschienen, aber auf Photos sieht man, daß die Teilnehmer des Ausflugs warme Jacken trugen. Es war Herbst. Es ging darum, die Wahrheit herauszufinden, aber die Wahrheit zeigte sich widerspenstig. Ist das Geräusch, das Peebles auf der Brücke über den Río Nuble gehört haben will, äußerst leise, deutlich vernehmbar oder gar nicht vorhanden? Alle drei Ansichten finden sich im Protokoll wieder. Und was ist die Wahrheit der Brombeere? Die einen bestätigten die Aussagen eines Zeugen, er habe Brombeersträucher neben dem Tor zur Colonia Dignidad gesehen, die anderen nicht. Am Ende war das Bonner Landgericht nicht viel schlauer als zuvor.

Aktenzeichen 3 O 123/77, Aussage des Zeugen Peebles über seine Ankunft am Zielort: »Nachdem das Fahrzeug zurückgesetzt hat, wird die hintere Tür geöffnet. Ich höre dann Geräusche von Tieren, von Geflügel, außerdem höre ich ein Summen wie von einem Motor. (...) Ich werde dann von ein oder zwei Personen aus dem Wagen geholt, ich empfinde um mich herum plötzlich trockene Luft, es ist etwas kühl, obwohl es Sommer ist, es riecht wie auf einem Bauernhof. (...) Schon beim Aussteigen beginnt man damit, mich einzuschüchtern, etwa derart, daß man mir schon jetzt ankündigt, was mit mir alles geschehen wird. Ich habe Angst und das Gefühl, ohnmächtig zu werden.«

II. In der Kolonie

Ein Kellerraum, ein Mann, eine Frau. Der Mann liegt auf einem Bettgitter. Er ist gefesselt und nackt. Gesicht und Körper sind mit Wunden übersät, manche haben sich entzündet. Der Mann schläft. Die Frau sitzt an einem Tisch. Vor ihr stehen eine Schreibmaschine und ein Tonband. Vom Band läuft das letzte Verhör des Mannes, der auf dem Bett liegt. Die Frau tippt es ab. Sie kann kaum etwas verstehen, weil der Mann so schreit. Manchmal spult sie zurück, hört noch einmal hin. Wenn sie immer noch nichts verstanden hat, weckt sie den Mann und fragt, was er da eben gesagt habe. Beiden ist kalt.

Kafka? Der Mann war Luis Peebles, die Frau Marcia Merino. Übereinstimmend haben sie von dieser Begebenheit berichtet.

Nachdem Peebles und Zott angekommen waren, wurden sie täglich gefoltert. Merino ließ man in Ruhe, sie war hier, um die Aussagen der beiden Männer zu überprüfen. Bei den Verhören fragten Chilenen von der DINA, doch es folterten auch andere Männer, die nie ein Wort sagten. Hauptsächlich wurde mit Elektroschocks gequält.

es an den Zähnen, wenn die Stromstöße über die Plomben direkt in die Nerven fahren. »Wenn sie dich schlagen, ist das die Blaupause der Schläge, die du schon als Kind eingesteckt hast. Du kennst das, Elektroschocks sind etwas Unbekanntes.« Er sagt das alles ganz ruhig, fast unbeteiligt. Er sagt auch, daß er total darauf konzentriert war, niemanden zu

Unter der Militärdiktatur von Augusto Pinochet wurde die Opposition brutal unterdrückt, wie auf diesem verdeckt aufgenommenen Foto von einer Demonstration im November 1984 zu sehen ist. Tausende Oppositionelle verschwanden in den Foltergefängnissen der DINA.

Erick Zott, 48, lebt heute in Wien. Er ist ein bulliger Mann, hat dichtes schwarzes Haar und einen prächtigen Schnurrbart, dessen Enden sich dick zum Kinn herunterbiegen. In seinem Wohnzimmer lagern Massen von CDs, Videos und Kassetten. Der Fernseher läuft und zeigt das bunte Gewirbel von MTV. Spice Girls. Notorious B.I.G. Nach einer halben Stunde schaltet Zott den Fernseher aus und die Waschmaschine ein. Ihr Dröhnen und Rumpeln begleitet den Rest des Gesprächs.

Über Elektroschocks sagt Zott, daß sie einen sehr tiefen Schmerz verursachen. Am schlimmsten sei

verraten, und deshalb den Schmerz mitunter kaum gespürt hätte. »Muß ich ehrlich sagen«, fügt er an. Es klingt fast wie eine Entschuldigung, weil andere mehr gelitten haben.

Auch Peebles erzählt ruhig, aber während Zotts Gesicht unbewegt bleibt, muß Peebles häufig lächeln. Er sagt, daß sie ihn in eine Kiste gesperrt hätten, und die sei irgendwie immer kleiner geworden, habe ihn zusammengequetscht, und dann sei auch noch Wasser hineingelaufen. Er sei panisch geworden, sagt Peebles und lächelt. Manchmal platzt ihm auch ein jungenhaftes Lachen heraus. Peebles hat

237

gelesen, daß es zu den sexuellen Pathologien von Sadisten gehöre, ihre Opfer in enge Kisten zu stecken. Er hat das entsprechende Buch dabei, aber er schlägt es nicht auf. Von den Photographien an der Wand guckt Kinski, nicht jedoch dämonisch, sondern ungewohnt scheu. Irgendwann sagt Peebles beiläufig,

Heile Welt an der Oberfläche: Eine Musikgruppe der Colonia Dignidad im Jahr 1991.

daß er die ganze Zeit nackt gewesen sei, und das ist ein Schock, weil man ihn sich immer bekleidet vorgestellt hat, als hülle ihn das Unterbewußtsein in eine wenn auch dünne Schutzhaut. Aber es gibt nichts Tröstliches.

Es steht außer Frage, daß Zott und Peebles und die anderen Zeugen gefoltert wurden. Aber wo ist das geschehen? Peebles erinnert sich an süßsaure Gürkchen, Merino an Schinken. Auf die chilenische Speisekarte gehört das nicht, auf eine deutsche schon. Die Zeugen haben einiges von den Räumen sehen können, weil ihr Angstschweiß die Klebebänder ein Stück löste. Sie haben viel gehört, und das alles wurde bei einem Ortstermin in der Colonia Dignidad von der chilenischen Richterin überprüft. Manches stimmte überein, anderes nicht. Es war Zeit genug gewesen, die Räume umzubauen.

Aktenzeichen 3 O 123/77, Aussage der Zeugin Borquez über einen Löffel: »In diesem Zusammenhang bekam ich mit mir gerichtetem Essen auch einmal einen Teelöffel in die Hand. Auch diesen habe ich befühlt und dann auch sehen können. Am Ende des Löffels war eingraviert ›Weihnachten 1958‹. Ich bin

sicher, daß es sich dabei um die Jahreszahl 1958 und nicht 1953 handelte.«

Im Keller bei Amnesty International in Bonn, in einem der fünf Umzugskartons mit Unterlagen zu diesem Fall, liegt ein Teelöffel, der von der evangelisch-freiheitlichen Gemeinde Gronau stammt. Die Colonia Dignidad setzt sich zum großen Teil aus ehemaligen Mitgliedern dieser Gemeinde zusammen. Der Löffel ist aus billigem Metall und zeigt die Inschrift: »Weihnachten 1953«. Die Gravur ist so undeutlich, daß man die 3 bei einem flüchtigen Blick durchaus für eine 8 halten kann. Aber da sich Adriana Borquez vor Gericht so eindeutig auf 1958 festgelegt hatte, war ihre Aussage ein gefundenes Fressen für den Anwalt der Colonia Dignidad.

So war es immer in diesem Prozeß: Es fehlt das Eindeutige, der letzte Beweis.

Parral, Mittelchile, die Stadt, die der Colonia Dignidad am nächsten liegt. Die Straßen sind mit dem Lineal gezogen, die Häuser haben flache Vordächer, die auf glatten Säulen ruhen. Man tüncht mit Weiß, mit Blau, mit Gelb. Eine Plaza der Langeweile, viel Rumsteherei an Ecken. Parral ist Dignidad-Gebiet.

Was das heißt, weiß am besten der Anwalt Guillermo Ceroni, der in Parral die Sache von Amnesty vertritt. Eines Nachts im Mai 1990 wurde er wach, weil Glas klirrte. Jemand hatte drei Fenster seines Hauses eingeworfen. Eine Stunde später fiel ein Schuß. Die Schrotlöcher sind an der Wand von Ceronis Büro zu besichtigen.

Paul Schäfer hatte hier viele Freunde. Die uniformierten Polizisten standen auf seiner Seite, die meisten Richter, die Politiker und auch die Bürger. Die Deutschen schafften Arbeit und behandelten die armen Bauern der Region kostenlos in ihrem Hospital. Wer etwas gegen die Kolonie sagte oder tat, handelte sich Ärger ein.

Das ist zum Teil noch immer so. In Ceronis Straße patrouillieren nachts Polizisten, weil sein Nachbar, ein mutiger Richter, der gegen die Colonia Dignidad ermittelt, mit dem Tod bedroht wurde. Aber die Stimmung schlägt allmählich um. Mit jedem Jungen, der sagt, er sei von Paul Schäfer vergewaltigt worden, schwindet die Sympathie für die Deutschen. Über die Vorwürfe der Folter regt sich kaum jemand auf.

Der Anwalt Ceroni ist Schäfer begegnet, als er mit der chilenischen Richterin auf Gesuch des Bonner

Landgerichts in der Colonia Dignidad war. Er lag in einem Bett des Hospitals, und Ceroni hatte den Eindruck, er habe sich fünf Minuten vor dem Termin dort hineinbegeben, um auf krank machen zu können. Es lag dort ein Mann mit einem Glasauge, der sich ahnungslos gab. DINA? »Ich weiß in Wirklichkeit nicht genau, worum es sich handelt.« Foltervorwürfe? »Das entspricht nicht den Tatsachen.« Von der Richterin hatte Ceroni übrigens nicht den Eindruck, sie ermittle besonders engagiert.

Paul Schäfer, geboren 1921 in Troisdorf, war Jugendpfleger bei der evangelischen Kirche. Er wurde bald entlassen, da Vorwürfe laut wurden, er vergehe sich an Jungen. Als Laienprediger kam er in Kontakt mit jener Gemeinde in Gronau, wo er bald einen Teil der Mitglieder in seinen Bann zog. Von Leuten, die ihn gut kennen, wird er als charismatisch, als dämonisch beschrieben.

Auch Samuel Fuenzalida will Paul Schäfer begegnet sein. Er lebt jetzt in Hamburg, und wir treffen ihn in einer Bar an den Landungsbrücken. Fuenzalida, ein Mann mit einem freundlichen Gesicht, war Agent der DINA, und er behauptet, im Juni 1974 einen Gefangenen in die Colonia Dignidad begleitet zu haben. Diese Fahrt soll unter dem Codewort »Puerto Montt« gelaufen sein, ein Ausdruck der DINA für Mord an einem Gefangenen.

Nach Ankunft in der Colonia Dignidad, erzählt Fuenzalida, hätten sie den Gefangenen an zwei Deutsche übergeben. Später, als die Agenten der DINA aßen, sei ein Deutscher mit einem Glasauge gekommen, habe auf deutsch »fertig« gesagt und mit den Händen eine Geste gemacht, die Fuenzalida so deutete, daß der Gefangene umgebracht worden sei.

Aktenzeichen 3 O 123/77, der Zeuge Fuenzalida macht dem Gericht eine Geste vor: »Er winkelte beide Arme an und legte die Hände, und zwar die Handflächen nach unten gerichtet, übereinander, wobei dann ruckartig beide Unterarme nach außen gewendet wurden.«

Ist das nun der sichere Beweis? Fuenzalida gilt auch dem Anwalt von Amnesty als nicht glaubwürdig, da er in einer anderen Sache gelogen habe.

20. September 1997, Fahrt zur Colonia Dignidad in einem Pick-up der Kriminalpolizei. Der jefe, der Chefkommissar, hat einen Revolver eingesteckt. Die Deutschen sind aggressiv, haben Journalisten zusammengeschlagen und Kollegen von ihm angegriffen.

Es geht über Schotterwege, vorbei an wind-zerzausten Hütten und Schafen, auf die schneebedeckten Kordilleren zu. Manchmal überholen wir Reiter, die Ponchos tragen und breite Hüte und sehr aufrecht im Sattel sitzen. Der jefe sagt, die Deutschen wüßten längst, daß wir kommen. Hier überall wohnten Leute, die der Colonia ergeben seien. Als ein Hund bellend neben dem Pick-up herläuft, sagt der jefe: »Auch der arbeitet für Paul Schäfer.«

Es ist nicht viel zu sehen von der Colonia Dignidad. Ein Tor, ein Häuschen, eine schwarze Fahne, gepflegter Rasen. Menschen zeigen sich nicht. Die Siedlung liegt hinter den grünen Hügeln. Hinein kommt niemand, der ungebeten ist, und Journalisten sind das grundsätzlich. Diese Unzugänglichkeit macht die Colonia Dignidad doppelt unheimlich. Solange man nichts weiß, ist alles denkbar.

Aber warum sollten deutsche Einwanderer für Pinochet foltern? Der Anwalt Busse, ein bedächtiger Mann, sagt, er habe das damals hin- und her überlegt. »Es wurde kein Schuh draus.«

Paul Schäfer war ein Freund des Militärregimes. Er hat Pinochet einen Mercedes 600 zur Verfügung gestellt. Der Direktor der DINA, Manuel Contreras, hat einen Familienurlaub auf dem Landgut verbracht. Aber Folter als Freundschaftsdienst?

Abtrünnige haben immer wieder berichtet, daß in der Colonia Dignidad 350 Menschen in völliger Unterwerfung leben, eingesperrt hinter Maschen- und Stacheldraht, einem System totaler Kontrolle unterzogen, streng nach Geschlechtern getrennt, von Familienmitgliedern isoliert, bei Verfehlungen drakonisch bestraft, wie Sklaven ausgebeutet und, soweit jung und männlich, von Schäfer regelmäßig vergewaltigt. Die meisten, die hier leben, sind selbst Opfer.

Hugo Baar ist einer dieser Abtrünnigen. Er gehörte früher selbst zur Führungsriege und ist 1984 geflohen. Heute lebt er in Deutschland. Ein Gespräch lehnte seine Frau am Telephon ab. Ihr Mann sei schwer krank und wolle nicht mehr über diese Sache reden. Leute, die Baar vor einigen Jahren getroffen haben, sagen, er schwanke zwischen totaler Bußfertigkeit und dem Versuch, eigene Schuld zu vertuschen. Ältere Aussagen Baars über die Colonia Dignidad sind ausführlich protokolliert. Zum Thema Gewalt sagte er unter anderem:

»Ich erlebte mit, wie meine eigene Tochter, die zu der damaligen Zeit 28 Jahre alt war, (...) zu Herrn

Schäfer gerufen wurde, und ohne daß ein Wort fiel, fing Herr Schäfer an, in gröbster Form mit Fäusten auf sie einzuschlagen. Er schlug sie ins Gesicht, und es war ihm egal, wo er hintraf. Sie fiel zu Boden. Er trat sie mit Füßen. Als sie wieder hochkam, schlug er weiter auf sie ein, bis sie in eine andere Ecke fiel. Dann schrie er hinterher: Raus, du Mistvieh! Ich stand da als Vater und sah das alles.«

Hugo Baar war der Mann, der für die Colonia Dignidad in Deutschland ein Elektroschockgerät gekauft und nach Chile geschickt hat. Es wurde im Hospital gebraucht. Über den Einsatz des Geräts an Mitgliedern der Colonia Dignidad sagte Baar, in verrutschten Sätzen:

»Hier werden Menschen – Kinder und Jugendliche – in ihrem ganz natürlichen Wachsen und in ihrer Entwicklung gefoltert, weil sie nicht den Vorstellungen des Herrn Schäfer entsprechen. Soweit es sich um die Behandlung solcher Fälle handelt, die versucht haben zu fliehen oder als erwachsene Menschen anderer Meinung waren als Schäfer, setzt Frau Dr. Seewald dieses medizinische Gerät für genau entgegengesetzte Zwecke ein, das heißt, während in der Psychiatrie dem Kranken geholfen werden soll, daß er wieder in die Gesellschaft als Gesunder eingegliedert werden kann, werden hier Menschen systematisch zerstört.«

Folter an den eigenen Leuten, nicht aber an Peebles oder Zott?

Nach ungefähr zehn Tagen wurden sie und Merino abgeholt und in andere Lager gebracht. Peebles wurde an insgesamt sieben Orten gefangengehalten. Er berichtet, daß die Zellen in den Gefängnissen der DINA total verdreckt gewesen seien. Schweiß, Blut, Exkremente. An jenem anderen Ort aber, wo er am 2. Februar 1975 hingebracht worden war, sei es vollkommen sauber gewesen, aseptisch, klinisch. Erick Zott erzählt, bei normalen Verhören durch die DINA sei es chaotisch zugegangen. Zornausbrüche der Agenten, Geschrei, Prügelei. An jenem anderen Ort wären die Folterer vollkommen ruhig gewesen, diszipliniert. Sie seien mit geradezu wissenschaftlicher Akribie vorgegangen. Es wurde, mit anderen Worten, ordentlich gefoltert. Wie Deutsche so sind, könnte einem herausrutschen.

Fast jeder, mit dem wir in dieser Sache geredet haben, kam früher oder später auf einen Vergleich mit den Nazis. Ein allmächtiger Führer, Folter, totale Unterwerfung, lagerähnliche Zustände, der biedere Anstrich. Es gibt, wenn nicht alles täuscht, fünfzehn Flugstunden von der Bundesrepublik entfernt, einen Nukleus von deutschem Faschismus. Das Tor zur Colonia Dignidad mit seinem Bogen und der Inschrift »Benefactora Dignidad« erinnert einen fatal an ein KZ.

III. Impunidad

Santiago de Chile ist eine eher düstere Stadt. Auch bei Sonne glänzt wenig. Die Häuser sind grau und braun, und dazu kommt der Ruß, der alles überzogen hat. Er quillt aus den Auspuffen der mattgelben Busse, die herdenweise mit fast ungedämpftem Motorgeräusch durch die Stadt karriolen, eine metallene Stampede. Santiago schwitzt, weil die Frühlingssonne Sommer spielt, die Menschen aber noch Winter in den Köpfen haben und mit Pullovern und dicken Jacken durch die Straßen laufen, zügig, großstadtgemäß. Den einen Tag sind die Berge zum Greifen nahe, den anderen verschwinden sie im Smog.

Von 1973 bis 1990 war Santiago eine Stadt der Angst. Jeder erzählt davon. Angst vor der Polizei, dem plötzlichen Verschwinden, der Folter, dem Tod. Es ist schwierig, sich die Angst in diese Stadt hinein vorzustellen. Es gab die Busse, den Ruß, die Berge. Santiago plus Angst sah genauso aus wie Santiago, war aber eine völlig andere Stadt.

In der Iglesia Catedral de Santiago ist es kühl. Katholischer Überschwang, südamerikanische Ausschweifung, die Kirche schwelgt in Pracht. Kristallüster, ein silberner Altar. Dazu das milde Lächeln der Engel, die Andacht eines stillen Dutzends. Vor gut zwanzig Jahren ist hier der Kapuzenmann aufgetaucht.

Der Encapuchado, der Kapuzenmann, ist lange tot. Er wußte zuviel. Erst war er Sozialist, fühlte sich aber schlecht behandelt, und aus Rache verriet er seine Genossen. Mit einer Kapuze über dem Kopf zog er durch die Fußballstadien, wo die Regimegegner interniert waren, und identifizierte die Funktionäre seiner ehemaligen Partei.

Im Juni 1977 ging er in die Kathedrale, wo die Zentrale der Menschenrechtler beheimatet war. Der Kapuzenmann bereute, was er getan hatte, und erzählte, was er wußte. Er übergab drei Listen mit Namen von insgesamt 112 Leuten, die in der Colonia Dignidad gefangengehalten würden.

Der Menschenrechtsanwalt Sergio Corvalán ist dem Kapuzenmann kurz in der Kirche begegnet. Er sei nervös gewesen, sagt er, ein schmaler Mann mit einem dünnen Bart. Man habe ihm angeboten, ihn außer Landes zu schaffen, aber er habe abgelehnt. »Ich bin schon tot«, soll er gesagt haben. Kurz darauf wurde die Leiche von Juan René Muñoz Alarcón, genannt Encapuchado, mit Messerwunden und einem Einschußloch in der Stirn aufgefunden.

112? Das hätte auffallen müssen, die Abtrünnigen aber behaupten, nie etwas von Gefangenen gemerkt haben zu wollen.

Sicher ist, daß die 112 von der Liste nie wieder aufgetaucht sind. Sie gehören zum Heer der Verschwundenen aus der Ära Pinochet. Einer von ihnen ist der Gewerkschaftsführer Victor Diaz.

Wir treffen seine Tochter Viviana Diaz in einem Hinterhofbüro in Santiago. Hier sitzt das Komitee der Angehörigen von Verschwundenen, inmitten von Mobiliar, das andere nicht mehr wollten, weil es ab-

Augusto Pinochet (1915–2006) kam 1973 durch einen Militärputsch an die Macht. Er regierte das Land bis 1990 und blieb bis 1998 Oberbefehlshaber des Heeres. Nachdem er 1998 in London festgenommen worden war, kehrte er am 2. März 2000 nach Chile zurück, wo er bis zu seinem Lebensende unter Hausarrest stand. Hier schreitet der Diktator im April 1986 eine Ehrenformation ab.

Seine Aussage, die auf Tonband festgehalten ist, wurde zum Beweismittel vor dem Bonner Landgericht. Aber kann man glauben, daß sich 112 Gefangene gleichzeitig in der Colonia Dignidad aufgehalten haben? Ein halbes Dutzend, ein Dutzend, doch

gesessen und abgestoßen ist. Stählerne Aktenschränke, Pappkartons, Kontormöbel. Ihr Vater, sagt Diaz, sei am 12. Mai 1976 um zwei Uhr morgens verhaftet worden. Sie war damals 22, und seit diesem Tag macht sie nichts anderes, als ihren Vater zu suchen.

Von Tür zu Tür ist sie mit ihrer Mutter gelaufen, und alle waren verschlossen. Es gab keinen Haftbefehl, also auch keinen Häftling. Das war die Logik des Regimes. Er sei mit einer anderen durchgebrannt, sagten die Schergen des Regimes und lachten. Für Viviana Diaz ist ihr Vater irgendwo auf dem riesigen Areal der Colonia Dignidad verscharrt. Vorstellbar wäre, daß die Gefangenen gleich nach der Ankunft ermordet wurden.

Fünfzig Frauen des Komitees sind kürzlich mit einem Bus zur Kolonie der Deutschen gefahren, um vor dem Tor zu protestieren. Empfangen wurden sie mit gellenden Sirenen und Tränengas. Ein Mann aus der Colonia Dignidad wollte sie mit einem Bulldozer von der Straße räumen. Am Abend desselben Tages erhielt Viviana Diaz eine Morddrohung über Telephon, obwohl sie, aus Erfahrung klug, eine Geheimnummer hat.

Verschwundene sind Untote. Die Angehörigen leiden doppelt, weil ihnen die Trauer verwehrt ist. Immer, wenn in Chile ein Grab gefunden wird, kämpft Viviana Diaz mit widerstreitenden Gefühlen: Sie hofft, daß es sich um die Leiche ihres Vaters handelt, und ist erleichtert, wenn die Nachricht kommt, es sei ein anderer. »Auch das ist Folter«, sagt sie. Ihre Suche ist trotz Demokratie nicht leichter geworden. Denn die alten Kräfte haben noch immer eine Menge Einfluß.

Unabhängigkeitstag in Chile, der große Auftritt des Militärs. Wir sehen die Parade im Fernsehen in einer Hotellobby. Stundenlang Soldaten im Stechschritt, Panzer, Flugzeuge. Große Trommelei, Riesengeblase, immer wieder preußische Märsche. Eine Frau in der Hotellobby singt leise mit: »Denkste denn, denkste denn, du Berliner Pflanze, denkste denn, ick liebe dir, nur weil ick mit dir tanze.«

Auf der Tribüne steht kerzengerade Augusto Pinochet, nicht mehr Präsident, aber Oberbefehlshaber des Militärs. Weißer Uniformrock, rote Schärpe, Orden am blauen Band, Orden am roten Band, stolzer Blick. Seine Hände sind über einem Säbel gefaltet. Er trägt weiße Handschuhe, wie die Jungs aus »Funny Games«.

Helmut Frenz ist Pinochet im Juni 1974 begegnet. Damals war er Bischof in Santiago, später wurde er Generalsekretär von Amnesty in Deutschland. Mit einem Kollegen überbrachte Frenz Pinochet eine Dokumentation über Folter in Chile. Sie wollten ihn nicht provozieren und sprachen nicht von Folter, sondern von »physischer Behandlung«. Den Ausdruck hatten sie keine zweimal benutzt, da unterbrach sie Pinochet: »Sie meinen Folter.« Und dann sagte er einen Satz, an den sich Frenz wortwörtlich erinnert: »Si nosotros no torturamos a los comunistas, no cantarán.« Wenn wir die Kommunisten nicht foltern, singen sie nicht.

Marcia Merino, die mit Peebles und Zott in dem blauen Transit gefahren ist, hat das getan, was Pinochet »singen« nennt. Es war nicht ganz leicht, sie zu finden. Ihre Mutter, die in Santiago lebt, sagte, Marcia wolle an diese Sache nicht mehr erinnert werden. Schließlich kam es doch zu einem Telephongespräch.

Merino, 49, lebt auf der Osterinsel, 2500 Kilometer vom Festland entfernt. So passt es ihr: weg von allem. Man kann sie sich gut vorstellen zwischen den stillen, ernsten Tuffsteinriesen, die in anderen Jahrhunderten auf der Osterinsel errichtet wurden. Marcia Merino arbeitet in einem Hotel. Ihre Stimme klingt, als sei sie eine kleine, schmale Frau.

Nachdem sie unter der Folter zusammengebrochen war, hat sie über Jahre für den Geheimdienst gearbeitet. Der Direktor der DINA sagte ihr, er habe sie neu geschaffen, und so war es auch. Sie lebte ein Leben, das nicht ihr eigenes war, automatisch, in innerer und äußerer Einsamkeit. Erst 1992 begann sie, ihr Leben zurückzuerobern, indem sie ein zweites Mal »sang«. Einem Gericht erzählte sie alles, was sie über die DINA wußte, nannte jeden Namen, jeden Folterort, auch die Colonia Dignidad.

Als sie die Regimegegner an die DINA verriet, hatte das unter anderem diese Folgen: Lumi Videla wurde ermordet, Jacqueline Binfa und Héctor González sind verschwunden. Als sie die Namen der Folterer nannte, hatte das keine Folgen. Leute wie Miguel Krassnoff oder Eduardo Laureani sind auf freiem Fuß.

Paul Schäfer bleibt als Folterer unbehelligt, weil für Folter im Auftrag Pinochets generell die impunidad gilt, Straflosigkeit. Der General hat seine Freunde amnestiert und ist immer noch mächtig genug, dieses Gesetz zu verteidigen. Da nützt es nichts, daß die sogenannte Wahrheitskommission, die Licht in die Jahre der Diktatur bringen soll, Paul Schäfer und seine Vasallen der Folter bezichtigt hat.

Aber es gibt ein paar Leute, die nicht ruhen werden, bis sich Paul Schäfer und andere wegen Folter verantworten müssen. Dazu gehört der Anwalt Sergio Corvalán, ein Mann mit scharfem Verstand und einer Ruhe, die er sich durch Beharrung in widrigen Zeiten erworben hat. Seit fast 25 Jahren kämpft Corvalán für Menschenrechte in Chile. Er hat nun Klage eingereicht beim Interamerikanischen Gericht für Menschenrechte in Washington D.C. Vier Fälle, bei denen es sich um Verschwundene handelt, wurden angenommen. Es geht auch um die Colonia Dignidad. Vier Fälle sind ein Anfang. »Ich verspreche Ihnen«, sagt Corvalán, »wir bringen das alles vor internationale Gerichte.«

Von der bundesdeutschen Justiz ist er enttäuscht. Deutsche werden der Folter beschuldigt, aber kein deutscher Staatsanwalt nimmt sich dessen an. Der Prozeß in Bonn ist eine Zivilsache. Corvalán: »Es ist doch traurig, daß man Amnesty International für diesen Fall braucht. Die Sache der Menschenrechte wird privatisiert.« Amnesty mußte für den Prozeß mehr als 160 000 Mark aufwenden.

Nur einmal ist die Bundesregierung in dieser Sache aktiv geworden. 1977 hat das Auswärtige Amt seinen Botschafter in Santiago, Erich Strätling, in die Colonia Dignidad geschickt, um die Aussagen der Zeugen zu überprüfen. Er unterhielt sich mit dem einen oder anderen Bewohner, lief ein bißchen herum und sprach Schäfer und seine Leute anschließend vom Vorwurf der Folter frei.

Es gab viel Sympathie für die Colonia Dignidad in der Bundesrepublik. Manchem Konservativen erschien sie lange als deutsche Idylle, wo nicht »68« die alten Tugenden zerbröseln ließ. Niemand hat das besser auf den Punkt gebracht als Wolfgang Vogelsgesang, ehemals Stadtrat der CSU in München. Nach einem Besuch schwärmte er: »Man ist konservativ, denkt an Bayern, zeigt die Fahne mit Löwe und Raute, Hoffnung für Deutschland.« Im »Casino familiar« hängt ein Portrait von Franz Josef Strauß mit freundlicher Widmung.

Seitdem die Vorwürfe wegen Kinderschändung massiv geworden sind, bröckelt die Sympathie auch hierzulande. Als wäre Folter weniger schlimm.

Wien, 4. September 1997, die Wohnung von Erick Zott, eine Waschmaschine im Schleudergang. »A bissel links, a bissel rechts«, wienert Zott, »da war manche Erinnerung schwach, aber die Hauptpunkte haben gestimmt.« Wer den letzten Beweis braucht, muß warten, bis einer der Folterer redet oder bis die Leichen von Verschwundenen in der Colonia Dignidad gefunden werden.

Zott sagt, daß sich Folterregime auf zwei Säulen stützen. Die eine: Den Folterern wird versichert, daß ihnen nichts passiert. Die andere: Den Folterern wird versichert, daß ihre Taten unbekannt bleiben. »Diese Säulen müssen sich als zerbrechlich erweisen.« Deshalb sind ihm Gerichtsprozesse wichtig.

Es hat mehr als ein Jahrzehnt gedauert, bis er nicht mehr davon geträumt hat, in Chile zu sein und gefoltert zu werden. Während er sich in Wien gut eingelebt hat, waren für Peebles, der ebenfalls lange von Alpträumen heimgesucht wurde, sechzehn Jahre Exil in Belgien »die Fortsetzung der Folter. Ich hörte nicht auf, anders zu sein.« Als er nach Chile zurückkehrte, wurden seine Medizinexamen nicht anerkannt. Er mußte sie wiederholen, und so kam es dazu, daß er im Fach Chirurgie vor dem Mann stand, der ihn der DINA ausgeliefert hat. »Das war schlimmer als alles, was ich sonst erlebt habe«, sagt Peebles und lächelt. Dann knöpft er sein Hemd auf, und man sieht eine lange Narbe zwischen den Brustwarzen. Ein paar Wochen nach der Prüfung hatte er einen Herzanfall, bekam zwei Bypässe. »Mein Herz hat geblutet.«

Peebles zeigt sich bei vielen Anhörungen zu den Jahren der Militärdiktatur. Manchmal trifft er dort Leute, die ihn gefoltert haben. Er geht zu ihnen hin und fragt, wie sie das vor ihren Kindern vertreten würden. »Die öffnen dann die nächste Packung Zigaretten, die dritte in zwei Stunden.« Eine Antwort hat er nie bekommen.

900 Fälle pro Richter und Jahr: Ein Angeklagter verdeckt sein Gesicht in einem Gerichtssaal in Moabit.

Die Strafkolonie von Moabit

In Europas größtem Gericht Berlin-Moabit steht die Justiz vor dem Kollaps. Aus Mangel an Geld stellen Staatsanwälte Verfahren ein, in Hinterzimmern verhandeln Richter Schicksale, neben Aktenbergen nisten Tauben. Besichtigung eines Molochs

Von **ULLRICH FICHTNER**, erschienen in der ZEIT am 7. September 2000

Für diese Reportage wurde Ullrich Fichtner mit dem Egon-Erwin-Kisch-Preis 2001 ausgezeichnet.

Im Sockelgeschoss des alten Palastes erzählen die Dinge sehr kurze Geschichten über das Töten, das Stehlen, das Betrügen und Lügen, das ganze Verhängnis des Lebens. Gartenschaufeln und Gummimasken, Bolzenschneider und Rasenmäher, Kinderwagen, Toaster, Armeejacken, einzeln verpackt oder im Dutzend, in Säcken und Kisten, Autoradios in Folien, Haarföhne in Stoffbeuteln, auf Regalbretter geschüttet, aufgehäuft in engen Gassen, eigentlich alles nichtssagender Plunder und Sperrmüll, tausendfach und tonnenweise, aber das täuscht. Am Durchgang zum Kellerraum 17 stehen in Augenhöhe zwei verschlissene Koffer mit Lederecken, an denen kommt niemand vorbei, in denen fanden sie einst in Neukölln einen Jungen, das heißt seine Leiche in zwei Teilen. »Is schon gruselig, klar«, sagt Torsten Munack, »aber man gewöhnt sich mit der Zeit.«

Nicht an alles: Der Dunst der Verwesung sättigt die Luft im Kellerraum 17, das ist ein Geruch wie nach Urin, Schweiß und Fäulnis, hier verrotten die Kap-Sachen, blutgetränkte Mäntel und Handtücher, von Körperflüssigkeiten genässte Bettwäsche, von getrocknetem Angstschweiß starrende Hemden. Kap heißt Kapitalverbrechen. In den Regalbuchten verstauben Klebebänder, mit denen Mörder ihren Opfern den Mund verschlossen, Schnüre, die zu Schlingen wurden, Schirme, die in Lungen fuhren, Stricknadeln, Brieföffner, Steine. Laufende Nummer 12349: »1 beblutetes T-Shirt, 2 ein Flaschenhals, 3 Blutspuren, 4 Glasreste mit Blutanhaftungen, 5 ein Butterflymesser, 6 ein Klappmesser«. Kälter lassen sich Geschichten nicht erzählen.

Das Sockelgeschoss des alten Palastes erzählt sie zu Tausenden, in 25 Kellern und 2 Innenhöfen drängen sich die Asservate, Beweismittel, die Requisiten

Zur Sache

Vor allem aufgrund einer als unzulänglich beklagten Personal- und Sachausstattung gelten die deutschen Gerichte seit Jahren als überlastet.

Zivilverfahren dauern nach Angaben des Bundesjustizministeriums von 2010 in der Eingangsinstanz bundesdurchschnittlich dennoch nicht mehr als 4,5 Monate (Amtsgerichte) bzw. 8,1 Monate (Landgerichte). Es kommt aber auch vor, dass Verfahren sich jahrelang hinziehen. Der Europäische Gerichtshof für Menschenrechte in Straßburg, an den sich betroffene Bundesbürger deshalb schon wiederholt gewandt haben, gelangte von 1959 bis 2009 in über 40 Fällen zu dem Urteil, dass Deutschland mit einem zu langen Zivilverfahren gegen die Europäische Menschenrechtskonvention verstoßen habe. 2010 legte Bundesjustizministerin Leutheusser-Schnarrenberger (FDP) einen Gesetzesentwurf vor, der vorsieht, dass Bürger Anspruch auf Entschädigung durch den Staat haben, wenn ein Verfahren sich trotz einer von ihnen ausgesprochenen »Verzögerungsrüge« weiter unangemessen hinzieht. Seitdem wird darüber spekuliert, ob damit auf eine verbesserte Ausstattung der Gerichte zu hoffen wäre, die längerfristig kostengünstiger sein könnte als die auflaufenden Schadenersatzzahlungen.

des kriminellen Welttheaters. »Ich sag immer«, sagt Torsten Munack, der für die Berliner Staatsanwaltschaft arbeitet, »wir haben hier alles vom Schnürsenkel bis zum Sarg.« Deshalb kommt von Zeit zu Zeit das Fernsehen, dann müssen die Kollegen mit ausgestopften Störchen posieren, müssen die Tür zeigen, durch die Bubi Scholz im Vollrausch seine Frau erschoss, und die Bimmelbahn, mit der Arno Funke alias Dagobert sein Erpressergeld abholen wollte. Kein Wort darüber, dass das alles eigentlich nicht komisch ist, weil sie hier unten partout nicht mehr wissen, wohin mit dem Schamott. Immerfort stehen neue VW-Bus-Ladungen vor der Tür, die Polizei liefert montags und mittwochs, um die 300 Nummern jede Woche, und wenn es schlecht läuft, kommt eine Fuhre mit 2500 gefälschten Markenkochtöpfen herein, dann sagen sie hier unten: Nein, jetzt ist Schluss, weil sich 2500 Kochtöpfe nicht verstauen lassen auf ein paar lumpigen Quadratmetern und weil 2500 Töpfe ohne Computer nicht vernünftig zu registrieren sind.

An Justitias Fließbändern stehen 2600 Menschen.

Nach »Steinzeitsystem«, sagen sie, stopfen sie das Zeug in die letzte freie Nische und verbuchen es, handschriftlich, in cremefarbenen Folianten, 800 Nummern pro Buch, 10 bis 15 Bücher pro Jahr. So oder so muss alles hier rein, wo schon lange nichts mehr reingeht nach menschlichem Ermessen, und was für diese Keller gilt, das gilt für diesen ganzen alten Palast, der sich 210 Meter lang die Berliner Turmstraße hinzieht und den Geschichten über das Töten und Stehlen, das Betrügen und Lügen, das ganze Verhängnis des Lebens einen kurzen, dunklen Namen gibt: Moabit. Albtraum der Bürokratie unter den Bedingungen des bankrotten Staates.

Wenn das größte Gericht Europas werktags gegen acht Uhr erwacht und damit die größte Justizfabrik der Welt ihre Arbeit aufnimmt, stehen bei Volllast 2600 Menschen an ihren Fließbändern. 2600 Wachtmeister, Schreibkräfte, Putzfrauen, Kanzleiangestellte, Sachverständige, Archivare, Dolmetscher, Köche, Pförtner und viele, sehr viele studierte Juristen, Richter, Staatsanwälte, Verteidiger, Nebenkläger, erdrückt schon frühmorgens von der kolossalen Haupthalle, 29 Meter hoch, 3 Meter höher als das Brandenburger

Tor, bevölkert von einem Reigen allegorischer Skulpturen, rechts in der Halle die Lüge in Sandstein, wie sie hinter vorgehaltener Hand und mit Fuchskopf bekrönt seit 94 Jahren schon zur Streitsucht hinüberzischt, aus deren Kopf der kaiserliche Bildhauer kiefersperrende Schlangen hat wachsen lassen. Moabit.

1000 Besucher, Zeugen, »Prozessbeteiligte« jeden Tag, im Bauch des Apparats zusätzlich 1300 Delinquenten aus 80 Nationen in Untersuchungs- oder schon Strafhaft, das Gefängnis noch einmal eine kleine Stadt in der Stadt, deren Bewohner die Stunden zählen, tagein, tagaus, bis sie selbst an der Reihe sind, vor ihren Richter zu treten, und sie vorgeführt werden, »durchgeschlossen« von der Zelle zu den Gerichtssälen in den Moabiter Trakten A, B, C, D, E, auf Wanderschaft durch eine Baumasse, die ihre Flure in Kilometern misst der Altbau allein gruppiert sich um 12 Höfe von A bis L, ist erschlossen über 17 Treppenhäuser von A bis Q, und also sagt gut gelaunt und »scherzhaft« Torsten Munack, ein Lederwesten-Berliner und Gauloise-Raucher und der Vizegeschäftsleiter der Berliner Staatsanwaltschaft: »Ich sag immer, wir finden hier bei jedem Frühjahrsputz einen Verhungerten.«

Dabei droht Justitia selbst auf der Strecke zu bleiben im Labyrinth aus grauem Stein. Moabit ist verkommen zu einer Justitia in Lumpen, das heißt, es verfällt, es verfilzt, und vor allem platzt es aus allen Nähten, weil das Recht und seine Fälle wie der Brei aus dem Märchen immer und ewig quellen. Eine Chiffre ist Moabit für die ganze Mühle der deutschen Justiz und dabei ein eigener Mikrokosmos ohnegleichen.

Wenn das größte Gericht Europas werktags gegen acht Uhr erwacht, geht es in Saal 621 gegen Stefan W., schwere räuberische Erpressung, Werner L. wird gehört im 217er wegen Rechtsbeugung, Mike G. in 820 wegen Volksverhetzung, Ralf B. wegen sexuellen Missbrauchs in 817, Mario H. hat im 618er ein Konkursverfahren am Hals, Markus K. in 502 Betrug, im 700er sitzt Mehmet A., angeklagt des Mordes, im 739er wird in einer Drogensache gegen Veronika M. verhandelt, in 806 gegen Savas Ö., Körperverletzung, im 220er gibt Dr. N. Auskunft über seine Arbeit als Richter in der DDR. Ein Dienstag am Landgericht, nichts weiter, ein paar neue Kapitel nur für die alte Erzählung über das Töten, das Stehlen, das Betrügen und Lügen, das Verhängnis des Lebens unter der Überschrift: Moabit.

»Wir sind tot hier, keine Frage, wir halten uns nur noch brav über Wasser«, sagt Torsten Munack. Tot, das heißt hoffnungslos übervölkert, 2600 Leute in einem Haus, das für 800, 900 einst gedacht war, tot, das heißt technisch, logistisch, organisatorisch so aus der Zeit gefallen, dass das größte aller Kriminalgerichte immer werktags ab acht Uhr von der Frage beherrscht wird, wie es den Tag überleben soll.

Saal 700, La-Belle-Prozess, 202. Verhandlungstag, im speckigen Stuck der Decke steht eingraviert »Felix Justitia«, aber zum Greifen ist im Saal

saals bis in die Besucherbänke, vorne residieren die drei Berufsrichter, die zwei Schöffen der 39. Großen Strafkammer, zwei Staatsanwälte daneben, die Angeklagten sitzen, drei links, zwei rechts, wie seit fast drei Jahren schon auf den sicherheitsverglasten Bänken, und hinter allen schimmert auf der Empore roséfarben ein gut Teil des Aktenvorgangs »La Belle« in zwei-, dreihundert Kladden.

Das letzte Refugium verzweifelter Kettenraucher

Schlecht ist die Moabiter Akustik, jedes gesprochene Wort verrauscht zu einem Raunen. 14 Jahre nach der Tat, fast drei Jahre nach dem Prozessauftakt wer-

Manche verhandelten Fälle finden reges Interesse der Presse, so wie hier vor einer Gerichtsverhandlung im Kriminalgericht Moabit im März 2010.

kein Glück, nur die Apathie schleichenden Scheiterns. 14 Jahre liegt die Tat zurück, man schrieb den 14. April 1986, als eine Bombe die Berliner Diskothek La Belle zerriss, drei Menschen ums Leben brachte und 230 verletzte, wofür der libysche Staat und sein Geheimdienst verantwortlich sind. Am 202. Tag des Verfahrens füllen 26 Anwälte das Parkett des größten Moabiter Gerichts-

den noch immer »Geschädigte« vernommen, Opfer, Verletzte, damalige Gäste oder Türsteher des Tanzlokals, sie müssen erzählen, was geschah oder, vielmehr, woran sie sich noch erinnern. Blicke müssen sie werfen in Lichtbildmappen, die teils 14 Jahre alte Bilder von Menschen versammeln, verloren stehen die Zeugen im Geflatter der Anwaltsroben am Richtertisch und sagen Dinge wie: »Der da, den kenn ich, der war damals öfter da, Moment, ich komm gleich auf den Namen«, der dann aber doch auf der Zunge liegen bleibt.

Anwälte, Referendare, Zeugen stehen in einer Pause vor dem Saal auf der Galerie oben in der Moabiter Haupthalle, nahe dem Scheitel der schönen Kuppel, von der die Tierkreiszeichen weiß und golden blinken als Mahnung, dass über all diesem Irdi-

ein Eimerchen, wie sie überall stehen im Gebäude, vor jedem Saal, es gibt blaue und braune, Aschenbecher, überall, weil Moabit ein Haus der Sorgen ist und deshalb eines der letzten Refugien verzweifelter Kettenraucher.

Verfahren wie La Belle sind bedrohliche Betriebsunfälle im ohnehin mühsamen Geschäftsgang von Moabit, wie Mykonos einer war, der Fall Schmü-

Blick in die Haupthalle des Kriminalgerichts Moabit. Der Bau galt bei seiner Errichtung 1906 als sehr modern: Unter anderem war er das erste elektrisch erleuchtete Gebäude Berlins.

schen doch allein der Himmel regiert, und auf einer der grün-blau belegten, messinggefassten Steinstufen zur Saaltür hin steht ein Verteidiger ans Geländer gelehnt und sagt trocken: »Wie's ausgeht? Vier Verurteilungen, ein Freispruch, wie sonst. Aber das wird bestimmt noch zwei Jahre dauern.« Er zieht an einer Peter Stuyvesant, tippt die Asche in eine blaue Keksdose, hutschachtelgroß, auf der in geschwungenen Buchstaben »Mermaid Butter Cookies« steht,

cker, die DDR-Politbüro- und die DDR-Mauerschützen-Prozesse. Derart große Sachen legen ganze Strafkammern lahm auf Jahre hinaus, bringen Staats- und Oberstaatsanwälte ans Ende ihrer Nervenkraft, beschäftigen Verteidiger zu Dutzenden, die juristisch wie ökonomisch Kapital zu schlagen hoffen, sie binden Ressourcen in fantastischem Ausmaß, und sie verschlingen Geld, viel Geld. Das liegt auch an der Tendenz des Moabiter Gerichtsbetriebs, sich für die ganze Welt zu halten und fernab handfester Notwendigkeiten stetig um sich selbst zu kreisen.

La Belle, sagt Ehrhart Körting, selber Anwalt und bis vor einem Jahr Berliner Justizsenator, sei ein gutes Beispiel dafür, »wie ein Verfahren ausarten kann zur Selbstbeschäftigung der Justiz«. Statt sich auf die konkrete Tat zu konzentrieren, überschätzten sich Richter, Staatsanwälte, Verteidiger maßlos, indem sie so täten, als könnten sie nebenbei auch »die politischen Hintergründe der letzten 30 Jahre aufklären«.

Meist hat es politische Gründe, wenn sich die Staatsanwaltschaft langwierige Massenverfahren einbrockt. Nach den Kurdenprotesten im vorvergangenen Winter zerrten die Ankläger 140 Leute in die Säle, um ihnen in zwei Dutzend Verfahren Landfriedensbruch, Körperverletzung oder gleich versuchten Totschlag nachzuweisen, Vorwürfe, von denen am Ende, nach zeitraubenden Rechtsauslegungen, so gut wie nichts übrig blieb. Sie brockt sich selbst viel Arbeit ein, die Moabiter Staatsanwaltschaft, wenn sie minder schwere Drogendelikte durch die Instanzen peitscht, um in Berufungsverfahren Haft- statt nur Geldstrafen zu erzwingen, wenn sie viele kleine Diebstähle eines Täters nicht gesammelt anklagt, sondern einzeln, Tat für Tat.

Die als giftig bekannten Moabiter Strafverteidiger wettern über diese Art der justiziellen Selbstblockade, spotten über das ewige Weh und Ach der Kollegen im Staatsdienst von wegen knapper Ressourcen und glauben, dass die Kapazitäten der Justiz in oft sinnlosen Scharmützeln verschleudert werden. Daran sind sie selbst nicht unbeteiligt, die Rechtsanwälte, wenn sie aus Imponiergehabe oder Geldgier selbst abgelegenste Rechtswege auszuschöpfen suchen oder »Kammern springen lassen« mit mehr oder minder gewichtigen Anträgen. Ressourcen werden überall verschleudert in Moabit. Anderswo fehlen sie dann.

Saal 220, Aktenzeichen 522-21/00, die 22. Große Strafkammer hat es mit Wladislaw M. zu tun, einem jungen Kerl aus Russland, der nach seiner Ankunft im Kapitalismus innerhalb eines Monats 168-mal mit gefälschten Geldkarten bei Tankstellen und anderswo einkaufen ging. Der Täter ist geständig, zum Glück, andernfalls stünde eine Beweisaufname und Zeugenbefragung bevor, die aufgrund der Masse der Delikte ans Aberwitzige grenzte. Und Wladislaw M. ist nur ein Buchstabenfall, nur ein x-beliebiges

Verfahren wie die gegen Günter S., Khaled B., Werner L., Heinz V., Cong Minh N., nur eine Strafsache der allgemeinen Kriminalität, wie sie dauernd eingehen bei der Moabiter Staatsanwaltschaft 180 000 Sachen pro Jahr, das sind statistisch 700 pro Werktag, und jedenfalls hängen bei den Anklägern zu jedem Zeitpunkt 28 000 Verfahren in der Luft, und jeder einzelne Moabiter Staatsanwalt jongliert gleichzeitig mit 50, 60 Prozessen. Die meisten davon Kleinkram fürs Amtsgericht, das seine Termine in einem Schlagtakt durchzieht, wie man ihn vom Endspurt bei Ruderern kennt.

6 bis 8 Sachen kann ein Moabiter Amtsrichter an einem Vormittag durch die Justizmaschine jagen, die Termine sind angesetzt auf 8.30, auf 9, auf 9.30, auf 10 Uhr und so weiter. Zack, zack im Namen des Volkes, ein schneller Strafrichter erledigt 900 Sachen pro Jahr oder noch mehr, für Bagatellfälle sind beschleunigte Verfahren mit sehr kurzem Rechtsweg erlaubt, Kammerspiele in kleiner Besetzung, die 12 Minuten dauern oder 18 oder höchstens 20 und in denen Schnapsdiebe, Wirtshausschläger, Kampfhundbesitzer oder Säufer am Steuer zu 600 oder 450 Mark Geldstrafe verurteilt werden oder zu drei Monaten Haft mit Bewährung. Fast 60 000 neue Strafverfahren, kleine und große, liefen vergangenes Jahr im Moabiter Amtsgericht auf, dazu 100 000-mal »sonstiger Geschäftsanfall«, Strafbefehle, Vollstreckungen, dazu 24 000 Bußgeldsachen. 207 Richter, 80 Rechtspfleger erledigen das, theoretisch – praktisch sind sie der Verzweiflung nah.

Der Organismus Moabit erstickte alle Reformversuche

Ja doch, »es gibt Bereiche, da knirscht es«, sagt Amtsgerichtspräsident Gerhard Offenberg, Herr über die Amtsrichter und 790 sonstige Mitarbeiter. Natürlich sei Moabit zu groß und eigentlich »kaum noch regierbar«, aber was hilft es, sagt Offenberg, die Arbeit müsse ja getan werden, und schließlich habe die Justiz eine Vorbildfunktion in der Gesellschaft. Die aber kann sie kaum mehr erfüllen, das hört schon auf bei den maroden Klos, bei den Treppenhäusern, in denen die Farbe wie Blattern von der Wand platzt, und Vorbild kann Justitia vor allem nicht sein, weil das Personal knapp ist, zu knapp jedenfalls, »wenn es schnell gehen und vernünftig laufen soll«. Offenberg kann nicht verstehen, dass in die Polizei investiert wird, ohne auch das nächste Glied der Kette zu stärken. So werde die Staatsanwaltschaft zu einem verengten Kanal, in den unter Hochdruck eine viel zu große Masse drängt, die früher oder später bei den Gerichten ankommt, in Wellen.

»Wenn 100 Anklagen fertig sind«, sagt Offenberg, »dann brauche ich 100 Richter.« Aber die hat er sowieso nie frei. Also ziehen sich die Verfahren, die Hauptverhandlungen beginnen spät, viele Monate oft nach der Anklageerhebung, die »generalpräventive Wirkung« wird zur Farce, und bald wird von allen Seiten Klage geführt gegen die Justiz selbst, weil sie schleppend arbeite, sich nicht zu organisieren verstehe und überhaupt zu träge sei. Dass aber Offenberg und Kollegen in der Situation von Fußballtrainern sind, die mit acht Leuten eine starke Elf aufstellen sollen, gesteht niemand zu, auch die Exekutive nicht, weil: Sie hört die Botschaft wohl, allein ihr fehlt das Geld.

Neulich erst hat der amtierende Justizsenator Eberhard Diepgen, nebenbei auch Berlins Regierender Bürgermeister, in dürren Briefen an alle Abteilungen neue »pauschale Minderausgaben« angekündigt und Streichvorschläge erbeten. Das finden sie an der Turmstraße nicht mehr sonderlich komisch und am Amtsgericht schon gar nicht. Zu allem Überfluss hat die Staatsanwaltschaft einen neuen Trick gefunden, den eigenen Aktenstau ein bisschen zu entzerren: Sie klagt auch schwere Sachen, die eigentlich gleich vor das Landgericht gehörten, vor dem Amtsgericht an. Dort kommt sie schneller zum Zuge, bislang, aber dieser Trick wird nicht lange funktionieren, weil das ohnehin schon heiß gelaufene Amtsgericht noch mehr Hitze nicht verträgt. Eineinhalb Stunden Verhandlungsdauer, das ist die Faustregel, sollte ein Amtsrichter pro Verfahren nicht überschreiten. Jetzt müssen sie manchmal mehrere Verhandlungstage ansetzen, um die neuerdings größeren Brocken zu bewältigen. Moabit, altes Haus: Alle schießen sich erst gegenseitig und dann selbst ins Knie.

Ehrhart Körting hat, wie alle Berliner Justizsenatoren vor ihm, viel gelitten unter Moabit, das er den »Alptraum jedes Behördenleiters« nennt, einen »in sich gewachsenen Körper«, der kaum reformierbar sei, sondern vernünftigerweise eigentlich nur zu zerschlagen. Der Exsenator setzte Kommissionen ein, er ließ beraten, wie eine Aufteilung der Moabiter Arbeit funktionieren könnte, schlug eine Regionalisierung

der Strafsachen vor, eine Dezentralisierung auf die zwölf Berliner Amtsgerichte, er nahm kleine Teile aus dem großen Haus, schichtete hier um, legte da drauf, aber irgendwie blieb der »Organismus« von alldem seltsam unberührt.

Körting holt einen Ordner mit Dünndruckblättern aus dem Schrank: das Bundesbesoldungsrecht. Darin steht, wie Leitende Oberstaatsanwälte als Chefs einer Staatsanwaltschaft bei einem Landgericht zu bezahlen sind. Die Größe der Staatsanwaltschaften ist eingeteilt in drei Gruppen: »mit bis zu 10 Planstellen«, »mit 11 bis 40 Planstellen«, und die größten haben nach der Fantasie des Gesetzgebers »41 und mehr«. In Moabit arbeiten 350 Staatsanwälte. In einem Haus so viele wie in ganz Hessen.

350 Staatsanwälte plus 700 Bedienstete, »da können Sie jeden fragen, da werden alle sagen: Das kann nicht funktionieren«, sagt der Mann, der für eben dieses Funktionieren zuständig ist. Hans-Jürgen Karge, Chef der Moabiter Ankläger, ein Schrank von einem Kerl, der den Titel eines Generalstaatsanwalts führen darf, hat schon viel erlebt, und jedenfalls steht er unter Druck. Nicht lange her, da schickte der Senat die Unternehmensberater von Kienbaum und Partner nach Moabit, um herauszufinden, was dort vielleicht besser zu machen wäre. Herausgefunden haben die, dass man dezentralisieren müsse, flache Hierarchien bauen, die Ressourcen besser verteilen »und andere Allgemeinplätze«, wie Karge findet, den sie früher in seiner Darmstädter Zeit »den Blutigen« nannten. Ginge es nach ihm, bräuchte es zuallererst neue, funktionale Gebäude und zweitens mehr Personal, das ist das Mantra von Moabit. Alles andere sei Unfug, wie die Debatten über die innere Sicherheit, so wie sie Politiker führten, Unfug seien. Dauernd bei der Polizei aufzustocken, das bringe vielleicht gute Presse, helfe aber gar nichts. »Dann fallen 100 Polizisten über eine Baustelle her, nehmen 20 Ausländer ohne Papiere fest, und hinterher melden sie, dass 20 Fälle aufgeklärt sind.« Tatsächlich ist gar nichts geklärt. Tatsächlich hat die Staatsanwaltschaft nur noch mehr nutzlosen Aktenkram auf dem Tisch, aus dem keine Anklagen werden können. Die Staatsanwaltschaft, wettert Karge, eigentlich doch Herrin des Verfahrens, werde zum »Justitiar der Polizei«.

Er sorgt sich um die Moral seiner Truppe, weil sie an den vielen Fronten des Papierkriegs in die

Defensive zu geraten droht. Und dann auch noch Moabit, sagt Karge, der Ort, das Gebäude, dieser »kaiserliche Faustschlag ins Gesicht der Moabiter Arbeiterklasse«, dieses »Museum«, dieses »gefräßige Tier mit Tentakeln«, ja, warum nicht, und jedenfalls, sagt Karge, »können Sie hier Wagner spielen, aber kein Gericht organisieren«. Was dennoch von allen Beteiligten beharrlich versucht wird.

und Richter fahren ihm an den Karren, der Senat bestellte ihn schon ein zum Rapport, und jedenfalls hat er viele Gründe dafür, dieses Haus, das aus 158 Fenstern auf die Berliner Turmstraße blickt, immer nur mit »einer Mischung aus Ekel und Furcht« zu betrachten.

Saal 817, es wird verhandelt gegen einen jungen Arbeiter, der Kinder in seine Wohnung lockte, sich

Das Gebäude des Kriminalgerichtes in Moabit an der Turmstraße.

Sehr beliebt ist Karge nicht, der Befehlshaber der größten Anklägerarmee Europas, immer fängt er sich schlechte Presse ein, als »Hardliner«, als Verfechter von »Law and Order«, der aus ideologischen Gründen kleine Sachen zu großen aufblase, wenn es etwa um Drogen geht oder Kriegsdienstverweigerung; schlechte Presse, wenn er sagt, was er ständig sagt, dass sein Laden kein Mädchenpensionat sei und dass Staatsanwälte, die nicht an Strafe glaubten, besser Pfarrer geworden wären. Dann fallen alle über ihn her, die Rechtsanwälte zuerst, »die hassen mich«, sagt Karge, aber auch Kollegen

an ihnen verging und mit zwei Mark für ein Eis wieder auf die Straße schickte. Wenn die als Zeugen geladenen Polizistinnen von den Aussagen der Opfer erzählen, kriecht der Ekel in Richtern und Schöffen hoch, es ist still, sehr still im Saal, und alle wären gern woanders, wenn geschildert wird, wie siebenjährige Mädchen, sechsjährige Jungen an langnasigen Puppen und phallischen Luftballons zeigen, was ihnen widerfuhr, wenn ihre Aussagen über »weißen Schleim« rapportiert werden und Berichte über eingerissene Vaginas verlesen. In solchen Momenten steht mehr als die Frage nach

Auch prominente Fälle werden in Moabit verhandelt: 1998 stellte das Landgericht alle anhängigen Verfahren gegen Erich Mielke (1907–2000), bis November 1989 Minister für Staatssicherheit der DDR, aus gesundheitlichen Gründen ein.

individueller Schuld zur Klärung an, in solchen Momenten möchten alle am Menschen und dem ganzen Verhängnis des Lebens verzweifeln. Auch deshalb, auch wegen der Weite des Abgrunds, der sich wie nirgends sonst so gähnend groß und tief in Moabit dauernd auftut, wegen der zermürbenden Masse der Fälle, des Dauerkontakts mit dem Bösen und Falschen schlingert das Haus, der Justizpalast wankt, weil Richter, Staatsanwälte, Verteidiger alle Illusionen preisgeben und beim Wort Gerechtigkeit nur noch höhnisch die Augenbrauen hochziehen. Recht herzustellen, das allein ist schwer genug im Moabiter Fabrikbetrieb.

»Wenn Sie hier etwas ändern wollen, müssen Sie sprengen.«

Recht herstellen, irgendwie, das ist inmitten der Misere oberstes Gebot und verändert die Rollen der Beteiligten. Mehr und mehr verstehen sich die Staatsanwälte als Verwalter des Notstandes, sie rechnen sich aus, nach Kosten und Nutzen, ob

es sich lohnt, einem Täter noch ein paar Wochen nachzurennen, fünf, sechs Ermittler dafür einzusetzen, wenn am Ende doch nur mit ein paar tausend Mark Geldstrafe zu rechnen ist. Die großen Sachen, na sicher, die müssen, aber die kleinen, müssen die wirklich? Staatsanwälte werden Richter, stellen Verfahren ein, je überlasteter, desto mehr, fragen sich, was Not tut im Rechtsstaat, und immer häufiger sehen sie ab von Verfolgung und Anklage, was eigentlich heißt: Sie lassen Straftäter laufen nach dem Prinzip des »kann wegfallen«, weil bei 60 Sachen parallel die 61. schon zum Kolbenfresser führen kann. Meist steht »mangelnder Tatverdacht« in den Akten der eingestellten Verfahren, das kann wahr sein, oft aber kann es auch nur heißen: mangelnde Ressourcen, mangelnde Kraft.

Obendrein hat sich der »Deal« ausgebreitet in Moabit, der Handel, wie man ihn aus amerikanischen Fernsehserien, aber eigentlich nicht aus der deutschen Rechtsordnung kennt. Moabit mutiert zunehmend zum Ort der Hinterzimmerabsprachen und prekären Vergleiche. Viele Hauptverhandlungen werden gleich mit der Urteilsverkündung eröffnet, weil Richter, Staatsanwälte und Verteidiger sich ein langes öffentliches Verfahren mit Zeugenanhörung und Beweisaufnahme ersparen wollen und deshalb immer öfter schon vorher alles klarmachen. Ein »weites, graues Feld« sei das, sagt Wolfgang Wieland, Anwalt und Fraktionschef der Grünen in Berlin, der in Moabit einst Fritz Teufel verteidigte und Horst Mahler, und der ganze Rechtsbetrieb sei in Moabit zu einer Frage »heikler Abwägungen« geworden. Justiz unter den Bedingungen eines hypertrophen Systems – mit Kungeleien auf hohem Niveau, Verfahrensführung am Rande der Strafprozessordnung, manchmal fast frei Schnauze und Hauptsache, schnell. Recht auf ein Urteil haben Angeklagte und Opfer, so ihre Fälle denn zur Anklage kommen; Recht auf ein geordnetes Verfahren haben sie nicht mehr in jedem Fall.

In Zimmer 368 sitzt Peter Faust, Mitglied des Richterpräsidiums am Landgericht, ein gebürtiger Hesse, Vizechef des Berliner Richterbunds, »Mister Moabit 1999« und seit 15 Jahren ein Moabiter Gewächs. Der Computer im Büro ist sein eigener, »selbstverständlich nicht vernetzt«, die »erbärmliche materielle Ausstattung« des Hauses geht ihm auf die Nerven, »beleidigt ihn ästhetisch«, und was Moabit als Ganzes angeht, sagt er nur: »Wenn Sie hier was ändern wollen, müssen Sie sprengen.« Seine Laune ist dennoch so schlecht nicht, weil er seinen Beruf mag wie viele Richter der zweiten Instanz, was damit zu tun haben könnte, dass sie in Moabit selbst kaum mehr arbeiten, sondern, sooft es geht, nur noch zu Hause.

Flucht aus Moabit, Flucht aus dem Landgericht, das allein mit seinen 41 großen, 16 kleinen und 5 Vollstreckungskammern, mit seinen gut 200 Richtern ein »unbegehbarer Apparat« ist wie das Amtsgericht, wie die Staatsanwaltschaft, ein »Monsterbetrieb«. »Das lockere öffentliche Dienstleben ist das hier nicht«, sagt Faust, wo dem Staat, Abteilung Berlin, bald das Geld dafür fehlt, seinen Richtern die neuesten Auflagen des Strafgesetzbuchs zu kaufen.

Vielleicht helfen die angepeilten Justizreformen des Bundes, die Misere zu beheben, üppige Gutachten, Expertisen, internationale Vergleiche liegen vor, auf deren Grundlage im Berliner Bundesministerium derzeit nachgedacht wird über den Entwurf einer neuen Strafprozessordnung, aber sie

sind skeptisch hier, im größten Kriminalgericht der Republik, ob der Wurf gelingen kann. Skeptisch, weil eine Novelle mit großer Wahrscheinlichkeit ebenso viele Fehler bringen werde, wie sie beseitige, skeptisch, ob die Bundesländer bei dem Vorhaben überhaupt mitziehen wollen, und skeptisch vor allem, ob der Bundestag, mit Anwälten reich bestückt, gegen die eigene Lobby den Rechtsweg und damit die Verdienstmöglichkeiten von Strafverteidigern wirklich kürzen werde. Es geht nicht nur um Recht bei dieser Reform, es geht ebenso ums Geld.

Teuer ist die Justiz, auch in Berlin, sie kostet den Stadtstaat mit allem, mit Sozial- und Zivilgerichten, mit Justizvollzug und Strafabteilungen, weit über 600 Millionen Mark jährlich, das meiste Geld wird überwiesen nach Moabit. Ausgegeben wird es allerdings weniger für eine gedeihliche Fortentwicklung der dritten Gewalt im Staate, sondern dafür, dass sie nicht vollends zusammenbricht, was wider die Verfassung wäre. Noch spricht niemand in Moabit allzu laut davon, dass der Zustand des Verfassungsbruchs erreicht sei. Aber seit ein Teil der Moabiter Staatsanwälte zwei Straßen weiter in »temporäre Erweiterungsbauten«, vulgo: Baracken inklusive Rattenplage, ausgelagert werden musste, wird das Murren laut und lauter. Mit Moabit, sagt Richter Faust, ist es wie mit dem Kölner Dom: »Alle zehn Jahre wird mal gestrichen, das war's.« Nun, nicht ganz: Gerade werden in einem Nebenzimmer der Pressestelle Wände aufgestemmt, um ein paar Kabel zu verlegen, Kabel für ein Computernetz in einem von glatt 500 Zimmern im Altbau, ein verzweifelt kleiner digitaler Bypass im sklerotisch analogen Steinkoloss von Moabit.

Es war einmal, da war das Gerichtsgebäude modern und ein Geniestreich in jeder Beziehung. Der erste Stahlbetonbau auf dem europäischen Festland, das erste Gebäude Berlins mit elektrischem Licht aus 5000 Glühlampen, errichtet auf sumpfigem Boden, abgesichert durch breite Fundamente aus Naturasphalt, ein Gänge- und Lüftungssystem darin, das bis heute als einmalig gilt und allein wegen der Baukosten niemals wieder herzustellen wäre. Es gibt kaum Fernsehbilder aus Moabit, die Angeklagte bei ihrer öffentlichen Ankunft vor dem Gerichtssaal zeigen. Nichtöffentlich werden die Delinquenten vorgeführt, das war eine vorbildlich gute Idee anno 1906, sauber abgeschirmt von der Welt, durch Geheimgänge, die wie Innereien dem Gebäude eingemauert sind.

Urteile wie Zufälle im Namen des Volkes

Saal 606, die Anklagebank, alles Holz, eine niedrige Schranke, in der Wand eine Tür in den Bauch

An der Wand Hieroglyphen des Wartens, Sprüche und Grüße auf Türkisch, Russisch, Deutsch, einer hat sich, kaum leserlich, mit einem Spruch über die Bescheidenheit verewigt und darunter geschrieben: »Thomas Mann«.

Bestimmt 400 Wachtmeister, so genau weiß das niemand, arbeiten im Haus, schließen die Gefangenen durch, am unruhigsten ist es zwischen acht und

In der Registratur des erweiterten Schöffengerichts in Berlin-Moabit stapeln sich die Akten.

des Hauses, dort enden die »Zuführgänge« zwischen Zelle und Saal, in den Fluren draußen nur zu erahnen an elliptischen Fenstern in Jugendstil, hinter denen kein Tageslicht scheint. Eine steile Treppe hinab, scharf rechts dann zur »Vorschlusszelle« 272, wo die Angeklagten kurz vor Prozessbeginn und in den Pausen warten, ein schmaler Raum hinter grün lackierter Holztür mit Schloss und Riegel, und alles sieht aus, als könnte noch immer der Hauptmann von Köpenick um die Ecke marschieren oder Carl von Ossietzky oder der S-Bahn-Mörder Böttcher, der im Jahr 1931 wegen Mordes an acht Frauen hier einsaß.

neun Uhr morgens, wenn »Knackis« und »Meister« zu Paaren auftreten und an weiß getünchten Steinwänden entlang ihre Gerichtssäle suchen. Den Wachtmeistern schmeckt die entfremdete Arbeit nicht, das Gefangene Abholen und im Gerichtssaal Herumsitzen, vor allem nicht die Akten- und Postschlepperei, die ihnen an manchen Tagen zwei Tonnen Papier auf die rumpelnden Wagen lädt. Ihnen schmeckt die Arbeit nicht, wenn wieder, vier-, fünfmal jeden Monat, »Alarm« gedrückt werden muss, weil einer ausrastet im Saal, weil einer der Knackis auf einen Zeugen losgeht oder sich bei laufender Verhandlung die Pulsadern öffnet. Dann hilft ihnen die ganze Judoausbildung nichts, dann bräuchten sie eher Supervision.

Die Abteilung der Wachtmeister trumpft jedenfalls auf mit einem Krankenstand von gut 18 Prozent. Fast ein Fünftel der Abteilung also. Moabit macht krank, scheint es, wenn man nicht in der Robe arbeitet, sondern im Grau-Blau, im Beige-Braun der Schließeruniform, wenn man tagein, tagaus durch lindgrüne, blassrosa, tintenblaue Flure streift, in denen ewige Dämmerung herrscht.

18 Prozent Krankenstand bei den Wachtmeistern, 16 Prozent bei den Kanzleidiensten, über 12 Prozent im mittleren Dienst. Ist der Palast am Ende? Meutert die Belegschaft? Droht nicht Revolte, sondern schon Revolution? Das nun nicht, sagt Volker Kähne, Chef der Berliner Senatskanzlei, selbst einst Moabiter Staatsanwalt und viele Jahre Pressesprecher dort. Aber sicher, es gebe schon Bereiche, die Staatsanwaltschaft nicht zuletzt, »die laufen langsam aus dem Ruder«. Zu groß, zu unübersichtlich, zu unbeweglich, sagt der Chef der Berliner Senatskanzlei, der Vertreter der Exekutive, zu zermürbend: Moabit, sagt Kähne, bekommt man nicht mehr aus den Kleidern nach ein paar Jahren, weil dort »düster und unbehaglich Gebäude und Materie korrelieren«. Also raus aus Moabit? Auflösen? Neu bauen? Das sei teuer, sagt Kähne. Zu teuer. »Sie kennen selbst die Haushaltslage.«

Pleite ist der Staat, Abteilung Berlin, seit Jahren schon, ein ziemlich großer Fall offener Konkursverschleppung vielleicht, das Funktionieren der dritten Gewalt jedenfalls nur noch eine Frage des Etats, Wohl und Wehe von Menschen eine Frage des Geldes, das für dieses gerade noch reicht, für jenes nicht mehr. Urteile wie Zufälle im Namen des Volkes.

Oben, ganz oben lagern die Akten und drücken schwer auf den alten Palast, sehr schwer; 400 Kilogramm pro Quadratmeter Fußboden wären erlaubt, baupolizeilich, aber wer weiß das schon genau zu sagen. Dicht an dicht die Reihen der erledigten Sachen. Wie feiner roséfarbener Nebel färben die Kladden die Luft, aus den Regalen ragen ihre drei Millionen lachsroten Laufzettel, Reihe um Reihe auf 27 Dachböden verteilt, jeder Einzelne so groß wie ein Bowling-Center, 240 Tonnen Papier, das ganze kriminologische Gedächtnis Berlins, dazu große Kapitel der deutschen und der deutschdeutschen Geschichte. Wenn die zwei Altvorderen der fünf Archivare der Schlag träfe, Gott bewahre, niemand wüsste mehr, was wo zu finden ist.

Jedes Heft eine spröde Erzählung über die Bruchstellen und Nachtseiten des Lebens, Tischvorlagen des Schicksals in bürokratischem Deutsch, Ungeheuerlichkeiten wie das Ding mit dem Wahnsinnigen, der reihenweise Prostituierte entführte, die er dann abkochte in seiner Badewanne, oder die Sache mit dem Gerichtsreporter, der fast täglich nach Moabit kam, bis er selbst seine Freundin mit einer Schere erstach.

Dauernd kommen solche Sachen hier rein, hier oben rein, unters Dach, wo manchmal Tauben nisten und manchmal Mauersegler fliegen, hier oben rein, wo doch eigentlich nichts mehr reingeht nach menschlichem Ermessen, das Töten nicht, das Stehlen nicht, das Betrügen nicht und nicht das Lügen, die ganzen Verhängnisse: Vielleicht ist das Leben so, aber es ist zu viel für diesen alten Palast, der mit seinen Flügeln im Berliner Stadtplan liegt wie ein auf dem Kopf stehender Revolver. Wagner kann man hier spielen? Besser ein Requiem. Oder eine Moritat auf Moabit.

Wie hier in Manila werden in den Megastädten der Welt die Gegensätze zwischen Arm und Reich immer größer. Viele Wohlhabende ziehen sich in bewachte Wohnanlagen zurück.

Paranoia im Paradies

In den Megastädten der Südhalbkugel flüchten sich die Reichen in luxuriöse Wohnburgen. Die Zitadellen verheißen Sicherheit, reine Luft und viel Grün für die Kinder. Aber sie stiften keinen Seelenfrieden. Mit den Mauern wächst die Angst

Von **BARTHOLOMÄUS GRILL**, erschienen in der ZEIT am 18. Mai 2000

Willkommen! Treten Sie ein! »Werden Sie Teil einer Gemeinschaft von Menschen, die wie Sie das Landleben in einer sicheren, natürlichen Umwelt vorziehen, die mit dem Ruf des Kiebitzes einschlummern und mit dem leisen Gemurmel des Jukskei-Flusses aufwachen wollen.«

Dieses Paradies, angepriesen auf Hochglanzbroschüren, heißt Dainfern. Es liegt im Nordosten Johannesburgs, 25 Kilometer entfernt vom grauen, unwirtlichen Zentrum der Metropole Südafrikas: 300 Hektar groß, von 60 Wächtern und 56 Kameras rund um die Uhr observiert, umfriedet von einem 7,5 Kilometer langen Ring aus Stahlpalisaden und Mauern, auf deren Kronen acht Stromleitungen knistern.

Der Schutzwall trennt Afrika und Europa. Diesseits der Mauer dürrer Busch, grasende Höckerrinder. Jenseits eine sanfte Talmulde, Silberweiden, Eichen, Blumenrabatten. Sardische Villen, Landhäuser im Tudorstil, Fachwerk, Pastelltöne. Sherwood, Hampstead, Highgate, die Viertel haben englische Namen. Die Straßen und Trottoirs picobello. Ein Städtchen, so adrett, wohlgeordnet und keimfrei wie auf der Modelleisenbahn.

Ein Elektroauto surrt herbei. Zwei Wachleute in preußischblauen Uniformen. Wen suchen Sie? Mister Corrigan? Ihren Besucherpass, bitte!

»Sicherheit ist das allerwichtigste Kriterium für Käufer«, betont Alan Corrigan, der Generalmanager von Dainfern. »Danach kommt Bewegungsfreiheit, dann die gesunde Umwelt und die Ruhe.«

In Dainfern wohnen Stadtflüchtlinge. Sie wurden von der Angst vor Kriminalität an die Peripherie getrieben, vom Lärm und von den Abgasen, von den sinkenden Standards der öffentlichen Dienste und von der allgemeinen Verwahrlosung.

»Ich will nie wieder diese Todesangst haben«, sagt Wayne Bancroft. Nachdem seine Familie Opfer ei-

Zur Sache

Rund 30 bis 45 Staaten weltweit werden verschiedenen Indizes zufolge als Schwellenländer eingestuft. Typische Merkmale dieser Länder, zu denen auch Südafrika, die Philippinen, Brasilien und Nigeria gezählt werden, sind kräftige Zuwachsraten der Wirtschaft bei voranschreitender Industrialisierung und Entwicklung der Infrastruktur, aber auch wachsende soziale Gegensätze, da nicht alle Teile der Bevölkerung gleichermaßen von diesen Entwicklungen profitieren. So leben drei Viertel der weltweit 1,3 Milliarden Menschen, die mit weniger als 1,25 Dollar am Tag auskommen müssen, nicht in den ärmsten Staaten der Erde, sondern in Schwellenländern – Staaten wie China, Indonesien und Nigeria haben nämlich besonders viele Einwohner. Zugleich gab es im Jahr 2010 nach Angaben des Wirtschaftsmagazins »Forbes« 63 Milliardäre in China, 49 in Indien und 18 in Brasilien. In den USA waren es 402 Milliardäre.

Weltweit betrachtet ist der Wohlstand heute so ungleich verteilt wie noch nie. Nach Schätzungen der Weltbank ist die Zahl der Menschen, die in extremer Armut leben, zwischen 2007 und 2010 um 64 Millionen gestiegen.

nes bewaffneten Raubüberfalls geworden war, ist sie hierher gezogen. Der Unternehmer sitzt beim Fünf-Uhr-Tee im neokolonialen Country Club in der Mitte des Golfplatzes. Alte Ladys putten am Green neben der Terrasse, Spaziergänger schlendern hinunter in die Flussaue.

»Ist das nicht wie im Disneyland?«, schwärmt Bancroft. »Hier fühlen wir uns sicher. Stellen Sie sich vor, unsere Kinder können sogar im Dunkeln mit dem Fahrrad ihre Freunde besuchen. Nachts müssen wir nicht mal die Haustür zusperren.« Infrastruktur, soziales Klima, Lebensqualität – »alles erstklassig«. Und exklusiv: Die Aufnahmegebühr für das College beträgt 43 000 Rand, knapp 14 000 Mark.

»Es ist wie eine Therapie hier«, sagt der Familienvater. »Unsere Angst geht langsam weg.« Bancroft ist nicht sein richtiger Name. Den will er nicht in der Zeitung lesen. »Es wird genug Schlechtes über uns geredet. Ghetto der Millionäre und so.«

Johannesburg

Dainfern ist eine Zitadelle. Sie schützt ihre Bewohner vor den Zumutungen der Dritten Welt. »Zitadellen waren Festungen, von denen aus Städte, Zentren des Handels, der Kultur und der Macht, nach außen gegen die Angriffe von Feinden verteidigt und nach innen vor dem Aufstand ihrer eigenen Bewohner gesichert wurden«, schreibt Otto Karl Werckmeister. Der Kunsthistoriker prägte 1985 den Begriff Zitadellengesellschaft, in der »wachsende Minderheiten vom optimalen Lebensstandard ausgeschlossen, unterbezahlt, arbeitslos, verelendet, deklassiert, politisch fest- und abgeschrieben« bleiben. Werckmeister lehrte damals mittelalterliche Kunstgeschichte in Evanston, Illinois, und fand nebenan, in Chicago, reichlich Anschauungsmaterial für sein historisches Sinnbild.

Fünfzehn Jahre später warnt der Entwicklungsreport der Vereinten Nationen, die Welt werde ein »gefährlich ungleicher Ort«. Ein im Zuge der Globalisierung enthemmter Kapitalismus schließt immer mehr erwerbsfähige Menschen vom Wirtschaftsleben aus. Die Marginalisierten sind unterdessen zu einem Milliardenheer angewachsen, vor dem sich die Minderheit der wohlhabenden Bürger in hermetisch gesicherte Wohnfestungen zurückzieht. Allein in den USA leben bereits acht Millionen Menschen in solchen Enklaven. Vor allem aber in

den Megastädten der Südhalbkugel, wo der Graben zwischen Arm und Reich am tiefsten ist, entstehen immer mehr Zitadellen. Doch je höher die Privilegierten die Mauern bauen, desto größer werden ihre Ängste: vor den Massen der Arbeitslosen. Vor dem Neid der Habenichtse. Vor dem Verbrechen. Vor der Rache der Armut.

In Südafrika sind seit dem Ende der Rassentrennung 1994 zwar einige Schwarze in die Mittel- und Oberschicht aufgestiegen, doch das Gefälle zwischen Arm und Reich, zwischen Schwarz und Weiß ist noch größer geworden. Anstelle der politischen steht nun die ökonomische Apartheid, zu deren Folgen eine rasant wachsende Kriminalität zählt. Die höchste Mordrate, die meisten Vergewaltigungen, ein Spitzenplatz bei Raubüberfällen – Johannesburg gehört zu den kriminellsten Städten der Welt. Die meisten Opfer sind arm und schwarz und leben in den Townships. Doch das ändert nichts am überwältigenden Gefühl der Bedrohung der Wohlhabenden. Wer nicht in eine Zitadelle wie Dainfern ziehen kann, riegelt eben den eigenen Wohnblock ab. Allein im östlichen Verwaltungsbezirk von Johannesburg blockierten Bewohner in 200 Vierteln sämtliche Zufahrten durch Schranken und Stahlzäune – ein gesetzwidriger Akt, den die Stadt nachträglich legalisierte. Innerhalb der Sperrzonen gehen Bürgerpatrouillen auf Streife, um ihre Nachbarschaft vor dem zu schützen, was man am Kap »Afrikanisierung« nennt.

»Dainfern ist irgendwie unreal, künstlich«, sagt Wayne Bancroft. »Wir spüren das immer, wenn wir hinausfahren.« Hinaus in die Welt jenseits der Mauern, wo dicke schwarze Frauen Bündel auf dem Kopf balancieren und an den Straßenkreuzungen zwielichtige Gestalten herumlungern. Da muss man durch, um in die nächste Sicherheitszone zu gelangen, in die fünf Kilometer entfernte Shopping-Mall.

»Gleich hinter Dainfern liegt eine *location*, so eine Schwarzensiedlung, Sie wissen schon. Dort wachsen die Kriminellen nach. Die kreisen um unseren Honigtopf, wie meine Frau immer sagt.« Als vor gut zwei Jahren der erste Raubüberfall in Dainfern vermeldet wurde, war die Illusion von der sicheren Festung dahin. Durch die Zitadelle ging ein kollektiver Schock. »Eigentlich brauchen wir hier ein mobiles Einsatzkommando«, sagt Bancroft und fügt lachend hinzu: »Und vielleicht noch Selbstschussanlagen und Minengürtel.« Es ist ein gezwungenes, makabres Lachen. Denn er weiß natürlich, dass die beste Wehrtechnik nichts gegen den inneren Feind ausrichten kann, gegen die unzufriedene Maid oder den undankbaren Gärtner. »Die stecken oft mit den Gangstern unter einer Decke. Im Grunde ist jede schwarze Arbeitskraft ein Risikofaktor.«

Die totale Abschottung funktioniert nicht. Die Angst kehrt immer wieder. Von außen in einem anderen Gewand.

Manila

Anschrift? Telefonnummer? Autokennzeichen? Zu wem wollen Sie? Haben Sie einen Termin? Forbes Park ist eine Kopie von Dainfern: Kasernenzufahrt, Wachposten, brüsker Tonfall. Kein unangemelde-

die spanischen Kolonialherren auf der Festung im Stadtzentrum: *intramuros*. Innerhalb der Mauern.

Doch die schützen nicht vor internen Konflikten. In Forbes Park demonstrierten vor ein paar Wochen 400 Bewohner, um die Bäume an der Hauptstraße vor der Axt zu retten. Darunter so mancher Unternehmer, der durch den Kahlschlag der philippinischen Regenwälder reich geworden ist. Aber in Forbes Park kämpft man dagegen, dass die eigenen Straßen so aussehen wie die Betonschneisen in der 13-Millionen-Metropole Manila.

Man will überhaupt nicht erinnert werden an das urbane Monster. An den apokalyptischen Verkehr und die verseuchten Gewässer. An die tuberkulösen Säuglinge und ihre ausgezehrten Mütter. An die Gangster, die regelmäßig Schulkinder und Geschäftsleute entführen. An die Legionen von

Blick aus einem Township auf die abgeriegelte Johannesburger Wohngegend Dainfern. Die wohlhabenden Bewohner schaffen sich ihre eigene Welt, fernab von dem gefährlichen Alltag der Metropole.

ter Besuch! Hier residiert der Geldadel von Manila. Und ausländische Spitzenverdiener, die sich Monatsmieten von 200 000 Peso, rund 10 000 Mark, leisten können. Dafür leben sie so abgeriegelt wie weiland

Müllsammlern, die draußen in Payata auf kokelnden Abfallbergen dahinvegetieren. *Villages*, Dörfer, nennen die Reichen ihre Wohnburgen – als lebten sie in einer Antistadt, einer heilen Gegenwelt.

Die müssen sie verlassen, wenn sie jeden Morgen in ihre Büros fahren. Im Großraum Manila bewegt sich ein Auto so zügig wie ein Ochsenkarren – mit zwölf Stundenkilometern. Die Hauptarterie Epifanio de los Santos ist verstopft. Motorengedröhn, Geschrei, unzählige Baustellen, Arbeiter mit Atemschutzmasken. In den Fahrzeugen wird gegessen, telefoniert, gefaxt, an Laptops gearbeitet: das mobile Büro, festgefahren im Stau. »Viele nehmen auch Pisstüten mit«, erzählt der Fahrer.

Metro Manila: täglich vier Millionen Pendler – und kein Massentransportsystem, das den Namen verdiente. Ein abstoßender Moloch, zu schnell, zu unkontrolliert gewachsen, übervölkert. Aber ein unwiderstehlicher Magnet, der Jahr für Jahr 300 000 Landflüchtlinge anzieht. Sie landen in der Regel in *squatter areas*, den Slums in Payata oder Bagong Silang oder in irgendeiner anderen der wilden Siedlungen.

Wer viel Glück und beste Empfehlungen hat, schafft den Sprung in die Zitadellen von Dasmarinas, Corinthian oder Forbes Park – als Wächter, Putzfrau oder Kindermädchen. »Sie müssen sich vorkommen wie im Paradies«, glaubt Henk Stevens, ein Soziologe aus Holland. Auch er hat darum gebeten, seinen wahren Namen nicht zu nennen. »Sonst bekäme man von den linken Freunden in Europa nur zu hören, wir würden uns sozial absondern.«

Henk Stevens bewohnt mit seiner Frau und den beiden Kindern eines der kleineren Häuser in der Zitadelle von Ayala Alabang: knapp 300 Quadratmeter Wohnfläche, sieben Bäder, viel Licht und Luft. Ringsum alter Baumbestand, stille, breite Straßen, durch die man am Abend den passionierten Radfahrer Stevens sausen sieht. »Das Verkehrschaos, die Drecksluft, der Ellenbogen-Alltag – für uns als Europäer war von vornherein klar, dass wir in ein Village ziehen«, sagt er. Es gibt Momente, da fragt er sich, warum die Armen noch nicht zum Sturm auf die Wohlstandsfestung geblasen haben.

Die Stevens sind Mieter, nicht Eigentümer, was in der Zitadelle einen gewaltigen Unterschied ausmacht: Nur die Grundbesitzer dürfen in Ayala Alabang den Vorstand wählen, der alle öffentlichen Belange regelt – zum Beispiel die Sicherheitsvorkehrungen. Die Stevens dürfen nicht mitbestimmen, aber sie müssen zahlen: Jedes Jahr 16 000 Peso für das Wehrkonzept, das der Vorstand beschließt. Ayala Alabang ist eine vordemokratische Mikrogesell-

schaft – und Stevens weiß das. Eine Alternative sieht er nicht. »Man hat Kinder und will halbwegs sicher und stressfrei leben. Wir fühlen uns hier wohl.«

São Paulo

Vielleicht beruhigt das Gefühl, dass es in anderen Städten scheinbar immer chaotischer und schmutziger zugeht als in der eigenen. »Ja, ja, Manila ... das ist schlimmer als unser São Paulo. Viel schlimmer.« Martha Suplicy ist gerade von einer Konferenz auf den Philippinen heimgekommen und stürzt sich sofort in die Arbeit. In São Paulo herrscht Wahlkampf, und die Sozialdemokratin möchte Bürgermeisterin werden. Zehn Stunden später, nach einer hektischen Serie von Ansprachen und Empfängen, räumt sie ein, dass ihr São Paulo dem Kollaps nahe ist. Zwanzig Millionen Einwohner, Verkehrsinfarkt, Umweltzerstörung, Kriminalität, wachsende Armut.

Durch 140 000 Straßen winden sich endlose Blechlawinen, bis zu fünf Millionen Autos täglich. »Die Stadt entwickelt sich mit solcher Geschwindigkeit, dass es unmöglich ist, sich einen Stadtplan zu besorgen: Jede Woche müsste eine neue Ausgabe erscheinen.« Diese Worte notierte der Ethnologe Claude Levi-Strauss anno 1935. Der Stadtplan von São Paulo im Jahr 2000 umfasst 1216 Seiten.

Man muss sich die Stadt wie ein Betonmeer mit Inseln vorstellen. »Die Reichen springen von ihrer Wohninsel zum Golfspielen auf die Sportinsel. Ihre Kinder werden auf Schulinseln chauffiert«, erklärt Michael Bamberg. »Nach Dienstschluss geht man von der Arbeitsinsel auf die Einkaufsinsel.« Bamberg, einer der erfolgreichsten Immobilienmakler Brasiliens, handelt mit Büroinseln.

Wer es sich leisten kann, bewegt sich in gepanzerten Fahrzeugen durch diese Inselwelt. »Mit 32-Millimeter-Glas, Kalaschnikow-fest«, betont der Verkäufer der Firma GS-Security, die pro Monat 14 bis 18 Autos aufrüstet, für 30 000 Dollar das Stück. Die Superreichen fliegen nur noch über das urbane Archipel. Sampa, wie die Paulistas ihre Stadt nennen, hat die höchste Hubschrauberdichte auf der Südhalbkugel. In den Stoßzeiten, wenn Schwärme von Helikoptern durch die Betonschluchten knattern, denkt man an den futuristischen Film *Blade Runner*.

»Die Stadt ist einfach explodiert«, sagt Bamberg. »Entscheidend für ihre Zukunft ist, ob die Zuwanderung gedrosselt werden kann.« Alle drei Jahre werden es nahezu eine Million Einwohner mehr, überwiegend *nordestinos* aus dem kargen, rückständigen Nordosten des Landes. »Die Wirtschaftsliberalen von Argentinien bis Mexiko haben behauptet, ihre Programme würden die Armut vermindern und Jobs schaffen. Die vergangenen zehn Jahre bewiesen das Gegenteil. Die Kluft zwischen den Besitzenden und den Besitzlosen wächst schneller denn je.«

Das steht nicht etwa in einer linken Gewerkschaftsbroschüre, sondern im *Latin Trade*, dem Fachblatt für Immobilienmakler. Es liegt in Bambergs Vorzimmer.

auf Blechverschläge, Holzhütten, Wohnwaben aus Pappe, auf verschlammte Wege und vermüllte Rinnsale. Manchmal trägt der Wind den Gestank von Fäkalien und Fäulnis herauf, und nachts hören sie gelegentlich Schüsse bellen.

Einen Steinwurf von Nr. 3975 entfernt stürzt die Rua Alonso de Oliviera Santos, ein zerklüfteter, ungeteerter Pfad, hinab in die Favela. Von hier unten gleicht der Wohnturm einem Bergfried, wuchtig und uneinnehmbar.

Rio Verde, grüner Fluss, heißt eine Straßenschänke in diesem Armenviertel. Das Rinnsal neben der Bar ist tatsächlich grün – algengrün, gallengrün.

Wer es sich leisten kann, bewegt sich mit einem Helikopter über São Paulo, um dem Stau und der Kriminalität auf den Straßen zu entgehen.

In São Paulo grenzen viele Zitadellen direkt an die Slums. Wann immer die Mieter im Edificio Roof Nr. 3975, einem Wohnkomplex im Viertel Morumbi, auf ihre begrünten Balkone treten, schauen sie

Zwischen den windschiefen Stelzenhütten auf den Uferkanten blitzen gläserne Fassaden: der Büroturm der BNC-Bank, daneben das protzige World Trade Center.

»Eine Schweiz, von drei Biafras umgeben«, so hat der Erzbischof von São Paulo seine Stadt beschrieben. Die Männer, die im Rio Verde Cachaca trinken, den Schnaps aus Zuckerrohr, nehmen die scharfen Kontraste nicht mehr wahr. Es ist, als würden sich die topografischen Extreme der Stadt im Bewusstsein ihrer Bewohner als soziale Hierarchie abbilden, als unabänderliches Herr-Knecht-Verhältnis.

Ein junger Mann arbeitet sich im Rollstuhl durch die lehmige Gasse. »Der wurde von der Polizei zum Krüppel geschossen«, meint Marcos Aurelio, der in der Favela wohnt und als Hauswart in einer Schönheitsklinik arbeitet. »Es hätte aber ebenso eine Gang sein können. Nachts ist man hier immer in Gefahr, in eine Kugel zu laufen.«

In São Paulo wurden allein im vergangenen Jahr 5900 Menschen umgebracht. Die meisten Mordopfer lassen in den Favelas ihr Leben, in den exakt abgesteckten Revieren der Banden.

Crime não tem idade. »Das Verbrechen hat kein Alter – senkt die volle Strafmündigkeit auf 14 Jahre.« Die Unterschriftenliste, die an der Sicherheitsschleuse ausliegt, wird vermutlich bald voll sein.

»Wir hatten in 25 Jahren nur einen einzigen Mord«, sagt Protógenes Guimaraes, Präsident der Sektion Alphaville 2. 38 000 Einwohner, verteilt auf 19 Sektionen, Universität, zwei Dutzend Banken, Privatklinik, eine Hundertschaft Zahnärzte, 470 Sicherheitsleute, 74 Streifenwagen, 12 Motorräder. Dies ist Alphaville, die Zitadelle jener Kaste der Reichen und Superreichen, zu der sich rund 1,5 Prozent der Brasilianer rechnen dürfen.

Hier draußen, 25 Kilometer vom Zentrum São Paulos entfernt, sind sie sicher vor den Massen, dem Gestank, den Schüssen. Guimaraes zeigt stolz die Videoanlage, die die Bilder jedes Besuchers, Handwerkers oder Dienstboten automatisch speichert. »Aber 100-prozentige Sicherheit gibt es auch in Fort Knox nicht.«

Dieses Restrisiko ist das Spezialgebiet der Psychotherapeutin Araceli Martins. Der Fachausdruck heißt *pânico virtual*, virtuelle Panik. Wer darunter leidet, sagt Martins, »fürchtet sich vor allem und jedem. Vor den bettelnden Kindern an der Ampel, dem unbekannten Spaziergänger, der eigenen Zugehfrau. Sie werden von der akuten Angst befallen, getötet, bedroht – oder verrückt zu werden.«

Häufig kommen Männer aus der Mittelschicht in ihre Praxis, die Angst haben, krank oder arbeitslos zu werden und sozial abzustürzen. »In den *condominiums* wird die Furcht noch größer, weil sich die Menschen immer weiter von der Realität entfernen.« Albträume von einstürzenden Mauern und großen dunklen Männern, die über den Zaun springen, gehören zum Krankheitsbild.

Reale Bedrohungen und Paranoia vermischen sich in den Zitadellen zur allgegenwärtigen Angst vor dem anonymen Eindringling. Er ist eine psychologische Grundfigur der Zitadellengesellschaft. Die Künstlerin Lisa Brice hat sie visualisiert: die bügelnde Hausfrau, dahinter, mit gezücktem Messer, der vermummte Angreifer. Die Arbeiten von Lisa Brice sind in São Paulo oder Manila bislang nicht zu sehen. Ihre Ausstellung läuft derzeit in der Johannesburg Arts Gallery, aber niemand schaut sie an. Der Besuch des Museums ist zu gefährlich geworden. Es liegt wie ein verwaistes Eiland im verwahrlosten Joubert Park. Die Wahrscheinlichkeit, hier überfallen zu werden, ist so hoch wie nirgendwo sonst in der Stadt.

Lagos

»Achtung, Sir!«, schreit der Fahrer und reißt das Steuer herum. Das Taxi saust zentimeterscharf an einem liegen gebliebenen Fahrzeug vorbei, das im Abgasnebel kaum zu erkennen war. »Ich will, dass Sie Lagos überleben.« Im nächsten Moment ein dumpfes Krachen. Ein nachfolgender Wagen ist in das Pannenauto gerast. Kurz darauf herrscht Stillstand auf der Third Mainland Bridge. Stau auf acht Autobahnspuren, brüllende Hitze, 15 Meter darunter eine stinkende Lagune, acht Kilometer vor uns die Hochhaus-Silhouette von Lagos, der Wirtschaftsmetropole Nigerias.

Die Gegenwelt heißt Victoria Island. Hier surren Klimaanlagen, hier wird der Müll entfernt und das Verbrechen bekämpft. Es gibt richtige Hospitäler, Delikatessenläden, Fitness-Studios und Galerien, Boutiquen und Restaurants. Hier kann man sich den Moloch Lagos vom Leibe halten, die größte, schmutzigste, gefährlichste Großstadt Afrikas.

Die »Victorianer« schicken nur ihre Boten, Diener und Chauffeure hinaus ins Chaos, denn sie selbst würden in diesem Labyrinth von Hausruinen und Hütten die Orientierung verlieren. Der Stadtplan ist unbrauchbar, die Straßenschilder wurden irgendwann in nützlichere Gerätschaften verwandelt, in Kehrschaufeln oder Dachplatten.

Das Leben in solchen Städten sei »arm, ekelhaft, pervertiert und kurz«, schreibt Robert Kaplan. Den europäischen Geschäftsleuten und Diplomaten – Touristen trifft man so gut wie nie – muss Lagos erscheinen wie dem amerikanischen Autor, der in den Metropolen Westafrikas den Untergang der Menschheit heraufdämmern sieht. Man fürchtet dieses wilde, lärmende Gewese, die »ameisenhaften« Massen, die lungernde, arbeitslose, kraftstrotzende Jugend, die verrotzten Straßenkinder, die räudigen Hunde, die Myriaden von Bakterien und Viren, die fauligen Tümpel, in denen sich die Larven der Malariamücken mästen. Nicht zu reden von der Kriminalität und den Gewaltexzessen. Vorigen November, nach ethnischen Zusammenstößen zwischen Yoruba und Haussa in Lagos, lagen 50 verstümmelte, verkohlte Leichen in den Straßen des Viertels Ketu.

Diese Unbilden versuchen jeden Tag in die heile Welt auf Victoria Island einzudringen. Vor den Malls lagern Bettler und Krüppel. In den Bars verkaufen HIV-positive Mädchen ihre Körper. An verstopften Straßenkreuzungen werden die Autofahrer von fliegenden Händlern und Taschendieben umschwirrt. Und jeden Tag ziehen Hunderte von Bittstellern an den Eleke Crescent, der an die Pforten des Wohlstandsparadieses führt, zu den Botschaften der gelobten Länder Amerika, England, Italien, Dänemark, Deutschland.

In der sichelförmigen Einbahnstraße herrscht striktes Halteverbot; Zuwiderhandelnde werden sofort von Militärpatrouillen verscheucht. Hohe Mauern, Natodraht, silbernes Stahltor, Kameraaugen, vor der ersten Schleuse eine Warteschlange, die sich durch eine Art Viehgatter windet: die deutsche Mission, wie ein Raumschiff in Lagos gelandet, bewacht von sechs BGS-Männern.

Stahldrehtür, elektronischer Taststab. Ein Diplomat zeigt auf die Decke des Konferenzraums. »Hier, sehen Sie, Einschüsse. Eine wilde Ballerei, neulich auf dem Ahmadu Bello Way, der hinten vorbeiführt.«

Wie die Menschen in der Megastadt Lagos überleben, sprengt ohnehin die europäische Vorstellungskraft, und vor ihrer Zahl muss jede Statistik kapitulieren. Neun Millionen? Elf? Oder vielleicht schon dreizehn? Niemand weiß es.

»Das Individuum existiert nicht mehr«, erklärt ein Handelsattaché, der auf Ikoyi, der zweiten Wohlstandsinsel, lebt. In seinem Garten liegt eine lange Stange. Sie wird gebraucht, wenn es vor seiner Dependance direkt an der Lagune wieder einmal unerträglich stinkt. Der Hausdiener muss die Tierkadaver, die sich an der Uferkante verheddert haben, ins offene Wasser hinausschieben. Oder die Überreste von Menschen. »Acht Wasserleichen in dreieinhalb Jahren. Die erste habe ich noch gemeldet. Aber die Polizei interessiert das nicht.« Die Toten sind nirgendwo registriert. Keiner vermisst sie.

Johannesburg

Leichen sind auf dem Jukskei in Dainfern noch nicht vorbeigetrieben. Aber Möbel, Dachplatten, Töpfe. Sie stammen aus den Blechhütten von Alexandra, der Schwarzensiedlung zehn Kilometer stadteinwärts. Nach drei Wochen Dauerregen ist das Flüsschen zu einem reißenden Strom angeschwollen. Seine Fracht erinnert die Bewohner an das andere, das bitterarme Südafrika, das gerade von einer Flut heimgesucht wird.

Die Bürger von Sandton, der Schwestergemeinde von Alexandra, weigern sich beharrlich, höhere Steuern und Abgaben zu zahlen, mit denen die Townships saniert werden sollen. Denn dort fehlt es nach vierzig Jahren Apartheid an allem, was zu einer menschenwürdigen Infrastruktur gehört: Stromnetz, Wasseranschlüsse, Kanalisation, Ambulanzen. Die Begründung, warum die Mehrzahl der Privilegierten nicht teilen will, kann man im Anzeigenblatt *Sandton Chronicle* studieren: Korruption in der Stadtverwaltung. Gehälter der Ratsherren explodieren. Raffgierige Politiker, Bestechlichkeit, Schlamperei, verrottende Infrastruktur. Zwischen den Zeilen die Frage: Warum eigentlich noch Steuern zahlen?

In der Kap-Provinz wird bereits die nächste Stufe der Zitadellengesellschaft geplant: ein voll integriertes Stadtfort mit Malls, Kliniken, Krematorium, Polizeitruppe und Leichtindustrie. Niemand mehr soll die Wehrsiedlung – Heritage Park soll sie einmal heißen – verlassen müssen. Darin werde »eine Gemeinde ohne Sorgen leben«, verspricht der Manager des Projekts. »Verstehen Sie mich nicht falsch. Dies ist nicht Stalag 15.« Das Vorbild sei Mont-Saint-Michel – die mittelalterliche Klosterzitadelle in der Bretagne.

Valerie L. ließ ihren Mann umbringen. »Ich konnte nicht anders«, sagt sie 2001, sieben Jahre nach dem Mord.

Die Mörderin

Valerie L. ließ einen Mann umbringen, der sie demütigte, beschimpfte, schlug und missbrauchte – ihren eigenen Mann. Ein Lehrstück über Gewalt in der Familie

Von **SABINE RÜCKERT**, erschienen in der ZEIT am 26. Juli 2001

Für diese Reportage wurde Sabine Rückert mit dem Egon-Erwin-Kisch-Preis 2002 ausgezeichnet.

Eine Frau, die ihren Ehemann für immer loswerden will, sollte ihn nicht töten. Er wird sich in ihre Träume stehlen, er wird ihre Gedanken fesseln, er wird ihr Gewissen in Geiselhaft nehmen. Er wird ihr keine Ruhe gönnen, obwohl sie sich nach Ruhe so sehr gesehnt hat. Er wird bei ihr bleiben, bis der Tod seiner Mörderin beide endlich scheidet. Deshalb ist Valerie niemals so sehr verheiratet gewesen wie heute, da sie Witwe auf eigenen Wunsch ist.

Vor sieben Jahren hat sie ihren Mann, Volker L., von gedungenen Mördern umbringen lassen. Heute träumt sie ganz friedlich von ihm: Wie er im Haus umhergeht, den Hof überquert. In Gummistiefeln. Still. Ohne ein böses Wort.

Damals hat sie 50 000 Mark bezahlt, um der Ehe ein Ende mit Schrecken zu machen. Heute trägt sie das goldene Medaillon um den Hals, das ihm am Tag seines gewaltsamen Todes umhing. Auf der einen Seite ist das Gesicht des gemeinsamen Sohnes eingeprägt, auf der anderen Seite ihr eigenes. Man gehört zusammen. Auch seinen Familiennamen trägt sie in Treue fest: Frau Valerie L. Geborene Meyer, verurteilt zu lebenslanger Freiheitsstrafe, eingesperrt in der Justizvollzugsanstalt Lübeck. Jetzt, wo mit der Zeit auch die Angst vergangen ist, liebt sie Volker wieder.

Wie er dalag. Im Regen, hinter dem Hundezwinger. Nur seine Beine hat sie herausragen sehen, dann machte sie kehrt. Winselnd. »Papa, Papa, du schaffst es.« Die Herren von der Kriminalpolizei protokollierten später: »Frau L. weint. Frau L. wiederholt: Ich möchte das alles wieder rückgängig machen.«

Bis heute ersehnt sie ein kleines Zeitfenster, durch das sie ihrem Volker zurufen könnte, warum er sterben musste. Warum es keine andere Lösung gab. Im Augenblick seines Todes war er ahnungslos.

Zur Sache

Nach Angaben des Bundesministeriums für Familie, Jugend, Frauen und Senioren von 2010 ist oder war jede vierte Frau in Deutschland im Alter von 16 bis 85 Jahren Opfer körperlicher oder sexueller Gewalt durch einen Partner. In zwei Dritteln aller Fälle handelt es sich um schwere oder sehr schwere Gewalt: Schläge, Vergewaltigung, sexuelle Nötigung. Außerdem haben über 40 Prozent der Frauen in einer Beziehung psychische Gewalt erfahren. Auslöser sind häufig Trennungs- oder Scheidungssituationen, teilweise auch die Geburt eines Kindes. Studien belegen, dass solche Tatbestände in allen Bildungs- und Sozialschichten vorkommen. Die Kinder sind dabei stets mitbetroffen. 1976 wurden in Berlin und Köln die ersten Frauenhäuser eröffnet, heute gibt es in Deutschland rund 360 solcher Einrichtungen. 2007 suchten 40.000 Frauen und Kinder dort Schutz.

Die Bundesregierung verabschiedete 1999 einen ersten, 2007 einen zweiten Aktionsplan zum Schutz von Frauen gegen Gewalt. Die Schwerpunkte liegen bei Präventions- und Interventionsmaßnahmen, Angebotsvernetzungen und Änderungen der Rechtssetzung sowie der polizeilichen und gerichtlichen Praxis.

Das erste Projektil trat unterhalb der Nase ein und links vor dem Ohr wieder aus. Der zweite Schuss traf das linke Schlüsselbein, durchfuhr die

wimmelnde Amtspersonen, ein menschlicher Automat, Kanne um Kanne. Die Dinge liegen in dichtem Nebel.

Es hieß: »Du oder ich«, versucht sie, ihre Tat zu rechtfertigen.

Lunge und trat am Rücken aus. Die dritte Kugel endete als Steckschuss an der achten Rippe, nachdem sie Zwerchfell, Leber, Magen und die untere Hohlvene verletzt hatte. Das vierte Projektil durchschlug die Muskulatur des Mittelbauchs.

Volker L. starb 49-jährig, noch im Rettungswagen.

»Da liegt Papa, mit einem riesigen Loch in der Schulter«

Der Täter hatte im Gebüsch an der Einfahrt gewartet. Als L. ausstieg, um das Tor zu seinem Hof zu öffnen, tauchte er auf, schoss und verschwand.

Erinnerung der Tochter Susanne, damals 26: Hinausgerannt, da liegt Papa »mit einem riesigen Loch in der Schulter«. Papa, schreit sie, will hin und steht wie festbetoniert. Später kocht sie Kaffee für herum-

Sie sagt sich: Sei stark, deine Familie braucht dich! Anruf bei der Tante: Auf Papa ist geschossen worden.

Erinnerung von Elisabeth Korn, Schwester des Opfers: Der Hof mit den Ställen und Garagen ist taghell erleuchtet. Polizei und Krankenwagen. Valerie, die Witwe, steht im Hausflur und kreischt: Ich werde blind! Dann: Was ist mit Papa? Ihr Sohn Manfred brüllt zurück: Er ist tot. Ich hab's schon dreimal gesagt. Tot. Dann muss er sich erbrechen. – »Stellen Sie sich vor«, sagt Frau Korn, »so habe ich erfahren, dass mein Bruder nicht mehr lebt.«

Erinnerung des Sohnes Manfred, damals 31: In Strumpfsocken raus in den Regen.

Da ist nichts mehr zu machen, sagt der Notarzt. Der Vater liegt im Blut und röchelt und kämpft, die Augen nach oben verdreht, die Hand zur Faust geballt.

Manfred sagt: »Eine geballte Faust, noch im Sterben.«

Das Ehepaar L. – er Dachdecker, eigener Betrieb, gute Auftragslage, sie adrette Hausfrau – wohnte in K., einem kleinen Ort nahe Hamburg. Sie figurieren als Musterpaar, mit netter Familie. Er brachte einen Sohn mit in die Ehe, sie Sohn und Tochter, dazu kommt ein gemeinsames Kind: Volker junior. Ein Nachzügler – zehn Jahre alt, als der Vater getötet und die Mutter verhaftet wird. K. ist eine vorbildliche Ansiedlung in einem hoch zivilisierten Staat, der von mündigen Bürgern bevölkert ist, der für jedes soziale Problem zehn Lösungen bereithält und freundliche Beratungsbüros für jede Unbill des Lebens. Hier nimmt unbemerkt von sozialen Kontrollinstanzen oder gar staatlichen Ordnungskräften eine Steinzeitehe ihren Lauf, in der nicht die Rechte des Individuums, sondern die Gesetze des Stärkeren gelten, die Frau an den Haaren durchs Haus geschleppt wird und der letzte Ausweg Mord ist.

Es ist die Hoffnung, die den Menschen fertig macht, und je hoffnungsloser seine Lage, desto ekstatischer hofft er. Hofft, dass eines Tages Unglück nicht immer nur Unglück gebiert, dass nicht immer der Schwarze Peter kommt, wenn das Leben die Karten hinhält. Hofft, dass sich Glück herbeizwingen lässt, wenn man nur alles, alles dafür einsetzt, alles, alles dafür aushält.

Valerie lässt sich anbrüllen, weil sie die Eier von der linken, »der falschen Seite« in den Topf tat, weil ein Papierchen auf dem Hof liegt oder im Klo das Licht brennt. Sie lässt sich Schlampe, Arschloch, Pissnelke, Nutte, Sau, dumme Kuh titulieren und dabei anspucken. Vor den Kindern. Sie lässt sich ohrfeigen, das Essen vor die Füße kippen und mit Töpfen nach sich werfen. Sie lässt sich bedrohen, per Handy kontrollieren und hält sich daran, wenn ihr das Ausgehen verboten wird. Sie lässt sich an den Schamhaaren heranziehen, wenn Geschlechtsverkehr erwünscht ist. Sie bricht in Panik aus, wenn ein Aschenbecher zu Boden geht und eine Kachel zerschlägt. Sie ist machtlos, wenn der Mann den kleinen Volker zu den Demütigungen der Mutter herbeizitiert, damit der sieht, »wie man mit so ’ner Schweinemutter umgeht«. Sie lässt es zu, dass er sie auf die Küchenbank schleudert und ihr den Pullover am Hals so fest zusammendreht, dass ihr die Luft wegbleibt. Mehrere Pullover finden so ihr Ende.

Ein blaues Auge und eine angeschwollene Lippe, »hervorgerufen durch den Wurf mit einer Schirmmütze«, konstatiert das Gericht später. Jeden Tag ist »Theater«, wenn nicht morgens, dann mittags, wenn nicht mittags, dann abends. Niemand, niemand setzt dem Tyrannen Grenzen.

Manchmal gibt Valerie Widerworte – »ich konnte auch kiebig sein« –, aber nie gewinnt sie ein Duell, am Ende dreht sie sich jedes Mal um und flieht den Konflikt. Er zeternd hinterher. Greift sie zum Küchenmesser, um sich zu verteidigen, ruft Volker: »Bevor du zustichst, lang ich dir eine, und dann wird es dunkel«. – »Volker«, sagt Valerie, wenn einmal Ruhe ist, »wir führen doch eine Ehe, nicht Krieg.« Oder: »Es hat doch keinen Zweck mehr mit uns.«

Anfangs kommt er dann zur Besinnung, später heißt es: »Du kommst mir nicht vom Hof! Du kommst in den Teich mit einer Gehwegplatte am Fuß« oder: »Ich lass dich abknallen, das kostet mich 10 000 Mark – und ein Lächeln.« – »Pass auf, dass ich dir nicht zuvorkomme«, sagt sie. Eine läppische Drohung, ein schwindsüchtiger Scherz. Valerie, die alte Schlampe. Eine Maus ballt ihre Pranke.

Valerie flüchtet. Einmal, hundertmal. Versteckt sich bei Freundinnen, lässt sich finden, kehrt heim. Bei L.s setzt ein Refrain ein, den man in jedem Frauenhaus singen kann und auf jeder Polizeiwache und in jeder politischen Kommission, die Gewalt in der Familie zum Thema hat. Ein über die Ufer getretener Drang, zu beherrschen, zu terrorisieren, treibt die Frau hinaus, ein unstillbarer Hang, sich klein zu machen, zu unterwerfen, treibt sie nach Hause, kaum dass die Hämatome verblassen. Und natürlich die Hoffnung – verflucht soll sie sein! In den Beratungszimmern und Sozialstationen, die es für die Valeries dieses Landes gibt, hätte man ihr gesagt, dass sie, die ihr Schicksal für ein Unikum des Schreckens hielt, nur eine Figur ist im grauen Heer verachteter Frauen: dass das Bundesjustizministerium 45 000 Schwestern im Leid zählt, die jedes Jahr in Frauenhäuser flüchten, und schätzt, dass noch einmal die gleiche Zahl privates Obdach vor ihrem Verfolger findet (dass also umgerechnet fast die ganze Stadt Jena auf der Flucht ist), dass jede dritte Frau bereits von ihrem Mann körperlich oder seelisch misshandelt wurde, dass zehn Prozent der Jugendlichen von Gewalt zwischen den Eltern erzählen könnten. Wenn sie es täten. Denn zur Familiengewalt gehört auch, dass Leiden und Schweigen ein böses Bündnis eingehen. Nur fünf Prozent der Delikte werden angezeigt, 95 Prozent bleiben Privatsache. Türen zu, Brücken hoch. Ehen wie die von L.s sind Trutzburgen, aus denen kein Schrei hinausdringt. Nach einem Maßstab, dessen Norm sich Gesetz und Anstand entzieht, führte Valerie also eine ganz normale Ehe. Besonders an ihr ist nur, dass sie irgendwann den Mörder schickt. Täter und Opfer tauschen die Rolle.

»Eine gequälte Kreatur war sie! Ein Regenwurm, auf den immerzu getreten wird!« Urte König, graumähnige 1. Vorsitzende des Kinderschutzbundes von K., traf Valerie manchmal beim Einkaufen: nett und picobello, ein »mir geht's gut« auf den Lippen »und immer heile Welt nach draußen«. Natürlich wussten alle in K., was los war im Hause L., auch gingen Volkers exzessive Gaststättenbesuche nicht leise vonstatten. Welch prophetischer Nachmittag, jener des 20. September 1992. Da nämlich tat Frau König einen kurzen Blick hinter Valeries gute Miene. Noch als sie mit dem kleinen Volker an der Hand erschienen war, hatte sie gestrahlt: »Heute hab ich Ausgang, den ganzen Tag darf ich bleiben.« Später bei einer guten Tasse Kaffee: »Eines Tages schlag ich diesen Mann tot. Dann geh ich für den Rest meiner Tage in den Lauerhof, dort hab ich Ruhe.« Lauerhof? Frau König staunt:

»Na, der Lübecker Knast.«

»Verrückt, nicht? Volle zwei Jahre vor dem Mord.«

»Bei uns sah immer alles harmonisch aus«

Lebenslange Freiheitsstrafe statt Stubenarrest auf Lebenszeit.

Selbstbestimmte Tage im Vollzug statt Vormundschaft, Vorschriften, Vorwürfe.

Freundliche Gespräche mit dem Psychologen statt Tobsuchtsanfälle, weil jemand mit nassen Füßen über die Terrasse des Ferienhauses auf Gran Canaria lief.

Ein schlimmer Urlaub, jener letzte. Valerie holt das einzige Foto. Sommer 94.

Papa, Mama mit den Kindern. Valerie mit kurzen Hosen und braunen Beinen, Volker gutmütig im Kreise der Lieben. Das sieht doch ganz harmonisch aus.

»Bei uns sah immer alles harmonisch aus«, sagt Valerie. Keine Todesahnung liegt über der Szene, ob-

wohl der Killer die Anzahlung da schon kassiert hat und Schießübungen im Wald macht.

Valerie, die Anstifterin zum Gattenmord, heute eine blondierte Mittfünfzigerin, füllig, drollig, ein Schuss Arglosigkeit in Stimme und Blick. Durchaus auch ganz selbstbewusst, kein Hascherl, dem die Worte ausgegangen sind. Sie gehört zu jenen Menschen, die zwar keine Bildung haben, aber Humor und Verstand, und mit denen man sich gerne unterhält. Als sie 1978 auf Volker trifft, ist sie Prostituierte, und er hat einen so genannten Club. Sie hat sicher einige Erfolge gehabt bei den Männern, wobei man sich den Verkehr irgendwie zwangsläufig als netten Ausklang eines gemütlichen Abends vorstellt. Ein Freudenmädchen im brechtschen Sinne, mit weichem Herzen unter wogendem Busen. Sie arbeitet in Clubs, wo die Frauen im geschlitzten Abendkleid mit einem Glas Champagner am Kamin stehen und das Finanzielle schon erledigt ist, wenn die Herren eintreten, wo die Gefühlskälte der Geschlechterbegegnung verpackt wird mit der Illusion »wir feiern eine Party«.

Zu Hause sitzt unterdessen Uwe, Valeries arbeitsscheuer Ehemann Nummer 1, schüttet sich Schnaps in den Hals und versetzt die beiden Kinder in Angst.

Immer noch besser als die Minimumexistenz am unteren Rand der Gesellschaft, die Valerie zuvor lebte. Ihr Uwe sollte eigentlich Maurer sein, war aber Trinker. Und freitags freut sich Valerie schon, wenn sie ein paar Mark für ihr Rabattmarkenbuch bekommt. Und eines Tages hat Uwe den Einfall, Valerie solle in den Puff gehen.

Das tut sie – bis Volker L. auftaucht und mit dem Balztanz beginnt. Ein Kavalier in Spendierhosen. Der sie für sich alleine kauft, Geld dafür hinlegt, dass sie nicht mit anderen Männern geht und doch Uwes Schnaps bezahlen kann. Der sie schließlich rausholt. Für immer. Sie heiratet. Der nicht eine abgegriffene Prostituierte sieht, sondern ein »niedliches Persönchen«, eine liebenswerte Frau, eine patente Geschäftspartnerin. Und der sie später täglich daran erinnern wird, dass sie nichts anderes ist als »eine Nutte, zu dumm zum Bumsen«.

Valerie ist Volker nichts schuldig. Auch sie rettet ihn. Holt ihn zurück aus Suff und Rotlicht in die Beschaulichkeit eines Dachdeckerlebens. Fährt lastwagenweise das Material von Baustelle zu Baustelle. Hält den Haushalt zusammen, zieht die vier Kinder auf. Chauffiert ihn, weil ihm der Führerschein wegen Trunkenheit am Steuer entzogen ist. Erledigt den Bürokram.

Volker, der früher chronisch Pleite ging, kaum dass er etwas angefangen hatte, kommt plötzlich hoch, ist gefragt, wird reich, sehr reich, Millionär.

Er, der nichts gelernt, der sich das Handwerk des Dachdeckens ganz allein beigebracht hat, verdient nun mehr als ein Abiturient, mehr als ein Akade-

die Dächer nicht genug Arbeit abwerfen, dann wird am Hof gewerkelt, die Wiese gemäht oder der Fuhrpark gepflegt. Irgendwo findet sich immer Betätigung für einen Hyperaktiven. Angehörige, zum Thema Volker L. befragt, wählen ausnahmslos folgenden Auftakt: »Er war fleißig. Sonnabend, Sonntag kannte er nicht.« L.s Fleiß ist eine Sekundärtugend, die alles entschuldigt. Die kaschiert, dass einer womöglich auf dem Weg in eine psychische

Valerie L. erhielt eine lebenslange Freiheitsstrafe wegen Mordes.

miker, mehr als ein Professor. Wenn auch alles, was er erwirtschaftet, offiziell an Valerie geht, denn hinter L. sind die Gläubiger her. 1994 läuft die Firma auf Valeries Namen, für fünf Häuser steht sie im Grundbuch, vier teure Personenwagen und jede Menge Lkw sind auf sie zugelassen.

Zu der Zeit, als Volker L. unerträglich wird, ist er ein fanatisch arbeitender Mann. Er verausgabt sich an einer Großbaustelle bei Berlin. Und wenn

Krankheit ist. Im Koordinatensystem der Familie L. ist ein Mann dann gut, wenn er für seine Familie sorgt. Kann also jemand, der das mit solchem Eifer tut wie Volker L., ein schlechter Kerl sein? Obendrein ist er auch noch großzügig. Er beschenkt seine Frau: Kostüme, Cabrios, Colliers.

Er beschenkt die Kinder: ein Pony für Cornelia, Motorräder für die großen Jungs. Er gewährt Valeries Kindern Darlehen. Für den »Lütten« regnet es teures Spielzeug. Andererseits nimmt er die Gaben auch wieder zurück, wenn die Beschenkten nicht spuren. »Jeder war sein Leibeigener, er brauchte Abhängige«, so sagt es Manfred, der Stiefsohn. »Freunde – alle gekauft. Und wen er nicht kaufen konnte, war ein Idiot.« Materielle Dinge wurden zu L.s Gefühlstransmitter, damit liebte er, damit strafte er.

Autorität, den niemand für den Chef hielt, wenn er auf die Baustellen kam, der sich den Respekt erbrüllen musste. Eines Mannes, der in seltener werdenden Momenten durchblicken ließ, dass ihm die Kraft ausging, dass er es satt hatte, allen alles beweisen zu müssen. Eines Mannes, der seine Impulsivität nicht im Griff hatte und den Alkohol brauchte, um sich beruhigt, verträglich und geliebt zu fühlen. »Mensch-

Ihre Gefängnisstrafe hält Valerie L. für angemessen. »Strafe muss sein«, sagt sie, auch für einen Mord aus Not.

Die Geschichte L.s lässt sich auch andersherum lesen – als die Tragödie eines völlig erschöpften Mannes zum Beispiel, der Zweifel und Verzweifeltsein mit einem überblähten Selbstbild tarnte. Eines Mannes, bei dem Minderwertigkeitskomplex und Größenwahn wechselseitig die Eskalation vorantrieben, der »einen Volker L. verlässt man nicht« schrie, wenn Valerie von Scheidung anfing. Eines vierschrötigen Mannes von geringer Körpergröße, der aus der Armut kam und alles, was er war und geben konnte, erkämpft hatte – mit eigener Hände Arbeit, wie man so sagt. Die Geschichte eines Mannes ohne natürliche

lich war er ein Schwein«, sagt Valeries Sohn Manfred. »Er war mein allerliebster Papa«, sagt Valeries Tochter Susanne. Volker L., ein Monster und ein Schatz.

»Er wurde immer ruheloser.« Elisabeth Korn, Schwester des Ermordeten, nahm den Bruder häufig ins Gebet: Du kannst mit Valerie nicht so umspringen!

Merkst du nicht, dass alle froh sind, wenn du weg bist? Dass sie aufstöhnen, wenn du kommst? Doch die Ermahnungen halfen nichts. Frau Korn ist eine tadellose große Schwester, Bild der Rechtschaffenheit. In ihrem gelben Klinkerhaus ist Ordnung das vorherrschende Prinzip. Kaffee und Kekse haben ihren Platz auf weißen Deckchen, die Fotos der Enkel den ihren in der Schrankwand. So aufgeräumt muss es auch bei L.s ausgesehen haben, nur dass dort äußere Ordnung und inneres Chaos Hand in Hand daherkamen wie ungleiche Geschwister. Im weichgezeichneten Gedenken der Frau Korn ist Volker immer noch der hilflose kleine Knirps, der als Dreijähriger an einer Knochenmarksentzündung schwer darniederlag und zu dessen Schutz sie im Schulhof auf die großen Buben losging. Niemand soll von ihr erwarten, dass sie seiner Mörderin verzeiht. Vor Gericht hat sie Valerie schwer belastet.

Alle Fotos aus besseren Tagen, die sie nun auf den Kaffeetisch stapelt, sind verstümmelt: Valeries Gesicht ist mit Scheren zerhackt, mit Messern weggeschabt oder die ganze Person keilförmig aus Gruppen herausgeschnitten.

Alles, was war, hat ein Lichtbildersturm verwüstet.

Kaltblütiger Mord oder eine Tat aus Verzweiflung?

Der Trauergottesdienst. »Sie hätten meine Schwägerin sehen sollen. Die Söhne mussten sie tragen, und sie hat nur laut geschrien, als man sie hereinschleppte.« Damals ahnte noch keiner, warum Valerie so gellend zum Himmel schrie. »Aber das ganze Verhalten war nicht normal«, und der Bestatter habe beim Begräbnis zu ihr, Frau Korn, gesagt: »Ich glaube, Sie sind die einzige hier, die echt trauert.« Heute trifft sie sich mit Valeries Tochter Susanne hin und wieder an L.s Grab. Dann reißen sie über dem Toten die alten Pflanzen heraus und setzen frische: Geranien, Margeriten, was Papa eben gerne hatte.

Papa, das war für Susanne ihr Stiefvater Volker L. – er sorgte für sie.

Ihren leiblichen Vater – Uwe den Trinker – nennt sie »meinen Erzeuger«. Mama hatte ihn mit 17 geheiratet, er schlug hart zu und nahm ihr das Geld ab.

Nachts, wenn Valerie ihrem Gewerbe nachging, hockte er stumm da und machte all die haarsträubenden Geräusche, die jemand von sich gibt, der sich in der Finsternis alleine voll laufen lässt. Das Wohnzimmer war ihm zur Spelunke geworden, eine Musikbox spendete fahlen Schein. Bis heute können Susanne und ihr Bruder nicht im Dunkeln sein, ohne die Nerven zu verlieren. Als Mama zu Papa

wechselte, drohte der Erzeuger, sich umzubringen, darum blieben die Kinder bei ihm. Erst als er eine Gitarre auf Manfred zertrümmerte, floh der zur Mutter. Und als Valerie die Tochter nachholte, entkamen beide nur mithilfe eines Nachbarn aus der Wohnung.

Valerie wehrte sich nie. Sie hasst Gewalt. Zu sehen, wie zwei sich prügeln, macht sie krank. Sie hätte nicht viel Aufwand treiben müssen, um Volker selber zu beseitigen: Er war ein schwerer Asthmatiker und damit ein leichtes Opfer. Turnusmäßig fiel er um, lief an, schnappte nach Luft. Ein Kissen aufs Gesicht, und aus wäre es gewesen. Ganz schnell. Kein Arzt hätte sich gewundert, kein Polizist hätte nachgefragt, und Valerie lebte heute unbehelligt in K., eine geachtete Witwe. Aber nein: Der Killer ist schon bestellt, da springt Valerie L. noch herbei, räumt dem Erstickenden den Mund aus, bläst ihm das rettende Spray in den Rachen. Warum? »Ich wäre doch sonst eine Mörderin gewesen.« Und jetzt? »Ich konnte nicht anders!«

Auftragsmord – eine mafiose Vokabel, Synonym für Kälte und Berechnung. »Ich mache mir die Hände nicht dreckig«, bedeutet dieses Wort, »ich kann mir das leisten.« Aber könnte die Übersetzung nicht manchmal auch lauten: »Ich bring es selbst nicht übers Herz«? – »Ich fürchte den Sterbenden zu sehr«? – »Ich bin zu schwach«?

Hätte Valerie all ihre Dämonen vernichten wollen, sie hätte beim eigenen Vater anfangen müssen. Männer sind der Fluch in ihrem Leben. Böse Götter, zu denen sie aufschaut, von deren Willkür sie abhängt und deren Stirnrunzeln sie schon bestürzt. Dumpfe Götter, die mit allerlei Opferriten besänftigt und in Schach gehalten werden müssen, vor deren Grollen die Erde zittert und deren Wut, einmal ausgebrochen, keine Grenzen kennt. Von Kindesbeinen an hat Valerie die Methoden studiert, die Rituale erlernt, mit denen man Katastrophen abwendet, und hat doch selber letztlich die größte Katastrophe heraufbeschworen. Sie wächst auf St. Pauli auf, zwischen Bordellen und Bars.

Sie sieht die »betteligen Mädchen« am Straßenrand stehen, tief ausgeschnitten und ausstaffiert bis zur Lächerlichkeit: »Na, gibste mir 'nen Drink aus?«

Auch daheim lehrt man sie, was eine Frau wert ist. Der Vater, Kellner in Amüsierbetrieben, drischt auf die Mutter ein bis der Arm lahmt, wenn er al-

271

koholisiert nach Hause kommt. Das Kind Valerie wischt das Blut der Mutter von den Fliesen der Küchenwand. Später schläft das Kind nicht mehr, wenn Prügelorgien drohen. Kehrt der Vater in den frühen Morgenstunden heim, hockt sich seine kleine Tochter zu ihm an den Küchentisch »und streichelte ihm mit einem Finger ganz sanft die Hand, bis er schlief«. Das Ungetüm ist beschwichtigt. Für diesmal.

Valerie L. wird schwanger. Sie wechselt die Hölle

Die Mutter flüchtet. Einmal, hundertmal. Der Vater findet sie, manchmal mithilfe der Polizei. Oder lässt sie sich finden? Valerie erlebt die Lage der Mutter als desperat: »Er war Kellner auf St. Pauli, da kommen Sie nicht weg als Frau.« Drei Geschwister werden geboren. Die Familie kommt so herunter, dass sie in Notunterkünften leben muss. Die Mutter schafft den Absprung, denn sie findet einen Freund, der erhängt sich, jetzt trinkt auch sie. Valerie muss die Volksschule abbrechen, sie muss die Arbeit bei Woolworth aufgeben.

Kein Fluchtweg tut sich auf aus ihrem Unglück. Sie, als Älteste, muss die Geschwister versorgen, die Familie retten. Immer sie. Mit 17 dann Uwe. Sie wird gleich schwanger, heiratet und wechselt die Hölle.

Was am 7. September 1994 gegen 21 Uhr auf den Dachdecker Volker L. niedergeht, ist nicht nur Zorn, der sich in den bitteren Jahren einer schlimmen Ehe angesammelt hat, Volker L. muss bezahlen für ein ganzes von Männern zerstörtes Frauenleben, für die Erkenntnis einer Elenden, dass man dem Schicksal nicht entrinnen kann, indem man den Mann austauscht. Ja, im Grunde trifft ihn die Vergeltung ganzer Generationenfolgen. Valerie L. mordet nicht nur, weil ihre Leidensfähigkeit erschöpft ist, sie rächt ihre Mutter, sie rächt ihre Schwester. Und sie tut es, um ihren Kindern die eigene Not zu ersparen. Valerie mit Klein-Volker vor dem tobenden Vater ins Kinderzimmer fliehend. Mutter und Sohn verkrochen im Bett. Starr vor Angst plappernd das Kind: »Bitte, Mutti, sag jetzt nichts und sei ruhig.« Sie, die all ihre Kinderjahre in Schrecken vor dem Vater lebte, will den Schrecken aus dem Leben ihrer Kinder reißen und reißt doch alle ins Verderben.

Ein Lehrbuch über die Muster der Familiengewalt könnte das Leben der Frau L. hergeben. Denn Familiengewalt ist mehr als die Summe aus den Taten einzelner Personen, sie ist ein Verhängnis, das ganze Sippen überschattet, eine Programmierung, die Männer und Frauen zu Marionetten eines bösen Geistes macht. Exemplarisch ließe sich an Valerie und den Ihren studieren, wie dieser Fluch von Generation zu Generation weitervererbt wird: Jeder versucht, den Bann zu brechen, und ist doch längst schon Rad in einem Räderwerk, das weiteres Unglück produzieren muss. Wie in der griechischen Tragödie sieht jeder Einzelne – Täter wie Opfer –, was zu tun wäre, weiß jeder Einzelne – Opfer wie Täter –, was er ändern sollte und muss doch seiner Bestimmung folgend schlagen oder ertragen, treten oder kriechen. Gewaltausüber und Gewalterdulderin suchen sich, erkennen sich unter Tausenden, tun sich wie von unsichtbarer Hand gesteuert zusammen und beginnen ihr hässliches Spiel. Und wieder bringt es Täter und Opfer hervor, das Programm von Dominanz und Unterwerfung wird weiter und weiter getragen. Das Verbrechen der Valerie L. erscheint vor der Kulisse ihrer Familiengeschichte und vor dem wissenschaftlichen Erkenntnishintergrund dieses Gewaltphänomens wie ein letztes Aufbäumen des freien Willens.

Der Besuch bei den Angehörigen der Mörderin wird zur Visite im Lazarett für Überlebende eines Familienkriegs, wo die biografisch schwer Beschädigten lernen, auf Krücken zu gehen. Martina, Valeries jüngere Schwester: einem Gewalttäter anheim gefallen. Diese Sorte Mann stürzt sich seit je auf sie wie Raubvögel auf ein Kaninchen. Kein Zufall, sondern Gesetz. Hinter ihr liegen Jahre der Drangsal, der Kontrolle, des Terrors. »Anfangs ist man blind vor Liebe, dann ist man gelähmt vor Angst.« Sagt Martina, die Versehrte. »Man findet nie den Weg hinaus.« Irgendwie hat sie ihn doch gefunden. Nun ist sie allein mit ihrem Kind.

Susanne, Valeries 33-jährige Tochter: Kommt es zu Liebe, dann kurz. Vertrauen erstirbt jedes Mal im Keim. Beim Hauch einer Frustration ist es aus: »Warum soll ich mich quälen?« Sie hat schon so viel Qual gesehen. »Ich bin wohl gestört, dafür kann man die Männerwelt nicht verantwortlich machen.« Dorthin führt kein Weg mehr, das Leben wird alleine ausgestanden.

Manfred, Valeries 37-jähriger Sohn: Ein Mann aus Stein mit verschattetem Gesicht und Augen,

die nichts mehr erwarten. Immerzu ist vom Geld die Rede, jener Glückschiffre der Zukurzgekommenen: Alles hat ihn zu viel gekostet, um alles hat man ihn betrogen. Das Vermögen des toten Stiefvaters ist ihm unter den Händen zerronnen, die Ehe kaputt, die ganze Welt sein Feind.

Und Volker junior: Volker und Valerie L.s kleiner Sohn. Lebt seit 17 Jahren, sieben davon elternlos. Erst Asyl beim Bruder Manfred, seit dessen Familie in Trümmern liegt, Irrfahrt zwischen

senter wird ihm der Tote. Ein leuchtenderes Vorbild, als es je gelebt hat.

Volker spürt den Vater förmlich in sich wachsen: »Er ist da.« Alle paar Wochen erscheint er im Traum. Dachdecker wird der Junge werden wie sein Papa, und genauso fleißig ist er jetzt schon: »Meine liebste Hose ist die Arbeitshose.« Die Frauen der Familie deuten sorgenvoll die Zeichen: Volkers Arbeitswut, sein Ton mit der Freundin. Der Kleine hat das Zeug zum Tyrannen.

Im Lübecker Gefängnis sitzt die Auftraggeberin des Mordes an Volker L. ein.

Susanne, der Schwester, und Martina, der Tante. Kein Fachmann hat sich des trauernden Kindes angenommen.

Wer hat sich bemüht um seine innere Gesundung? Wer hat ihn an der Hand genommen, ihm vorgelebt, dass es auch anders gehen kann zwischen Mann und Frau? Wie sollte er nicht Schaden genommen haben an seiner Seele?

»Fleißig, ehrlich, opferte sich für Menschen, die er liebte« – verklärt steht Volker L. vor dem inneren Auge des Juniors. Je älter der Sohn wird, desto prä-

Zu was wird sich Volker junior auswachsen? Als der Vater ermordet war, ängstigte er sich um jeden, der das Haus verließ. Als sie die Mutter holten, stand er klein am Zaun und wartete: den ganzen Samstag, den Sonntag, den Montag. Am Dienstag sagte ihm jemand, dass die Mama nicht wiederkommen wird.

Anfang 1994 fasste Valerie L. den Mordplan, unterstützt von Frau F., einer Freundin und bewährten Zuflucht. Frau F. zog den Lebensgefährten E. ins Boot, der wiederum die Sache an seinen

Freund M. weiterreichte. Es dauerte eine Zeit, bis M., Gauner von Beruf, im Rotlichtmilieu einen jungen Polen aufgetrieben hatte, der den Plan in die Tat umsetzen sollte. Vom Vorhaben »Autounfall mit tödlichem Ausgang« kam man rasch ab. Schießen schien sicherer. Um L. zu töten, brauchten die Attentäter exakte Angaben, wann er wo anzutreffen sei. Das war Valeries Posten. Über Wochen telefo-

rie Druck am Telefon. War L. einmal nett zu ihr, rief sie plötzlich nicht mehr an oder versuchte, den Anschlag abzublasen. Aber davon wollten die anderen nichts mehr wissen: Einem angesetzten Killer könne man nicht einfach absagen wie einem Partyservice. Nach vollbrachter Bluttat ermittelte die Kripo dann wochenlang in der polnischen Leiharbeiterszene.

Blick aus eine Besucherzelle der Justizvollzugsanstalt Lübeck auf die Grünanlagen.

nierte sie mit Frau F. und gab durch, wo ihr Mann sich gerade aufhielt, dann wanderten die Neuigkeiten die Informantenleiter hinunter bis zum ausführenden Organ. Später wird ein Psychiater in Frau L.s Verhalten »ein ständiges Auf und Ab der Eliminierungsbestrebungen« diagnostizieren: Machte ihr L. zu Hause die Hölle, machte Vale-

Daran, dass das Böse aus dem Schoße der Familie gekrochen sein könnte, dachte niemand. Erst als M. Erpresserbriefe an Valerie L. schickte, kam die Verschwörung ans Licht, denn Valerie rief die Polizei.

Dem Gesetzgeber steht als Idealtypus des Bürgers ein Mensch vor Augen, der aussieht wie Richter Hinnerk Rix. 55 Tage saß er über die vier Täter zu Gericht. Am 4. Oktober 1996 wurden Valerie L., Frau F. und die Herren E. und M. von der Schwurgerichtskammer des Landgerichts Kiel jeweils zu lebenslanger Freiheitsstrafe verurteilt. Der Schütze selbst wurde erst 2001 gefasst und muss sich derzeit in Polen verantworten. Lebenslang für die geschundene Valerie L.? »Es war Mord«, sagt Rix, »und dafür ist die lebenslange Freiheitsstrafe zu verhängen.« Ist Mord immer gleich Mord? »War es nicht ihre freie Entscheidung?«, fragt Rix zurück. »Es ist der Mindeststandard, dass man einander nicht umbringen darf.« Kann es nicht eine Art Notwehr geben, dass einer mordet, weil er am Boden ist? »Frau L. ist«, sagt Rix, »ein typischer Straftäter: nicht ansatzweise nachdenkend über das, was sie tut. Sie kannte doch den Charakter ihres Mannes, sie hätte sich schon lange vorher überlegen müssen, ob sie mit ihm überhaupt noch ein gemeinsames Kind will.«

Jedes Jahr töten in Deutschland nach offizieller Statistik 1500 Menschen einen anderen, 12 000 bringen sich selber um, mindestens 135 000 Frauen (auch wenn das etwas ganz anderes ist) treiben ihre Föten ab – alle, alle hätten sich vorher überlegen können, was sie da tun und ob es nicht anders geht, hätten sich scheiden lassen, an Polizei, Fürsorge oder Kirche wenden können – vielleicht stehen die Wege der Vernunft dem Menschen nicht immer offen.

»Strafrecht hat generalpräventive Aufgaben«, antwortet Rix. »Wenn wir die Grenzen aufweichen, entdeckt jeder den armen Teufel in sich.« Hätte Volker L. seine Valerie auf Händen getragen, sie in Eselsmilch gebadet und ihr täglich die Füße geküsst, das Urteil wäre nicht härter ausgefallen. »Es war keine ausweglose Situation«, versetzt Rix. »Sie hätte ihn verlassen können. Doch sie wollte der Belästigung durch eine Scheidung entgehen.« Ach Richter Rix.

»Dein Vater war ein guter, ein ganz großer Mann«

Der Aussage Valerie L.s, sie habe die Trennung nicht gewagt, weil sie um ihr Leben fürchtete, schenkte das Gericht keinen Glauben. Man hielt Volker L. für einen nicht ernst zu nehmenden Schreihals, einen bellenden Hund.

Dass er Valerie – manchmal ganz beiläufig – mit dem Tode bedrohte, dass er wegen Körperverletzung mehrfach vorbestraft war, dass er wegen schweren Raubes zu zwei Jahren Gefängnis verurteilt worden war, dass er ein illegales Waffenlager angelegt hatte, das aus diversen Handfeuerwaffen, Schnellfeuergewehren, einer Pumpgun und Dynamit bestand, dass er gute Freunde auf St. Pauli hatte, die sicher weniger verlangt hätten als 50 000 Mark – all das ließen die Richter nicht gelten. Sie nahmen der Angeklagten nicht ab, dass sie bebte vor ihrem bis an die Zähne bewaffneten Mann.

Valerie bleibt dabei: »Es hieß: Du oder ich.« Doch sie findet auch: »Strafe muss sein.« Und sie ist nicht gram, dass aller Reichtum dahin ist: »Gut so.«

Wenn nur die Kinder sich melden. Alle besuchen sie wieder. Kommt der kleine Volker, legt ihm die Mutter ans Herz: »Dein Vater war ein guter, ein ganz großer Mann.«

Wer am – inzwischen verkauften – Mordhaus in K. vorbeifährt, das da mit heruntergelassenen Rollläden einsam an der Landstraße steht, kann sich vorstellen, warum es hier zur Katastrophe kam. Dieser ganze aufgedonnerte Bau, dessen gigantische, goldene Hausnummer vom Little-Man-Syndrom des Ermordeten kündet, jene steingewordene Kleinbürgerfantasie von einem Palast, die mit ihren 400 Quadratmetern weiß und plump neben einem künstlichen Teich in der Landschaft hockt, hielt mit der Fassade zusammen, wovon weder Valerie noch Volker lassen konnte: den Traum zweier Benachteiligter, aus eigener Kraft eines Tages in die stabile Welt des Bürgertums vorzudringen. Den Glauben zweier Unbehauster, aus eigener Kraft eine heile Familie herstellen zu können, ein Mutter-Vater-Kind-Spiel. Diesem stolzen Traum, diesem reinen Glauben wenigstens zeitweise in die Wirklichkeit verholfen zu haben, das sind die guten Anteile des Dachdeckers Volker L., jene, die Valerie noch immer liebt, um die sie in ihrer vergitterten Zelle bis heute weint. Die anderen, die bösen, glaubte sie aus der Welt schaffen zu müssen.

Im Wahlkampf 2002 traten Gerhard Schröder und Edmund Stoiber gegeneinander an.

Die Staatsschauspieler

Der deutsche Wahlkampf bietet großes Theater. Gerhard Schröder, der Zwangsentspannte, spielt gegen Edmund Stoiber, den verkannten Gutmütigen. Eine Rezension

Von **PETER KÜMMEL**, erschienen in der ZEIT am 12. September 2002

*L*euchtende Fehlleistungen. Am Anfang seiner großen Rede in der Münchner Olympiahalle sagt Edmund Stoiber einen wunderbaren Satz: »Die CSU ist näher am Menschen als jede andere Partei in diesem Land mit weitem Abstand!« Im Redemanuskript stand nur: »Die CSU ist näher am Menschen.« Aber Stoiber hat getan, was er oft tut: Er treibt die Sprache in eine Genauigkeit, zu der bislang nur Karl Valentin vordrang. Näher dran am Menschen mit weitem Abstand: Formuliert dieser Satz nicht trefflich die Tragik des nervösen Charakterdarstellers Edmund Stoiber?

Auch den Kanzler hat der Rezensent kürzlich bei einer sprachlichen Fehlleistung erleben dürfen, welche die Wirkung des Mannes zusammenfasst. Auf dem Bremer Domshof sagte Gerhard Schröder im Zusammenhang mit der Irak-Frage: »Niemand soll sich unter den Bündnispartnern über mangelnde deutsche Solidarität beklagen müssen – jedenfalls nicht, solange wir reden – äh – regieren!« Tatsächlich: Wenn Schröder redet, mit dieser gesalbten Stimme, mit seinen schweren, schöpfenden Armbewegungen, dann wird Reden Regieren, und den Zuschauern ist der Werkstoff körperlich wahrnehmbar, mit welchem der gedrungene Herr da oben arbeitet: Sein Material ist die Macht.

Showblöcke. In der Münchner Olympiahalle singen wir an diesem wunderschönen Samstagvormittag zwei Hymnen hintereinander, erst das Bayern- und dann das Deutschlandlied. Wir singen stehend und sehen auf einer Leinwand Luftbilder bayerischer Landschaften, von Hubschraubern einfühlsam überflogen, damit wir wissen, worum es geht. Das alles muss bewahrt werden, und das wird bewahrt werden: Wenn in der Halle der Name des harten, aber sicherlich gerechten bayerischen Innenministers Günther Beckstein genannt wird, erfasst die Menge eine euphorische Rührung.

Zu den Personen

Nach Franz Josef Strauß trat mit **Edmund Stoiber** bei der Bundestagswahl 2002 zum zweiten Mal in der Geschichte der Bundesrepublik ein CSU-Politiker als Spitzenkandidat der CDU/CSU an. Bei einem Frühstück in seinem Wohnort Wolfratshausen hatte er sich mit der CDU-Parteivorsitzenden Angela Merkel auf deren Verzicht geeinigt.

Franz Josef Strauß unterlag 1980 Helmut Schmidt (SPD), Stoiber dem Amtsinhaber **Gerhard Schröder**. Bis 2007 blieb er bayrischer Ministerpräsident und CSU-Vorsitzender. In der Folgezeit übernahm er die ehrenamtliche Leitung einer EU-Expertengruppe zum Bürokratieabbau sowie Funktionen in der Wirtschaft:

Schröder verdankte seine Wiederwahl unter anderem der Weigerung Deutschlands, sich am zweiten Irakkrieg zu beteiligen. Beim Kampf gegen die Arbeitslosigkeit, einem seiner erklärten Kernanliegen, war er weniger erfolgreich, als er es im Wahlkampf in Aussicht gestellt hatte.

Nach den verlorenen vorgezogenen Neuwahlen 2005 ging der Ex-Kanzler in die Wirtschaft. Schröder wurde 2006 Aufsichtsratsvorsitzender des Pipeline-Konsortiums Nord Stream AG.

Soeben betritt, umringt von befreundeten Sicherheitsleuten, der Kanzlerkandidat nebst Gattin und CDU-Chefin Angela Merkel das weite Rund, die Menschen toben, ein Disco-Chor heult *Ready for the victory*, Scheinwerferkegel tanzen, jetzt hat der Kandidat sein Kompetenzteam erreicht, herzliche Begrüßung, Jubel. Diese Minuten wirken wie der rückwärts abgespulte Schlussausmarsch einer aus allen Nähten geplatzten Samstagabendshow: Die nachfolgenden Sendungen werden sich um eine Stunde verzögern. Das Ende der Veranstaltung ist auf 14 Uhr angesetzt, tatsächlich dauert sie bis 15 Uhr, was sich rumsprechen soll: Stoiber hat eine Stunde überzogen! Er ist größer als Gottschalk.

Auf der Bühne steht Stoiber dann fast linkisch neben dem adretten TV-Moderator Kai Pflaume, kein Tribun, sondern ein blinzelnder Saalkandidat, der unverhofft die Eine-Million-Euro-Frage beantworten soll. Pflaume fragt aber nur: Woraus bestand es denn nun, das Wolfratshausener Frühstück mit der Frau Merkel? Da muss Stoiber gschamig lachen, und seine Gattin sagt, es sei ein ganz normales Frühstück gewesen mit Marmelade, und mit Butter natürlich.

Der fesche Mathou singt *You'll Never Walk Alone*, und ein BMW-Roller muss noch verlost werden. Man spürt, wie unangenehm Stoiber das alles findet, er ist hineingeraten in diese Vermählung mit der Macht, nun muss er mitmachen, vom Polterabend bis zur Brautsentführung. Als er am Ende auf der überfüllten Bühne steht, mit einem Becher Bier, schaut er drein, als halte er im Gewimmel immerzu seine Brieftasche fest. Er geht in die Menge, aber er kann nicht in ihr baden. Das macht ihn seinen Anhängern sympathisch, denen geht's im Umgang mit der Jugend und dem Erotischen genauso: Es macht sie unbeholfen. In seiner Ich-mach's-halt-mit-Haltung ist Stoiber echt. Er beobachtet sich und ist sich peinlich. Schröder ist über so etwas weit hinaus.

Der Wiener Kritiker Hans Weigel schrieb: »Um Theater zu spielen, muss man also zunächst: sein können, wie man ist. Gehen, stehen, aufstehen, hinsetzen, Türen öffnen und schließen, alles das, was jeder immer tut, wird zum Problem, wird bewusst und muss auf der nächsthöheren Ebene wieder selbstverständlich werden. Das ist das kleine Einmaleins.«

Stoiber befindet sich auf jener Ebene, auf der alles zum Problem wird – alles, nur nicht die große Wut. Schröder hat, sollte er sie je betreten haben, die Ebene des Problematischen längst überwunden.

Man kann sich den Kanzler nicht in einer anderen Rolle vorstellen, er hat die ihm gemäße gefunden. Denkbar ist aber, dass Schröder in ein paar Jahren in kleinem Kreis als sein eigener Parodist auftreten wird, sich in die Videobänder mit seinen Performances vertiefen und die schönsten Stellen grinsend mitsprechen wird. Das werden glückliche Abende sein.

Theaterkünstler. Bei allem, was Schröder öffentlich tut, ist er langsam. Wenn er einen Einfall hat, formuliert er ihn gemessen: Schlagfertigkeit ist eine Sache für Untergebene. Je größer die Macht, desto reduzierter der Code. Bei Schröder scheint der Moment der größten Selbstkontrolle identisch zu sein mit größtem Selbstgenuss: Der Mann hat die Gabe, sich selbst zu inhalieren. Magisch ist seine Textgenauigkeit: Das Rolltempo eines inneren Teleprompters bestimmt seine Rede. Schröder sitzt in seiner Gelassenheit wie in einem Faradayschen Käfig. Der englische Befehl *Relax!* ist einst in ihn gefahren wie ein sehr langsamer Blitz und beherrscht ihn bis heute.

Beim ersten TV-Duell mit Stoiber trieb der Kanzler seine hypnotische Minimalgestik ins Groteske; er wirkte wie ein gepanzerter Burgherr, der von der Zinne seines Schlosses aus den feindlichen Kämpfern entgegensah, fest entschlossen, sie mit Blicken zu töten.

Im Auftritt vor Massen allerdings erreicht das Wenige, das Schröder zeigt, maximale Geltung. Betritt er eine Bühne, ist es ein Anlauf mit angelegten Armen: als wolle ein Turmspringer zum Brettrand vorstürmen und, Hände an der Hosennaht, in die Menge stürzen. Er bewegt sich behänd auf der Stelle, in einem eng geführten Tanz mit sich selbst. Gern lehnt er sich auf den linken Ellbogen, den Theken-Ellbogen, und dieser Ellbogen markiert die Grenze zwischen Staat und Privatmann. Die rechte Hand, die Führ- und Lotsenhand, winkt uns vertraulich näher: Und ich sach Ihnen eins ...

Selbst das populistische Taktieren erscheint bei ihm, als gehorche er seinen inneren Gesetzen. Wenn er auf deutschen Marktplätzen seine berühmte ruhige Hand symbolisch zwischen den US-Präsidenten und den mörderischen Saddam schiebt, inszeniert er historische Momente. Er ist der perfekte Tatdarsteller, der auf der Bühne nie das Ganze gibt, weil er den Eindruck erwecken will, Kraftreserven fürs Wesentliche, fürs Regieren zu sparen. Er setzt sich mit maximaler Wirkung vom händeringenden Stoiber ab, der instinktiv nach seinem nächsten Vorgesetzten sucht und ihn im Fall der Kanzlerschaft im US-Präsidenten fände. In seinen starken Momenten taugt der Schauspieler Schröder für ein Historienspiel, in seinen schwachen Momenten für routiniertes Entertainertum. Wie liegt der Fall bei Edmund Stoiber?

Zorn und Rührung. Bei seinen vogeligen Kopfbewegungen, dem dünnen Zwangslächeln, der Vorliebe für Zahlen, der mahnenden Kreidestimme, die sich bei Signalwörtern um einen kasteiend-jaulenden Halbton erhöht (Pisa! Schlusslicht! Körperschaftsteuer!), ahnt man, dass hier ein Asket am Werke ist, der über den Schmerz und das Reglement zur Lust findet. Seine Rolle im Theater könnte die des aggressiven (auch gegen sich selbst aggressiven) Normensetzers in hoher Position sein: ein Chefarzt, Studiendirektor, Staatsanwalt im Rausch des Aufräumens. Oder ein vom anbrandenden Unflat verbitterter Kardinal, der nicht ohne Genuss vom Weltuntergang spricht.

Auf dem Hamburger Gänsemarkt wird er von linken Störtrupps ausgepfiffen, aber hier ist er in seinem Element: Der äußere Sturm besänftigt den Sturm in seinem Inneren. Es ist, als hätte er Wachspfropfen in den Ohren, die es ihm erlauben, die Sirenen zu überhören. Gegen die wilden Störer erringt er einen Artigkeitstriumph. Und als er kürzlich in Düsseldorf auf dem Weg zum Podium stolperte, lächelte er anschließend, als habe er ein Kunststück vollbracht. Der Advokat ahnte, wie es wäre, ein Artist zu sein.

In jedem kleinen dicken Mann stecke ein großer dünner Mann, der verzweifelt darum kämpfe, herauszukommen, sagte Alfred Hitchcock. Beim dünnen, groß gewachsenen, nervösen Herrn Stoiber ist es umgekehrt: In ihm steckt ein gutmütiger, gütiger, geduldiger Dicker und sehnt sich danach, von uns bemerkt und geliebt zu werden.

Stoibers geheimes Ziel als Theaterkünstler ist die Rührung. Das merkt man, wenn er das Wort »Menschen« ausspricht, wenn er von seiner Frau erzählt oder vom großen Moment, da er den Männerpakt mit Lothar Späth schmiedete. Er legt dann den Kopf noch schiefer als sonst, er schaukelt vor Wärme. Wie begrenzt seine Rührbarkeit ist, spürt man allerdings, wenn klar wird, welche Rolle beispielsweise Sozialhilfeempfänger in seinen Monologen spielen.

»Jedes Land zeigt sich heute dazu geneigt, seine Produktion noch mehr als seine Menschen zu schützen«, heißt es bei Elias Canetti, und die Wahrheit dieser Formel ist in den Reden beider Kandidaten zu spüren. Schröder aber kann noch das Härteste so formulieren, dass es gefällt, während es für Stoiber

Shake-Hands unter Gentlemen – Schröder und Stoiber 2004 bei einer Pressekonferenz.

Arbeit bedeutet, zu gefallen. An Schröders Gesicht nagt keine Frustration, am Gesicht des Herausforderers schon; auch ein verzweifelter Hochmut ist bei ihm bisweilen zu erkennen: Recht zu haben und allein damit zu bleiben, die Zahlen zu kennen und die Worte nicht zu finden. Schröders *street credibility* ist eine Sache des Sounds: Man stelle sich die beiden Politiker mit der Stimme des jeweils anderen vor und ahnt, wie drastisch die Folgen für Schröder wären.

Schauspielausbildung. Alle Kanzlerkandidaten sind Juristen, Leute, die nichts produzieren, sondern von der (auch schauspielerischen) Auslegung der Regeln leben. Dabei gibt Schröder den pragmatischen Juristen, für den das Regelwerk ein Unterholz ist, durch das man für den Mandanten Schneisen schlägt. Stoiber dagegen wirkt als der Grundsatzjurist, der sich in diesem Unterholz behaglich einnistet. Zu Guido Westerwelle kommen wir noch.

Möglich, dass der Jurist, der in die Politik überwechselt, bloß ein Anwalt ist, der keinen Mandanten mehr braucht: Er ist sein eigener Fall geworden. Immer geht es in den Plädoyers in eigener Sache vor allem um eines: Ich will die Macht und bin doch unschuldig.

Bühne und Theaterfoto. Unter Gerhard Schröders Wahlkampfpult ragt ein roter Steg hervor, der über die Bühne hinaus ein paar Meter in die Menge hineinführt. Will dieses in der Luft hängende Zeichen uns sagen, dass Schröder jeden Moment hinterm Pult hervorkommen könnte, um zu den »Freundinnen und Freunden« zu springen, ein *stage diver* im Dreiteiler?

Stoiber hat so eine Spitze, so ein kleines, schamanenhaftes Kap nicht, das in die Menge hineinzeigt. Er hat Günther Beckstein, der ihn vor der Menge schützen soll.

Was wäre das Theater ohne große Theaterfotos? Schröder hat das schönste: Spät ist es geworden, der Kanzler studiert Akten, er ist ins Lösen unserer Probleme vertieft, wir dürfen ihn durch seine eventuelle

Ein Wahlplakat, das die Opposition sehr erzürnte – den jungen Mann auf der Wiese ließ es hingegen offensichtlich kalt.

Bei Jacques Derrida, zu dem man immer greifen kann, wenn man einen schlauen Spruch braucht, findet sich eine andere Deutung. In seinem Essay *Das andere Kap* steht: »Im allgemeinen – und vor allem in Kriegszeiten – ist es ein Mann, der über das Ziel, über die vorgeschobene Spitze entscheidet, die er selbst ist, er, der Bug, als Haupt dem Schiff oder Flugzeug vorstehend, das er steuert.« (...) »Die Idee einer vorgeschobenen Spitze der Beispielhaftigkeit ist die Idee der europäischen Idee.« (...) »Bestimmt, gebildet, kultiviert hat sich Europa stets dadurch, dass es die Gestalt des westlichen Kaps angenommen hat, die Gestalt der Spitze als Endzweck.«

Abwahl keineswegs stören. Dieses Plakat, auf dem das Licht der alten Meister liegt, hat die Opposition zur Weißglut gebracht. »Das Ziel meiner Arbeit? Dass alle Arbeit haben« steht darauf, dabei hat Schröder versprochen, er werde die Arbeitslosenzahl auf 3,5 Millionen herunterdrücken. Welche Chuzpe, so zu tun, als sei er dazu jetzt in der Lage. Indes, das Plakat ist genial: Es stellt die vom Kanzler gefühlte Zeit über die Realzeit. Es ist die um die Folgen des 11. September und der weltwirtschaftlichen »Verwerfungen« bereinigte Kanzlerzeit, in der wir Schröder da sitzen sehen. Schröder hat die Fähigkeit, so zu erscheinen, als sei er in vier Jahren nur um zwei Jahre gealtert, als befände er sich mitten in seiner ersten Amtsperiode. Zum Mann auf dem Plakat passt dieses Gedicht von Robert Frost: *The woods are lovely, dark and deep, / But I have promises to keep, / And miles to go before I sleep / And miles to go before I sleep.*

Der Mann darf noch nicht schlafen, weder den kleinen noch den großen Schlaf, er hat Versprechen einzulösen …

Guido und Joschka. Guido Westerwelle, der dritte Kanzlerkandidat, hat kein Privatleben. Er verbringt seine Tage in jenem Fitnesscenter, das für ihn die Politik ist. Das völlige Aufgehen in den Strukturen prädestiniert ihn dramaturgisch nicht zum Charakterdarsteller, sondern zur Type. In früheren Zeiten wäre er vielleicht in einer schneidigen Jungoffiziersrolle denkbar gewesen. Komödie und Krieg setze alles in ein Verhältnis zu allem, hat Hofmannsthal gesagt, und damit alles in ein Verhältnis der Ironie. Diese geheime Ironie passt zu Westerwelle. Jetzt ist Westerwelle anderen Mächten zu Diensten, die alles mit allem ins Verhältnis setzen, mit dem Recht und der Steuer. Er ist der Politiker als Steuerberater, und sein Mantra heißt: Mehr Netto. Entlasten, Steuersystem vereinfachen, abspecken, Fenster aufmachen, Mief rauslassen. Während Schröder, Fischer und Stoiber Lebensleistungsdarsteller sind, ist Westerwelles Domäne das verkaufsorientierte Referententum. Er ist ein Anlageberater für Wählerstimmen, der uns die maximale Dividende verspricht. Von allen Darstellern hat er am meisten von einem Motivationstrainer: Macht euch fit, macht euch frei! Er, der immer *drin* war und innerhalb der Strukturen höher hinaus will, spricht begeisternd vom befreienden Draußen …

Der Schauspieler Alec Guinness habe sich, so berichtet sein Freund John le Carré, ein Leben lang als schüchternes Kind gefühlt, das sich mit seinen Rollen gegen die Erwachsenen schützte. Und wenn Guinness eine neue Rolle lernte, dann, so le Carré, wirkte er, als bräche das ewige Kind auf in Feindesland. Guinness studierte die Tricks und Masken der Alten und war bald furchterregender als sie selbst.

Ein wenig erinnert diese Beschreibung an den Darsteller Joschka Fischer. Fischer, lange als ewiger großer Junge gehandelt, hat sich über Nacht im Feindesland der Erwachsenen etabliert, in dem er nun schon zu den alten Weisen zählt. Sein Gesicht ist ein wahres Bühnenbild, es ist die knisternde Insze-

nierung des Ausdrucks *I'm deeply concerned.* Der Verantwortungsschock ist diesem Mann in Schopf und Glieder gefahren.

Fischers ganzes politisches Leben ist ein Fettabbrennprogramm, dessen Intensität sich im Wahlkampf nur ein wenig steigert. Seine Stimme, fürs Schreien nicht gemacht, verliert bei jeder Veranstaltung ein bisschen Substanz – wie ein Reifen, der beim Bremstest etwas Gummi auf der Strecke lässt. Wo er auch spricht, bleibt ein wenig kostbarer Fischer-Abrieb zurück, auch an diesem Freitagvormittag in Lüneburg. Sein kurzärmeliges Hemd ist jetzt feucht, man denkt an Camacho, den Trainer der spanischen Fußballer bei der WM in Südkorea, der seine Schweißflecke wie ein Ehrenzeichen trug. Jeden Zwischenruf nimmt Fischer mit heiliger Strenge an, dankbar für das Adrenalin, das er einschießen lassen kann. Die Außenpolitik umlagert seine Rede, Joschkas große Welt, und er, der nun Erwachsene, schont uns, die wahren ewigen Kinder, vor dieser Welt, so gut er kann.

»Ob Sie CDU, SPD, FDP, Grün wählen, egal!, das dürfen wir nicht zulassen«, sagt er zum Thema Ausländerfeindlichkeit, und dieses *egal!* ist bei ihm von fast jenseitiger Qualität: Da hat einer schon losgelassen, bereit, ohne uns weiterzugehen. Fischer, der Verschleißkünstler, gibt den Pilger, wie ihn Schiller im gleichnamigen Gedicht beschreibt:

»Abend wards und wurde Morgen, / Nimmer, nimmer stand ich still, / Aber immer bliebs verborgen, / Was ich suche, was ich will.«

Schlussverbeugung. Der Wahlkampf ist ein reines Theaterwunder. Die Darsteller lernen, während sie spielen, sie haben keine Gelegenheit, monatelang zu proben. Ihre Bühnen sind die Straße, die Gremien, die Ausschüsse, Kanzleien, Fernsehstudios, und ihre Regisseure sind grinsende *spin doctors.* Politiker sind abgezockte, hoch professionelle, furchtlose Menschendarsteller, die, um's mal in der Fußballersprache zu sagen, 180 Minuten Gras fressen können, und das Tollste: Sie machen die Gewalttour durch unser schönes Land, ohne je in jenes Lachen ausbrechen zu müssen, das Elvis Presley befiel, als er zum tausendsten Mal *Are You Lonesome Tonight?* sang.

Ehren wir sie also, bewundern wir sie, fürchten wir sie ein bisschen. Sie alle waren in den letzten Monaten näher dran am Menschen, als wir es je sein werden. Mit weitem Abstand!

Ein ehemaliger Soldat am Vietnam Veterans Memorial in Washington.

Die verratenen Brüder

Traumatisiert kehrte der US-Soldat Manny Babbitt 1969 aus dem Vietnamkrieg zurück. In seinem Kopf ging der Krieg weiter, 1980 tötete er eine alte Frau. Die Nation, für die er in den Krieg gezogen war, bestrafte ihn mit dem Tod. Sein Bruder Bill hat den Glauben an Amerika bis heute nicht verloren

Von **ANDREA BÖHM**, erschienen in der ZEIT am 10. April 2003

Für diese Reportage wurde Andrea Böhm mit dem Theodor-Wolff-Preis 2004 ausgezeichnet.

Der schlimmste Monat ist der Mai. Im Mai hatte Manny Geburtstag, dieses Jahr wäre er 54 geworden. Im Mai wurde Manny getötet, das ist vier Jahre her. Bill stellt sich manchmal vor, sie wären eine ganz normale Familie geblieben – eine Familie, die im Frühling den Gartengrill anwirft und die ersten Spiele der neuen Baseballsaison diskutiert. Dieses Jahr hätte er mit Manny vor dem Fernseher gesessen und den Krieg verfolgt. Manny war besessen vom Krieg.

Bill hat Mannys Totenschein aufgehoben und ein Foto seines Bruders darauf geklebt. Als Geburtsdatum ist der 3. Mai 1949 eingetragen, als Todestag der 4. Mai 1999. Amtlich bestätigt von Dr. Ross R. Davis, San Quentin, Marin County, Kalifornien. Unter der Rubrik »Todesursache« hat der Arzt »Totschlag« angekreuzt und mit Schreibmaschine »gerechtfertigt« darüber getippt. Manuel Pina Babbitt, genannt Manny, war am 4. Mai 1999 im Gefängnis von San Quentin durch die Injektion eines Herzlähmungsmittels exekutiert worden. Bill Babbitt sah dabei zu. »Ich vergebe euch allen« – das waren Mannys letzte Worte, und sie waren vor allem an Bill gerichtet.

Bill Babbitt ist jetzt 59 Jahre alt, ein kleiner Mann mit großem Bauch, pfeffergrauem Haar, Tränensäcken unter den Augen und schwieligen Händen. Er war über 20 Jahre Rohrleger bei der Eisenbahn, heu-

Zur Sache

Elf Jahre lang führten die USA Krieg in Vietnam. Millionen Vietnamesen starben infolge der Kämpfe, die Mehrheit davon Zivilisten. Von den Angehörigen der amerikanischen Armee, die in Indochina eingesetzt wurden, kamen bis zum amerikanischen Rückzug 1975 über 58.000 ums Leben. Von ihnen waren über zwei Drittel nicht mehr als 25 und über ein Drittel nicht mehr als 20 Jahre alt.

Die heimkehrenden US-Soldaten kamen weder als strahlende Sieger noch als tragische Helden zurück. Ihre Integration in eine Gesellschaft, in der man den Vietnamkrieg entweder als demütigende Niederlage oder als sinnlos und verbrecherisch ansah, scheiterte hunderttausendfach. Die Vietnamveteranen litten unter psychischen Erkrankungen, den Folgen ihrer zum Teil schwersten Verwundungen, einer vielfach schon aus dem Einsatz mitgebrachten Alkohol- oder Heroinabhängigkeit, Arbeitslosigkeit und weiteren Problemen. Zu den Folgen gehörte, dass sehr viele straffällig wurden. 60.000 von ihnen begingen nach der Rückkehr in die USA Selbstmord.

Das Vietnam Veterans Memorial, die 1982 in Washington errichtete Gedenkstätte für die in Vietnam gefallenen oder vermissten US-Soldaten, wurde von Veteranen initiiert und ausschließlich aus Privatmitteln finanziert. Die Namen der in Vietnam gefallenen US-Soldaten sind dort eingraviert.

Das Trauma des erfolglosen Krieges sollte die amerikanische Öffentlichkeit und Regierung auch noch Anfang der neunziger Jahre beschäftigen, als mit dem Einmarsch amerikanischer Truppen in den Irak der (zweite) Golfkrieg begann.

te arbeitet er in Sacramento als Mechaniker für die kalifornische Straßenbaubehörde. Es ist ein guter Job mit Pensionsanspruch und Krankenversicherung.

In der Mittagspause läuft er manchmal durch den Park vor dem Kapitol, wo sein oberster Dienstherr, der kalifornische Gouverneur, sitzt. Der Mann heißt Gray Davis und gehört der Demokratischen Partei an. Als Davis 1998 zum ersten Mal kandidierte, hatte Bill Babbitt ihn gewählt. Das war einer der Fehler, die er heute bereut. Ein kleiner Fehler.

Man muss Bill Babbitt nicht drängen, seine Geschichte zu erzählen. Er kommt dabei schnell außer Atem, er weint, und manchmal geraten ihm die Jahreszahlen durcheinander. Aber er hat sich das Reden als Therapie verordnet. Nicht gegen das Schuldgefühl, das ihn auf ewig verfolgen wird, sondern gegen den Hass und die Wut. Eigentlich müsste er sein Land verfluchen, bloß wäre er dann im Herzen heimatlos, und dafür ist er nicht stark genug. Die Babbitts haben zu lange darum gekämpft, Bürger dieses Landes zu werden. Also weht vor seinem Haus die amerikanische Fahne, die er auch nachts nicht mehr einholt, schon gar nicht jetzt, wo der nächste Krieg begonnen hat. Er bleibe Patriot, sagt er. »Trotz allem.«

Er ist, trotz allem, immer noch dankbar für diese Armee, die schwarze Einwanderersöhne wie ihn und Manny aufnahm und nachreichte, was ihnen bis dahin verwehrt geblieben war: einen Schulabschluss, eine saubere Unterkunft, Reisen um die Welt in der Uniform einer Supermacht. Bill Babbitt verpflichtete sich mit 17 Jahren bei der Navy, lernte Istanbul kennen, ankerte als »Kalter-Kriegs-Matrose« vor Kuba, wurde zum Fähnrich befördert. Das war ein rasanter Aufstieg für den Sohn eines kapverdischen Landarbeiters aus Massachusetts, der seine Kinder aus der Schule nahm und aufs Feld zum Arbeiten schickte. Nach vier Jahren Militärdienst verließ Bill Babbitt die Armee. Das Zeugnis der ehrenhaften Entlassung ist ihm bis heute heilig. Es war der Ausweis, endgültig in dieses Land aufgenommen worden zu sein. Er hatte das Recht eines guten Amerikaners erworben, seine Vergangenheit abzustreifen und irgendwo neu anzufangen. Bill zog auf der Suche nach dem guten Leben nach Kalifornien – mitten hinein ins Utopia der Hippie-Bewegung.

Das war 1967. Da war Manny, ebenfalls mit 17, gerade ins Rekrutierungsbüro marschiert, wollte wie sein großer Bruder heraus aus einer Welt, die ihm

bestenfalls einen Platz als Fließbandarbeiter in der örtlichen Schuhfabrik bot. Ein Offizier füllte den Eingangstest aus, weil der Junge kaum lesen und schreiben konnte. Manny absolvierte die Grundausbildung mit Bravour. Aus einem Analphabeten wurde ein Gefreiter des US Marine Corps. »*The few, the proud*« lautet deren Motto, »Semper Fi« ihr Schwur. In ewiger Treue. Manny, im Kopf immer langsamer als seine sieben Geschwister, war plötzlich der Held der Familie. Manny Babbitt kam nach Vietnam.

Manny hielt Autoscheinwerfer für die Lichter anfliegender Hubschrauber

Vielleicht, sagt Bill Babbitt, habe Gott schon damals, im Januar 1968, die Weichen für diese Tragödie gestellt. Da hatte er seinen kleinen Bruder aus den Augen verloren, saß in den Cafés der Westküste, demonstrierte gegen den Krieg, rauchte Joints und rief: »*Make love not war!*« Ein paar Mal ballte er bei Versammlungen der Black Panther die Faust, aber nie richtig fest. Revolution war seine Sache nicht. Er fühlte sich wohl bei den weißen Blumenkindern, die von sich glaubten, sie seien farbenblind.

Ein paar tausend Kilometer entfernt wickelte sich der Gefreite Manuel Babbitt nachts in Tarnnetze, damit ihn die Ratten nicht bissen. Er stank wie alle Soldaten in den Erdbunkern von Khe Sanh nach Urin und Angstschweiß. Tagsüber ging er auf *body count patrol* und sammelte die Leichen und Gliedmaßen gefallener Kameraden ein, oder er feuerte von seinem Panzerfahrzeug »Bienenkörbe« in die feindlichen Linien. So nannte man Granaten, die mit Tausenden kleiner Stahlpfeile gefüllt waren. Wenn er getroffen hatte, sah er die Körperfetzen feindlicher Soldaten durch die Luft fliegen.

Die Schlacht um Khe Sanh dauerte 77 Tage. Über 15 000 Vietnamesen und 900 Marines starben. Manny Babbitt überlebte mit einem Granatsplitter im Kopf, mehreren Tapferkeitsmedaillen an der Brust und wurde noch im Dauerfeuer zum Obergefreiten befördert. Es war ein rasanter Aufstieg für den Sohn eines kapverdischen Landarbeiters in Massachusetts.

Ein Krieg kann auch die zerstören, die das Schlachtfeld überleben. Das weiß man seit langem. Was im Amerikanischen Bürgerkrieg von Armeeärzten als »Soldatenherz« diagnostiziert wurde, nann-

284

te man im Ersten Weltkrieg *shell shock,* im zweiten Kriegsneurose: Albträume, Desorientierung, Herzrasen, Angstzustände. In Korea und Vietnam erlaubte die amerikanische Militärführung ihren Soldaten kürzere Einsatzzeiten und längere Urlaube. Die Zahl derer, die an der Front kollabierten, sank drastisch. Das Problem schien gelöst. Dann kehrten die ersten Veteranen aus Vietnam zurück, viele nicht älter als Mitte 20, viele drogenabhängig, viele durchdrungen von der Angst vor einem allgegenwärtigen Feind und von den Bildern der Verheerung, die sie angerichtet hatten. Manny Babbitt bekam 1969 seine Entlassungspapiere, doch in seinem Kopf ging der Krieg weiter, von dem das Land bald nichts mehr hören wollte. Er stürzte langsam, aber unaufhaltsam ab – erst in die Drogenszene, dann ins Gefängnis, dann in die Psychiatrie – bis elf Jahre später sein Bruder kam und ihn aufzufangen versuchte.

Als Bill im November 1980 Manny am Greyhound-Busbahnhof in Sacramento abholte, hatte er noch nie etwas vom posttraumatischen Stress-Syndrom gehört. Manny war an der Ostküste wegen paranoider Schizophrenie behandelt worden. Auch darunter konnte sich Bill nichts vorstellen. Er wusste nur, dass Manny aus Angst vor Angriffen nachts seine Kinder aus den Betten riss, Autoscheinwerfer für Lichter anfliegender Hubschrauber hielt und Ferienhäuser für vietnamesische Hütten, die man plündern darf. War Manny mal nicht im Gefängnis oder in der Psychiatrie, lief er mit seinem verdreckten Kampfanzug durch die Straßen – betrunken oder auf LSD oder beides, in den Händen zerquetschte Bierdosen, mit denen er klapperte, als wären es Kastagnetten. Seine Frau ergriff irgendwann mit den Kindern die Flucht.

Es war bei den Babbitts immer schon ehernes Gesetz, dass Zuflucht findet, wer nicht auf eigenen Beinen stehen kann. Manny, so beschloss die Familie, kommt zu Bill an die Westküste, nach Kalifornien, wo der Himmel höher hängt und man seine Vergangenheit so leicht abstreifen kann. In Sacramento hatte Bill für sich die Ordnung einer bürgerlichen Existenz entdeckt. Bill hatte Linda geheiratet. Linda ging nicht in Kneipen, sondern in die Kirche. Er hatte einen guten Job bei der Southern Pacific Railroad. Er hatte seine Schwester und Mutter von Massachusetts in den Westen geholt. Er war jetzt der älteste Mann im Babbitt-Klan, er übernahm Verantwortung. Es zog ihn wieder in die Kirche – nicht zu den Katholiken wie in seiner Kindheit, sondern zur Calvary Christian Church, einer protestantischen Erweckungskirche, wo die Menschen »auch ohne Alkohol und Marihuana positiv dachten«. Den Pastor kannte er noch von den Versammlungen der Black Panther.

Er würde Manny einen Job besorgen, ihn mit anständigen, fürsorglichen Frauen bekannt machen, ihn langsam aus dem Krieg in die Gegenwart holen, bis Manny selbst wieder in die Zukunft sah.

Mannys Ankunft feierten sie mit der Mutter in einer Kneipe. Nach dem dritten Bier sprang Manny auf den Tisch, ließ sich in den Schneidersitz fallen und begann zu summen wie ein buddhistischer Mönch. Am nächsten Tag schnappte er sich ein Fahrrad, klemmte Bierdosen in die Speichen und fuhr klappernd und glücklich wie ein kleiner Junge ums Haus. Er trug nichts anderes als seinen Kampfanzug. Bill musste ihn zwingen, sich zu waschen. Jedes Bewerbungsgespräch endete damit, dass sich der potenzielle Arbeitgeber in seinen Stuhl duckte, während Manny wild gestikulierend von »fliegenden roten Fleischfetzen« erzählte. Bill beschloss, seinen Bruder nach Weihnachten zum Amt für Veteranen zu bringen, »damit die sich um ihn kümmern, weil ich das allein nicht schaffte«. Anfang Dezember ließ sich Bill in der Calvary Christian Church taufen. Alkohol, Marihuana und die abendlichen Kneipenbesuche mit Manny waren von nun an Tabu. Deshalb zog Manny in der Nacht des 18. Dezember allein los.

Bill übergab seinen Bruder der Polizei und vertraute auf Gerechtigkeit

An dieser Stelle fällt Bill Babbitt immer in den Konjunktiv, seziert all die Momente, in denen er das Schlimmste hätte verhindern müssen. Nie hätte er ihn abends allein gehen lassen dürfen. Er hätte auf dem Polizeirevier, am Morgen des 21. Dezember, einen Anwalt hinzuziehen müssen. Er hätte sich sofort Geld für einen guten Psychiater leihen müssen. Aber Bill Babbitt verbarrikadierte an diesem Morgen nur die Tür zu seinem Haus, weil er Angst hatte, sein Bruder könnte Amok laufen. Dann ging er allein zur Polizei. Es goss in Strömen, daran kann er sich gut erinnern. Es wollte den ganzen Tag nicht hell werden.

Das Protokoll, aufgenommen am 21. Dezember 1980 von Detective Terry Brown, Mitglied der

285

Mordkommission in Sacramento, beschreibt einen emotional aufgelösten Zeugen, der angibt, im Schrank seines Bruders Rollen mit Kleingeld, zwei Uhren und ein Feuerzeug mit den Initialen LS gefunden zu haben. Sein Bruder sei am Morgen des 19. Dezember mit einem blutigen Lappen in der Hand nach Hause gekommen. Der Zeuge sagte weiter aus, er habe in der Zeitung von einem unbekannten Täter gelesen, der in der Nacht des 18. Dezember die 78-jährige Leah Schendel zu Tode geprügelt und mehrere Rollen mit Münzen, zwei Uhren und ein Feuerzeug mit ihren Initialen entwendet habe. Der Zeuge bat unter Tränen, bei der Festnahme seines Bruders keine Gewalt anzuwenden. Sein Bruder sei Vietnam-Veteran und brauche dringend psychiatrische Hilfe.

An diesem 21. Dezember führte Bill Babbitt die Polizei zum Haus seiner Schwester, wo Manny mit deren Kindern spielte. Bill ging allein hinein und sagte: »Komm Kleiner, wir gehen eine Runde Billard spielen. Ich werd dir ordentlich einheizen.« Manny lachte, griff seine Jacke, folgte ihm auf die Straße und wurde in Handschellen gelegt. Bill stammelte: »Manny, es kommt alles in Ordnung, es wird alles gut.« Manny habe ihn die ganze Zeit angesehen, sagt Bill Babbitt, »erstaunt wie ein Kind«.

Manny Babbitt hat bis zuletzt beteuert, keinerlei Erinnerung an die Tatnacht zu haben, in der er – eine Flasche Brandy, LSD und PCP im Blut – die Haustür Leah Schendels eintrat, mit dem ersten Schlag das Gebiss der 1,55 Meter kleinen Frau zertrümmerte, mit dem zweiten ihre Kopfhaut aufriss, dann noch zehnmal zuschlug. Über die bewusstlose Frau legte er eine Bettdecke, schnürte einen Gebetsriemen um ihren linken Knöchel, nahm mit seiner blutverschmierten Hand den Telefonhörer ab und verschwand schließlich mit Uhren, Kleingeld und Feuerzeug. Irgendwann in dieser Nacht starb Leah Schendel an Herzversagen – als Folge der Schläge.

»Wenn ihr sagt, dass ich es war, wird es stimmen«, sagte Manny auf dem Polizeirevier. Das Verhör wurde auf Tonband aufgenommen. Man kann Bill Babbitts Stimme hören, der seinen Bruder um Vergebung anfleht, weil er ihn in die Arme der Polizei gelockt hat. »Ich wollte nicht, dass sie dir wehtun. Ich hab das für dich getan. Verzeih mir.« – »Ich verzeih dir.« Man hört auch die Stimme von Detective Brown, der zu Manny sagt: »Ich versichere Ihnen, niemand will Sie in die Gaskammer schicken.« Bill Babbitt ging an diesem Abend nach Hause mit dem Ruch des Verrats in den Kleidern und dem eisigen Gefühl, das Richtige getan zu haben. »Ich hätte ihn beinahe in den nächsten Bus zurück an die Ostküste gesteckt. Aber dann hätte er irgendwann jemand anderes angegriffen.«

Kurz darauf wurde gegen Manny Babbitt Anklage wegen Mordes erhoben. Die Polizisten, die therapeutische Hilfe für seinen Bruder versprochen hatten, reagierten nicht mehr auf Bills Anrufe. Der Staatsanwalt war nicht zu sprechen.

Es folgte ein Prozess, wie er schon oft beschrieben worden ist. Auf der Geschworenenbank nahmen zwölf Weiße Platz. Der Pflichtverteidiger überbrückte die Verhandlungspausen mit Martinis und verlor später seine Anwaltslizenz wegen Alkoholmissbrauchs. Die Staatsanwälte präsentierten den Angeklagten als einen von Drogen entfesselten, schwarzen Gewalttäter. Niemand brachte zur Sprache, dass Manny Babbitt im März 1968 mit einem Granatsplitter im Kopf und »totalem Gedächtnisverlust« aus Khe Sanh auf ein Lazarettschiff gebracht und sieben Tage später wieder in die Schlacht geschickt worden war. Kein psychologischer Gutachter wurde bestellt, der die grausam-bizarre Szene am Tatort hätte erklären können: Der Angeklagte hatte in der Tatnacht wahrscheinlich einen Flashback erlebt. Er hatte feindliches Feuer gehört, in einer »Hütte« Schutz gesucht, deren schreiende Bewohnerin zusammengeschlagen. Er war wieder auf *body count patrol* gegangen: Leichen zudecken, mit einer Schnur am linken Knöchel markieren, per Feldtelefon den Helikopter rufen. Er hatte sich aus der »Hütte« ein paar »Andenken« gegriffen, *souveniring* nannte man das in Vietnam.

Als das Gericht am 14. Mai 1982 das Strafmaß aussprach, saß Bill wie an jedem Verhandlungstag im Saal. Es dauerte ein paar Sekunden, bis ihn der Urteilsspruch wie eine Lawine erfasste: »Wir, die Geschworenen, verhängen gegen den Angeklagten die Todesstrafe.« Er vernahm die unterdrückten Jubelrufe von Leah Schendels Angehörigen. Er sah Manny, der wie in Zeitlupe aus einem Wasserglas trank. Bill Babbitts erster klarer Gedanke war: »Wie erkläre ich das unserer Mutter?«

Die amerikanische Justiz lässt sich Zeit mit der Vollstreckung ihrer Todesurteile. Durchschnittlich neun Jahre vergehen bis zur Exekution. Bei Manny Babbitt waren es 17. Staatsanwälte beklagen, das Warten sei eine seelische Qual für die Familien der Mordopfer, die mit der Hinrichtung des Täters endlich ihre Trauerarbeit abschließen wollten. Über die Angehörigen der Todeskandidaten redet niemand. Sie werden mitschuldig qua Verwandtschaft. Das ist ein Grund, warum Bill Babbitt nicht aufhört, diese Geschichte zu erzählen, warum er mit Mannys Totenschein vor Kirchengemeinden und Bürgerrechtsvereinen auftritt, obwohl er erst lernen musste, »lange Vorträge zu halten«. Irgendwann wird vielleicht ein Sheriff im Publikum aufstehen, ein Gefängnisdirektor oder Staatsanwalt, und sagen: »Mister Babbitt, Sie haben das Richtige getan, und wir haben Sie betrogen.« Es wäre ihm wichtig, diese Worte von einem Weißen zu hören, denn gerade den Weißen will

die Geschichte eines Mannes, der immer noch ein guter Staatsbürger, ein guter Amerikaner ist. Vor ein paar Monaten, sagt er, habe er im Gebet endlich die Kraft gefunden, Gouverneur Gray Davis zu verzeihen, der Mannys Hinrichtungsbefehl unterzeichnet hat. Vielleicht ist das der enorme Schritt eines Gottesfürchtigen, vielleicht die hilflose Geste eines Ohnmächtigen. Wohl beides.

17 Jahre saß Manny in der Todeszelle, Bill gab die Hoffnung nicht auf

In der Nacht zum 4. Mai 1999 war die Luft lau in San Quentin, dann zog ein scharfer Wind auf, und die Demonstranten drängten sich in kleinen Gruppen zusammen. Mehrere hundert Veteranen hatten sich vor

Auf dem Vietnam Veterans Memorial in Washington, das komplett aus privaten Spenden finanziert wurde, sind alle Namen der in Vietnam gefallenen US-Soldaten verzeichnet.

er beweisen, dass er »kein hasserfüllter Schwarzer« ist. »Ich glaube weiter an das System«, sagt er, »auch wenn es mich im Stich gelassen hat.« Das ist sein letzter Triumph: Er kann seine Geschichte erzählen,

dem Gefängnistor versammelt, mit ihnen die übliche Gemeinde der unbeirrbaren Todesstrafengegner: Mitglieder von Amnesty International, Nonnen, Priester, Quäker. Gray Davis, der demokratische Gouverneur, hatte am 30. April das Gnadengesuch des Häftlings

C50400 abgelehnt. »Unzählige Menschen haben die Brutalität des Krieges und anderer Katastrophen durchlitten«, hieß es in der schriftlichen Begründung. »Aber solche Erfahrungen entschuldigen nicht brutale Attacken auf wehrlose, gesetzestreue Bürger.«

Reportern, die seine letzten Worte und Zuckungen protokollieren würden. Wen sonst sollte er nehmen als seinen großen Bruder, mit dem er als Kind Muscheln geknackt hatte, den großen Bruder, der ihm in die Armee vorausgegangen war; der ihn immer

Manny Babbitt saß 17 Jahre im Todestrakt des Gefängnisses von San Quentin.

Am 3. Mai, seinem 50. Geburtstag, gab Manny Babbitt über Telefon dem *San Francisco Chronicle* ein letztes Interview. »Ich bin nicht bitter. Ich habe keine Angst. Ich habe meinen Frieden gefunden und ich hoffe, diejenigen, die mein Leben nehmen wollen, finden ihn auch. Gott schütze sie. Semper Fi.«

Manny wollte von seiner Familie nur Bill als Zeugen seines Todes. Das erscheint wie die schlimmste Strafe für den Mann, der ihn an die Polizei ausgeliefert hatte. Aber Manny Babbitt wünschte sich wohl nur eine verwandte Seele zwischen den Angehörigen von Leah Schendel, die sich von seiner Exekution ein Ende ihres Horrors erhofften, und den

vor dem Schlimmsten hatte bewahren wollen. Und wer außer Bill hätte es ausgehalten, sein Sterben mit anzusehen?

Also ging Bill Babbitt kurz vor Mitternacht durch das Spalier der Vollzugsbeamten, vor ihm Laura Thompson, die Enkelin von Leah Schendel, die ihm in den letzten Wochen wie ein Schatten zu jeder Demonstration, jeder Mahnwache und Talkshow gefolgt war, um Mannys Tod zu fordern. »Bill, das geht nicht gegen Sie persönlich«, hatte sie ihm einmal zugerufen. Die Beamten standen breitbeinig mit vorgestreckter Brust und hinter dem Rücken verschränkten Händen, die Augen ins Nichts gerichtet.

Bill Babbitt schwört bis heute, dass er Mitgefühl in ihrem Blick sah. Wahrscheinlich stimmt das. Manny war beliebt bei Insassen und Wärtern, ein Kriegsheld, ein liebenswerter Bär, bei dem ein paar Schrauben locker waren. »Helfen Sie ihm«, hatte ein Schließer einmal zu Mannys Anwälten gesagt. »Der Kerl gehört nicht hierher.« Bill Babbitt ging in dieser Nacht durch das Spalier und tat etwas, was einem vorkommen muss wie ein bizarrer Akt der Unterwerfung. Er blickte jedem Wärter ins Gesicht und flüsterte: »*Thank you.*« Manny hätte das so gewollt, sagt er.

Der *San Francisco Chronicle* berichtete am nächsten Morgen, dass sich die Zeugin Laura Thompson um 0.32 Uhr, fünf Minuten nach Beginn der Hinrichtung, entsetzt abgewandt habe. Der Bruder des Delinquenten sei »emotionslos« gewesen. Um 0.37 Uhr wurde Manny Babbitt für tot erklärt.

Eine Zeit lang wäre Bill Babbitt ihm gern gefolgt. Selbstmord schien ein Ausweg aus seiner ganz privaten Hölle, aus dem Albtraum der Hinrichtungskammer und dem Begräbnis wenige Tage später. Die Veteranen hatten Geld gesammelt, um den Leichnam nach Wareham in Massachusetts zu überführen. Sie bestatteten ihn mit militärischen Ehren, feuerten den Ehrensalut. Es war ein wunderschöner Tag im Mai, die Apfelbäume blühten, die Mutter zerschnitt die Luft mit ihren Schreien, und Bill stammelte wie ein Ertrinkender: »Mama, bitte nicht. Nicht hier.«

Er weiß bis heute nicht, ob ihm seine Mutter verziehen hat, ob das, bei aller Liebe zu ihm, überhaupt möglich ist. 17 Jahre lang hatte er beteuert: »Mama, es wird alles gut. Manny wird nicht sterben«, und sie hatte ihm geglaubt. Sie hatte ihm geglaubt, dass die neuen Anwälte Erfolg haben würden; dass die »Armee Gottes«, für die er in der Kirche gebetet hatte, Manny retten würde. Und Gott schien zu hören: Wenige Monate vor der Hinrichtung sandte das US Marine Corps zwei Offiziere in Paradeuniform nach San Quentin, um dem Häftling C50400 das Purple Heart an die Brust zu heften, die Auszeichnung des amerikanischen Militärs für im Krieg erlittene Verletzungen. »Semper Fi«. Die Marines ließen niemanden im Stich, und die Babbitts waren sicher, dass der Staat keinen Mann hinrichten würde, dem er noch einen Orden verleiht. Bill hat das Purple Heart seiner Mutter gegeben. Es ist »Mannys Herz«, sagt sie.

Mannys Kinder, inzwischen erwachsen, kamen letzten Sommer zu Besuch. Sie waren warm und herzlich zu ihm, aber wie sollen sie aussprechen können, was er hören will?: Onkel Bill, du hast das Richtige getan.

Ein anderer Neffe, Billy junior, der Sohn seiner Schwester, ist ihm ans Herz gewachsen wie ein eigenes Kind. Billy junior, so scheint es, hat stellvertretend für die Familie in diesem Land noch einmal neu angefangen. Er hat auf dem Weg, ein guter Amerikaner zu werden, die Stationen dieses Albtraums durchlaufen, als wäre nichts gewesen. Billy junior ging nach der Schule zu den Marines. In der Gardeuniform des Corps sah er so unverwundbar aus wie damals Manny. Er wurde im Kosovo eingesetzt. Das war kein schmachvoller, sondern ein guter Krieg, geführt von Soldaten, die eine »kugelsichere Psyche« haben. Zumindest behaupten das die Militärpsychologen, die sie vor und nach den Kampfeinsätzen betreuten.

Billy junior wurde vergangenes Jahr ehrenhaft aus der Armee entlassen und hat in der zivilen Welt einen guten Job gefunden. Er wird Gefängniswärter in San Quentin. Auch diese Uniform, sagt sein Onkel, stehe ihm gut. Als Bill Babbitt erfuhr, dass sein Neffe zum Dienst im Todestrakt eingeteilt worden ist, zuckte er dann doch zusammen. Bevor Billy junior die erste Schicht antritt, will Bill Babbitt ihm einschärfen, dass er in jedem Häftling immer den Menschen sehen muss. Der Junge wird ein guter Gefängniswärter, da ist sich Bill Babbitt sicher. Und keiner könne jetzt noch behaupten, dass sich seine Familie nicht um Aussöhnung mit diesem Land bemühe, dessen Fahne vor seiner Haustür weht.

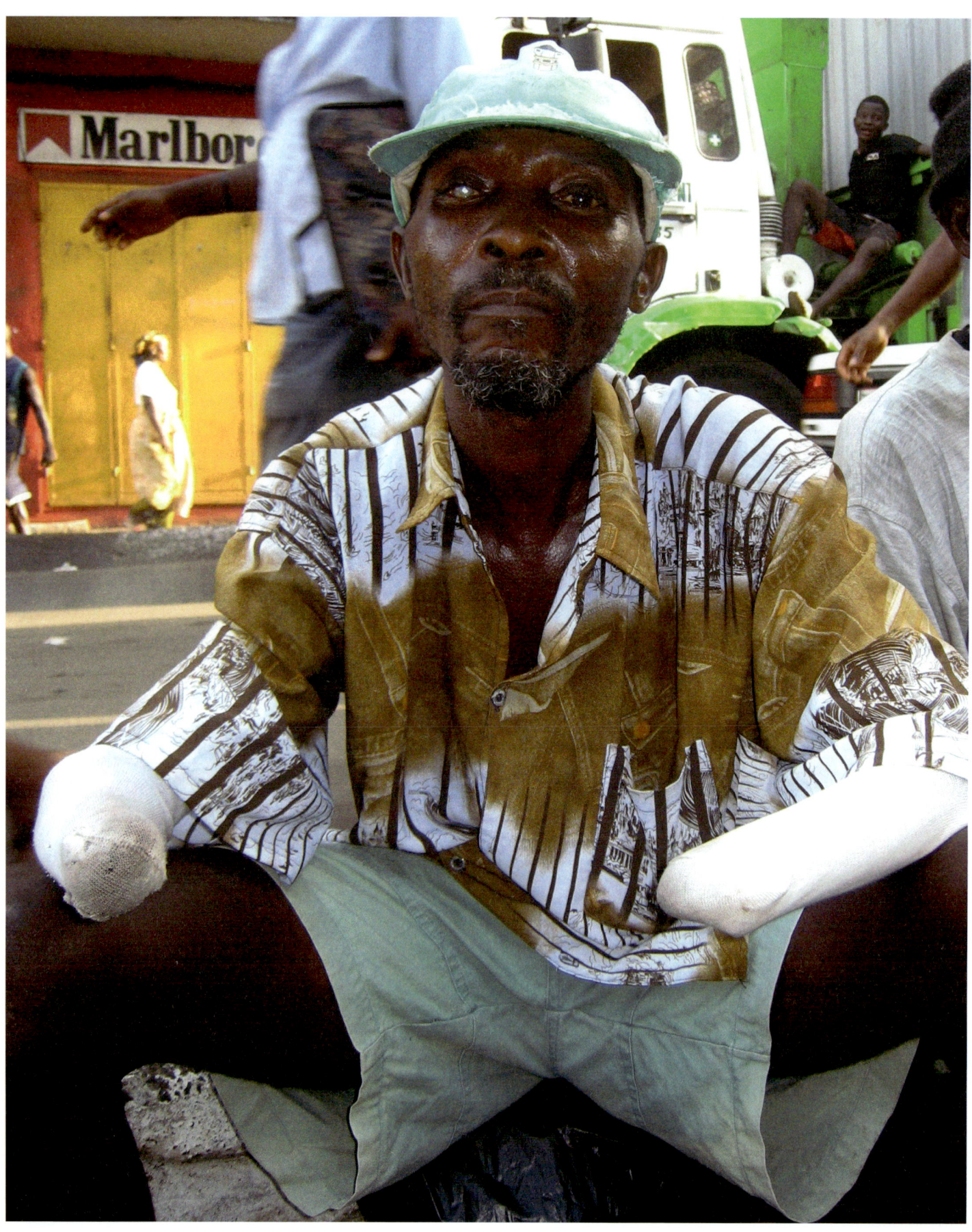

Ein Opfer der Rebellen sitzt auf einer Straße in Freetown in Sierra Leone. Während des Bürgerkriegs wurden Tausende Menschen von Bewaffneten verstümmelt.

Killer üben Nächstenliebe

Traumatisiert von einem brutalen Bürgerkrieg, organisieren die Menschen in Sierra Leone mit Hilfe der Vereinten Nationen ihre Versöhnung. Täter und Opfer wollen die Gesellschaft gemeinsam wiederaufbauen

Von **CHRISTIAN SCHÜLE**, erschienen in der ZEIT am 26. Februar 2004

Für diese Reportage wurde Christian Schüle mit dem Hansel-Mieth-Preis 2004 ausgezeichnet.

Er ist gekommen. Es ist nicht schwer, ihn zu erkennen. Er ist klein. Er hat dürre Beine. Er ist 34. Er kommt jeden Tag zwischen zwölf und zwei. Reden kann er nicht. Er hat keinen Mund. Um den Hals gewickelt ist ein großes weißes Handtuch, das sein Gesicht verdecken könnte, wenn er eines hätte. Er hat das Gesicht verloren, als ihm an der Grenze von Sierra Leone zu Guinea der Machetenhieb eines Kindersoldaten die Oberlippe, das Zahnfleisch und die rechte Wange abschlug. Es ist schwer, sich das Nichts unter dem weißen Handtuch vorzustellen. Zwei Jahre lief er mit einem fehlenden Gesicht durch den Busch von Sierra Leone. Sein Restkiefer hatte sich versteift. Er konnte nicht mehr kauen. Er stopfte sich Wurzeln und Blätter durch die verbliebene Mundöffnung. Er rieb alles an den Zähnen klein. Als Mitarbeiter einer Hilfsorganisation ihn fanden, sah er aus wie eine halbverweste Leiche. Es galt als Wunder, dass er noch lebte. Sein Name ist Tamba.

Kein Krankenhaus war funktionsfähig, kein Arzt vorhanden, der ein Gesicht hätte bauen können. Also brachte man Tamba ins Stadion von Freetown zum Screening für die Aufnahme auf das christliche Hospitalschiff *Anastasis*. Tausende standen Schlange, um von den Ärzten der *Anastasis* für eine kostenlose Operation ausgewählt zu werden. Die Leute hatten Tagesmärsche hinter sich. Sie pilgerten aus dem Busch nach Freetown. Kinder auf dem Rücken, Hoffnung im Gepäck. Im Radio hatten sie es angekündigt, Plakate hingen aus, die Fama war schnell: Die weißen Ärzte sind wieder da!

Sie lieben das Gnadenschiff aus Amerika, weil es Heil und Heilung verspricht und die Zuwendung

Zur Sache

2002 vereinbarten die Vereinten Nationen und Sierra Leone die Schaffung eines Sondergerichtshofs für Sierra Leone mit Sitz in Freetown, der Hauptstadt des westafrikanischen Landes. Er soll die Hauptverantwortlichen jener schweren Verbrechen verfolgen, die während des 2002 feierlich für beendet erklärten Bürgerkriegs in Sierra Leone geschahen. Ein Novum ist dabei die kombinierte Anwendung internationalen und nationalen Rechts.

Die wichtigsten der angeklagten ehemaligen Anführer der Rebellenarmee RUF (Revolutionary United Front) konnten nicht vor Gericht gestellt werden: Foday Sankoh starb in Untersuchungshaft, Sam Bockarie wurde Meldungen zufolge in Liberia erschossen. Der Ex-Innenminister Samuel Hinga Norman erlag vor Eröffnung des Prozesses einem Herzinfarkt. Die ersten Urteile lauteten 2007 auf 45 bis 50 Jahre Haft für drei ehemalige Anführer des 1997/98

machthabenden Armed Forces Revolutionary Council. Ausdrücklich wurde ihnen auch die Rekrutierung von Kindersoldaten angelastet.

Im selben Jahr begann – aus Sicherheitsgründen in Den Haag – der Prozess gegen Charles Taylor, den zeitweiligen Präsidenten Liberias. Er gilt als maßgeblicher Drahtzieher hinter der RUF und soll sie u.a. gegen Diamantenlieferungen mit Waffen ausgestattet haben.

barmherziger Chirurgen. Nie zuvor haben sie eine Spritze gesehen. Sie wissen nicht, was ein Arzt kann. Sie haben ballongroße Tumore am Hals, faustgroße Zysten im Gesicht. Sie haben Hasenscharten, sind blind und schielen. Sie haben zertrümmerte Schädel und verrutschte Augen. Kinder mit Tumoren gelten als verhext. Frauen mit Vaginalfisteln werden ausgestoßen. Verhexte und Ausgestoßene wandern als Unberührbare umher. Die Krankenhäuser Sierra Leones sind im Bürgerkrieg niedergebrannt, 80 Prozent der Eliten nach Nigeria, Gambia, Großbritannien oder in die USA geflohen, darunter fast alle Ärzte. Im ganzen Land gibt es nicht einen Anästhesisten, nicht einen Radiologen, es gibt einen Psychiater. Die Bevölkerung misstraut dem staatlichen Gesundheitssystem, in dem Ärzte für einen Kaiserschnitt 150 Dollar verlangen, zutiefst. Also hat Sierra Leone die höchste Muttersterblichkeitsrate der Welt, und jedes dritte Kind ist tot, bevor es fünf ist. Die Straßen sind voll mit Poliopfern, die mit abgespreizten Gliedmaßen wie Insekten durch den Verkehr hüpfen; Hunderttausende sind malariakrank; in den Slums entleert man sich in Erdlöcher oder Bäche, aus denen Trinkwasser geschöpft wird. Seit Kriegsende versammelt sich das halbe Sierra Leone in Freetown, drei Millionen Traumatisierte in einer gedemütigten Stadt, deren Nähte mit 500 000 Menschen bereits zum Platzen gespannt wären. Dazu die dreifach gestiegene Auto-, Abgas- und Verkehrsmenge in der Stadt, dreifach gestiegener Lärm, dreifach gestiegenes Chaos.

Tamba ist zum Kai gekommen, weil er täglich den Verband wechseln lässt. Ihm gaben die *Anastasis*-Ärzte OP-Termine, weil ihm die Rebellen das Gesicht genommen hatten und das, was die Ärzte sahen, nichts mit dem Ebenbild Gottes zu tun hat, das der Mensch ihrer Ansicht nach sein soll. Fünfmal hatten britische und deutsche Gesichtschirurgen Tamba im vergangenen Jahr in einem der drei OP-Säle auf Deck B operiert. Er war Dauerpatient des Gnadenschiffs im Hafen von Freetown. Er hatte paranoide Fantasien. Er sprach nicht mehr mit farbigen Menschen. Die weißen Schwestern lasen ihm aus der Bibel vor, und die deutschen und britischen und amerikanischen Ärzte beteten mit ihm. Und als der Muslim Tamba an Heiligabend einen Spiegel verlangte und sah, was er war, wollte er sterben, was man nicht zuließ.

Der Muskel, den die Chirurgen von Tambas Schläfe in die Mundhöhle gezogen hatten, war das Symbol einer Neuschöpfung: als sei er ein neuer Muskel, mit dem das Land wieder ein Gesicht erhält, und als sei die neue Haut, die sie auf Tambas Kopf züchteten, eine unvergiftet-reine, um die Wunden einer zehnjährigen Selbstvernichtung zu überziehen; als sei der Stiel, der von der Schulter auf die Wange gepflanzt und zur Oberlippe hochgeklappt wurde, die Lippe zu einem Mund, mit dem eine vom Wolfsrachen ihrer Geschichte entstellte Gesellschaft die Worte einer Selbstversöhnung sprechen könne. Als sei Tambas neu entworfenes Gesicht ein Akt plastischer Volkschirurgie: das neu geformte Gesicht des nach UN-Index ärmsten Landes der Erde, in dem seit dem 7. Juli 1999, dem offiziellen Ende des brutalsten Bürgerkriegs im 20. Jahrhundert, die vereinte Welt modellhaft an der Rettung einer verloren gegangenen Zukunft arbeitet.

Dann kamen sie. Mal hieß es, sie seien schon da, mal, sie kämen erst in Tagen. Die Angst stieg mit jedem Morgen. Sie kamen in der Nacht zum 6. Januar 1999. Mild war es. Trockenzeit. Horrorzeit. Sie kamen aus der Dämmerung des herankriechenden Tages durch die Mangrovenwälder und Sümpfe nach Freetown East. Sie trugen blaue Overalls und Tarnanzüge. Sie trugen Hass in den Gesichtern. Vornweg liefen die Kinder, Munitionskisten auf den Köpfen, Benzinkanister und Maschinengewehre in den Händen. Sheku Jalloh und Saidu Kargbo marschierten in vorderster Front, ohne sich zu kennen, und Sheku machte sich auf, den Präsidenten zu suchen. Sie kamen von Osten in die Stadt und gingen zum State House. Sheku stand vor dem State House und wusste nicht, wie der Präsident aussieht. Sie hassten den Präsidenten. Warum sie ihn hassten, wussten sie nicht. Sie hatten ihn hassen gelernt in der Schule der Gewalt. Sheku feuerte seine AK 47 auf den Helikopter, mit dem Präsident Ahmad Kabbah nordwärts floh.

Die Rebellen brachen über Freetown herein wie eine Epidemie. Sie plünderten Geschäfte, schossen in die Luft, schossen in Köpfe. Sie amputierten Hände und Füße. Sie schnitten Ohren ab, Lippen durch, Bäuche auf. Und auf einmal standen fünf von ihnen im Schlafzimmer von Jariatu Kamara. Ob Sheku Jalloh oder Saidu Kargbo unter ihnen war, kann nicht mehr festgestellt werden, wohl aber, dass der 6. Januar 1999 das schwarze Loch der Geschichte ist. »Ich flehte: bitte, bitte!« Der Standventilator bewegt 30 Grad feuchte Luft durch das drei auf drei Meter große rot gestrichene, glühbirnengedimmte Wohnzimmer, als sich die schöne, in ein mangogelbes Kleid gehüllte Frau auf den Boden wirft und das

United Methodist Church nebenan. »Hi!«, sagt sie. Sie ist jetzt 14, hat die mandelförmigen Augen und überhaupt die ganze grazile Schönheit ihrer Mutter. Im Hinterhof von fünf wellblechverkleideten Behausungen hocken irgendwelche Cousins von Nachbarn bei kleiner Flamme auf dem Boden und grillen Lamm. Die Moskitos schwirren. Von irgendwoher

Am 3. April 2006 musste sich Charles Taylor erstmals wegen Kriegsverbrechen und Verbrechen gegen die Menschlichkeit vor dem internationalen Sondergerichtshof für Sierra Leone verantworten.

Drama nachspielt. »Ich flehte: nicht meine Tochter! Tötet mich!« Einer mit der MG wollte ihre Zia zur Frau. »Die da!«, hatte er befohlen. Zia war neun. Der Rebell war zehn. Er hatte einen stieren Blick. Er roch nach Alkohol. Er packte Zia. Seine dritte oder vierte Fleischware. Vielleicht wäre sie so oft vergewaltigt worden wie jene Frauen, deren Gebärmütter herausfielen, sodass sie das Organ in den Händen halten mussten, wenn sie durch die Straßen gingen. Zia hatte Glück, dass ihre 16-jährige Tante leiser heulte. Der Rebell schwenkte um. Er wollte die andere zur Frau. Die, die nicht so laut klagte.

Irgendwann schneit Zia herein. Sie war beim Abendgottesdienst in der Jawle Lewis Memorial

dringt süffig ein Reggae-Bass in den Hof. Musik groovt, stampft und wabert ohne Unterlass. Eine von Jariatus Freundinnen wirft ein: »Der 6. Januar war die Hölle. Die Rebellen kamen und wollten meine ganze Familie töten. Da hat mein Mann gesagt: Wartet, ich habe was für euch. Wir haben ihnen die letzten beiden Flaschen Palmöl gegeben, und sie sind abgezogen.«

Zia, ihre Tante, Mutter Jariatu, die Freundinnen, sie alle danken noch heute vor allem Gott, dass unverhofft die nigerianischen Alphajets der Ecomog-Friedenstruppe am Himmel auftauchten und die Rebellen Deckung suchen mussten und sie, die Frauen, irgendwie mit dem Leben davonkamen, was einem Zufall gleichkäme, wenn sie hier an Zufälle glaubten und nicht an göttliche Fügungen.

Sheku Jalloh jagte an jenem Mittwochmorgen den Präsidenten vergeblich. Stattdessen schnitt er einem Mann die Hände ab und schickte sie Kabbah ins State House. An jenem Morgen verdickte der Qualm der angezündeten Häuser die Luft, und es wurde nicht Tag. Überall gellten Schreie. Wasser spritzte, Leitungen hingen herab. In den Hauseingängen lagen erschossene Väter und Mütter. Kinder irrten umher. Manche Rebellen aßen tote Zivilisten, um zu Kräften zu kommen. Im Hafen der Stadt sah man auf Pfählen aufgespießte Köpfe, und später erzählte man sich, dass zehn schwangere Frauen lebendig begraben wurden, weil man Freetown beschützen wollte und davon ausging, dass Gott die Gebete Unschuldiger am ehesten erhöre.

Bridget sonntäglich anrufen, bevor sie den Teufel austreiben und mit ihm die Erinnerungen an das Inferno, als der Mensch des Menschen Wolf war, was über 50 000 das Leben kostete.

Dann kommt der Lord in sie. Sie singen und tanzen, klatschen und klagen, versunken ins Transzendente, Männer im Anzug oder Batikumhang, Frauen in Trachten aus fliederfarbenem Damast, Kleider von rot-gelb geblümter Kunstseide, großäugig staunende Säuglinge über die Schultern gelegt, während das Schlagzeug den Heiligen Beat drischt und der Pastor ein imperatives »Halleluja!« vorbetet, bevor Bridget im Crescendo zu gospeln beginnt, Tonika: »*Worship God*«; Dominante: »*Je-ho-va!*«; Subdominante: »*A-men!*« Es ist der Blues der Vergebung, in dessen Shuffle sie, die Bibel auf dem Kopf, in der Polonaise

Arbeiter in einer Diamantenmine. Der Bürgerkrieg in Sierra Leone war nach Überzeugung vieler Beobachter ein Diamantenkrieg.

Die Sonne ging nicht auf. Obwohl es hell wurde, an jenem 6. Januar 1999 blieb die Sonne fern, und noch jetzt ist die Seele der Menschen so verschattet, dass sie nur ein gütiger Gott zu heilen vermag, der christliche, den Pastor Mark Sesay und seine Frau

durch die schlichte gelb gestrichene Halle wippen, gesungen im Calvary Worship Center der Assemblies of God Church in Tintafore, mitten im seelisch zerfetzten Sierra Leone, wo der Staub terracottafarben ist, und nach einer Stunde Vorspiel – »Gott ist gut!« – »Halleluja!«– »Gott ist gut zu DIR!« – beklatschen sie sich lachend, heben die Arme, winken und gleiten ins warme Gospel-Dur des elektrischen Klaviers, das Pastor Mark, unter Ray-Charlesschem Kopfwackeln, enthemmt betatscht. Sie beschwören, hoffen, lieben, sie zelebrieren eine Lektion Hingabe um kurz vor zwölf, wenn der Schweiß die Hemden nässt, und es ist eine Verschmelzung von Leib und Seele, die Leidenschaft eines Glaubens an die heilende Kraft des Evangeliums, aus der sie Energie zum Weiterleben schöpfen und ihrem Gegner vergeben, weil Jesus allen Menschen vergeben hat und weil die Rebellen nicht wussten, was sie taten …

Draußen steht ein trauriger junger Mann. Für seine Jugend wirkt er zu ernst, für das harte Leben auf dem Land zu fein. Scheu kommt er herüber, drückt, mit dem regungslosen Blick zu oft erschütterter Augen, dem weißen Gast einen Zettel in die Hand, wortlos, biegt ab, geht fort. Wird er wiederkommen? Auf dem Blatt steht in großen symmetrischen Blockbuchstaben ein Name: THOMAS M. SENGEH. Der Name eines Vermissten? Eines Toten? Eines Mörders?

Zwei Stunden später, in einem gerade gezimmerten Anbau, kommt das erahnte Gespräch zustande. Thomas Sengeh ist heute 16, vielleicht, und er lebt im inneren Exil. Er war Rebell. Er kämpfte für die RUF. 1991 war die RUF (Revolutionary United Front), ideologisch, finanziell und materiell gepäppelt durch Liberias Rebellenführer und späteren Diktator Charles Taylor, von Kenema im Osten aus losgezogen, um die Diktatur des damaligen Staatspräsidenten von Sierra Leone, Joseph Momoh, zu stürzen. Je länger er ging, desto vertrackter wurde der Bürgerkrieg: Rebellen fochten gegen loyale Armeeinheiten, Rebellenarmee und illoyale Armeeeinheiten mit Rebellen gegen die so genannten Kamajors, lokale, von der Regierung mit Schrotflinten und MGs ausgerüstete Bürgerwehren, die ihre Dörfer verteidigten; dazu kamen Militärputsche, ständig wechselnde Regierungen und marodierende Ecomog-Truppen aus Nigeria und Guinea, die eigentlich Frieden stiften sollten.

Für ihren unerschütterlichen Kampf brauchten die Rebellen Geld, Waffen, Nahrung und Menschen. An einem Tag im Jahr 1996 überfiel eine Einheit die Secondary School in Makeni und entführte ein Dutzend Schüler. Thomas Sengeh war damals vermutlich neun. Er wurde verschleppt, kam drei Monate in ein Trainingscamp, lernte schießen und hassen. Dann war er Rebell. Er musste Munitionskästen auf dem Kopf tragen, Wasserflaschen schleppen, Straßensperren aufbauen. Drei seiner Cousinen sollten Rebellenware werden. Zwei verweigerten sich und wurden sofort erschossen. Eine ging mit fort und wurde nie mehr gesehen. Der Commander zwang die Kinder, auf Frauen zu schießen. Zwei von Thomas' Freunden verneinten. Sekunden später waren sie tot. Wer sich Befehlen widersetzte, wurde erschossen oder zwei Tage in ein Erdloch eingegraben, wer zu fliehen versuchte, mit einem Stromkabel ausgepeitscht. Thomas zieht das Shirt hoch. Die schwarze Haut ist übersät mit Narben. »Peitschenhiebe«, sagt er und sieht zu, dass das Shirt wieder anständig sitzt.

»Dann zogen wir los, von Makeni übers Land. Wir steckten ganze Dörfer in Brand.« Thomas redet leise, auf Krio, das sie in Sierra Leone sprechen, das durch die Dialekte der 14 Stämme angereicherte Englisch der britischen Kolonialherren, nach deren Abzug 1961 30 Jahre Verfall und Korruption das Land lähmten, ehe aus seinen Eingeweiden unmenschliche Monstrositäten schlüpften. »Zwei von den Rebellen sahen eine schwangere Frau, dann wetteten sie, ob das ungeborene Kind ein Junge oder ein Mädchen ist. Einer schlitzte der Frau den Bauch auf, riss das Baby heraus. Der Gewinner feierte seinen Wettsieg mit Schüssen in die Luft. Die Mutter verblutete. Das Baby warfen sie in den Fluss.«

Drei Jahre lang war Thomas' Alltag das Töten, das Brandschatzen, Plündern, Rauben und Schänden. »Ich stand neben dem Haus, die vier Kameraden bemerkten mich nicht, und dieses junge Mädchen sah mich an. Sie vergewaltigten es, immer wieder. Ich musste weinen, da kam einer von ihnen herüber und schlug mich mit dem Kabel, weil Weinen verboten war.« In neun Jahren Krieg wurden Tausende Frauen vergewaltigt. In Sierra Leone leben zu 75 Prozent Muslime. Eine vergewaltigte Frau gilt als entehrt. Über eine Vergewaltigung spricht man nicht. Ohnehin können die Grausamkeiten nur geflüstert ertragen werden, und irgendwann versagt dem Rebellen Thomas Sengeh, der einmal Chirurg werden will, die zarte Stimme. Er geht heim in eine der licht- und seelenlosen Betonbaracken des 15. Bataillons der Nationalarmee, wo er mit Truthähnen, Küken und nackten Kindern zu leben hat, mit der Mutter, der verbliebenen Schwester und dem gut gekleideten Stiefvater, der sein Leben lang loyaler Soldat der Regierungsarmee war und, hätte der Zufall es gewollt, seinem Stiefsohn im Busch als Todfeind hätte begegnen können.

Die Opfer fanden ihre Stimme wieder. Irgendwann erzählten sie den Mitarbeitern der vom Hochkommissar für Menschenrechtsfragen der Vereinten Nationen eingesetzten Wahrheits- und Versöhnungskommission, was während des Bürgerkriegs geschehen war. Anfang des Jahres hat die Kommission ihre Aufarbeitung abgeschlossen, ihr von der im Mai 2002 wiedergewählten Regierung Kabbah erliehenes Mandat lief Silvester aus. Der Bericht für Kofi Annan ist in Arbeit, insgesamt verwertet er 10 000 in eineinhalb Jahren gesammelte Aussagen. Sierra Leone ist seit dem 7. Juli 1999 offiziell befriedet. Friede ohne inneres Gerüst aber ist nicht möglich. Das innere Gerüst ist die Vergebung. Vergebung setzt Versöhnung voraus. Wie aber organisiert man Versöhnung in einem Land, in dem es Gräuel gab, die David Crane, der amerikanische Chefankläger des UN-Sondergerichtshofs in Freetown, als »über Ruanda und Jugoslawien hinausgehend« und »in den Annalen der Kriegsverbrechen bisher ungesehen und ungehört« bezeichnet?

Man steigt in die Tiefe der Kultur. Man sensibilisiert die gesamte Bevölkerung. Man geht hinab in die kleinsten Einheiten. Man atomisiert das Geschehene. Man schickt Teams in alle zwölf Distrikte. Man wendet sich an die traditionellen Führer der Gemeinden, die Paramount-Chiefs, die religiösen Autoritäten, die Pastoren, Priester, an die, die Sitten definieren, Gebräuche überwachen, Werte schaffen und Normen formulieren. Man bindet den Interreligiösen Rat ein, den Rat der Kirchen von Sierra Leone, Flüchtlingshilfswerke, Unicef und die Vereinten Nationen. Man bringt, wie einst in Südafrika und Ruanda, Täter und Opfer in aller Öffentlichkeit an einen Tisch und steuert die Dynamik der Volksgesprächstherapie. Man lässt die Rebellen im Fernsehen auftreten, um Verzeihung bitten und die Bevölkerung Kindersoldatenschicksale erfahren, die Entführungen, Folterungen, Disziplinierungen, so wie es auch in Liberia geschehen ist, so wie es derzeit in Uganda geschieht.

Geschuldet ist der Friede von Sierra Leone der größten und erfolgreichsten Friedensmission der Vereinten Nationen, Unamsil genannt, anfangs 17 500, jetzt 11 500 Soldaten stark, jährliche Kosten 600 Millionen Dollar, Abzug Ende 2004. Die Welt hat Interesse an ihrem Vorzeigemodell. Weltbank, African Development Bank, EU-Kommission und Großbritannien geben Geld und Geduld.

Ruhe ist eingekehrt. Nach zwei Jahren eindringlicher Selbstbefragung ist die Seele Sierra Leones erschüttert, aber stabil. Das Volk ist gewaltmüde und friedsüchtig. »Wir haben Hunderte Mitarbeiter auf die Dörfer entsandt«, sagt Franklyn B. Kargbo, der Vorsitzende der Wahrheitskommission, mit beglücktem Bass, »wo sie über einen längeren Zeitraum die Strukturen des traditionellen Konfliktmanagements der 14 Stämme in Sierra Leone studiert haben. Die Gespräche in den Gemeinden endeten dann jeweils in einer sieben Tage dauernden Versöhnungszeremonie.« Überall fanden religiöse Rituale statt, bei denen die Exkombattanten wieder aufgenommen wurden, indem man ihnen, übertragen gesprochen, die blutgetränkten Hemden und Hosen wegnahm, sie mit Wasser reinwusch, ihnen die Tracht der Stämme und somit eine neue Identität gab.

Solcherart Versöhnung ließ sich durch die Kraft des Religiösen entfalten, weil der Krieg keine religiösen Ursachen hatte. Die Sierra Leoner rühmen sich ihrer Toleranz: Muslime heiraten Christinnen, Christen Musliminnen, es wird munter konvertiert, und bei allem mischen sich animistische Relikte, Ahnenkult und Geheimbündlerei mit ein. Fanatiker gibt es nicht, jedenfalls will niemand welche kennen. Ob Allah oder Jehova, das ist egal. Es gibt nur einen Gott. Man glaubt an den gleichen. Wichtig ist, dass man glaubt.

»Wir waren überrascht«, so Kargbo fortfahrend, »wie engagiert die Gemeinden am Versöhnungsprozess arbeiten wollten, und wir waren zugleich etwas enttäuscht, dass sich diese Begeisterung nicht bis hinauf in die politische Klasse durchgesetzt hat.« Es gibt Gerüchte, in den Parlamentsparteien säßen noch heute Sympathisanten der Rebellen; andere, dass an Waffen, vornehmlich aus Osteuropa, über politische Kanäle leicht zu kommen sei. Der Vorzeigefriede ist fragil und die soziale Lage ähnlich schief wie kurz vor Ausbruch der Kämpfe 1991: kaputte

Straßen, Trinkwassermangel, kein Essen; offizieller Strom nur von acht morgens bis fünf am Nachmittag, gekaufter Strom aus teuer bezahlten Dieselgeneratoren; das in den Küchen ubiquitäre Palmöl ein Dollar der halbe Liter, weil die meisten Palmen abgebrannt sind und neue erst gepflanzt werden müssen.

Jetzt, da sich die Psyche des Landes allmählich zu erholen scheint, da die Recherchearbeit der Versöhnungskommission vor dem Ende und der Sondergerichtshof, mit Verfahren gegen dreizehn bereits angeklagte und neun nur erst inhaftierte mutmaßliche Kriegsverbrecher, kurz vor der Eröffnung steht,

gierung mit Unterstützung der UN-Friedensmission ein Programm zur »Demobilisierung, Entwaffnung und Reintegration« aufgesetzt, dessen vordringlichstes Ziel die Entwaffnung von 73 000 Exkombattanten der Rebellen, der Rebellenarmee, der zivilen Verteidigungskräfte lokaler Bürgerwehren und der Streitkräfte der nationalen Armee war. Das Mandat ist gerade abgelaufen. Klugerweise, wie Francis Kai-Kai, der Generalsekretär des Programms, sagt, habe man Entwaffnung mit Reintegration verknüpft. »Die Idee hinter allem war, alle Kämpfer vom ersten bis zum letzten Schritt zu begleiten.«

Das Leben kehrt zurück in die zerstörten Städte: Schreiner verkaufen auf der Straße in Koidu hergerichtete Bettgestelle.

hat sich ein neuer Begriff des Politischen offenbart: Vergeben, aber nicht vergessen. Vergebung ohne Erinnerungstilgung. Spirituelle Hygiene. Innerer Frieden ist eine Frage von Geduld und Großherzigkeit. Innerer Friede ist nicht möglich, wenn der äußere nicht gesichert ist. Friede geht also nur über Entwaffnung und Reintegration. Deshalb hat die Re-

Jeder im Land sollte verstehen, warum die UN-Truppen im Auftrag der Regierung die Kämpfer aus dem Busch holten, jeder sollte verstehen, warum Friede bedeutet, den Bruder, die Schwester, den anderen zu akzeptieren, vielleicht zu lieben, jedenfalls nicht zu töten. Die Rebellen brauchten eine neue Identität. Sie waren jung, von Macht und Einfluss verdorben. Sie raubten und nahmen, was sie wollten, Geld, Tiere, Frauen, Kühlschränke. Im Frieden haben sie nichts mehr. Kein Haus, keinen Freund, keinen Halt. Jetzt müssen sie zurück, zu den Witwen und Waisen, zu Müttern und Vätern, in die verwüstete Heimat. »Wer seine Waffe abgab, trug sich in eine Liste ein, bekam einen Reintegrationsausweis

ben, schossen, zündeten seine Wohnung an, erschossen seine sechsjährige Tochter, zogen weiter. Alpha robbte sich heraus, sah tote Freunde und amputierte Arme und Bekannte ohne Ohren. Er überlebte, irgendwie, verbrachte drei Jahre im Amputee Camp in Freetown-Aberdeen, mit Tausenden anderen, die irgendwie überlebt hatten. Vor vier Monaten verfrach-

Kindersoldaten der Revolutionary United Front (RUF) posieren im Oktober 1999 mit ihren Waffen in einem Militärlager der Rebellen.

und erhielt ein Startkapital von 150 Dollar, cash auf die Hand, Grundbedürfnisversorgung, für Kleidung, Essen, Medikamente«, sagt Kai-Kai, wohl wissend, dass diese Art erkaufter Versöhnung umstritten ist, da hier Täter scheinbar belohnt werden, während ihre Opfer nach wie vor nicht mehr zum Leben haben als, rein statistisch gesehen, 50 Cent täglich. Und die meisten so dahindarben wie der 30-jährige Alpha Lansana im neu gebauten Dorf Motema, das der Norwegian Refugee Council im Busch kürzlich aus dem Nichts erschaffen hat.

Rebellen klopften an Lansanas Haustür. 6. Januar 1999, sie traten die Tür gleich ein, kamen ins Schlafzimmer, legten auf ihn an, zielten auf die Kniescheiben-

tete man Alpha von Freetown in den Busch nach Motema. »Zweimal täglich bitte ich Gott um das täglich Brot und ein langes Leben.« Bislang hat Gott ihn erhört. Sein täglich Brot ist Bulgur, ein Getreide. Alpha, seine Frau, die drei verbliebenen Kinder und sein jüngerer, am grauen Star langsam erblindender Bruder kriegen pro Monat einen Sack Bulgur. Nicht von der Regierung. Von der amerikanischen NGO World Vision.

Im Eck der Küche, in der sonst nichts steht, steht der 50-Kilo-Sack mit dem Aufdruck »USA«. Mittags gibt es Bulgur. Abends gibt es Bulgur. Ein Hühnchen kostet zwei Euro. Zwei Euro sind ein Vermögen. In Motema gibt es keine Hühner. Alpha sitzt im Rollstuhl. Sein Rollstuhl ist defekt. »Ich habe nichts zu tun.« Er hat jeden Tag nichts zu tun. Wenn er könnte, würde er wieder mit Kakao und Kaffee handeln wie vor dem Krieg. Zwei seiner Kinder sind raus zum Betteln. Sie gehen jeden Tag betteln. Wenn sie wiederkommen, essen sie Bulgur. Alpha kriegt keinen einzigen Leone von der Regierung. Keinen Leone von sonst wem. Er kriegt jeden Monat einen Sack Bulgur. »World Vision hat gerade beschlossen, die Bulgur-Lieferungen aufzugeben«, sagt Alpha. Den Grund kennt er nicht. Er ruft Gott weiter um sein täglich Brot an. Was soll der zerschossene Alpha Lansana im idyllischen Busch von Motema sonst tun, da nichts zu tun ist?

»Sehen Sie«, sagt Francis Kai-Kai im nüchternen Ton des Versöhnungstheoretikers, »die ersten Tage nach der Entwaffnung sind die schwierigsten für die Kämpfer und entscheidend für einen stabilen Friedensprozess. Wir gaben ihnen die Freiheit, alles zu tun, was sie wollten.« Die Kämpfer mussten sich nur registrieren lassen und konnten sich dann eintragen für eine Schreiner-, Schuhmacher-, Hufschmied- oder Schneiderlehre. Es gab welche, die das Feld bestellen wollten, andere, die zurück in die Schulen gingen, und jene, die nichts wollten außer einem Job und keinen gefunden haben und nun betteln oder handeln, womit auch immer, was nicht ungefährlich ist. Denn wenn es nichts mehr zu handeln gibt, keinen Job, nur Frustration, handeln sie bald mit Waffen oder nennen abermals »Rebell!« ihren Beruf, und dann sind sie wieder wer, kleine Terminatoren mit einer Lust an der Verführung der Macht, mit der Lust am Respekt, den man ihnen entgegenbringt, dann ist der Stolz groß und der labile soziale Friede dahin.

Das Reintegrationsprogramm lief für jeden der registrierten Exkombattanten ein halbes Jahr lang, zu 30 Dollar monatlich je für Essen, Unterrichtsbücher oder Schuluniformen. In diesen sechs Monaten sind viele Bürgerkrieger Teil der neuen Bürgerschaft, der Gemeinden, Teil der sich schöpfenden Gesellschaft geworden. Sie haben begonnen, sich selbst zu vergeben, zu verstehen und manchmal sich zu schämen für Dinge, die sie Frauen wie Salematu Thoronka angetan haben.

Dazwischen passt ein Beinpaar. Vierzig Betten stehen in der Krankenstation des umgerüsteten Kreuzfahrtschiffs *Anastasis* an Freetowns Deep Water Quay. Die Bettenauslastung ist total. Auf Deck B ist es so eng wie lebhaft: Kinder, Gatten, Eltern; Prediger in Aufruhr, Schwestern in Gebetsinnigkeit. Zu sehen: geschwollene Gesichter, aufgepumpte Hälse, genähte Lippen, gehobene Augen, sich beim Atmen sackartig aufblasende Gesichtshäute. In Bett 33 liegt eine 26-jährige, allem Anschein nach kleinwüchsige Frau. Über ihr hängt der Fernsehmonitor, in der Endlosschleife wird ein Zeichentrickfilm gespielt: Moses, durchaus martialisch. Salematu Thoronka hat sich auf die rechte Seite gedreht. Ihre Stimme ist leise. Oben brüllt der Moses sein Volk auf Amerikanisch an. Die Kinder blicken auf den Monitor, und aus dem Nichts fängt Salematu zu berichten an, von jenem Samstag im Jahr 1997, als die Rebellen in ihre Heimatstadt Makeni einfielen, als sie, ihre Eltern und ihre sieben Geschwister sich vor dem Haus aufstellen mussten.

Der Vater sollte alles Geld herausgeben. Er habe keines, so der Vater. Da steckte einer ihm einen Schein zu, ein anderer holte denselben sogleich heraus, und ohne zu zögern schoss ein Dritter dem Vater ins Herz. Wer weine, sagten die Rebellen, werde gleich dazu erschossen. Sie räumten das Haus aus, und während sie es anzündeten, begaben sich die vaterlosen Thoronkas auf den Weg ins nächste Dorf. Salematu lief vornweg. »Ich musste den ganzen Weg lang weinen.« Kurz vorm Dorfeingang kamen aus dem Buschdickicht vierzig Rebellen, einige sieben, acht, andere dreißig oder vierzig Jahre alt. Ihr Commander war eine große, kräftige Frau. »Sie nannten sie Adama.«

Du sollst nicht weinen!, habe Adama sie angeherrscht, sagt Salematu, und sie sagt, dass zwei von Adamas Rebellen einen Streit inszeniert hätten: Beide Füße, nein, beide Arme, nein, lieber den Po oder die Hände oder Po und Füße? »Lass uns ziehen!« Sie beschrifteten und zerknüllten sechs Zettel und warfen sie in einen Topf. Salematu musste einen Zettel ziehen. Einer faltete auf, las vor, und dann packte sie jemand von hinten, und Adama sagte: Okay. Zwei Rebellen schlugen Salematu mit der Machete beide Pobacken ab, schälten das Fleisch herunter wie Schlachter. Sie waren betrunken und jubelten. Dann legten sie Salematus rechtes Bein auf einen Holzstamm. Der Schlachter benötigte drei Hiebe, um den Fuß vom Schienbein zu trennen. Der Fuß fiel zu Boden. Die Zuschauer johlten und lachten.

Für den linken Fuß brauchte der andere Schlachter ebenfalls drei Hiebe. Das machte die Schlachter zu Helden. Salematu wurde ohnmächtig.

An den Schmerz kann sie sich nicht erinnern. Sie weiß aus Erzählungen, dass ihr Bruder sie suchte, fand, die Wunden stopfte, die Stummel in Tücher hüllte, sie über die Schulter legte, in ein anderes Dorf rannte, wo er Überlebende fand, die Wein gaben, mit dem sie die Wunden behandelten. In Makeni übergab er Salematu den nigerianischen Ecomog-Truppen, die sie in ein Krankenhaus einwiesen, wo in jenen Tagen Hunderte Fuß-, Bein-, Hand- und Armamputierte ihre Stummel pflegten.

Salematu Thoronka kam im Januar auf die *Anastasis,* weil sie einen Dekubitus am Ischiasnerv hat, ein Loch im wund gelegenen Fleisch. Vor kurzem haben die Ärzte Oberschenkelhaut transplantiert und das Loch überspannt. Den körperlichen Schmerz erträgt sie.

»Und die Erinnerungen?«

»Ich habe nichts weiter zu wollen, als zu vergeben.«

»Kann man sich das vornehmen?«

»Jesus hat gesagt: Vergib ihnen, denn sie wissen nicht, was sie tun. Also soll ich das auch tun. Ich bete jeden Tag zu Gott.«

Oben führt Moses sein Volk aus Ägypten. Die Tochter schläft. Abie ist das vierte Kind. Salematus Mann starb vor sechs Monaten an Malaria. Zwei Tage fieberte er. Dann war er tot. Vor ein paar Monaten hat Salematu Adama gesehen. Sie ging an ihrem Haus vorbei. Hätte sie sie ansprechen sollen? Vielleicht? Nein, vermutlich hat Adama nicht gewusst, was sie tat …

Wer mit Hass im Herzen lebt, lebt nicht. Salematu lebt. 500 000 Menschenleben hat der Bürgerkrieg gekostet. Und Salematu Thoronka lebt. Ihr Leben geschieht im Liegen. Aber es geschieht. Sie spielt mit den pflaumenfarben lackierten Nägeln ihrer Finger, und oben flieht Moses fort ins Gelobte Land.

Wie konnte dieser Krieg möglich sein? Alle stellen sich diese Frage, immer und immer wieder, und niemand vermag zu sagen, was genau die Ursachen waren. Die meisten haben den Glauben an das Gute im Menschen verloren und glauben nur noch an Gott. Nie, sagt Pastor Mark Sesay nach der Feier des Geistes in Tintafore, zu der er, auch unter den Patienten

auf der *Anastasis* für den Herrn werbend, allsonntäglich die Exkämpfer und ihre Opfer einlädt, habe es vorher, nie nachher ein solches Ausmaß an Rohheit, Raub, Mord und Gewalt gegeben. »Wir zeigen den Menschen, wie man zu vergeben lernt, wie sie die Verbitterung loswerden, wie sie Freude finden und lernen, Gott zu vertrauen, dass er ihre Umstände ändert.«

Im Krieg, sagt der Pastor, seien viele zu Christen geworden, weil die Christen den Opfern beigestanden hätten. Seit Kriegsende strömen die Menschen von den Straßen und aus dem Busch in die lagerhallenartigen Gotteshäuser, um sich von den Methodisten, den Baptisten, den Neuapostolikern oder den Assemblies of God, wie Mark es ausdrückt, »retten« zu lassen. Die Sierra Leoner, sagt der lächelnd-zarte, seelenfangende Missionar, seien friedfertig und friedliebend, und freundlich sind sie in der Tat, sanft, hilfsbereit, gastfreundlich, aufgeschlossen, warmherzig, von britischer Zurückhaltung, fast lethargischer, jedenfalls anrührender Gelassenheit, das entgeht einem nicht. Valnora Edwin, Menschenrechtsbeauftragte der einheimischen NGO Campaign for Good Governance nun aber sagt, die Reizbarkeit habe zugenommen. Es gebe Spannungen, die Hemmschwelle sei generell gesunken, man wisse, dass Rebellen gejagt und geprügelt würden, dass Schüler Lehrer schlügen, Lehrer Schüler und dass der Drogenmissbrauch gestiegen sei, kurzum: »Der Krieg hat die Gesellschaft vergiftet.« Die Hälfte der Bevölkerung ist unter 30. Die Analphabetenrate liegt bei 80 Prozent. Die meisten Exkombattanten fahren Taxi, doch die Gallone Benzin kostet drei Dollar, und es gibt jetzt viele Taxis und noch mehr Privatautos und kaum jemanden, der sich eine Fahrt leisten kann. Keiner weiß, wer da am Steuer sitzt. Im Taxi schweigt man besser. Sheku Jalloh und Saidu Kargbo flüstern ohnehin meist. Man kennt sie. Man kennt ihre Gesichter. Manchmal wechseln sie die Straßenseite. Sie weichen den Frauen aus, die sie vergewaltigten, und den Kindern, deren Eltern sie töteten.

Die Rebellen öffneten die Gefängnisse von Freetown am jungen Mittwoch, dem 6. Januar 1999, und ließen Angehörige der vormaligen Militärjunta frei. Sie versorgten sie mit Waffen, und sie zogen zum State House. Sheku sagt, er sei damals 13 gewesen. Heute sei er 17. Sein Körper ist reifer. Vermutlich ist er 20. Vielleicht heißt er auch gar nicht Sheku. Vielleicht ist der scheue Sheku ein anderer im selben vernarbten Körper. Vielleicht hat er sich eine neue Identität geschaffen, vielleicht eine bekannte geborgt. Vielleicht glaubt er daran. Vielleicht spielt er damit. Wahrscheinlich ist, dass die meisten der 25 000 Kindersoldaten in Sierra Leone nicht wissen, wann sie geboren wurden. Sicher ist, dass sie erst jetzt zu leben anfangen, als Christ, als wiedergeborenes Ich, das liebt und hofft und leidet.

Jetzt betet Sheku allabendlich mit Saidu. Saidu ist Shekus bester Freund. Wenn es Saidu als Saidu wirklich gibt. Am 6. Januar 1999 war Saidu Kargbo 12, wenn es stimmt, dass er heute 17 ist. Er war der Zweite Commander der Rebelleneinheit um einen Führer namens Superman. Der hat ihn im Alter von drei Jahren entführt und Saidu getauft. Dass Saidu Bepi Berton liebt, daran gibt es keinen Zweifel. Bepi Berton hat ihn den Rebellen entrissen, irgendwann nach dem 6. Januar 1999, als Saidu einen Checkpoint bewachte. Manches bleibt unklar. Wenn es passt, macht Saidu von seinem Recht auf Amnesie Gebrauch. Verbürgt ist, dass Bepi Berton, in weißer Robe und in Begleitung zweier Nonnen, den Rebellen zugerufen hat: »Lasst die Kinder gehen!« Dann hat er Saidu gewunken, in seinen Jeep gepackt und ist, mit weißem Tuch am Rückspiegel, im Bomben- und Patronenhagel durch das infernalische Freetown gefahren. Warum es Saidu war, ist nicht zu erklären. Zu erklären ist nur, dass es missionarischer Eifer war, der Bepi Berton trieb.

Am Ende des mäandernden Pfades zum Meer, durch ein halb geöffnetes Eisentor, eröffnet sich in Lakka Beach die Welt von St. Michael's, in deren Geheimnis eine Tafel einführt: »Christ gestern heute und ewiglich.« Das Gebäude, ein altes 40-Zimmer-Hotel, ist ein Haus der Bedürftigen, in dem 60 elternlose, von den Eltern verstoßene, gliedmaßenamputierte, rebellengeschwängerte Waisen-, Straßen- und Kriegskinder zusammen das Prinzip Hoffnung leben. Der Pfad zur gelebten Vergebung führt zu Vater Bepi Berton in St. Michael's, dem Missionar der St. Francis Xavier Missionary Society, der, vor 72 Jahren im norditalienischen Vicenza geboren, seit 1964 in Sierra Leone lebt, das Land, die Menschen und ihre Kultur erfahren hat, die korrupten Präsidenten, den regierungsamtlichen Diamantenschmuggel, die Armut, den Verfall der Sitten, das Sterben Gottes. Lieber als jedes priesterliche Pathos praktiziert er einen unerschrockenen Stoizismus, mit dem er den seelenverkümmerten Kindern Liebe predigt.

Lange können sie nicht an einer Stelle sitzen. Sie tippeln mit den Füßen, stehen auf, setzen sich wieder. Und dann erzählen sie den anderen beim gemeinsamen Essen in St. Michael's Küche, wie es sich anhört, wenn ein Bein mit der Kettensäge gefällt wird. Shekus anderer Freund heißt Umar. Er war es, dem die Rebellen die Beine »geschält«, das Fleisch herabgeschnitten, den linken Fuß abgehackt haben. Zehnmal wurde er in den vergangenen zwei Jahren operiert. Sei's drum. Umar klatscht Sheku in die Hand. Er klatscht einen Mörder ab. Er klatscht die Vergangenheit ab. Dann humpelt er an den Strand, um nichts zu tun und kurz darauf wieder zurückzuhumpeln, und Sheku zieht sein Hemd hoch und weist, »hier!«, auf Schnittnarben auf seiner Brust hin, dann auf die am Handgelenk: »Sie haben uns mit Rasierklingen die Haut aufgeschnitten und Kokain reingerieben.«

»Sie?«

»Die Commander. Alle zwei Tage. Marihuana und Kokain. Da fühlt man nichts mehr, kein Mitleid. In solchen Zuständen haben wir die Frauen aufgeschlitzt.«

Es ist nicht zu sagen, wer aus Sheku spricht. Manchmal bricht ein fratzenhaftes Lachen hervor, kurz darauf fällt er in sich zusammen. Tagesalbträume. Nächtliches Schwitzen. Irgendwelche Geister. Jeden Tag. Wenn es um ihre persönliche Verantwortung geht, reden Sheku und Saidu schnell vom Wahnsinnspulver, mit dem sie zu Kampftieren gemacht worden seien, obwohl gerade Saidu Zweiter Commander war und mit seinen 12, 13 Jahren 500 Leute so befehligt hat, dass die einfältigeren der Kameraden ihm – da kommt die Fratze! – Geschenke machten und er auf ihre Füße schoss, wenn er Geld oder Schmuck wollte. Wenn das alles wieder zu bedrängend wird, wenn sie sagen wollen, dass sie jetzt geläutert seien und sich für all die Entmenschlichungen schämten, dann reden sie von Vater Berton und von Gott. Sie hoffen, dass Gott ihnen endlich die Erinnerungen nimmt und dass Vater Berton ihnen dabei hilft.

Am Strand von Lakka Beach begegnet Sheku drei Mädchen, die sich prostituieren. Sie rufen ihn »*fuckin' Nigga*«. Mindestens eine könnte er damals … »*Fuckin' Nigga!*«, schreien sie wieder. Sheku ist zum ersten Mal verlegen. Ist es echte oder inszenierte Scham? Viele Frauen Freetowns kennen Shekus Gesicht. Er muss eine Vergewaltigungsmaschine gewesen sein. In die Stadt geht er nie. Seine Angst vor Menschen im Frieden ist zu groß. Und zu Hause, im Distrikt Kono, will ihn keiner haben.

Kono liegt an der Grenze zu Liberia und Guinea. Hier wütete der Bürgerkrieg besonders heftig, denn Kono sitzt auf Diamanten. Der Bürgerkrieg war nach Überzeugung vieler ein Diamantenkrieg. Die

Kriegsvernarbt ist sie noch jetzt, und unverdrossen wird in den Straßen gemauert, gesägt, gehämmert. Schreiner wuchten neu geschnitzte Bettgestelle an den Rand der Kainkordu Road, deren roter Staub sich auf alles Erreichbare legt. Mit Palmwedeln wird der Boden gefegt, Gestalten kriechen aus Schlitzen und Löchern, Männer flanieren, das Transistorradio am Ohr, von hier nach dort, Frauen balancieren Schalen mit Riesenmakrelen auf dem Kopf, und immer dominieren die weißen Pick-ups, Landrover und Lkws der Vereinten Nationen das Bild einer Straße ohne Regelwerk.

Um Koidu herum ist die Erde aufgeworfen. Man spricht von 100 Diamantenminen. 1500 Dollar kostet die Lizenz für ein Jahr, die das Minenministeri-

Bedrückende Armut herrscht in Sierra Leone, wie hier in einem Slum in der Hauptstadt Freetown. 80 Prozent der Bevölkerung leben von weniger als einem US-Dollar pro Tag.

Rebellen gruben überall, selbst in den Kellern der Häuser der Provinzhauptstadt Koidu. Vor einem Jahr lag Koidu noch brach. Die Stadt war total zerstört.

um ausstellt. In Koidu sammeln sich die Exkombattanten und lassen sich von den meist libanesischen Lizenzbesitzern anwerben. Rebellen, Bürgerwehrkämpfer, ausgemusterte Kriegshelden, alle stehen verlumpt und knöcheltief im Schlamm des Eldorado und graben nach ihrem kleinen Glück, neben- und miteinander, für zwei Tassen Reis am Tag, zehn Stunden Bücken, Sieben, Ausschütten.

Und wenn die Moskitos kommen, gehen sie heim in ihre Lehmhütten, die Schaufel über der Schulter, das Sieb in der Hand, ohne dass der Tag einen Ertrag oder mindestens einen Sinn abgeworfen hätte, und im Dämmerdunst des Zwielichts beginnt in der Kainkordu Road, gegenüber dem verratzten Jackpot Palace, auf dem staubenden Platz vorm libanesischen Supermarkt Sky Kay Enterprises, sich plötzlich das Leben zu entäußern, und über der Stadt liegt ein wahnsinniger Friede. Unterm halben Mond schütteln, zucken, wackeln und drehen sich erst sechs, dann zehn, dann zwanzig Kinder und zaubern, zum stampfenden Beat des westafrikanischen Pop, mit ihren Körpern ein ekstatisches Wunderwerk hervor, und was als Kinderdisko begann, wächst sich Strophe für Strophe, Song für Song aus, erst kommen die Jugendlichen dazu und dann die Mittelalten und dann ein paar wippende Greise. Und dann tanzt die halbe Stadt, tanzen die einstigen Kontrahenten des brutalsten Bürgerkriegs moderner Zeiten, Freund und Feind vereint, singen und tanzen hinweg über die Abgründe ihrer traurigen Geschichte, versöhnt in der Magie des Moments.

Lexikon Sierra Leone (2004)

Hauptstadt: Freetown

Grenzen zu Guinea und Liberia

Offizielle Sprache: Englisch

Einwohner: 4,6 Millionen Menschen

Lebenserwartung: 38 Jahre

Staatsform: Parlamentarische Demokratie, Präsidialverfassung

Wichtigste Exportgüter: Diamanten, Gold, das Mineral Rutil

Pro-Kopf-Einkommen: 130 Dollar

80 Prozent der Bevölkerung leben unter der Armutsgrenze (1 US-Dollar/Tag)

Chronik:

1961:	Die britische Kolonie Sierra Leone wird unabhängig
1991:	Beginn des Bürgerkriegs zwischen Regierung und der Guerilla Revolutionäre Vereinigte Front (RUF)
1995:	RUF kontrolliert Diamantenhandel
1996:	Bei den Wahlen gewinnt der von Nigeria unterstützte Politiker Ahmad Tejan Kabbah und schließt Frieden mit den Rebellen
1997:	Teile des Militärs und der RUF stürzen Kabbah
6. Januar 1999:	Die Rebellen der RUF marschieren in Freetown ein
7. Juli 1999:	Friedensverhandlungen zwischen der Regierung Kabbah und der RUF in Lomé, der Hauptstadt Togos; offizielle Beendigung des Bürgerkriegs; 50 000 Tote, 1,6 Millionen Flüchtlinge, Zerstörung von 2500 Dörfern
August 2000:	Der Sicherheitsrat der UN beschließt auf Wunsch der Regierung einen Sondergerichtshof
Mai 2002:	Ahmad Tejan Kabbah wird als Präsident bestätigt
März 2004:	Beginn der Kriegsverbrecherprozesse des Sondergerichtshofs

Das Willy-Brandt-Haus, die Parteizentrale der SPD in Berlin.

Als ich rot wurde

Wie geht es einem, der in diesen Zeiten in die SPD eintritt? Nicol Ljubić hat es ausprobiert. Er begegnete Franz Müntefering und vergaß, ihn zu duzen, er ließ sich von Wolfgang Thierse beschimpfen, und manchmal glaubte er sich in einer Selbsthilfegruppe

Von **NICOL LJUBIĆ**, erschienen in der ZEIT am 2. September 2004

Für diese Reportage wurde Nicol Ljubić mit dem Theodor-Wolff-Preis 2005 ausgezeichnet.

Der Satz soll auf keinen Fall ironisch klingen. Ich habe ihn geübt, zu Hause vor dem Spiegel, mit verschiedenen Betonungen, mal auf »möchte«, mal auf »SPD«. Man soll mir glauben, dass ich es ernst meine. »Ich möchte in die SPD eintreten!«

Als ich vor dem Pförtner stehe, verschlucke ich aus Versehen das »in«, sage: »Ich möchte die SPD eintreten«. Er sagt: »Warten Sie, ich hole jemanden, der Ihnen hilft.« Dann greift er zum Hörer. Er wirkte nicht überrascht.

Es ist der 16. Oktober 2003, der Tag, an dem ich mich aufmache, die Gesellschaft zu verändern. Ein windstiller Tag. Die rote Fahne auf dem Dach des Willy-Brandt-Hauses hat sich schlaff um den Mast gewickelt.

Ein junger Mann in Jeans und Pullover kommt die Treppe herunter. »Du brauchst Hilfe?«, fragt er. »Ich möchte, ähm, Mitglied werden«, sage ich. »Schön«, sagt er, »wir freuen uns über jedes neue Mitglied.«

Er sagt auch: Dass er noch nicht erlebt habe, dass deswegen jemand extra ins Willy-Brandt-Haus kommt. Die meisten kämen, um ihnen das Parteibuch vor die Füße zu werfen. Was für eine wunderbare Partei die SPD sei, die beste und älteste, wie richtig meine Entscheidung sei und dass ich sie nicht bereuen werde – all das sagt er nicht. Er sagt, dass er nicht einverstanden sei mit der kurzsichtigen Politik der Regierung, die ihre Entscheidungen nach der Medienresonanz fälle und für die das Parteiprogramm keine Rolle spiele. Er sagt, die Arbeitskreise seien oft sehr dröge, und selbst die zehnte Wiederholung irgendeines Films im Fernsehen sei spannender. Und er sagt: Die Jungen würden von den Alten oft ausgebremst.

Zur Sache

Von 1990 bis 2007 sank der Anteil wahlberechtigter Bundesbürger, die politisch organisiert waren, von 3,8 auf 2,3 Prozent. Der Rückgang betraf alle im Bundestag vertretenen Parteien. Während sich der Trend 2009 für die Grünen, die LINKE und zeitweilig auch für die FDP umkehrte, hielt er bei den großen Volksparteien weiter an.

Einen deutlichen Schwund musste vor allem die SPD hinnehmen. Die traditionell mitgliederstärkste Partei der Bundesrepublik konnte in den sechziger und siebziger Jahren weiteren Zulauf verzeichnen, bis ihr 1976 über eine Million Menschen angehörten. Ab Anfang der neunziger Jahre sank diese Zahl von immer noch über 900.000 auf 513.000 im Dezember 2009. Schon im Jahr davor hatte die CDU die SPD bei der Zahl der Mitglieder erstmals überrundet. Anfang 2010 gehörten der CDU 517.000 Personen an. Das sind zwar etwas mehr als bei der SPD, ist aber der niedrigste CDU-Mitgliederstand seit zehn Jahren.

Besonders viele SPD-Austritte gab es 2003 und 2004: Aus Enttäuschung über den sozial- und arbeitsmarktpolitischen Kurs, den ihr Vorsitzender Gerhard Schröder als Bundeskanzler mit der Agenda 2010 eingeschlagen hatte, gaben damals viele Genossen ihr Parteibuch zurück. Manche der enttäuschten SPD-Anhänger wandten sich der LINKEN zu.

Ich fülle die Beitrittserklärung aus. In ungefähr drei Wochen, sagt er, würde ich Post bekommen. Er gibt mir seine Karte.

Die Erkenntnis: Man ist schneller Mitglied einer Partei als einer Videothek.

Eine Frage habe ich noch: Stimmt es, dass man sich innerhalb der Partei als »Genosse« anspricht? Er erzählt, wie er auf einem Parteitag Rudolf Scharping, damals noch in Amt und Würden, in der Aufregung als Herrn Scharping ansprach. Woraufhin der ihn anschaute und sagte: »Das heißt Genosse Rudolf.«

Ich werde mich daran gewöhnen müssen, dass ich zwar die Bäckerin sieze, auch den Busfahrer und die Kassiererin, den Kanzler der Bundesrepublik Deutschland aber duzen darf. Den Genossen Gerhard. Meinen Parteichef.

Es ist schon dunkel, als ich in die Gäblerstraße in Berlin Weißensee einbiege. Die Straße ist nicht beleuchtet, auch in den Mietshäusern brennt nur wenig Licht. In dieser Gegend war ich noch nie. Die Begegnungsstätte der Arbeiterwohlfahrt ist in einem Eckhaus untergebracht. Es ist der 29. Oktober 2003, kurz nach halb sieben, ich bin auf dem Weg zu meiner ersten SPD-Veranstaltung. Die Abteilung Neun hat eingeladen. Niels Annen, Vorsitzender der Jungsozialisten, wird etwas zur Situation der SPD sagen. Ich bin eine halbe Stunde früher da, aus Angst, keinen Platz mehr zu bekommen.

Als einer von zehn Anwesenden fühle ich mich als Vertreter einer aussterbenden Spezies. Zu den letzten Mohikanern der parteipolitisch Engagierten gehören am heutigen Abend: ein junges Mädchen, vielleicht 15, drei etwa Siebzigjährige, der Abteilungsvorsitzende, in meinem Alter, der mich freundlich begrüßt, und Manuela, eine Genossin, mit der ich mich in den nächsten Wochen anfreunden werde.

Auf der heutigen Sitzung soll der Wahlkampfbeauftragte für die Europa-Wahl bestimmt werden. »Wer möchte?«, fragt der Vorsitzende. Niemand meldet sich. Ich bin noch nicht so weit, Wahlkämpfe bestreiten zu können. Er habe es schon im vergangenen Jahr gemacht, sagt der Vorsitzende, noch mal wolle er nicht. Also? Nach einem Zögern erbarmt sich Genossin Manuela. Die Wahl fällt einstimmig aus. Manuela wird sich um die Koordination kümmern, Infostände organisieren, Broschüren und Luftballons besorgen und mit den Kreisvorsitzen-den über Aktionen nachdenken. Sie wird auch ein Wochenendseminar über Wahlkampfstrategien besuchen.

Niels Annen verspätet sich um eine halbe Stunde, weil er den Weg nicht gefunden hat. Er ist an der falschen Haltestelle ausgestiegen und hat sich dann in den dunklen Straßen verlaufen. Er entschuldigt sich, schaut in die Runde. Hat er mehr Leute erwartet? Er lässt sich nichts anmerken.

Niels ist 31 und noch Juso-Vorsitzender. Er wird das Amt im Juni 2004 aufgeben.

Er beginnt seinen Vortrag mit dem Rekordtief der SPD: 24 Prozent in den Umfragen, das sei keine Momentaufnahme, sondern ein Trend, der sich seit der Bundestagswahl fortsetze. Der Vertrauensverlust der Menschen sei tief greifend, jetzt würden auch die »Kernmitglieder«, die alten Genossen, in Scharen austreten. Die Partei drohe sich bei 17 Prozent einzupendeln. Wohin führen die geplanten Reformen? Wie soll Deutschland in zehn Jahren aussehen? Die Agenda 2010 sei nur »Stückwerk, das keine Idee einer Erneuerung des Sozialstaats enthält«.

Nach der Veranstaltung nehme ich Niels noch ein Stück im Auto mit. Ich erzähle ihm von Freunden in meinem Alter, die in letzter Zeit arbeitslos geworden sind, Menschen, denen ich bis vor kurzem noch große Karrieren vorausgesagt hatte. Menschen mit bester Ausbildung, die schon als Mittzwanziger Führungspositionen innehatten. Und dann waren sie doch die Ersten, die entlassen wurden.

»Der Ifo-Index steigt seit Monaten«, sagt Niels, »nächstes Jahr ist alles gut.« Als würden die Probleme der Gesellschaft von irgendwelchen Indizes abhängen. Aber so einfach ist das nicht, und Niels weiß das auch. Er hat einen Witz gemacht.

Niels steigt am Alexanderplatz aus. Zum Abschied drückt er mir seine Visitenkarte in die Hand. Vielleicht hatte ich gerade den zukünftigen Kanzler im Auto?

Kaum in die SPD eingetreten, verbringe ich schon mehrere Abende in der Woche im Kreise der Partei. Gestern Abend Niels Annen, heute Abend Wolfgang Thierse.

Der Kreis Nord-Ost, zu dem die Stadtteile Pankow, Weißensee und Prenzlauer Berg gehören, veranstaltet ein so genanntes Neumitglieder-Forum. Eine solche Veranstaltung findet im Bezirk zum ersten Mal statt.

Die Zahl der Austritte bei Mitgliedern, die erst kurz in der Partei sind, ist überproportional hoch.

Aus der Einladung zum Neumitglieder-Forum weiß ich, dass ich im Kreis Nord-Ost einer von 164 Neuen seit 2002 bin. Das Treffen findet im Restaurant der Brotfabrik statt, einem Veranstaltungsort mit Kino. Als ich die Kellnerin nach den Genossen

des Jahres bekomme, wenn ich meinen Beitrag zahle. Meine Mitgliedsnummer: 70106281.

Der Raum ist verraucht, es ist heiß, an den Tischen sitzen vorwiegend Gleichaltrige, viele Studenten. Mir gegenüber sitzt eine sehr hübsche Frau. Mein erster Gedanke: Was macht die bloß hier? Ich erschrecke über meine Vorurteile.

Die Agenda 2010 kostete die SPD viele Wählerstimmen und führte zu zahlreichen Parteiaustritten.

frage, zeigt sie stumm auf den hintersten Raum. Neben der Tür ist ein kleiner Tisch aufgebaut, hinter dem zwei Jungs sitzen. Sie fragen, wie ich heiße, und drücken mir ein Namensschild und mein Parteibuch in die Hand. Mein erstes Parteibuch! Ganz in Rot, mein Name, meine Adresse und mein Geburtsdatum sowie mein Ortsverein sind vermerkt (Abteilung 14, Bötzowviertel) – und auf den restlichen Seiten ist Platz, um die Marken einzukleben, die ich am Ende

Dann sind da noch die Funktionsträger, der Kreisvorsitzende, die Vorsitzenden der Arbeitsgemeinschaften – und als berühmter Gast: Bundestagspräsident Wolfgang Thierse. Mein erster Spitzenpolitiker. Meine Freundin erträgt ihn nicht, sie findet ihn moralinsauer, humorlos und pedantisch.

Genosse Wolfgang erhebt sich von seinem Stuhl und hebt an zu einer Zustandsbeschreibung der SPD. Es gebe keinen anderen Weg, sagt er, und allen, die dagegen seien, wirft er vor, realitätsfern und borniert zu sein. Er gestikuliert, macht einen Schritt vor, einen zurück, tänzelt und zupft an den Papierblättern herum, die vor ihm auf dem Tisch liegen. Ich möchte etwas sagen. Und bin mir unsicher, ob ich den Bundestagspräsidenten wirklich duzen könnte. Die anderen sagen: »Wolfgang, der SPD fehlt ein Führer, der nicht zweifelt, sondern uns sagt, wo es langgeht«, »Wolfgang, der Sparkurs geht nicht weit genug, und die Bildungsoffensive fehlt.« Ein anderer fragt, wo

der Glaubwürdigkeit der Regierungspolitik zweifele, dass ich das Gefühl hätte, die Reformen seien Flickschusterei, und ein Kanzler, der mit Rücktritt drohe, statt zu argumentieren, überzeuge mich nicht. Am Ende bricht mir die Stimme weg.

Genosse Wolfgang hingegen wird laut, ja, er fängt an zu schreien, oder bin ich zu sensibel? Erstens, brüllt Wolfgang, sei in der heutigen Zeit äußerst schwierig zu sagen, was in einigen Jahren sei, und die Politik habe sehr wohl langfristige Ansätze. Und

Das erste Parteibuch! Mit seiner Hilfe zog der Autor aus, die Gesellschaft zu verändern.

sich Wolfgang, wenn er heute 20 wäre, in der SPD engagieren würde. Wolfgang gibt uns den Rat, nicht gleich mit der Weltpolitik anzufangen, weil das nur zu Frust und Enttäuschungen führe.

Da melde ich mich zu Wort. Genosse Nicol. Ich sage, dass ich vor zwei Wochen in die Partei eingetreten bin. »Herzlich Willkommen«, sagt Genosse Wolfgang, und die anderen klatschen. Wie in einer Selbsthilfegruppe. Nicol ist jetzt einer von uns. Vor einer Ansammlung von Menschen zu reden, fällt mir nicht leicht. Ich bin aufgeregt. Sage, dass ich an

zweitens hätten die Medien Schröders Rücktrittsdrohungen überinterpretiert. Der Kanzler könne gar nicht anders, wenn er keine Gefolgschaft für seine Politik finde, könne er auch nicht weitermachen. Ob es die Rücktrittsdrohungen gar nicht gegeben habe, frage ich. Doch, sagt er, aber nicht ständig, wie ich es formuliert hätte. So schnell wurde mir etwas in den Mund gelegt.

Wolfgang sagt, und ich weiß nicht genau, ob er mich meint: Wer Kritik nicht vertrage, solle lieber Gedichte schreiben.

Ich frage mich: Was soll ich in einer Partei, wenn ich es kaum wage, Stellung zu beziehen? Soll ich mich aufs Plakatekleben beschränken und das politische Gestalten den anderen überlassen? Nein! Ich muss lernen, mich durchzusetzen, darf mich nicht mehr so leicht verunsichern und zu Kompromissen breitschlagen lassen. Schluss damit, mein Wille geschehe!

Ich sitze zusammen mit 22 jungen Menschen in einem viel zu kleinen Raum im Kurt-Schumacher-Haus, einem unglamourösen Gebäude in Berlin-Wedding. Dies ist die Berliner SPD-Zentrale. Wir sind zwischen 15 und 34 Jahre alt. Auch diese Gruppe ist gemischt: ein Syrer, einige Deutsch-Türken, eine Schülerin, ein paar Studenten und der Filialleiter einer Bank. Keine Ansammlung von Freaks, Strebern oder Profilneurotikern – einige sind mir vom ersten Moment an sympathisch.

Es ist die Zeit des Kennenlernens, nach dem Bezirk hat nun der Juso-Landesverband zu einem Neumitglieder-Forum geladen.

Wenn man sich die 23 Neu-Genossen ansieht, die sich an diesem Tag im Kurt-Schumacher-Haus versammelt haben, dann wird sich die SPD auch als Arbeiterpartei verabschieden müssen. Unter ihnen sind so viele Jura-Studenten, dass schon Witze darüber gemacht werden.

An diesem Samstagmittag gehen wir Neumitglieder auf SPD-Kosten zum Italiener. Jeder darf sich ein Pastagericht oder eine Pizza aussuchen und dazu ein Getränk.

Nach dem Essen erfahren wir, wie wir »aktiv mitgestalten« können. Leicht ist es nicht. Der Vorsitzende erklärt an einer Schautafel den Aufbau der Jusos. Man engagiert sich am besten in einer Arbeitsgruppe oder dem Verband. Dort formuliert man Anträge, über die dann in der Kreisvollversammlung entschieden wird – wenn sie eine Mehrheit finden, dann kommen sie in die Landesdelegiertenkonferenz, wenn sie dort eine Mehrheit finden, in den in den Bundeskongress. Das kann Monate dauern. »Stille Post« nennt Manuela das.

Neben den ordentlichen Gremien wird auf die »Kungelrunden« hingewiesen, inoffizielle Treffen, von denen wir, wenn wir Glück haben, erfahren werden. Sie seien äußerst wichtig, weil dort unter anderem die Personalentscheidungen getroffen würden.

Politik wird beim Bier gemacht. Für mich bedeutet das: trinkfester werden. Bislang fange ich nach dem ersten Bier an zu lallen. Wie wichtig Bier ist, erzählt mir ein Freund, der seit kurzem Büroleiter eines SPD-Bundestagsabgeordneten ist. Sein Chef habe in einer Fernsehsendung ein Glas Wasser vor sich stehen gehabt. Am nächsten Tag fragten die Genossen, ob er sich von der Basis distanziert habe.

Fast ein Monat ist seit meinem ersten Besuch im Willy-Brandt-Haus vergangen. »Aktiv mitgestaltet« habe ich seit meinem Parteieintritt nichts, aber das wäre auch zu viel erwartet. Ich bekomme massenweise Einladungen: zu Diskussionsveranstaltungen, Demos, einer Gedenkstättenfahrt nach Auschwitz und Birkenau, zu Wochenendseminaren über Rosa Luxemburg oder Antisemitismus. Ich lerne junge Menschen kennen, die seit zwei Monaten nicht mehr im Kino waren, weil sie jeden Abend auf irgendeiner Veranstaltung waren. Meine Freundin hat Angst, dass auch ich in den Sog der Partei geraten könnte. Schon nach einem der ersten Abende sagte sie: »Denk daran, du hast Familie.«

Ich frage mich aber immer noch, wie und ob ich mich jemals mit der Partei identifizieren werde. Es befremdet mich, wenn Genossen, die jünger sind als ich, ganz selbstverständlich wir sagen. So traurig es sein mag, der einzige Verein, mit dem ich mich wirklich identifiziere, und das seit 16 Jahren, ist Werder Bremen.

Als Fußballfan werde ich gelegentlich belächelt oder auch mal als Fanatiker bezeichnet, meine Parteimitgliedschaft aber lässt Freunde und Bekannte an meiner Zurechnungsfähigkeit zweifeln.

»Du bist in der SPD? Warum das denn?« Ich war bei Freunden zum Abendessen eingeladen. Wir saßen zu sechst am Tisch, meine Freundin hatte gespöttelt, dass sie ja nun mit einem Genossen zusammen sei.

»Ja«, sagte ich, »seit vier Wochen.«

Es ist nicht so, dass es mir unangenehm wäre, ich fühle mich eher, als hätte ich ein skurriles Hobby, würde Kotztüten sammeln oder sonntags auf der Suche nach Kuckucksuhren über die Flohmärkte spazieren.

Ist nicht eigentlich die Demokratie gescheitert, wenn sich Menschen, die in eine Partei eintreten, rechtfertigen oder zumindest erklären müssen? Müsste die Frage nicht eigentlich lauten: »Warum bist du nicht eingetreten?«

Dass ich seit zehn Jahren ein schlechtes Gewissen hätte, sagte ich, weil ich nichts täte.

Jeden vierten Dienstag im Monat trifft sich meine Abteilung in einem Raum einer kleinen Stadtteilbibliothek. Was im Rest des Landes Ortsverein heißt, nennt sich in Berlin Abteilung.

Jedes neue Mitglied wird je nach Wohnsitz automatisch einer Abteilung zugeteilt. Bundesweit gibt es rund 12.500 Ortsvereine. Die nächste Ebene sind die Bezirks- oder Kreisverbände, dann kommen die Landesverbände. Es ist ein bisschen wie im Fußball – es braucht seine Zeit, bis man in die Bundesliga aufsteigt. In der Abteilung müssen ähnlich wie in einem Verein diverse Posten besetzt werden: Kassenwart, Schriftführer, Beisitzer und Abteilungsvorsitzender. Mein Vorsitzender ist Sven. Er ist 34, hat Geschichte studiert und ist seit 1993 SPD-Mitglied.

Von den 90 SPD-Mitgliedern kommen etwa zehn regelmäßig zu den Abteilungssitzungen, es sei denn, Ämter stehen zur Wahl, dann sind es doppelt so viele.

Der Raum, in dem wir uns treffen, wirkt provisorisch: zwei Tische, einige Klappstühle, Regale mit bunten Kinderbüchern an den Wänden. Warum ich eingetreten sei, möchte eine ältere Genossin wissen. Ich sage, es sei doch immer gut, sich antizyklisch zu verhalten. Die Antwort gefällt ihr offenbar, Wochen später fragt sie mich, als wir uns zufällig auf der Straße begegnen: »Du bist doch der Antizyklische oder?«

»Oh, da kommt die Ministerin, und wir sind nur zu viert!«, ruft eine der anwesenden Frauen um kurz nach 19 Uhr. Manuela hat mich mitgenommen, und jetzt sitzen wir im Bezirksamt Wedding. Die ASF, die Arbeitsgemeinschaft Sozialdemokratischer Frauen, hat Justizministerin Brigitte Zypries eingeladen. Thema: Die Verschärfung des Sexualstrafrechts. Zwar trudeln später noch ein paar Frauen ein, sodass am Ende etwa zehn Menschen im Raum sitzen, aber dieser Moment ist allen sichtlich unangenehm. Eine Bundesministerin nimmt sich Zeit, die Veranstaltung ist seit Monaten geplant – und dann so wenige Interessierte.

Brigitte Zypries lässt sich nichts anmerken. Das Gute an solchen kleinen Runden: Sie sind sehr familiär. Und wann hat man schon mal die Gelegenheit, sich mit einer Ministerin Salzstangen zu teilen? Ich weiß nicht, ob es an dieser vertraulichen Atmosphäre liegt oder am Charakter der Genossin Brigitte: Sie gesteht Schwächen ein, sagt Sätze wie »Ich sehe das Problem, weiß aber keine Lösung«.

Ist sie unverdorben, weil sie die Ochsentour nicht gemacht hat? Sie hat kein Mandat und hatte nie ein Amt in der Partei.

Auf Veranstaltungen mit anderen Spitzenpolitikern werden die Fragen aus dem Publikum gesammelt, der Redner macht sich währenddessen Notizen und beantwortet dann in einem Rundumschlag fünf auf einmal, einige ausführlich, andere gar nicht. Er behält immer das letzte Wort, es gibt keine Möglichkeit, nachzuhaken, dadurch sind solche Auftritte im Grunde witzlos.

Eigenschaften, die mir bei meinen Freunden wichtig sind – Nachdenklichkeit, Selbstzweifel, auch Ängste – sind im öffentlichen Auftreten von Politikern ausgeblendet. Wann hört man schon mal von einem Politiker, dass er unsicher ist? Dass er sagt: »Ich weiß auch nicht, ob das richtig ist, ich glaube es aber.« Dass er zugibt, schlecht zu schlafen, oder einräumt: »Natürlich mache ich auch Fehler, wie jeder Mensch«?

Die Gesellschaft zu verändern – das bedeutet in einer Partei, Anträge zu formulieren. Am heutigen Abend, dem 11. März 2004, soll die endgültige Fassung eines Antrags mit dem Titel »Elite für Alle« beschlossen werden. Es ist eine Initiative der Jusos Nord-Ost. Zu sechst sitzen wir in der Kiezkantine, einer Kneipe im Prenzlauer Berg, die von einem gemeinnützigen Verein betrieben wird, dessen Ziel es ist, psychisch Kranke wieder in den Alltag zu integrieren. An zwei Donnerstagen im Monat findet hier die Versammlung der Jusos statt. »Nächstes Mal ist die Bude wieder voll«, sagt der Vorsitzende Johannes Arlt. Nächstes Mal finden Wahlen statt, und die Posten werden neu besetzt.

Der Antrag soll deutlich machen, dass es auch ohne Studiengebühren geht. Es ist der Versuch, dem Juso-Landesverband eine Stoßrichtung vorzugeben, wie er sich gegen die SPD profilieren sollte. Es droht eine eher trockene Veranstaltung zu werden, das Ganze erinnert mich an den Deutschunterricht in der Schule, wenn der Lehrer das Diktat noch mal durchging.

Wer mit Parteipolitik mühseliges Klein-Klein verbindet, der sähe sich am heutigen Abend rundum bestätigt.

Politik ist: das Organisieren von Mehrheiten. Wichtiger wäre es, verfolgen zu können, wie sie organisiert werden, weil man dann mehr über die wirklichen Motive erführe.

Im Protokoll dieser Sitzung würde stehen: Nach anfänglichem Widerstand gibt Genosse Nicol auf. Von ihm ist nichts mehr zu hören.

Nach zwei Stunden nämlich habe ich den Punkt erreicht, an dem mir alles egal ist, ich denke: Macht doch, was ihr wollt, ich will nach Hause. Ich frage mich, wie es Menschen schaffen, eine Woche lang jede Nacht zu verhandeln – vielleicht bekommt man diese Kondition und diesen Biss durch jahrelange Parteiarbeit. Ein Genosse sagt, es handele sich um eine Art »sportlichen Wettkampf«.

Ich nehme ein Taxi nach Hause. Ich sähe so fertig aus, sagt der Fahrer, was ich getan hätte? »Ich war bei der SPD«, sage ich. Er schaut in den Rückspiegel.

große Wunde. Dieses ewige Jammern! Ich verstehe das nicht, den Deutschen geht es doch gut. Die sollten mal in der Türkei leben.« Er selbst ist Türke. Seit 17 Jahren in Deutschland.

»Seid mutig«, sagt er, als ich aussteige.

Es ist der 20. März 2004, der Abend vor dem Sonderparteitag in Berlin, auf dem Gerhard Schröder sein Amt als Parteivorsitzender abgeben wird. Die SPD hat zu einem »Parteiabend« geladen. Die jungen Wahlkampfteams durften 50 Leute einladen, einer davon bin ich.

Ich dachte, beim Parteiabend wären wir Genossen unter uns, aber im Foyer, wo die Party steigt,

Auf dem SPD-Sonderparteitag am 21. März 2004 legt der scheidende SPD-Vorsitzende Gerhard Schröder den Arm um seinen Nachfolger Franz Müntefering.

»Schröder muss weitermachen, ihr seid besser als die CDU«, bricht es aus ihm hervor. Es ist die erste Aufmunterung, seit ich Genosse bin. Sonst schimpfen sie alle über die SPD: meine Eltern, meine Freundin, meine Freunde. »Die Deutschen«, sagt der Taxifahrer, »sind verwöhnt. Jede Ritze am Arm ist wie eine

drängen sich die Fernsehteams und einige hundert Gäste zwischen den Bistrotischen. Auf der einen Seite des Foyers ist eine kleine Bühne, auf der später eine südamerikanische Band spielen wird und auf der gleich zu Beginn die beiden Hauptpersonen eine Ansprache halten. Franz und Gerd. Ich stehe am rechten Bühnenrand, drei Meter von Gerd entfernt. Den Unterkiefer etwas vorgeschoben, steht er im Scheinwerferlicht, wie eine Figur aus Madame Tussauds Kabinett. Er lacht kurz, erstarrt dann wieder. Die beiden halten Abstand zueinander, nur einmal legt Gerd seinen Arm um Franz, was am nächsten Tag in den Zeitungen als bedeutende Geste gewertet wird. Vor allem, weil Franz diese Geste so regungslos erträgt.

»Aus welchem Ortsverein bist du?« Ich hätte ihn duzen müssen! Er fragt mich, ob ich morgen zum Parteitag käme. Ja, sage ich, und dass es mein erster sei. Ob er sich noch an seinen ersten erinnere? Er habe schon so viele erlebt, sagt er, dass er sich nicht erinnern könne. Aber 1975, da habe es einen Parteitag in Mannheim gegeben, bei dem es hoch hergegangen sei. Damals sei Willy Brandt mit dem spanischen Genossen Felipe Gonzalez aufgetaucht.

Das Kleben von Wahlplakaten kostet viele Genossen an der Basis Überwindung. Hier ein Bild vom saarländischen Landtagswahlkampf 2004.

Nach ihrem kurzen Auftritt gehen beide von der Bühne, die Leibwächter eilen voraus, bahnen einen kleinen Korridor zwischen den Gästen frei. Franz bleibt am ersten Tisch stehen, steckt sich ein Zigarillo an, sofort wird er von einigen älteren Genossen umringt. Die ganze Zeit wird gefilmt und fotografiert. Franz blickt seine Gesprächspartner nicht an, sondern immer etwas an ihnen vorbei, als wäre er mit den Gedanken längst schon weiter.

»Hallo, Herr Müntefering«, sage ich, »ich bin neu in der Partei und möchte Ihnen viel Glück wünschen.« Er schaut mich kurz an, dann sagt er:

Aber das sei 30 Jahre her. Für einen kurzen Moment wirkt er fast ein wenig nostalgisch. Ich weiß nicht, was ich antworten soll. Sage schließlich: »Dann muss ich wohl auch dreißig Jahre dabeibleiben.« – »Wär schön«, sagt er und wendet sich wieder anderen Genossen zu.

Unser Gespräch hat nicht länger als eine Minute gedauert, und Franz hat seine Begeisterung, mit mir reden zu dürfen, gut unter Kontrolle gehalten. Was ich ihm nicht übel nehme.

Der Gerd steht etwas abseits an einem Tisch, neben ihm seine Frau Doris sowie Heide Simonis und

Olaf Scholz. Leibwächter schirmen das Grüppchen ab, der Kanzler wirkt unnahbar. Nie hätte ich mich getraut, ihn anzusprechen. Ein Mädchen, vielleicht 16, nähert sich dem Tisch, steht etwas unsicher vor dem Kanzler, fragt ihn etwas. Und wie reagiert der Kanzler auf die verlegene junge Frau? Lächelt er sie an und fragt, was sie auf dem Herzen hat? Gibt er eine Cola aus und nimmt sich etwas Zeit? Macht er vielleicht einen Witz und heitert sie auf? Er schüttelt nur kurz den Kopf. Das Mädchen ist sichtbar geschockt. Doris greift ein und schickt Gerds Büroleiter hinterher. Der redet eine Weile mit dem Mädchen, dann darf sie sich doch noch zusammen mit dem Kanzler fotografieren lassen. Das gemeinsame Posieren dauert keine Sekunde. Anschließend frage ich das Mädchen, was los gewesen sei. »Ein Missverständnis«, sagt sie.

Später erzähle ich einer Genossin von meinem Erlebnis. Dass ich fast Angst vor dem Kanzler bekommen hätte, sage ich. Sie sagt: »Wieso? Der Gerd war doch heute super gelaunt.«

Alle zwei Jahre werden die Ämter innerhalb der Partei neu besetzt. In unserer Abteilung versammeln sich am 23. März 2004 über zwanzig Genossen. Als Erstes werden ein Wahlleiter, ein Schriftführer und eine Zählkommission bestimmt. Dann legt der Nochabteilungsvorsitzende seinen Rechenschaftsbericht ab: Er zählt auf, was die Abteilung in den vergangenen zwei Jahren zu Wege gebracht hat, vom Besuch des ehemaligen Stasi-Hauptquartiers bis zur Organisation des Kinderfestes.

Ein Genosse sagte mir, dass es nie gut sei, sich selbst als Kandidaten ins Spiel zu bringen, das müsse ein anderer tun. Wir haben an ein paar Abenden etwas herumgesponnen, wollten wie Lafontaine mit einer einzigen Rede das Herz der Genossen erobern und so den Vorsitz übernehmen. »Du musst eine Idee haben, du musst sagen, was sich ändern soll, was du tun möchtest«, sagte er. Und da ging es schon los. Was möchte ich eigentlich tun? Welche Vision habe ich für unser Viertel? Soll es kinderfreundlicher werden? Muss der Einzelhandel gerettet werden? Will ich Mietnachlass für Ossis, weil sie zunehmend von Wessis verdrängt werden?

Weil ich weder Ideen habe noch eine Chance, kandidiere ich auch nicht für den Abteilungsvorsitz. Aber zumindest Stellvertreter hätte ich werden können. Eine Genossin, die nicht viel länger dabei ist als ich, meldet sich einfach und sagt: Sie würde gern mehr Engagement übernehmen, wisse zwar nicht genau, was auf sie zukäme, würde aber trotzdem stellvertretende Vorsitzende werden wollen. Sie wird mit 18 von 21 Stimmen gewählt. Der Vorsitzende bekommt 20 von 21 Stimmen.

Zwei Abende später werde ich immerhin Landesdelegierter der Jusos – allerdings nur Ersatz und einer von vielen. Als es zum Schluss dann um die Ersatzdelegierten geht, werden wahllos Namen in den Raum gerufen, insgesamt acht. Eine Frau nennt meinen. Dann wird abgestimmt. Und ich werde gewählt – mit dem zweitschlechtesten Ergebnis. Trotzdem hat es meine Mutter der gesamten Nachbarschaft erzählt, und mir sagt sie: »Vielleicht wird ja doch noch etwas aus dir!« Meine Freunde reagieren verblüfft: »Landesdelegierter? Das ging aber schnell. Machst du einen Durchmarsch?« Was mal wieder zeigt, wie wenig Ahnung sie von den Parteistrukturen haben.

»Ich bin Ersatzdelegierter für die LDK«, sage ich später zu meiner Freundin.

»LD… – was?«

»LDK.«

»Jetzt ist es so weit«, sagt sie, »jetzt redest du schon Genossensprache. I-G-I-B.«

»Was?«

»Ich gehe ins Bett.«

In Berlin veranstaltet die SPD manchmal »Politiklounges«. Da soll das Interesse junger Leute für Politik geweckt werden. Alle sechs Wochen kann man da mit prominenten Gästen zusammenkommen. Wolfgang Thierse, Klaus Wowereit, Franz Müntefering, aber auch Tim Renner, Ex-Chef von Universal Music, waren schon da und haben im kleinen Kreis Rede und Antwort gestanden. Anschließend gibt es dann die Gelegenheit zu einem gemeinsamen »Chill-out-Drink«.

Auf meiner ersten »Politiklounge« komme ich mit einem jungen Mann ins Gespräch, der mich fragt, was er in der SPD erleben könne. Er sagt, er habe genug vom Jammern, und möchte endlich etwas tun. Er sei noch nicht ganz entschlossen zwischen den Grünen und der SPD und wolle sich deshalb am heutigen Abend mal umschauen. Sabine, eine Genossin, hat nur einmal erlebt, dass ein 16-Jähriger an den Infostand gekommen ist und gesagt hat, er könne sich vorstellen, Mitglied zu werden.

Es wird eine interessante Veranstaltung: Zwei Politikberater sind zu Gast, der eine sehr jung, der andere ein »alter Hase«, der schon mal Minister war. Sie erzählen von ihrem Werdegang, davon, dass sich in der Politik im Vergleich zu früher zwei Dinge grundlegend verändert hätten. Wegen der wirtschaftlichen Probleme und des daraus entstehenden Konkurrenzdrucks habe sich in den Medien der Trend zur »Skandalisierung« entwickelt. Die zweite Veränderung liege im Tempo. Entscheidungen müssten viel schneller getroffen werden, oft bliebe Politikern nicht einmal die Zeit, Rücksprache mit der Partei zu halten.

Der »alte Hase« sagt: 60 Prozent der Politiker fragten sich, warum sie eigentlich auf dem Stuhl säßen, auf dem sie säßen. Die wenigsten von ihnen seien in der Lage, wirklich Politik zu machen. Was es denn bedeute, Politik zu machen, möchte ich von ihm wissen. »Visionen von einer Gesellschaft stückweit mehrheitsfähig machen«, sagt er. Und als er dann von der Wichtigkeit eines Image spricht und den Begriff einer »inszenierten Authentizität« verwendet, einem Widerspruch in sich, nutze ich die Gelegenheit und erzähle von meiner Sehnsucht nach einem menschlichen Politiker. Ich sage: Ein Kanzler, der sagen würde, samstags zwischen 14 und 16 Uhr habe er keine Zeit, weil er mit seinem Sohn zum Fußball gehe, so jemand würde doch geliebt werden!

Der »alte Hase« schaut mich an, schüttelt leicht resigniert den Kopf und sagt: »Mit deinem Anspruch, so zu bleiben, wie du bist – lass es. Damit kommst du nicht weit.«

Auch in diesem Europa-Wahlkampf gibt es wieder die so genannten Jungen Teams, Genossen und Nichtgenossen, die sich bundesweit zusammenschließen, um für die SPD Wahlkampf zu machen. Zu erkennen sind die Mitglieder der Jungen Teams an ihren blauen T-Shirts mit dem Aufdruck »Europa 04«. Wer glaubt, solche T-Shirts und Jacken stelle uns die SPD als Wahlkampfausrüstung, der täuscht sich: Das T-Shirt kostet 14,50 Euro, die Jacke sogar 29,90 Euro. Zu erwerben beim Vertriebsservice der SPD.

Die Themen für den Wahlkampf wurden nach repräsentativen Umfragen ausgewählt: Friedensmacht Europa, Sozialmodell Europa, Deutschland in Europa. Bis vor kurzem lautete die Devise: »Kein Wort zur Türkei« – dann aber ist der Kanzler hingeflogen und hat die Beitrittsverhandlungen quasi zur Chefsache gemacht. Meine größte Sorge: Wie soll ich Wahlkampf machen, wenn ich selbst kaum etwas über die Strukturen der EU weiß? Und auch nicht darüber, wofür die SPD steht und wie sie sich von den anderen Parteien abgrenzt?

Die SPD bietet Mitgliedern unter www.spd-online.de jede Menge Material. Eine Musterrede zum Herunterladen: »Liebe …, Deutschland liegt ab dem 1. Mai im Herzen des größten einheitlichen Binnenmarkts der Welt und ist ausschließlich von Freunden umgeben. Es liegt auf der Hand, dass wir als weltweit größte Exportnation davon profitieren. Wer die Ängste vor Sozialdumping, Arbeitsmarktkonkurrenz oder Aushöhlung umweltpolitischer Standards benutzt, um Stimmung zu machen und in Wahlstimmen umzumünzen, wie dies einige Oppositionspolitiker tun, vergeht sich an Europa. Und man muss ganz klar festhalten: Es war Gerhard Schröder, der durchgesetzt hat, dass in sensiblen Bereichen – wie z.B. bei der Arbeitnehmerfreizügigkeit – Übergangslösungen gefunden worden sind, die den deutschen Arbeitsmarkt schützen …«

Es gibt auch Argumentations-Karten, auf denen europäische Themen und die Ziele der SPD erläutert werden. 21 Karten, beidseitig vierfarbig bedruckt, Kosten: ein Euro.

Ein bisschen fühle ich mich wie vor einer Uni-Prüfung. Ich muss mich einlesen, lernen, vortragen.

Am Abend ziehen wir zu dritt durch unser Viertel und hängen Plakate an den Straßenkreuzungen auf. Wir binden sie mit Draht an den Stangen von Verkehrsschildern oder Laternen fest. Mehr als dreißig Plakate verteilen wir im Viertel. Ich schaue mich jedes Mal etwas verschämt um. Aber warum? Das genau meinte Müntefering, als er sagte, wir sollten selbstbewusst auftreten. Und Alexander Götz, der stellvertretende Kreisvorsitzende, der mir sagte: »Wenn du mit Selbstzweifeln an den Infostand trittst, bist du geliefert.« Wovor habe ich eigentlich Angst? Dass sich Menschen lustig machen über mich. Es ist schon seltsam: Würde ich Plakate für den Tierschutz oder die Kinderhilfe aufhängen, wäre ich vielleicht sogar stolz, weil ich wüsste, die meisten Menschen hielten das für eine gute Sache. Noch bin ich ja von niemandem beschimpft oder angepöbelt worden. Und auch an diesem Abend gehen die Menschen vorbei, ohne irgendeine spöttische Bemerkung zu machen. Eine Frau lächelt mich sogar an und sagt: »Das nenne ich Engagement!«

Vor dem Supermarkt in unserem Viertel bauen wir den Stand auf, der besteht aus einem kleinen Tapeziertisch und einem roten Sonnenschirm mit SPD-Logo. Wir sind zu viert, und für uns alle ist es der erste Straßenwahlkampf. Aber im Gegensatz zu mir haben die anderen keinen Bammel. »Wird be-

Er bleibt zögernd stehen, schaut mich an.

»Am Sonntag ist Wahl«, sage ich. Er schaut mich immer noch an.

»Wir sind von der SPD«, sage ich.

»Da kann ich dir auch nicht helfen«, sagt er und geht weiter.

Die nächsten potenziellen Wähler gehen einfach vorbei, wortlos, oder sie nuscheln ein »Nö«, so wie auch ich schon hundertmal vorbeigegangen bin, wenn mir Leute Flyer für die Neueröffnung eines Nagelstudios in die Hand drücken wollten.

Verschämt oder mit Selbstzweifeln sollte man nicht am Wahlkampfstand stehen.

stimmt lustig«, sagt Svenja, unsere stellvertretende Abteilungsvorsitzende.

Dann kommt mein erstes Opfer: ein Mann, Mitte 30, Halbglatze und in schwarzer Lederhose, eine Einkaufstüte in der Hand. Svenja nickt mir zu. Wird schon! Wie soll ich anfangen? Der Mann will gerade an mir vorbeigehen, da sage ich: »Darf ich dich für Europa begeistern?« und versuche, gute Laune auszustrahlen.

Ein Mann gibt uns den Tipp, Schröder zu erschießen. Ein einziger Mann fängt eine Diskussion an. Auf seinen Stock gestützt, wettert der Alte: »Wieso soll ich wählen? Damit die sich da oben in die eigene Tasche wirtschaften?« Svenja sagt: »Sie haben da ein falsches Bild, würden wir sonst hier stehen und uns engagieren?«

»Sie meine ich nicht, Sie halten nur Ihren Kopf hin«, sagt er.

»Aber deswegen können Sie doch zur Europawahl gehen.«

»Damit die Herren da oben sich weiterhin bedienen? Nein, danke.«

Der alte Mann bleibt der Einzige an diesem Tag, der überhaupt mit uns redet.

Kurz vor zwölf bekommen wir Konkurrenz. Die PDS baut ihren Schirm neben unserem auf. Auch in Rot. Zwei Männer kommen an unseren Stand, begrüßen uns. Wir tauschen Broschüren aus, wie Fußballer Wimpel vor dem Spiel. »Schön, dass ihr da seid«, sagt der eine, »dann kriegen wir die Prügel nicht allein ab.«

Meine Freundin hat Grün gewählt – per Briefwahl, bevor sie in Urlaub gefahren ist. Sie hat es mir beim Frühstück gesagt, ganz nebenbei: »Übrigens, ich habe Grün gewählt. Ich hoffe, du nimmst es mir nicht übel.« Ich habe versagt. Ich bin auf die Straße gegangen, um fremde Menschen für die SPD zu überzeugen, und was passiert zu Hause? Die Frau, mit der ich seit sechs Jahren zusammenlebe und mit der ich ein Kind habe, wählt Grün.

Am Abend der Europawahl fahre ich ins Willy-Brandt-Haus zur Wahlparty. Beziehungsweise Trauerfeier. Als ich kurz vor sechs Uhr eintreffe, laufen bereits die Fernseher.

Aufregung bei SPD-Anhängern nach der verlorenen Bundestagswahl 2009.

Was bleibt? Die Erkenntnis, dass SPD-Schirme nicht wasserfest sind, es regnet durch sie hindurch. Und dass die SPD keine Ahnung von Fußball hat. In den kleinen EM-Spielplänen, die wir verteilt haben, gehören Spieler zum deutschen Aufgebot, von denen schon seit Monaten niemand mehr spricht.

Wie will man in einem Land mit so wenig Kernkompetenz in Sachen Fußball eine Wahl gewinnen?

Das Gute am Dasein als Genosse: Ich muss nicht mehr darüber nachdenken, was ich wähle.

Generalsekretär Klaus Uwe besteigt das Podium, stellt sich hinter eines der Mikros, vor die blaue Wand mit dem SPD-Logo und sagt: Das Ergebnis sei nicht zu beschönigen, es sei eine klare Niederlage, ein bitteres Ergebnis. Er bedankt sich bei all denen, »die aufopferungsvoll gekämpft haben«. Und erntet Beifall. Wenn schon von den Wählern kein Trost kommt, dann tröstet man sich eben selbst.

Ich war nicht so naiv, an einen Wahlsieg zu glauben, aber mit einem leichten Zuwachs hatte ich gerechnet. Ein bis zwei Prozent vielleicht. Aber nicht mit so einem Absturz. Als ich meine Freundin im Urlaub anrufe und ihr von der Wahl berichte, sagt sie: »Du hast ja eine ganz belegte Stimme, du Armer!« So ging es mir zuletzt, als Werder Bremen im UI-Cup 0:4 gegen Pasching verloren hatte.

Fühle ich mich der Partei doch viel näher, als ich denke? Vielleicht identifiziert man sich erst mit einer Partei, wenn der Gegner ins Spiel kommt – Identifikation als Abgrenzung sozusagen?

Es ist acht Monate her, dass ich in die SPD eingetreten bin, acht Monate, in denen ich so »aktiv« war wie nie zuvor in meinem Leben, in denen ich Gerd, Hans und Franz erlebt habe, zahlreiche Sitzungen, Feste und Wahlkampfveranstaltungen. »Du hast dich verändert in diesen acht Monaten«, sagt meine Freundin, »du hast mehr Sexappeal bekommen.«

Ich schaue sie an. »Findest du wirklich?«

»Nein«, sagt sie, »war nur ein Scherz.«

Natürlich kann ich mir Schöneres vorstellen, als mich samstagmorgens, während die meisten meiner Freunde noch schlafen, im Regen auf die Straße zu stellen und mich von Omis als »Arsch« beschimpfen zu lassen. Ich kann solche Erfahrungen nicht mit »höheren« Idealen kompensieren. Ich stehe hier, weil ich die Gesellschaft verändern, die Welt verbessern will – solche Sätze motivieren mich nicht, dazu fehlt mir der Glaube. Ich brauche fühlbare »Erfolge«: in Form von Anerkennung und Lob oder als Gewissheit, dass ich doch Dinge beeinflussen kann.

Was kann ich mitentscheiden? Welche Menschen welche Ämter bekleiden. Zumindest in meiner Abteilung, meinem Juso-Kreis- und Landesverband. Ich kann Einfluss nehmen auf die Meinungsbildung, und ich kann versuchen, ein Projekt, das mir wichtig ist, umzusetzen. Solange man nicht die Räterepublik oder eine neue Linkspartei ausruft, kann man alles machen in der SPD.

Wenn ich Menschen von meinem SPD-Selbstversuch erzähle, ist deren erste Frage stets: »Und? Wirst du dabeibleiben?« Eine Frage, die ich mir natürlich auch schon gestellt habe. Um es vorwegzunehmen: Ja, ich werde Genosse bleiben.

Mo Lishi ist als Projektleiter der chinesischen Seite für den Abtransport der Kokerei nach China verantwortlich.

Herr Mo holt die Fabrik

Die modernste Kokerei der Welt zieht von Dortmund nach China, dorthin, wo die Löhne niedrig sind. 16 Monate lang haben chinesische Arbeiter 35 000 Tonnen Stahl zersägt und in Kisten und Container verladen. Beaufsichtigt wurden sie von Herrn Seibel, dem deutschen »Stillstandsverwalter«. Wer die Globalisierung verstehen will, muss die Büros von Herrn Mo und Herrn Seibel besuchen

Von **STEFAN WILLEKE**, erschienen in der ZEIT am 23. September 2004

Für diese Reportage wurde Stefan Willeke mit dem Egon-Erwin-Kisch-Preis 2005 ausgezeichnet.

D er Tag, an dem die Globalisierung über den deutschen Angestellten Gerd Seibel hereinbricht, beginnt mit einem Donnern draußen auf dem Flur. Aktenordner prasseln auf Linoleumböden, vor seinem Büro sieht Gerd Seibel plötzlich Chinesen über den Korridor laufen. Die Chinesen schleppen Kartons weg und leeren sie in einer Abstellkammer aus. Gerd Seibel lehnt am Türrahmen, stemmt einen Arm in die Hüfte und sagt: »Ich glaube, jetzt geht es los.« Er wollte ja dabei sein, wenn die Globalisierung Dortmund-Mitte erreicht. Er wollte ja darauf achten, dass die Globalisierung ordentlich verläuft. Deutsche Umweltgesetze, deutsche Unfallverhütungsvorschriften, alles kippen die Chinesen auf einen Haufen. Sie räumen das Büro leer, in dem früher der Umweltingenieur der Fabrik arbeitete. Chinesen machen sich nicht viel aus der Umwelt, hat Seibel sich sagen lassen, Chinesen ziehen ihren Plan schnell und preiswert durch. Gerd Seibel hat sich auf die Chinesen gefreut, er ist gespannt.

»Wollen Sie den Stillstandsbereich übernehmen?«, fragte ihn vor etwa drei Jahren ein Vorgesetzter, und Seibel hätte problemlos Nein sagen können. Er antwortete mit Ja, und später hat er gerätselt, was wohl dieses eigenartige Papierschild auf seinem Schreibtisch bedeuten könne. Die chinesischen Schriftzeichen sagen ihm nichts. Vielleicht steht da wirklich »Leiter des Stillstandsbereiches«, vielleicht.

Zur Sache

Seit Ende der siebziger Jahre hat die Volksrepublik China ein beispielloses Wirtschaftswachstum zu verzeichnen. Sie öffnete sich schrittweise dem Welthandel und zog, attraktiv nicht zuletzt durch Niedrigstlöhne, internationale Investitionen an.

Im Jahr 2009 verwies China den langjährigen »Exportweltmeister« Deutschland auf den zweiten Platz. Im zweiten Quartal 2010 legten die Chinesen Zahlen vor, die das Land als die zweitgrößte Volkswirtschaft der Welt ausweisen (zuvor: Japan). Damit ist es heute – auch geopolitisch gesehen – größter Konkurrent der USA, die es nach aktuellen Prognosen in etwa 25 Jahren von Platz 1 dieser Rangliste verdrängen könnte.

Den Grundstein zu dieser Entwicklung legte die Parteiführung unter Deng Xiaoping 1978. Mit einer Teilprivatisierung der Landwirtschaft begann damals der Wandel von einer kommunistischen Planwirtschaft zum heutigen Modell, das nach offizieller Losung eine »sozialistische Marktwirtschaft mit chinesischen Merkmalen« darstellt. Chinas einzigartige Kombination aus Kapitalismus und Staatsinterventionismus steht weiterhin im Kontext der Einparteienherrschaft und gravierender Missachtungen der Menschen- und Bürgerrechte wie auch internationaler Umweltstandards. Auch weltweite Proteste haben die chinesische Führung nicht zur Änderung ihrer Politik bewegen können.

Vor vier Jahren wurde die Dortmunder Kokerei Kaiserstuhl stillgelegt, seither muss laut Bundesberggesetz der Stillstand beaufsichtigt werden. Es ist eine Arbeit, die Seibel nicht sehr anstrengt. »Eigentlich ein Furz«, sagt Seibel, »ein echter Furz.« Er ist nicht gut darin, vornehm um den heißen Brei herumzureden. Am liebsten sagt er gleich, was er sieht und was er denkt. Gerd Seibel nennt sich selbst einen Praktiker, alles Theoretische erscheint ihm ir-

dustriefriedhof liefen und sich nach technischen Daten erkundigten. Schließlich verkaufte Seibels Arbeitgeber, der Essener Bergbaukonzern RAG, die brachliegende Kokerei an einen chinesischen Geschäftsmann in Bochum, der Geschäftsmann verkaufte sie weiter an einen chinesischen Bergbaukonzern, und der neue Eigentümer will das gesamte Werk nach China holen.

Ein chinesischer Arbeiter bei der Demontage der Kokerei Kaiserstuhl.

nen Praktiker, alles Theoretische erscheint ihm irgendwie verdächtig. »Ich brauche erst mal Fakten«, sagt er oft, und wenn ihm niemand Fakten liefert, sagt er: »Wie, keine Fakten? Dann mache ich mir auch keinen Kopp.« Seine Stimme klingt immer ein bisschen heiser. Man glaubt herauszuhören, dass er sich lange Zeit durchsetzen musste gegen das Getöse von Maschinen.

Schon eine Weile befasste sich Seibel mit dem Stillstand, als mit einem Mal Russen, Tschechen, Inder und Chinesen abwechselnd über seinen In-

Vor anderthalb Jahren haben die Chinesen begonnen, das Werk zu zerlegen. Die Kokerei Kaiserstuhl – 16 000 technische Zeichnungen, zwei Laster voller Akten, 35 000 Tonnen Maschinen, Rohre, Stahltüren, Kabel; einzeln zu nummerieren, dann von dreihundert chinesischen Arbeitern zu zerpflücken, auf Frachtschiffe zu verladen, die in Rotterdam und Antwerpen ablegen, den Sueskanal durchqueren und nach dreißig Tagen im chinesischen Hafen Qingdao anlegen. Eine der größten Industrieumsiedlungen weltweit, die erste Verlagerung einer Kokerei weltweit.

Verkürzt man diesen Vorgang, dann passt er in einen Satz: Weil sich Chinesen die tote deutsche Fabrik schnappen, wird sie bald wieder leben. Leben und Sterben hängen in solchen Fällen stark vom Preis der Arbeit ab, von den Umweltkosten, vor allem von den Löhnen. In China verdient ein Arbeiter in einer Kokerei umgerechnet 100 bis 200 Euro im Monat. Da lohnt es sich sogar, eine ganze Fabrik anderswo erst abzubauen und später im Original wieder aufzubauen. Kein westliches Land zahlt so niedrige Löhne, dass sich ein derart gigantisches Vorhaben, das Hunderte Arbeiter und Angestellte über Jahre hinweg beschäftigt, rechnen könnte.

Bis zu 27 000 Menschen arbeiteten früher auf dem Gelände der Westfalenhütte in Dortmund, ein Teil davon ist die Kokerei Kaiserstuhl. Als vor wenigen Jahren das Stahlwerk dichtmachte, nahmen Chinesen die Hochöfen mit, und seit es um die Kokerei geht, tauchen Arbeiter einer anderen chinesischen Firma auf. Die Welt bedient sich, und Deutschland hofft vor jedem Räumungsverkauf auf ansehnliche Preise. Im Sauerland bauen Chinesen gerade eine Maschinenstraße für Blattfedern auseinander. Hier wie da setzen sie stählerne Riesen in Bewegung, hier wie da verschwinden die Riesen in der einen Richtung.

Gerd Seibel schaut zu, wie die Arbeit aus Deutschland wegzieht. Die Chinesen dürfen nicht schludern, sonst wird Seibel böse. Er kennt sich hervorragend aus mit Kokereien, sein halbes Leben hat er mit solchen Anlagen zugebracht. Er fing ganz früher als Autoschlosser an, später Technikerschule, Koksmeister, Endgehalt, Schichtführer, Endgehalt, zuletzt Abteilungsleiter, »Ah-Tee« – ein Außertariflicher, ein besser Bezahlter. Dem einfachen Techniker Gerd Seibel ist die Karriere eines begabten Ingenieurs geglückt, immer sei er fleißig gewesen, habe früher nur Wechselschichten geschoben, drei Wochenenden Schicht, ein Wochenende frei, über Jahre hinweg. Inzwischen ist er 49. Niemand macht ihm noch etwas vor auf dem Gelände Kaiserstuhl. Seibel sagt: »Ich bin hier so was wie das Gesetz.« Noch.

Schon im Jahr 2006 soll die Kokerei Kaiserstuhl in China wieder laufen. Die neuen Eigentümer wollen Koks auch ins Ausland verkaufen. Dann könnte es sogar passieren, dass die Chinesen Koks aus der ehemals deutschen Anlage Kaiserstuhl nach Deutschland liefern.

Zunächst ahnt Gerd Seibel nicht, wer auf dem Büroflur sein neuer Nachbar werden könnte. Es wird ein Chinese sein, das steht fest. Aber es sind so viele von ihnen gekommen, Hunderte, dass Seibel die fremden Gesichter zuerst nicht auseinander halten kann. Nach ein paar Wochen glaubt er zu wissen, welcher Chinese das Sagen hat. Wenn Seibel morgens die Treppe hinaufsteigt, hört er Gebrüll auf dem Korridor. Einer steht da immer im roten Polohemd, umringt von Männern in verschmierten Overalls, und die Arbeiter hören ihm demütig zu. Später erfährt Seibel, dass sein neuer Nachbar Mo heißt, Mo Lishi. Eine Dolmetscherin befestigt ein Schild mit der deutschen Aufschrift »Projektleiter« an der Tür des leer geräumten Zimmers, das jetzt Mos Zimmer ist. Auf seiner Visitenkarte steht »Vice General Manager«, Mo ist im Vorstand eines Unternehmens für Kohlechemie in der ostchinesischen Provinz Shandong, einer Firma mit 28 000 Leuten. »Mir ist ganz egal, was der ist. Meinetwegen kann der Generaldirektor sein«, sagt Seibel trotzig. Er hat nichts gegen den Fremden, aber der soll sich bloß nicht aufspielen.

Mo spricht nur Chinesisch, Seibel nur Deutsch. Mo soll die deutsche Fabrik ausweiden, Seibel das Skelett bewachen. So gesehen ist Mo die Zukunft und Seibel die Vergangenheit. Das sieht Seibel jedoch nicht so, weil er glaubt, dass die Chinesen nur Reste verwerten, die von Deutschen hinterlassen wurden. »Nach dem Krieg waren wir vielleicht auch mal so wie die«, sagt Seibel. Von Beginn an spricht eigentlich alles für eine ziemlich komplizierte Nachbarschaft.

Mo hat Respekt vor Herrn Seibel. Er nennt ihn den »Mann, der uns Strom gibt«

Seibels Zimmer ist viel größer als das von Mo. Sechs, sieben Schritte muss man gehen, bis man vor Seibels Schreibtisch steht. Bei Mo muss man nur die Tür öffnen und fällt fast auf die Schreibtischplatte. Mo ist nicht wählerisch, er hat dieses Büro genommen, weil es niemand anderes brauchte. Was sein Nachbar Seibel zu tun hat, weiß Mo nicht. Dieser Deutsche kommt ihm seltsam vor. Er besteht darauf, dass alle chinesischen Arbeiter unfall- und krankenversichert sind. Mo muss ein Dokument unterschreiben, das ihn zu einer »Aufsichtsperson« auf der Baustelle erklärt. Arbeiter, die hoch in die gemauerten Öfen klettern, sollen Sicherheitsgurte umschnallen. Mo nimmt an, dass Seibel über Macht verfügt, weil Seibel die Hauptschalter für Wasser und Strom kontrolliert. Eine Baustelle kann auf vieles verzichten, aber niemals auf Wasser und Strom. Nach und nach kriegt Mo Respekt vor Seibel. Mo nennt ihn den »Mann, der uns Strom gibt«.

In ein weiteres Zimmer, gleich nebenan, schafft Mo ein Bett, über dem er ein Moskitonetz befestigt. Er trägt seinen blauen Hartschalenkoffer ins Zimmer und überlegt, wohin er seine Sachen legen soll. Staubige, ausrangierte Schränke, ein zerkratzter Furniertisch, ein abgenutzter Besen, ein paar Bügel, eine Rolle Klopapier – das ist Mos Wohn- und Schlafzimmer für die nächsten anderthalb Jahre. Seine Frau wohnt währenddessen allein in einem geräumigen Appartement neben dem öffentlichen Schwimmbad von Zoucheng.

Gerd Seibel hat nichts dagegen, dass Mo hier auch übernachtet. Die Fenster in Mos Schlafzimmer sind 1,40 Meter breit und damit, sagt Seibel, als Notausstiege geeignet. Draußen, in einem Containerdorf im Schatten der Kokereischlote, wohnen die Arbeiter der Subunternehmer, die Mos Firma geheuert hat. Für die Arbeiter muss Mo erreichbar bleiben, pausenlos, so verlangt es sein chinesischer Konzern.

In einer Nacht klopft ein Arbeiter vorsichtig an Mos Schlafzimmertür. Mo ist sofort hellwach, er schläft nie sehr tief. Regenwasser läuft in abgeschraubte Schaltkästen und Motoren, Planen müssen gespannt werden. In einer anderen Nacht fährt Mo los und sucht hinter Unna nach einem gerade angereisten Trupp von Arbeitern, die ein Taxifahrer am falschen Bahnhof absetzte.

Neun braune Plastikfeuerzeuge hat er auf den Tisch vor seinem Bett gestellt. Seine Ration für die vielen Dortmunder Monate. Er steckt sich eine Zigarette nach der anderen an. Wo Mo ist, steigt Qualm auf. Es ist, als wolle er in seinem Zimmer seine eigene kleine Fabrik betreiben.

Gerd Seibel blickt aus seinem Fenster auf die chinesische Insel in Deutschland. Gelbe Wohncontainer mit Wänden aus Blech, Duschen, ein Klo. Die Arbeiter verdienen hier viel mehr Geld als zu Hause, 400 Euro im Monat, die leitenden können es auf 600 Euro bringen, mit Leistungsprämien.

Einfache RAG-Arbeiter, für die der Tarifvertrag des deutschen Bergbaus gilt, kämen hier auf rund 1 800 Euro brutto im Monat plus Konti-Zulage plus Energiekostenbeihilfe plus plus, zusammen an die 2 400 Euro. Keine gewaltige Summe, aber Mo sagt: »Unsere Arbeiter sind bescheidener.« Sie verbringen die Nächte auf durchgelegenen Matratzen, fahren auf klapprigen Fahrrädern an den erkalteten Öfen vorbei, kochen unter einem Wellblech und essen im ehemaligen Labor Reisfleisch aus Blechdosen.

Früher machten sich Menschen aus einem Hochlohnland keine Gedanken darum, ob ihnen Menschen aus einem Niedriglohnland bedrohlich nahe rücken könnten. Plötzlich treffen sie einander beim Händewaschen auf einer Dortmunder Werkstoilette, aus Augenwinkeln mustern sie sich vorsichtig im Spiegel, und eine Frage steht unausgesprochen im Raum: Was ist auf dieser Welt durcheinander geraten? Und warum?

»Irgendwie auch traurig«, sagt Seibel, »jetzt reißen sie alles weg«

Wann die Chinesen mit ihrer Arbeit anfangen und aufhören, kriegt Seibel nicht mit. Wenn er um acht im Büro eintrifft, haben die Chinesen gerade begonnen. Fährt er am späten Nachmittag heim, sind die Chinesen noch eine Weile beschäftigt. Samstags arbeiten sie auch, bis zum Abend. Von der Bezirksregierung in Arnsberg haben sie sich die 60-Stunden-Woche genehmigen lassen. Gerd Seibel kommt auf 40 Stunden pro Woche, das heißt, er arbeitet meist ein bisschen mehr und nimmt später freie Tage. »Irgendwie auch traurig«, sagt Seibel und blickt hinaus, »jetzt reißen sie alles weg.«

So weit wäre es nicht gekommen, wenn die deutsche Stahlindustrie treu geblieben wäre. Wer Stahl in einem Hochofen kocht, braucht dafür unbedingt Koks. Autos, Fahrräder, Messer – alles aus Stahl, Millionen Tonnen Stahl, erzeugt mit Hilfe von Millionen Tonnen Koks. In einem langfristigen Vertrag war bis 1999 geregelt, dass die deutschen Stahlwerke deutschen Koks kauften. Als der Vertrag auslief, steuerten die Stahlbosse um. Sie entschieden, sich fortan viel mehr Koks auf dem Weltmarkt zu besorgen, in Polen, in China. Koks aus China war viel billiger als der aus Deutschland. So musste der Bergbaukonzern RAG eine Kokerei schließen, Kaiserstuhl, eine der modernsten und umweltfreundlichsten Anlagen weltweit, gerade mal acht Jahre alt, lächerlich jung, eine Fabrik, die mal 600 Millionen Euro gekostet hatte und noch vierzig Jahre gehalten hätte. Der Weltmarkt zerstörte einst die Kokerei Kaiserstuhl, Dortmund. Der Weltmarkt wartet jetzt auf die Kokerei Kaiserstuhl, Jining.

China ist hungrig nach Stahl und deswegen hungrig nach Koks, denn China wächst gewaltig. China braucht dringend Energie, China setzt Mo unter Druck. 60 Kokereien sind in China im Augenblick im Bau oder in der Planung, Kaiserstuhl soll eine der größten werden. Koks ist ein Wachstumshormon der Industriegesellschaft, und Mo kann dieses Präparat günstig besorgen.

schen seine beiden Zimmer eingerichtet. Eine aufgerissene Walnusstüte, ein schmutziges Handtuch, ein Zollstock, ein Karton mit vergilbten Zeitungen aus China. Die Zimmer sehen noch immer aus, als habe Mo sich standhaft gewehrt, sich darin wohl zu fühlen.

Wenn es in Dortmund zu lange regnet, dann schreibt Mo Gedichte

Auf ein Fensterbrett hat er Werbebroschüren gestellt, eine dicht neben der anderen, alle von Mercedes. Schwerlaster vor abendroten Bergen, Schäfchenwolken. Wegen der Autos sieht Mo nichts von der mannshohen Gasleitung vor dem Haus. Er sieht nur Bäume und Büsche, darüber den Himmel. Es

Gerd Seibel ist von deutscher Seite aus für den Abbau der Dortmunder Kokerei zuständig.

Sechzehn Monate sind vergangen, seit Mo und seine Leute in Dortmund eintrafen. Es ist ein Nachmittag im Juni dieses Jahres, Mo hat inzwi-

könnte überall auf der Welt sein. Eine Aussicht für jemanden, der nicht daran erinnert werden will, wo er gerade steckt. Wenn da nur nicht die deutschen

Werbehefte stünden. Das sieht aus, als habe sich Mo für eine Niemandslandschaft Untertitel ausgedacht.

»Offen für Träume« steht auf einem Mercedes-Poster in seinem Rücken. Eine teure Limousine jagt auf einer Überholspur. »Mich ermutigt dieses Plakat«, sagt Mo. Papierstreifen hat er darauf geklebt, die er beschriftet hat. Es geht um die »Sehnsucht des Menschen nach einem besseren Leben«. Die Verse denkt er sich aus, wenn es zu lange regnet. Mo hat Heimweh, ihm ist dieses Deutschland noch immer fremd, er hat außer der Baustelle fast nichts mitbekommen, nur ein bisschen Dortmund, ein paar Flughäfen und Bahnhöfe, das Geburtshaus von Friedrich Engels in Wuppertal. Seit sechzehn Monaten hat er seine Frau nicht gesehen. Aber Mo käme nicht auf die Idee, für ein paar Tage nach Hause zu fliegen. Die Firma will, dass er erst eine Pause macht, wenn sein Auftrag erledigt ist. »Ich habe keine Wahl«, sagt Mo.

Eine bunte Weltkarte hat Mo in sein Büro gehängt. Länder, in die er reiste, hat er mit Pfeilen versehen und darunter den chinesischen Ausdruck gekritzelt. In Österreich, Belgien, den Niederlanden und Italien war er für die Firma, in England, Frankreich, den USA, immer nur für ein paar Wochen. Einmal wollten sie Mo für einen langen Einsatz nach Venezuela schicken, aber Mo hat das Vorhaben clever abgewendet. Gegen Kaiserstuhl jedoch gab es keine triftigen Argumente. Im Vorstand seiner Firma ist Mo für die Produktion verantwortlich, Kaiserstuhl lief unweigerlich auf ihn zu. Kaiserstuhl ist Mos erster Auftrag, der ihn so lange im Ausland festhält. »Ich habe es hingenommen«, sagt er, »ich habe an die Schwierigkeiten gedacht, aber mich auch gefreut. Ich dachte, wir holen ja eine neue Firma ab.«

Es sind die Abende, die Mo zu schaffen machen. Zu Hause ging er mit seiner Frau abends in einen Park, beim Pokern im Freien trat er mit ihr gemeinsam gegen das halbe Viertel an. Zum Kartenspiel aber sind die chinesischen Arbeiter hier zu müde. Mo zieht sich in sein Zimmer zurück, eine Satellitenschüssel holt chinesische Fernsehnachrichten auf den Bildschirm seines Laptops.

Ist es trocken, geht Mo raus und joggt eine Stunde lang über das Trümmerfeld. Mo läuft auf die Allee mit den mächtigen Ahornbäumen, einst eine Prachtstraße der Stadt, heute eine vergessene Trasse zwischen gespenstisch leeren Hallen. Die Schorn-

steine, die weit in den Himmel ragen, werden bleiben. Was aus Stein oder Holz besteht, lassen die Chinesen in Dortmund zurück. Die Betonwannen der ehemaligen Kläranlage liegen da wie offene Gräber. So riesig ist die Brache, dass Mo sich am Anfang ein paar Mal verlaufen hat.

Mo läuft, sooft er kann. Er ist 55, sechs Jahre älter als Seibel. Eine Gymnastikanleitung, die ihm sein Arzt mitgab, hat Mo neben die Weltkarte im Büro geheftet. Mo geht in die Knie, legt die Hände flach auf die Wand und schiebt sich mit durchgedrücktem Rücken stufenweise an der Karte hoch. Als er sich oben reckt, hat er die Welt ganz dicht vor seinen Augen. »Hier«, sagt er und zeigt auf einen gelben Fleck über den Vereinigten Staaten, »wird noch weniger gearbeitet als in Deutschland.« In Kanada, wo er mal ein Leitsystem für den Zugverkehr aufbaute, hätten die einheimischen Kollegen schon nach sechs Stunden Arbeit aufgehört. Dort hätten sie ihm sogar weismachen wollen, dass man jede Menge Arbeitslosengeld bekomme, sobald die Firma pleite sei. In Kanada hat Mo sehr viel gelacht.

In Kanada ist Gerd Seibel noch nie gewesen. »Mich zieht es nicht raus«, sagt er. Einmal reiste er nach Tunesien, vor beinahe 30 Jahren, später ein paar Mal nach Jugoslawien, in die Niederlande. Seit einigen Jahren bleibt er während der Ferien zu Hause. »Hier fühle ich mich am wohlsten.« Ein Fachwerkhaus neben einer Bahnlinie hat Seibel für sich, seine Frau und seine zwei Töchter gekauft und mühsam umgebaut. Einen Pavillon hat er im Garten aufgestellt, einen Schäferhund angeschafft. Seibel will da sein, wenn seine Familie ihn braucht. Würde er plötzlich durch die Welt reisen, käme er sich ein bisschen wie ein Verräter vor. Beim Renovieren des Hauses hat ihm ein Schwager geholfen. »Der hat Zeit, der ist in Anpassung«, sagt Seibel. Wer im Bergbau arbeitet, geht oft mit 53 Jahren, spätestens mit 55 Jahren »in Anpassung«, das heißt, er hört dann auf zu arbeiten, erhält vom Bergbau und vom Bundesamt für Wirtschaft 90 Prozent des letzten Nettogehalts, so lange, bis er Rentner wird.

In Seibels Umgebung ist Stillstand ein großes Thema. Sein Arbeitgeber hat dafür eine Stabsstelle eingerichtet, eine Art Friedhofsverwaltung, die »Betriebsdirektion Sanierung von Stillstandsbereichen«. Der deutsche Bergbau muss schrumpfen, soll aber niemanden entlassen, so ist es mit der Bundesregie-

Ein chinesischer Arbeiter nimmt in der spartanischen Wohnküche sein Abendessen ein.

rung vereinbart. Deshalb sucht man andere Wege, um Leute loszuwerden, auf die sanfte Tour. »Wohin wollen Sie sich in Zukunft entwickeln?«, wurde Gerd Seibel von Kollegen gefragt, die sich als Personalentwickler vorstellten. »Was sind Ihre Ziele?« – »Ich bin Koker«, gab Seibel zu Protokoll, »ich will mit Koks zu tun haben.« Damit war eigentlich alles über ihn gesagt. In Dortmund wurde Seibel geboren, in Dortmund wuchs er auf, aus Dortmund will er nicht weg.

Herr Seibel mag nicht, wie sie die Kokerei zerlegen, diese Hast

»Ich brauche nicht weg, um die Welt kennen zu lernen«, sagt er, » die anderen kommen doch immer zu uns.« Italiener, Spanier, Türken, sie alle hätten auf der Kokerei ihr Geld verdient. Jetzt kämen, sagt Seibel, sogar die Chinesen. Dass nach den Chinesen keiner mehr kommen wird, sagt er nicht.

Auf dem Weltmarkt ist inzwischen die Hölle los. Seit Kaiserstuhl Stück für Stück in Frachtcontainern verschwindet, sind die deutschen Stahlwerke stärker von ausländischem Koks abhängig. Den meisten Koks auf der Welt, etwa die Hälfte der gesamten Menge, liefert China. Aber Chinas Wirtschaft dehnt sich rapide aus und verschlingt erheblich mehr Energie als gedacht. China braucht für seine eigenen Stahlwerke nun selbst viel Koks, kann deshalb weniger an andere Länder abgeben, Koks wird knapper. Der Preis, den deutsche Unternehmen dafür zahlen müssen, steigt und steigt.

»Herr Seibel«, ruft ein chinesischer Übersetzer und tritt näher, »Sie haben ja eine neue Frisur.«

»Ein paar Zentimeter kürzer«, antwortet Seibel. Dann überlegt er kurz und sagt: »Jetzt ist der andere Reifen eures Gabelstaplers auch noch abgefahren. Kümmert euch darum.«

Der Chinese lächelt und schweigt.

»Wir können euch den Strom abstellen«, sagt Seibel.

»So schnell schießen die Preußen nicht.«

»Sie haben aber schnell Deutsch gelernt.« Pause. »Ihr müsst euch den Gabelstapler angucken.«

Nachdem der Chinese gegangen ist, sagt Seibel: »Die kapieren es nicht. Ich habe von Anfang an gesagt: Haltet die Vorschriften ein, sonst Schikane.« Gerd Seibel ist schlechter gelaunt als gewöhnlich. Ein paar Mal schon hat er den Chinesen Wasser oder Strom abgedreht. »Die müssen ja Reis kochen. Die könnten sich natürlich auch ein eigenes Stromaggregat besorgen, aber die wollen ja kein Geld aus-

Diese Erfahrungen beginnen damit, wie die Chinesen Kaiserstuhl zerlegen. Diese Hast, dieses ewige Improvisieren. Ein deutscher Facharbeiter, sagt Seibel, überlege erst einmal gründlich, er zerteile einen Vorgang gedanklich in mehrere logische Schritte, bevor er, zum Beispiel, mit einem Schraubenschlüssel eine Rohrverbindung auseinander nehme. Die Chinesen aber »wollen alles sofort vom Hof schaf-

Am 12. Dezember 2000 blickt ein Arbeiter in die leeren Koksbunker der Kokerei Kaiserstuhl. Seit der Inbetriebnahme im Dezember 1992 waren hier täglich rund 5.600 Tonnen Koks produziert worden.

geben.« Ärger bahnt sich an. Davon erfährt Mo sehr schnell. »Die Deutschen sind sehr direkt«, sagt Mo, »das ist gut, aber nicht immer.«

Gerd Seibel hat aufgegeben, die Chinesen verstehen zu wollen. »Verstehen? Geht nicht.« Gerd Seibel glaubt sehr oft zu wissen, warum etwas nicht klappen wird. Er fühlt Schwierigkeiten schon im Vorhinein, wie einen Wetterumschwung. Treten wirklich Schwierigkeiten auf, nennt Seibel sie »Erfahrungen«.

fen. Zeit ist Geld, meinen die«, sagt Seibel. Die Chinesen nehmen gerne einen Schneidbrenner und durchtrennen schnell das Rohr. »Wer weiß, ob die das in China alles wieder zusammenkriegen? Ich habe da meine Zweifel.«

Wollen die Chinesen eine große Maschine aus einer Werkstatt holen, dann halten sie sich nicht lange mit zu niedrigen Türen und zu engen Fenstern auf. Sie schlagen mit einer Baggerschaufel ein riesiges Loch in die Hallenmauer und zerren die

Maschine hindurch. Sie tun so, als sei Kaiserstuhl ein Restpostenlager. Für jemanden, dessen Leben dort spielte, kann es so aussehen, als zertrümmerten die Chinesen etwas von diesem Leben. Als hätten sie keinen Respekt vor den Errungenschaften eines Landes, in dem sie zu Gast sind. Aber Errungenschaften? Respekt vor einem erledigten Werk, das keiner kaufen wollte? Für die Chinesen sieht es so aus, als packten sie ein deutsches Problem ein, aber wenn sie es zu Hause auspacken werden, dann wird sich das Problem erledigt haben.

Brasilien, Indien, Südafrika – interessiert waren viele Länder an der stillgelegten Dortmunder Anlage, aber mehr als einen Spottpreis wollte damals niemand bieten. Kaiserstuhl ist eine Großkokerei, gemacht für zwei Millionen Tonnen Koks im Jahr. Kaiserstuhl ist deswegen auch ein Versprechen. Wer sich so eine Fabrik besorgt, muss sich ziemlich sicher sein, dass sein Land noch viel Energie benötigen wird, weil es noch lange nicht ausgewachsen ist. China ist so ein Land.

Einmal hat Gerd Seibel den Nachbarn Mo und die chinesischen Arbeiter zu einem öffentlichen Boxkampf eingeladen. Reisebusse bringen zweihundert Chinesen vor die Aula einer Dortmunder Schule, und während des Wettkampfes johlen und klatschen die Besucher begeistert. Ein gelungener Abend. Monate später wieder ein Boxkampf. Aber diesmal fahren keine Reisebusse vor und jeder Gast muss selbst sehen, wie er zur Sportarena gelangt. Nur noch wenige Chinesen machen sich auf den Weg, weil sie von ihren 400 Euro Monatslohn nicht drei Euro für eine Busfahrkarte ausgeben wollen. Seibel jedoch sagt: »Das ist schon Geiz, nein, das ist diese Sucht, mit Gewalt reich zu werden.«

»Die Deutschen könnten ein wenig fleißiger sein«, meint der Chinese

Mo sieht die Sache ganz anders, und es kostet ihn Mühe, sich vorsichtig auszudrücken. »Die Deutschen sollten ein wenig aufpassen«, sagt er. »Sie könnten ein wenig fleißiger sein. Wenn sie nicht aufpassen, haben wir sie bald eingeholt, in zehn oder zwanzig Jahren.«

Meint Mo. Meint Seibel. Einerseits, andererseits, hin und her, Tür an Tür. Auf einem Korridor in Dortmund machen sich Deutschland und China miteinander bekannt und probieren aus, wo die Grenzen einer Verständigung liegen. Mo grübelt, Seibel scherzt. Herr Mo und Herr Seibel. Unabsichtlich haben sie die Globalisierung auf ein Kammerspiel reduziert.

Einmal im Monat setzen sich die Arbeiter im Containerdorf zusammen und stimmen darüber ab, wer der Beste gewesen sei. Nur selten schaut Mo bei dieser Gelegenheit vorbei, weil das hier Sache der Arbeiter ist, in die er sich nicht einmischen will. Dem Gewinner des Abends überreichen Kollegen ein Taschenmesser oder eine Plastikleuchte, eine kleine Aufmerksamkeit jedenfalls. Am Ende hängen sie dem Sieger eine künstliche Blume um den Hals, eine Blume aus weinroter Kunstseide. Ab und zu trägt der Sieger eines Abends seine Blume auch am Tag danach noch mit sich herum, während sein Bautrupp wieder Getriebe in Holzkisten verstaut. Als Gerd Seibel zum ersten Mal die Blumen eines Arbeiterhelden sieht, muss er lachen. »Richtig lustig« findet er diesen Anblick. Er sagt: »Die ärgern mich ja manchmal echt, die Chinesen. Aber meine Kinder ärgern mich manchmal auch. Deswegen habe ich sie trotzdem gerne. Und irgendwie mag ich auch diese Chinesen.« Gerd Seibel will nicht lassen von der Vorstellung, Deutschland sei eine globale Werkstatt, in die China seine neugierigen Kinder zum Lernen schicke.

Begegnet ihm ein Dortmunder, dann grüßt ihn Mo leise auf Chinesisch

An einem Sommerabend fährt Mo mit seinem Assistenten zum Rombergpark, nur ein paar Kilometer entfernt. Sonntags, wenn die Baustelle ruhen muss, gehen sie öfter dort spazieren, der Weg dorthin ist ihm vertraut. Er muss nicht wieder fürchten, sich zu verirren. Mo verlässt den Stillstandsbereich, nickt kurz ins Pförtnerhäuschen und fährt vorbei an graubraunen Mietshäusern. Mo kennt die Menschen nicht, die dort wohnen. Begegnet ihm einer von ihnen, grüßt Mo ihn leise auf Chinesisch. »Da wohnen viele Türken«, hat Mo seinen Arbeitern erklärt, »das sind die Leute, die Deutschland mit aufgebaut haben.«

Mos Vorrat an Taishan-Zigaretten scheint unerschöpflich. Mühelos besorgt er sich Nachschub, ohne die Baustelle zu verlassen. Mysteriös erscheint einem das zunächst, aber die Lösung des Rätsels ist einfach. Im Grunde ist es das deutsche Arbeitszeitgesetz, dem Mo die Taishan-Zigaretten verdankt. Die Erlaubnis, 60 Stunden in der Woche arbeiten zu dürfen, wurde an die Bedingung geknüpft, dass die Arbeiter innerhalb von sechs Monaten die vielen Überstunden abfeiern. Deshalb werden Arbeiter, die sich sonst in Dortmund sechs Wochen am Stück ausruhen müssten, nach China zurückgeschickt, und Ersatzarbeiter machen sich auf den Weg. Die Neuen bringen Mo Zigaretten mit.

Mo ist vor einem Kinderwagen stehen geblieben und lacht das Baby an. Die Mutter des Säuglings und ihre Freundinnen verstummen irritiert. Ein Chinese steht da vor dem Baby, der Chinese raucht und lacht. Seine eigenen Kinder sieht Mo nur noch auf Papierbildern, die er in einer Schublade aufbewahrt. Vor anderthalb Jahren hat er sich von ihnen verabschiedet, wegen Dortmund, wegen Kaiserstuhl. Der 29-jährige Sohn ist selbstständiger Bauberater in Shanghai, die Tochter – fünf Jahre jünger – studiert in England. »Vielleicht kommt sie mal«, sagt Mo.

»Das geht nicht«, schimpft Gerd Seibel. Drei verschiedene Abfallcontainer haben die Deutschen aufgestellt. »Drei«, sagt Seibel, Baumischabfälle, Holz, Pappe: »Drei!« In aller Ruhe habe er den Chinesen die Abfalltrennung erklären lassen, es klappt nicht. Holzbretter werden immer wieder mit Pappkartons vermischt, warum? Weil diese chinesischen Subunternehmer sich weitere Subunternehmer suchten, die neue Billiglöhner schickten, alles, um die Löhne zu drücken, »sub, sub, sub«, chinesische Mentalität. Und wer müsse es ausbaden? Natürlich Gerd Seibel.

Einmal war Seibel zu einem Vortragsabend mit chinesischen Geschäftsleuten und Politikern in der Bochumer Handelskammer eingeladen. Auch Mo ist hingefahren. In dieser Hinsicht war es etwas Besonderes. Es ist fast nie vorgekommen, dass Mo und Seibel etwas gemeinsam unternehmen. Die räumliche Nähe hat sie nicht zusammengebracht, eher im Gegenteil. Fragt man Seibel, was Mo wohl für ein Mensch sei, dann fällt Seibel nichts ein. Umgekehrt ist es genauso.

In der Handelskammer verstand Gerd Seibel so gut wie nichts, aber er glaubte, trotzdem das Wesentliche zu begreifen. Als der Bürgermeister von Panjin auf Chinesisch von seinem Plan berichte-te, demnächst eine demontierte deutsche Fabrik in Nordchina einzuweihen, beeindruckte Seibel der Tonfall. Wie dieser Bürgermeister seine Sätze peitschte, am Ende fast aufschrie und die letzten Silben ins Publikum schleuderte. »Höher, schneller, weiter« meinte Seibel herauszuhören. Seinen Nachbarn Mo hat Seibel nur einmal in dieser Verfassung erlebt. Das war ganz am Anfang, als der Abriss der Kokerei feierlich angekündigt wurde. Gäste in Anzügen standen in einer Werkstatt, chinesische Arbeiter auch, und Mo hielt eine laute Rede, die sehr leidenschaftlich klang. »Was heißt das?«, fragte Seibel eine Dolmetscherin. – »Voran, voran«, antwortete sie. Seibel musste grinsen.

An einem Abend im September steigt eine junge Frau auf dem winzigen Flughafen von Weeze am Niederrhein aus einer englischen Maschine. Sie trägt eine Nickelbrille, ein violett gemustertes Top, blaue Sportschuhe, sie zieht einen schweren Koffer hinter sich her. Der einzige Mensch, den sie in Deutschland kennt, wartet auf sie in der Halle. Mo lacht verlegen, greift nach der Hand seiner Tochter Ziwei, nimmt ihr den Koffer ab und sagt: »Komm mit mir.« Es ist schon dunkel, als die beiden in Dortmund eintreffen. Ziwei hat keine Ahnung von Stahlhütten und Kokereien, sie studiert in Birmingham Finanzwirtschaft. Mo führt sie vor die Tore des Walzwerkes, Laternen stehen in einer Reihe und leuchten wie jede Nacht. Es ist ungewöhnlich still, das Trümmerfeld sieht man von hier aus nicht. »Ein friedlicher Ort«, sagt Ziwei.

Als Mo der Tochter seine Unterkunft zeigt, anschließend sein Büro, erschrickt Ziwei. »Papa, warum tust du dir das an?« Vor einem Fenster baumeln Unterhosen, die Mo zum Trocknen aufgehängt hat. »Papa, du bist doch ein mächtiger Mann. Du hast viele Freunde in China, du hast eine schöne Wohnung.« Mo hört schweigend hin. »Du hast zu Hause ein Büro mit edlen Sesseln. Du hast sieben Sekretärinnen. Du hast Putzfrauen, die jeden Tag dein Büro sauber machen. Du bist jetzt nicht mehr der Jüngste. Warum fliegst du nicht einfach nach Hause?«

»Ich bin nicht alt«, antwortet Mo sanft, »ich habe noch etwas zu tun. Wenn ich alt wäre, hätte ich nichts mehr zu tun.«

»Du hast dein Leben lang hart gearbeitet«, entgegnet die Tochter, »warum dieser Job?«

»Kaiserstuhl ist moderne Technik«, sagt Mo, »ich will diese Fabrik rüberbringen. Ich bin stolz darauf.« Danach wechseln sie das Thema, sie wollen sich nicht streiten. Ziwei hat nur zwei Tage Zeit für Dortmund, dann muss sie wieder weg.

Plötzlich sagt der Chinese zu Gerd Seibel: »Mein Freund«

Auf dem karierten Papier der Deutschen Steinkohle AG hat Mo Gedichte für seine Tochter geschrieben, es muss wieder viel geregnet haben. Die Zettel hat er an der Wand auf seiner Weltkarte verteilt, die nördliche Hälfte der Erde ist jetzt in Mos Ge-

überweist seiner Tochter Geld, weil ihr Stipendium nicht für die hohen Studiengebühren reicht. Ziwei soll es einmal besser haben als ihr Vater, sie soll aus Europa mit Wissen heimkehren statt mit Koks.

»Was hat er vor?«, denkt still Gerd Seibel, als Mo ihn auf einmal zu sich ins Büro bittet. Noch nie haben die beiden länger zusammengesessen, nun aber plaudert Mo schon eine Stunde lang vergnügt und sagt zu Seibel unvermittelt: »Mein Freund.«

Gerd Seibel schiebt den Aschenbecher von sich weg, er raucht nicht. Mo zündet sich wieder eine Zigarette an und sagt: »Sie sollten sich auch das Rauchen angewöhnen. In China wird gerne geraucht.« – »Was will der?«, rätselt Seibel, bis Mo

Der Verbrauch von Kohle und Koks in China zieht durch die fortschreitende Industrialisierung deutlich an. Dadurch sind für die deutschen Stahlwerke die Kokspreise auf dem Weltmarkt signifikant gestiegen.

danken versunken. »Nur wer die Türen seines Raumes öffnet, stößt nicht mehr gegen Wände«, hat Mo notiert.

Ziwei soll die Sprache der Zukunft lernen, hat Mo gesagt. Das mit England war seine Idee. Mo

ihn endlich fragt, ob Seibel eine Weile dabei helfen werde, Kaiserstuhl aufzubauen. Vor kurzem wurde schon der Grundstein gelegt, drüben, in China. »Ich? Nach China?«, fragt sich Seibel irritiert. Mo will seinem Vorstand in der Firma sofort den

Namen Gerd Seibel durchgeben, den Dortmunder Spezialisten für Kokereien. Mo will deshalb gleich wissen, wie man Seibels Titel ins Englische übersetzt, aber Seibel weiß es auch nicht, ruft einen Kollegen an, und sie einigen sich auf »Coking Plant Manager«, etwas in dieser Richtung jedenfalls.

Darüber, wie die Besprechung der beiden ausgeht, gibt es zwei Auffassungen. »Er kommt vielleicht«, sagt Mo später. – »Völlig unrealistisch«, sagt Seibel. Vermutlich ist dieses Missverständnis entstanden, weil der sonst so geradlinige Gerd Seibel auf Fragen nach persönlicher Veränderung verblüffend ungenau antwortet. Mehrmals versuchte ihn ein früherer Chef für China zu begeistern, weil dort für einen deutschen Bergbaukonzern viel Neues zu entdecken sei. »Nehmen Sie Ihre Familie mit«, hörte Seibel ihn sagen. Es rumorte in Seibel. China, er fühlte sich sehr unwohl bei diesem Gedanken. »Ich muss auch an meine Familie denken«, sagte Seibel.

Seine 17-jährige Tochter, nur als Beispiel, wolle unbedingt Polizistin werden und kämpfe ums Abitur. »Kein Bock«, antworte sie, wenn Seibel das Thema Nachhilfe anschneide. Und dann China? Undenkbar. Obwohl seine innere Stimme unmissverständlich war, druckste Seibel herum, als ihn sein früherer Chef zu einer Antwort drängen wollte. »Ich weiß noch nicht«, sagte Seibel zum Schluss. Bis heute hat er keine Antwort gegeben, es fragt ihn auch keiner mehr danach. Gerd Seibel hat sich in dieser Angelegenheit geschickt in Vergessenheit gebracht.

Auf der Baustelle spült Regen schmierigen Sand auf die Wege, der Asphalt ist glitschig geworden. Mo

Noch in den sechziger Jahren war das Ruhrgebiet stark vom Bergbau und der Stahlindustrie geprägt. Durch den Strukturwandel hat es sich jedoch in den letzten Jahrzehnten zu einem modernen Dienstleistungsstandort entwickelt.

kann nicht joggen, schon deshalb mag er den Regen nicht. Das erklärt einiges von seiner gedrückten Stimmung, lange nicht alles. Es ist etwas geschehen, das Mo nicht in Worte fassen kann. Wahrscheinlich will er auch nicht. Das Problem hat damit begonnen, dass Mos Vorstandskollegen in Zoucheng an manchen Tagen nicht mehr zurückrufen. Schickt Mo ihnen ein Fax, liegt es tagelang unbeantwortet herum. »Mo hat in seiner Firma nicht mehr viel zu sagen«, berichtet ein chinesischer Geschäftspartner des Konzerns. Mo sei entmachtet worden. Kann ihn der Bruder nicht mehr stützen? Mos Bruder ist Vizechef des staatlichen Dachkonzerns Yankuang, deswegen nennen Freunde Mo den »zweiten Bruder«.

Vielleicht hat sich das Problem auch nur entwickelt, weil Mo zu lange weg ist. Vielleicht hat man sich zu gut an seine Abwesenheit gewöhnt. Es ist bald Oktober, eigentlich sollte Mo schon zurück in China sein. Plötzlich heißt es, Mo müsse unbedingt noch wichtige Dokumente beschaffen und bis zum letzten Frachtgut auf der Baustelle bleiben.

Für Kaiserstuhl wird Mo bald nicht mehr verantwortlich sein, das steht schon fest. Sobald die Fabrik in China ausgepackt ist, übernimmt ein anderer den Laden, ein Chefingenieur, ein Mann namens Li. Die Reste der Kokerei sind in Kisten gesteckt, die Kisten in Container, die Container auf Schiffe. Alles läuft nach Plan, nur der Weltmarkt weiß nicht mehr, was er will. Durchgedreht ist er, so sehr, dass er auch deutschen Stahlbossen die Rechnung verdirbt. Als die Kokerei Kaiserstuhl vor vier Jahren aufgegeben wurde, weil der billige Weltmarkt lockte, kostete eine Tonne chinesischer Koks 60 Dollar. In diesem Sommer lag der Preis bei fast 500 Dollar, im Moment sind es 350. Koks ist plötzlich sehr knapp und begehrt. Im nächsten Jahr wird die Lage wohl noch schlimmer, weil China noch weniger Koks an andere Länder abgeben will. Erst steigt der Preis von Koks, danach der von Stahl, danach von Autos, Fahrrädern, Messern. Deutsche Metallbetriebe schlagen verzweifelt Alarm, die Preise, die Preise.

Etwas mehr als den Schrottwert, schätzungsweise 30 bis 50 Millionen Euro, zahlte der chinesische Unternehmer, der den Deutschen Kaiserstuhl abnahm. Käufer und Verkäufer haben sich darauf geeinigt, nichts über den Preis zu sagen. Die Deutschen mussten froh sein, dass einer den Ladenhüter einpackte. Heute käme in Deutschland niemand mehr auf die absurde Idee, eine Kokerei zu schließen. Sollte die Globalisierung einen Sinn für bittere Ironie haben, dann wäre in Dortmund-Mitte eine Pointe geglückt.

Fünf Zinnbecher als Andenken, viel mehr nimmt Mo nicht mit

Eilig hat sich auf der Industriebrache Herr Li angekündigt, der designierte Chef der neuen Kokerei Kaiserstuhl. Mit Kollegen aus der Konzernspitze will er noch schnell Mos Resultate besichtigen, bevor der deutsche Stillstandsbereich das Gerippe übernimmt. Bald wird Mo sein Dortmunder Büro und Schlafzimmer aufgeben, Seibel nur sein Büro. Bald wird Mo den silbrigen Mercedes-Kleinbus im Auftrag seiner Firma verkaufen, Seibel wird seinen kleinen schwarzen Mercedes noch eine Weile behalten. Mo wird fünf Zinnbecher, die er als Andenken auf einem Flohmarkt kaufte, und seine Gedichtblätter in seinen blauen Koffer stecken. Seibel wird zu einer Kokerei in Bottrop wechseln, der letzten, die der Bergbaukonzern RAG noch besitzt. Sie soll mit viel Aufwand erweitert werden, jetzt, da Koks auf dem Weltmarkt so wahnsinnig teuer und Kaiserstuhl abgeräumt worden ist.

In wenigen Tagen werden sich Gerd Seibel und Mo Lishi voneinander verabschieden, wahrscheinlich für immer. Auf mehr als einen flüchtigen Händedruck wird es wohl nicht hinauslaufen. Sobald er »in Anpassung« gehe, sagt Seibel, will er anfangen, sein Fachwerkhaus richtig schön auszubauen. Mo will nichts Besonderes mehr, er will endlich zurück nach Zoucheng.

Ein wenig Deutsch habe er gelernt, sagt Mo: »guten Tag«, »bis morgen«, »Regen«, »Entschuldigung, Entschuldigung«.

»Er wird sich schon durchschlagen, dieser Mo«, sagt Seibel.

Die polnische Putzfrau – aus vielen deutschen Haushalten ist sie nicht mehr wegzudenken.

Glänzende Zeiten

Sie arbeiten bis zum Umfallen und dringen bis in die schmutzigsten Ecken Deutschlands vor: Die polnischen Putzfrauen. Unser Autor kennt sich aus. Seine Mutter ist eine von ihnen

Von **ADAM SOBOCZYNSKI**, erschienen in der ZEIT am 16. Dezember 2004

Für diese Reportage wurde Adam Soboczynski mit dem Axel-Springer-Preis 2005 ausgezeichnet.

Einem Klischee zufolge ist Deutschland ein ungeheuer sauberes Land. Einem zweiten Klischee zufolge wird es fast ausschließlich von Polinnen sauber gehalten. Das zweite Klischee stimmt. Ich habe es am eigenen Leibe erfahren, denn ich bin der Sohn einer polnischen Putzfrau, der Neffe putzender polnischer Tanten. Die ersten Schritte im ersehnten Wirtschaftswunderland wurden von polnischen Frauen auf Knien gemacht: Sie wischten und polierten, sie drangen mit ihren Händen in die dunklen, in die dreckigen Ecken der Republik. Dem Armenhaus Polens entkommen, putzten sich Polinnen einen tief ersehnten Wohlstand herbei.

Der Mythos der polnischen Putzfrau, der tief in das bundesrepublikanische Bewusstsein drang, hat einen wahren Kern: Seit Ende der siebziger Jahre kamen über eine Million polnische Aussiedler und Asylbewerber nach Deutschland. Manche, wie meine Familie, zog es in den tiefsten Westen: 1981 ließen wir uns in Koblenz nieder. Und seit unserer Ankunft ist Koblenz ein gutes Stück sauberer geworden, denn seither rückt meine Mutter mit Putzlappen, Glasreinigern und Wischmops der rheinischen Provinzstadt zuleibe: »Gerade in den ersten Jahren habe ich geputzt bis zum Umfallen. Es gab Zeiten, da hatte ich drei Putzstellen – auf einmal.« Morgens um halb fünf bohnerte und wienerte sie den Boden eines bekannten Papiertaschentuchherstellers. »Bis die letzte Ecke glänzte«, sagt sie nicht ohne Stolz. Dann eilte sie »im Galopp« nach Hause, um »euch Kinder zur Schule fertig zu machen«. Auf dem frühmorgendlichen Nachhauseweg, so gegen sieben, ging sie im Schlepptau mit zehn anderen Putzfrauen durchs »Kreuzchen«. Kreuzchen, eine Wohnblocksiedlung aus den Sechzigern in Koblenz-Neuendorf, ist das Synonym für jene »Parallelgesellschaft«, von der zurzeit so gerne die Rede ist. Türken basteln bis

Zur Sache

Schätzungen zufolge leben heute in Deutschland 1,5 bis 2 Millionen polnischsprachige Menschen. Als eine dem formalen Status nach heterogene Gruppe werden sie in keiner amtlichen Statistik erfasst. Die stärkste Zuwanderung aus Polen in die Bundesrepublik erfolgte in den achtziger Jahren. Rund eine Million Menschen, insbesondere »Aussiedler«, also die sprachlich und kulturell überwiegend polnisch sozialisierten Nachfahren von Deutschen, sowie ihre Angehörigen kamen in die Bundesrepublik. Daneben fanden auch viele andere, die der politisch und wirtschaftlich desolaten Situation im damaligen Polen zu entkommen suchten, als »geduldete Flüchtlinge« Aufnahme. Seit den neunziger Jahren halten sich viele Polen zeitweilig zum Arbeiten in Deutschland auf. Bereits im 19. Jahrhundert siedelten sich über 300.000 Polen aus damaligen preußischen Provinzen im Ruhrgebiet an. Nach 1945 blieben etwa 40.000 polnische ehemalige Zwangsarbeiter, KZ-Gefangene oder Soldaten der Alliierten in Deutschland. 1956/57 durften schon einmal 200.000 Deutschstämmige aus Polen in die Bundesrepublik emigrieren.

spät in die Nacht an tiefer gelegten Golfs, russlanddeutsche Halbstarke in Jogginganzügen spucken im Takt auf kotige Gehsteige, verwaiste Einkaufswagen hängen in den Büschen. Die Putzkolonne passierte allmorgendlich ein Schwerbehindertenwohnheim. Die Mongoloiden riefen ihnen frühmorgens schrill im Chor entgegen: »Die Putzfrauen sind da! Die Putzfrauen sind da!«, und pressten ihre Köpfe durch die Gitterstäbe des Eisenzauns.

Das Gesicht eines Mädchens, die Hände einer Greisin

Zu Hause, am Rande des Kreuzchens, angekommen, wurden mein Ranzen und der meines Bruders mit Pausenbrotstullen gefüllt. Wir gingen zur Grundschule, meine Mutter ging zu den Wagners. Ein guter Job: von 9 bis 13 Uhr. »Er war Rechtsanwalt und erfolgreich. Sie Lehrerin. Zum Putzen hatten sie keine Zeit.« Zum Bügeln auch nicht, weder zum Spülen noch zum Kochen. Als es dampfte und brodelte, die Wäsche in der Maschine rotierte und das Bad in aseptischem Glanz erstrahlte, kehrte eine zumeist gut gelaunte Pädagogin in ihr von Allzweckreiniger- und Küchengeruch erfülltes Eigenheim zurück. »Auftischen musste sie noch selbst. Denn ich rannte wieder nach Hause«, sagt Mutter mit einem rollenden »r«. »Ich rrrannte wieder im Galopp.« Nachmittags dampfte und brodelte es in ihrer eigenen Wohnung. Bis abends Vater, der Maschinenbautechniker, verschwitzt ins Wohnzimmer trat. Um zu essen, manchmal Piroggen, manchmal Borschtsch, um zu duschen, um uns Söhne vor den Fernseher oder ihre Hausaufgaben zu setzen; und um sich gegen acht mit seiner Frau zur dritten Putzstelle auf den Weg zu machen: einem Friseursalon. Während unsere Eltern putzten, wurde ich mit meinem Bruder vom öffentlich-rechtlichen Fernsehen prächtig versorgt.

Meine Eltern liefen in Deutschland einem ehrwürdigen Traum der Aufklärung hinterher. Durch Leistung, nicht durch die Macht der Geburt galt es, eine kapitalistische Identität zu stiften, die aus dem gesellschaftlichen Nichts entsprang und zur höchsten Anerkennung vordrang. Durch Fleiß, durch Arbeitskraft, durch drei Putzstellen an einem Tag wollte man es ihnen zeigen. Wollte man es allen zeigen. Denen, die der Wohlfahrtsstaat leidlich verpflegte;

denen, die sich auf einem bundesrepublikanischen Erbe ausruhten; denen, die sich entspannten auf dem bisher Erreichten. Der Putzfrauenstolz, dessen man sich bei Besuchen in der alten Heimat schämte und den man dort sorgsam verbarg, entsprang der Entbehrung, dem Geiz, der Genussangst. »Wir gehen nicht wie die Deutschen essen und verprassen an einem Abend 50 Mark«, trichterte mein Vater mir ein. Immer wieder. Noch heute kennt er, wie die meisten polnischen Immigranten, keine Deutschen. Weil er jede Eckkneipe verschmäht. Noch heute kennen die Polen nicht diejenigen, denen sie es zeigen wollten.

Es ist Sonntagabend. Novemberregen. Mein Vater steht hinter meiner Mutter in der Küche. Er schlürft gemächlich einen Kaffee. Seine Füße stecken in dicken Puschen. Ein kleiner Bauch zeugt von gemütlichen Bieren vor dem Flachbildschirm-Fernseher, den er beiläufig ins Visier nimmt. »Ich habe ja Abitur«, sagt er etwas abwesend. Immer habe er sich gesagt, er sei der einzige Mann mit Abitur in diesem Land, der putze. Seine Frau legt kurz die faltigen Hände übereinander. Hände, die seit fast 24 Jahren unzählige Eimer mit Reinigungsmittel trugen, die energisch Putzlappen auswrangen und die tagein, tagaus tief in fremde Kloschüsseln drangen. Sie ist 54 Jahre alt und hat noch immer ein junges, ein mädchenhaftes Gesicht. Wären da nicht die Greisenhände. »Von dem scharfen Zeug«, sagt sie. »Aber ich habe Glück gehabt.« Die meisten hätten, erklärt sie, indem sie auf ihr linkes Handgelenk zeigt, irgendwann chronische Sehnenscheidenentzündungen. Vom Auswringen. »Die polnische Putzfrau erkennt man an ihren Operationsnarben.« Sie selbst kann seit kurzem nur noch wenige Stunden in der Woche putzen. Abends im Friseursalon, übermüdet von einem endlosen Tag, ist sie auf dem feuchten Fußboden ausgerutscht. Bandscheibenvorfall. Karriereknick. Dennoch ist vieles einfacher geworden. »Die Arbeit ist nicht mehr so körperlich.« Mit elektronischem Hochdruckbohrern werden die Gelenke geschont, so genannte Multisauger sprühen, waschen und saugen neuerdings in einem Arbeitsgang.

Drei Stellen gleichzeitig – um es allen zu zeigen

Die Wohnung meiner Eltern ist blank poliert; als beschäftigten sie selbst eine Putzkolonne. Die Möbel, helle Kiefer, scheinen Besuchern erst in allerjüngster Zeit sorgsam aus einem Einrichtungshaus erworben. Keine Fernsehzeitung liegt auf dem Sofatisch, kein Kissen stört die akkurate Symmetrie der weißen Sitz-couch-Gruppe; Ordnung ist hier das ganze Leben. Mutter steht langsam auf, wendet mir in der Küche den Rücken zu. »Ein Knopfdruck genügt heutzuta-ge«, sagt sie, als eine chromfarbene Espressomaschi-ne unvermittelt mit einem surrenden Geräusch hei-

geguckt, dass mich keiner sieht. Ich hatte mal eine Putzstelle in der Löhrstraße, in der Fußgängerzone, mitten in der Stadt. In einem Schuhladen. Die Leute, die gingen zur Arbeit, und gerade montagmorgens, da war dann vor dem Laden die Kotze und manch-mal dann Hundescheiße und manchmal beides. Und einmal war ich das am Wegmachen, als die Mutter von einem Schulfreund deines Bruders vorbeikam. Die hat mich dann gesehen.«

Eine Putzfrau reinigt ein Klassenzimmer einer Hauptschule in Regenstauf (Oberpfalz). Viele Reinigungskräfte leiden heutzutage unter Zeitdruck und schlechter Bezahlung.

ßen Kaffee spendet. »Am Anfang, da hab ich mich geschämt. Am Anfang, als wir in ein kleines Sechs-parteienhaus zogen, da habe ich das Putzen verheim-licht. Es war ja so: In Polen als Polin zu putzen, das war der letzte Dreck. So wie es der letzte Dreck ist, wenn Deutsche in Deutschland putzen. Ich habe das auch in Polen verheimlicht. Wir wurden ja ein biss-chen reich durch das Putzen, und die Polen hatten damals in ihrem Land nichts zu essen. Aber wenn ich zu Besuch war, hab ich nichts gesagt. In Deutschland hat man sich dann schnell daran gewöhnt, kam ja viel Geld in die Kasse. Aber ich hab auch hier immer

Dass Frauen putzen gingen, meine Mutter, mei-ne Tanten, die Freundinnen meiner Eltern, das war so selbstverständlich wie unhinterfragbar. Erst jetzt erfahre ich von der Scham, die sorgsam unter den Teppich gekehrt wurde. Seitdem ich sieben bin, dem Zeitpunkt unserer Aussiedlung, habe ich viele Jah-re lang nur Frauen kennen gelernt, die mit Putzen Geld verdienten. Nur einmal habe ich eine erwäh-nenswerte Putzkrise miterlebt, die ans Eingemachte ging. Meine Tante, eine groß gewachsene, robuste und eher affektkontrollierte Persönlichkeit, stürzte völlig aufgelöst in unser Wohnzimmer. Die Scham hatte sie überwältigt. Meine Mutter hatte ihr eine private Putzstelle vermittelt, die sie als erniedrigend empfand. Es hing mit einem Schlüpfer zusammen. Sie sollte ihn, das kostbare und empfindliche Stück ihrer Arbeitgeberin, mit den Händen waschen. »So weit bin ich schon runtergekommen«, platzte es aus ihr heraus, »dass ich die Reizwäsche der Deutschen mit meinen bloßen Händen wasche.« Sie kündigte.

Mutter kehrt mit einer schlichten weißen Espressotasse zurück. Sie dampft. »Nicht dass mir das jetzt jemand übel nimmt, aber die deutschen Putzfrauen hier, die können meistens nicht putzen. Die machen zu viele Pausen und sind …« Sie hält kurz inne. »Na ja, halt Gesocks. Kaum ein wirklicher Mensch. Asoziale. Weiber ohne Kultur. Richtige Asi-Weiber. Einmal habe ich in einer Grundschule geputzt. Ich habe um sieben Uhr angefangen. Da hatten die schon alles unter sich aufgeteilt, haben schön die Klassenräume gesaugt, und ich musste dann an die Klos ran. 15 Stück. Da hatte ich mich mit denen dann in der Wolle.« Manche polnische Putzfrauen, sagt meine Mutter, seien naiv gewesen, Traumtänzerinnen. Wie Agata, ihre alte Freundin. Sie hat sich auf Privathaushalte spezialisiert. Ich soll da mal kurz hingehen, Agata wohnt nur einen Block weiter.

Agata ist füllig, hat schwarzes lichtes Haar. Ich habe sie ein paarmal gesehen, während der Geburtstagsfeiern meiner Eltern. Mit einer Miene, die keine Widerworte duldet, wird mir zügig Bier eingeschenkt. »Immer, eigentlich noch jetzt, dachte ich, ich werde reich, so richtig reich«, erzählt die 40-Jährige hastig und nimmt einen großen Schluck. »So wie man immer in Amerika sagt: ›vom Tellerwäscher zum Millionär‹. Ich habe bei den alten Omas geputzt. Einsam waren die, hatten Katzen oder Hunde und Kinder, die sie nicht besuchten. Ich habe gedacht, du putzt und redest mit denen und machst alles, und am Ende bekommst du dann das Erbe.« Sie lacht schallend. »So naiv ist das doch gar nicht. Von so Geschichten liest man doch in der Zeitung.« Einmal, da ging ihre erbschleichende Strategie so weit, dass sie auch die Leichenwäsche übernahm. »Ich dachte, wenn die Alte mir nichts gibt, dann vielleicht die Kinder vom Erbe. Zumindest ein bisschen. Ich habe die Alte dann gewaschen. Am Ende durfte ich mir dann dafür was von den Klamotten aussuchen. Altes Zeug. Altes Zeug hatte ich auch in Polen.« Wo sie denn in Polen gearbeitet habe, möchte ich wissen.

Sie stutzt. »Na, ganz normal, die ganzen Putzfrauen haben ganz normale Stellen gehabt, mit Ausbildung. Ich hatte ein kleines Lebensmittelgeschäft, Magda war in der Bank als Angestellte; und deine Mutter, weißt du doch, die war Schneiderin in einer Fabrik.«

Unter den polnischen Putzfrauen meiner Jugend herrschte eine scharfe Konkurrenz. Des polnischen Stolzes, des gesellschaftlichen Ansehens entkleidet, kompensierten sie ihre erniedrigende Tätigkeit mit Konsumgütern, die sie sich in Polen nicht leisten konnten. Sie setzten sich einerseits von den Deutschen ab, die sie um ihren, aus dem bundesrepublikanischen Wirtschaftswunder gespeisten, Reichtum beneideten. Andererseits neideten sie den konkurrierenden Putzfrauen ihre Wohnungen, die mit noch moderneren Einbauküchen, mit VHS-Videorecordern und Laminatböden ausstaffiert waren. Putzen schuf eine gesellschaftliche Ordnung, die das biografische Chaos, das mit jeder Immigration verbunden war, zu heilen versprach. Mit jeder neuen, immer besser bezahlten Putzstelle und mit jeder neuen, schnittigeren Karosse, die man sich per Ratenzahlung leistete, wurde für kurze Zeit das letztlich vergebliche Begehren gestillt, irgendwann in der Bundesrepublik anzukommen.

»Niemals hätte ich geglaubt«, sagt meine Mutter, »dass ich in Deutschland putzen würde.« Ihre Schwester, Agata und Magda pflichten ihr bei. Der Grund für ihre Putzbiografien ist schlicht. »Viele haben geputzt wegen der Kinder«, fährt sie fort. »Die meisten aus unserer Generation kamen mit kleinen Kindern. In Polen gab es Krippen und Ganztagskindergärten mit Mittagessen. Viele, die hierhin kamen, wussten nicht, was sie mit den Kindern machen sollten. Ein paar Stunden putzen am Tag, das ging.«

Anders als in den USA, anders als in Frankreich, den skandinavischen Ländern, Polen und der DDR hielt Westdeutschland an einem nostalgisch-pietistischen Mutterbild fest: an einer Mutter, die möglichst lange und allumfassend mit ihren Kindern eine symbiotische Einheit zu bilden habe. Arbeiten und gleichzeitig Kinder aufziehen, so der Tenor, das war Verrat am Nachwuchs. Die so genannte Kindergarten-Pisa-Studie der OECD kam gerade zu dem Ergebnis, dass – man muss die Zahl mal auf sich wirken lassen – genau für 2,7 Prozent aller westdeutschen Kleinkinder Hortplätze zur Verfügung stehen. Das anachronistische Mutterbild der Deutschen gebar somit die »polnische Putzfrau«, denn ironischerweise fing ausgerechnet sie das Fehlen westdeutscher Betreuungseinrichtungen auf. So schön schließen sich manchmal die Kreise.

Wer sind die neuen Polen – die Russen oder die Deutschen?

»Es gibt heute nicht mehr viele Polen, die putzen«, erzählt Agata. »Ich habe zwar von den polnischen Pendlerinnen gehört, die täglich nach Berlin kommen, um die Hauptstadt zu putzen, aber das sind doch nur noch die Reste. Die Polen sind ja auch reich geworden.« Sie blickt in ihr leeres Bierglas. Flink nimmt sie zwei weitere Warsteiner aus dem Kühlschrank. Mit einem kleinen schwarzen Feuerzeug hebelt sie die goldenen Kronkorken vom Flaschenhals. »Es sind jetzt die Russinnen«, sagt sie mit leisem Schmunzeln. »Die letzte Aussiedlungswelle, die kam weiter aus dem Osten. Viele haben aber noch die Polinnen im Kopf, wenn es ums Putzen geht.« Die »polnische Putzfrau« ist nur noch ein Mythos: die Wiederkehr des fast Immergleichen, eine alte Melodie in immer neuen Variationen. Ich habe sie gehört, seitdem ich sieben war.

Die »polnische Putzfrau« ist fester Teil des Niedlichkeitsrepertoires, das man seit je den Polen entgegenbrachte. Putzig, wie die Polen zu viert im voll gepackten Fiat Polski zur Weinernte tuckerten; regelrecht süß, wie sie durch kleine Gaunereien an Touristen im eigenen Land über die Runden kamen (und ein Jahr später dann plötzlich mit einem Audi 80 zur rheinischen Weinernte gelangten). Man konnte lange Zeit mit dem Bild des verlotterten Polen mit mächtigem Oberlippenbart – wie Harald Schmidt in seiner *Late-Night-Show* – brillante Fernsehquoten erzielen; ein wenig Sympathie verschmolz mit einer wohlwollenden Herablassung. Ein Umstand, aus dem manche Polen eine Tugend machten:

etwa diejenigen, die den mittlerweile florierenden Berliner »Club der polnischen Versager« gründeten und ihr Nationalklischee ironisch brachen.

Seltsamerweise – ich beobachte diese Entwicklung mit wachsendem Erstaunen – klingt der Topos vom niedlichen Polen in jüngerer Zeit etwas ab: wie ein angefaultes Klischee. Denn Deutsche und Polen kommen sich in den letzten Jahren interessanterweise sehr nahe. Während jenseits der Oder das Wirtschaftswachstum seit 15 Jahren nahezu ungebrochen anhält, schmilzt hierzulande der Wohlstand weg wie ein buntes Speiseeis in der Sonne. Das Jahr neigt sich seinem Ende entgegen: Das marode Gesundheitssystem, die Karstadt- und Opel-Misere, schließlich Rudi Völlers schmachvoller Abgang als Nationaltrainer markieren ein düsteres Jahr in der bundesrepublikanischen Geschichte. Die Polen stolz belächeln – mir scheint, man kann es hierzulande nur noch gequält; man ist ja bald selbst schon der Pole. Der Kreis droht sich zu schließen. Es gibt neuerdings Tage, da belächle ich Deutschland. Wohlwollend.

Doch noch lebt der Mythos von der polnischen Putzfrau. Noch fügt er sich in ein ostalgisch verklärtes, liebevoll gehegtes Polenklischee. Mit dem Putzlappen in der Hand verkörpert die polnische Putzfrau etwas angenehm Anachronistisches, erinnert sie doch an das verblasste Bild der deutschen Trümmerfrau; an eine, die – so will es ja die Erinnerung an das einstmalige Wirtschaftswunder der Deutschen – noch so richtig zupacken konnte; die mit ihren bloßen Händen Backsteine in Goldklumpen verwandelte. Unverwüstlich.

Darauf angesprochen, lacht Agata beschwipst. Wir stehen an der Türschwelle. Sie gibt mir zum Abschied die Hand. Über das Treppengeländer gelehnt, ruft sie mir noch scherzhaft eine Antwort hinterher: »Ja, ja, die Ärmel hochkrempeln. Das hat noch keinem geschadet.« Ein wenig zu laut.

Josef Ackermann im Februar 2005 während der Bilanzpressekonferenz der Deutschen Bank in Frankfurt am Main.

Mensch, Ackermann

Der Chef der Deutschen Bank hat wie kein anderer Manager das Land gegen sich aufgebracht. Er selbst sieht sich als Opfer. Diese Woche entscheidet sich seine Zukunft – und die seines Unternehmens

Von **MARC BROST**, erschienen in der ZEIT am 21. Dezember 2005

Für diese Reportage wurde Marc Brost mit dem Theodor-Wolff-Preis 2006 ausgezeichnet.

Genau drei Männer sind dabei, als Josef Ackermann das erste Mal vor den Scherben seiner Karriere steht. Es ist die letzte Juniwoche des Jahres 1996, und Ackermann gilt als kommender Chef der Schweizer Großbank Credit Suisse. Die Männer – einer davon ist Rainer Gut, der Präsident der Bank – treffen sich in Zürich. Sie einigen sich darauf, dass Ackermann in der Credit Suisse keine Zukunft mehr hat. Als sie auseinander gehen, geloben sie, niemals ein Wort über dieses Treffen zu verlieren.

Dann geht es Schlag auf Schlag. Am 1. Juli kommt der Verwaltungsrat der Bank zusammen, offiziell geht es um den Umbau der Credit Suisse, aber schnell ist klar: Es geht um Ackermanns Kopf. Einen Tag später informiert Gut die Presse. Ohne Ackermann. Der hat seinen Schreibtisch 24 Stunden zuvor geräumt. In den folgenden Tagen streuen seine Vertrauten, er habe die Bank verlassen, weil er den geplanten Stellenabbau nicht mittragen wollte.

An diesem Mittwoch bangt Josef Ackermann ein zweites Mal um seine Karriere, aber diesmal wird er in der entscheidenden Minute allein sein. Er ist morgens in Frankfurt, später in München, aber irgendwann zwischen zehn und halb elf wird sein Mobiltelefon klingeln, er wird die Besprechung verlassen und allein vor die Tür gehen. Jeder im Raum wird wissen, was dieser Anruf bedeutet, und jeder wird Ackermann anstarren, wenn er wieder hereinkommt. Es ist ein Albtraum. Er erlebt ihn hellwach.

Durch seinen Anwalt erfährt Ackermann, wie der Bundesgerichtshof in Karlsruhe entschieden hat, er sagt ihm, ob der Mannesmann-Prozess um millionenschwere Abfindungen und Prämienzahlungen tatsächlich neu aufgerollt wird. Noch einmal quälende Sitzungswochen in einem kleinen Saal des Düsseldorfer

Zur Person

Das Image des Vorstandsvorsitzenden der Deutschen Bank war vor allem durch den Mannesmann-Prozess beschädigt worden. Im Februar 2000 hatte **Josef Ackermann** als Aufsichtsrat von Mannesmann für Zahlungen von über 100 Millionen D-Mark an den Mannesmann-Vorstand gestimmt, nachdem dieser den Verkauf des Konzerns an Vodafone bewerkstelligt hatte. Das Landgericht Düsseldorf sprach Ackermann und seine Mitangeklagten, darunter den IG-Metall-Chef Klaus Zwickel, im Juli 2004 vom Vorwurf der Untreue frei. Der Bundesgerichtshof hob dieses Urteil am 21. Dezember 2005, als dieser Artikel in der ZEIT erschien, auf und verwies ihn zurück. Das zweite Verfahren wurde im November 2006 gegen Zahlung einer Geldbuße eingestellt, ohne dass Ackermann verurteilt worden wäre. Ackermanns Bild in der Öffentlichkeit hat sich seitdem wieder verbessert. Er gab mehr Interviews und schaffte es, das Image eines kalten Machtmenschen gegen das eines nachdenklichen Managers mit Ecken und Kanten einzutauschen. Er führte die Deutsche Bank relativ unbeschadet und ohne Inanspruchnahme staatlicher Hilfen durch die Finanzkrise 2008/2009, was seine Position erheblich stärkte. Josef Ackermann ist noch bis 2013 bei der Deutschen Bank unter Vertrag.

Landgerichts? Noch einmal Blitzlichtgewitter, Häme und öffentliche Aufmerksamkeit, die jedem Unternehmen schaden würde? Viel spricht dafür, dass der Chef der Deutschen Bank dann nicht mehr zu halten ist.

Aber auch wenn der Bundesgerichtshof ihn endgültig freispricht: Schon der erste Prozess hat bei Ackermann Wunden hinterlassen. Und zu sehr hat ihn verletzt, dass Deutschlands Wirtschaftselite sich vor diesem Mittwoch, wieder einmal, lieber still verkrochen hat, als öffentlich zu ihm zu stehen.

Der Mann und das Land, sie finden einfach nicht zusammen.

Ackermann? Für die Deutschen ist das der Mann, der die Bank ins Ausland trieb und der als Aufsichtsrat von Mannesmann Millionengeschenke verteilte; ein Schweizer auch noch; ein Manager, der nur auf die Rendite schielt und 6400 Leute rausschmeißt, obwohl sein Unternehmen Rekordgewinne schreibt; der Bankchef, der sich vor Gericht nicht benehmen konnte und grinsend zwei Finger in die Höhe streckte, ein peinliches Siegeszeichen für die Ewigkeit.

Deutschland? Für Ackermann ist es das einzige Land, in dem Manager, die Werte schaffen, vor Gericht landen; ein Land, in dem er von Gerhard Schröder in aller Öffentlichkeit mit einem dröhnenden »Da kommt ja die Oberheuschrecke!« begrüßt wird; das Land, in dem er Leibwächter braucht, weil ein Bühnendichter unter dem Deckmantel künstlerischer Freiheit zum Mord an ihm aufrief.

Doch Ackermann und Deutschland, das ist mehr als ein Missverständnis. Es ist die Geschichte eines Bankers, der so ehrgeizig ist, dass er sich mitunter selbst im Weg steht. Sie handelt von einem Manager, der sich als Opfer sieht. Anfragen zum Gespräch hat er abgelehnt. Aber er hat auch so genügend Spuren hinterlassen, denen man folgen kann.

Als Josef Ackermann an die Spitze der Deutschen Bank rückt, passt er so gar nicht in eine Reihe mit seinen Vorgängern. Der bollernde Hilmar Kopper, der eitle Rolf Breuer, diese beiden kannte man ja in Frankfurt. Doch auf einmal ist da einer, der lieber zuhört, als laut das Wort zu führen, der über klassische Musik redet und darüber, wie er mit seiner Frau in den Buchläden von Manhattan nach Literatur sucht. Ein ausgebildeter Tenor. Ein gebildeter Mensch. Ackermann ist keiner, der einen Raum gleich für sich einnimmt, er gehört nicht zur »Hal-

lo, hier bin ich«-Fraktion. Es ist Mai 2002, und wer ihm begegnet, trifft einen untersetzten, nicht allzu großen Mann, dessen Zwei-Knopf-Sakko die Körperform unvorteilhaft betont. Er spricht den weichen Singsang der Schweizer, ist höflich, lächelt viel. Was für ein Weichei, lästern sie in Frankfurt. Und irren sich gewaltig.

Ackermann stammt aus Mels, einem Dorf an der Grenze zu Liechtenstein, aus dem man früh weggeht oder in dem man für immer bleibt. »Seppi«, wie sie ihn nennen, geht an die Elitehochschule St. Gallen. Aus Seppi wird »Joe«. In St. Gallen lernt er auch seine spätere Frau Pirkko kennen, eine Finnin. 1977 fängt er als Trainee bei der Schweizerischen Kreditanstalt (SKA) an, einer Tochtergesellschaft der Holding Credit Suisse.

Schnell werden zwei Dinge klar: Ackermann ist ein brillanter Banker – und er ist extrem ambitioniert. In Los Angeles schwärzt er seinen Chef bei der Personalabteilung an, auch später in Lausanne kritisiert er seine Vorgesetzten. Schon damals wirkt er auf Kollegen immer ein wenig intellektueller, immer ein Stück distanzierter als die anderen. Und schon damals kann er auf dem Flur selbst an engen Mitarbeitern vorbeigehen, ohne sie anzuschauen. Wer ihn mag, hält ihm dann zugute, dass er gerade nachdenke. Der Rest hält ihn für arrogant. Bereits mit 33 Jahren führt Ackermann mehr als 300 Mitarbeiter, mit 42 steigt er in die Generaldirektion der SKA auf, mit 45 ist er der Chef. Über sich hat er nur noch den Patriarchen der Credit Suisse, Rainer Gut.

Die beiden Männer auf dem Rücksitz des roten, ziemlich dreckigen VW Polo tragen Anzug und Krawatte, ihre Aktenkoffer haben sie vor sich auf die Knie gelegt. Der Polo parkt vor dem Hintereingang der Volksbank in Bern. Während die beiden warten, besprechen sie noch einmal ihren Plan. Es geht um die Übernahme der Volksbank durch die Credit Suisse und vor allem darum, den Verwaltungsrat der Volksbank zu überzeugen. Der verhandelt gerade mit den Emissären der Konkurrenz. Als diese die Bank durch den Vordereingang verlassen, steigen die Männer am Hintereingang aus.

Im Sitzungssaal funktioniert ihre Rollenaufteilung perfekt. Ackermann schmeichelt den Verwaltungsräten, er spricht von Verantwortung und guter Unternehmensführung. Rainer Gut, der Patriarch,

340

hält sich zurück und signalisiert: Dieser Junge hat Ideen, aber ich bin der Erfahrene, der ihn im Zweifel führt. Zu zweit haben sie die Volksbanker bald überzeugt.

Rainer Gut und Josef Ackermann. »Wie Max und Moritz« sind die beiden damals, fast unzertrennlich, sagt ein Weggefährte. »Das war wirklich auffällig, das hat mich schon skeptisch gemacht.« Die kritische Distanz zwischen erstem und zweitem Mann zerfließt. Ein Kollege spricht davon, dass Ackermann

nister. Bei den Medien kommt Ackermann an. Er ist ein Menschenfänger, er entdeckt junge Talente und versteht es, sie für sich zu nutzen. Die SKA schreibt Gewinne. Es ist sein Erfolg. Teilen will er ihn nicht.

In Sitzungen der Generaldirektion reklamiert Ackermann immer seinen Anteil an guten Zahlen, ganz gleich aus wessen Bereich sie stammen. Auf der Abschiedsfeier für einen Banker schnappt er sich mit einem Kollegen das Mikro, sie stimmen »O sole mio« an. Nach wenigen Takten schiebt er den an-

Vorstandsvorsitzender Rolf Breuer (li.) mit seinem designierten Nachfolger Josef Ackermann im März 2001 auf der Bilanzpressekonferenz der Deutschen Bank in Frankfurt. Mit Ackermann sollte der Vorstand umgebaut und verkleinert sowie die Position des Vorstandvorsitzenden gestärkt werden.

sich anbiedert, dem älteren Gut »regelrecht ausliefert«. Nach der Übernahme der Volksbank signalisiert ihm Gut, dass er ihn als seinen Nachfolger sieht.

Jetzt hat Ackermann einen Förderer.

Sie duzen sich, sie spielen im selben Golfklub, sie essen abends mit ihren Frauen in Guts Haus Spaghetti. Sie sind der Holdingchef und sein Außenmi-

deren beiseite und singt allein weiter. Beim Golfen erzählt er gern, wie erfolgreich er beim letzten Mal spielte. Es ist seine Frau, die ihn dann mit einer kurzen Bemerkung zurück auf den Boden holt.

Der Bruch mit Gut zeichnet sich ab, als sich Ackermann der Gunst des Alten nicht mehr sicher weiß. Im Frühjahr 1996 ruft Gut bei Nikolaus Senn an, dem Chef der Schweizerischen Bankgesellschaft, und schlägt ihm eine Fusion vor. Ackermann erfährt davon aus der Zeitung: Der überraschte Senn hatte die Presse informiert, um Guts Plan zu vereiteln. Nun schießen sich die Medien auf Gut ein – und lo-

Das Klima wird schlechter, im Verwaltungsrat der Bank mehrt sich die Kritik an Ackermann, der Stimmung gegen Gut macht. Der Junge will den Job des Alten. Jetzt. Der Bruch ist perfekt, als Gut die Credit Suisse umbauen will – und Ackermann nur

Josef Ackermann mit Mannesmann-Vorstandschef Klaus Esser zu Beginn des Mannesmann-Prozesses im Juni 2004. Das von Ackermann scherzhaft gezeigte Victory-Zeichen sollte sich für die Deutsche Bank zu einem PR-Gau entwickeln.

ben im Gegenzug Ackermann. Gut wittert ein Komplott und stellt Ackermann zur Rede, der bestreitet jeden Einfluss auf die Journalisten.

Dennoch bleibt etwas hängen. Max und Moritz mögen sich nicht mehr.

noch eine von mehreren Einheiten führen soll. Wer so sehr an einem Förderer hing, der muss unglaublich verletzt sein. Wer sich so sicher war, die Nummer eins zu werden, der will die Macht auf keinen Fall teilen. Ende Juni kommt es zum entscheidenden

Treffen in Zürich, bei dem klar wird: Beide Seiten wollen sich trennen. Bis heute ist über dieses Treffen nie berichtet worden, doch die Wunde, die Ackermann bei seinem Weggang davonträgt, wirkt nach.

Er verlässt die Credit Suisse, ohne dass er ein neues Angebot hat. Er verändert sich, wird misstrauischer. Er ist fast unfähig, Vertrauen zu fassen. Und er weiß: Die nächste Chance wird er nutzen.

Es ist Hilmar Kopper, der ihm diese Chance gibt. Der damalige Chef der Deutschen Bank holt ihn im Herbst 1996 in den Vorstand nach Frankfurt. Wieder hat Ackermann einen Förderer, doch diesmal ist das Spiel auf Gegenseitigkeit angelegt. Kopper braucht einen Strategen, der die Internationalisierung der Bank vorantreibt. Später räumt er für Ackermann sogar sein Büro; das Eckzimmer im 32. Stock von Turm A hatte einst der legendäre Bankchef Hermann Josef Abs genutzt. Es ist ein Symbol. Ackermann wiederum erkennt die wachsende Bedeutung des Investmentbankings – und die enorme Gelegenheit, sich zu profilieren. Verblüfft registriert man in Frankfurt, wie schnell es ihm gelingt, den mitverantwortlichen Vorstand Ronaldo Schmitz auszubremsen. Von wegen Weichei: Wenn er sich für ein Ziel entschieden hat, setzt er alles daran, dieses Ziel zu erreichen. Diese Geradlinigkeit unterscheidet ihn von Rolf Breuer, der die Bank ab 1997 leitet, und sie gefällt den Investmentbankern.

Man kann gute Investmentbanker nicht führen wie die Filialmitarbeiter einer südhessischen Kleinsparkasse. Dazu ist ihre Loyalität zu gering und ihr Wissen bei der Konkurrenz viel zu begehrt. Aber man kann ihnen bei ihren Geschäften Leitplanken einziehen, damit sie nicht in die eine oder andere Richtung ausbrechen. Ackermanns Leitplanken bestehen aus Geldscheinen. Die Truppe um den Starbanker Edson Mitchell bekommt unglaublich viel Geld – und versichert Ackermann im Gegenzug ihre Unterstützung.

Als Breuer die Deutsche mit der Dresdner Bank fusionieren will, wehren sich die Investmentbanker vehement. Vor allem in der britischen Presse tauchen immer neue Gerüchte auf. Breuer stellt Ackermann zur Rede, der hält sich bedeckt. Als der Deal platzt, ist klar: Breuer darf als lame duck noch ein Weilchen bleiben – aber Ackermann ist der nächste Chef. Wer ihn in jenen Tagen erlebt

hat, glaubt nicht mehr an das Bild des charmanten Strahlemanns, das die Medien zeichnen.

Er lächelt nicht. Er guckt nur so.

Im Herbst 2002 erhält Reinhard H. Schmidt eine ungewöhnliche Einladung. Er soll bitte in die Zentrale der Deutschen Bank kommen, der Vorstandschef will ihn sehen. Ein paar Wochen später sitzt er tatsächlich in Ackermanns Büro, die Sekretärin hat kleine Notizblöcke bereitgelegt und graue, ganz spitze Bleistifte mit dem eingravierten Logo der Bank. Schmidt, der erfahrene Wirtschaftsprofessor aus Frankfurt, fühlt sich wie ein Student in der Prüfung. Nicht dass die Atmosphäre unangenehm ist, im Gegenteil, aber Ackermann hat Fragen. Woran arbeiten Sie? Wie innovativ ist Ihr Fachbereich? Wie könnte er besser werden? Sie reden fast zwei Stunden, und am Ende steht ein Angebot. Eine Million Euro soll der Fachbereich Finanzen von der Bank im Jahr bekommen, um zu den besten Universitäten Europas aufzuschließen. Dafür will Ackermann in Frankfurt unterrichten. Schmidt schlägt ein.

Es ist das andere, das wissenschaftliche Gesicht des Josef Ackermann. Er liebt diese Welt der Hörsäle und Seminarräume, das stundenlange Wälzen eines Problems, Argumente und Gegenargumente, wenn er mit Menschen reden kann, die vielleicht etwas gegen seine Meinung, aber nichts gegen ihn haben und von denen er glaubt, dass sie ihm intellektuell genügen. Auch deshalb lehrt er in den achtziger Jahren in St. Gallen, neben der Arbeit bei der Bank.

Ein Blockseminar mit Josef Ackermann ist nicht so, wie man vermutet. Er kommt ohne Leibwächter. Auch sein Handy bleibt aus. Er ist gelöst. Er ist neugierig. Er hat sich vorbereitet und die Arbeiten der Studenten tatsächlich gelesen. Niemand sagt ihm, wie er sich verhalten soll, keiner hat ihm aufgeschrieben, was er sagen muss. An jeweils zwei Tagen im Juni ist der mächtigste Manager des Landes nur ein einfacher Universitätsdozent. Einer, der geduldig in der Mensaschlange wartet, bis ihm die Küchenhilfe den Teller herüberschiebt.

Er ist dann ganz frei.

In seinem Büro in Frankfurt, sagt ein Vertrauter, fühlt sich Ackermann von Anfang an gefangen. Die dicken, allzeit verschlossenen Holztüren auf der Vorstandsetage; die Kollegen, die sich in ihren Zimmern verschanzen, davor das Zimmer der Vorstandssekretärin; die schweren Teppiche, die jedes Geräusch dämpfen; geflüsterte Gespräche auf dem Flur, wenn man sich doch einmal begegnet: Ihn stört diese Gralsatmosphäre. So richtig wohl fühlt er sich nur in New York oder London. Dort geht es zu wie auf einem großen Segelboot: Es ist laut, es ist geschäftig, und wer zum Chef will, geht einfach hin.

Im Februar 2003, Ackermann hält gerade seine erste Bilanzpressekonferenz als Vorstandschef ab, kommt mitten hinein die Meldung, dass gegen ihn Anklage wegen der Mannesmann-Prämien erhoben wird. Es ist der Moment, von dem an er nur noch Fehler macht. Denn nun geht es auch um nationale Befindlichkeiten, und es geht um Politik. Und damit kann der 57-Jährige nicht umgehen.

Josef Ackermann hat die Deutsche Bank verändert wie kein anderer vor ihm. Er hat den Vorstand entmachtet und ein neues Führungsgremium installiert, das Group Executive Committee, in dem vor allem Investmentbanker das Sagen haben. Er hat die Bank in die Globalisierung geführt, die Geschäfte in Indien oder China forciert, und es ist selbstverständlich, dass dort auch Inder oder Chinesen das Sagen haben. Menschen aus 120 Nationen arbeiten heute im Unternehmen. Vor allem aber vollendet Ackermann den Plan, den noch der damalige Vorstandschef Kopper gefasst hatte: die alte Geschäftsbank umzubauen, zu einer Investmentbank mit angeschlossenem Privatkundengeschäft, einer Bank, die ganz Europa als Heimatmarkt hat und die weltweit zu den Größten im Geschäft mit Aktien und Anleihen zählt. Degermanizing nennen das die Investmentbanker, entdeutschen.

Die Machtbalance verschiebt sich schon damals von Frankfurt nach London, und Rolf Breuer, der Kopper nach dessen Wechsel in den Aufsichtsrat als Vorstandssprecher folgt, ist nur ein schwacher Chef. Als der Vorstand in Ackermanns Abwesenheit eine Personalentscheidung trifft, die diesem nicht passt, ruft Kopper den überraschten Breuer zu sich. Er zwingt ihn, den Beschluss zurückzunehmen, er demütigt ihn. Breuer ist eben nur ein Übergang, bis Ackermann reif für den Job an der Spitze ist.

Ackermann schafft es, dass nach dem Tod von Starbanker Mitchell die besten Investmentbanker im Haus bleiben. Er macht den Inder Anshu Jain zum starken Mann in London. Da ist sie wieder,

die Gabe, Talente zu erkennen und an die richtigen Plätze zu setzen. Heute hat Jain einen wesentlichen Anteil daran, dass das Investmentbanking mehr als zwei Drittel des gesamten Bankgewinns erzielt.

Nur Ackermanns Leitplanken halten nicht mehr. Denn mit ihrem wachsenden Einfluss auf den Gewinn wollen Jain und seine Kollegen auch Einfluss auf die Entscheidungen haben. Im Herbst 2004 gibt Ulrich Cartellieri, einer der Vordenker der Bank und so etwas wie die graue Eminenz des Unternehmens, wütend sein Aufsichtsratsmandat zurück. Cartellieri hatte sich vergeblich für den Kauf der Postbank stark gemacht, um dem Heimatmarkt mehr Gewicht zu geben. Die Investmentbanker waren dagegen. Und nun der Skandal um den von der Bank geschlossenen Immobilienfonds: Ohne Rücksicht auf Verluste bringt man Hunderttausende Anleger gegen sich auf, gefährdet in Deutschland eine ganze Branche – weil man aus London ein neues Produkt verkaufen will. Die Deutsche Bank hat das Gefühl für Deutschland verloren.

Ackermann denkt nicht in nationalen Kategorien, diese Sicht ist ihm fremd. Er denkt an seine Aktionäre, ihnen verspricht er eine Rendite von 25 Prozent auf das eingesetzte Kapital. Tatsächlich schafft die Bank dieses Ziel. Dass man ihn dafür in Deutschland nicht liebt, verletzt ihn zutiefst.

Selbst enge Kollegen wissen heute nicht, wer ihn berät und auf wen er hört. Sie wissen nur, dass Ackermanns Bild von Deutschland geprägt ist durch die Sicht, die seine Investmentbanker auf dieses Land haben. Auch Ackermanns Kommunikationschef sitzt in London, er hat ihm im Machtkampf mit Breuer die Steigbügel gehalten. Aber wenn ein Brite, der kaum Deutsch spricht, die Außendarstellung des größten deutschen Geldhauses verantwortet, sagt auch das viel aus über das Koordinatensystem, an dem Ackermann die Bank und sich selbst misst. Eine kleine Bemerkung in der Financial Times kann den Börsenwert sofort steigern. Und Deutschland? »Don't bullshit me«, sagen Investmentbanker, wenn man mit ihnen über soziale Marktwirtschaft redet.

So weigert sich Josef Ackermann, auf eine Welt einzugehen, der er misstraut – und deren Misstrauen er Tag für Tag bestätigt bekommt. Tauchte nicht jedes Gespräch, das er mit Gerhard Schröder führte, anders in der Öffentlichkeit auf, als er es in Erinnerung hatte? Weil Ackermann sich verschließt, schwärmen Reporter nach Mels aus, sie wollen sehen, aus welchem Käfig dieser Raubtierkapitalist entflohen ist, sie fotografieren das Haus der Eltern, sie klingeln sogar, und später beschreiben sie genüsslich eine alte Frau in Hausschuhen und mit Küchenschürze, die über ihren Sohn sagt: »Er ist ein anständiger Junge.«

Jeder Zeitungsartikel beweist ihm zuerst, dass Deutschland schlecht und England gut ist. In London gibt es keine Münteferings, keine Heuschreckendebatte, keine Gewerkschafter. Dass ihn die Leute schlicht nicht verstehen, sieht er nicht.

»Als Chef der Deutschen Bank muss man leider darauf vorbereitet sein, öffentlich als unanständig zu gelten«, sagt der Kommunikationsberater Bernhard Fischer-Appelt. Aber Ackermann ist nicht vorbereitet. Er ist sensibel, er braucht das Schulterklopfen. Die Rede, die er auf der Bilanzpressekonferenz 2005 hält und in der er fast in einem Atemzug erklärt, dass die Bank gerade einen Milliardengewinn geschrieben habe, dass die Rendite auf 25 Prozent steigen müsse und dass nun 6400 Leute entlassen würden, diese Rede haben ihm seine Controller aufgeschrieben. »Von einem Vorstandschef wollen die Leute mehr hören als nur die Fakten«, sagt Fischer-Appelt. »Sie wollen wissen, wie er sich für die Gesellschaft einsetzt und wofür sie ihn achten können.«

Josef Ackermann wollte nur, dass die Zahlen stimmen.

Dem Schönen. Wahren. Guten steht in großen Lettern über dem Eingang der Alten Oper. Er hat an diesem Novembermorgen keinen Blick dafür, er ist müde, gerade erst aus New York zurückgekommen, er war auf einer Analystenkonferenz bei Merrill Lynch, es ist gut gelaufen, aber jetzt muss er hier in Frankfurt vor 200 Gästen den Moderator geben. Beim Europäischen Bankenkongress. Bei einem Pflichttermin. Ackermann setzt sich auf seinen Platz in der Mitte des Podiums, er schlägt die blaue Mappe mit seiner Rede auf, schaut in den Saal. Sein Widersacher blickt ihm mitten ins Gesicht.

Rolf Breuer hat sich in die erste Reihe gesetzt, er hat die Beine übereinander geschlagen und die Arme verschränkt, die Plätze links und rechts von ihm sind frei. Ganz ruhig sitzt er da, schaut nur nach vorn, das hier ist seine Welt, er hat sich immer für den Finanz-

platz eingesetzt, deshalb schätzen sie ihn hier und deshalb lauern alle auf einen Fehler des Mannes auf dem Podium. Breuer, der Gedemütigte, weiß, dass er am Zug ist, wenn Ackermann wegen Mannesmann fällt. Auf dem Podium liest Ackermann seine Begrüßung ab, auf Englisch, langsam, das Manuskript mit beiden Händen festhaltend. Die Ringe unter seinen Augen sehen wie Wagenräder aus.

Rolf Breuer streckt die Beine aus.

Bis auf wenige Termine hat sich Ackermann in Erwartung des 21. Dezember zurückgezogen, er hat sich in Arbeit vergraben, um die möglichen Folgen des Karlsruher Urteils nicht an sich heranzulassen. Eigentlich steht auf der nächsten Sitzung des Aufsichtsrats im Januar die Verlängerung seines Vertrages an, er läuft noch bis Ende 2006, aber wer glaubt ernsthaft, dass sich die Bank so früh für einen entscheiden würde, der im Jahresverlauf vor Gericht muss? Und wenn sich die Deutsche Bank von ihm trennt? Dann wäre er nach 1996 ein zweites Mal der Geschlagene, dann würde er nach Zürich zurückkehren als tragischer Held, der es allen beweisen wollte und es doch wieder nicht geschafft hat. Sein Bild in der Schweiz ist ihm wichtig.

Es gibt keinen natürlichen Nachfolger im Vorstand, zu sehr ist die Bank auf Ackermann zugeschnitten. Die mächtigen Investmentbanker Anshu Jain und Michael Cohrs haben am Frankfurter Job wohl kein Interesse, und Deutschland-Chef Jürgen Fitschen oder der fürs Privatkundengeschäft verantwortliche Rainer Neske würden in London nie akzeptiert. Es wäre an Breuer, dann einen Kandidaten zu präsentieren.

In Erwartung des 21. Dezember hat sich aber auch Deutschland von Ackermann zurückgezogen. Im Ausland sprach ihn niemand auf Mannesmann an. Sobald er deutschen Boden betrat, fühlte er sich als Feind. Wo waren die Politiker, die ihm beisprangen, wo die Unternehmer, die sich für ihn einsetzten? Selbst bei einem Freispruch kann der Punkt kommen, an dem er nur noch Ekel empfindet.

Es gibt diesen dramatischen Abgang. Am Ende des Westernklassikers High Noon nimmt der Marschall seinen Stern und wirft ihn in den Staub. Und geht.

Birol Ünel 2006 auf dem 59. Filmfestival in Cannes.

Der Heftige

Der Schauspieler Birol Ünel ist eines der größten Talente des deutschen Kinos. In dem Film »Gegen die Wand« spielt er einen wütenden Außenseiter und Selbstzerstörer – sich selbst. Beschreibung eines dramatischen Lebens

Von **SVEN HILLENKAMP**, erschienen in der ZEIT am 10. Februar 2005

Der erste persönliche Eindruck von Birol Ünel war ein leerer Raum. Ein türkisches Restaurant, am frühen Abend in Berlin-Kreuzberg. Birol Ünel hatte das Restaurant ausgesucht, seine Wohnung liegt in der Nähe. Alle Tische waren unbesetzt. Nach einer halben Stunde ging ich. Am nächsten Tag rief ich Birol Ünel an. »Hab ich vergessen«, sagte er, tonlos, nicht mehr. In unserem ersten Telefongespräch hatte mich Birol Ünel darüber belehrt, dass er weder ein deutscher noch ein türkischer Schauspieler sei. »Ich bin ein Reisender«, hatte er gesagt. Um das zu verstehen, solle ich Rimbaud lesen, *Der Ausverkauf.* Menschen, die im ersten Gespräch eine Definition von sich selbst geben und dazu Literatur empfehlen, sind seltsam, dachte ich, vor allem, wenn sie dann zur Verabredung nicht erscheinen, was aber vielleicht mit dem Reisen zu tun hatte. Später wartete ich noch einmal auf Birol Ünel, genau einen Tag, in Istanbul. Er hatte das Flugzeug verpasst und kam einen Tag später. Die folgenden Tage in Istanbul waren anstrengend, obwohl nicht viel passierte.

Ich kam oft an den Punkt, wo ich nicht mehr wusste, warum mir Birol Ünel so wichtig gewesen war. Ich hatte in seinen Abgrund blicken wollen, nun stand ich am Rand und hatte den Rest aus den Augen verloren. Dass ich nach *Gegen die Wand* gedacht hatte: Birol Ünel ist ein großer Schauspieler. Einer, bei dem einem Worte einfallen, die einem bei manchem amerikanischen oder französischen Schauspieler einfallen, aber kaum bei Daniel Brühl oder Moritz Bleibtreu, auch nicht bei Richy Müller oder Ben Becker: eine verzweifelte Energie. Dämonisch. Eine aggressive Präsenz. Rohheit und Schönheit, Weiblichkeit und Männlichkeit. Das alles hat Birol Ünel in einem Gesicht, in einem Blick. Dieses Gesicht und dieser Blick sagten einem aber auch, dass das alles nicht gespielt war. Man hatte sofort

Zur Sache

Den Deutschen Filmpreis, den Goldenen Bären der Berlinale und den Europäischen Filmpreis erhielt Fatih Akın 2004 für sein Werk »Gegen die Wand«. Die von Birol Ünel und Sibel Kekilli dargestellten Hauptfiguren zeigt der Spielfilm als bikulturell geprägt, ohne sie primär über dieses Merkmal zu definieren. Akın avancierte zum bekanntesten der in Deutschland tätigen Filmschaffenden aus der zweiten Generation der türkischen Zuwanderer. Seine in Hamburg gedrehte Kömodie »Soul Kitchen« (2009), in der Ünel ebenfalls mitwirkte, nannte Akın einen »Heimatfilm«.

Weitere Vertreter eines seit den neunziger Jahren hervortretenden »deutsch-türkischen Kinos« sind u. a. Thomas Arslan (Berlin-Trilogie »Geschwister – Kardesler«, »Dealer«, »Der schöne Tag«, 1996–2001; »Im Schatten«, 2010), Özgür Yıldırım (»Chico«, 2008), Buket Alakuş (»Anam«, 2000) und Feo Aladag (»Die Fremde«, 2010). Bereits in den achtziger Jahren erregte Tevfik Başer mit seinem preisgekrönten Film »40 qm Deutschland« über eine Türkin in Hamburg, deren Mann ihr das Verlassen der Wohnung untersagt, auch international Aufsehen.

eine Ahnung, dass dieser Mensch ein verstörendes Geheimnis hatte, eine Geschichte, die die wütende Maske zugleich verbarg und zeigte.

Von dem großen Künstler im Menschen war in diesen Tagen in Istanbul allerdings nicht viel zu sehen. Es war ähnlich wie vergangenen Sommer in Kreuzberg, wo ich Birol Ünel oft in einem Café

die Verabredung könne ich mir an den Hut stecken. Dann kletterte er auf den Tisch. Danach habe ich mit Menschen gesprochen, die Birol Ünel auch erlebt hatten. Birol Ünel ging mir unglaublich auf die Nerven, aber im Gespräch mit diesen Leuten begann ich, ihn wieder zu mögen, vielleicht, weil er auch ihnen auf die Nerven gegangen war. Jedenfalls sah ich

Birol Ünel (Cahit) und Sibel Kekilli (Sibel) in Fatih Akıns preisgekröntem Film »Gegen die Wand«.

erlebt hatte. Es war immer ähnlich. Birol Ünel war betrunken. Das heißt, er hatte getrunken und spielte dann den Betrunkenen. Im Lexikon steht, dass Rimbaud viel unterwegs war, in Frankreich, Skandinavien und Britisch-Somaliland, aber auch, trinkend, von einem Pariser Café ins andere.

Eines Tages war ich mit Birol Ünel wieder zu einem Gespräch verabredet, bei ihm zu Hause. Er hatte gesagt, ich solle ihn in dem Café abholen, wo er oft saß. Als ich dort ankam, sagte er sinngemäß,

alles mit ein bisschen Distanz, wie man sagt, und im Verhalten Birol Ünels, das scheinbar chaotisch war, zeichnete sich ein Muster ab.

Sie lieben ihn. Obwohl er sie alle in den Arsch getreten hat. Er hat sich alles erlaubt, doch sie verteidigen ihn gegen jeden Vorwurf. Er hat sie vergeblich warten lassen, hat verschlafen, hat sich nicht gemeldet, immer wieder. Sie haben ihm immer wieder eine Chance gegeben. Er hat nichts so gemacht, wie sie es ihm gesagt haben. Er hat ständig protestiert.

Sie haben nie aufgehört, ihn zu bitten. Er hat sie angeschrien und ihnen vorgeworfen, dass sie ihm keine Achtung entgegenbringen, dass sie gegen ihn sind. Er hat getobt und Sachen kaputt geschlagen. Sie haben seine Empfindlichkeit gesehen, seine Schwäche, sein verletztes Herz.

Sie haben nie aufgehört, nach den Gründen zu fragen. Sie haben sich um ihn gekümmert. Er hat sich noch mehr gehen lassen. Er bringt sich weiter in Gefahr, vor aller Augen, gegen jeden Rat. Sie wünschen das Beste für sein Wohl und seinen beruflichen Werdegang. Sie hoffen, dass er das Trinken lässt, das Rauchen einschränkt und regelmäßig isst. Sie haben Angst um ihn. Sie sind erschöpft gewesen, verzweifelt, am Ende ihrer Kraft. Sie haben ihn verflucht, unzählige Male. Doch wenn er morgen an ihre Tür klopfte, reumütig und geläutert, nicht einmal das, nur mit seinem charmanten Lachen, seinem sanften, traurigen Blick, sie würden öffnen, überglücklich, egal, was passiert ist. Eigentlich geht es nur darum, Filme zu machen. Sie sind Regisseure, Birol Ünel ist Schauspieler. Aber das Verhältnis, das er zu ihnen hat, ist das eines Kindes zu seinen Eltern.

»Da liebt man einen und liebt einen und pflegt einen und pflegt einen, und dann wird man fertig gemacht«, sagt Fatih Akın. »Jeder, der Birol Ünel liebt, wird von ihm fertig gemacht.« Auch nach *Gegen die Wand* habe er Birol Ünel noch geholfen. Von Dankbarkeit keine Spur, stattdessen Drama. Vorwürfe, Streit. Wie immer. Im Moment haben sie keinen Kontakt. Fatih Akın flucht. Ob er noch mit Birol Ünel arbeiten will? Doch. Klar. »Ich würde schon gerne wieder mit ihm arbeiten«, sagt Fatih Akın.

Vor einem Jahr haben sie auf der Berlinale den Goldenen Bären gewonnen. Fatih Akın hatte das Buch geschrieben und Regie geführt, Birol Ünel eine der beiden Hauptrollen gespielt. Fatih Akın besaß schon einen Ruf, vor allem durch seinen Film *Kurz und schmerzlos,* Birol Ünel war den meisten unbekannt. Der Film hieß *Gegen die Wand.* Er erzählte die Geschichte von Cahit, der vergeblich versucht, sich umzubringen, und in der Psychiatrie auf eine junge Frau trifft, die sein Leben verändern wird. Zwei gescheiterte Selbstmörder, beide Kinder türkischer Einwanderer, die einen gemeinsamen Ausweg suchen. Schon damals war klar, dass Cahit, Alkoholiker und New-Wave-Veteran, einiges mit Birol Ünel zu tun hatte. Angefangen mit dem Gefühl, weder türkisch noch deutsch zu sein: Im Film sagt Cahit, er habe keinen Bock auf den traditionellen »Kanakenscheiß«.

Birol Ünel reagierte auf der Berlinale gereizt auf jede Frage nach dem Deutschen und dem Türkischen im Film. Solange solche Fragen gestellt würden, sei es um den deutschen Film schlecht bestellt. Auch wenn keiner fragte, konnte Birol Ünel von dem Thema nicht lassen. In einer Schauspieler-Agentur habe man ihn in die Ausländerkartei gesteckt. Wenn Helmut Schmidt sage, es sei ein Fehler gewesen, Gastarbeiter nach Deutschland zu holen, würden seine Eltern verleumdet. Das Multikulturelle solle man endlich als selbstverständlich betrachten, als Geschenk an dieses Land. Es machte ihn wütend, dauernd. Vielleicht war Birol Ünel aber ohnehin dauernd wütend, und das Thema war lediglich das geeignetste, dem Gefühl Ausdruck zu verleihen. Jedenfalls mochten die Journalisten den gerechten, antirassistischen Zorn, wenn sie nicht gerade sein Ziel wurden, sehr. Manchmal applaudierten sie sogar.

Die anderen Themen waren schon komplizierter. Von seinem Alkoholismus hatte Birol Ünel nach der Berlinale selbst in einem Interview gesprochen. Für die Zeit des Drehs habe er sich ein Limit von fünf Bier am Tag gesetzt gehabt. Birol Ünel erzählte auch von seiner Zeit in der autonomen Szene in Hannover und davon, dass er Neonazis verprügelt habe und deswegen vorbestraft sei. »Bitte nehmt mir nicht meinen schlechten Ruf! Sonst verhungere ich noch«, sagte er. Über den Alkoholismus wollte er sich jedoch danach nicht mehr mit Journalisten unterhalten, auch nicht über seinen Ruf in der Branche, impulsiv und schwierig zu sein. Als die junge Frau im Film nach Cahits Vergangenheit fragt, knallt Cahit seine Bierdose an die Wand und wirft die Frau aus seiner Wohnung. Wenn Journalisten Birol Ünel nach dem Alkoholismus und seinem Ruf fragten, bebte er vor Wut und drohte, das Gespräch zu beenden. (Womit sich für die Journalisten zumindest die Frage nach dem Ruf erledigt hatte.) Eine weitere Parallele zwischen Birol Ünel und Cahit war, dass beide ihre Verlorenheit öffentlich zeigten, aufführten.

Birol Ünel hat nie versucht, sein Trinken und sein Betrunkensein zu verstecken. Wenn jemand ein Gespräch mit einem Journalisten beendet, indem er, in einem Café, auf den Tisch klettert, um sich dann, auf der anderen Seite, neben seiner Freundin, die auch in das Café gekommen ist, herunterfallen zu lassen und der Freundin einen langen Zungenkuss zu geben, dann möchte jemand seine Befindlichkeit nicht verbergen. Er macht den anderen zum Zuschauer, ob der andere will oder nicht, zum Ziel einer Inszenierung, seiner Wut, zum Herausgeforderten, der reagieren muss, egal, wie. Er spielt den Clown. Er gibt den Dämon. Er scheint auf der Bühne zu stehen. Wieder, noch, immer. Der mittlerweile preisgekrönte Schauspieler. Cahit, der Verlorene.

Im Film gibt es eine Szene, in der Cahit, unglücklich verliebt, seine Hände in Glassplitter drückt und dann, mit gereckten blutigen Armen, tanzt. Bei einem Konzert, vor Hunderten. Es schien, als ginge der Film im Leben von Birol Ünel weiter. Nur ohne dramatische Handlung und ohne glückliche Wende. Die Entwicklung, an deren Ende Cahit das Trinken und die vorsätzliche Selbstzerstörung sein lässt, hatte es bei Birol Ünel offenbar nicht gegeben. Warum auch? In der Realität gab es keinen rettenden Engel, nur den Goldenen Bären (sowie den Deutschen Filmpreis in Gold als bester Darsteller und eine Nominierung als bester europäischer Schauspieler bei den Europäischen Filmfestspielen in Barcelona).

In Wahrheit hatte der Film das Leben von Birol Ünel fortgeschrieben, das Leben von Cahit war tatsächlich *weiter* gegangen. Das war Kino, Kitsch: die Frau, die dein Leben rettet. Der Knast, aus dem du als Geläuterter trittst, als neuer Mensch. Die Tatsache, dass Cahit immer bis aufs Blut provoziert werden muss, bevor er gewalttätig wird. Der Selbstmordversuch im Mercedes, rasend gegen eine Wand. Dramatisierung und Ästhetisierung.

Kitsch im Vergleich zur Realität von Birol Ünel. Um aggressiv zu werden, musste ihn keiner provozieren. Er raste nicht gegen eine Wand, zum Glück. Aber er trank, rauchte in einem fort und ließ das Essen sein. Alkoholiker nehmen sich jeden Tag das Leben, löschen sich aus, ihre Gedanken, ihre Empfindungen, ihre Person. Eine zeitaufwändige, langweilige, wenig dramatische Art, sich das Leben zu nehmen, von viel Wiederholung geprägt, bis die Organe irgendwann kaputt sind. Dann verlässt man das Krankenhaus nicht mit einer Halskrause und einem Hinken wie im Film.

»Er ist alt genug«, sagt Fatih Akın. Birol Ünel ist jetzt 43. Die Rolle seines Lebens hat er früh gewählt. Als Birol Ünel sich an der Hochschule für Musik und Theater in Hannover bewarb, 1982, hatte er die Wahl

schon getroffen. Er war 21 Jahre alt. Matthias Brandt war damals in Birol Ünels Klasse. Er spielt heute vor allem am Theater und hat in dem Fernsehfilm *Im Schatten der Macht* Günter Guillaume verkörpert, den Mann, über den einst sein Vater, Willy Brandt, gestürzt ist. »Die Schule war so ein Nach-68er-Laden«, sagt Matthias Brandt. »Man durfte letztlich alles, und viele Lehrer haben sperrige Schüler gemocht.« Birol Ünel sei sperrig gewesen. Peter Meinhardt, Lehrer an der Schule, erinnert sich, dass es schon bei der Aufnahmeprüfung Krach gab, weil sich keine Unterlagen von Birol Ünel gefunden hätten. Birol Ünel habe geschimpft, er habe alles geschickt, schließlich habe er vorspielen dürfen. Später sei Birol Ünel oft von anderen Schülern aus dem Bett geholt worden. »Die anderen haben sich Sorgen gemacht, dass er rausgeschmissen wird«, sagt Peter Meinhardt. »Die dauernden Rettungsversuche zeigen aber auch, dass Birol von den anderen geliebt wurde.«

Birol Ünel war in seiner Klasse der Einzige, dessen Eltern Einwanderer waren. »Für uns war das nicht wichtig«, sagt Matthias Brandt, »aber Birol hat das dauernd vertreten, Ausgrenzung war sein Riesenthema.« Das Absurde war, dass man nicht sah, dass Birol Ünel türkische Eltern hatte, und es auch nicht hörte. Sein Akzent war norddeutsch.

Birol Ünel hatte mit seinen Eltern und Geschwistern in Brinkum gelebt, einem Dorf bei Bremen. Dort waren die Ünels die einzige türkische Familie. Der Vater arbeitete in einer Schiffswerft. Er war ausgebildeter Techniker, die Mutter war Analphabetin. In der Geschichte, wie Birol Ünel sie heute Journalisten erzählt, taucht im Dorf eines Tages eine Gruppe Gaukler auf. Birol Ünel hat damals die Hauptschule beendet und arbeitet als Parkettleger. Die Gaukler sind die Rettung. Sie beziehen den jungen Mann in ihr Spiel ein, erkennen sein Talent und melden ihn an der Hochschule für Musik und Theater in Hannover an.

Die ersten sieben Jahre seines Lebens, sagt Birol Ünel, habe er im Süden der Türkei verbracht: In Silifke geboren, einer Kleinstadt am Meer, habe er später bei seiner Kichererbsen züchtenden Großmutter gelebt, in den Bergen. Es waren die sechziger Jahre. Die Eltern gingen irgendwann nach Deutschland und holten die Kinder später nach. Bei der Großmutter, sagt Birol Ünel, habe er auch die schlimmen Verbrennungen erlitten, die einen längeren Krankenhausaufenthalt nötig machten und von denen ihm an Hals und Gesicht viele Narben geblieben sind. Ein Haushaltsunfall, heißes Öl, sagt Birol Ünel. In einem Zeitungsartikel wurden die Brandnarben zu Spuren des Straßenkampfes, vermutlich auf In-

mal noch besser als eine verrückte Geschichte, die stimmt. Was zählt, ist das Gefühl. Wie geht es einem türkischen Jungen, der mit sieben nach Deutschland kommt, in ein deutsches Dorf? Wie viele Jahre dauert es, bis sich das Kind mit den anderen Kindern

Neben dem Goldenen Bären erhielten Birol Ünel und Sibel Kekilli als beste Hauptdarsteller sowie Fatih Akın für die Regie im Jahr 2004 auch den Deutschen Filmpreis in Gold.

itiative des Autors, gewiss aber angeregt durch das allgemein Legendäre dieses Lebens. Zur Aufnahmeprüfung sei er – von Bremen nach Hannover – auf einem Traktor gefahren, sagt Birol Ünel, ein Bauer habe ihn mitgenommen. Deshalb sei er zwei Stunden zu spät gekommen.

Wie dem auch sei. Eine verrückte Geschichte, für die eine verrückte Tat erfunden wird, ist manch-

verständigen kann, nicht mehr auffällt, nur weil es den Mund aufmacht, ein Jahr, zwei Jahre? Lange Zeit, hat Birol Ünel einmal erzählt, habe man zu Hause weiter Türkisch gesprochen, erst viel später, die Kinder waren in Deutschland groß geworden, sei daraus ein Mischmasch geworden.

An der Schauspielschule hatte Birol Ünel keinen türkischen Akzent mehr und auch, sagt Matthias

Brandt, keine intellektuellen Probleme. Aber, sagt Birol Ünel, die Texte und Namen seien ihm alle völlig neu gewesen. Der gelernte Parkettleger las jetzt Shakespeare. Vor allem Kafka mochte er, *Ein Bericht für eine Akademie* inszenierte und spielte er selbst. »Es war im Winter, in einer leer stehenden Fabrik-

manchmal fragen die Journalisten und spekulieren: Sein humpelnder Gang sei ein Überbleibsel seines äffischen Vorlebens. In Wahrheit ist der Makel, den die Journalisten sehen, die Folge einer Verletzung, der Gewehrschüsse, die einst dem Glück des Affen ein Ende machten. Der Spott der Journalisten macht

Die Schauspielerin Ulrike Folkerts besuchte gemeinsam mit Birol Ünel die Hochschule für Musik und Theater in Hannover. Zwischen ihnen entstand eine enge Freundschaft.

halle«, sagt Peter Meinhardt. »Die Halle war total verrottet und ungeheizt. Birol sprang rum, nackt, nur mit Heilerde beschmiert.« *Ein Bericht für eine Akademie* ist die Geschichte eines wilden Affen, der gefangen und nach Europa geschafft wird, wo er, um der Erniedrigung als Exot zu entkommen, Schauspieler wird. »Durch eine Anstrengung, die sich bisher auf der Erde nicht wiederholt hat«, sagt der Affe, »habe ich die Durchschnittsbildung eines Europäers erreicht.« Bald hatte der Affe erkannt, dass es für ihn nur zwei Möglichkeiten gab: »Zoologischer Garten oder Varieté«.

Der Affe wird ein gefeierter Schauspieler. Er hat seine Vergangenheit hinter sich gelassen. Doch

den Affen, der jetzt ein gefeierter Schauspieler ist, so wütend, dass er am liebsten jedem dieser Journalisten jeden Finger ihrer schreibenden Hände einzeln abschießen würde. »Im übrigen will ich keines Menschen Urteil«, sagt der gefeierte Schauspieler. Zufrieden schaut er auf seine Entwicklung zurück, die »Hände in den Hosentaschen, die Weinflasche auf dem Tisch«. Im Käfig, auf dem Schiff, das ihn nach Europa brachte, hatte der Affe begonnen, Alkohol zu trinken. Es widerte ihn an. Aber die Menschen lachten, und der Affe sah seinen Ausweg.

Alles, was Birol Ünel an der Schule und seither gemacht habe, sagt Matthias Brandt, seien »Variationen über Verletzungen« gewesen. Ein Verletzter,

Verletzlicher. Den Eindruck gewannen von Birol Ünel alle, die man heute zu seiner Schulzeit befragt.

Ulrike Folkerts kannte Birol Ünel vielleicht am besten. Sie war auch in seiner Klasse. Nach der Schule spielte sie ein paar Jahre nur am Theater und wurde dann als *Tatort*-Kommissarin Lena Odenthal bekannt. Beim Kampfsport und bei der Akrobatik wählten Birol Ünel und Ulrike Folkerts einander stets als Partner. Sie hätten eine »Rauffreundschaft« gehabt, sagt Ulrike Folkerts. Beim Kampfsport habe Birol Ünel sich immer »extrem auspowern« müssen, sei aber vorsichtig und fair geblieben. »Allgemein hatte Birol schon den Satz verinnerlicht: Ich muss mich wehren!«, sagt Ulrike Folkerts.

Die beiden verstanden sich vielleicht auch deshalb so gut, denkt Ulrike Folkerts, weil sie Birol Ünel weder herausfordern konnte, wie die Männer es taten, noch als Frau männliche Eitelkeiten und Ängste wecken konnte. »Birol war dem weiblichen Geschlecht sehr zugewandt und hatte auch ein großes Feedback«, sagt Ulrike Folkerts, »aber ich hatte damals schon mein Coming-out gehabt.« Die lesbische Frau und der junge Macho, der weder Deutscher noch Türke war, beide unabänderlich anders und mit ihrer Identität beschäftigt, fuhren irgendwann zusammen in Urlaub. Drei Wochen Türkei. Sie reisten umher, schliefen am Strand, stritten sich kein einziges Mal. »Er hat mir das Land gezeigt und wohl auch selbst überlegt, was er von diesem Land wollte«, sagt Ulrike Folkerts. Sie hätten nicht viel reden müssen. Abends sei Birol Ünel oft alleine losgezogen. Viel getrunken habe er nicht.

Ulrike Folkerts beschreibt den Birol Ünel dieser Reise als einen sanften, ruhigen Menschen. Aber sie fragte sich damals auch, warum dieser Mensch dauernd Risiken eingehen musste. Nicht nur das Risiko, von der Schule zu fliegen. Birol Ünel arbeitete in einem Punkladen als Türsteher und beteiligte sich an Antifa-Aktionen. Einmal, sagt Ulrike Folkerts, habe er mehrere Neonazis alleine angegriffen und sei im Krankenhaus gelandet. Warum er denen nicht aus dem Weg gegangen sei?, fragte Ulrike Folkerts. Das habe Birol Ünel gar nicht verstanden. »Er glaubte, er könne sich mit denen messen, und er hat sich dann auch nicht als Verlierer gesehen«, sagt Ulrike Folkerts. »Birol kannte keine Angst.«

Den idealen Lehrer fand Birol Ünel in Peter Hommen. Meistens haben ja die Lehrer den größ-ten Erfolg, die lehren, was die Schüler selbst schon glauben. Die Klasse von Birol Ünel war im dritten oder vierten Semester, als Peter Hommen an die Schule kam. Er lehrte *method acting,* die Methode, mit der James Dean, Marlon Brando und Paul Newman groß geworden waren. Es ging darum, im Spiel seine eigenen Gefühle einzusetzen. Birol Ünel war fasziniert. »Die Handwerker gingen zu Meinhardt, die Psychos zu Hommen«, sagt Ulrike Folkerts. »Birol und ich«, sagt Peter Hommen, »sind eine Weile umeinander rumgeschlichen, dann hat es gefunkt.« Birol Ünel habe nur schwer vertrauen können. Am Anfang habe er im Training mit verschränkten Armen an der Wand gelehnt. Er beobachtete und wartete, bis Peter Hommen wütend wurde und ihn anschrie. »Entweder du machst es, oder du verpisst dich!« Wieder hatte Birol Ünel einen Menschen dazu gebracht, sich um ihn zu bemühen, um ihn zu kämpfen.

Rebellion und Rettung: Birol Ünel löste sich von der Wand und machte. Peter Hommen war selbst Schauspieler gewesen, am Theater. Er hatte die Karriere aufgegeben und war Lehrer geworden. Er war ein Mensch mit Idealen. Er bewunderte Birol Ünel, den er als Ausnahme empfand, als pur und authentisch, immer aus einem wahren Kern spielend und dennoch genau in der Form. Doch über der Bewunderung vergaß Peter Hommen seine Ideale, von denen auch ein Birol Ünel noch weit entfernt war, nie. Er lobte und er brüllte. Mehr noch als die anderen Lehrer an der Schule ermahnte er die Schüler, ihre Individualität zu entdecken, sich nicht in das System einzupassen. Das System, das dich unterdrücken will und dir deine Identität nehmen will. Vielleicht ahnte Peter Hommen schon damals, dass Birol Ünel, auch in dieser Hinsicht, sein bester Schüler sein würde.

Die ersten Arbeiten nach der Schule waren eine Katastrophe. Obwohl sie eigentlich Anlass zu schönster Hoffnung gaben. Birol Ünel setzte seine eigenen Gefühle nicht nur ein, meist hatte er sie einfach. Bei Thomas Brasch spielte Birol Ünel 1988 in seinem ersten Kinofilm. Thomas Brasch war ein Seelenverwandter, ein Spiegel: einer, der nicht den Weg des Vaters geht. Der Vater war stellvertretender Kulturminister der DDR gewesen, Thomas Brasch hatte kritische Flugblätter verteilt. Einer, der sein Land verlassen musste. Thomas Brasch ging in den Westen. Einer, der mit dem Fremd- und Anderssein vertraut war, als ehemaliger DDR-Bürger, als Jude. Ein manischer Künstler, Schriftsteller und Regisseur. Ein Trinker und Kokser.

Thomas Brasch und Birol Ünel wurden Freunde. Brasch, 15 Jahre älter, war für Birol Ünel, sagen manche, wie ein Vater. Der Film hieß *Der Passagier.* Tony Curtis spielt einen früheren KZ-Häftling und Regisseur, der aus Amerika zurück nach Berlin kommt, um einen Film über seine Vergangenheit zu machen. Einer der Schauspieler, die in dem Film im Film einen KZ-Häftling spielen sollen, ist Birol Ünel. Ein spöttischer Kerl, mit weich geschwungenem, steinhartem Gesicht, ohne jede Unsicherheit im Blick. Beim Drehen gerieten Birol Ünel und Thomas Brasch aneinander. Sie überwarfen sich, für lange Zeit. Unter anderem hatte es damit zu tun, dass der Debütant darauf bestand, wie Tony Curtis, der Hollywood-Star, in einer Limousine zum Set gefahren zu werden. Um sich der Erpressung zu entziehen, schrieb Thomas Brasch während des Drehs die Rolle von Birol Ünel so weit es ging aus dem Drehbuch.

Andy Bausch drehte ein Jahr später mit Birol Ünel. Er hatte ihn im Fernsehen entdeckt, in einem Krimi, und war hingerissen von dem harten, weichen Gesicht, »dieser Kinofresse«, wie Andy Bausch sagt. Der Film, *A Wopbopaloobop A Lopbamboom,* spielt in einer kleinen dreckigen Industriestadt in Luxemburg, an Silvester 1962. Ein Film noir, schwarzweiß, schön und düster, der bei den Europäischen Filmfestspielen einen Nachwuchspreis bekam. Birol Ünel war Rocco, schlimmer Junge und Frauenheld, der an diesem Tag aus dem Gefängnis zurückkehrt und mit seiner Unverschämtheit alles durcheinander bringt. »Es war schwer, mit Birol Ünel zu drehen«, sagt Andy Bausch. Birol Ünel sei ausgeflippt, weil er dachte, bei einer Einstellung zu viel Schatten im Gesicht zu haben, er habe anderen unterstellt, ihn als Türken abzulehnen, er habe, um die Rolle noch cooler zu spielen, seinen Text so reduziert und genuschelt, dass andere Schauspieler mit ihrem Text keinen Anschluss mehr fanden und er in manchen Szenen gar nicht mehr zu verstehen war. Weshalb Andy Bausch dann einige Szenen rausschnitt. Beim Essen habe Birol Ünel sich meist abgesondert. »Birol Ünel hat von Anfang an dem ganzen Team und dem Land Luxemburg überhaupt misstraut«, sagt Andy Bausch.

Der nächste Film, in dem Birol Ünel sein Talent ausspielen konnte, war *Gegen die Wand.* 14 Jahre später. Den Rest, nach Birol Ünels Angaben ungefähr 60 Filme, wird die Filmgeschichte vergessen. Birol Ünel wurde als Typ besetzt, ohne die Typen mit Charakter füllen zu dürfen. Gauner, Bulle, Barmann, der Verrückte, der Säufer und, erst jetzt, zum ersten Mal: der Türke. In seine eigene Filmografie schrieb Birol Ünel für die Zeit zwischen 1989 und 1996 nicht einen einzigen Film. Obwohl er danach sogar Nebenrollen in *Tatort* angab.

»Nach *A Wopbopaloobop A Lopbamboom* dachte man, da wächst uns ein junger James Dean heran«, sagt Peter Meinhardt. Und dann? Was hat Birol Ünel in den 14 Jahren gemacht? Natürlich lässt sich nicht sagen, wie viel Schuld an allem er selbst trägt, der sich einen schlechten Ruf damals einfach noch nicht leisten konnte, und wie viel Schuld beim deutschen Kino liegt, das nicht viel Sinn für das Exzessive und Dämonische hat und schwach in sämtlichen Harte-Kerle-Genres ist (Film noir, Thriller, Psychothriller, Western, Kriegsfilm, Abenteuerfilm, Kolonialgeschichten, sozialer Realismus und so weiter). Es wird wohl an beiden gelegen haben, Birol Ünel und dem deutschen Kino.

Gesichert ist, dass Birol Ünel wegzog aus Hannover, in den Osten Berlins. Er arbeitete wieder als Parkettleger. Er lebte in der Künstler- und Hausbesetzerszene. Er begann wieder Theater zu spielen. Es war im Tacheles, einer Kaufhaus-Ruine, die nach dem Mauerfall besetzt und zum »Kunsthaus« umgewidmet worden war. Birol Ünel inszenierte und spielte selbst. Der erste Text, den er wählte, 1992, war *Ein Bericht für eine Akademie.* Es muss Birol Ünel erschienen sein, als habe der Affe bitter Recht behalten. Wer einen Ausweg sucht, muss sich anpassen, muss sich deformieren.

Der zweite Text, den er wählte, war *Caligula,* ein Drama von Camus. Es geht um einen verzweifelten jungen Mann, der in seiner Verzweiflung die Menschen um ihn herum tyrannisiert. Die Verachtung ist sein einziger Trost. Die Wut macht ihn fühllos. Er wütet, bis alle gegen ihn sind. Er fürchtet die Folgen nicht. Verzweifelt, lebensmüde, wie er ist, kennt er keine Angst. Eine Frau, die ihn liebt, sieht, dass er sich im Grunde benimmt wie ein Kind. »Ich möchte dich nur geheilt sehen, dich, der du noch ein Knabe bist«, sagt sie. Doch das Kind spielt weiter den

Dämon, inszeniert die Tyrannei als Theater. »Das ist Schauspielkunst!«, ruft Caligula.

Wieder einer, der aus Verzweiflung zum Schauspieler wird. Doch er verstellt sich nicht, wie der Affe, um der Erniedrigung als Exot zu entgehen, sondern um seinem Schmerz zu entfliehen. Caligulas Rasen hat mit dem Verlust eines geliebten Menschen begonnen. Sein Schauspiel ist keine Flucht in den Erfolg, die Anpassung, sondern Flucht in den Kampf, in die permanente Provokation.

Ulrike Folkerts sah Birol Ünel Mitte der neunziger Jahre in Berlin wieder und erschrak. Birol Ünel trank zu viel, dachte sie damals, und es schien ihm nicht gut zu gehen. Doch er hatte, nach fünf Jahren, wieder Erfolg. Seinen Caligula hatte er bei Frank Castorf an der Berliner Volksbühne vorgespielt und die Rolle des Siegfried in Castorfs *Die Nibelungen – Born Bad* bekommen. Es war eine antipatriarchale Trash-Version des Stoffes, ein über zwei Tage sich hinziehender Theaterexzess, und Birol Ünel spielte einen Siegfried, der dauernd hinfiel, trank und rülpste (es gab noch einen zweiten Siegfried; Castorf hatte die Rolle doppelt besetzt). Ein Jahr später, 1996, bekam Birol Ünel wieder eine Hauptrolle, am Berliner Ensemble. Thomas Heise besetzte ihn als revoltierenden Brigadeführer in Heiner Müllers *Der Bau*.

Im Jahr darauf saß der Regisseur Heinrich Breloer im Zimmer einer Berliner Pension und hoffte, einen palästinensischen Terroristen zu finden. Der Film sollte *Todesspiel* heißen. In einer Mischung aus Dokumentation und Spielfilm wollte Heinrich Breloer das Terrorjahr 1977 schildern. Er hatte ein Foto des Terroristen dabei, das er in seinem Film verwenden wollte. Es ging um Zohair Y. Akache, genannt Captain Mahmoud, der mit drei anderen Palästinensern die deutsche Lufthansa-Maschine *Landshut* entführt hatte. Ein Wahnsinniger und Sadist, der die Selektion der Passagiere in vermeintlich jüdische und nichtjüdische vorgenommen und den Piloten vor allen Augen nach einem zynischen Gerichtsschauspiel hingerichtet hatte. Ein moderner Caligula. Zu dem Casting waren nur junge Männer eingeladen, die Zohair Y. Akache wenigstens ein bisschen ähnlich sahen. Heinrich Breloer kannte Birol Ünel nicht. Dennoch war sofort klar, dass er Captain Mahmoud spielen würde. Birol Ünel brüllte so laut, dass man in der Pension tatsächlich an eine Geiselnahme glaubte und Heinrich Breloer die beunruhigten Leute über

die Situation aufklären musste. »Birol Ünel war der Einzige«, sagt Heinrich Breloer, »der verstanden hatte, dass man alle Konventionen brechen musste. Er spielte gleich ohne Wand, wie man sagt. Dieser Mann war bereit, sein Leben und ein Flugzeug in den Tod zu steuern.«

Beim Drehen sei Birol Ünel unberechenbar gewesen. Man habe nichts auf Kommando drehen können. »Birol Ünel lief unruhig um das Flugzeug herum und lud sich auf. Das Team beobachtete ihn und wartete. Er war wie ein Vulkan, der plötzlich ausbrechen konnte, und ich war der Vulkan-Warndienst. Die Lava ließ sich nicht steuern, aber ich musste erkennen, wann es zum Ausbruch kam.« In den Szenen habe es Birol Ünel hin und her geworfen, auf die Anweisungen habe er nicht mehr reagiert. »Es war klar, dass er da ganz viel eigenes Leben mobilisierte«, sagt Heinrich Breloer, »eigenes Leid und Blut, eigenen Zorn. Es war wie eine Therapie. Aber ich habe nie nachgefragt, ich wollte bloß nichts abzapfen. Alles sollte in den Film gehen.«

Sechs Jahre später ging wieder alles in einen Film. In *Gegen die Wand*. Doch diesmal war es eine Hauptrolle, Kino, die Rolle besaß Charakter, und der Charakter war Birol Ünel. »Alles in dem Film geht auf Birol Ünel zurück«, sagt Fatih Akın. Die Entfernung von der Kultur der Eltern, die Szenevergangenheit, der Alkohol, die Wut, die Selbstzerstörung. Der Schauspieler, der sich immer Stoffe gesucht hatte, die ihm einen Ausdruck seiner Gefühle, eine Deutung seiner Geschichte erlaubt hatten, hatte einen Regisseur gefunden, der ihn selbst zum Stoff machen wollte. Diesmal konnte tatsächlich alles in den Film gehen. Birol Ünel durfte Birol Ünel spielen.

Seine Lehre aus den Dreharbeiten sei, sagt Fatih Akın, dass Überleben wichtiger sei als Filmemachen. Fatih Akın erlitt zwei Bandscheibenvorfälle. Er hatte als Koproduzent das finanzielle Risiko, mit Birol Ünel zu drehen, auf sich genommen, der Produktionsfirma schien »die Unkontrollierbarkeit von Birol Ünel allein nicht tragbar«. Wäre es zur Katastrophe gekommen, wäre Fatih Akın hoch verschuldet gewesen, und seine Karriere hätte einen starken Dämpfer erlitten. Es funktionierte, irgendwie. Fatih Akın und Birol Ünel schrien sich an, in einem fort, aber Birol Ünel erschien pünktlich zum Dreh und arbeitete hart. »Ich konnte ihm etwas bieten, das ihm wichtiger war als der Alkohol«, sagt Fatih Akın. Birol Ünel

Die Figur des Cahit, die Birol Ünel in seinem bislang erfolgreichsten Film »Gegen die Wand« spielt, weist einige Parallelen zum realen Leben des Schauspielers auf.

versuchte, sein Limit von fünf Bier einzuhalten. Wenn er es nicht schaffte, abends, in einem Lokal, bat Fatih Akın den Kellner, Birol Ünel alkoholfreies Bier zu bringen.

Es kam dann doch noch, beinah, zur Katastrophe. Birol Ünel lag im Krankenhaus. Fatih Akın drehte Szenen mit Sibel Kekilli, die die andere Hauptrolle hatte, mehr Szenen, als mit Sibel Kekilli geplant waren, einfach, um etwas zu tun. Nach drei Wochen war Birol Ünel wieder da. Aber es war nicht derselbe Birol Ünel. Er trank nicht mehr. Er hatte keine Wahl gehabt. Wie Cahit kam er aus dem Krankenhaus mit einer neuen Chance. »Er war ein anderer Mensch«, sagt Fatih Akın. Er erinnert sich, dass sie in Istanbul in einem Café saßen. Das Team drehte in der Türkei, den letzten Teil des Films. Fatih Akın merkte zuerst nur, dass irgendetwas anders war. Er hatte ein seltsames Gefühl von Ruhe. Als hätte jemand in dem Café die Musik leise gestellt oder als hätte auf der Straße der Verkehr aufgehört. Dann wusste er, was es war. Birol Ünel hörte zu. Er hatte eine ruhige, sanfte Stimme. Man konnte mit ihm reden.

Den anderen Birol Ünel musste Birol Ünel zum Glück nicht mehr spielen. Den Wütenden, Wahnsinnigen. Den Trinker. Auch die Figur, Cahit, war mittlerweile abstinent geworden. Wieder stimmten Film und Leben überein. Birol Ünel hatte nur noch ruhige Szenen. In einer Szene spielt er eine Trauer, wie er sie noch nie gespielt hat. Einen Schmerz, der nicht umschlägt in Wut. Cahit will Sibel in Istanbul finden. Er besucht Sibels Schwester in dem Hotel, in dem sie arbeitet. Die Schwester trinkt Rotwein, Cahit bestellt sich ein Wasser. Die Schwester sagt Cahit, dass Sibel verheiratet und Mutter sei. Sie fragt, ob er verantworten könne, Sibel aus diesem Leben zu reißen. Cahit sieht die Schwester an, schweigt, einen ruhigen, tieftraurigen Moment. Dann sagt er »Nein« und geht.

»Damit war für mich der Film zu Ende«, sagt Peter Hommen, dem diese Szene besonders gefallen hat. Aber das Leben ging weiter, das Leben von Birol Ünel. Irgendwann trank Birol Ünel wieder. Er war wieder wütend. Auf Journalisten, auf Politiker. Bei einer Lesung in einem Münchner Buchladen erlitt er einen Kreislaufkollaps.

Wenn man jetzt mit Regisseuren spricht, auch Regisseuren, die in den vergangenen Jahren mit Birol Ünel gearbeitet und dann seinen großen Erfolg erlebt haben, bekommt man irgendwann ein

Begräbnisgefühl. Lauter Trauernde. Leute, die sich redlich mühen, über den Betreffenden möglichst viel Gutes zu sagen, Lobendes und Legendäres über den Schauspieler, Rührendes über den Menschen, und die bestürzt und ratlos vor einem Verhängnis stehen. Menschen, die von einer extremen Begabung sprechen, von Augenblicken außergewöhnlicher Präsenz und seltener Nähe und doch nicht umhin können, von den Schwierigkeiten, den Katastrophen und dem Horror zu erzählen. Sie alle wollen, dass man sich auf das Gute konzentriert, dass in einer imaginären Öffentlichkeit ein reines Bild von Birol Ünel haften bleibt. Als gäbe es dieses Bild noch, als hätte es dieses Bild je gegeben. Birol Ünel, der hoch sensible Mensch und große Schauspieler. Dessen dauernde Proteste und Änderungswünsche am Set auch bereichernd waren. Der keinen Kollegenneid kennt. Der den allergrößten Charme hat. Der spielt, weil er es liebt zu spielen, nicht um berühmt zu werden. Nichts ist falsch, was sie sagen, aber es ist eben nur die halbe Wahrheit.

Die andere Hälfte wird geflüstert, obwohl sie nie ein Geheimnis gewesen ist. Als widerlege Birol Ünel ihr schönes Bild nicht jeden Tag. Sie sorgen sich um seine Zukunft. Sie haben Angst um ihn. Sie wollen, dass er jetzt viele gute Rollen kriegt. Sie haben ihn verflucht, aber sie lieben ihn. Sie fühlen sich für ihn verantwortlich. Das Verhältnis, das sie zu ihm haben, ist das von Eltern zu einem Kind.

Auch Fatih Akın, der zu der Einsicht gelangt ist, Birol Ünel sei jetzt alt genug, und der im Moment ziemlich sauer ist, erzählt vor allem davon, wie wunderbar Birol Ünel ist.

Die Tage in Istanbul waren anstrengend. Aber mit ein bisschen Distanz betrachtet, waren sie vor allem traurig. Birol Ünel ist in der Türkei für viele eine Lichtgestalt. *Gegen die Wand* wurde kurzerhand zum türkischen Film erklärt. So etwas hatte man noch nicht gesehen. Die Leserinnen einer Zeitschrift wählten Birol Ünel zum erotischsten Mann der Türkei. Das Vaterland, in dem er einst ratlos umhergereist war, hat die Arme ausgebreitet. In diesen Tagen hatte Birol Ünel nur ein paar Interviews, mit Übersetzer, und es gab einen Kurzfilmwettbewerb, wo Birol Ünel, zusammen mit türkischer Filmprominenz, in der Jury saß.

Zwischen den Terminen war viel Zeit. Birol Ünel wohnte im Grand Hotel de Londres, dem Hotel, wo ein Großteil der letzten Episode von *Gegen die Wand* spielt, in dem Zimmer, in dem Cahit auf Sibel wartet und sie schließlich trifft. Alles schien wieder wie im Film. Und doch war alles anders. Auch diese Tage, im späten Herbst 2004, verbrachte er, Birol Ünel, vor allem mit Warten.

Der Unterschied war, dass es nichts gab, worauf Birol Ünel warten musste. Die Frau war da. Sie saß neben ihm, an der Bar. Birol Ünel war mit seiner Freundin nach Istanbul gekommen. Sie ist auch Schauspielerin, 32, eine schöne Frau. Die beiden saßen an der Bar, und Birol Ünel trank. Er fing morgens an, trank den ganzen Tag, rauchte eine Unmenge von Zigaretten und aß so gut wie gar nichts. Eigentlich war es sein Plan gewesen, sich um ein paar Straßenkinder zu kümmern. Er wollte mit ihnen ein Theaterprojekt starten, mit *Ein Bericht für eine Akademie*. Auf die Kinder war er im Sommer gestoßen, als er in Istanbul drehte, gleich zwei Filme hintereinander. Doch dann vergaß er die Kinder. Er war selbst wieder Kind.

Er hatte viel Zeit und kam trotzdem dauernd zu spät. Er ging vor den Wartenden in die Hocke und band sich noch schnell die Schuhe zu. Wenn wir uns verabredet hatten, war er plötzlich verschwunden. Wenn man mit ihm sprach, lief er mitten im Satz weg. Er spielte mit Jakob, dem Papagei, der in der Lobby in einem Käfig saß. Er holte den Papagei aus dem Käfig und redete mit ihm. Er konnte sich auf kein Gespräch konzentrieren. Er schaute auch dauernd zu dem Vogel und rief seinen Namen, wenn der in seinem Käfig saß. Er hockte neben einem kleinen Hund auf der Straße, der sich ein Bein gebrochen hatte. Er hatte am Flugplatz den falschen Koffer vom Band genommen.

Das Hotelpersonal kümmerte sich. Ein Page lief mitten in der Nacht los, um ein Fax zu schicken. Er bedankte sich nicht. Ich überlegte, was beim Verlust eines Koffers zu tun sei. Ich erinnerte ihn daran, dass er mit der Filmjury zum Essen gehen wollte. Er konnte die Visitenkarte seiner PR-Frau nicht finden, ich gab ihm die Karte, die sie mir gegeben hatte. Wenn er mitten im Satz wieder weggegangen war oder wieder, trotz einer Verabredung, einfach verschwunden war, verfluchte ich ihn. Er konnte sehr charmant sein, sagte sofort »du«, doch dann ließ er einen einfach stehen. Ich war verletzt und wütend. Ich fragte mich nach den Gründen, wie alle anderen zuvor. Was war dem Kind passiert, dass es ein Kind bleiben musste? Auch ich bekam Angst um ihn. Ich hätte ihm gern geholfen.

In einem Interview mit einer türkischen Reporterin erzählte Birol Ünel, dass er ein Reisender sei. Die Reporterin hatte gefragt, ob er Kinder habe. Ja, einen Sohn. In Köln. Die Reporterin fragte, ob er glaube, ein guter Vater zu sein. »Da ich eine normale Familie nicht haben kann, als Gaukler, als Reisender, habe ich Prioritäten gesetzt«, sagte Birol Ünel. Der Sohn wolle Stuntman werden. Ein Mann, der sich dauernd in Gefahr begibt. Birol Ünel sagte, er und sein Sohn hätten ein gutes Verhältnis. Sie seien die besten Freunde. Birol Ünel bestellt noch ein Bier, das dritte an diesem Vormittag. Der Fotograf hat eine Idee. Birol Ünel soll sich vor dem Hotel auf eine Bank legen, wie ein Penner. Auf den Bänken links und rechts liegen zwei echte Obdachlose. Sie schlafen. Birol Ünel, in blauem Nadelstreifenanzug, unrasiert, legt sich auf die freie Bank und stellt sich ebenfalls schlafend. Die Reporterin und der Fotograf arbeiten für eine Istanbuler Lifestyle-Zeitschrift. Man sieht, dass sie mit dem Motiv sehr zufrieden sind. Birol Ünel, Reisender und Gaukler. Star und Alkoholiker.

Es ist auch so traurig, weil diese Rolle so alt ist, denkt man. Rimbaud hat im 19. Jahrhundert gelebt, im 20. Jahrhundert kam der Rock 'n' Roll, schon davor gab es Klaus Kinski. Die Rolle taugt nicht mehr zur Rebellion, sie ist längst ein Klischee. Lesern von Lifestyle-Zeitschriften mag da noch ein wohliger Schauer über den Rücken laufen. Vielleicht haben sie auch nur ein mitleidiges Lächeln im Gesicht. Die Wirklichkeit ist bloß trübe. Birol Ünel erlebt in Istanbul fast nichts. Er genießt nicht die Sonne, er läuft nicht durch diese erwachende Stadt, die wie er zwischen zwei Kulturen steht und blüht in der Ambivalenz, er schaut nicht aufs Meer. Die meiste Zeit sitzt er zusammen mit seiner Freundin im Hotel, trinkt und raucht. Thomas Brasch, der Seelenverwandte mit dem parallelen Leben, starb vor vier Jahren an Herzversagen.

Vor einem Jahr bekam Birol Ünel für die Rolle des Selbstzerstörers von allen Seiten Applaus, in Deutschland, in Europa, in der Türkei. Würde er die Rolle nicht mehr leben, wäre das schön. So ist es tragisch. Es scheint, als bekomme er die Anerkennung, nach der er sich immer gesehnt hat, nur um den Preis seiner Vernichtung. Als habe der Weg des Affen doch noch zum Erfolg geführt. Immerhin hat der Film sich ein bisschen dem Leben Birol Ünels entzogen, unter der Hand wurde er von einem Birol-Film zum Sibel-Film.

Mit einem Mal redeten alle nicht mehr über Birol Ünel, sondern über Sibel Kekilli, über ihre Zeit als Verwaltungsangestellte und Pornodarstellerin, ihre Entdeckung in einem Kölner Kaufhaus. Aschenputtel verdrängte Caligula. Jetzt ist es eigentlich höchste Zeit, denkt man, dass auch Birol Ünel sein Leben dem Film entzieht, dieser Rolle, vielmehr, dass er Cahit doch noch folgt bis zum Schluss, wo Cahit trocken ist und sich aufmacht in die Stadt seiner Kindheit, auch im übertragenen Sinn, dass er aufhört, den Wütenden und Wahnsinnigen zu spielen, im Leben, dass er es mit der Traurigkeit versucht, sich traut, obwohl da kein rettender Engel ist.

Eine Reporterin fragte Birol Ünel, wovon er nachts träume. Birol Ünel sagte, er habe immer denselben Traum. Er müsse eine Person trainieren, die ein psychisches Problem habe, damit diese Person dann ihm helfen könne. Darüber denke er viel nach.

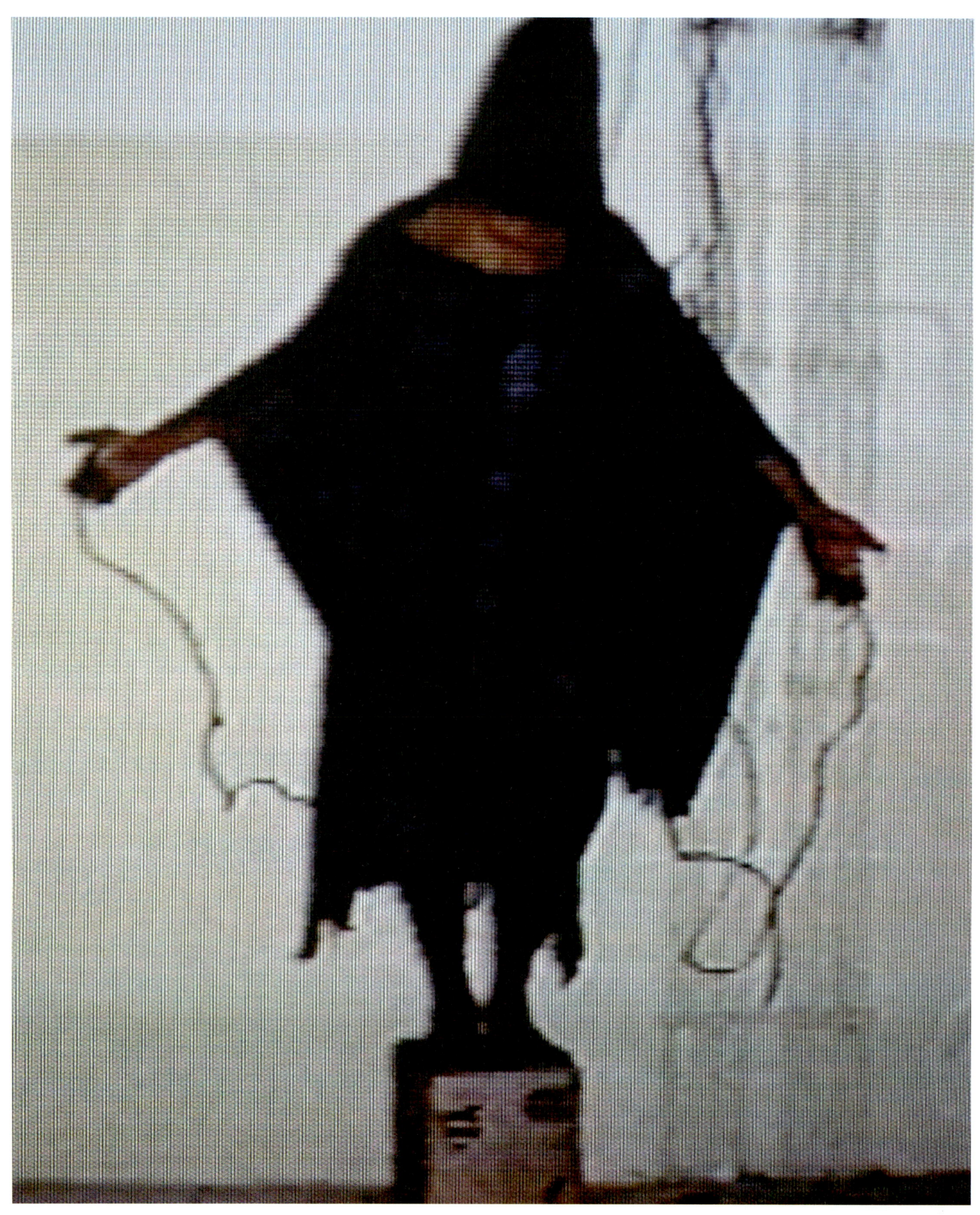

Am 28. April 2004 strahlte der Fernsehsender CBS erstmals Bilder aus dem Gefängnis von Abu Ghraib im Irak aus. Die USA sahen sich wegen ihres Umgangs mit Gefangenen weltweit massiven Foltervorwürfen ausgesetzt.

Einer gegen Rumsfeld

Nächste Woche will ein Berliner Anwalt gegen den Verteidigungsminister der USA Klage bei der deutschen Justiz einreichen – wegen Folter in Abu Ghraib und Guantánamo

Von **JANA SIMON**, erschienen in der ZEIT am 9. November 2006

Für diese Reportage wurde Jana Simon mit dem Transatlantischen Journalistenpreis USable 2008 ausgezeichnet.

Manchmal ist es ziemlich mühsam, eine Anzeige gegen einige der mächtigsten Männer der Welt vorzubereiten. Wolfgang Kaleck irrt über den Campus der Harvard-Universität in Cambridge, Massachusetts. Es ist April, kalt, dunkel, er hat eine wichtige Verabredung mit seiner Kronzeugin und kommt zu spät. Als er schließlich den Hörsaal betritt, ist die Veranstaltung fast zu Ende.

Ganz vorn sitzt die Frau, die er treffen will. Sie trägt die blonden Haare hochgesteckt, ihre breiten Schultern werden durch Polster noch mehr betont. Sie überragt die anderen auf dem Podium und wirkt trotzdem, als müsse sie sich verteidigen. Es ist Janis Karpinski, Ex-Brigadegeneralin, Ex-Kommandeurin des Gefängnisses Abu Ghraib im Irak. Das »Ex« hat sich an ihren Namen geheftet. Alles, was sie ist, ist vergangen. Nur die grausamen Fotos haben überdauert: irakische Häftlinge, nackt zu Pyramiden aufgetürmt, von Soldaten an einer Leine spazieren geführt, in Masken gehüllt, geschlagen, sexuell gedemütigt – zum Teil von Karpinskis Reservisten.

Vor zwei Jahren hätten sich Wolfgang Kaleck und Janis Karpinski noch nicht getroffen. Damals waren sie Feinde. Kaleck hatte Karpinski, ihren früheren Chef US-Verteidigungsminister Donald Rumsfeld und andere 2004 in Deutschland wegen Kriegsverbrechen und Folter angezeigt. Viel hat sich seitdem verändert. Karpinski hat die Armee inzwischen verlassen. Sie ist die einzige hochrangige US-Soldatin, die für Abu Ghraib so etwas wie bestraft wurde, degradiert zum Oberst.

Der Krieg im Irak läuft nicht gut. Und es gibt immer mehr Papier: Berichte, Protokolle, Memoranden. Dokumente des Bemühens der USA, eine Antwort auf den 11. September zu finden. Es geht um Fragen wie: Wie soll man Terrorverdächtige behandeln? Wie weit darf man im Kampf gegen den Terror gehen? Was ist Folter? Wie viel Schmerz darf man dem Gegner zufügen? Es ist die Geschichte eines Feldversuchs, der außer Kontrolle gerät und das

Zur Sache

Im Auftrag des Center for Constitutional Rights (New York) reichte der deutsche Menschenrechtsanwalt Wolfgang Kaleck Ende 2006 bei der Generalbundesanwältin in Karlsruhe Klage wegen Kriegsverbrechen und Völkerrechtsverletzungen gegen den US-Verteidigungsminister Rumsfeld, den Ex-CIA-Chef Tenet und weitere Mitarbeiter der US-Regierung ein. Es ging dabei um die Verantwortung für das Foltern von Inhaftierten in Gefängnissen der US-Armee in Abu Ghraib (Irak) und der Bucht von Guantánamo (Kuba). Wie bereits bei einem ähnlichen Vorgang im Jahr 2005 erklärte sich die Bundesanwaltschaft jedoch für nicht zuständig und wies die Klage 2007 ab.

Donald Rumsfeld wurde wegen des Abu-Ghraib-Skandals verschiedentlich zum Amtsverzicht aufgefordert, trat aber erst nach den verlorenen Kongresswahlen – die Niederlage wurde unter anderem der nach Ansicht vieler verfehlten Strategie im Irak zugeschrieben – im Dezember 2006 zurück. Ein Ausschuss des US-Senats stellte im Jahr 2008 Rumsfelds direkte Verantwortung für Folterverhöre fest.

Leben aller Beteiligten erschüttert. Und nun führt er zu einer neuen Strafanzeige in Deutschland. Aber dieses Mal ist Janis Karpinski nicht mehr Beschuldigte. Sie hat die Seite gewechselt.

Wie sie da auf dem friedensbewegten Podium vor Studenten sitzt, sieht sie aus, als wisse sie noch nicht so richtig, wohin sie genau geraten ist. Jetzt kommt eine Frau nach vorn und legt einen orangefarbenen Aufkleber vor sie auf den Tisch. *»Fuck the war«* steht darauf. Karpinski versucht ein Lächeln, nimmt den Aufkleber in die Hand, legt ihn wieder hin, will ihn ein Stück von sich fortschieben, versenkt ihn schließlich in ihrer Jackentasche. Kaleck hat gewartet, nun geht er auf sie zu, begrüßt sie höflich. Es wirkt wie das Aufeinandertreffen zweier Systeme.

Diesseits des Tisches steht Wolfgang Kaleck, der Berliner Menschenrechtsanwalt, 46 Jahre alt, die Nägel seiner kleinen Finger hat er etwas länger wachsen lassen, einfach so. Er verteidigt Homosexuelle, Kriegsdienstverweigerer, Opfer von rechtsradikaler Gewalt und Folter. Jenseits des Tisches sitzt Janis Karpinski in einem beigefarbenen Hosenanzug, aufgewachsen in einer Kleinstadt in New Jersey. Sie hat 25 Jahre lang in der US-Armee gedient und war die erste weibliche amerikanische Kommandantin, die jemals eine Truppe in einer Kampfzone geführt hat.

Kalecks ersten Versuch, ein Ermittlungsverfahren gegen Donald Rumsfeld, Ex-CIA-Chef George Tenet, Janis Karpinski und andere einzuleiten, lehnte Generalbundesanwalt Kay Nehm 2005 ab. Die deutsche Justiz könne nur tätig werden, wenn die zur Aburteilung berufenen Staaten zur Strafverfolgung *»unable«* oder *»unwilling«* seien. Nicht fähig oder nicht willens. Dafür bestünden bei den Vereinigten Staaten keine Anhaltspunkte. Nehm schrieb damals: »So wurden wegen der Vorgänge in Abu Ghraib bereits mehrere Verfahren gegen Tatbeteiligte … durchgeführt.«

Tatsächlich wurden in den USA sieben Soldaten verurteilt, von ihren Vorgesetzten allerdings keiner. Deshalb versucht es Kaleck nun noch einmal. Manche Kollegen nennen ihn einen »Gutmenschen«. Sie bewundern ihn zwar für seine Arbeit, seine Radikalität und seine Ausdauer. Aber Anwälte lieben die absehbaren, schnellen, sicheren Erfolge. Bei Kalecks Menschenrechtsfällen kann es sein, dass Jahre vergehen, bevor etwas geschieht. Und diesmal will er nicht nur Politiker wie Donald Rumsfeld und hoch-

rangige Militärs wegen Kriegsverbrechen und Folter in Abu Ghraib und Guantánamo anzeigen, diesmal hat Kaleck vor, auch seine Kollegen vor Gericht zu bringen – die Juristen, die Militär und Regierung beraten haben. Dazu braucht er Karpinskis Sicht, die Sicht der Zeugin, die sich verraten fühlt. Sie ist die einzige hochrangige Soldatin, die redet. Und sie sehnt sich nach Genugtuung. Die beiden verabreden sich.

Am nächsten Morgen öffnet Janis Karpinski die Tür eines kleinen Hauses in einer Vorortstraße von Boston. Auf ihrer Vortragsreise hat sie die vergangene Nacht bei einem Paar aus der »Bewegung« verbracht, wie sie die Friedensaktivisten nun nennt. Eine große Regenbogenflagge hängt aus dem ersten Stock mit der Aufschrift *»peace«*. Drinnen läuft Karpinski durch Zimmer mit hohen Decken und gut gefüllten Bücherregalen. Es sieht aus, als habe sie sich in der falschen Kulisse verlaufen. Schließlich entscheidet sie sich für die Terrasse.

Wolfgang Kaleck beginnt, Fragen zu stellen. Janis Karpinski sitzt fast reglos in der Sonne. »Ich kann keine andere Person werden«, sagt sie. Einmal bricht sie mit ihrem Stuhl in den Terrassenboden ein, richtet sich aber schnell wieder auf. Diese kleine Szene wirkt wie ein Sinnbild: eine Frau auf brüchigem Untergrund.

Janis Karpinski kommt im Juni 2003 in den Irak, sie soll das Gefängnissystem aufbauen. Abu Ghraib nennt sie ein »Höllenloch«, umzingelt von Dörfern, die den Amerikanern feindlich gesinnt sind und sie immer wieder nachts beschießen. Sie erzählt, in der ersten Zeit sei es nicht schlecht gelaufen. Bis zu dem Tag, an dem der Chef der Militärnachrichtenbrigade, Colonel Thomas Pappas, sie fragt, ob er den Hochsicherheitszellenblock 1A für seine Sicherheitsgefangenen übernehmen könne. Karpinski stimmt zu. Etwas später fordert Pappas auch Zellenblock 1B.

Karpinskis Militärpolizisten bleiben trotzdem weiter dort, um die Gefangenen zu bewachen, ihnen Essen zu bringen, sie ein- und auszutragen, wenn sie zu Verhören abgeholt werden. Bis irgendwann kaum noch jemand weiß, wer nun eigentlich das Kommando über die Zellenblöcke 1A und 1B hat. »Wir haben die Befehlskette zerstört«, sagt Karpinski. Wolfgang Kaleck fragt: »Wussten Sie, welche Verhörmethoden zu den Fotos geführt haben?«

»Natürlich wussten wir das«, antwortet sie.

Sie kannte den Bericht des Roten Kreuzes, der zu dem Schluss kam, dass der militärische Nachrichtendienst in Abu Ghraib Gefangene »einer unmenschlichen und erniedrigenden Behandlung aussetzt«. Sie wusste von »Geisterhäftlingen«, die nirgendwo regis-

tung geht, wird ihre Stimme ein wenig lauter, sie beugt ihren Oberkörper zu Kaleck. Sie will, dass er jedes einzelne Wort genau hört. Wolfgang Kaleck schweigt. In jenem Sommer 2003 kamen immer mehr Häftlinge nach Abu Ghraib. Der Widerstand

Der amerikanische Anwalt Michael Ratner (l.) und sein deutscher Kollege Wolfgang Kaleck auf einer Pressekonferenz am 30. November 2004 in Berlin, wo sie ihre Klage gegen US-Verteidigungsminister Rumsfeld ankündigten.

triert waren. Janis Karpinski hat auch nackte Gefangene in Abu Ghraib gesehen. Wenn sie ihre Soldaten danach fragte, war die Antwort: Denen sei zu heiß, oder sie hätten versucht, sich mit ihren Kleidern das Leben zu nehmen. Irgendwann hat Karpinski sich wohl entschieden, nicht mehr zu fragen.

»Sie müssen die Gefangenen wie Hunde behandeln«

»Misshandlungen habe ich aber nie beobachtet«, sagt sie. Immer wenn es um ihre eigene Verantwor-

gegen die Amerikaner wurde stärker, damit nahm auch der Druck zu, »verwertbare Informationen« aus ihnen herauszubekommen. Im August 2003 besuchte Geoffrey Miller, der Kommandant von Guantánamo, den Irak. Er sollte die Verhörmethoden des militärischen Nachrichtendienstes bewerten und Verbesserungen vorschlagen. »Sein Besuch veränderte unser aller Leben«, sagt Karpinski.

Sie erinnert sich an das erste Treffen mit Miller. Etwa zwanzig Leute vom militärischen Nachrichtendienst und sie saßen um einen Tisch herum. Miller habe gesagt: »Das Erste, was Sie tun müssen, ist, die

Gefangenen wie Hunde zu behandeln.« Miller hat diesen Satz später abgestritten. Niemand habe gewagt zu widersprechen, sagt Karpinski. »Alle dachten, er kommt mit der Autorisierung von Rumsfeld.«

Kurz nach Millers Abreise sah Karpinski zum ersten Mal zivile Verhörspezialisten in Abu Ghraib, die für private Firmen arbeiteten. Sie sagt, die meisten von ihnen seien ehemalige Militärnachrichtenleute gewesen, die zuvor in Afghanistan und Guantánamo gearbeitet hätten. Nur gibt es einen entscheidenden Unterschied: In Afghanistan und Guantánamo wurden die Häftlinge von den USA als »illegale feindliche Kombattanten« betrachtet und in einer Art rechtsfreiem Raum gefangen gehalten, im Irak dagegen genießen sie offiziell Kriegsgefangenstatus im Rahmen der Genfer Konventionen.

Karpinski behauptet, General Miller aus Guantánamo habe ihren Vorgesetzten Ricardo Sanchez, den damaligen Oberbefehlshaber der US-Bodentruppen im Irak, »gecoacht«. Kurz nach Millers Besuch unterschrieb der tatsächlich am 10. September 2003 ein Memorandum, in dem er den Einsatz harter Verhörtechniken erlaubte. Darin genehmigte Sanchez unter anderen die »*Pride and ego down*«-Methode, eine Technik, um das Selbstwertgefühl der Gefangenen anzugreifen. Dahinter hat er in Klammern eine Warnung hinzugefügt, die zeigt, dass ihm die Gefahr des Missbrauchs bewusst ist: »Vorsicht: Artikel 17 der Dritten Genfer Konvention schreibt vor, dass Kriegsgefangene, welche die Aussage verweigern, nicht bedroht, beleidigt oder einer sonstwie unangenehmen oder unvorteilhaften Behandlung ausgesetzt werden dürfen. Andere Nationen, die glauben, dass die Gefangenen ein Anrecht auf Schutz durch ihren Status als Kriegsgefangene haben, könnten diese Technik für unvereinbar mit den Genfer Bestimmungen halten.«

Weiterhin genehmigte Sanchez die Manipulation der Ernährung und die Manipulation der Umgebung, »so dass moderates Unbehagen entsteht – durch Veränderung der Temperatur oder Einführung eines unangenehmen Geruchs«. Auch hier folgt wieder der warnende Hinweis: Manche Nationen könnten die Anwendung dieser Techniken unter bestimmten Bedingungen als »unmenschlich« einschätzen.

Zugleich bewilligte Sanchez die Veränderung der Schlafzeiten, die Isolation des Häftlings für eine Zeit von bis zu 30 Tagen, das Anbrüllen, laute Musik und Lichtkontrolle, um dem Häftling Angst einzuflößen und ihn zu desorientieren. Ferner den Einsatz von »Stresspositionen«, das heißt Sitzen, Stehen, Knien, Liegen auf dem Bauch mit dem Gesicht nach unten für maximal vier Stunden, und schließlich die Anwesenheit von Militärhunden während des Verhörs: »Nutzt die Furcht der Araber vor Hunden aus.«

Dieses Memorandum wirkt, als habe es ein Mensch in tiefer Verunsicherung verfasst, der die Anwendung all dieser Techniken empfiehlt und sie sogleich wieder zurücknimmt, weil sie gegen internationales Recht verstoßen könnten. Am Ende bleibt Verwirrung, die im Fall eines Gefangenen tödlich enden sollte. Es gab viele Memoranden über Verhörtechniken. Manche wurden wieder zurückgezogen oder durch neue ersetzt. Am Ende wusste wohl kaum noch jemand, welches gerade in Kraft war.

Am 2. Dezember 2002 beispielsweise unterschrieb Verteidigungsminister Donald Rumsfeld ein bekanntes Memorandum über den Einsatz von Verhörtechniken in Guantánamo. Manche der darin empfohlenen Methoden fanden sich später in dem Sanchez-Papier wieder. Rumsfeld genehmigte unter anderem: Stresspositionen wie Stehen bis zu vier Stunden, Isolationshaft bis zu 30 Tagen, Gesichtsmasken während des Verhörs, Entzug aller Komfortgüter, auch des Korans und der Kleidung, sowie das Ausnutzen von »individuellen Phobien« wie eben der Angst vor Hunden.

Unten rechts auf dem Blatt hat Rumsfeld handschriftlich hinzugesetzt: »Ich stehe acht bis zehn Stunden am Tag. Warum ist das Stehen auf vier Stunden begrenzt?«

Janis Karpinski behauptet, sie habe diese Memoranden damals nicht gekannt. Am 23. Januar 2004 endete ihr altes Leben. Sie saß in ihrem Büro in Bagdad und hielt eine große Tasse Kaffee in den Händen, als einer der Militärermittler den Raum betrat. Er breitete mehrere Fotos vor ihr auf dem Tisch aus. Das erste zeigte zwei von Karpinskis Soldaten, Charles Graner und Lynndie England, wie sie grinsend vor einer Pyramide aus nackten irakischen Häftlingen posieren. In ihrem Buch *One Woman's Army* schreibt sie: »Bis ans Ende meiner Tage werde ich glauben, dass die Soldaten in Abu Ghraib Befehle befolgten, als sie Gefangene demütigten und misshandelten.« Wolfgang Kaleck fragt Karpinski:

»Würden Sie vor Gericht aussagen?«

»Ja!«

Janis Karpinski ist wieder im Kampf, diesmal gegen die Bush-Administration. Sie glaubt, sie sei geopfert worden, auch weil sie eine Frau ist und um höhere Ränge wie Sanchez zu schützen. Den Krieg im Irak, der auch ihr Krieg war, nennt sie nun eine »illegale Okkupation«. Alles, woran sie glaubte, hat sich verkehrt. Sie ist jetzt 52, und die Welt kennt sie als »die Foltergeneralin«.

Der Beruf des Menschenrechtsanwalts ist noch relativ neu in Deutschland

»Das wird mich nicht umbringen. Dann hätten die gewonnen«, sagt sie. Also redet sie. Das ist alles, was bleibt. Wolfgang Kaleck ist zufrieden. Karpinski hat zugesagt, seine Anzeige in Deutschland als Kronzeugin zu unterstützen. Ricardo Sanchez, Geoffrey Miller und Thomas Pappas stehen längst auf seiner Liste der Beschuldigten.

Kaleck sieht ein wenig müde aus. Er schläft wenig in diesen Tagen im April. Manchmal bleibt er abends noch lange an einer Bar, manchmal tippt er nachts Schriftsätze in den Computer. Details füllen sein Hirn, alles könnte wichtig sein. Er redet viel über Folter, Tod, Missbrauch, erinnert sich an Prozesse, Namen und Memoranden. Wenn ihm die Dinge zu viel werden, wird er ungeduldig. Er wirkt dann wie getrieben, von der Bedeutsamkeit seiner Fälle gepeinigt. »Mit den Auswirkungen von Abu Ghraib müssen wir uns alle herumschlagen. Es macht die Welt für uns alle unbewohnbarer«, sagt er. Ab und zu verstummt Kaleck mitten im Gespräch und ist eine Weile nicht ansprechbar. »Diese Arbeit hat ihren Preis – gesundheitlich und privat. Sie hat etwas Verführerisches, sie ist immer so wichtig.«

Es hätte auch ein anderes Leben werden können. Kaleck hatte ein gutes Jura-Examen abgelegt. Kurz darauf rief ihn ein Headhunter an: »Wollen Sie nicht Richter werden?« Es war ein schönes Gefühl. Aber Kaleck mochte niemals Richter sein. Nach dem Studium reiste er 1990 nach Guatemala und arbeitete bei der Menschenrechtskommission. Zum ersten Mal sprach er mit Folteropfern, mit Menschen, deren Frauen oder Kinder umgebracht worden waren. »Dort ist mir mein Land fremd geworden.« Dieses privilegierte, gute, scheinbar sorglose Leben

in Deutschland. Wolfgang Kaleck klingt manchmal ziemlich streng. Diskussionen mit Menschen, die anders denken als er, können sehr unversöhnlich enden. Vielleicht muss man so sein in diesem Beruf. Es wirkt wie der Versuch, ein wenig lauter zu sein als die anderen, um die eigenen Zweifel zu übertönen.

Gemeinsam mit einem Partner eröffnete Kaleck 1991 eine Kanzlei im Berliner Haus der Demokratie, dem Zentrum der DDR-Bürgerrechtler nach der Wende. Sie nannten sich »Die Firma«, nach dem Roman von John Grisham; den Namen würde Kaleck heute am liebsten vergessen. Klingt so unseriös. Erst vertrat er Bürgerrechtler, die Einsicht in ihre Stasi-Akten nehmen wollten, später Opfer rechtsradikaler Gewalt. 1999 zeigte er gemeinsam mit anderen Anwälten im Namen von 40 deutschen Opfern der argentinischen Militärdiktatur die ehemaligen Junta-Chefs an. Da waren sie schon umgezogen in eine neue, größere Kanzlei in Prenzlauer Berg. Zwölf Anwälte arbeiten heute darin, die Einkünfte werden geteilt. Ohne die Unterstützung seiner Kollegen könnte Kaleck Fälle wie Argentinien oder Rumsfeld nicht übernehmen. Manchmal helfen auch Spender.

Der Beruf des Menschenrechtsanwalts ist relativ neu in Deutschland, es gibt auch nur sehr wenige. Erst seit der Einführung des neuen Völkerstrafgesetzbuches 2002 sind Anzeigen wie die von Kaleck gegen Rumsfeld in Deutschland möglich. Es gilt jetzt das Weltrechtsprinzip für alle Menschenrechtsverbrechen. Das heißt, es können auch Taten und Personen angezeigt werden, die nichts mit Deutschland zu tun haben, und Folter und Kriegsverbrechen sind als neue Tatbestände hinzugekommen. Gerhard Werle, Professor für Völkerstrafrecht an der Berliner Humboldt-Universität, sagt, als das Völkerstrafgesetzbuch entworfen worden sei, habe man ursprünglich nicht Menschen wie Donald Rumsfeld im Sinn gehabt, sondern Kriegsverbrecher, die sich in Deutschland aufhielten oder durchreisten und in ihrem Herkunftsland nicht verfolgt würden.

Bisher haben Nichtregierungsorganisationen 58 Strafanzeigen nach dem neuen Gesetz gestellt, aber noch nie wurde ein Ermittlungsverfahren eingeleitet. Werle glaubt auch nicht daran, dass diesmal wirklich ein Strafverfahren gegen Donald Rumsfeld eröffnet werden wird. »Politisch zu heikel, obwohl das als Ablehnungsgrund nicht ausreicht.« Für abwegig hält Werle den Versuch von Wolfgang Kaleck trotzdem nicht. Auch dass juristische Regierungsberater mit einbezogen würden, sei rechtlich möglich. »Wenn sie Verhaltensweisen wie Folter erlauben, ist das Beihilfe.«

Das deutsche Justizministerium will sich zu der Anzeige nicht äußern

Welche Strafe könnte am Ende drohen? Im Völkerstrafgesetzbuch steht: »Wer im Zusammenhang mit einem internationalen oder nichtinternationalen bewaffneten Konflikt eine nach dem humanitären

einer Freiheitsstrafe nicht unter drei Jahren bestraft.« Das deutsche Justizministerium will sich nicht zur Anzeige äußern.

Wolfgang Kaleck ist derweil auf dem Weg zum Center for Constitutional Rights in New York, wo vor zwei Jahren alles begann. Im Namen des Centers wird er die Anzeige in Deutschland einreichen – es ist eine Bürgerrechtsorganisation, 1966 gegründet. Sie waren die Ersten, die Guantánamo- und Abu-Ghraib-Häftlinge vertraten. Das Büro liegt am Broadway, reicht über zwei Etagen und sieht aus, als sei es zuletzt vor einem Jahrhundert renoviert wor-

In orangefarbene Overalls gekleidet und mit verbundenen Augen sitzen Gefangene im Jahr 2002 im Camp X-Ray auf dem US-Marinestützpunkt Guantánamo Bay auf Kuba.

Völkerrecht zu schützende Person grausam oder unmenschlich behandelt, indem er ihr erhebliche körperliche oder seelische Schäden oder Leiden zufügt, insbesondere sie foltert oder verstümmelt, wird mit

den. Auf der bläulichen Auslegeware haben sich große schwarze Flecken gebildet.

In der Bibliothek wartet Michael Ratner, der Präsident des Centers. Er ist der Mann hinter der

Anzeige, er hatte die Idee. Ratner trägt eine Brille, deren Gläser ihm fast bis zum Kinn reichen, und hält seinen BlackBerry in der Hand. Er zählt zu den 100 einflussreichsten Anwälten der USA. Seine Familie ist bekannt in New York, dem Bruder gehört die Basketballmannschaft New Jersey Nets. Im Sommer 2004 saß Ratner schon einmal so im Büro und war frustriert. Er wollte sich nicht damit abfinden, dass nur ein paar einfache Soldaten für Abu Ghraib bestraft wurden, und überlegte, wie er an ihre Vorgesetzten herankommen könnte.

»Wir sind das mächtigste Land der Welt. Wenn wir foltern, ist das etwas anderes, als wenn Nicaragua foltert. Jetzt denken alle, das ist legal.«

Da die USA den Internationalen Gerichtshof nicht anerkennen und es nicht so aussah, als ob innerhalb des Landes Ermittlungen geführt werden würden, surfte Ratner im World Wide Web. Auf der Seite von Amnesty International erfuhr er, dass in Deutschland das Völkerrecht besonders günstig ausgelegt wird. Also brauchte er nur noch einen deutschen Anwalt, der sich damit auskannte. Über Empfehlungen gelangte er schließlich zu Wolfgang Kaleck. Dies ist nun ihr erstes Arbeitstreffen zur Wiederholung des »German case«, des »deutschen Falls«, wie sie die Anzeige im Center nennen.

Über 50 Tage wurde der Gefangene täglich bis zu 20 Stunden verhört

Wolfgang Kaleck beginnt: Er habe gehört, dass einer der beschuldigten Juristen, John Yoo, derzeit als Gastdozent an einer Universität in Italien lehre. Vielleicht könne man über italienische Anwälte an ihn herankommen. »Klingt gut«, sagt Ratner. Yoo war Rechtsberater im Justizministerium und Autor verschiedener Memoranden zur Definition von Folter und zum Umgang mit Gefangenen im Krieg gegen den Terror.

Ratner fragt: »Welche Opfer wollen wir noch dazunehmen?« Kaleck ist dafür, neben den 17 Abu-Ghraib-Opfern der ersten Anzeige noch einen Guantánamo-Fall einzureichen: Mohammed Al-Qahtani aus Saudi-Arabien, den die US-Ermittler für den fehlenden 20. Flugzeugentführer des 11. September halten. »An seinem Beispiel kann man die direkte Befehlskette bis hinauf zu Rumsfeld nachweisen«, sagt Kaleck. Al-Qahtani wurde 2002 an der afgha-

nisch-pakistanischen Grenze gefasst und sitzt seit vier Jahren in Guantánamo.

Anfang dieses Jahres wurde ein Vernehmungsprotokoll veröffentlicht, 84 Seiten lang. Al-Qahtani heißt darin Häftling 063. Minutiös wird beschrieben, was mit Al-Qahtani in Guantánamo geschieht. Es ist das Tagebuch eines wochenlangen Verhörs.

Das Protokoll beginnt am 23. November 2002 nachts um 2.25 Uhr. Der Häftling wird in die Verhörzelle in Camp X-Ray geführt, seine Gesichtsmaske wird ihm abgenommen, und er wird an den Boden gekettet. Über die nächsten 50 Tage wird Mohammed Al-Qahtani täglich bis zu 20 Stunden lang verhört und lebt in Einzelhaft. Eine Kombination aus den Techniken »*Pride and ego down*«, »*Fear up*« (Steigerung der Furcht) und »*Futility*« (Aufzeigen der Sinnlosigkeit seines Verhaltens) wird an ihm ausprobiert. Al-Qahtani ist oft nackt, muss einen Damen-BH tragen, wird an einer Hundeleine herumgeführt und soll »Tricks« zeigen wie das Ausführen von Kommandos: »Steh!«, »Komm!«, »Bell!«

Einmal sagt er, er habe Osama bin Laden getroffen, nimmt das am nächsten Tag aber wieder zurück. Er muss mit männlichen Wärtern tanzen. Vernehmer beschimpfen ihn als »Homosexuellen« und seine Mutter und Schwester als »Huren«. Im Protokoll wird vermerkt, dass Al-Qahtani darüber »sehr verärgert« sei. Es wird ihm verboten, zu beten und auf die Toilette zu gehen, deshalb macht er sich mehrmals in die Hosen. Er soll sich Bilder von wenig bekleideten Frauen ansehen, eine weibliche Vernehmerin kommt ihm immer wieder sehr nahe. Hunde werden eingesetzt.

Im Protokoll steht, dass Al-Qahtani ab und zu in Tränen ausbricht, manchmal wird er aggressiv, oder er wirkt apathisch und verwirrt. Zwischendurch kommt er einmal ins Krankenhaus, weil sein Puls zu langsam ist und der Blutdruck zu hoch. Dann geht es weiter. Nach etwa einem Monat, am 26. Dezember, sagt Al-Qahtani seinem Vernehmer, er halte es nicht mehr aus und wolle sich umbringen. Mit einem Bleistift verfasst er sein Testament. Darin bittet er, seinen Leichnam in die Heimat zu überführen und seine Mutter zu benachrichtigen. Der Vernehmer zerreißt das Blatt vor seinen Augen. Am 11. Januar endet das Protokoll um sieben Uhr früh. Kurz zuvor fragt der Häftling noch, ob er mehr über christliche Rituale erfahren könne.

Vier Tage darauf nimmt Donald Rumsfeld die Erlaubnis für den Einsatz »härterer Verhörmethoden« wieder zurück, weil Militärjuristen und das FBI Bedenken haben, sie könnten nicht rechtmäßig sein und die Tatbestände »grausamer und unwürdiger Behandlung« oder der Folter erfüllen. Später wird eine Untersuchung unter der Leitung von Randall Marc Schmidt, einem Generalleutnant der US-Luftstreitkräfte, eingeleitet.

In einer eidesstattlichen Erklärung gegenüber dem Generalinspektorat der Armee sagt er am 24. August 2005: Rumsfeld sei in die Vernehmungen von Mohammed Al-Qahtani »persönlich involviert« gewesen, der Verteidigungsminister habe »wöchentlich Gespräche« mit Geoffrey Miller, dem Kommandanten von Guantánamo, geführt. Schmidt meint, dass Rumsfeld die an Al-Qahtani angewandten »kreativeren« Verhörmethoden nicht speziell angeordnet habe. Aber ihre Anwendung sei nicht ausreichend kontrolliert worden. »Es gab keine Grenzen«, sagt Schmidt in der Erklärung. »Wenn jemand in Guantánamo eine Kamera dabeigehabt hätte, hätten wir dieselben Bilder wie in Abu Ghraib.«

Der Guantánamo-Häftling Al-Qahtani wird von einer Anwältin des Center for Constitutional Rights vertreten. Gitanjali Gutierrez ist 35, die Haut unter ihren Augen schimmert grau. Ihre Kollegen erzählen, dass sie manchmal in ihrem Büro schläft. Der Vater von Al-Qahtani hatte eine Werbung der New Yorker Anwälte im arabischen TV-Sender al-Dschasira gesehen und sich gemeldet. Gutierrez hat Mohammed Al-Qahtani mehrmals in Guantánamo besucht, zuletzt im September 2006. »Er ist psychisch nicht in Ordnung«, sagt sie. Es falle ihm schwer zu sprechen, schlafen könne er kaum, und er lebe noch immer in Einzelhaft. Gutierrez hat mit ihm auch über die deutsche Anzeige gesprochen. Er hat zugestimmt, dass sein Fall mit aufgenommen wird. Deshalb gibt er über seine Anwältin erstmals öffentlich eine Erklärung zu seiner Behandlung in Guantánamo ab:

»Ein Mensch braucht vier Dinge im Leben: 1. Die Freiheit, seine Religion auszuüben. 2. Dass seine Würde respektiert, er nicht durch Schläge oder Beschimpfungen gedemütigt wird. 3. Dass seine Ehre respektiert, er nicht sexuell gedemütigt oder missbraucht wird. 4. Dass seine Menschenrechte geachtet werden: dass er schlafen kann, ... ausreichend zu essen und zu trinken hat und die Möglichkeit,

sich zu erleichtern und zu waschen. ... Alle diese Rechte wurden mir genommen.«

Al-Qahtani hat alle seine Aussagen widerrufen. Er sei niemals Al-Qaida-Mitglied gewesen und habe nichts mit dem 11. September zu tun. Wer weiß, ob er schuldig oder unschuldig ist? Gutierrez sagt, wenn, dann sollte ihm in seiner Heimat, in Saudi-Arabien, der Prozess gemacht werden. »Ich hätte nie gedacht, dass dieses Land einmal so etwas wie in Guantánamo macht.«

Wie weit will der Westen im Kampf gegen seine Feinde gehen?

Der Ort ist ein Symbol dafür, wie tief die amerikanische Gesellschaft gespalten ist. Auf der einen Seite diejenigen, die denken, dass vieles, sehr vieles erlaubt sein müsse, um einen nächsten Terroranschlag zu verhindern – auf der anderen Seite die, die glauben, dass Amerika im Krieg gegen den Terror schon viel zu weit gegangen sei und Gefahr laufe, die eigenen Werte aufzugeben.

Wolfgang Kaleck und Michael Ratner sitzen noch immer in der Bibliothek. Die Geräusche des Broadways klingen herauf wie ein fernes Rauschen. Haben sie manchmal Zweifel? Terroristen halten sich an keine Regeln, kann man sie wirklich nur mit streng rechtsstaatlichen Mitteln verfolgen?

»Wir leben nicht mehr in alttestamentarischen Zeiten, wo Gleiches mit Gleichem vergolten wird«, sagt Kaleck. Er schlägt Ratner einen weiteren Fall vor: den Tod des irakischen Luftwaffengenerals Abed Hamed Mowhoush. Über ihn gibt es einen Bericht von Human Rights First. Auf einer der ersten Seiten ist ein Foto von Mowhoush abgebildet: ein massiger Mann, auf einem gemusterten Teppich liegend. Er hat dunkles Haar und trägt einen Schnurrbart, vor ihm sitzt sein Enkelsohn.

Mowhoush stellte sich am 10. November 2003 nahe der syrischen Grenze selbst den Amerikanern. Er war damals 57 Jahre alt und traf auf Generalstabschef Lewis Welshofer. Der sagte später vor Gericht aus, er habe Mowhoush vor Mithäftlingen geschlagen, um zu zeigen, »wer das Sagen hat«. Dabei blieb es nicht.

Laut Zeugenaussagen wurde Mowhoush von acht bis zehn Vernehmern zum Teil mit Hämmern verprügelt. Welshofer arrangierte ein Treffen von Mowhoush mit dessen 15-jährigem Sohn.

Er hoffte, das würde ihn zum Reden bringen. Der Junge behauptete später in einem Interview mit Human Rights First, die Vernehmer hätten ihn aus Mowhoushs Blickfeld geführt, in die Luft geschossen und ihn dabei geschlagen, so dass ein paar Tropfen Blut auf den Boden gefallen seien. Sein Vater habe gedacht, er sei tot, und sei zu Boden gegangen.

Am 26. November 2003 setzte Lewis Welshofer seine letzte Verhörtechnik ein. Er steckte Mowhoush mit dem Kopf voran in einen Schlafsack, wand ein Elektrokabel um seinen Leib und setzte sich auf Mowhoushs Brustkorb, wobei er ihm Mund und Nase zuhielt. An diesem Tag ist General Mowhoush

Welshofer: Er glaube nicht, dass seine Aktionen zum Tod des Generals geführt hätten. »Bei meinem Versuch, Informationen zu sammeln, um das Leben von Soldaten zu schützen, habe ich Stresspositionen angewandt.« Er habe angenommen, die »Schlafsacktechnik« sei eine Stressposition, die durch das Memorandum über Verhörmethoden von General Ricardo Sanchez vom 10. September 2003 autorisiert sei. Er schließt mit den Worten: »Ich glaube nicht, dass ich den Rechten von irgendjemandem, der eine Gefahr für das Leben von Amerikanern darstellt, Vorrang geben sollte vor meiner Pflicht, alles zu tun, was ich kann, um das Leben meiner Kameraden zu schützen.«

Nach dem Bekanntwerden der Bilder aus Abu Ghraib traf Verteidigungsminister Rumsfeld am 13. Mai 2004 in Bagdad ein, um sich persönlich ein Bild von der Lage in dem Militärgefängnis zu machen.

gestorben. Im Autopsiebericht steht als Todesursache: Ersticken.

Während der anschließenden Untersuchung des Falles bekam Welshofer eine schriftliche Abmahnung seines Vorgesetzten. In einem Antwortbrief schrieb

Es ist sehr wahrscheinlich, dass Abed Hamed Mowhoush kein Unschuldiger war – als General unter Saddam Hussein. Vielleicht hat er furchtbare Taten begangen. Aber es geht darum, wie weit die USA, wie weit der Westen im Kampf gegen seine

Feinde gehen will. Es bleibt die Frage: Wie wollen wir uns am Ende selbst sehen?

Zwei Jahre später, im Januar 2006, begann der Prozess gegen Welshofer wegen Mordes vor einem Militärgericht in Colorado. Er wurde schließlich wegen versuchten Totschlags zu einer Geldstrafe von 6000 Dollar und zu 60 Tagen Arrest, in denen er sich nur zwischen Wohnung, Kirche und seiner Militärbasis bewegen durfte, verurteilt. Alle anderen Beteiligten bekamen noch geringere Strafen.

Wolfgang Kaleck will einen von Mowhoushs Söhnen treffen, um mit ihm über die Anzeige in Deutschland und den Fall seines Vaters zu sprechen. Michael Ratner hält das für eine gute Idee. Er schlägt vor, eine befreundete Anwältin zu fragen, die mit einem Kontaktmann in Bagdad zusammenarbeitet.

Ratner tippt ohne Pause auf seinem BlackBerry herum. Wenn er spricht, hetzt er atemlos von Satz zu Satz, als fürchte er ständig, wichtige Details könnten verloren gehen. Wenn Michael Ratner über die Zeit und über Fälle vor dem 11. September spricht, klingt es, als seien seither Jahrhunderte vergangen. Das »Davor« ist wie ausgelöscht, für immer vorbei. »Davor« übernahmen Anwälte des Centers meist Fälle, die mit ihren linken Überzeugungen übereinstimmten, vertraten Bürgerrechtler oder Junta-Opfer in Lateinamerika.

Zwei Monate nach dem 11. September erließ Präsident Bush die Military Order Number One. Darin genehmigte er Überstellungen von Terrorverdächtigen in Länder, in denen Folter erlaubt ist, ihre Inhaftierung ohne Zugang zu amerikanischen oder internationalen Gerichten und die Einrichtung von Militärtribunalen, die nicht den Regeln der amerikanischen Strafjustiz unterliegen. Mutmaßliche Terroristen sollten keine Rechtsmittel vor einem Gericht einlegen, kein Verfahren anstrengen können.

Einen Tag darauf entschieden Michael Ratner und seine Mitstreiter, sie würden den Ersten, der unter Military Order Number One festgehalten würde, vertreten. »Wir hatten keine Ahnung, wer das sein würde.«

Ratner hatte kein gutes Gefühl dabei. Es ging darum, vielleicht die eigenen Feinde zu verteidigen. Er wohnt in einer Stadtvilla in Greenwich Village, im Zentrum Manhattans. Er konnte den Anschlag auf das World Trade Center beim Joggen beobachten. Und Ratner ist amerikanischer Jude, einer von denen, die die Dschihadisten hassen bis in den Tod. »Aber es werden Grundrechte verweigert, das ist illegal.«

Der erste neue Mandant war im Januar 2002 der Australier David Hicks, ein Guantánamo-Häftling. Keine andere Menschenrechtsorganisation und kein anderer Anwalt wollte damals mit so einem Fall zu tun haben. Amerika war im Schock. Das Center und Michael Ratner bekamen in jenen Wochen Hunderte von Hassmails. »Lass die Taliban in dein Haus. Sie sollen deine Kinder essen«, stand da zum Beispiel. Zwei Jahre später, 2004, feierten sie ihren ersten großen Sieg: Das Höchste Gericht entschied, dass Guantánamo-Gefangene ihre Haft vor US-Gerichten prüfen lassen können. Michael Ratner grinst, seitdem haben sie keine Mühe mehr, Anwälte zu finden.

»Mister Folter« nennen Kollegen den Regierungsberater John Yoo

Der Krieg gegen den Terror ist auch ein Krieg der Juristen. Es gibt wenige Konflikte, in denen ihr Rat so gefragt war. In der ersten Zeit nach dem 11. September haben Rechtsberater der Bush-Administration Politik zumindest mitgestaltet. Kritiker wie Wolfgang Kaleck nennen die Entscheidungen dieser Phase: »der Weg nach Abu Ghraib«. Es ist die hohe Zeit der Memoranden. Da ist zum Beispiel dasjenige vom 25. September 2001 aus dem Justizministerium von John Yoo, das den Machtbereich des Präsidenten im Krieg gegen den Terror erweitert: Der Präsident könne ohne Zustimmung des Kongresses Krieg gegen Terroristen und gegen Staaten führen, die sie unterstützten.

Dann beginnt der Afghanistan-Krieg, US-Streitkräfte nehmen mutmaßliche Taliban- und Al-Qaida-Kämpfer in Gewahrsam. Nun stellt sich die Frage, wie man am besten und schnellsten Informationen von ihnen bekommt.

Am 9. Januar 2002 folgt ein neues Memorandum aus dem Justizministerium. Darin wird argumentiert: Al-Qaida-Mitglieder und Taliban kämpften nicht als Nationen oder Staaten, sie seien »illegale feindliche Kombattanten« – eine folgenreiche Wortprägung. Deswegen träfen die Genfer Konventionen nicht auf sie zu, und auch der Gemeinsame Artikel 3 sei nicht anwendbar. Der aber gebietet: Gefangene »sollen unter allen Umständen menschlich behandelt werden«. Mitautor des Memorandums: John Yoo. Kurz darauf gibt US-Verteidigungsminister Donald Rumsfeld die Richtlinie an die Streitkräfte heraus: »Individuen der al-Qaida und der Taliban im Gewahrsam des Verteidigungsministeriums haben kein Anrecht auf den Status als Kriegsgefangener gemäß den Genfer Konventionen.«

Wenn jedoch die Konventionen außer Kraft gesetzt werden, wie soll man dann mit Gefangenen umgehen? Wieder diskutieren die Juristen in den Behörden. Das führt am 1. August 2002 zu einem weiteren, 50 Seiten langen Memorandum. Es wird wiederum von John Yoo entworfen, allerdings von seinem Chef im Justizministerium unterschrieben. Es ist bekannt unter dem Namen »Folter-Memo«, weil darin Folter neu definiert wird:

»Wir kommen zu dem Schluss, dass ein Akt, der als Folter gewertet wird, ... Schmerzen verursachen muss, die nur schwer auszuhalten sind. ... Physischer Schmerz, der als Folter gewertet werden kann, muss die gleiche Intensität von Schmerz haben, wie er mit ernsthaften physischen Verletzungen – etwa Organversagen, der Beeinträchtigung von Körperfunktionen oder sogar dem Tod – einhergeht.« Seitdem nennen Juristenkollegen John Yoo auch »Mister Folter«. In Kalecks Anzeige ist er Beschuldigter Nummer 11.

Von seinem Büro im achten Stock der Simon Hall im kalifornischen Berkeley hat John Yoo einen guten Blick auf seine Feinde. Die da unten haben gegen ihn demonstriert, seine Entlassung gefordert. Studenten führten in einem seiner Seminare eine Scheinexekution auf, um ihn zu ärgern, und einmal mussten ihn sogar Sicherheitsleute bewachen. John Yoo hat seinen Schreibtisch quer in den Raum gestellt. Er sitzt mit dem Gesicht zur Eingangstür, so hat er Besucher besser im Auge.

Keines der Opfer, die er vertritt, hat der Anwalt persönlich getroffen

John Yoo ist ein stiller Mann. Er spricht oft so leise, dass man sich vorbeugen muss, um ihn zu verstehen. 2003 kam er aus Washington nach Berkeley, in »eine der liberalsten Städte der Welt«, wie er sagt. Yoo wurde in Korea geboren, als Kleinkind wanderten seine Eltern mit ihm in die USA aus. Jetzt ist er 39 und Jura-Professor an einer der besten

Universitäten des Landes. »Ich bin ein Übererfüller«, sagt er über sich selbst.

Yoos Beine ruhen auf dem Tisch, vor ihm liegt ein Buch mit Witzworten von Donald Rumsfeld. An der Wand hängt ein Gruppenfoto der Richter des Höchsten Gerichts ohne Roben. Yoo ist der Einzige, der über seine früheren Entscheidungen in der Bush-Administration redet. Am 11. September 2001 saß er in seinem Büro im Justizministerium in Washington und sah im Fernsehen, wie das zweite Flugzeug in den Turm des World Trade Center krachte. »Ich wusste sofort, jetzt sind wir im Krieg.«

Yoo arbeitete im Office of Legal Counsel. Dieses Büro berät den Justizminister und den Präsidenten in Rechtsfragen. »Newsweek« schreibt darüber: »Seine sorgsam formulierten Meinungen werden als bindend angesehen – als letztes Wort dazu, was dem Präsidenten und seinen Behörden juristisch erlaubt und was ihnen nicht erlaubt ist.«

John Yoo sagt, in den Memoranden sei es nicht um Politik gegangen. »Ich interpretiere nur das Recht für die Regierung, die Politiker entscheiden. Ich sage, was sie machen können, nicht was sie machen sollen.« Er glaubt an diesen Unterschied. Im Gespräch kommt er immer wieder darauf zurück. Er sei Jurist, kein Politiker. Seine Expertisen wurden aber doch unmittelbar politisch genutzt? »Ja«, sagt er, »Politiker wollen wissen, was sie dürfen und was nicht. Das heißt nicht, dass ich mich weigere, ihre Fragen zu beantworten.« Es klingt, als habe Yoo diese Argumente schon oft wiederholt, erkläre sie aber gern noch einmal von vorn.

Er nennt das Beispiel des Abu Zubaydah, den die US-Ermittler für den Chefrekruteur von al-Qaida halten. Die CIA hatte ihn im April 2002 gefasst und auf einen geheimen Stützpunkt in Thailand gebracht. Yoo sagt: »Sie dürfen nicht foltern, aber es gibt eine Reihe von Dingen, die man im Verhör machen kann, die nicht das Niveau von Folter erreichen.«

Was genau das sein solle, habe er versucht herauszufinden. »Man könnte zum Beispiel sagen: Wir lassen ihn nicht länger als sechs Stunden am Tag schlafen.« Das sei eine moralische Frage. Yoo mag es, in Konjunktiven zu denken. Seine Stimme bleibt dabei immer gleich sanft. Einer seiner bekanntesten Sätze ist: »Der Präsident kann Folter anordnen, wenn er das für richtig hält.« Rechtlich sei das möglich. Er nimmt die Beine vom Tisch, streicht über seine Krawatte. Yoo unterscheidet zwischen Recht und Moral, als seien das zwei gänzlich voneinander getrennte Kategorien.

Würde er die Memoranden heute noch einmal genauso schreiben?

»Im Prinzip ja«, sagt Yoo.

Soldaten. »Ich glaube nicht, dass das Verteidigungsministerium diese Behandlung autorisiert hat.« Natürlich hätten diese Fotos Amerikas Ansehen in der Welt geschadet. »Das Problem ist, es gibt eine Anzahl von Menschen auf der Welt, die, motiviert durch ihre Religion, sehr wahrscheinlich Bomben

John Yoo in seinem Büro in Berkeley im Jahr 2005. Kritiker werfen dem Juristen vor, mit seinen Rechtsgutachten die Foltermethoden bei Verhören in Abu Ghraib und Guantánamo legitimiert zu haben.

Er habe nicht an die Konsequenzen gedacht, nur das Recht ausgelegt. Dieses Jahr hat Yoo eine Niederlage erlitten. Im Sommer entschied das Höchste Gericht, die Militärtribunale in Guantánamo verstießen gegen amerikanisches Militär- und gegen das Völkerrecht. Außerdem sei zumindest der Gemeinsame Artikel 3 der Genfer Konventionen auf mutmaßliche Terroristen anzuwenden. Yoo sieht das anders: »Die Entscheidung fiel fünf gegen drei. Drei Richter waren also derselben Meinung wie ich.«

Er kennt die Bilder von Abu Ghraib. Er ist überzeugt, das war Missbrauch, begangen von einzelnen

legen und Zivilisten ermorden wollen.« Er lässt seine Worte wirken. Die Sonne scheint auf seinen Schreibtisch, es ist angenehm warm.

Fürchtet er, dass er sich einmal vor einem Gericht für seine Arbeit verantworten muss?

Yoo lacht kurz auf. »Ja, das könnte passieren.« Von der Anzeige in Deutschland hat er noch nie gehört. Nur einmal im Gespräch verliert John Yoo für einen Augenblick die Fassung. Einer seiner ehemaligen Mitstreiter, US-Justizminister Alberto Gonzales, wies das damalige »Folter-Memo« öffentlich als »unnötig« zurück. Yoo presst seine Lippen aufeinander:

»Das hätte nicht sein müssen.« Er hält dies für feige. Zurzeit arbeite er nicht mehr für die Regierung. John Yoo ist ein wenig beleidigt.

Wenn man Wolfgang Kaleck auf John Yoo anspricht, wendet er sein Gesicht ab. Es sieht aus, als bereite es ihm körperliches Unbehagen, über ihn zu reden. »Nicht nur was er geschrieben hat, ist falsch. Er wusste auch ganz genau, was damit gemacht werden würde.«

Es ist Anfang November. Noch wenige Tage, bis Kaleck am 14. dieses Monats die Anzeige per E-Mail an die Generalbundesanwältin schicken wird. Er sitzt in einem Café in Berlin-Prenzlauer Berg. Es läuft Musik aus den achtziger Jahren, die schwarze Farbe der Tische blättert ab. Kaleck legt einen Hefter auf den Tisch. Darin hat er Namen notiert. Wer was noch zuliefern soll und wann. Die Anzeige ist noch nicht fertig. Und es gibt ein Problem: Kaleck hat keines der Opfer, in deren Namen er sie stellt, persönlich getroffen.

Alle Versuche im vergangenen halben Jahr sind fehlgeschlagen. Zu gefährlich. Er bemüht sich weiter um ein Gespräch mit dem Sohn von General Mowhoush, aber es sieht nicht gut aus. Momentan kann ihn niemand erreichen. Und der Kontaktmann in Bagdad fürchtet Anrufe aus dem Ausland. Die amerikanische Anwältin, die mit ihm zusammenarbeitet, schickt eine Mail: »Jedes Mal, wenn er das Haus verlässt, ist er in Gefahr.« Kaleck wird den Fall Mowhoush trotzdem erwähnen.

Viel ist seit April passiert, seit die Ex-Kommandeurin von Abu Ghraib, Janis Karpinski, zugesagt hat, Kalecks Kronzeugin zu werden. Zehn Organisationen beteiligen sich nun an der Anzeige und zwei Friedensnobelpreisträger: der Argentinier Adolfo Perez Esquivel und das International Bureau for Peace.

In den USA gab es eine Folterdebatte, und der Kongress hat im Oktober den Military Commission Act verabschiedet. Damit werden die Militärtribunale im Nachhinein doch für rechtmäßig erklärt, und es heißt, dass der amerikanische Präsident die Genfer Konventionen interpretieren darf. Es wird wieder Klagen geben. Die Anwälte kämpfen weiter.

Auch wenn in Deutschland wahrscheinlich kein Verfahren gegen den US-Verteidigungsminister eröffnet wird: Nach dem Kampf der vergangenen zwei Jahre glaubt Wolfgang Kaleck nun an die große Macht der weltweiten Anti-Folter-Bewegung. Und wenn Donald Rumsfeld, John Yoo und die anderen eines Tages ihren Lebensabend genießen wollen, ist da vielleicht immer noch einer, der sie jagt.

Rund um den Starnberger See leben mehr Millionäre als an jedem anderen Ort in der Bundesrepublik.

Die Starnberger Republik

Nirgendwo in Deutschland leben mehr Millionäre als am Starnberger See. Der Staat, das sind sie – auch der Bürgermeister fürchtet ihre Anwälte. Besuch bei der Oberschicht, die lebt, wie es ihr gefällt

Von **STEPHAN LEBERT** und **STEFAN WILLEKE**, erschienen in der ZEIT am 20. Dezember 2006

Für diese Reportage wurden Stephan Lebert und Stefan Willeke mit dem Herbert-Riehl-Heyse-Preis 2007 ausgezeichnet.

Andreas Botas nennt sie die »Entscheidung meines Lebens«, diese Frage, vor der er Ende der neunziger Jahre stand: Soll er jetzt in die Welt hinausziehen, wie all seine Kollegen, oder soll er hier bleiben, hier am Starnberger See? Botas sitzt in seinem Arbeitszimmer, holzgetäfelt, antike Möbel, Bücherregale bis zur Decke. Der Immobilienmakler sagt, er habe keine Sekretärin und selten mehr als zwei Termine am Tag. »Ich möchte, dass meine Kunden einen hundertprozentig konzentrierten Botas vor sich haben. Und meine Kunden wissen: Jedes Telefongespräch führe ich selbst, ich schreibe auch jeden Brief.«

Botas hatte ein paar Jahre lang in der Starnberger Filiale von Engel & Völkers gearbeitet, dem internationalen Maklerbüro. Er hörte seine Kollegen immer laut darüber nachdenken, und er tat es ja selbst auch, wo die zukunftsreichste Region für einen Immobilienfachmann sei, vielleicht in den USA, in den arabischen Emiraten oder doch in Indien und China, wie viele meinen? Doch dann fuhr er eines Tages über die Dörfer, vorbei an den bezaubernden Villen, dahinter der glitzernde See, überall diese geordnete Stille – und plötzlich kam ihm seine Geschäftsidee: Da ist eine der schönsten Gegenden Deutschlands, und da sind die Berichte, dass die wirklich Reichen in diesem Land immer mehr und immer reicher werden, »und plötzlich wusste ich, was ich will: Ich bringe diese Leute an diesen Ort. So einfach ist das.«

Ein paar Regeln hat er aufgestellt, zum Beispiel: Ihn interessieren nur Häuser, die mehr als zwei Millionen Euro wert sind. Und er verlangt zweimal Provision, vom Käufer und vom Verkäufer. Andreas Botas kennt an diesem See inzwischen jeden Hauseigentümer, der nur ein klein wenig darüber nach-

Zur Sache

2007 verfügten nach Angaben des Deutschen Instituts für Wirtschaftsforschung (DIW) in Berlin alle Privathaushalte Deutschlands zusammen über ein Nettovermögen von 6,6 Billionen Euro (Grund- und Immobilienbesitz eingeschlossen). 61,1 Prozent dieser Summe entfielen auf das reichste Zehntel der Haushalte – gegenüber 57,9 Prozent im Jahre 2002. Verstärkt hatte sich auch das West-Ost-Gefälle: Auf dem Gebiet der ehemaligen DDR war das durchschnittliche Nettovermögen eines Erwachsenen von 2002 bis 2007 – vor allem aufgrund veränderter Immobilienmarktwerte – um zehn Prozent auf 31.000 Euro gesunken, in den westlichen Bundesländern im selben Zeitraum um 11 Prozent auf 101.000 Euro gestiegen. Das einkommensstärkste Zehntel der Bevölkerung konnte 2007 durchschnittlich auf ein fast zehn Mal so hohes individuelles Vermögen zurückgreifen wie das einkommensschwächste Zehntel. 27 Prozent aller erwachsenen Bundesbürger hatten kein Vermögen oder waren verschuldet. 2008 konstatierte das DIW für Deutschland ein Schrumpfen der Mittelschicht im Zeitraum 2000 bis 2006 von 62 auf 54 Prozent sowie eine stetig wachsende Einkommensungleichheit.

denkt, seinen Besitz zu verkaufen. Zum anderen hat er die Bundesrepublik mit dem Blick eines Goldschürfers durchkämmt. Er wollte wissen, wo die Reichen sitzen, die sich etwas leisten wollen, nicht die Kleinlichen, sondern die, die es krachen lassen wollen. Wenn ein Haus zum Verkauf stehe, führe er zwei, drei Telefonate, »dann ist das Geschäft über die Bühne«.

Das prächtige Arbeitszimmer von Andreas Botas gehört zu einem noch weit prächtigeren Gut. Hinter Tutzing am Westufer des Sees biegt man ab in Richtung Wald, zwei, drei Kilometer nur Feldweg und Bäume. Dann taucht es auf, das weiße Schloss, das früher ein Pferdegestüt war und überhaupt eine Menge Geschichte hat. Botas bräuchte es nicht zu sagen, aber er sagt es doch: Sein Geschäft laufe sehr gut. Insignien des Wohlstands wie Goldkettchen und Porsche seien nicht mehr seine Sache, »meine Welt befindet sich in einer anderen Kategorie«.

Der Bilderbuchsee, die andere Kategorie. Mit dem Auto braucht man eine Stunde, um ihn zu umrunden. Dörfer sieht man, Fachwerk, Pferdekoppeln. Städtchen sieht man, Boutiquen, kleine Yachthäfen. Gemessen am Wasservolumen, ist der Starnberger See der größte bayerische See, 133 Meter tief. Am Westufer ist der Erfolg zu Hause, Wirtschaftsführer und Juristen. Am Ostufer das Gefühl, Künstler und Gelehrte. Dazwischen, an der oberen Seespitze, liegt Starnberg, die verhuschte Kapitale. Natürlich dürfe man Starnberg nicht mit Tutzing vergleichen, Tutzing nicht mit Ambach. Einheimische sehen die Unterschiede genau. Aber mit etwas Abstand erkennt man das Verbindende, den Reichtum, überall. Man kann in Statistiken und Befragungen nachschauen und findet über Starnberg heraus: die meisten Millionäre auf einem Fleck. Das höchste Bildungsniveau. Die höchste Lebenserwartung. Das höchste Lebensglück. Aber sagt das was?

Mal angenommen, es stimmt, dass die Zeit der Zwiebel vorübergeht. Die Bunderepublik ist ja immer eine Zwiebel gewesen, oben dünn, unten dünn, in der Mitte imponierend dick. Aber jetzt wird die Zwiebel oben und unten dicker, der Bauch immer flacher. Mal angenommen, es stimmt, dass die deutsche Zwiebel ihre Masse an die Enden schiebt. Sie sähe dann eher aus wie eine verwachsene Knolle, die seltsame Blüten treibt. Ist diese Knolle noch zu genießen? Der Bürgermeister der Seegemeinde Tut-

zing fängt an zu stottern, wenn man ihn nach den vielen reichen Bürgern in seinem Ort fragt. Als er sich gesammelt hat, sagt er: »Verstehen Sie, ich will doch wiedergewählt werden.«

Seit über vierzig Jahren dient er dem Staat, dieser Staat heißt Tutzing. Inzwischen, als Bürgermeister, steht Peter Lederer an der Spitze des Staates. Der Staat hat ein Gesicht, in dem es übergangslos grinst und zuckt, ein nervöses Grinsezucken, und man kommt schnell auf die Idee, dass sich dieser Staat vor seinen Bürgern fürchtet. »Nein, denken Sie bloß nicht«, sagt der Bürgermeister, »dass ich die Millionäre hasse. Ich bin ja, also ja selber Millionär«, und er tastet lange nach einem möglichen Satzende, »weil ich in ihrer Nähe leben darf.«

Unten vor dem Empfang des Rathauses stehen fast jeden Tag Bürger, die von der Frau hinter der Glasscheibe kostenlos gelbe Säcke für den privaten Plastikmüll bekommen können, wie in jeder Stadt. Aber in Tutzing taucht fast jeden Morgen einer auf, der wütend zum Schalter stürmt, die Glasscheibe eigenmächtig von außen zur Seite drückt und hineinbrüllt: »Säcke!« Mit einem Bündel Säcke rennt er davon.

Einige Bürger klingeln im Rathaus mittwochnachmittags Sturm, oder sie trommeln dann gegen die Pforte, weil sie wissen, dass das Rathaus mittwochnachmittags für Besucher geschlossen ist und sie beim zuständigen Sachbearbeiter nicht lange warten müssten, wenn man sie hereinließe. Öffnet niemand, rufen einige den Bürgermeister zu Hause an. »Das ist aber nicht so schlimm«, meint er. »Jetzt treiben sie ihn wieder vor sich her«, sagen die Angestellten im Rathaus über den Chef. Nimmt die Frau des Bürgermeisters an Wochenenden zu Hause den Telefonhörer ab, kriegt sie die ganze Ladung ab. »Ich habe eine wunderbare Frau«, sagt ihr Mann.

Man erkundigt sich nach den Reichen und bekommt sofort diese bitteren Pointen zu hören. Eigenartig. Das macht alles nicht den Eindruck, als habe man sich das Leben am See gemütlich eingerichtet, im Gegenteil. In der Nähe muss es eine Quelle der vergifteten Gefühle geben.

In Tutzing geht es dem Staat viel schlechter als seinen Bürgern, weil die großen Firmen geschlossen wurden und nur sehr wenig Gewerbesteuer hereinkommt. Ein gut laufendes Unternehmen ist für eine Stadt aber viel mehr wert als hundert Millionäre, weil eine Stadt die Gewerbesteuern für sich behält, von den Einkommensteuern seiner Bewohner nur einen kleinen Teil. Es spielt keine Rolle, ob ein Bürger 30 000 Euro im Jahr verdient oder drei Millionen – bei der Stadt landet immer der gleiche

nicht mehr zahlen. Und einmal habe er überlegt, ob man das Schwimmbad schließen müsse. Den Reichen kann das Schwimmbad egal sein, im Sommer springen sie von ihrem Garten in den See. Im Winter springen sie in ihren beheizten Pool.

Peter Lederer, Bürgermeister von Tutzing, beteuert: »Ich hasse die Millionäre nicht!«

schmale Anteil von der Steuer. So ist es zu erklären, dass das wunderschöne, fabrikfreie Tutzing seit Jahren etwas bekommt, das man »Sozialhilfe für Städte« nennt. Notgroschen, der große Staat muss dem kleinen Staat helfen.

Ein paar Mal schon hat der Bürgermeister die Bürger in Briefen um Spenden gebeten, damit die Gemeinde ihr Heimatmuseum am Seeufer ausbauen kann. Innerhalb von drei Jahren haben sechs Leute mitgemacht. 7000 Euro, insgesamt. »Wenn der Pfarrer ein neues Dach für die Kirche braucht, hat er in einer Woche 80 000 Euro zusammen«, sagt der Bürgermeister. Einmal habe er befürchtet, die Stadt könne die Löhne ihrer Angestellten

Drüben in Starnberg sammeln sie seit Jahren Geld für die Erweiterung eines Museums. Mit den Spenden können sie gerade mal neue Toiletten bezahlen. Meist halten sich die Reichen aus der Politik heraus, aber in Starnberg ist die Architektin Iris Ziebarth, die Frau des Vorstandschefs von Infineon, in den Stadtrat gegangen. Das war eine kleine Sensation. Eine von ganz oben lässt sich auf politische Basisarbeit ein. Von ihren Bekannten hörte sie: »Das ist ja ekelhaft. Warum tust du dir das an?«

In private Stiftungen stecken die Bürger vom See ihr Geld, viel Geld sogar, das viel Gutes bewirkt, aber für den Staat haben sie nichts übrig. Was haben sie schon den Tutzinger Bürgermeister beschimpft, wenn seine Verwaltung es wagte, Strafmandate wegen kleiner Verkehrsdelikte zu verschicken. Was war das für ein Aufruhr, als der Bürgermeister meinte, ein neues Hotel täte dem Ort gut. Er kapitulierte. Wie haben sie sich gewehrt, wenn

manchmal, als seien sie von Sinnen. »Arschloch« ist dann wieder ein beliebtes Wort. »Ich habe die Gabe, ruhig zu bleiben, je mehr sich das steigert«, behauptet der Bürgermeister. Der Schneekrieg bricht aus, sobald die Leute von der Stadt um die

Wo die Reichen und die Schönen sich treffen: Der Vorstandsvorsitzende der Audi AG, Rupert Stadler (r.), und Thomas Frank, Leiter Audi Tradition, auf einer Party nach einer Oldtimerrallye im September 2007 am Starnberger See.

die Stadt sie darauf hinwies, dass die Büsche in ihren Vorgärten nicht über die Gehsteige wuchern dürfen. Dann treffen die Schreiben ihrer Münchner Rechtsanwälte im Tutzinger Rathaus ein.

Sobald der bayerische Winter beginnt, tobt der Tutzinger Schneekrieg. Dann brüllen die Bürger

kleinen Privatwege einen Bogen machen und nur die öffentlichen Straßen räumen. Überhaupt, die Straßen. Das sind die Frontlinien zwischen dem Staat und seinen Bürgern. »Kommen Sie, das kann ich Ihnen zeigen«, sagt der Bürgermeister, steigt in seinen Golf und hoppelt eine Hangstraße aufwärts.

Überall ausgebesserte Löcher. Eigentlich müsste man einige Straßen komplett erneuern. Millionensummen, undenkbar. Der Bürgermeister hat sich zu einem Fachmann für billiges Flickwerk im Straßenbau entwickelt, weil er den Zorn der Bürger nicht aushält. Die könnte er – wie in anderen Städten auch – an den Kosten für neue Straßen beteiligen, sogar mit 60 Prozent, aber dafür müsste der Bürgermeister als Erstes eine Satzung erlassen. Das traut er sich nicht, aus böser Erfahrung.

»Wir haben so klagefreudige Leute«, sagt er. Schon bei Kleinigkeiten, die ihnen missfallen, liest er in Briefen: »Ich werde Ihnen meine Unterstützung entziehen.« 75 Bürgern hat er wegen überhängender Gartenhecken Briefe geschickt, 65 haben sich dagegen aufgelehnt. »Diese Leute schauen auf den Staat herab«, sagt eine Angestellte im Rathaus. Von den Bürgern in Tutzing gehen so viele Widersprüche gegen ihre Steuerbescheide ein wie aus 13 bayerischen Landkreisen zusammen.

Schwarz liegt der See hinter den Tannen, die Nacht hat sich schon früh den Tutzinger Hügel hinabgestürzt. Vom anderen Ufer bleiben nur ein paar helle Punkte.

Sie kocht eine Fischsuppe, er öffnet den Rotwein. Er und sie, ein Ehepaar Mitte 50, das lange am See lebt und in der Zeitung keine Namen haben will. »Komisches Haus, nur Ärger«, sagt er, »das Telefon ging fünf Tage nicht.« Ein geschmackvoll renoviertes Jugendstilhaus, ein ansehnliches Vermögen. Die Morgendämmerung, sagt sie, sehe vom Esszimmer aus »wie eine Explosion in Orangerot«. Bleiben Spaziergänger stehen, um die hübschen Erker der Villa zu bewundern, ist ihm das unangenehm. »Zeigen hat etwas Ordinäres«, meint er.

»Jetzt gibt es plötzlich viele Kinder hier«, sagt sie, »Familien mit drei Kindern.«

»Die wollen sich was leisten«, erwidert er.

»Ich hätte auch gerne noch ein Drittes gehabt.«

»Du bist froh gewesen, dass es vorbei war.«

»Nicht so eine spießige Kleinfamilie«, sagt sie.

»Ach, sprich doch nicht immer dazwischen.«

Den Bürgermeister von Tutzing kenne er nicht persönlich, mit den Bediensteten der Gemeinde verbinde ihn nichts. »Diese Beamten«, sagt er, und es klingt verächtlich, »ein Freigeist hat was gegen Kleinkarierte.« Deren hässliche Macht sei die Macht der Verhinderer: Jede eigenwillige Moder-nisierung eines Hauses bremsen, auf karierten Blöcken alle Ideale durchkreuzen. Da hinten am Rathausplatz: die verwaltende Schicht; hier am See: die gestaltende Schicht. Die letzte Verbindung sei der Bebauungsplan.

»Schau dir das Verkehrschaos in Starnberg an«, sagt sie, seit Jahrzehnten wird über Umgehungsstraßen und Tunnels gestritten, ohne eine Lösung. »Das ist die Feigheit der Politiker, etwas zu entscheiden.«

»Gerhard Schröder«, sagt er, »der ist ein Alphatier. Der hatte für sich entschieden: Ihr könnt mich mal alle am Arsch lecken. In der Kommunalpolitik gibt es keine Alphatiere.«

Sie sagt: »Keiner von der Stadt hat sich dafür bedankt, dass wir in dieses historische Gebäude so viel Geld gesteckt haben. Da spielt auch Neid eine Rolle.«

Er sagt: »Ich bin interessiert an allen Menschen, aber die da interessieren mich nicht. Das sind Kleinbürger.«

»Unser gesellschaftliches Leben«, sagt sie, »findet privat statt. Die Kreise mischen sich nicht. Und keiner würde sagen: Ich bin reich. Der Reiche ist in diesem Land doch der Böse.«

Er meint: »Ich erzähle doch auch nicht, dass ich stark und gesund bin, wenn ich sehe, dass die anderen schwach und krank sind.«

Die Schwachen am See sind die, von denen unentwegt Stärke verlangt wird. Der Chef der Polizeiwache in Starnberg wimmelt aufgeregte Mütter ab, die sich um einen sicheren Schulweg der Kinder sorgen, dann sagt er: »Der See schluckt mein Personal.« Weil in Starnberg kaum jemand Polizist werden will, muss er seine jungen Nachwuchsleute aus anderen Gegenden Bayerns hierher zwangsversetzen, freiwillig käme niemand. Aber weil sich die jungen Polizisten ein Leben in Starnberg nicht leisten können, ziehen sie nach der Ausbildung weg. Alle. Die komplette Mannschaft.

Man muss nur einmal einen Mann von der Wasserschutzpolizei begleiten. Der Audi, in dem er zur Bootshalle fährt, ist 356 000 Kilometer gelaufen und so heruntergekommen, dass der Polizist diesen Zustand ein wenig zu erklären versucht. Dann geht es raus auf den See. Das Polizeiboot steuert er an pastellfarbenen Villen und Schlösschen vorbei, Familie Hipp, Familie von Miller, der Deutsche Gewerkschaftsbund, der sein herrschaftliches Haus der Reeducation-Politik der amerikanischen Militärregierung nach dem Krieg verdankt, Seeresidenz Thurn und Taxis, Zigarrenbaron Zechbauer, Fruchtsäfte Müller, das Hotel, in dem Roman Herzogs Sohn seine Hochzeit feierte und Johannes Heesters seinen hundertsten Geburtstag, drüben das Hotel, das der Schwiegersohn des FC-Bayern-Arztes Müller-Wohlfahrt übernahm, das Restaurant, in dem Boris Becker verkehrt, die Roseninsel, eine Klinik des Herrn Agirov, der ein Intimus des Franz Josef Strauß war, das Schloss des Grafen Pocci, täuschend nah: das Karwendelgebirge, etwas versteckt: Peter Gauweiler.

Wären da nicht die störenden Bäume, könnte man vielleicht das Schwesternheim der Marianne-Strauß-Klinik sehen, in dem zwei junge Polizisten gemeinsam ein Zimmer gemietet haben, weil es sie nur 300 Euro kostet. Andere Polizisten haben im Krankenhaus nachgefragt, das auch ein Schwesternheim hat, gleich hinter dem neuen Klinikrestaurant Residence, das betuchte Patienten zur Operation nach Starnberg locken soll. Auch bei der Starnberger Fachhochschule für Rechtspfleger erkundigt sich die Polizei nach billigen Zimmern. Man muss die Leute ja irgendwo unterbringen.

Trifft man den Starnberger Gärtner Karl-Heinz Ritzkat, erzählt er seine kleinen Geschichten vom Rasenmähen. Eine Mutter sei vorbeigekommen und habe zu ihrem Sohn gesagt: »Wenn du in der Schule nicht aufpasst, musst du mal das machen, was dieser Mann macht.« Am meisten regt ihn auf, dass die Hunde dieser Leute auf die Wiese kacken dürfen, während er gerade mäht. Die Vorgesetzten im Rathaus verlangen, dass er und die anderen Gärtner immer freundlich bleiben, aber das sei manchmal schwer. »Wissen Sie eigentlich, wer ich bin?« Das fragen ihn Hundebesitzer oft.

»Wir kommen aus einer anderen Gesellschaftsordnung«, sagt Ursula Ritzkat, die Frau des Gärtners. Von einem Dorf in Sachsen kommen sie. In einem Altenheim am Ufer des Starnberger Sees haben sie eine kleine Wohnung bezogen, bezahlbar und dunkel, eine Dienstwohnung. Die Frau des Gärtners ist Altenpflegerin. Nebenan, im Schloss Garatshausen, spielt die Fürstin Gloria im Sommer auf dem Tennisplatz im Garten. Die Fürstin nickt immer freundlich herüber, eine nette Frau. Fährt

Ursula Ritzkat zurück in ihre alte Heimat, lässt sie sich beim Friseur die Haare machen und blättert in Illustrierten. Sobald sie ein Foto der Fürstin entdeckt, sagt sie stolz: »Meine Nachbarin.« Dieser Moment entschädigt sie für vieles.

Patricia Riekel schließt die Augen in ihrem Münchner Hochhausbüro. »Schauen Sie«, sagt sie, »so mache ich es überall auf der Welt, und es funktioniert: Ich denke an den Steg vor meinem Häuschen, an die Farbe des Wassers, wenn es regnet, an die Farbe des Wassers, wenn die Sonne scheint. Ich höre das leise Geplätscher des Wassers, wenn es bei Windstille ans Ufer schlägt. Das stelle ich mir vor, und egal, wo ich bin, auf einem hektischen Flughafen oder sonstwo, es funktioniert: Ich werde sofort ganz ruhig.« Sie öffnet die Augen wieder und sagt: »Dieser See ist der Ort meines Lebens.« Als sie 17 war, habe sie dem See ein Versprechen gegeben, »auch wenn ich mal weggehe, ich komme wieder«. Patricia Riekel hält in ihrem Büro einen Monolog über ihr Leben am See. Ohne Pause, ab und zu ein Schluck Wasser. Sie ist seit Jahren Chefredakteurin der *Bunten*, eine der mächtigsten Medienfrauen der Republik. Vor ein paar Jahren »hab ich mich hoch verschuldet und das Häuschen in Ambach gekauft«. Starnberger See, Ostufer.

Ambach ist ein kleiner hübscher Ort, gerade mal 300 Einwohner. War früher ein reines Bauerndorf, bevor die Reichen kamen. Hier befindet sich das wahrscheinlich bekannteste Lokal am Starnberger See, eine Bauernwirtschaft mit bayerischer Küche und einem Biergarten, ein paar Meter vom Wasser entfernt. »Bierbichler« nennen die Leute das Lokal, so heißt die Familie der Eigentümer, eine Bauernfamilie. Die Münchner und Starnberger Schickeria liebt diese Gaststätte, vor allem im Sommer übervölkern Ausflügler das Lokal und den Garten. Es ist ein Aufeinandertreffen von sehr viel Glitzerwelt und ein wenig Bayerntradition, die nur noch aus der Speisekarte und ein paar Leuten besteht, und da ist besonders einer zu nennen: Josef Bierbichler, in Ambach geboren, der Sepp, wie ihn alle nennen. Von Beruf ist er Schauspieler, mit Preisen überhäuft. Wenn er nicht irgendwo dreht oder auf der Bühne steht, sitzt er immer noch oft in der Wirtsstube, schlecht gelaunt, sehr schlecht gelaunt, soll kein Falscher auf die Idee kommen, ihn anzusprechen. Mit Journalisten will er nicht reden über die Reichen vom See. Aber man kann ihn zitieren, er hat in seinem Buch *Verfluchtes Fleisch* darüber zornig geschrieben, in einer Passage über einen alten Klassenkameraden, einen Arbeiter und Säufer, der jeden zweiten Tag in das Wirtshaus kam. Solche Leute kamen früher – und heute? Bierbichler schreibt: »Gestern saßen auf der Bank noch die unverdaulichen Gäste des Wirtshauses. Die mit ihren Autos mit den vielen PS und ohne Dach, so dass man die dreisten Gesichter dieser dreisten Menschen auch noch sehen muss, diese babygewordenen und babygesichtigen Nach- und Ausgeburten des immer älter und bösartiger werdenden Kapitalismus.«

der Einheimischen. Sie sagt, nicht jeder verstehe das Leben am See, man höre heutzutage immer wieder von zugezogenen Reichen, die depressiv werden und sich manchmal aufhängen. Riekel lacht. Sie sagt, man sperre hier nicht nur die meisten Zugänge zum See für die Allgemeinheit, man sperre auch die gewöhnlichen Probleme der Welt aus. »Ärger mit Ausländern, Schläger, Bettler, gibt es hier alles nicht.« All das mache den Zauber aus. »Der Starnberger See«, sagt sie, »ist ein durch und durch undemokratischer Ort.«

Das ist ein großes Lob. Vielleicht hat der See das Bewusstsein verdorben, die Leute beginnen sich nach einer surrealen Vollkommenheit zu sehnen, die der

Die Schauspielerin Veronica Ferres bei einer Segelregatta im Juni 2010 auf dem Starnberger See.

Die Ambacher Nachbarin Patricia Riekel kennt Bierbichlers Zorn, natürlich, sie begegnen sich gelegentlich, auch beim Schwimmen im See. Sie redet ebenfalls von den Widersprüchen der Gegend, aber anders. Wie sie als Künstlerkind, aufgewachsen am Westufer, schon damals nur mit anderen Künstlerkindern Kontakt hatte, selten mit den Sprösslingen

Schmutz der Alltagswelt nicht mehr trübt: Zu der schönsten Abendsonne der Welt muss sich die schönste Herrschaftsform der Welt gesellen, die Demokratie der höheren Stände. Die Starnberger Republik. Ulrich Beck könnte man danach fragen. Die besten Sachen über den Zustand der Gesellschaft fallen dem Soziologen immer ein, wenn er aus der Uni in München flieht und sich wochenlang in einem Bauernhof am Starnberger See einmietet. Becks *Risikogesellschaft* ist am Ostufer entstanden. Manchmal geht er mit sei-

Die Armen verstehen, das klingt besser. »Wir sind eine sozialdemokratische Gesellschaft«, sagt Beck, »Reichtum gilt als anrüchig.«

Das Schloss Garatshausen der Fürstin Gloria von Thurn und Taxis liegt direkt am Ufer des Starnberger Sees.

ner Frau, einer Soziologin, in das Restaurant, in dem der schlecht gelaunte Bierbichler hockt, weil sie dort mit dem Jürgen aus Starnberg und dessen Frau Ute verabredet sind. Mit Jürgen und Ute Habermas reden sie viel über Politik, aber nie über die Reichen. »Die Reichen?«, meint Beck, »ich kann Ihnen dazu nichts sagen.« Er sagt dann doch was: »Deutsche Soziologen gucken nicht nach oben, sondern lieber nach unten. Ich verstehe das auch nicht.«

Es gibt so gut wie keine wissenschaftlichen Einblicke in die Oberschicht der Bundesrepublik. Näherungsversuche gibt es, Essays, Datenreports, das ist es dann. Es hat auch damit zu tun, dass man sich als Soziologe verdächtig macht, wenn man sich die Reichen vornimmt. Andere Soziologen könnten dann behaupten, da wolle einer die Reichen verstehen.

Mit Eliten beschäftigt sich ein Soziologe in Darmstadt, Michael Hartmann. Herausgefunden hat er, dass die wirtschaftliche Elite ein geschlossenes Milieu bilde, das oft von Geburt an vermögend sei. Der Aufsteiger, der es aus eigener Kraft nach ganz oben schafft, sei selten. Viel typischer seien der Erbe und der Erbe des Erben. Mit echter Arbeitsleistung habe das oft wenig zu tun. Auch Hartmann schaut auf die Spitze der Gesellschaft aus einer großen, skeptischen Distanz.

Wollten die Soziologen den Reichen nahe kommen, wäre das ein mühseliger Weg. Am Starnberger See muss der Sozialforscher damit rechnen, für einen Bettler gehalten zu werden. Er müsste sich schon auf die Spielregeln des Sees einlassen und nach dem blechernen »Ja, bitte«, das aus dem Lautsprecher an der

Torpforte schallt, ein braves Sprüchlein aufsagen. Thomas Druyen, ein Soziologe aus Münster, will es wagen und »Tiefeninterviews in elitären Milieus« führen. Ein kurioses Fach will er an der Universität einführen, Vermögenskultur. Von seinen Plänen berichtete er auch der Fürstin Gloria, als er sie im Schloss am See besuchte. Dieser neuartige Professor blieb ihr noch eine Weile in Erinnerung.

Während der kalten Monate zieht sich die Fürstin in das Familienschloss in Regensburg zurück. Sie hat in den Salon gebeten und Kaffee servieren lassen. Schon seltsam, sagt sie, wie die auf der anderen Seite sich manchmal benehmen. Da tuckerte sie mit ihrem Motorboot dicht am Ostufer des Starnberger Sees entlang, als plötzlich ein Anwohner eine Fotokamera auf sie richtete, ein aufgebrachter Mann, der sie anzeigen wollte. Die Fürstin ankerte, schwamm ans Ufer und entschuldigte sich bei ihm. Sie hänge so sehr an diesem See. Sie nennt es eine »andächtige Bewunderung«. Die vielen stillen Tage am Wasser. »Je mehr wir globalisiert sind«, sagt sie, »desto schöner ist es, wenn man Geborgenheit spürt.« Blitzschnell spreche sich im Ort herum, wenn die Fürstin vorgefahren sei. Und doch kusche niemand vor ihr, beim Bäcker werde sie behandelt wie jede andere. Sämtliche Partyzonen der Welt probierte die Fürstin früher aus, der Starnberger See ist ihr Entmüdungsbecken. Ringsum nur Ruheräume, die Freizeitlandschaft der Reichen. Aber reich? »Wir sind weiß Gott nicht reich«, sagt die Fürstin über ihre Familie, die wirklich Reichen seien längst ins Ausland gezogen. »Wir sind absoluter Mittelstand.«

Wer könnten dann die Reichen sein?

Da ist der Unternehmer Siegfried Genz, der in Nigeria glänzende Geschäfte mit dem Militär machte und auf sein parkähnliches Gelände im vornehmen Städtchen Berg ein weithin sichtbares Windrad setzte. Heinz Rühmanns Witwe, einer lieben Nachbarin, widmete er einen Gedenkstein an der Grundstücksgrenze. Ein anderer Nachbar, ein früherer Präsident der Bayerischen Landesbank, bekam ebenfalls einen mannshohen Gedenkstein, aber das war eine Provokation. Die beiden hatten sich in der Zeitung mit bösen Leserbriefen bekämpft. Von der »Nigerianisierung« des Ortes durch den Unternehmer schrieb der ehemalige Bankchef, der Nachbar habe sich »wie eine Qualle über unsere Gemeinde gelegt«. Später errichtete der Unternehmer an der Grundstücksgrenze auch noch einen Brunnen, das goldgelbe Wildschwein obendrauf nahm der pensionierte Bankchef persönlich. Und das ständige Plätschern des Wassers trieb ihn fast zur Verzweiflung.

Da ist der Unternehmer Herbert Jochum, kein Schild an seiner Haustür deutet seine Geschäfte an. Geräte zur Penisverlängerung stellt er her. Penisverlängerung, in gewisser Weise ist das ja das ewige Thema am See. Wer hat hier den längsten? »Puppi, hol doch mal Indien«, sagte Jochum bei einer Vorführung zu seiner Frau, die dann loslief und einen bleischweren Ring auf den Tisch stellte. »Der Chinese ist kein doller Liebhaber, der Deutsche will sachliche Information, der Italiener hasst Gebrauchsanweisungen.« Mit seinen Penisverlängerungen könnte er die Welt erklären, und am liebsten erklärt er sie in Zentimetern. Nach vielen Jahren in den USA wollte er nach Deutschland zurück und entschied sich für den Starnberger See, nur hier sei so viel Frieden mit so viel Wohlstand vereint. Er sagt: »Hier wurde der Sozialneid eliminiert.«

Da ist Heiner Lauterbach, der sein Haus am Ostufer verkaufen will. Da ist Oliver Bierhoff, der sich auf die Zuschauerbank setzte, als der Bauausschuss von Berg entschied, dass die Mauer neben Bierhoffs Eingangstor höher ausfallen dürfe als gewöhnlich. Da sind Loriot, der Krimiautor Herbert Reinecker, der frühere Infineon-Chef Ulrich Schumacher, die Wurstfabrikanten Houdek in drei Generationen, die Wittelsbacher in allen Variationen.

»Ich bin ja«, sagt der Rentner Manfred Meyer, »ein besserer Beichtvater der Wohlhabenden gewesen.« Wem vertraue sich jemand an, der sein Leben um sein Vermögen gewickelt habe? Nicht unbedingt dem Pfarrer, sondern dem Chef der Deutschen Bank in Starnberg. Das war bis vor einigen Jahren Manfred Meyer, heute ist er Präsident des vornehmsten Vereins am See, des Bayerischen Yacht-Clubs in Starnberg. Den Gauweiler haben sie nicht aufgenommen, weil sie jede Unruhe schon im Keim ersticken.

Montags, sagt Meyer, riefen ihn früher aufgebrachte Ehemänner in der Bank an, damit er die Kontovollmacht der Ehefrauen löschte. Mittwochs riefen die Männer wieder an, und die Frauen bekamen die Vollmacht zurück. »Wie viel Geld ist auf dem Konto?«, brüllte der alte Haniel, wenn er die Bank betrat. Er war am Ende schwerhörig. Sagte Meier »anderthalb Millionen«, schrie er: »Dann geben Sie mir

1,4 Millionen!« – »Aber Sie sprengen meine Kasse.« Haniel steckte sich ein paar Hunderttausend in die Manteltasche und stapfte davon.

Immer wieder habe er bei den Reichen »eine Existenzangst« erlebt, die er sich nicht recht erklären konnte. »Von denen kann man das Sparen lernen«, sagt er. »Die haben ständig das Gefühl: Es reicht nicht mehr.« Der See, sagt er, lenke von solchen Ängsten ab. Das Wasser spüle die kleinlichen Sorgen weg und hielte sie draußen in der Tiefe gefangen. Der See sei der beste Psychiater, Seelenfrieden schwemme er an. Eine Reihe spannender Jobs hätte Meyer wohl übernehmen können in dem Weltkonzern Deutsche Bank, aber er weigerte sich wegzuziehen, nur aus einem einzigen Grund. »Ich habe dem See meine Karriere geopfert.«

Das ist die versöhnliche Lesart der Dinge. Es gibt auch eine andere. »Ich sage Ihnen was über Starnberg. Wollen Sie eine ehrliche Antwort?« Bitte. »Eine Bombe sollte man da reinwerfen, eine Bombe.« Rudolf Zirngibl ist in Starnberg aufgewachsen, im Kreisrat sitzt er für die CSU, seit 22 Jahren ist er Unternehmer und er behauptet von sich, dass er in Abgründe gucken könne. »Es ist so widerlich.« Am Ende stünden die Reichen vor ihm und sagten: »Für meine Frau die billigste Kiste. In aller Stille, schnell weg.« Meist wollten sie einen Sarg, den der Bestattungsunternehmer Zirngibl den »Sozialhilfe-Sarg« nennt. Fichte natur. Mehrere Filialen hat er in Bayern, die alle mehr Umsatz machen als seine Zentrale in Starnberg. »Es gibt Persönlichkeiten, die einmal in der Woche in der Presse stehen, aber ihre Eltern, die verscharren sie.«

Am schlimmsten sei es am Heiligen Abend. Rufe da ein Angehöriger an und wünsche sofort ein persönliches Gespräch wegen eines Todesfalles, dann bekomme der Bestatter hinterher beim Rausgehen nicht einmal ein »Danke« zu hören. Scheinbar hätten die Reichen das Denken der Manager ganz und gar verinnerlicht.

Mit einem neutralen Auto solle er vorfahren, bloß keine Andeutung. »Die wollen das Vergängliche abblocken.« Und weil sie wüssten, dass ihnen selbst eine jämmerliche Beerdigung drohe, zahlten sie schon früh in eine Vorsorgekasse ein, legten den Sargtyp, die Trauerkarten, die Blumen, sogar die Musikstücke fest. Dann seien die Angehörigen später daran gebunden. Ein Friedhof nur für Reiche? Der Bestatter schüttelt den Kopf. »Wenn es so was gäbe, dann wäre das kein Friedhof. Höchstens eine Urnenwand.« Er sagt: »Hier hat das Geld alles versaut.«

Das Gegenteil von Starnberg, macht man sich in Deutschland auf die Suche nach ihm, findet man in Berlin-Kreuzberg in einem Café, nicht weit weg vom Kottbusser Tor, dort wo Kreuzberg am härtesten ist. Wenn Starnberg ein Synonym für Reichtum ist, dann steht Kreuzberg für das, was Menschen ziemlich weit unten in der Gesellschaft miteinander anstellen. Julian-Max Otto sitzt in diesem Café, er sei übernächtigt, sagt er, habe durchgearbeitet für einen Auftrag eines Werbefilmers. Otto zeichnet, malt, ein Künstler, gut im Geschäft. Mit Unterbrechungen lebt er seit 15 Jahren in Kreuzberg, seit er damals Starnberg verlassen hat, damals nach dem Abitur. Er wollte raus aus der engen Idylle, um jeden Preis, die Welt sehen und nicht mehr den See. Er sagt, er wollte Konflikte, er wollte Leben, Veränderung, nicht bayerischen Stillstand. Berlin war der richtige Ort, »ich wäre gestorben in Starnberg«. Doch jetzt sitzt da einer schläfrig vor seinem Cappuccino und ist irritiert. Das hat damit zu tun, dass er auf einmal eine Ahnung hat, wo er hingehört im Leben, und dass dies nicht Kreuzberg ist, sondern ausgerechnet der bayerische See. Der Stillstand, die Schönheit, vielleicht auch das Privileg, hier leben zu dürfen. »Wissen Sie«, sagt er, »wie sehr das nervt, wenn einem zum dritten Mal das Fahrrad gestohlen wird?«

Es fing an mit einem Klassentreffen vor ein paar Monaten, lange Jahre hatte er seine Mitschüler nicht mehr gesehen. Die meisten waren in der Gegend von Starnberg und München geblieben, und zu seiner Überraschung stellte er fest, »wie angenehm diese Leute waren, wie gelassen und entspannt sie auf die Welt blickten. Ja, ich habe mich bei denen wahnsinnig wohl gefühlt, ich kann es nicht anders sagen.« Hatte das auch damit zu tun, dass die meisten seiner Klassenkameraden vom Bleiben in der Heimat profitiert haben? Sie machten Karriere, als Anwälte und Geschäftsleute, oft weil sie in den Fußstapfen der Eltern blieben. Nein, sagt Otto, höchstens indirekt spielte das eine Rolle, »weil alle auf eine solch unaufdringliche Weise selbstbewusst waren«. Die redeten nicht über die Gesellschaft, man merkte, die konzentrieren sich auf ihr Leben, sonst nichts. Er erzählt von einer Studie, die ein befreundeter Soziologe gemacht hat:

Das Thema waren zwei deutsche Absolventen einer Elite-Universität, der eine stammte aus wohlhabenden, der andere aus sehr einfachen Verhältnissen. Beide hatten in etwa die gleichen Fähigkeiten. Beide bewarben sich in Firmen um Spitzenjobs, mit radikal unterschiedlichen Ergebnissen: Der aus gutem Hause wurde dem anderen immer vorgezogen, trotz der ähnlichen Qualifikation. Das Fazit des So-

rück nach Bayern, nicht mehr über den Dreck der Nachbarn in den Straßen fallen, nicht mehr über Multikulti diskutieren, sondern die Landschaft genießen, arbeiten, leben. Trifft der Wunsch dieses Künstlers einen gesellschaftlichen Nerv, eine Sehnsucht nach Grenzenziehen, nach Unterschieden, in Wahrheit auch eine Sehnsucht nach Klassenschranken, von oben nach unten, versteht sich?

Rudolf Zirngibl, Bestattungsunternehmer, hört von seinen betuchten Kunden: »Für meine Frau die billigste Kiste.«

ziologen: Es hat mit dem gesellschaftlichen Stand zu tun, einem scheinbar unsichtbaren Band. Man sucht seinesgleichen, man erkennt sich, will unter sich bleiben.

Diese Geschichte der beiden gleich-ungleichen Studenten könnte man auch ein wenig wütend erzählen, angesichts dieser doch verschwunden geglaubten Ungerechtigkeit, aber der Künstler aus Kreuzberg und Starnberg stellt eine Frage: Ist es vielleicht doch so, dass man zu einer bestimmten Gruppe im Leben gehört, dass alles andere Illusion ist? Otto sagt, er jedenfalls möchte bald wieder zu-

Die Leute am See trinken zu viel Alkohol, manchmal mehr als anderswo, wie eine Sozialarbeiterin sagt, »weil viele Leute hier viel Zeit haben und es für Menschen manchmal nicht gut ist, wenn sie zu viel nachdenken«. Die Menschen lassen sich scheiden in Starnberg und Umgebung, mehr als anderswo, wie eine Amtsrichterin erzählt, »weil man sich hier die Trennung leisten kann. Ärmere Paare bleiben aus finanziellen Gründen gelegentlich zusammen, dieses Argument fällt hier meistens weg.« Die Richterin steht am Ende eines Scheidungsverfahrens oft in den Villen mit den völlig zerstrittenen Partnern, und weil alle Versuche gescheitert sind, legt nun sie, die Richterin, fest, welches Möbel wem von beiden künftig allein gehören wird.

Die Jahresberichte der Gymnasien werden von Jahr zu Jahr dicker, weil immer noch eine neue Auslandsreise der Schulklassen festgehalten werden muss. Probleme mit Ausländern? Höchstens, wenn der Sohn eines ausländischen Diplomaten ganz schnell Deutsch lernen muss. Nein, die Sache liegt hier anders. Die Richterin hat es gesagt: Die Ärmeren wollen auch das haben, was die Reichen haben.

zu bitten, ihrem Sohn deutlich weniger Taschengeld zu zahlen. Der bekam knapp 500 Euro. In der Woche. In der Schule war es zu Tätlichkeiten und Diebstählen gekommen, weil andere Schüler mithalten wollten mit dem reichen Jungen. Frühauf ist der Leiter des Jugendamts, in Starnberg wurde er geboren. Er sagt: »Es hat sich was verändert in den letzten Jahren. Es dreht sich alles um Geld und Erfolg, nichts anderes. Und das erreicht gelegentlich auch die Schulen. Diese Spirale dreht sich und dreht sich. Aber schauen Sie, ist das nicht überall so?«

Bernhard Frühauf, Leiter des Starnberger Jugendamts, bat Eltern, ihrem Sohn das Taschengeld von 500 Euro pro Woche zu kürzen.

Die privaten Wachdienste am See können sich vor Aufträgen nicht retten, ein Security-Unternehmer in Starnberg sagt: »Die Mittelschicht wird ausgedünnt, die Unterschicht wird größer. Wir merken das an den Einbrüchen. Da wollen sich welche was zurückholen.« Es gibt hier eine spezielle Jugendkriminalität, keine dramatischen Zahlen, aber auffallend. Vor allem Diebstähle und Überfälle. Eine Sache des Neides.

Bernhard Frühauf erinnert sich, dass er einmal den Kontakt mit Eltern aufnehmen musste, um sie

Die Spirale hat in Starnberg die Grundschule erreicht, die vierte Klasse. In Bayern braucht man mindestens einen Notendurchschnitt von 2,0, um ins Gymnasium vorrücken zu dürfen. Eine Nahtstelle der Zukunft: Unvorstellbar, die eigenen Kinder dürften nicht aufs Gymnasium. Frühauf sagt, man könne sich nicht vorstellen, welchen Druck manche Eltern ausübten, um diesen Übertritt zu erreichen. Lehrer bestätigen das, vorsichtig, man sei an einem guten Verhältnis zu den Eltern interessiert. Nur so viel: Immer stehe die Drohung im Raum, man werde die Noten beim bayerischen Kultusministerium anfechten. Frühauf sagt, im Jugendamt hätten sie dauernd mit Eltern zu tun, die ihre Kinder zu Legasthenikern erklären wollten, zu Lese- und Schreibschwachen. »Sie haben es lieber, wenn ihre Kinder für krank gehalten werden, als zu akzeptieren: Mein Kind schafft es nicht, wenigstens jetzt noch nicht.«

Der Chef des Jugendamtes sagt, er habe beschlossen, sich über solche Dinge nicht zu ärgern und sich auch nicht mehr mit der Frage zu beschäftigen, was im Leben gerecht sei und was nicht, »das macht einen nur krank«. Er mache seine Arbeit, und die bestehe immer öfter auch darin, Kindern und Eltern das Leben beizubringen, »viele haben das nämlich verlernt«. Auf Reisen mit Jugendlichen habe man verstärkt darauf hinzuweisen, dass man im Leben bestimmte Sachen miteinander teilen muss. »Das geht, die Kinder verstehen das, wenn man es ihnen sagt.« Und er erzählt von einer Initiative der Drogenberatungsstelle, die sich auch um eine spezielle Starnberger Sucht kümmert, das materielle Verlangen nach mehr. Kindergärten wolle man möglichst spielzeugfrei halten und die Kinder viel malen und basteln lassen, damit keine sozialen Unterschiede mehr zu spüren sind. Man möchte, sagt er, den Kindern beibringen, dass sie auch ohne Geld etwas wert sind.

Dutzende von Psychologen und Therapeuten haben sich in der Region niedergelassen. Man könnte meinen, es ist das Woody-Allen-Syndrom, wohlhabende Leute leisten sich ihren Seelenklempner. Sicher stimme das auch, aber es komme etwas hinzu, erzählt einer der Therapeuten. Und er sagt, was viele seiner Kollegen bestätigen: »Die meisten, die zu uns kommen, sind Leute aus der Mittelschicht. Leute, die angesichts der härter werdenden Arbeitswelt zu heftig krabbeln mussten, um nicht abzustürzen, um den Lebensstandard, ihren Status zu halten. Sie haben Angst abzurutschen. Irgendwann sind sie fertig, ausgelaugt und kaputt. Dann kommen sie zu uns.« Das Dicke in der Zwiebel, was davon noch übrig geblieben ist, liegt in Starnberg auf der Couch.

Und, ist das alles so schlimm?

Seelenschmerz, Abstiegsängste, tausend kleine Ungerechtigkeiten hinter den Fassaden. Ein Bestatter, der über Starnberg schimpft. Ein Künstler, der sich nach Starnberg zurücksehnt. Ein nervöser Bürgermeister, der getrieben wird. Eine gelassene Chefredakteurin, die sich treiben lässt. Droht da überhaupt was? Es ist doch nur ein kleiner Zipfel Deutschland, weit entfernt von der Mitte, ein Idyll kurz vor dem Alpenrand.

Andreas Botas, der Immobilienmakler, fährt jeden Morgen, wenn es die Temperaturen erlauben, zum See hinunter und schwimmt. Später dreht er gerne noch mit seinem Boot ein paar Runden auf dem Wasser. Er sagt, er merke schon gelegentlich, dass für manche Leute in Deutschland die Zeiten härter geworden sind. »Wenn man heute eine Putzfrau sucht, melden sich zwanzig Deutsche, das war früher anders.« Was ihn selbst angehe, sei er mehr als zuversichtlich. »Schauen Sie«, sagt er, »meine Rechnung stimmt immer noch: Es gibt mehr richtig Reiche in diesem Land, und diese Leute wollen was haben für ihr Geld.« Die Grundstückspreise am See seien noch lächerlich niedrig, vom Niveau des Comer Sees weit entfernt. Viele Reiche seien noch gar nicht hier, die Zukunft von Starnberg habe gerade erst begonnen.

In einer Chartermaschine wurde in einer Septembernacht des Jahres 2006 die in Hessen lebende Familie Kpakou nach Afrika abgeschoben.

Abschiebeflug FHE 5842

In der Nacht des 18. September 2006 startete in Hamburg eine Chartermaschine mit 32 Afrikanern an Bord: Die erste europäische Sammelabschiebung unter deutscher Federführung. Was wurde aus den Passagieren? Die Rekonstruktion einer langen Nacht

Von **ANITA BLASBERG** und **MARIAN BLASBERG**, erschienen im ZEITmagazin am 10. Januar 2008

Für diese Reportage wurden Anita Blasberg und Marian Blasberg mit dem Otto-Brenner-Preis 2008 ausgezeichnet.

Der Abend senkt sich über den Hamburger Flughafen Fuhlsbüttel, als die Maschine der Schweizer Charter-Airline Hello endlich auf dem Rollfeld eintrifft. Ein halbes Jahr hat Udo Radtke auf diesen Moment hingearbeitet, und jetzt spürt er, wie das Adrenalin durch seinen Körper pumpt. Radtke, ein leitender Angestellter der Hamburger Ausländerbehörde, durchmisst mit eiligen Schritten den alten Terminal 1, der sonst nur noch als Abfertigungshalle für Urlaubsflüge dient.

Es ist der 18. September 2006, nur noch wenige Stunden bis zum Start, und alle wollen etwas von ihm, das Ärzteteam und einige der hundert Bundespolizisten, die jetzt schon durch die Wartehalle wuseln. Der Staatsrat aus der Innenbehörde will ihm die Hand schütteln, und die Beobachter aus den EU-Ländern möchten, dass er ihnen die Logistik dieser Sammelabschiebung erläutert, aber Radtke hat jetzt keine Zeit. Die ersten Afrikaner werden zur Durchsuchung eskortiert, und im Behandlungszimmer sitzt dieser Togoer, dessen Blutdruck immer höher steigt.

Radtke läuft nach draußen auf den Parkplatz und holt ein Paket mit Windeln aus dem Kofferraum seines Dienstwagens. Immer wieder kommt es vor, dass sich ein Abzuschiebender einkotet. Danach packt Radtke die Pappkartons mit Lebensmitteln aus, die er am Wochenende noch besorgt hat, Sandwiches, Obst und Müsliriegel. Vor den Sitzreihen arrangiert er sie zu einem Buffet. Eine Mahlzeit lenkt die Afrikaner ab. Radtke weiß, die Ankunft am Flughafen ist ein kritischer Punkt. Es ist der Punkt, an dem sie begreifen, dass sie keine Chance mehr haben. Der Punkt, an dem es eskalieren kann.

Wie immer trägt Radtke einen dunkelblauen Anzug, und sein schütteres blondes Haar ist sorgfältig

Zur Sache

Sicherte das Grundgesetz ursprünglich allen politisch Verfolgten ein Recht auf Asyl in der Bundesrepublik zu, so gilt seit 1992, dass keine Chance auf Asyl hat, wer über ein sicheres Drittland gekommen ist oder aus einem sicheren Herkunftsstaat stammt. Die Zahl der Asylbewerber ist seitdem stetig gesunken. Aufgrund vieler Schutzsuchender aus dem Irak und aus Afghanistan stieg sie ab 2008 allerdings erstmals wieder an. 2009 wurden 27.700 Anträge gestellt. Von rund 28.800 Verfahren im selben Jahr endeten 1,6 Prozent mit einer Bewilligung, 26,6 Prozent mit Gewährung eines Flüchtlingsstatus, 5,6 Prozent mit Abschiebeverbot.

Rund 18.000 Personen wurden 2009 aus der Bundesrepublik abgeschoben. 150.000 weiteren droht dies derzeit offiziell, Zehntausende müssen täglich damit rechnen. Eine Abschiebung kann auch jeden der illegal Eingewanderten in Deutschland treffen, deren Zahl man auf mehrere Hunderttausend schätzt. Menschenrechtsorganisationen kritisieren die deutsche Abschiebungspraxis u.a. dafür, dass sie rücksichtslos Familien auseinanderreiße und über gravierende Probleme in Zielländern wie auch über die psychischen Belastungen Betroffener hinweggehe.

gekämmt. »Ich repräsentiere Deutschland«, wird er später sagen, aber nun spürt er die Augen von 13 europäischen Innenministern auf sich ruhen. Es ist die erste deutsche Sammelabschiebung, die mit Mitteln des Return-Projekts der Europäischen Union finanziert wird, und er, Udo Radtke, hat sie organisiert: 32 Afrikaner, die aus verschiedenen Staaten der EU und aus verschiedenen Bundesländern kommen, sollen ausgeflogen werden nach Guinea, Togo und Benin.

Normalerweise würden sich ihre Spuren dort verlieren. Wir sind ihnen nachgereist, denn sie waren, ohne es zu wissen, Teilnehmer an einem Test, der das Geschäft der Abschiebung verändern sollte. Es war ein Flug in eine neue Dimension.

»Der Sammelcharter ist die Zukunft«, sagt Udo Radtke, als er ein Jahr danach in einem Hamburger Restaurant sitzt, um diesen Flug zu rekonstruieren. Es war nicht leicht, seine Behörde zu dem Gespräch zu überreden, sie möchte auch nicht, dass er mit seinem richtigen Namen in der Zeitung steht, aber Radtke sagt, er habe nichts zu verbergen. Er trägt einen Schlips in den Farben Hamburgs. Seine Argumente sortiert er sorgfältig, und immer wieder rückt er seine Brille auf der Nasenwurzel zurecht. Er sei ein Innovator, sagen sie im Berliner Innenministerium. Kürzlich erklärte er als Referent den Polen, wie ihr Land verwaltungstechnisch auf EU-Ebene zu hieven sei, und den Rumänen hat er ein Organigramm für eine neue Ausländerbehörde gebastelt. Auf gewisse Weise, könnte man sagen, ist Radtke ein Exportweltmeister.

Am 5. Juli 2005 kamen die Innenminister der wichtigsten europäischen Länder in Evian zusammen, um das Konzept der gemeinsamen Abschiebeflüge zu beschließen. Die Bekämpfung der illegalen Einwanderung sowie die konsequente Rückführung ausreisepflichtiger Ausländer, hieß es, seien das Kernstück einer gemeinsamen Migrationspolitik. »Wir glauben, dass sich Einwanderer ohne gültige Aufenthaltserlaubnis nicht in unseren Grenzen aufhalten sollten«, verkündete Nicolas Sarkozy, der damalige französische Innenminister. »Bündeln wir also unsere Kräfte, um sie außer Landes zu schaffen.«

Es war der Beginn einer neuen Ära. Die nächste Stufe im Abwehrkampf gegen die wiederkehrenden Bilder von überfüllten afrikanischen Flüchtlingsbooten, gegen das Fremde in Europas Städten. Rund 40 Millionen Zuwanderer suchen hier zurzeit ihr

Glück, und um den Strom zu bremsen, setzen die europäischen Innenbehörden immer häufiger den Sammelcharter ein. In Österreich wird sogar überlegt, zu diesem Zweck ein eigenes Flugzeug anzuschaffen. Sammelcharter sind billiger und effizienter als die üblichen Einzelabschiebungen per Linie. Meist werden sie nachts abgewickelt, und die Öffentlichkeit wird erst informiert, wenn alles gelaufen ist. Bei Sammelabschiebungen gibt es keine Piloten, die sich weigern, randalierende Passagiere zu transportieren, es gibt keine anderen Fluggäste. Es gibt kein Geräusch.

»Es war nur eine Frage der Zeit, bis die Politik darauf kam«, sagt Udo Radtke. Mitte der Neunziger, als noch kaum jemand davon gehört hatte, fing er bereits an, die ersten Flüge auf Länderebene zu koordinieren. Schon damals träumte er davon, die Sache noch viel größer aufzuziehen, und nach Evian gab es da auf einmal diesen Topf, aus dem man sich bedienen konnte. Etwa 140 000 Euro kostet eine Sammelabschiebung, etwa 70 Prozent davon erstattet nun die EU. Radtke hat Verwaltungsrecht studiert, aber er klingt nicht wie ein Beamter, er klingt wie einer von McKinsey. Er begann, die Reduzierung der Kosten als sportliche Herausforderung zu sehen.

»Wenn ich die Maschine vollbekomme«, sagt er, »kostet mich ein Abzuschiebender nur rund 1000 Euro. Schon ab 20 Personen sinken die Pro-Kopf-Kosten unter den Preis einer Linienabschiebung.«

Sobald er fünf Leute beisammenhat, stellt er seine Anfrage in das europaweite Polizeinetz und trommelt bei seinen Kollegen in den anderen Ländern für Passagiere. Den Grundstock bilden die »echten Charterfälle«, Straftäter und Leute, die bei einer Linienabschiebung schon mal Widerstand geleistet haben, und dieser Grundstock wird dann angereichert mit »normalen Fällen«. Kommt er in eine »Dimension, wo es sich lohnt«, schreibt Radtkes Broker diesen Flug europaweit aus. Gesucht wird eine A320 oder eine MD-90, etwa 180 Sitze, erfahrenes Personal. Meist bucht Radtke Hello, LTU oder Hamburg International. Vier Wochen vor Abflug unterschreibt er den Vertrag, das ist der *point of no return*.

Es ist abends gegen sieben, als die Togoerin Belinda Kpakou, eskortiert von zwei Beamten, in den Terminal geführt wird. Aus dem Augenwinkel sieht sie, wie ein schreiender Afrikaner von Polizisten auf den Boden gedrückt wird. Später wird sie sich an eine

Platzwunde an seinem Kopf erinnern. An einem Schreibtisch hakt sie ihren Namen ab; dann wird sie vor eine Wand gestellt und abgelichtet, eine pummelige 17-Jährige mit offenem Gesicht. Eine Polizistin schleift Belinda hinter einen Vorhang, wo sie sich

einen Strickpullover, 20 Kilo für ein ganzes Leben. Im Treppenhaus begegnete sie ihrem Vater, der mechanisch seine Medizin einsammelte. Überall fremde Gesichter, dazwischen Timo, den sie aus der Grundschulklasse kannte. Jetzt wich er ihren Blicken aus.

Die Gegensätze zwischen dem hessischen Cölbe und Lomé, der Hauptstadt Togos, werden nicht zuletzt im Straßenbild deutlich.

ausziehen und bücken soll, ihre Beine zittern, acht Stunden hat sie in diesem engen Polizeibus gehockt, und jetzt steht sie hier wie ein Stück Vieh.

Der kleine, hessische Fachwerkort Cölbe schlief noch, als die Polizei um fünf Uhr in der Frühe Sturm klingelte und jedem eine halbe Stunde gab, um zwanzig Kilo einzupacken. Belinda hyperventilierte. Sie rannte unters Dach und wollte aus dem Fenster springen, aber unten stand ein Mannschaftswagen und richtete die Scheinwerfer aufs Haus. Dann stolperte sie in ihr Zimmer und stopfte hektisch ein paar Sachen in den Rucksack, eine Kapuzenjacke,

»Wie fühlst du dich?«, fragte wenig später ein Psychologe auf dem Polizeipräsidium. »Beschissen«, antwortete Belinda. Dann lächelte der Psychologe wissend: »Das ist völlig normal, das geht vorbei. 13 Jahre wart ihr jetzt in Deutschland, da habt ihr sicher viel gelernt, was ihr in eurer Heimat umsetzen könnt.«

Belinda war drei Jahre alt, als die Familie aus Togo floh, weil der Vater Flugblätter gegen die Diktatur verfasst hatte. Es war Anfang der Neunziger, die Zeit der Lichterketten nach den Anschlägen von Solingen und Hoyerswerda, und als die Familie Kpakou in ein hessisches Asylbewerberheim einzog, begrüßte man sie mit einem Willkommensfest. Belinda besuchte den Kindergarten, die Grundschule, die Realschule, und irgendwann wurde zu Hause nur noch Deutsch gesprochen. Wenn es in der Schule eine Feier gab, kochte ihre Mutter afrikanische Spezialitäten, aber Belinda aß lieber Bratwurst. Es war eine Jugend in der Provinz, die sich von anderen nur dadurch unterschied, dass Belinda bei Schulausflügen fehlte, weil sie ihren Landkreis nicht verlassen durfte.

Raimi Hamadou spülte sechs Jahre lang in Hamburger Restaurants. Währenddessen gaben seine Verwandten in Benin das mühsam ersparte Geld aus, das er ihnen schickte.

Der Antrag auf Asyl, den die Eltern gleich nach ihrer Ankunft gestellt hatten, war abgelehnt worden. Deutschland hat sie all die Jahre nur geduldet, doch als es im November 2006 ein neues Bleiberecht geben sollte, schöpften die Kpakous Hoffnung. Ausländern, die lange Zeit in Deutschland lebten, sollte eine dauerhafte Aufenthaltserlaubnis zugesprochen werden, und vielleicht war es kein Zufall, dass in den Monaten, bevor das neue Recht in Kraft trat, besonders hektisch abgeschoben wurde.

»Es ist ein Albtraum«, sagt Belinda ein knappes Jahr nach ihrer Abschiebung. »Auf Ewe, der Stammessprache, gibt es nicht mal ein Wort für Spaß.« Es ist ein heißer, schwüler Tag in der togoischen Hauptstadt Lomé, und Belinda sitzt auf einem Plastikstuhl im Hof eines kleinen, heruntergekommenen Hauses. Sie ist ein temperamentvolles Mädchen mitten in der Pubertät, und wenn sie sich aufregt, fällt sie in einen weichen hessischen Akzent. Hinter ihr, an einer Wand, hängt eine Schiefertafel, auf der französische Verben und Artikel stehen, die Grundlagen einer Sprache, die sie noch immer schlecht versteht. Jeden Morgen um halb fünf läuft Belinda durch den roten Sand zum Brunnen, aber es gelingt ihr kaum, die Wassereimer auf dem Kopf zu balancieren. »Odelo«, rufen dann die Kinder in der Nachbarschaft und lachen. Odelo heißt die Weggeworfene.

Zehn Monate ist sie jetzt hier, und wenn sie von ihrem neuen Leben spricht, dann wirkt es, als stünde sie noch immer unter Schock. Kindergärtnerin hatte sie in Deutschland werden wollen, aber jetzt schält sie am anderen Ende der Welt mit einer Rasierklinge Orangen, die ihre Schwestern auf der Straße für ein paar Cent verkaufen. Sie sagt: »Uns fehlt der Vater.«

Am Tag des Flugs kennt Udo Radtke, der Mann von der Ausländerbehörde, den Fall der Kpakous nicht im Detail, weil der von den Gießener Kollegen bearbeitet wurde. Er hat tags zuvor nur einen kurzen Blick in ihre Akte geworfen, aber weil er darin nichts von einer Herzkrankheit des Vaters las, ist er nun überrascht, als seine Leute auf diese Tüte mit Tabletten stoßen. Radtke alarmiert »den Doc«. Klaus Kämmerer, der ranghöchste Arzt der Bundespolizei, fliegt im Helikopter mit, wenn George Bush auf Staatsbesuch da ist, aber jetzt steht er ratlos vor der Liege, auf der dieser alte, schweißgebadete Togoer sitzt. Kämmerer legt ihm den Blutdruckmesser an, er pumpt.

240 zu 100.

Draußen im Wartebereich versucht Belinda zu verstehen, was die Ärzte sagen. Sie schaut besorgt zu ihrer Schwester Joyce, die eigentlich eine Lehre zur Hotelfachfrau beginnen will. Zwei Reihen weiter sitzt ihr Bruder Richie, der Sprecher seiner Klasse ist, und neben ihm Kokou, der beim FV Cölbe Fußball spielt. Dahinter weinen ihre Schwestern Rebecca und Celestine. Ihre Mutter ist nicht hier. Sie wartet mit dem sechsjährigen Panajotis in Frankfurt darauf, dass man sie mit einem Linienflug nach Togo bringt. Kindern will man eine Sammelabschiebung ersparen.

280 zu 120.

Die Beruhigungsmittel wirken nicht. Die Anspannung, glaubt Kämmerer, das Adrenalin. Als der Blutdruck um halb zehn noch weiter steigt, sagt Kämmerer zu Udo Radtke, dass er das Risiko für einen Herzinfarkt nicht tragen könne. Kpakou weint.

»Ich bitte Sie«, fleht er, »nehmen Sie mich mit!«

»Es geht nicht«, erwidert Radtke ruhig. »Aber glauben Sie mir, es ist besser so.« Es ist ein Augenblick, in dem die Auslastung des Flugzeugs für ihn keine Rolle spielt.

Als Belinda gegen 23 Uhr in die Maschine steigt, hält sie Ausschau nach dem Vater. Man hat ihr gesagt, dass er bereits an Bord auf einer Trage liege, aber sie kann ihn nirgendwo entdecken. Nach und nach werden die Afrikaner nun aufs Rollfeld eskortiert, links und rechts ein Polizist. Einige sind gefesselt.

Als einer der Ersten erscheint der 28-jährige Hamid Bakary, der mit einer deutschen Frau verlobt ist.

Es folgt Raimi Hamadou, der in Benin Mathematik studiert hat und zuletzt bei der Restaurantkette Bok im Hamburger Schanzenviertel gespült hat.

Schließlich Akhanou Dadjou, der sieben Monate in einem Kevelaerer Asylbewerberheim gesessen hat, bevor er unerlaubterweise seinen Kreis verließ.

Insgesamt 32 Afrikaner werden an Radtke vorbei in die Kabine geschleust, 13 sind aus Hamburg und 12 aus den anderen Bundesländern. Jeweils zwei kommen aus der Schweiz, den Niederlanden und Malta, einer kommt aus Frankreich. Es sind Verzweifelte, die vor den politischen Verhältnissen in ihrer Heimat flohen, Abenteurer, die jahrelang für ihren Traum von einer Zukunft sparten, die sich verschuldeten oder ihr Leben in einem Holzboot auf dem Atlantik riskierten. Jetzt endet ihre Odyssee in einem weichen Ledersitz.

Udo Radtke lässt sich in der zweiten Reihe links in seinen Sitz fallen und atmet erst einmal tief durch. Neben ihm befinden sich die Plätze der Polizeiführer, dahinter sitzen die Beobachter aus Polen, Tschechien, Italien und Österreich, dahinter die Guineer, die Togoer und ganz hinten die Beniner, die als Letzte aus dem Flugzeug steigen werden.

Es ist kurz nach 23 Uhr, als die Hello mit der Flugnummer FHE 6842 langsam auf die Piste rollt und in den Hamburger Nachthimmel taucht. »Einen angenehmen Flug« wünscht der Pilot über die Lautsprecher. Sonst fliegt seine Airline Urlauber zum Strand oder die Fußballer von Werder Bremen zum Auswärtsspiel. Für diese Passagiere ist es ein Flug zurück ins Ungewisse.

An Bord ist es gespenstisch still. Aus manchen Reihen dringt ein leises Schluchzen.

Der Nigrer Hamid Bakary, der im hinteren Teil des Flugzeugs sitzt, hat auch ein Jahr danach nicht vergessen, wie ihm an jenem Tag der Schädel brummt. Als die Polizisten ihn am Morgen aus der Zelle holen, schlugen sie ihn heftig auf den Boden. Beim Fesseln spürte er im Nacken die Sohlen ihrer Stiefel. Hamid versucht, sich wach zu halten. Er ist ein schmächtiger, glatt rasierter Mann. Er denkt an Anna, seine große Liebe, die irgendwo da unten ist, in dieser entschwindenden, immer surrealer werdenden Stadt.

Als ein Polizist mit einer Kamera durchs Flugzeug läuft, wendet Hamid sich an den Begleitpolizisten neben ihm, der sich ihm als Osman vorgestellt hat. »Osman«, flüstert Hamid, »sag ihm, dass er mich nicht filmen soll. Ich bin kein Krimineller. Ich war nie illegal und habe immer meinen Lohn versteuert.«

Osman, der zivil trägt, ist wie alle Polizisten an Bord angewiesen worden, zu seinem Abzuschiebenden einen positiven persönlichen Kontakt aufzubauen. Mit einem Lächeln hört er Hamid zu, er nickt sehr oft, und manchmal, wenn Hamid sich bewegt, notiert er das auf einem Formular. Hamid mag den Polizisten neben sich am Gang, er wirkt korrekt auf seine Art.

»Warum«, fragt Osman irgendwann, »bist du aus deiner Heimat weggegangen?«

»Weil ich das Abenteuer suchte«, sagt Hamid.

Schon sein Vater hat nach Gold gesucht, und Hamid selber brach die Schule ab, um auf dem Markt von Niamey, der Hauptstadt Nigers, Kleider zu verkaufen. Über all die Jahre musste er für die Ge-

schwister sorgen, doch er wollte mehr vom Leben. Wie so viele träumte Hamid von Europa.

»Aber in Afrika scheint immer die Sonne«, sagt Osman, der sich lange auf den Einsatz gefreut hat, mal was anderes.

Hamid beantragte ein Schengen-Visum. Er zog zu einem Freund nach Hamburg-Moorfleet, gleich neben eine Ikea-Filiale, und spülte Teller in einem Restaurant. Beim Tanzen lernte er Anna kennen, eine Textildesignerin, die fließend Französisch spricht. Anna nahm ihn mit ins Kino und schleppte ihn zu Ikea, das er zuvor nur von außen gesehen hatte. Sie kauften Möbel für ihre neue Wohnung, und Hamid lernte Deutsch. Er wurde Mitglied des Radsportteams Kettenfett, das aus Sozialarbeitern, Obdachlosen und Asylbewerbern besteht. Hamid Bakary aus Niamey trainierte mit dem Radprofi Rolf Aldag für die Hamburger Cyclassics. Es war das Abenteuer, das er gesucht hatte, und irgendwann streifte er Anna einen Ring über den Finger. Sie planten ihre Hochzeit, bis Hamid zur Behörde ging, um seine Duldung zu verlängern.

»*Game over*, Herr Bakary«, sagte der Sachbearbeiter zur Begrüßung und blätterte in seiner Akte. Benin habe jetzt endlich eingewilligt, ihn zu nehmen. Sein Laissez-passer sei unterschrieben und gestempelt.

Hamid hatte die Behörden angeschwindelt. Er hatte angegeben, aus Benin zu kommen, weil er mal aufgeschnappt hatte, dass Nigrer in Hamburg nicht geduldet würden. Eine Woche saß er in der Zelle, und am Besuchertag umarmte Anna ihn ein letztes Mal. »Osman, wir werden heiraten«, sagt Hamid. »Ich komme wieder. Sonst werde ich verrückt.«

Es ist halb drei Uhr nachts, als die Maschine in Palma de Mallorca für eine kurze Zwischenlandung aufsetzt. Die Crew wechselt, und Hamid kann erkennen, wie Udo Radtke, den er aus der Ausländerbehörde kennt, sich vorn am Buffet ein Wasser holt. Hamid hat Durst, aber er traut sich nicht, um ein Getränk zu bitten. Kein anderer Afrikaner trinkt. Ein paar Reihen vor ihm hört er ein Mädchen leise wimmern.

Mit nassen Wangen kauert Belinda Kpakou in ihrem Sitz, eingerollt in ihre Kapuzenjacke, als hinter ihr eine Männerstimme fragt: »Was ist denn da los? Probleme?« – »Die heult schon seit Stunden«, hört Belinda die Polizistin neben sich sagen. Belinda hat bislang kein Wort mit ihr gesprochen. Noch heute erinnert sie sich daran, wie ihr diese Frau gleich zu Beginn auf die Toilette gefolgt ist. Die Polizistin hat ihr ins Gesicht gesehen, während sie urinierte.

Belinda hat das Zeitgefühl verloren. Sie hält die Augen fest geschlossen, es ist, als wäre sie in Trance.

ist und der bald seinen Wehrdienst beginnt. An ihrem 18. Geburtstag wollte sie eine Grillparty feiern, sie träumte vom Führerschein und freute sich auf den Winter.

Schnee, denkt sie auf einmal.

Akhanou Dadjou aus Benin lebte vor seiner Abschiebung in einem nordrhein-westfälischen Asylbewerberheim. Er wurde aufgegriffen, als er unerlaubterweise seinen Landkreis verließ.

Bilder ihres Lebens wischen durch ihren Kopf wie ein Film, den man in Hochgeschwindigkeit zurückspult: das Zimmer ihrer besten Freundin; das Praktikum im Kindergarten; das Gesicht von Felix, mit dem sie erst seit ein paar Monaten zusammen

Ohne Turbulenzen zieht das Flugzeug über die Sahara. In der Ferne zucken Blitze durch die Nacht, und Udo Radtke greift zum Bordmagazin, das vor ihm in der Sitztasche klemmt. Er versucht zu lesen, aber er ist zu aufgekratzt. Manchmal, wenn er die Afrikaner hinten jammern hört, bekommt er eine Gänsehaut. Das Wimmern, denkt er, ist das Schlimmste. Sie klingen dann wie Babys, die man nicht beruhigen kann. Einmal hat eine Ghanaerin während des ganzen Fluges gesungen.

wohl auch sein Glück versuchen in Europa, legal oder illegal, damit seine beiden Kinder eine Zukunft hätten.

»Wer bleiben darf, wer gehen muss«, sagt er, »ist klar geregelt, und ich habe die Gesetze nicht ge-

Die Kpakous versuchen, die Ordnung ihres alten Lebens aufrechtzuerhalten – auch wenn auf den Tisch meist nur Reis kommt, Fleisch und Gemüse sind zu teuer.

Seitdem er sich auf Abschiebungen nach Westafrika spezialisiert hat, studiert Radtke die afrikanische Mentalität. Er liest Bücher über diesen Kontinent und war mit seiner Familie im Urlaub dort. Wäre er in Afrika geboren, sagt er, dann würde er

macht. Ich wende sie nur an, versuche nur, das alles hier so würdig zu gestalten, wie es eben geht.«

Radtke ist ein gewissenhafter Mensch. Für Notfälle hat er in seiner Brusttasche ein Bündel Scheine. Wenn einem 50 Euro fehlen für die Fahrt nach

Hause, steckt er sie ihm zu. Wenn einer kommt, um sich an seiner Schulter auszuweinen, lässt er es geschehen, wie damals bei diesem jungen Afrikaner, der gerade eine Lehrstelle als Altenpfleger gefunden hatte, als er aus allem rausgerissen wurde. Radtke riet ihm, sich beim Goethe-Institut zu bewerben. Jetzt holt er seinen Walkman raus und legt Céline Dion ein, um sich zu beruhigen. Seit 22 Stunden ist er auf den Beinen, aber er versucht, nicht wegzunicken. Die Polizisten, denkt er, dürfen auch nicht schlafen; wir alle sitzen in einem Boot. Radtke ist Pfadfinder seit seiner Jugend.

Es dämmert bereits, als die Maschine in Conakry, der Hauptstadt von Guinea, erstmals auf afrikanischem Boden zum Stehen kommt. Sie parkt auf einer dürren Fläche zwischen Terminal und Ozean. Bewaffnete Reservepolizisten steigen aus und postieren sich auf dem Rollfeld, an den Enden der Tragflächen, unter dem Cockpit und der Heckflosse. In Guinea, berichtet Human Rights Watch, herrsche eine fest verankerte Kultur polizeilicher Brutalität. Das Auswärtige Amt warnt vor willkürlichen Verhaftungen, skrupellosen Militärs und Folter. Genitalverstümmelungen, heißt es, seien gängige Praxis. Menschenrechtsorganisationen fordern seit Jahren, dass nach Guinea nicht mehr abgeschoben wird.

Afrikaner in Uniform streifen um das Flugzeug, und es dauert eine halbe Stunde, bis die Vertreter der Behörden mit dem Auto an die Gangway fahren. Der Regen trommelt auf das Rollfeld, Radtke wischt sich den Schweiß von seiner Stirn. In Ländern wie Guinea sind seine Flüge ein Politikum. Immer wieder kommt es vor, dass Landegenehmigungen im letzten Augenblick zurückgezogen werden oder die Einwanderungsbehörden ihre eigenen Staatsbürger ablehnen. In Ländern, die kaum Rohstoffe besitzen, sind Migranten oft der wichtigste Wirtschaftsfaktor. Nach Berechnungen der Weltbank überweisen sie im Jahr rund 170 Milliarden Euro in ihre Heimatländer, und je mehr Europa darauf drängt, sie loszuwerden, desto entschlossener feilscht Afrika um ihren Preis.

Immer häufiger legen afrikanische Länder jetzt Kontingente fest, die sie von Deutschland, Frankreich oder Spanien monatlich zurücknehmen, und deren Größe bemisst sich nach der Gegenleistung: nach Investitionen, Spenden oder anderen Gefälligkeiten. Es ist der Versuch, die Europäer gegeneinander auszuspielen, und deshalb fliegen nun in immer

kürzeren Abständen Delegationen von Brüssel aus über das Mittelmeer, um die Afrikaner unter Druck zu setzen. Gemeinsam droht man an, Entwicklungshilfegelder zu blockieren, und das Fernziel ist, die schwachen Länder dazu zu bewegen, auch Bürger anderer Staaten aufzunehmen. Es scheint, als habe ein neues Wettrüsten begonnen, eine Art Kalter Krieg um Reisedokumente, Aufenthaltserlaubnisse und Rückkehrrechte, und beide Seiten fahren immer stärkere Geschütze auf.

Am Fuß der Gangway schüttelt Radtke Hände, der Kommissar des Flughafens ist da, der deutsche Botschafter. Radtke erkundigt sich nach ihren Frauen, ehe er die zehn Guineer nacheinander aufrufen lässt. Bei jedem Einzelnen gleichen die Anzugträger von der Einwanderungsbehörde Radtkes Originalpapiere mit ihren Kopien ab.

Hamid Bakary aus Niger beobachtet diese langwierige Prozedur von seinem Fensterplatz, als ein Guineer beim Aussteigen die Nerven verliert. »Ich besorge mir einen neuen Pass«, brüllt er die Polizisten an, »und dann komme ich eure Blondinen ficken.« Er trägt eine Jacke aus Ballonseide. Hamid glaubt, es ist ein Drogendealer, er schämt sich für diesen Mann.

Nun muss es langsam weitergehen, denkt er, als die Männer wenig später mit einem Bus zum Terminal gefahren werden, doch immer wieder sieht er jetzt die Deutschen hektisch mit den Afrikanern diskutieren. Eine Stunde stehen sie jetzt schon. Neben ihm döst Osman in seinem Sitz, und draußen hängt Udo Radtke schon wieder an seinem Handy.

Radtke ist nervös. Die Firma, die das Flugzeug betankt, feilscht um den Benzinpreis, die Minuten vergehen, und er versucht, eine Leitung nach Lomé zu kriegen, um durchzugeben, dass sie später kommen werden. Nach quälenden zwei Stunden rollt die Maschine endlich auf die Startbahn.

Als sie beschleunigt, schreckt die Togoerin Belinda Kpakou hoch. Das da draußen muss Afrika sein, denkt sie. Sie weiß, sie werden die Nächsten sein.

Sie war noch ein Baby, als die Familie floh, und in Deutschland riss der Kontakt zu den Verwandten in Togo langsam ab. In all den Jahren meldeten sie sich immer nur, wenn sie etwas brauchten, Geld, ein neues Auto, doch Belindas Eltern kamen selbst kaum über die Runden. Wenn Belinda an Togo dachte, dann dachte sie an die Bilder aus den Nachrichten. Dann dachte sie an Hitze, Hunger und Armut.

Im letzten Schuljahr hat sie ein Referat gehalten über Togo, ihr Lehrer wollte das. Sie holte sich Informationen auf der Internetseite von Amnesty International, und was sie las, klang wie der Plot eines schlechten Horrorfilms. In Togo, referierte Belinda, verwahrlosten die Krankenhäuser, und auf Homosexualität stehe die Gefängnisstrafe. Sie berichtete der Klasse von blutigen Unruhen im Jahr 2005, als der greise Diktator Eyadéma starb. Hunderte ließen damals ihr Leben, 40 000 flohen, und in Lomé brannte das Goethe-Institut. Das Auswärtige Amt forderte alle Deutschen auf, das Land umgehend zu verlassen, Mecklenburg-Vorpommern verhängte einen Abschiebestopp. Zum ersten Mal seit 38 Jahren durfte das Volk wählen, aber am Ende ließ sich Eyadémas Sohn mit Hilfe des Militärs als Präsident ausrufen.

Während ihre Mitschüler engagiert diskutierten, fragte sich Belinda, was all das mit ihr zu tun hatte. Sie wusste, dass ihr Vater als junger Mann Protestmärsche organisiert und einmal im Gefängnis gesessen hatte, aber zu Hause mied Belinda dieses Thema. Immer wenn es um die Vergangenheit ging, wurde der Vater so seltsam ernst. »Ihr müsst einen Deutschen heiraten«, schärfte er seinen Töchtern ein. »Nur dann seid ihr sicher.« – »Papa, du spinnst«, antworteten sie ihm jedes Mal. »Wir heiraten aus Liebe.«

Vater, denkt Belinda. Hoffentlich geht es ihm gut! Der Druck auf ihren Ohren ist kaum auszuhalten. Sie sinken immer tiefer, und als das Flugzeug durch die Wolkendecke sticht, blinzelt Belinda durch das Fenster. Es ist inzwischen taghell, und unter sich sieht sie ein nicht enden wollendes Häusergewirr. Sie erkennt roten Sand und Palmen, aber sie erkennt keine geteerten Straßen, keine Hochhäuser.

Togo.

Belinda schließt die Augen. Dann setzt das Flugzeug mit einem harten Ruck auf der Piste auf.

»*Welcome to Miami*«, sagt hinter ihr ein Polizist. »Alles Gute«, murmelt Udo Radtke, als sie aus dem Flugzeug steigt und ihre Blicke sich kurz treffen.

Dann wird Radtke ins Büro des Flughafenkommissars gerufen, weil es Ärger mit einem Abzuschiebenden aus Malta gibt. Der Mann behauptet, er sei Sudanese, die togoischen Behörden zweifeln seine Papiere an. Sie wollen ihn nicht nehmen, und Radtke kann nichts tun. Er veranlasst einen Sprachtest, der nichts ergibt, und auch der Nummernspeicher des Handys verrät nichts über diesen Mann.

Radtke ärgert sich. Bei einem deutschen Fall wäre ihm das nicht passiert. Dann hätte er die Akte präsentiert, argumentiert, oder er hätte die deutsche Botschaft eingeschaltet, und die hätte Dampf gemacht und eine offizielle Note rausgeschickt.

Als das Flugzeug längst wieder in der Luft ist, sitzt Belinda auf der Rückbank eines klapprigen Golf. Die feuchte Dämmerung der Tropen bricht herein, und vorn am Steuer lenkt sie dieser fremde Alte durch den stinkenden Verkehr von Lomé.

Mit steifen Beinen ist sie nach der Landung die Gangway hinuntergestakst. Benommen sah sie auf dem Rollfeld zu, wie ihre Geschwister ausstiegen, eins nach dem anderen, aber niemand brachte diese Trage, auf der ihr Vater liegen sollte. Belinda weiß noch, wie sie schrie: »Wo ist mein Vater?« Sie schlug um sich, und dann schleifte man sie in den Terminal.

Nach einer Stunde stellte ihnen eine Angestellte der deutschen Botschaft einen grauhaarigen Mann vor, der behauptete, ihr Onkel zu sein. »Er wird sich um euch kümmern«, sagte die Frau und händigte ihm 300 Euro aus, von denen er sie impfen lassen sollte. Bis zum Nachmittag warteten die Kinder vergeblich auf ihre Mutter. Später hörten sie, dass sich der Pilot der Linienmaschine geweigert hatte, diese aufgelöste Frau und ihren Sohn an Bord zu nehmen. Zwei Wochen hielt man sie in einer Zelle fest, bis man sie mit einem eigens gecharterten Learjet ausflog.

Belinda blickt durch die Autoscheibe. Sie sieht Kinder, die riesige Schüsseln auf dem Kopf balancieren, zahnlose Bettler, die an ihr Fenster klopfen, ärmliche Hütten aus Wellblech und dazwischen nichts als Matsch. Belinda Kpakou, die seit dem vierten Lebensjahr nie etwas anderes gesehen hat als den Landkreis Marburg mit seinen Fachwerkhäusern und grünen Hügeln, die in Cölbe zwischen gefegten Bürgersteigen und Geranienkübeln aufgewachsen ist, erinnert sich an eine Fernsehserie, die auf Sat.1 lief: *Wie die Wilden – Deutsche im Busch*. Belinda verfolgte dort, wie eine Berliner Familie bei einem Stamm in Togo ausgesetzt wurde. Sie sollten Hundefleisch essen und ihre Tochter verkaufen, doch schon nach zwei Wochen gaben die Leute auf.

Es ist die letzte Etappe nach Benin, und in den vorderen Sitzreihen dösen jetzt einige der Polizisten. Andere schwärmen vom Viersternehotel Marina.

Eine Beamtin, die alle Mimi nennen, stolziert den Gang herunter und sagt: »Aber nicht, dass ihr heut Nacht wieder in mein Zimmer kommt.«

jarra führt seine Frau Shukurad einen Krämerladen, in dem sie Flip-Flops und Sandalen anbietet. Schon damals warf er nicht viel ab, und als sie eine Tochter

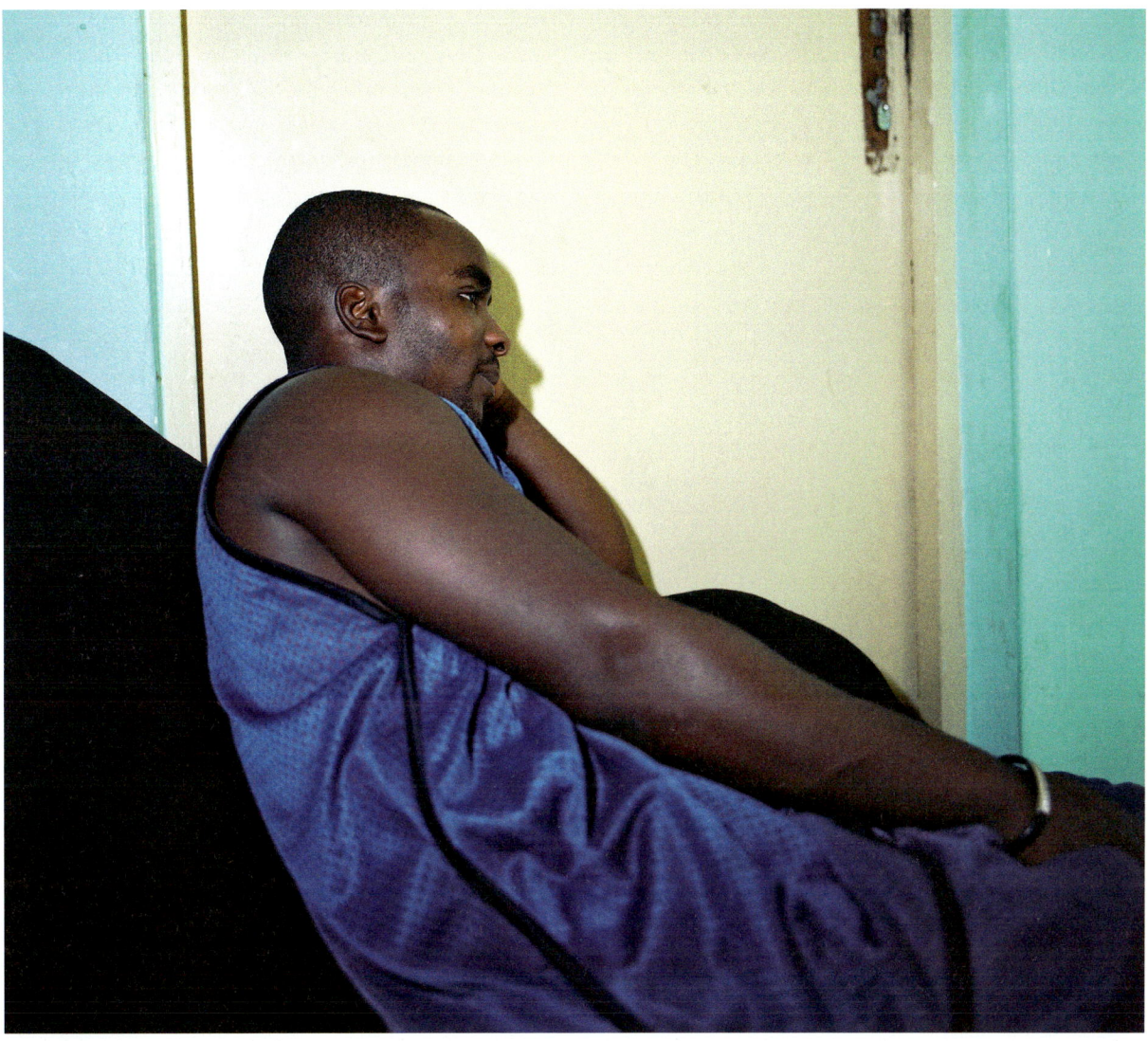

Kokou Kpakou, 21, der älteste Sohn, macht eine Lehre zum Automechaniker. Das kostet die Familie viel Geld, aber er hofft, sie dafür später unterstützen zu können.

Der Beniner Raimi Hamadou wird sich erinnern, wie er Koranverse in seiner Muttersprache Fon murmelt, als ihn von hinten plötzlich jemand antippt.

»Wo kommst du her?«, fragt Akhanou Dadjou.

»Aus Adjarra«, sagt Raimi, »einem Dorf nicht weit von Port Novo.«

»Weiß deine Familie, dass du kommst?«

Raimi schüttelt leicht den Kopf.

Er ist ein einsilbiger Mann von 27 Jahren, der mit seiner schlanken Brille und dem sorgfältig gebügelten Hemd viel älter aussieht, als er ist. In Ad-

bekamen, brach Raimi sein Mathematikstudium ab, um die Familie durchzubringen. Eine Weile schlug er sich als Gelegenheitsarbeiter durch, dann sagte er zu seiner Frau: »In Deutschland ist es anders, Shukurad, da kann ein Mensch von seiner Arbeit leben.«

Es war alles, was Raimi über Deutschland wusste, und natürlich war es naiv.

Sechs Jahre spülte er in einem Asia-Restaurant für einen Lohn, für den kein Deutscher morgens aufsteht. Sein Zimmer in einem Wohnheim in Hamburg-Bergedorf teilte er sich mit einem anderen Afrikaner, und er verließ es in der Freizeit nur, um in den Waschsalon und zur Moschee zu gehen. Raimi lebte sparsam und zurückgezogen wie ein Mönch. Alle drei Monate zweigte er etwas von seinem Lohn ab, um es seiner Frau zu schicken, die davon den Strom bezahlte und die Schulgebühren ihrer Tochter. Den größten Teil des Geldes aber vertraute er einem Bruder an, dem Ältesten, so wie die Tradition es will.

Kühlschränken handeln, ein Grundstück kaufen, aber nun spürt er ein mulmiges Gefühl im Bauch. Es wird stärker, als die Maschine in den Sinkflug geht. Die Aussicht, mit leeren Händen heimzukommen, wühlt ihn auf. Andere Rückkehrer tragen Nadelstreifen, große Koffer, gefüllt mit Uhren oder Gucci-Gürteln, aber Raimi hat nichts außer dem, was er am Körper trägt.

Rebecca Kpakou, 22, muss das Wasser für den Abwasch aus dem Brunnen holen. In Marburg hat sie bei McDonald's gejobbt, in Lomé verkauft sie auf der Straße Orangen.

Anders als die Kpakous blieb Raimi über all die Jahre fremd in Deutschland. Er blieb eines jener Phantome, die schemenhaft in den Bullaugen der Restaurant-Küchentüren auftauchen, und nur manchmal ging er in den Call-Shop. Dann sagte er ins Telefon: »Shukurad, bald habe ich genug beisammen. Bald komme ich zurück, und dann vergrößern wir den Laden.« Raimi hatte Pläne, er wollte mit

Das ist das Schlimmste, denkt er, vor der Familie als Versager dazustehen.

»*Welcome to New York!*«, ruft jetzt ein Polizist.

Unter ihnen taucht Benin auf, Dantokpa, der wuselige Markt von Cotonou, dahinter der Hafen, von dem bis ins vergangene Jahrhundert unzählige Sklaven verschifft wurden. »Mündung des Todesflusses« heißt Cotonou auf Fon, der Landessprache.

»Tschüs, Raimi«, sagt sein Bewacher neben ihm, als er zum Ausstieg aufgerufen wird.

»Viel Glück, Hamid«, sagt weiter hinten Osman, der Bundespolizist.

»Schau dir unser Radteam mal im Internet an«, erwidert Hamid. »Kettenfett!« Er schreibt es ihm auf einen Zettel.

Zwei Stunden später sitzen Raimi Hamadou und Akhanou Dadjou in einem Taxi nach Port Novo. Sie fahren vorbei an Dutzenden Filialen der Western Union und an Straßenhändlern, vor denen sich die Trolleys türmen. Die Menschen wollen weg von hier, auch wenn im Radio jetzt immer öfter Lieder laufen, in denen die Demokratie gepriesen wird. Ihr neuer Präsident, Boni Yayi, gilt in der Welt als Musterknabe, der die Korruption bekämpfen will, doch immer noch ist mehr als jeder Zweite ohne Arbeit. Eine Million von sieben Millionen Beninern lebt schon im Ausland, und in Cotonou gibt es ein Ministerium, das sich allein um ihre Angelegenheiten kümmert.

Als Raimi zu Hause vor der Tür steht, bricht die erstaunte Shukurad in Tränen aus. Sie mustert ihn und sagt, er habe zugenommen, und Fatiah, seine Tochter, klammert sich verschüchtert an ihr Bein. Als Raimi ging, war sie ein Baby, jetzt erkennt sie ihren Vater nicht mehr wieder. Raimi senkt den Kopf. Er bittet Shukurad um ein paar Francs fürs Taxi.

»Wann kannst du mir mein Geld geben?«, fragt er später seinen ältesten Bruder, vor dessen Haus ein neues Motorrad steht. »Ich weiß nicht, welches Geld du meinst«, antwortet der Bruder.

Von seinen Eltern hört Raimi, dass sein Bruder jetzt zwei Ehefrauen habe. Ausschweifende Hochzeitsfeste habe man gefeiert, sogar Kühe geschlachtet, und niemand hat ihm je davon erzählt. Sechs Jahre war Raimi weg, sechs lange Jahre, in denen er nur für die Zukunft lebte, aber alles war umsonst. Die Familie hat sein Geld einfach verprasst.

Versoffen und verfressen.

Es war die Art der Daheimgebliebenen, am Wohlstand von Europa teilzunehmen, und sie haben nicht damit gerechnet, dass es im fernen Deutschland Udo Radtke gibt, dessen Behörde daran arbeitet, ihre Quelle auszutrocknen. Sie haben nicht bedacht, dass Raimis Ehre nun der Preis für ihre Feste ist. Die Leute im Dorf werden tuscheln, er habe seine Chance nicht genutzt. Sie werden ihn belächeln.

Am Abend sitzt Raimi in seiner Hütte und versucht, den DVD-Player anzuschließen. Es war der einzige Luxus, den er sich in Deutschland leistete, der einzige, den er hinüberretten konnte, aber jetzt, zu später Stunde, haben sie hier nicht mal Strom.

Gegen Mitternacht sitzt Udo Radtke an der Poolbar des Marina-Hotels unter einem Bambusschirm und öffnet ein Bier. Er hat den verschwitzten Anzug gegen eine Jeans getauscht. Polizisten springen ins Wasser, und ein einäugiger Gitarrist spielt *Guantanamera*. Radtke kommt jetzt langsam runter. Wir waren wieder mal gut aufgestellt, denkt er.

Stunden nach der Ankunft hatte man ihn noch mal ins Büro des Einwanderungsoffiziers in Cotonou gerufen, weil zwei Leute angegeben hatten, dass sie Nigrer seien, nicht Beniner. Radtke setzte durch, dass man die beiden trotzdem aufnahm. Dann sorgte er dafür, dass der Malteser, den sie wieder mit nach Hause nehmen müssen, in einem Aufenthaltsraum der Behörde ein gut bewachtes Nachtlager bekam.

Radtke regelt diese Dinge auf dem kurzen Dienstweg. Viele afrikanische Kollegen kennt er seit Jahren. Wenn er sie besucht, bringt er ihnen Wimpel in den Farben Hamburgs mit, er lässt es sich gefallen, wenn sie ihn in Restaurants ausführen. Er ist für sie nicht irgendein Beamter, er ist das Gesicht von Germany.

Zehn Monate später, im Juli 2007, sitzt Belinda Kpakou in der drückenden Hitze vor ihrem Haus in Togo und schlägt nach einem Moskito. Seit einiger Zeit verzichtet die Familie morgens auf ein Frühstück. Stattdessen isst sie mittags und abends eine Schale Reis mit Soße. Seitdem Belinda mit einem Nachbarsjungen aus war, ruft man sie im Viertel eine »Schlampe«. Sie sagt: »Ich komm mit diesem Lebensstil nicht klar, mit diesem Togo«, wie sie es auch jetzt noch immer nennt.

Es kommt ihr vor wie eine Ewigkeit, dass der Onkel sie vom Flughafen geholt hat. Er ließ sie in einer winzigen Kammer mit leckem Dach schlafen, zu dritt teilten sie sich eine feuchte Matratze. Auf dem Lehmboden neben den Hühnerställen mussten sie sein Essen kochen, und als es ihnen anfangs nicht gelang, ein Feuer zu entfachen, schimpfte er über sie in der Nachbarschaft. »Diese Kinder waren 13 Jahre lang in Deutschland«, fluchte er, »aber sie sind zu nichts nutze.« Belinda und ihre Schwestern bekamen Durchfall vom trüben Brunnenwasser und eitrigen Ausschlag von den Milben in der Matratze. Sie hätten einen Arzt gebraucht, aber selbst das Geld für die Impfungen behielt der Onkel für sich. Als ihre Mutter mit dem kleinen Panajotis eintraf, hatten sie bereits Malaria.

»Ich meine es ernst. Wir brauchen Hilfe«, sagte Belinda, als sie sich ein letztes Mal zur Deutschen Botschaft wagte. »Du bist in deiner Heimat«, entgegnete die Angestellte genervt. »Finde dich damit ab. Wenn du dich beschweren willst, wende dich an deinen Sachbearbeiter in der Ausländerbehörde Gießen.«

Drei Monate hielten sie es beim Onkel aus, dann zogen sie in das kleine Haus, in dem sie nun zu zehnt leben und dessen Miete ein Unterstützerkreis aus Cölbe aufbringt, ehemalige Lehrer, Nachbarn und Freunde, die sich zusammengetan haben, um Geld für die Familie zu sammeln. »Ohne diese Leute säßen wir auf der Straße«, sagt die Mutter, »meine Töchter müssten betteln oder Schlimmeres tun, um zu überleben.« Rejoyce Kpakou ist eine runde, herzliche Frau, die anfängt zu weinen, wenn sie über das Schicksal ihrer Töchter nachdenkt. Sie würde sie gern beschützen, aber als Frau kann sie in Togo nicht viel tun. Ohne Mann ist sie hier ein Nichts.

Belinda streichelt tröstend ihre Hand. Immer wieder haben sie versucht, Arbeit zu finden, aber überall schickte man sie weg. Ihre deutschen Zeugnisse seien nichts wert, sagt Belinda, und immer wieder würde sie über den Tisch gezogen, denn sobald sie ihren Mund aufmache, merke jeder, dass sie eine Fremde sei. Kokou, ihr ältester Bruder, hat eine Ausbildung zum Automechaniker begonnen, aber die kostet Geld, wie alles hier. Die Schulen von Richie und Panajotis fressen es auf, der Französischlehrer, die Medikamente. Afrika ist Belinda unheimlich. Alle glauben hier an Voodoo, in der Weihnachtszeit verschwinden Kinder, und manchmal wälzen sich Frauen vor der Kirche im Dreck, weil ihnen der Teufel ausgetrieben wird.

Belinda hat aufgehört, sich die Tage zu merken. Die Stunden zerfließen, während sie sich auf ihrer Matratze in ihr altes Kinderzimmer träumt; manchmal blättert sie mit ihren Schwestern in dem deutschen Kochbuch, das sie in ihrer Verwirrung eingepackt hatten. Tagelang haben sie am Anfang gestritten, ob sie nicht besser auf ihren Vater gehört und einen Deutschen geheiratet hätten. Und wie oft hat Belinda sich gefragt, ob sie vielleicht auch wegen ihr hier sitzen, wegen dieser Einträge in ihrer Akte. Mit

13 hatte sie bei Aldi einen Kaugummi gezockt, mit 14 prügelte sie sich auf dem Schulhof. Sie fühlte sich als Deutsche, aber vielleicht war das ein Fehler.

Sooft sie kann, flüchtet sich Belinda in ein schäbiges Internetcafé, wo sie die E-Mails ihrer alten Freunde liest. Sie handeln vom Ärger in der Schule, von Führerscheinprüfungen und Liebeskummer, und Belinda könnte antworten, dass sie sich kaum mehr aus dem Haus traut, weil ihre Schwester Joyce ein paar Tage zuvor mit einem Hackmesser angegriffen wurde. Dass Panajotis nicht mehr zur Schule will, weil man ihn dort schlägt. Dass Zwölfjährige ihren Körper verkaufen und man als Mädchen nirgendwo seine Meinung sagen darf. Aber all das schreibt sie nicht, weil ihr die Worte fehlen. Ihre Briefe werden kürzer, und ihre Freunde antworten immer seltener.

Es ist ein klarer Sonntagmorgen, als Belinda und ihre Schwestern unter freiem Himmel auf den Bänken ihrer Kirche Platz nehmen. Mit ihren Schuhen von Görtz und den Jeans von H&M sehen sie aus wie Touristinnen, und wie immer, wenn sie hier auftauchen, stecken einige Leute ihre Köpfe zusammen. Sieh mal, die Deutschen, tuscheln sie, aber Belinda tanzt und singt, und dann murmelt sie versunken ihr Gebet: »Lieber Gott, bitte gib mir eine Chance. Gib mir mein Leben zurück.«

Am Tag nach seiner Rückkehr aus Benin war Udo Radtke wie immer gleich in sein Büro gefahren. Mit müden Augen setzte er sich an den Rechner und verfasste eine Rundmail, um sich bei seinen Mitarbeitern zu bedanken. Dann schrieb er die Afrikaner zur Fahndung aus, weil sie für mindestens drei Jahre nicht einreisen dürfen. Schließlich gab er die Begriffe Sammelrückführung, Togo und Benin bei Google ein. Was Radtke fand, las sich nicht schlecht.

In einer Pressemitteilung erklärte der Hamburger Innensenator Udo Nagel, dass dieser internationale Großcharter ein weiterer Beleg sei für die gute Kooperation im Kampf gegen Kriminalität und illegale Einwanderung. Wolfgang Schäuble ergänzte, dass es nun darauf ankomme, die Zusammenarbeit der europäischen Behörden auszubauen. Als Radtke sich weiter durch die Suchergebnisse scrollte, stieß er auf den Kommentar von Pro Asyl. Seine Flüge, las er, dienten dazu, die Abgeschobenen zu kriminalisieren. Von den 13 Afrikanern aus Hamburg hätten nur zwei als Straftäter gegolten. Um diese Nacht-und-Nebel-Aktion jeder Kritik zu entziehen, hieß es, habe man sie jenen beigemischt, die nach langem Aufenthalt aus guten Gründen »reiseunwillig« seien.

»Schon klar, dass die sich aufregen«, sagt Radtke, als er im Herbst 2007 geduldig seine Erinnerungen schildert. Während des Gesprächs raucht er Kette. Man spürt seinen Drang, sich zu erklären.

burg Tausende mit den Kpakous solidarisierten. Sie zogen mit Transparenten durch die Stadt, organisierten Konzerte, und die Politiker sprachen von einem menschlichen Drama. Radtke las, dass der Vater, den er dagelassen hatte, zweimal versuchte, sich das Leben zu nehmen. »Wir haben damals im besten Glau-

Das Viertel, in dem die Kpakous in Lomé wohnen, gehört zu den besseren. Es gibt zwar kein fließendes Wasser, aber zumindest ist man auf der Straße einigermaßen sicher.

Vier weitere Sammelcharter hat Radtke seitdem organisiert, aber bis heute geht ihm die Geschichte dieser togoischen Familie nicht aus dem Kopf. Als er in den Tagen nach seiner Rückkehr das Internet durchstöberte, las er immer wieder, dass sich in Mar-

ben gehandelt«, sagt er. »Aber das Ganze hat schon einen tragischen Beigeschmack.«

Zwei Tage nachdem man ihn von seinen Kindern getrennt hatte, saß Christopher Kpakou am Küchentisch in seinem Haus und konnte keinen klaren Gedanken fassen, alles war plötzlich so still. Er tigerte durch die leeren Räume, sein Blutdruck fing erneut an zu steigen, auf 250, auf 300. Als er im Marburger Uniklinikum Lahnberge wieder zu Bewusstsein kam, lag er in einem Bett auf einem Gang und sah am Ende das Fenster. Es müsste der zweite Stock sein, dachte Kpakou. Dann nahm er Anlauf.

Man brachte ihn in die Psychiatrie ins nahe Ortenberg, und als er hörte, dass nun auch seine Frau und Panajotis abgeschoben worden seien, griff er zu einem Messer und ritzte sich die Bauchdecke auf.

Er kann nichts für sie tun. In Togo, sagen die Ärzte, könne er nicht überleben. Vor seinem Bauch umklammert er die Tüte mit den Medikamenten, die er mehrmals täglich schluckt, Nepresol, Bifiteral, Citalopram, Mittel fürs Herz, gegen den zu hohen Blutdruck und die Kopfschmerzen.

Kpakou verlässt sein Zimmer nur, um einen Job zu suchen. Fast jeden Tag geht er zur Arbeitsagentur, klappert die Reinigungsfirmen ab, fragt, ob sie was für ihn haben, etwas Leichtes, das ihn nicht zu sehr anstrengt, aber immer, wenn er seine Duldung

Wer in Lomé Geld verdienen will, muss sich etwas einfallen lassen – zum Beispiel Autoteile verkaufen.

Seit Kurzem lebt Kpakou jetzt in einer winzigen Einzimmerwohnung, einen Steinwurf weit entfernt von seinem alten Haus. Er ist ein rundlicher Mann von Mitte 50. Im Jogginganzug hockt er auf der Bettkante, nimmt seine schwere Brille ab und reibt sich die Augen. »Ich habe Angst um meine Kinder«, sagt er.

vorlegt, sagen sie, es tue ihnen leid. Er würde der Familie gerne etwas schicken, um ihr das Leben zu erleichtern. Die Scham lässt ihn kaum schlafen. Er wagt es kaum, in Togo anzurufen.

Jedes Mal, wenn er ins Dorf geht, kommt er an seinem alten Haus vorbei, das gerade renoviert wird.

Neulich fand er dort auf einem Schutthaufen einen Kleidersack. Er blieb stehen und zog eine Jeans hervor, Pullover, sie gehörten seinen Töchtern.

In der Nähe, in Panajotis alter Grundschule, trifft sich alle zwei Wochen der Unterstützerkreis, um zu beraten, wie man der Familie helfen kann. Jeden Monat überweisen die Freunde ein paar 100 Euro nach Afrika, und niemand wagt daran zu denken, was passiert, wenn ihnen irgendwann einmal die Kraft ausgeht. Sie haben einen Anwalt angeheuert, einen Brief geschrieben an den Bundespräsidenten, und am Jahrestag der Abschiebung haben sie auf dem Marburger Marktplatz über das Schicksal der Familie informiert. Sie reiben sich auf, aber es ist ein aussichtsloser Kampf gegen Paragrafen und gegen das Vergessen.

Christopher Kpakou kommt nur selten zu den Treffen. Er kann es kaum ertragen, wenn dort die neuesten E-Mails seiner Kinder vorgelesen werden. In den letzten Monaten, schrieb Richie, seien in Lomé mehrere Minister ermordet worden, jetzt raune man von einem Aufstand. Rebeccas Krätze habe sich verschlimmert, schrieben zuletzt seine Töchter, und Panajotis träume immer noch von Handschellen. Jedes Mal, wenn er ein Flugzeug sehe, frage er, wann er endlich nach Hause könne.

Während die Kpakous in Lomé drei Tage lang ihre Geschichte erzählen, verliert keiner ein bitteres Wort über Deutschland. Es ist unsere Heimat, sagen sie. Es war ein Zufall, dass es uns erwischt hat. Und vielleicht ist das der schlimmste Vorwurf, den man einem Rechtsstaat machen kann.

Belinda betet jeden Tag, dass ein Wunder passiert, aber sie hat aufgehört, darauf zu hoffen. Sie weiß, dass sie Deutschland wohl nie wiedersehen wird. Sie wartet jetzt darauf, dass irgendetwas Neues anfängt, aber sie weiß nicht, was das sein könnte. Sie sorgt sich um ihre kranke Mutter, um ihre jüngeren Geschwister. »Wenn sich unsere Situation nicht bessert«, sagt sie, »dann würde ich mich opfern.«

Drei Monate später ist Belinda ausgezogen. Es heißt, sie lebe jetzt bei einer Tante. Die Familie ist besorgt, sie hört immer seltener von ihr. Manchmal schickt Belinda eine größere Summe, doch niemand weiß, womit sie dieses Geld verdient.

Raimi Hamadou und Akhanou Dadjou, die beiden Beniner, die sich im Flugzeug kennengelernt haben, sind gemeinsam in ein Café nach Cotonou gekommen. Raimi hat noch immer keine Arbeit gefunden, und um sich nicht überflüssig vorzukommen, brütet er stundenlang über den Hausaufgaben seiner Tochter. Manchmal fragt er sich, was er hier soll.

In den Jahren, die er weg war, hat Raimi seine Heimat stets im Blick gehabt. Erst mit seiner Rückkehr hat er sie verloren. Er fragt sich, ob es ein Fehler war, die Ersparnisse dem Bruder anzuvertrauen. Heute hegt er Zweifel an der Tradition, er zweifelt, wie so viele, die zurückkommen, an der Mentalität der eigenen Leute; da ist so viel Habgier, so viel Neid. Deutschland hat sich eingeschlichen in Raimis Denken wie ein Virus, und es arbeitet in ihm. Wie Akhanou versucht er, sich eine neue Identität zu besorgen, Papiere, mit denen er zurückkann nach Europa. 500 Euro koste ein gefälschter Pass, sagen die beiden. Und in Afrika gebe es nichts, was man für Geld nicht kaufen könne.

An einem Tag im Herbst 2007 sitzt Hamid Bakary, der Nigrer, mit seiner Frau Anna in ihrer Hamburger Altbauwohnung auf dem Ledersofa. Das Wohnzimmer ist dekoriert mit afrikanischen Schnitzereien und Annas selbst gemalten Ölbildern. Sie schütteln immer noch den Kopf darüber, was ihnen widerfahren ist. »Es ist absurd«, sagt Hamid, der bald wieder mit dem Radfahren beginnen will.

Drei Wochen nach seiner Abschiebung ist Anna ihm nach Niamey gefolgt, wo sie im Kreis seiner Familie heirateten. Sieben Monate waren sie danach getrennt, dann durfte Hamid endlich wieder nach Deutschland einreisen. Als Ehemann hat er das Recht dazu.

Seit ein paar Wochen, sagt Hamid, habe er jetzt einen Minijob als Putzkraft bei Elektro-Konrad. Für die Kosten seiner Abschiebung muss er selbst aufkommen. Damit er einreisen durfte, hatte Anna 3000 Euro bei Radtkes Behörde angezahlt, jetzt warten sie auf die exakte Kostenaufstellung. Mit weiteren 7000 Euro, hat Radtke ihnen mitgeteilt, müssten sie wohl rechnen. Deutschland ist in diesen Dingen sehr genau.

Sein imposanter Bart verschafft Oliver Hoffmann Respekt auf der Straße.

Hoffmanns Blick auf die Welt

Mit dem Einsammeln von Pfandflaschen bessert Oliver Hoffmann, 42, sein Hartz-IV-Einkommen auf. Der Kampf um das Leergut wird immer härter

Von **HENNING SUSSEBACH**, erschienen in der ZEIT am 23. November 2006

Für diese Reportage wurde Henning Sußebach mit dem Egon-Erwin-Kisch-Preis 2007 ausgezeichnet.

Hoffmann sagt, vor seinem ersten Mal habe er drei Tage Anlauf genommen. Es war eine laue Juninacht vor dem Bremer Hauptbahnhof, die Stadt seiner Kindheit schlief, und Hoffmann war allein, als er endgültig seinen Stolz brach. Er schaute noch einmal nach links und nach rechts, versuchte, nicht an seine Eltern zu denken, und tat es damit doch, als er den rechten Ärmel hochzog und zu tasten begann. Er habe damals geweint vor Scham und vor Glück. Es waren ja vier Flaschen drin, sagt Hoffmann.

Hoffmann sagt, jetzt, fünf Jahre später, in Berlin, der Hauptstadt der Armen, schäme er sich nicht mehr. Nur wenn eine lärmende Kindergartenschar an ihm vorbeiziehe, Zuversicht in Zweierreihen auf dem Weg zum Zoo, drehe er kurz ab, als sehe er den Mülleimer gar nicht, als müsse er dringend irgendwohin. Bei Kindern warte er lieber, sagt Hoffmann, die Minute habe er ja. Man sollte einen Lappen dabei haben, ein Stück Seife und eine Flasche mit Wasser, sagt Hoffmann, weil jeder zweite Mülleimer eine Ketchup-Mine sei. Hundescheiße komme auch vor. Wichtig sei deshalb, die Fingernägel kurz zu halten. Viele arbeiten mit Greifzangen, manche mit Gummihandschuhen, doch seine Finger müssten sehen. Er streiche erst vorsichtig mit den Fingerkuppen, um zu fühlen, ob es glitschig ist. Dann hebe er das Papier an. Servietten von McDonalds seien gut zum Naseputzen. Was wie eine Zeitung knistert, zieht er raus, vielleicht ist es eine B.Z., die hat die meisten Termine – Konzerte, Straßenfeste, Fußballspiele, bei denen Pfandflaschen anfallen könnten. Nach dem Vortasten geht Hoffmann richtig runter, Schicht für Schicht durch die Sedimente der Wegwerfgesellschaft. Stoff könnte Kleidung sein. In zugeknoteten Tüten ist gelegentlich Essen. Ganz unten liegen die schweren Sachen, Flaschen, Schuhe, vor Hotels manchmal Duschgel. Zum Glück sei er groß, sagt

Zur Sache

Wie viele Menschen in Deutschland obdachlos sind, wird von keiner amtlichen Statistik erfasst. Ein Antrag auf Einführung solcher Erhebungen fand 2010 im Bundestag keine Mehrheit. Die Fraktionen von CDU/CSU und FDP begründeten ihre Ablehnung damit, dass eine entsprechende Statistik einerseits aufwändig, andererseits wenig hilfreich sei, während die Zahl der Wohnungslosen insgesamt zurückgehe.

Als Dachverband der wichtigsten freien Träger, die den Betroffenen Hilfsangebote unterbreiten, legt die Bundesarbeitsgemeinschaft Wohnungshilfe (BAGW) jährlich Schätzungen vor. Für 2008 ging sie bundesweit von 204.000 bis 250.000 Wohnungslosen aus. Diese Zahl schließt Menschen ein, die etwa in Heimen, Not- oder Übergangsunterkünften oder bei Verwandten und Bekannten eine provisorische Bleibe hatten. Rund 20.000 Personen lebten auf der Straße. Der Anteil der Frauen unter den Wohnungslosen wird auf ein Viertel geschätzt.

2007 befragte die BAGW stichprobenartig über 18.000 Menschen, die sich an eine einschlägige Hilfseinrichtung gewandt hatten, zu ihren Lebensumständen. Von ihnen bezogen rund 60 Prozent Leistungen nach SGB II (»Hartz IV«), III oder XII. Etwa jeder Fünfte hatte keinerlei Einkommen.

Hoffmann, die Kleinen kommen gar nicht bis ganz runter.

Oliver Hoffmann, der bartlose Mann in seinem Pass, sein faltenfreies erstes Ich, wurde am 25. Januar 1964 geboren. Die Mutter Wirtin, der Vater Pleitier, eine Jugend unter Bravo-Postern von Pink Floyd und Carlos Santana, statt einer Karriere an der E-Gitarre eine Laufbahn bei der Luftwaffe, bis zum Stabsunteroffizier. Der mit 22 Jahren eine große Dummheit beging, sagt Hoffmann, indem er Teilhaber an einer Firma wurde, die Soldaten Kapitalsparpläne verkaufte, Pleite ging und ihn mitriss in die Verschuldung und in noch mehr Schulden wegen der Schulden. Immer wenn er einen alten Fehler beheben wollte, habe er einen neuen gemacht, seither treibe er in einer Endlosschleife aus Arbeitslosigkeit und Obdachlosigkeit. Bald sei er Viertelmillionär im Minus, sagt Hoffmann, statt Zinseszinsen hat er Schuldesschulden. Im Moment erhält Hoffmann Hartz IV, er hat ein Bett im Nachtasyl, neben dem er jeden Abend seine Isomatte ausrollt, weil er auf Matratzen nicht mehr schlafen kann. Er sei inzwischen ausgewildert, sagt Hoffmann, er wisse auch nicht, wieso, aber dauernd gerate er aus Versehen in Streit mit den Frauen vom Amt, und dann fliehe er wieder auf die Straße, die normalen Menschen könnten irgendwie besser Kompromisse schließen mit der Wirklichkeit. Manchmal nehme er sich vor, das auch zu schaffen, sich wieder einzulassen auf die Welt, so wie sie ist, doch dann fragen ihn die Kellner im Café: Würde es Ihnen etwas ausmachen, zu gehen?

Er geht dann, nicht nur aus ihrem Café.

Einer der Lichtkegel nachts in den Parks, das sei er mit seiner Taschenlampe, sagt Hoffmann. Er sagt, seine Prime Time sei von vier bis acht Uhr morgens, danach kommt schon die Müllabfuhr. Morgens um vier seien die Partys vorbei, die Diskokinder nehmen an der Tankstelle ein letztes Red Bull und lassen dann die Dose scheppern. Der Müll wolle gefunden werden, und die paar Leute, die noch unterwegs seien, seien endlich entspannt. Ärger mit Besoffenen gebe es vor Mitternacht, wenn der Alkohol gerade zu wirken beginne und die Menschen ihren Frust abließen an sozialem Abfall wie ihm, sagt Hoffmann. Am gefährlichsten seien die Kerle in Hilfiger, Lacoste und Boss, Typen in Markenkleidung. Leute, die kurz vor dem Abkacken seien, motzen sich klamottenmäßig noch mal voll auf, sagt Hoffmann, und flüstern im Vorbeigehen: Überflüssiger Fresser. So sei das spätabends.

Tags, nach acht, wenn der Berufsverkehr die Straßen überspült, wenn die Straßenbahnen quietschen, würden die Menschen rüde. Nach acht würden sie ihre Ellenbogen ausfahren. Nach acht seien jene unterwegs, die noch keine Niederlagen kennen, sagt Hoffmann. Nach acht werde er wieder angerempelt.

Hoffmann sagt, die normalen Menschen, die *vermeintlich* normalen Menschen, wie er sie lieber nennt, die weit ausschreitenden Männer mit ihren Telefonen am Ohr, die parfümierten Frauen mit ihren Rollkoffern im Schlepp, sagten ihm mit ihren schmalen Augen, er sei ein Drückeberger. Dabei arbeite er in der knallhärtesten Form der freien Marktwirtschaft überhaupt, sagt Hoffmann. Ganz unten, da, wo er ist, gebe es kein garantiertes Einkommen, keinen Feierabend, kein Wochenende, keinen Urlaubsanspruch, keine Verträge und keine Lohnfortzahlung im Krankheitsfall, dafür eine Konkurrenz, die unberechenbar sei. Die normalen Menschen schauten ja nicht zurück, immer nur voran, voran, voran. Deshalb sähen sie nicht, dass die Flasche, die sie am Bahnhof Zoo stehen lassen, nach zehn Sekunden weg ist. Manchmal kommen wir aus drei Ecken, sagt Hoffmann.

Die Grenze der Klassengesellschaft, sagt Hoffmann, verlaufe aus seiner Sicht genau zwischen jenen, die ihre Flaschen fallen lassen, und denen, die sie wieder aufheben.

Hoffmann sagt, es gebe in letzter Zeit oft Gefecht. Die Müllmänner sammeln jetzt auch und Leute mit kleinem Einkommen auf ihrem Weg nach Hause. Auf dem Alexanderplatz werde er von den Stammsuchern weggeguckt, bis er geht, am Reichstag dasselbe, die ganze Stadt sei aufgeteilt. Im Wedding habe jeder seinen eigenen Mülleimer, da säßen sie auf den Bänken und bewachten mit Argusaugen ihre Tonne. Er verteidige jetzt den Bahnhof Zoo und den Kurfürstendamm. Einmal habe er eine Goldgrube verraten, einen winzigen Parkstreifen, auf dem manchmal sogar Bierkästen standen, fünf Euro garantiert. Seine Bank, sagt Hoffmann. Jetzt immer abgeräumt. Er konkurriere mit Kindergärtnerinnen und Friseusen, die ihm im Vorbeigehen die Flaschen wegpicken. Fünfzig Prozent der Sammler seien Rentner, vierzig Prozent Vagabunden, zehn Prozent Berufstätige nach Feierabend. Er schimpfe oft in letzter Zeit, lasst den Armen doch ihr Armengeld!, aber dann sagen die anderen, bei mir reichts auch nicht mehr.

Hoffmann sagt, seltsamerweise seien nie Ausländer dabei, aber vielleicht sei das auch nicht seltsam, denn bevor ein Türke Flaschen sammeln müsse, fange ihn die Familie auf. Die Vietnamesen verkauften Zigaretten, die Polen bewachten Autos, die Russen ihre Mädels. Die aus dem Osten, sagt Hoffmann, machen Geschäfte, bei denen das Geld direkt wechselt. Darunter mäandert ein deutsches Heer der unteren Zehntausend durch die Parks, und es werden immer mehr, sagt Hoffmann, er könne sich längst nicht mehr auf sein Glück verlassen, er brauche eine Strategie. Gestern sei er Jugendlichen in den Park gefolgt, überschwänglichen Jungs und Mädchen mit verheißungsvoll ausgebeulten Plastiktüten. Cola-Rum und Knutscherei vermutlich. Man müsse dann ein, zwei Stunden hinter den Bäumen warten und die Konkurrenz verscheuchen.

Hoffmann sagt, die Anfänger, von denen es jetzt viele gebe, erkenne er daran, dass sie sich noch treiben ließen, ohne Strategie, ohne Revierkenntnisse, ohne Berufsgeheimnis. Dass sie Flaschen sammeln, auf die es gar kein Pfand gibt. Dass sie sich in die Finger schneiden. Dass ihnen ihre Plastiktüten reißen. Hoffmann ist längst auf Stoff umgestiegen, die Kollegen mit den Großrevieren ums Olympiastadion schieben samstags Einkaufswagen in die S-Bahnen. Bierflaschen sind eine fragile Währung, sind schwer und zerbrechlich und bringen nur acht Cent. Colaflaschen sind leicht und stabil und bringen fünfzehn. Anders als die Anfänger geht Hoffmann nur noch in Geschäfte mit Flaschenautomaten. Flaschenautomaten gucken nicht, wer vor ihnen steht. Die wollen nur seine Beute unter ihren roten Laseraugen drehen und den Strichcode auf der Banderole lesen. Zerknickte Flaschen und zerbeulte Dosen blase er vorher auf, sagt Hoffmann.

So komme er auf 60 Euro im Monat, sagt Hoffmann, im Sommer auf 100, im August sogar auf 120, weil Berlin dann aus den Ferien zurückkehrt, richtig durchgelockert und noch voller Touristen ist, durstig in der Hitze der steinernen Stadt, schweißdampfend unter Rucksäcken oder ermattet auf den Bänken an der Spree, wo sie auf die Ausflugsschiffe warten. Das alles hilft Hoffmann aber nur, solange die Sonne scheint, solange die Leute nicht zu Hause trinken oder hinter tropfnassen Fensterfronten der Hotels. Im Sommer feiert die Stadt eine Dauerparty, und die Abendsonne ist ihre Diskokugel. Jetzt, im Herbst, gehen mit jedem Grad auch die Einkünfte zurück. Schnee wiederum sei gut, solange die Sonne scheine. Und solange kein neuer Schnee aufs Leergut falle. Er beurteile das Wetter nicht mehr nach eigenen Befindlichkeiten, sagt Hoffmann, sondern nur noch nach den Umsätzen, die damit verbunden sind.

Er sagt, er habe sich irgendwann abgewöhnt, die Stadt als Stadt zu sehen, ihre Straßen zum Fortkommen, ihre Häuser als Heimat, ihre Restaurants als Einladungen, ihre Frauen als mögliche Geliebte, ihre Schaufenster als Kaufanreiz, bis auf das von Elektronik Conrad, dort gibt es manchmal billig Batterien für seine Taschenlampe. Hoffmann hat ein Wohnzimmer an der Spree, wo er raucht und den Schiffen nachschaut. Er sieht Nachrichten auf der Leinwand im Bahnhof Zoo, manchmal versucht er, zur vollen Stunde dort zu sein. Er hat seine stillen Orte dort, wo er die Stadt hört, sie ihn aber nicht sieht. Er war das letzte Mal im Kino, als Platoon lief, das war 1986. Er bekomme immer schneller Angst, wenn er in Räumen unter Menschen sei. Hoffmann sagt, deshalb werde er wohl bald wieder auf Platte sein, ob in Tagen oder Wochen, es treibt ihn immer raus, und er lässt sich dann auch treiben. Im Winter sei wichtig, überdacht zu schlafen, weil Tau fällt, der nass und krank macht. Im November reicht noch ein Baum, die Weiden hielten ihr Laub ja sehr lange. Von Dezember an seien Brücken besser, Fahrradunterstände, Geräteschuppen. Er komme irgendwo vorbei und denke, hier kann ich ein Momentchen liegen. Sich zu verstecken sei auch so ein Anfängerfehler. Am besten seien Orte, an denen viele Menschen langgehen, aber nicht bleiben. Am schlimmsten sei es, total abgelegen von irgendwelchen Arschlöchern aufgestöbert zu werden, einmal sei ihm das passiert. Er habe sein Geld nachts immer am Mann, sagt Hoffmann, alles andere in raschelndem Plastik am Körper oder an einer Bank festgebunden. Niemals dürfe man beim Schlafen die Hände in den Schlafsack stecken, dann kann man sich nicht wehren.

Die Hunde, sagt Hoffmann, seien nicht schlimm, die würden nur lecken. Ratten trauen sich an Menschen nicht ran. Kürzlich war da ein Fuchs. Ärgerlich seien die Schwäne, die verteidigten schnaufend und beißend ihr Territorium. Wenn er zusammenpacken müsse, dann wegen der Schwäne.

Sein Körper sei mittlerweile ein Frühaufsteher, sagt Hoffmann, sein Darm leere sich, solange die Welt noch dunkel ist. Beim Waschen ist wichtig: Immer nur die Hälfte des Wassers, das gerade da ist, über den Körper gießen, dann einseifen, dann die andere Hälfte des Wassers nehmen. Er mache

er ohne diesen Bart womöglich wieder der Mann auf dem Passbild würde, mit all seinen vergeblichen Hoffnungen. Immer wenn Hoffmann seinen Hoffnungen zu nah kommt, wird es gefährlich für ihn. Dreimal habe er es versucht, sagt Hoffmann. Einmal habe er gehungert, doch er wurde entdeckt, mit 28 Kilogramm Untergewicht. Einmal habe er 80 Tabletten geschluckt, aber nach 40 Stunden sei er

Auf der Suche nach Verwertbarem: Hoffmann in einem Berliner Park.

sich nur noch aus Selbstachtung sauber, sagt Hoffmann, nicht mehr für die Frauen. In der Liebe sei er sich selber gegenüber kalt geworden, weil jede Frau ihm irgendwann erkläre, dass es ohne Geld halt doch nicht geht. Und die paar Frauen, die er kenne, hätten auch längst abgeschlossen. Er kenne keine Frau mehr, die noch Bock auf Männer habe, die seien alle ausgenutzt, geschlagen und verarscht worden.

Seinen Bart schneide er mit der Nagelschere, sagt Hoffmann, aber niemals zu kurz, weil dieser Bart ihm Respekt verschaffe auf der Straße, ihn wild und unberechenbar erscheinen lasse und weil

wieder aufgewacht. Einmal sei er ins Wasser gegangen, doch da hätten sie ihn auch wieder rausgeholt.

Hoffmann sagt, manchmal, wenn er so daliege und in den Himmel schaue, sei die Welt eigentlich sehr schön. Der Himmel könne ja nichts dafür, dass wir nur in Geld denken. Die Bäume im Park könnten ja nichts dafür, dass wir uns nur abnerven. Jeder stehe in einer Kette von Abhängigkeiten, sagt Hoffmann, selbst der Stellvertreter des obersten Chefs sei schon abhängig, da fange das Elend doch an, die Wirtschaftsdiktatur. Die Menschen hätten ein Raster über ihre Leben gelegt, das sie unglücklich mache, sagt Hoffmann, aber wie betäubt machten sie mit.

Hoffmann will ihnen das manchmal beweisen. Er geht dann auf dem Kurfürstendamm essen. Nicht in den Edelimbissen, sondern davor. Er warte einfach darauf, dass die Touristen ihre Pizzas, ihre Paellas, ihre Pommes frites in den Müll werfen und ziehe sie dann wieder hervor, manchmal auch längst erkaltete Reste mit Bissspuren der vermeintlich normalen Leute. Er rieche dann daran, sagt Hoffmann, und wenn seine Nase okay sage, sei es okay, denn seine Nase habe ihn schon lange nicht mehr getäuscht.

Eigentlich hat Hoffmann das nicht nötig. Versteckt in den Seitenstraßen säumen Wärmestuben seine Sammlerroute durch die Stadt, dort gibt es Suppen, so dünn wie das Leben und doch fast so warm, wie es die Liebe mal war. Hoffmann bleiben von seinen 345 Euro Hartz IV minus Wohngeld minus Monatskarte (weil er sein Führungszeugnis sauber halten will) minus einem Paar stabiler Schuhe (weil es in der Kleiderkammer selten Größe 47 gibt) jeden Monat 200 Euro. Plus Pfand. 200 Euro sind schnell im Alltag versickert, aber neulich hat es Hoffmann geschafft, sich eine E-Gitarre zu kaufen, nach so vielen Jahren, das mache ihn stolz. Wenn er aus dem Müll esse, sei er dabei, Reserven zu erwirtschaften. Eigentlich sei es so, dass die vermeintlich normalen Leute von ihm Wirtschaftlichkeit lernen könnten, sagt er, er gehöre zu den wenigen Menschen, die mehr Geld haben, wenn sie aus dem Supermarkt herauskommen, als wenn sie hineingehen. Welchen Nutzen haben Gewürze, wenn man keinen Herd hat? Welchen Zweck erfüllt Tiefkühl-kost, wenn man von der Hand in den Mund lebt? Welchen Sinn hat ein weißes Hemd mit Knöpfen? Kein Mensch brauche ein Hemd, sagt Hoffmann, es sei denn, es gehe ihm ums Aussehen.

In den Zeitungen aus dem Müll liest er gern über Michael Schumacher. Der sei auf dem Boden geblieben, da höre man keine Storys, sagt Hoffmann, da sehe man keine Arroganz. Manchmal denkt Hoffmann, sie würden sich gut verstehen. Sie seien beide Extremisten, zwei Menschen, die versuchen, ihren Job durchzuziehen. Aber nun sei Schumacher ja aus den Zeitungen verschwunden.

Hoffmann sagt, er habe jetzt, mit 42 Jahren, keine Wünsche mehr, die über das Heute hinausgehen. Sein Leben laufe situationsbezogen, er richte sich nach den Gegebenheiten, weil sich die Gegebenheiten leider nicht nach ihm richten, wie sie das bei anderen Menschen zu tun scheinen. Manchmal denke er natürlich, wie das wohl wäre: derselbe Oliver Hoffmann sein, nur schuldenfrei. Ein Leben mit Schulden, das sei so, als sitze man in Freiheit hinter Gittern, sagt Hoffmann, mit seinem Schufa-Eintrag bekomme er kein Konto und auch keine Wohnung. Es müsste irgendwann ein schwarzes Auto vorfahren, darin ein Bankdirektor, der sogar aussteigt und ihm sagt, Herr Hoffmann, Sie schleppen das jetzt 20 Jahre mit sich rum, da haben wir uns gedacht … Aber solche Träume seien gefährlich, sagt Hoffmann, die führen zu nichts. Und wenn sie doch zu was führen, dann nur zurück in die Realität.

Nackt auf Wanderschaft – der Trend des Naturismus breitet sich in den letzten Jahren immer weiter aus.

Hose runter, Schuhe an

Naturisten sind die Aktivisten der FKK-Bewegung. Wenn der Sommer am heißesten ist, marschieren sie nackt durch die Eifel

Von **MICHAEL ALLMAIER**, erschienen in der ZEIT am 10. August 2006

Es ist kurz vor Mittag, als ich den Punkt erreiche, an dem es kein Zurück mehr gibt. Die Sonne brennt, die Luft im Rheintal ist stickig, das T-Shirt klebt auf der Haut. Manch einer, der jetzt draußen herumläuft, wird sich wünschen, die lästige Kleidung einfach abzustreifen. Ich nicht. Mir steht es bevor.

Die Nacktwanderer treffen sich auf einer abgeschiedenen Wiese am Südrand von Bonn, die ihnen auch als Campingplatz dient. »Das Woodstock der Bewegung« hat jemand die Zusammenkunft genannt. Das war etwas übertrieben. Ich zähle eher 50 als 500 000, die hier nackt grillen, baden oder plaudern. Aber immerhin. Für einen Trend, an dem nichts zu verdienen ist, gewinnt die Nacktläuferei beachtlich an Boden. 2001 demonstrierte ein Häuflein Nackter am Brandenburger Tor. 2003 marschierte ein Fernfahrer nackt von Südengland nach Schottland, unterbrochen von diversen Gefängnisaufenthalten. 2005 verlegte das Berliner Ehepaar Gramer das Manifest *Nacktaktiv,* das gerade ins Englische übersetzt wird. Die nacktaktiven Deutschen nennen sich selbst Naturisten. Auf drei- bis vierhundert schätzen sie ihre Zahl. Sie finden einander in Internet-Foren und auf Veranstaltungen wie dieser.

Warum nackt? Um eine Antwort ist hier niemand verlegen. Man wandert doch, um die Natur zu genießen – mit allen Sinnen, wie es so schön heißt. Kleidungsstücke wirken dabei nur als Puffer. Also runter damit, wann immer die Witterung es erlaubt. Warum ganz nackt? Ich frage die Gramers, die eigens aus Berlin angereist sind. Wegen der Kraftlinien, erklärt Wolfgang. Die fließen nämlich längs durch den Körper und mögen es nicht, wenn etwas quer getragen wird. Schon ein String-Tanga schnürt den Energiefluss ab.

Ich selbst, energetisch noch nicht auf der Höhe, habe eine schlichtere Theorie: Renitenz. Diese Leute hören lauter als andere jene Gouvernantenstimme, die ihnen sagt, sie sollten sich schämen, für ihren Körper und mithin für sich selbst. Sie schämen sich

---

Zur Sache

In Deutschland und in der Schweiz kamen gegen Ende des 19. Jahrhunderts die »Lebensreformbewegungen« auf. Gemeinsam war diesen Gruppierungen das Bestreben, der entfremdenden Urbanisierung und dem wachsenden Materialismus der Gesellschaft mit anderen Lebensgrundsätzen entgegenzutreten. Dabei zielte man u.a. auf die Ernährung (Reformkost, Vegetarismus) und insbesondere auf die Rückgewinnung eines unmittelbaren Naturerlebens. In diesem Rahmen entstand mit der »Freikörperkultur« die Idee, sich gemeinschaftlich unbekleidet im Freien zu bewegen, um eine unverkrampfte Beziehung zum eigenen Körper zu entwickeln. Nach dem Ersten Weltkrieg fand die Bewegung viele Anhänger unterschiedlichster Herkunft und politischer Überzeugungen.

Während »FKK« in der Bundesrepublik ein Minderheitenphänomen blieb, war die Nacktkultur in der DDR weit verbreitet. Heutige Anhänger des Naturismus praktizieren das Nacktsein, wo immer es geht: nicht nur beim Schwimmen, sondern auch beim Wandern und beim Sport.

aber nicht mehr, und das wollen sie zeigen. »Für mich ist das Nacktwandern ein Schritt zur Selbstheilung«, sagt Dieter, ein kerniger Rheinländer mit rasierter Brust. »Man sagt ja auch ›sich ent-wickeln‹«, ergänzt Anita Gramer. Von diesen Wortweisheiten hat sie einige auf Lager. Anita ist die Uschi Obermaier des Naturismus. Das gemeinsame Buch (»mit 138 Abbildungen«) zeigt sie bei allerlei Aktivitäten, vom Joggen über das Reiten bis zum Schlittenfahren. »Da waren wir hinterher ein bisschen erkältet«, sagt sie. Ein geringer Preis für die spirituelle Genesung.

Ich halte mich lieber an Bernadette, ihre jüngere Schwester, die auch zum ersten Mal dabei ist. »Sie ist jetzt reif«, meint Anita. Bernadette überlegt noch, ob das ein Kompliment ist. Bis zuletzt suchte sie Ausreden für den Fall, dass der Mut sie verließe. Nun steht sie bei den anderen, abmarschbereit und nackt. »Am besten, man bringt das schnell hinter sich«, hat ihr Schwager gesagt.

Vielleicht liegt es ja nur an der Hitze, dass mir ein Sprung vom Fünfmeterbrett in den Sinn kommt: Man steigt die Leiter hoch und merkt mit jeder Sprosse deutlicher, dass man einen Fehler macht, einen idiotischen, furchtbaren Fehler. Aber man kann nicht umkehren, weil hinter einem schon die anderen drängen, die nicht verstünden, welche Qualen man leidet.

Schuhe aus, alles aus, Schuhe wieder an. Das ist eine ungewohnte Abfolge. Gefühlte zehn Minuten falte ich mein T-Shirt zusammen und stopfe es in den Rucksack. Hauptsache, irgendwas tun. Ein letzter Blick nach unten: Will die Welt das sehen? Sei's drum, sie muss. Es ist ja auch nicht die ganze Welt, sondern nur die Eifel, dünn besiedeltes Land.

27 Wanderer haben sich zusammengefunden; die meisten sind Männer. »Meine Frau wollte nicht mit«, erzählt Dieter. »Die hatte Angst, da ist eine schöner als sie.« Ganz falsches Denken, meinen die Naturisten. Wer den eigenen Körper als Ware betrachtet, wird seines Lebens nicht mehr froh. Nacktheit ist Reinheit. Und Unschuld. Kleidung empfindet man hier als das wahrhaft Frivole, all dieses Verhüllen und Verheißen. »Anziehen wirkt anziehend«, sagt Anita Gramer. »Man sagt ja auch ›anzüg-lich‹«, sekundiere ich.

Es gibt diesen Scherz von W. C. Fields: »Haben Sie keine Angst, Madame. Schlimm ist nur der letzte Meter.« Er sagt das von einem Flugzeugabsturz.

Beim Nacktwandern verhält es sich umgekehrt. Es stimmt, man gewinnt einen neuen Blick auf die Landschaft: auf Flora (Hat sie Dornen?) und Fauna (Kriecht sie am Bein hoch?), auf das Panorama (Kommen Leute?) und sogar auf die Ortsschilder (Kennt mich da jemand?). »Ich esse erst mal ein Käsebrötchen«, bemerkt Bernadette. Ich beneide sie um ihre Kaltblütigkeit.

Wir wandern auf abgelegenen Pfaden von einem Parkplatz bei Niederzissen durch das Brohltal in der östlichen Vulkaneifel. Eigentlich ist es bloß ein Spaziergang; nicht jeder Naturist ist ein Sportler. Nach einer halben Stunde die erste Rast auf freiem Feld. Einige klettern auf Strohballen. Der Veranstalter der Wanderung, ein fülliger Mann mit dem Spitznamen Regenmacher, erzählt etwas über die Gegend. »Da hinten seht ihr die Burg Olbrück, das Wahrzeichen des Brohltals. Da können wir uns nicht sehen lassen.« Er hat das Gebiet zuvor im Selbstversuch auf No-go-Areas überprüft.

Eins merke ich rasch: Diese Leute sind keine Spinner. Fast alle zählen angezogen zu den Stützen der Gesellschaft, als Beamte, Akademiker, Ingenieure. Sogar ein Pfarrer wandert mit. Sie verweisen beredt auf die lange Tradition der nackten Naturerfahrung, auf das alte Griechenland und auf Goethe, der in *Dichtung und Wahrheit* immerhin davon fantasiert (»Ganz nackt schritt ich nun gravitätisch zwischen diesen willkommnen Gewässern einher …«), vor allem aber auf die Lebensreformbewegung vom Beginn des 20. Jahrhunderts, für die sogar Hermann Hesse sich auszog. Heute gehe es aber viel entspannter zu, sagt Regenmacher: »Wir haben hier sogar Leute, die Fleisch essen.«

Die Nacktwanderer sind gewissermaßen der militante Flügel der FKK-Szene und dort entsprechend umstritten. Das Camp in Bonn entstand nur, weil der Gründer zuvor beim örtlichen Nacktbadeclub herausgeflogen war, wegen zu großer Freizügigkeit, wie er sagt: »Die haben eine richtige Gerichtsverhandlung abgehalten.« Umgekehrt stänkern die Wanderer über die Bader, die sich freiwillig in ihre Ghettos zurückzögen und dort Gartenzwerge polierten. Eine Wanderin hat ein Fähnchen »FKK-Platz« dabei, das sie aufstellt, wo immer sie steht. FKK – *c'est moi*.

Auch der Nacktwanderer will keineswegs, dass man ihn angafft. Er glaubt nur, das erreicht er am besten, indem er andere an seinen Anblick gewöhnt.

»Sanfte Konfrontation« nennen das die Gramers. Heißt das, sie halten den Po hin, damit kommende Generationen es besser haben? Ach nein, meint Anita, so schlimm sei das nicht. Sie wurde noch niemals belästigt: »Die Nacktheit steht unter kosmischem Schutz.« Ich äußere den Verdacht, dass mancher die Nackten nur in Ruhe lässt, weil er sie für übergeschnappt hält. Wolfgang Gramer muss lachen: »Vielleicht ist das ja der kosmische Schutz.«

Hand zu schütteln.« Jemand ruft: »Wart nur, bis uns jemand sieht. Das ist das richtige Erlebnis.«

Bei dieser Wanderung lernen auch Einzelgänger die Geborgenheit der Gruppe schätzen. Nichts wirkt so deeskalierend wie die Aura eines Familienausflugs. Auf den kosmischen Schutz allein ist nämlich nicht immer Verlass. Ein Mann mit weißem Bart, der vermutlich älteste Teilnehmer, erklärt sich das so: »Die meisten sind nur nackt, wenn sie vögeln wollen. Also

Auch beim hüllenlosen Naturgenuss werden Fotos geschossen.

Wir wandern weiter. Nach einigen Kilometern dämmert mir, dass die Rubrik »besondere Kennzeichen« nicht in jedem Personalausweis leer bleibt. Und gerade im Besonderen verbeißt sich ja gern der Blick. Man muss sich das abgewöhnen. Es geht auch. Bernadette erkenne ich von weitem an der hellsten Haut. »Ich habe es mir leichter vorgestellt«, gesteht sie, »ist schon seltsam, einem nackichten Mann die

denken sie, wir wollten das auch.« Jugendliche haben ihn mal beim Nacktradeln vom Rad gestoßen. »Und dann riefen sie noch: ›Zieh dir was an, du Sau.‹«

Rechtlich stehen die Nacktwanderer so übel nicht da. Es gibt den Artikel 118 Ordnungswidrigkeiten-Gesetz, Belästigung der Allgemeinheit, und den Artikel 183a Strafgesetzbuch, Erregung öffentlichen Ärgernisses. Aber im einen Fall braucht es erst mal eine Allgemeinheit, im anderen eine sexuelle Absicht, und da hört auch bei den Naturisten die Toleranz auf. In einem Chatforum schrieb vor ein paar Wochen jemand, er habe beim Nacktjoggen ein »geiles Gefühl«. Aufregung in der Community: Meint der »geil« nun im übertragenen Sinn oder im Sinn von Artikel 183a? Ein Ferkel in den eigenen Reihen würfe die Bewegung um Jahre zurück.

weiter. Eine andere bleibt stehen und spricht mit Julie. Da ist sie an die Richtige geraten. Die deutsch-australische IT-Ingenieurin ist die Nackteste unter den Nackten. Man erzählt sich allerhand über sie: dass sie 17-mal durch das Outback gewandert sei, dass sie gerade mal vier Kleider und zwei Unterhosen besitze und selbst im Büro nur das Nötigste trage. Julie selbst sagt, sie finde nichts Vergnügliches

Beim Nacktwandern in der Eifel.

Die Nacktwanderer glauben daran, dass die Vorbehalte gegen ihre Lebensweise auf einem großen Missverständnis beruhen. »Die konjunktive Scham«, sagt Anita Gramer. »Jemand könnte sich gestört fühlen, heißt es oft. Aber nie sagt jemand, er selbst fühle sich gestört.« Regenmacher hat einen Beutel mit Prospekten dabei: »Wer komisch guckt, kriegt einen, damit er uns einordnen kann. Das ist denen ganz wichtig.« Mit denen meint er die Textilwanderer, wie man sie in diesen Kreisen nennt.

An einer Wegkreuzung begegnen wir schließlich welchen. Es ist gar nicht so schlimm. Eine Frau presst ein »Tach!« heraus und geht stieren Blicks

an der Nacktheit. Alles andere sei bloß so lästig. Sie trägt einen zwei Meter langen Bambusstab. An der Spitze steckt, in Küchenpapier eingerollt, ihr Survival-Kit für die Zivilisation: ein Slip, 50 Euro und eine Kopie vom Personalausweis. Das Gespräch dauert länger. »Die wäre beinahe mitgewandert«, erzählt Julie später.

Nach dieser Begegnung klingt meine Scham langsam ab. Eigentlich ganz angenehm, nichts am Leib zu haben. Man lernt Windarten unterscheiden. Den starken, der vom Rascheln der Blätter angekündigt wird. Den launischen, der unregelmäßig pustet, als holte er zwischendurch Luft. Und den ganz leichten, der ein wenig nachprickelt auf der Haut. Später beim Anziehen wird die Kleidung auf meiner Haut kneifen, und ich werde mich fragen, ob das die abgeklemmte Energie oder doch nur ein Sonnenbrand ist. Die eingefleischten Naturisten gehen sogar barfuß, um das sinnliche Erlebnis des Schotterwegs nicht zu versäumen. »Nichts für Weicheier«, sagt Dieter, »das muss man trainieren.« Beim Hinsehen merke ich, dass er etwas eckig geht. Dieter hat Schmerzen.

Nach zweieinhalb Stunden sind wir am Königssee, unserem Ziel. Die meisten steigen kindlich vergnügt ins Wasser. Einer meint, er habe seine Badehose vergessen. Gelächter. Auf dem benachbarten Parkplatz machen ein paar Rabauken Picknick mit Bier und Genever. Die Autobatterie speist einen Ghettoblaster, der den halben See beschallt. Ein deutsches Sittenbild – zwei Sorten Bürgerschreck friedlich nebeneinander. Auch die Rabauken sind obenrum nackt. Auf ein gemeinsames Foto bekommt man sie nicht. Aber statt Rammstein dröhnt jetzt Schlagermusik, vielleicht eine freundliche Geste.

Ich hocke am Ufer, mit meinen Zweifeln allein. Bernadette haben sie bekehrt. Sie will das jetzt öfter machen. Mir dagegen ist noch immer ein Rätsel, wieso Menschen aus halb Deutschland kommen, um nackt durch die Eifel zu spazieren, ein Bad zu nehmen und wieder nach Hause zu fahren. Vielleicht konnte das Experiment ja nur schief gehen. Da mischt man sich als Textilo unter die Nackten, rechnet Spaßgewinn gegen Peinlichkeit auf und kommt zum Ergebnis: Die barbrüstigen Genever-Brüder machen den besseren Schnitt.

Auch das ist wohl ganz falsches Denken und führt nicht zur spirituellen Heilung. Bloß erscheint diese Heilung mir beschwerlicher als die Krankheit. Hier würden ganz normale Gespräche geführt, hat Wolfgang Gramer gesagt. Aber das stimmt nicht, sie sprechen dauernd übers Nacktsein. Und fotografieren sich immerfort. Das soll natürlich sein? Ich kenne keinen Angezogenen, der so viel Aufhebens um diese Äußerlichkeit macht. »Naturismus ist für mich Lebensaufgabe«, sagt Anita. Dieser Tage gründet sich ein Verein zur Förderung der Nacktheit. Man überreicht mir die Satzung: Feigenblatt e. V., mit Kassenprüfer und Steuerabzugsfähigkeit. »Esoterik-Spießer«, schimpfe ich. Aber nur ganz leise. Diese Leute haben Nacktbilder von mir.

Militärparade der Nationalen Volksarmee (NVA) auf der Berliner Karl-Marx-Allee anlässlich des 38. Jahrestags der DDR im Jahr 1987.

Land ohne Gedächtnis

Vor 18 Jahren ist die DDR verschwunden. Den Deutschen, in Ost wie in West, gelingt es bis heute nicht, sich daran zu erinnern, wie das Leben im SED-Staat wirklich war. Es wird gelogen, geschwiegen oder gestritten. Eine Recherche in einer gespaltenen Republik

Von **STEPHAN LEBERT**, erschienen in der ZEIT am 2. Oktober 2008

Immer gibt es Ärger. Zum Beispiel im pommerschen Städtchen Pasewalk, wenn der gewissenhafte Herr Brose wieder mal ein Kapitel Stadtgeschichte dokumentieren möchte, mal geht es um die Historie von Firmen, mal um Architektur, mal um Pasewalk als Garnisonsstadt. Und oft, sagt Brose, laute die Reaktion der Stadtoffiziellen, ach nee, alles, was DDR-Geschichte betreffe, sei uninteressant und außerdem schädlich für das frische Image der Stadt. Aber so gehe das doch nicht, empört sich Hobbyforscher Brose, er könne doch diese 40 Jahre nicht einfach immer weglassen, »die DDR hat es doch gegeben«. Stattdessen finanziere die Stadt Arbeiten von chinesischen Künstlern, die kein Mensch verstehe. »Was, bitte, sollen Chinesen in Pasewalk?« Diese Tabuisierung der DDR-Jahrzehnte, das Nichts-mehr-davonwissen-Wollen, sei sehr schädlich, »auch deshalb«, sagt Brose, »ist die Stimmung in Pasewalk sehr, sehr schlecht«.

Ärger gab es auch, als der Sozialforscher Klaus Schröder von der Freien Universität in Berlin beklagte, dass die heutigen Schüler in den neuen Bundesländern erschreckende Wissenslücken aufwiesen: Nur jeder Zweite wisse noch, dass die DDR eine Diktatur war. Schröder hatte in einer Untersuchung west- und ostdeutsche Schüler ausschließlich nach den verschiedenen Ausformungen des Unrechtsstaates gefragt. Wie bitte? Nichts als ein Unrechtsstaat? Ein Sturm der Entrüstung kam aus den neuen Bundesländern, zornige Briefe und Anrufe. Schröder druckte in seinem Buch *Soziales Paradies oder Stasi-Staat* einen der Briefe ab: Darin stand, Schröder habe nichts verstanden, die DDR sei »wertemäßig« der jetzigen bundesdeutschen Gesellschaft in allen Bereichen überlegen. Schröder ti-

Zur Sache

Über 90.000 hauptamtliche und über 170.000 »informelle« Mitarbeiter hatte das auch für die Auslandsspionage, insbesondere aber für die umfassende Bespitzelung der Bürger zuständige Ministerium für Staatssicherheit der DDR kurz vor deren Ende – bei einer Einwohnerzahl von 16,6 Millionen. Dennoch meinten 2009 laut einer Umfrage des Meinungsforschungsinstituts Forsa (im Auftrag der Illustrierten »Stern« und des TV-Senders RTL) 38 Prozent der Bundesbürger, man solle die »Stasi«-Akten ruhen lassen, um die innere Einheit des Landes voranzubringen.

Im selben Jahr erklärten bei einer für die Bundesregierung durchgeführten repräsentativen Meinungserhebung des Emnid-Instituts 49 Prozent der befragten Ostdeutschen, dass die DDR »mehr gute als schlechte Seiten« gehabt habe. Acht Prozent sagten aus, dass man in der DDR »glücklicher und besser gelebt« habe.

Viele »Ostalgiker« verklären die Warenwelt der DDR: T-Shirts mit dem Staatswappen der DDR finden noch heute Absatz in Modeläden. Typische »Ost-Produkte« wie das Ampelmännchen, Club-Cola oder Tempo-Bohnen haben es zu gesamtdeutscher Bekanntheit gebracht. Über 100 deutsche Trabant-Clubs finden sich im Internet – einige auch im Westen.

telte über dieses Schreiben: *Post aus Ostdeutschland.* Klingt denunzierend, und so war es sicher auch gemeint.

Oder Ingo Schulze. In seinem aktuellen Roman *Adam und Evelyn* blendet er zurück in den Sommer 1989, erzählt eine verwickelte Liebesgeschichte in der DDR. Hochgelobt wurde dieses Buch, vor allem die Leichtigkeit, mit der Schulze die vergangene Alltäglichkeit und die Würde seiner Figuren schildert. »Adam und Evelyn« steht auf der sogenannten Shortlist des diesjährigen Buchpreises, gehört zu den großen Erfolgen dieses Buchherbstes. Schulze sagt, er könne sich also wahrlich nicht beschweren über die Anerkennung, aber es habe eben auch Stimmen gegeben, die meinten, na, da habe der Schulze die DDR aber arg nett und schnuckelig dargestellt, Stimmen, die ihn ärgern. Schnuckelig? In dem Roman würde einer an der Grenze erschossen, Studier- und Berufsverbote würden ausdrücklich thematisiert. Nett? Er frage sich, wie man zu solch einer Einschätzung kommen könne. Und Ingo Schulze, geboren in Dresden ein Jahr nach dem Mauerbau, stellt als Antwort eine Frage: Finden viele Menschen eine normale DDR-Alltagsbeschreibung vielleicht deshalb schon warm und lieblich, weil sie ihre momentanen Lebensumstände, den wirtschaftlichen Druck beispielsweise, als zunehmend beklemmend empfinden?

Die DDR hatte mehr als 16 Millionen Einwohner und eine Größe von rund 108 000 Quadratkilometern. Verschwunden ist das Land vor genau 18 Jahren. Übrig geblieben sind die Erinnerungen. Es ist wie eine Art Dunkelkammer, in die die unterschiedlichsten Menschen hineingehen, um mit ganz unterschiedlichen Bildern wieder herauszukommen. Menschen, die die DDR gut kannten, gehen da hinein, Menschen, die die DDR hassten, Menschen aus dem Osten, Menschen aus dem Westen, die nie in der DDR waren und trotzdem Bescheid wissen. Es ist ganz schön was los in dieser Dunkelkammer. Auch Politiker stürmen besonders gerne rein, um Bilder für ihr Tagesgeschäft passend zu machen. All diese Leute haben eine exakte Vorstellung, wie diese Bilder auszusehen haben, die sie nur aus ihrer Vorstellung entwickeln. Die Bilder sehen manchmal böse aus und manchmal nett, aber eines haben sie alle gemeinsam: Es gibt in der Regel höllische Aufregung, wenn sie andere anschau-

en. Es ist wie bei einem tief zerstrittenen Ehepaar: Deine Erinnerung ist falsch, meine ist richtig. Du siehst es so, aber ich habe recht.

Ingo Schulze ist ein sympathischer Mann. Seine Freundlichkeit lädt zum Unterschätzen ein. Es dauert in dem Gespräch auch ein bisschen, bis man erkennt, dass dahinter ein gewisser Zorn zu spüren ist. Das hat damit zu tun, dass er es allmählich leid ist, beim Thema DDR immer am Anfang sagen zu müssen, also, die DDR sei eine Diktatur gewesen, klar, und noch klarer sei, man möchte sie auf keinen Fall zurückhaben. Sagen tut er es aber dann doch noch mal, zur Sicherheit. Wir fahren in seinem Auto vom schönen Literarischen Colloquium am Wannsee in die Berliner Innenstadt. Schulze fährt seinen Škoda Kombi auf die Stadtautobahn und erzählt von vielen Dörfern in den neuen Bundesländern, längst verlassen von sämtlichen jungen Menschen, »regelrechte Potemkinsche Dörfer«. Er erzählt von der Art und Weise, wie seine Heimat Dresden renoviert wurde, die Frauenkirche, die Innenstadt, und er neulich bei einem Spaziergang feststellen musste, wie fremd er sich fühlte und wie ihn plötzlich eines dieser an sich schrecklichen Wandgemälde auf einer Hausfassade berührte. Vietnamesische Arbeiter sind darauf zu sehen, echter DDR-Kitsch, »aber ich habe mich erinnern können, es war fast das Einzige, was noch da ist aus meiner Kindheit«. Grauenhaft finde er das, dieses städteplanerische Auslöschen der Geschichte, »am liebsten direkt von der Kaiserzeit zu den heutigen Fassaden, die nur noch Disneyland sind. Und Kommerz total«.

Schulze möchte nicht jammern, er möchte so gerne eine ganz andere Debatte führen, fast 20 Jahre nach der Einheit, und zwar eine über die verschiedenen Abhängigkeiten in den jeweiligen Systemen. Diktatur, Eingesperrtsein, Stasi – auf der DDR-Seite, er wisse selbst noch sehr genau, wie tief die Angst saß, als ihn Anfang der achtziger Jahre plötzlich Stasi-Leute kontaktierten und er viel Glück hatte, als er sie wieder loswurde. Aber dennoch werde man doch mal sagen dürfen, dass es eben in der DDR eine andere Abhängigkeit nicht gegeben habe, die Abhängigkeit vom Geld, »es gab eh nicht viel zu kaufen, es gab keine sensationellen Unterschiede bei den Löhnen. Niemand hat etwas des Geldes wegen getan. So war das.«

Ingo Schulze erhielt im vergangenen Jahr den Thüringer Literaturpreis in Höhe von 6000 Euro, gestiftet von dem Energieriesen E.on. In seiner Dankesrede berichtete er von Goethes ewigem Kampf, künstlerisch unabhängig zu sein, und von seinem grundsätzlichen Problem, dass ein öffentlicher Preis von einem Konzern finanziert werde. Na-

dann gesagt, ich versteh gar nicht, was daran so lustig ist.« Sagt Schulze und parkt ein auf dem Gendarmenmarkt. Beinahe wäre es zu einem hübschen Zusammenstoß gekommen. Der Schriftsteller Sven Regener (*Herr Lehmann*) war auch gerade mit seinem Kombi unterwegs, beide Autos waren sich für einen Moment bedrohlich nahe gekommen. Hät-

Blühende Landschaften – Frau Zach in Bremsdorf mag ihren Trabi grün.

türlich wisse er, dass E.on jetzt keine Erzählung von ihm verlange, in der E.on einen Erfrierenden rette. Aber ein Unbehagen bleibe, und deshalb schlug er vor, dies in Zukunft zu trennen, Thüringen soll einen eigenen Preis haben und E.on eben auch. Für den Landespreis werde er sein Preisgeld stiften. Die Abhängigkeit von Kunst und Kommerz – man wird es doch mal sagen dürfen. Auch wenn sich die Reaktionen, vor allem der Künstlerkollegen, sehr in Grenzen hielten.

Schulze ist verheiratet, seine Frau ist Wessi. Sei nie ein Problem gewesen, sagt er, man müsse viel reden. Na ja, neulich habe sich seine Frau kaputtgelacht über das Wort Kombinat, sie habe gar nicht mehr aufgehört zu lachen. »Irgendwann hab ich

te man irgendwie gerne zugeschaut, wie sich diese beiden Schriftsteller mit den Folgen eines Blechschadens arrangiert hätten.

Wenig wissen die Schüler von heute über die DDR von damals

Fast in Blickweite des Gendarmenmarktes befand sich übrigens der einstige Renommierbau der DDR, der Palast der Republik. Inzwischen abgerissen, sind nur ein paar riesige Säulen übrig, die aus einer leeren Baugrube in die Luft ragen. Asbestverseucht war der Palast, und nach ewigem Ringen ist nun beschlossen worden, mit Museum und Schloss in eine Vergangenheit zu gehen, die viel weiter zurückliegt als die paar DDR-Jahrzehnte. Schulze würde sagen: Wieder ein Disney-Projekt.

Die Aufarbeitung einer Diktatur. Wie fatal es ist, wenn man sich nicht erinnert, wenn man verdrängt, wenn Menschen daran kaputtgehen: Ein berühmtes Buch hat dies alles ausführlich beschrie-

Ich-Verarmung.« Eine der Folgen sei eine Trägheit gegenüber demokratischen Institutionen, eine gefährliche Passivität gegenüber freiheitlichen Idealen. Das Buch heißt *Die Unfähigkeit zu trauern* von Alexander und Margarete Mitscherlich, erschienen im Jahr 1967. Auf dem Buchrücken stand der Satz:

Berliner Sommer am Ernst-Thälmann-Denkmal von Lew Kerbel, Prenzlauer Berg.

ben und problematisiert. Es gibt eine Passage, die ausgezeichnet die Seelenlage vieler Menschen in den neuen Bundesländern trifft. Echte Trauer, heißt es in dem Buch, sei immer etwas Positives, Kräftiges, es werde zwar ein Verlust empfunden, aber das Selbstwertgefühl werde nicht vernichtet. Melancholie sei hingegen die krankhafte Steigerung der Trauer, und das Buch zitiert Sigmund Freud: »Dem Melancholiker widerfährt eine außerordentliche Herabsetzung seines Ich-Gefühls, eine großartige

»Von der Verleugnung des Unbequemen«. 22 Jahre nach Ende des Nazihorrors erstmals veröffentlicht, ein Klassiker der Psychologie, mit erstaunlichen Wahrheiten für das deutsche Lebensgefühl im Jahr 2008, fast 20 Jahre nach der deutschen Einheit. In einem Vorwort für eine spätere Ausgabe in den siebziger Jahren weist Alexander Mitscherlich auf eine Untersuchung unter Schülern hin, die erschreckendes Nichtwissen über die Gräueltaten der Nazis offenbarte.

Besuch im Städtchen Pasewalk, wenn man so will: einem wahrhaft melancholischen Ort. 12 000 Einwohner, es waren schon mal 16 000, Arbeitslosigkeit 18,5 Prozent. Es läuft nicht gut hier, man kann es nicht anders ausdrücken. Der Bürgermeister, ein zugezogener Schwabe, steckt tief in einem Bauskandal, die jungen Leute sind schon längst weggezogen. Die Hauptstraße wird geprägt von Angeboten, billig beerdigt zu werden, und von Sozialdiensten, die »Pflege zu Hause« preisen. Viele Soldaten der ehemaligen Nationalen Volksarmee der DDR leben in der Gegend, viele von ihnen völlig verbittert, weil sie bei der Bundeswehr nicht gebraucht wurden. Beinahe egal, mit wem man auf den Straßen redet, bei allen scheint die Erinnerung von einem Gefühl überlagert zu sein: Es ist nicht gerecht, wie man nach der Wende mit uns umgegangen ist, bis heute umgeht. Und es ist auch nicht gerecht, dass jetzt die Polen kommen aus dem boomenden Stettin und Häuser kaufen und verlassene Schlösser und Geschäfte eröffnen.

Irgendwann sitzt man bei der Redakteurin der Regionalzeitung »Nordkurier«, und sie, die Journalistin, sagt, sie könne die Medien nicht leiden, die immer nur negativ berichten aus Pasewalk und Region. Der »Nordkurier« versuche sich dagegenzustemmen, mit einer Jugend-Seite und einer Serie über örtliche Babys. Doch dann liefert sie selbst die schlechten Nachrichten. Die Rechtsradikalen seien ein großes Problem, auch ihr Auto sei schon demoliert worden, wegen einem ihrer Berichte in der Zeitung. Und ihr Sohn, Kellner von Beruf, ist nach Irland ausgewandert, wegen der Bezahlung. »Ich habe ihm zugeraten, der musste weg. Was soll er hier?«

Es ist wichtig, jetzt wegzublenden aus der Depression. In die Gegend um die sächsische Stadt Zittau mit den umliegenden Dörfern, im Zittauer Gebirge gelegen. Ein enormer Kontrast: überall frisch renoviert wirkende Häuser, Cafés und Restaurants. Ein Urlaubsgebiet, das boomt. Wer sich kurz mit dem Wagen verfährt, findet sich auf einmal in Tschechien wieder oder in Polen. Seit dem Wegfall der Grenzkontrollen erkennt man den Länderwechsel nur noch an dem Piepen des Handys, das einen im neuen Netz begrüßt. Hier scheint es zu funktionieren, dieses Dreiländereck entwickelt eine sehr eigene Ausstrahlung, die nichts mehr zu tun hat mit der Unterscheidung alte oder neue Bundesländer. Da entsteht was Neues, ein Stück lässiges Europa, vielleicht besser: Osteuropa. In den sächsischen Lokalen gibt es böhmisches Gulasch, und bei den Hartz-IV-Stammtischen kommt es gar nicht selten zu Lobliedern auf den deutschen Sozialstaat. Weil die Arbeitslosen hier mehr Geld in der Tasche haben als die tschechischen Arbeiter zwei Orte weiter, trotz einer Siebentagewoche.

Mittendrin, im Dörfchen Oybin, wohnt Heinz Eggert. Bis zur Wende war er hier evangelischer Pfarrer, nach 1989 ging er in die Politik, wurde sächsischer Innenminister und stellvertretender Bundesvorsitzender der CDU. Er wurde mit seinem kahl geschorenen, markanten Kopf eine Art Fernsehstar, moderierte zusammen mit Erich Böhme eine eigene Talkshow. Die Medien feierten ihn als politisches Ausnahmetalent. Eine Blitzkarriere, die aber auch ziemlich schnell wieder endete. Ein von Eggert entlassener Sicherheitsmann sagte aus, Eggert habe ihn sexuell belästigt. Der Verdacht war in der Welt, und wieder stürzten sich die Medien auf ihn, diesmal auf den sündigen Star. Eggert leugnete alles, und die Staatsanwaltschaft begann erst gar nicht richtig mit den Ermittlungen, so fadenscheinig waren die Vorwürfe. Doch Eggert trat zurück, 1995 war das, als Minister und als stellvertretender CDU-Bundesvorsitzender, weil er dachte, so ein Gerücht werde man nicht mehr los.

Nach seinem Sturz kam ein Anruf von Helmut Kohl, und kurz darauf trafen sie sich. Der Kanzler fragte, ob er helfen könne. Ob ihn vielleicht ein Botschafterposten interessiere? Eggert freute sich und lehnte ab, nein, Diplomat sei nichts für ihn. Er blieb im Landtag als Abgeordneter. Er sagt, ohne seine Frau und die vier Kinder hätte er die Affäre wohl nicht durchgestanden.

Die DDR ist kein Thema, es geht am Ende nur um Persönliches

Rund 8000 Seiten umfasst seine Stasi-Akte. Manchmal waren bis zu 40 Spitzel gleichzeitig mit dem aufmüpfigen Pfarrer Eggert befasst. Er sitzt in einer kleinen Stube seines Hauses und zeigt aus dem Fenster. Da hinten habe ein Nachbar gewohnt, von Beruf Wachmann an der Grenzstation, mit dem sei er ein wenig befreundet gewesen und der habe ihn all die Jahre bespitzelt. Aber auf anständige Art, sagt Eggert, »er hat immer weniger geschrieben, als er wusste. Trotzdem hat sich der Mann geschämt, er ist mir aus dem Weg gegangen.« Doch dann hat er ihn eines Tages auf der Straße getroffen, »man hat sofort gesehen, wie krank er war. Er wollte sich entschuldigen. Ich sagte ihm, brauchst du nicht, deine Berichte waren in Ordnung.« Eine Woche später war der Mann tot.

Eggert hat alle 8000 Seiten gelesen. Deshalb weiß er, wie viele andere Spitzel nicht anständig waren. Wie schwer sie ihn verraten und belastet haben, teilweise auch mit bösartigem Unsinn. Er hat mit keinem von ihnen später geredet, »was soll das.« Ob er durch das Studium der Akten den Glauben an die Menschen verloren habe? Nein, sagt er, »ich bin doch Theologe. Und Theologen wissen, wie die Menschen sind.«

Heinz Eggert ist es also gelungen, zu unterscheiden, wer die wirklichen Täter waren. Er differenziert. Er hat es geschafft, obwohl ihm übel mitgespielt wurde damals, er landete vorübergehend sogar mal in der Psychiatrie. Ein genauer, ein differenzierter Blick, erstaunlich, dass dies in Deutschland so gar nicht geklappt hat. Wer waren die Täter? Was ist aus denen geworden? Und wer waren die Anständigen, trotz alledem? Und wer die Feigen? Wer die Tapferen? Und die Gleichmütigen? Welche Biografie, von wenigen, muss man verurteilen? Und welche muss man, auch in Anbetracht der Umstände, anerkennen?

Gut sieht Eggert aus, vielleicht ein paar Kilo schwerer. In der schwarzen Lederjacke hat er sich gerne früher fotografieren lassen, sie hängt immer noch griffbereit in der Garderobe. Eggert verachtet jede Art von DDR-Nostalgie. Man hätte, sagt er, etwa drei Quadratkilometer DDR irgendwo einzäunen sollen, als eine Art Freizeitpark. So hätte man jederzeit nachschauen können, wie es wirklich war. Zum Beispiel den Zustand der Altenheime besichtigen, »die waren doch eine Katastrophe. Wenn ich böse aufgelegt bin, denke ich, ich würde es den Tätern von damals wünschen, in einem solchen Heim ihr Alter zu verbringen.«

Wenn man immer wieder mal in diesen DDR-Park fahren könnte, würde sich auch das Gerede von den angeblichen Wendeverlierern stark relativieren. Jeder sähe, was alles gewonnen worden ist an Lebenskultur, an Freiheit. Klar gab es in der DDR eine große Sicherheit für Arbeiter, aber oftmals, sagt Eggert, habe der Alltag doch so ausgesehen: Es gab nichts zu tun oder nur stundenweise Arbeit, trotzdem blieben alle beschäftigt, »hätte man sich eigentlich denken können, dass dies nicht funktioniert«.

Er habe noch 1989 geglaubt, man müsse die DDR nicht abschaffen, man könne sie reformieren. Aber dann habe er schnell begriffen, nein, das ganze System habe weg gemusst, »sonst wären die alten Kader zurückgekehrt, irgendwann. Es ist viel schiefgelaufen im Einheitsprozess, vor allem das Zusammentreffen westlicher Arroganz auf östliche Unsicherheit. Aber es gab keine Alternative. Die alten Täter mussten weg.« Eggert wird nächstes Jahr nicht mehr für den sächsischen Landtag kandidieren, nach fast 20 Jahren ist Schluss mit der Politik, »heute ist das auch mehr ein Verwaltungsjob, das kann ich nicht so gut«. Er habe gelegentlich Schwierigkeiten mit vielen der jungen Politiker, »die immer das gut finden, was die Mehrheit gut findet. Ich weiß nicht, ob Demokratie mal so gedacht war.« Rentner Eggert? Vielleicht kauft er sich noch mal eine neue Harley Davidson, die alte hatte nach einem Unfall Totalschaden. Er will öfter mit dem Hund raus, Vorträge an der Universität halten und weiterarbeiten als Seelsorger im Sterbehospiz.

Der Historiker Hans-Ulrich Wehler hat in seinem Buch *Deutsche Gesellschaftsgeschichte, BRD und DDR 1949 bis 1990* in einem verächtlichen Fazit die DDR zur »totalen Sackgasse« erklärt und prophezeit, von diesem Land werde in der deutschen Geschichte nichts als eine Fußnote übrig bleiben. Im Grunde, sagt Eggert, sehe er das auch so. Mit seinen Jahrgängen, er ist 1946 geboren, werden eines Tages die Letzten gestorben sein, die noch wirklich von der DDR geprägt wurden. In seinen Gesprächen mit den Sterbenden im Hospiz, also mit den meistens ganz Alten, falle ihm auch schon auf: Die DDR ist kein Thema. Es gehe am Ende immer nur um persönliche Dinge, um Schuld und um die Frage, wem sie noch verzeihen möchten. Es ist merkwürdig, sagt Eggert, nie gehe es darum, jemanden noch anzuklagen. »Mit uns stirbt dieses Land dann endgültig. Meine Kinder sagen jetzt schon immer, ach, Mann, komm uns jetzt nicht wieder mit deiner DDR.«

Fischer trägt die DDR im Körper, nach Jahren im Uranabbau

150 Kilometer weiter, sächsisches Erzgebirge. Nahaufnahme des Gesichtes von Michael Fischer, ein eindrucksvolles Gesicht, mit harten, fast brutalen Zügen, darunter eine einnehmende Verletzlichkeit.

Michael Fischer, geboren 1951, war Bergarbeiter der Firma Wismut, fuhr jahrelang unter Tage, um Uran abzubauen, im Akkord, unter hohem Leistungsdruck, weil die Sowjetunion das Uran brauchte für den Bau ihrer Atombomben. Leute wie Fischer wurden exzellent bezahlt, waren echte Helden der Arbeit in der DDR. Die Münchner Filmemacherin Annekathrin Wetzel hat den großartigen Film *Leben auf Abruf* über dieses Gesicht gemacht, über Michael Fischers Kampf, seine Würde zu behalten. Wenn man so will, trägt Fischer die DDR in seinem Körper: Man hatte ihnen allen

Es gibt eine Szene in diesem Film, da sitzt Fischer mit paar Freunden von damals zusammen, alle kaum über 50 Jahre alt, alle schwer gezeichnet von Krankheit, von Chemotherapie, von Kurzatmigkeit. Wenn sie könnten, würden sie ihr Leben noch mal so leben, noch mal Bergarbeiter, noch mal nach Uran graben? Einer nach dem anderen sagt Ja, klar, welch wunderbare Zeiten, die Kameradschaft, das Leben da unten, der Sinn, der Zusammenhalt. Einige haben Tränen in den Augen, als sie das sagen. Dieser Moment hat nichts mit DDR zu tun, nichts mit Kommunismus. Aber viel damit, dass alles anscheinend leichter ist,

Was vom Palast der Republik in Berlin 2008 noch übrig war, konnte vom verglasten Ausflugsdampfer bestaunt werden.

nicht erzählt, wie gefährlich ihre Arbeit war, da sie dauernd enormer radioaktiver Strahlung ausgesetzt waren. Fast alle Kumpel von Fischer sind entweder längst elend an Krebs gestorben oder schwer erkrankt. Auch Fischer ist kaputt. Sein Arzt hat ihm den Rat gegeben, »die nächsten fünf Jahre noch intensiv zu leben«.

als das Geständnis, das eigene Leben sei falsch, sei ein Irrtum gewesen. Was würde auch danach kommen, nach dieser Einsicht?

Das Leben in der DDR. Im Grunde wäre es so einfach, die Trennlinie zu ziehen. Da die Diktatur, da der Alltag, das Leben der Menschen abseits von Politik, das Leben der anderen. 18 Jahre nach dem

Verschwinden des anderen Deutschlands müsste es eine Selbstverständlichkeit sein, sich diese Wirklichkeit anzuschauen – zumindest in den Räumen der Fotoagentur Ostkreuz ist es das. Gegründet von einer Gruppe ostdeutscher Fotografen unmittelbar nach der Wende. Was vor einigen Jahren eher eine rührige Sache von Archivarbeit war, ist zu einem großen Geschäft geworden. Fotos, die vom gewöhnlichen Leben in der DDR berichten, kosten oft schon mehrere Tausend Euro. Ältere Fotografen wie Sibylle Bergemann, Harald Hauswald oder Ute Mahler sind plötzlich Stars. Ihre Aufnahmen werden beispielsweise nächstes Jahr in einer großen Ausstellung in Los Angeles gezeigt. Die sehr eigene Ästhetik dieser Fotos hat mit dem eher ruhigen, poetischen Blick der Fotografen zu tun, denen es ganz sicher nicht um das Aufdecken von Missständen ging, ja auch nicht gehen konnte in dieser Diktatur.

Aber hinzu kommt, dass viele Abbildungen eine sehr eigene, sehr echt wirkende Lebensfreude ausstrahlen. Als hätten diese Menschen auf den Bildern beschlossen, abseits der Politik ihr Leben erst recht zu genießen in den verschiedenen Nischen. Die Agenturleiterin Betty Fink sagt, das Leben in der DDR sei mancherorts eben sinnlicher gewesen, als es heutzutage ist. Vielleicht weil die Leute mehr Zeit hatten, »mehr bei sich waren. Wer weiß?« Sinnlicheres Leben in der DDR? Wie bitte, jaja, und was ist mit Bautzen und den Mauertoten? Man kann sie fast hören, die Protestschreie in dieser öden, festgezurrten Debatte, die immer und immer wieder die gleichen Positionen wiederholen.

Noch ein Ortswechsel. Berlin-Mitte, eine Vorstellung der neuen Auflage des Buches *Top Spione im Westen,* ein Saal, in dem kein Platz mehr frei ist, hundert Leute, eher ältere Jahrgänge. Auf dem Podium sitzen zwei hochrangige Offiziere des ehemaligen Ministeriums für Staatssicherheit und Werner Großmann, der letzte Nachfolger von Markus Wolf als Chef der Auslandsspionage. Im Publikum sitzen vor allem »Kundschafter des Friedens«, wie sie ausdrücklich begrüßt werden, also Leute, die für die Stasi im Ausland spionierten und dafür zum Teil hohe Haftstrafen bekamen, aber inzwischen wieder in Freiheit sind. »Helden« seien sie, sagen die Stasi-Offiziere, sagt Stasi-Chef Großmann. Und alle klatschen, immer wieder, beklatschen sich selbst.

Es sei einfach unglaublich, wer nicht begreifen könne, dass die Spione und die IMs der DDR nur für den Frieden in der Welt tätig gewesen seien, so sagen sie es wirklich, die Stasi-Männer. Kein Geheimdienst der Welt sei so edel gewesen. Wieder Beifall. Eine wahrlich geschlossene Gesellschaft. Nur einmal meldet sich eine mutige Frau, die darauf hinweist, dass die Stasi doch auch üble Sachen gemacht habe. Also, antwortet einer der Stasi-Offiziere, natürlich kämen überall schwarze Schafe vor, und gegen die müsse natürlich auch vorgegangen werden, aber in der Regel könne man sagen, Prüfungen der Einzelfälle würden immer bestätigen, dass keinerlei Unrecht geschehen sei. Beifall. Dann steht ein Mann im Publikum auf und sagt, er möchte darum bitten, nicht den Ausdruck »ehemalige DDR« zu verwenden. Er sehe es nämlich so: Österreich sei doch auch 1939 von Hitler einverleibt worden und wurde später wieder eigenständig. Ob das nicht eines Tages mit der DDR auch passiere? Man sehe doch, wie gerade der Kapitalismus zusammenkrache. Und die Russen, werden die nicht langsam auch wieder stark? Wer weiß, ob sie die DDR nicht eines Tages befreien?

Also, wenn diese Leute in die Dunkelkammer gehen und mit ihren Bildern von der DDR rauskommen – diese Bilder möchte man wirklich nicht sehen.

Einer, der immer versucht hat, differenziert, jenseits der extremen Bilder, über die DDR und deren Bewohner zu sprechen, ist Wolfgang Thierse, Vorsitzender der Ost-SPD und heute stellvertretender Bundestagspräsident. Er sitzt in seinem Büro und berichtet von Missverständnissen und Niederlagen bei seinen Bemühungen, vernünftige und abgewogene Worte zu finden. Einmal, sagt er, habe er davon gesprochen, dass die Ostdeutschen einen tieferen Gerechtigkeitssinn hätten. Mein Gott, sagt Thierse, »da war was los, als hätte ich damit gemeint, die Ossis sind die besseren Menschen. Ich meinte, durch ihre Geschichte sei ebendieses Empfinden ausgeprägter.« Er erzählt von seinem Wahlkampf gegen den Kandidaten und Schriftsteller Stefan Heym 1994 im Wahlkreis Prenzlauer Berg. Heym habe fortwährend behauptet, der Prenzlauer Berg werde eines der Armenhäuser Europas, dafür sorge der Kapitalismus. Heym gewann die Wahl, und der Prenzlauer Berg wurde zur totalen Boomgegend. Ja, so ist das.

Hinter Thierse an der Wand hängt ein gemaltes Porträt von Willy Brandt. Das sei die goldene Zeit der SPD gewesen, die siebziger Jahre, mit Brandt. Gerade in letzter Zeit sei eine große Sehnsucht nach dieser Zeit zu spüren, sozusagen nach der heilen Welt der vollen Sozialkassen. Und im Osten gebe es sowieso ein Bedürfnis nach der Rückkehr zur totalen Sicherung. Von dieser Sehnsucht profitiere die Partei Die Linke. Eine fatale Sehnsucht, meint Thierse. Als hätte bloße Rückkehr schon irgendwann mal funktioniert. Aber aus diesem Grund sei auch eine ernste Beschäftigung mit dem Erbe der DDR kaum möglich, alle Seiten schleuderten sich nur noch Schlagworte entgegen, sagt er und schüttelt den Kopf, fast ein wenig aufgebracht.

Immer gibt es Ärger, überall. Und dann sind da noch die Schüler aus dem Osten, nicht einmal die wissen mehr, wie böse die DDR war. Um wenigstens diese Diskussion ein wenig zu beruhigen, treffen wir Kathrin Wiencek, von Beruf Lehrerin für Mathematik, Physik sowie Politik und Geschichte und nebenbei noch Vorsitzende des Brandenburger Philologenverbandes. Sie ist geborene Potsdamerin, hat zwei erwachsene Söhne, von denen einer gerade Lehrer wird. Sie ist eine große und starke Frau, trägt ein buntes Kleid, bestellt sich in einem Potsdamer Café gleich neben ihrer Schule einen Milchkaffee und erzählt sehr lustig, wie sie nach der Wende in Neukölln gearbeitet hat. Viele Ausländerkinder gab es, und sie hielt an der DDR-Tradition des Hausbesuches fest: Wenn der Schüler schwierig ist, geht man nach Hause zu den Eltern. So sei es gewesen, sagt sie, »und das finde ich heute noch gut«. Also klingelte sie einmal an der Wohnungstür eines aufmüpfigen Jungen. Der Vater öffnete, ein Vorbeter der örtlichen Moschee, wie sie später erfuhr. Er hatte nur zwei Fragen. Haben Sie Kinder? Ja, zwei. Junge oder Mädchen? Zwei Jungen. Das gefiel ihm anscheinend. Er holte seinen Sohn und stauchte ihn zusammen. Von da an war der immer brav. Frau Wiencek mag diese Geschichte. Frau Wiencek neigt zum Pragmatismus.

Deutsche sind genauso faul wie Russen, man muss sie nur lassen

Wie sie nun die geschichtslosen Ostschüler beurteilt? Verlogen sei die Aufregung, unglaublich verlogen. Zum Beispiel in Brandenburg habe man massiv die Unterrichtsstunden für Politik und Geschichte reduziert, auf oftmals nur eine Stunde pro Woche – und dafür Religion und Ethik erweitert. Dazu habe man immer weiter Lehrer eingespart. Und jetzt wissen die Schüler nichts und alle empören sich, »das ist wirklich manchmal schwer zu ertragen«.

Frau Wiencek verfügt übrigens auch über einen eher praktischen Gedanken in der großen Theoriediskussion, was nun am Ende besser sei, der Kapitalismus oder nicht doch der Sozialismus: »Ich sage immer, wenn zwei durch den Atlantik schwimmen und der eine ersäuft, dann ist das noch keine Garantie, dass der andere durchkommt.«

Die Ossis, die Wessis. Die Kapitalisten, die Sozialisten. Keinen Schritt weitergekommen in den Diskussionen, auch nach 18 Jahren noch alles beim Alten. Schubladendenken überall. Vielleicht ist es ratsam, noch einen Außenstehenden zu Wort kommen zu lassen. Es war im Literarischen Colloquium am Wannsee, kurz bevor wir zu Ingo Schulze ins Auto stiegen. Er hatte mit dem russischen Schriftsteller Andrej Bitow darüber diskutiert, wie die Deutschen und die Russen sich heute sehen. Bitow reagierte in der Debatte gereizt, er hasse Klischees, sagte er. Und dann fügte er hinzu: Er glaube außerdem ganz fest daran, dass die Deutschen im Prinzip genauso faul sein könnten wie die Russen und auch fast so gut saufen könnten. Man müsse sie nur lassen.

Im Jahr 2009 wurde auf dem Münchner Waldfriedhof eine Ruhestätte für fehl- und totgeborene Kinder eingeweiht.

Wo Geburt und Tod sich treffen

Ein neues Gesetz soll Spätabtreibungen erschweren. Doch die Mütter von Emil und Felix rangen auch ohne staatlichen Druck um die richtige Entscheidung

Von **ALICE BOTA**, erschienen in der ZEIT am 25. September 2008

Für diese Reportage wurde Alice Bota mit dem Axel-Springer-Preis 2009 ausgezeichnet.

Das Unglück tauchte plötzlich auf, als Schatten im Kindskopf. Unscharf, dunkel und bedrohlich. Es verlangte nach einem Wort: Ja oder nein? Wollt ihr euer Kind, ganz gleich, wie krank es sein wird?

Felix' Eltern sagten Ja, Emils Eltern Nein.

Felix hatte rotblondes Haar und lebte fünf Tage. Emils Haar war schwarz und dicht. Er kam an einem Tag im Mai vor zwei Jahren tot auf die Welt.

Seine Eltern kleideten ihn in einen blauen Strampelanzug, 44er-Größe für Frühgeborene, Emil wirkte verloren darin. Sein Körper war zart, nur der Kopf groß, weich und verformt. Ein Hydrocephalus, ein Wasserkopf. Sein Vater küsste Emil zum Abschied, die Mutter drückte ihn an ihre Brust.

Drei Tage lang hatten Wehen ihren Körper geschüttelt, drei Tage lang hatte sie die Medikamente erbrochen, die ihre Wehen einleiten sollten. Maria Allers war erschöpft vom Pressen, aber ihr Körper hielt Emil fest, bis ein Seelsorger an ihr Bett trat. Atme ruhig aus, lass ihn gehen. Dann ließ sie Emil los, nach 28 Wochen in ihrem Körper. Emil, 1050 Gramm, 36 Zentimeter, ein Wunschkind, geboren am 24. Mai 2006, gestorben am 21. Mai 2006 durch eine Kaliumchloridspritze, im Bauch der Mutter, noch vor der Geburt.

Wir haben uns für Emil entschieden, sagt Maria Allers, aber gegen sein Leben.

An einem Freitag kurz vor Weihnachten sagte die Frauenärztin Felix' Eltern, dass im Kopf ihres Sohnes etwas nicht so sei, wie es sein sollte. Helen Barth war in der 32. Woche. An diesem einen Tag suchte sie so viele Ärzte auf wie in ihrer ganzen Schwangerschaft nicht: erst ein Krankenhaus, dann den Pränatalarzt, der sofort Spezialisten in Bonn kontaktierte. Felix litt an einer sehr seltenen Erkrankung, einer artio-venösen Malformation mit sekundärer Kardiomegalie – ein riesiges Gefäßknäuel im Kopf, welches das Herz überlastet bis hin zum Versagen. Hinter dem komplizier-

Zur Sache

In Deutschland ist der von einem Arzt vorgenommene Schwangerschaftsabbruch bis zur 12. Woche möglich, wenn die Schwangere mindestens drei Tage zuvor eine anerkannte Beratungsstelle aufgesucht hat. Er gilt dann als rechtswidrig, bleibt aber für alle Beteiligten und nur für die Schwangere auch noch bis zur 22. Woche straffrei. Nicht rechtswidrig ist er bei einem Sexualdelikt (bis zur 12. Woche) oder bei Ge-fahr für die körperliche oder seelische Gesundheit der Frau (ohne Frist). Nur noch unter letzterem Aspekt wird seit 1995 eine etwaige schwere Erkrankung oder Entwicklungsstörung des Ungeborenen gesehen.

Nach monatelangen Debatten zum Thema Spätabtreibung beschloss der Bundestag 2009 eine Änderung des Schwangerschaftskonfliktgesetzes, die 2010 in Kraft trat. Sofern beim Ungeborenen dringend eine geschädigte Gesundheit zu vermuten ist, gilt – neben ausdrücklichen Beratungs- und Informationspflichten des Arztes – seitdem, dass zwischen Diagnose und schriftlicher Feststellung der Indikation mindestens drei Tage liegen müssen.

2009 wurden in Deutschland 3.200 Schwangerschaftsabbrüche aufgrund medizinischer Indikation gemeldet, 240 davon waren Spätabtreibungen.

ten Namen verbarg sich eine Gewissheit: Felix würde sterben, vermutlich Minuten nach der Geburt.

In den ersten Tagen nach der Diagnose, sagt Helen Barth, wollte sie ihren Bauch loswerden. Bloß nicht mit diesem kranken Kind zusammen sein, ununterbrochen. Es war Wochenende, ihr Mann konnte sich zurückziehen, sie aber hatte dieses kranke Kind in sich, das strampelte, wie immer. Aber von diesem Freitag an fühlte es sich anders an. Wie eine Bedrohung.

Ihr Mann schreinerte den Sarg für ihr Kind, rund wie ein schwangerer Bauch

Zwei Tage dauerte ihr Kampf, sie sah ihren Mann leiden und entwickelte eine ungeheure Kraft. Sie und ihr Mann wollten Felix. Ihr Pränatalarzt schickte sie zu der Beratungsstelle Donum Vitae. Die Zeit der Vorbereitungen begann.

Drei Tage vor Weihnachten schrieb Helen Barth eine E-Mail, in die Adresszeilen trug sie die Namen ihrer Freunde und Bekannten ein. Betreff: zur info.

Liebe Freunde, schrieb sie, *auf uns kommt eine harte Zeit zu. Felix ist sehr krank, niemand kann etwas daran ändern. Er wird sterben, aber wir werden ihn bekommen. Habt Verständnis, dass wir uns erstmal zurückziehen.*

Sie entwarf einen Sarg. Ihr Kind sollte in keiner flüchtig gezimmerten Kiste begraben werden. Tag für Tag schreinerte ihr Mann im Keller den Sarg, weiß und rund und schön wie ein schwangerer Bauch, während sie weiter zu jeder Untersuchung ging und Ultraschallbilder mitbrachte, die sie ins Album klebte. Sie saß auf dem Sofa im Wohnzimmer, schaute in den Garten und plante Felix' Leben. Wenn die Hebamme kam, bereiteten sie Felix' Geburt vor. Kam der Bestatter, besprachen sie seine Beerdigung. Sie legten den Geburtstermin fest. Nicht zu nah am Geburtstag ihres Mannes oder ihrer verstorbenen Mutter. Sie wollte, dass ihr Arzt den Kaiserschnitt in den späten Abendstunden vornahm. Vielleicht würde es Felix ein paar Stunden schaffen, dann hätten sein Geburtstag und Todestag ein anderes Datum.

Am 31. Januar 2007 um 13.53 Uhr kommt Felix per Kaiserschnitt zur Welt, ein prächtiges Baby, 56 Zentimeter groß, 4230 Gramm schwer, der Pfarrer wartet vor dem Kreißsaal. Helen Barth wollte keine Vollnarkose. Bis sie erwacht wäre, hätte Felix schon tot sein können. Sie bekommt eine Peridualanästhe-

sie, eine Betäubung in das Rückenmark, um jede Minute mit Felix bewusst zu erleben. Die Betäubung hält zwei Tage vor, damit sie die Zeit mit Felix ohne Schmerzen erleben kann. Falls er doch länger leben sollte.

Er lebt länger. Aus den Minuten werden Stunden, aus den Stunden Tage. Die Eltern halten Felix in ihren Armen, Verwandte und Felix' Taufpaten kommen zu Besuch. Wie eine gewöhnliche, glückliche Familie. Am 4. Februar um 5.50 Uhr erreicht Helen Barth und ihren Mann ein Anruf von der Kinderintensivstation, den sie seit Tagen fürchten und erwarten. Felix stirbt. Sie gehen von der gynäkologischen auf die Intensivstation. Helen Barth hält ihn an ihrer Brust, er schläft friedlich ein. Sie legen ihn ins Bettchen, ihr Mann wickelt ihn, dann ziehen sie ihn an.

Sie haben heute einen zweiten Sohn, elf Wochen alt, gesund. Er ist kein Ersatz, er ist Felix' jüngerer Bruder. Wir sind glücklich, dass wir Felix kennenlernen konnten, sagen die Eltern, mehr wollten wir nicht. Er ist das Beste, was uns passiert ist, sagt der Vater und weint. Ihre größte Angst war, dass Felix leiden könnte. Hätte er Schmerzen gehabt, vielleicht hätten sie dann so entschieden, wie Maria Allers und ihr Mann für Emil entschieden haben.

Emils Wasserkopf wurde in der 21. Woche festgestellt. Die Diagnose konnten seine Eltern im Gesicht des Frauenarztes ablesen, lange bevor der etwas sagte. Vergrößert auf einer Leinwand sahen sie die Umrisse ihres Kindes und einen Schatten in seinem Kopf, der Arzt fuhr hektisch mit dem Ultraschallgerät über ihren nackten Bauch. Bis seine Eltern sich entschieden, vergingen sieben Wochen, in denen sie mit sich kämpften.

Emil hätte Schmerzen gehabt. »Ich wollte ihn schützen«, sagt seine Mutter

Er wird nicht sehen, nicht hören, nicht laufen. Kein Lächeln, nie. Sein Gehirn ist nicht richtig ausgebildet, vermutlich fehlt das Septum, die Trennwand zwischen den Gehirnhälften. Schwere Spasmen werden seinen Körper schütteln, ihm Schmerzen bereiten und sein Gehirn nach und nach zerstören. Er wird starke Medikamente brauchen, die ihn sedieren, sein Leben lang, von dem niemand weiß, wie lange es dauert. Es wird nie besser werden. Nur schlechter. Hundertprozentig? Mit sehr großer Wahrscheinlichkeit.

Wenn das Schlimmste, was Mutter und Vater im Leben widerfahren kann, der Tod des eigenen Kindes ist, was bedeutet es dann, genau darüber entscheiden zu müssen?

Diese sieben Wochen waren die Hölle, sagt Emils Vater.

Als in der 12. Woche bei ihrem Kind die erste Ultraschalluntersuchung anstand, zögerte Maria Allers. Für sie hätte das Ergebnis nichts geändert. Sie wollte mit ihrem Mann ein Kind. Auch ein behindertes. Aber ihre Kraft reichte nicht für das, was auf sie zukam. Zweieinhalb Jahre sind seitdem vergangen. In ihr wächst wieder ein Baby heran, ihr Bauch ist größer, als er es bei der letzten Schwangerschaft je wurde. Jedes Wochenende gehen sie gemeinsam zu Emils Grab. Sie hat nichts überstürzt, sie hat es sich nicht leicht gemacht. Sie ist überzeugt, dass keine Frau mit einer weit fortgeschrittenen Schwangerschaft diese Entscheidung vorschnell trifft. Der große Bauch, die Brüste erinnern sie jede Sekunde an ihr Wunschkind.

Aber der CSU-Politiker Johannes Singhammer glaubt, dass es weniger Spätabtreibungen geben könnte, wenn man nur die Gesetze änderte. Mitte Oktober wird er seinen Entwurf im Bundestag einbringen. Der Arzt muss dann künftig die Schwangere darauf hinweisen, dass ihr eine psychosoziale Beratung zustehe, ansonsten droht ihm ein Bußgeld von 10 000 Euro. Befürworten die Ärzte eine Abtreibung, müssen bis zum Abbruch mindestens drei Tage vergehen. Und alle Daten über die Schwangere sollen anonym an die Behörden weitergeleitet werden.

Maria Allers hat nichts gegen dieses Gesetz, sie hat selbst weitaus mehr getan, als der Entwurf erfordern würde. Aber sie hat etwas gegen die Töne, die den Entwurf begleiten. Als hätten die 229 Frauen, die im vergangenen Jahr nach der 23. Schwangerschaftswoche abgetrieben haben, sich leichtfertig entschieden.

Von jedem wollten die Eltern wissen:
Wie würdest du dich entscheiden?

»Was wissen diese Männer schon, die so reden?«, fragt Allers.

Johannes Singhammer hat sechs Kinder.

»Ja. Sechs gesunde Kinder«, sagt Allers. »Dann kann man so reden.«

Als könnte man Frauen, die nach der 23. Woche abgetrieben haben, vom Gegenteil überzeugen, mit etwas Mühe. Maria Allers sprach ein Dutzend Mal mit einer Psychologin bei Donum Vitae, bis sie sich entschied. Jede denkbare Möglichkeit spielte sie durch.

Ich wollte Emil schützen, flüstert Allers.

Am Abend vor der Abtreibung saß sie mit ihrem Mann zusammen auf dem schwarzen Sofa. Sie trug eine schwarze Jogginghose und ein grünes Oberteil, ihr Gesicht war blass. Sie hatte sich Kissen unter den Rücken gelegt, er seine Hände auf ihren Bauch gedrückt, er sprach mit leiser Stimme. Emil, hörst du mich. Du bist unser Sohn, wir lieben dich. Dann stellte sie sich vor die Wand im Wohnzimmer, sie schob ihren Pullover hoch, zeigte ihren nackten Bauch, der Bauchnabel stand hervor, er holte den Fotoapparat heraus. Von vorn fotografierte er sie, von der Seite, ein Foto, zwei, sechs. Sie schaute gequält in die Kamera, auf dem Gesicht ein Ausdruck von zerbrochenem Mutterstolz.

Sie schlief ein und erwachte, als sie von dem Abort träumte. Fünf Uhr morgens war es, sie stand auf. Noch drei Stunden, bis sie ins Krankenhaus fuhren, drei letzte Stunden mit Emil. Niemand außer mir könnte das jetzt verhindern, dachte sie. Nur ich.

Als Emils Diagnose feststand, haben sie und ihr Mann mit Freunden, Ärzten und ihren Eltern gesprochen. Sie quälten sich, sie quälten andere. Was würdest du tun?, fragten sie ihre Freunde. Wie würdest du entscheiden, fragte sie ihre Mutter, ihren Frauenarzt und ihren Onkel, der Priester ist. Niemand konnte ihnen eine Antwort geben. Laut einer Studie ist sich nur die Hälfte aller Frauen zwei Jahre nach ihrem Schreckensbefund ganz sicher, genauso wieder zu handeln. Umso wichtiger ist das Gefühl, alles getan zu haben. Sonst bleibt das Leben mit der Schuld.

Sollen sie doch die Beratung zur Pflicht machen, sagt Maria Allers. Das wäre mehr, als der Gesetzentwurf von Singhammer fordert. Ihr Mann hielt wenig von Psychologen, er ist damals nur ihr zuliebe mitgegangen zu Donum Vitae. Heute ist er unendlich froh darüber. Die Beratung war ein Puzzleteil von vielen ganz wichtigen, sagt er, um nicht ein, zwei Jahre später zu denken, Gott, was haben wir nur getan?

Emils und Felix' Mutter sind an ihren Erfahrungen gewachsen, nicht verzweifelt. Die Wege, die beide Frauen zurücklegten, ähneln sich. Aber an ihrem Ende standen andere Entscheidungen, jede für sich richtig.

Günter Wallraff arbeitete im Jahr 2008 einen Monat lang in der Brotfabrik Weinzheimer, die ausschließlich für den Discounter Lidl produziert.

Unser täglich Brötchen

Schöne neue Arbeitswelt: Brandblasen an Armen und Händen, der ständige Kampf gegen den Schimmel und ein Chef, der seine Arbeiter wie Sklaven behandelt. ZEITmagazin-Reporter Günter Wallraff war wieder undercover unterwegs. Diesmal als Niedriglöhner in einer Fabrik, die Brötchen für Lidl backt

Von **GÜNTER WALLRAFF**, erschienen im ZEITmagazin am 1. Mai 2008

Ich hätte diesem Brief, der keinen Absender und keinen Namen trug, kaum Beachtung geschenkt, wenn ich nicht schon wenige Tage nach seinem Eintreffen einen Anruf erhalten hätte, der mir von dem gleichen Umstand berichtete: dass die Arbeiter einer Backfabrik im Hunsrück unter unwürdigen Bedingungen schufteten und dass dringend Hilfe geboten sei, dies aufzudecken. Ich bat den Anrufer, mir Details und seinen Namen zu nennen, aber er sagte nur: »Wenn herauskommt, dass ich mit Ihnen gesprochen habe, werde ich fristlos entlassen. Ich wäre nicht der Erste, dem das passiert. Hier geht die Angst um.« Dann legte der Anrufer auf.

Die Backfabrik Weinzheimer liegt in Rheinland-Pfalz, in dem 3200-Einwohner-Städtchen Stromberg. Auf der Homepage wirbt die Fabrik mit ihrer 600 Jahre alten Backtradition. Das Logo der Firma ist ein stilisierter Laib Brot. Laut Eigenwerbung vertreibt das Unternehmen seit dem Jahr 1900 »Original Hunsrücker Brot«. In Wahrheit werden hier keine Brote mehr gebacken, das ergeben meine ersten Recherchen, sondern ausschließlich Brötchen, genauer: Aufbackbrötchen. Und diese wiederum ausschließlich für Lidl, europaweit.

Ich will wissen, wie es in einer Firma zugeht, die sich einem einzigen Großabnehmer ausgeliefert hat, noch dazu dem Discounter Lidl, der dafür bekannt ist, aus seinen Mitarbeitern und Zulieferern das für ihn Optimale herauszupressen und dessen Konzernherr Dieter Schwarz auf diese Weise mit seinen mehr als 10 Milliarden Euro Ersparnissen zum viertreichsten Deutschen emporstieg.

Viele Produkte, die wir kaufen, werden nicht mehr in Deutschland hergestellt, sondern in China,

Zur Sache

Der Besitzer der Brotfabrik Weinzheimer, der Unternehmer Bernd Westerhorstmann, nannte die von Wallraff erhobenen Vorwürfe »völlig aus der Luft gegriffen« und erstattete Anzeige wegen Hausfriedensbruchs. Der Discounter Lidl verwahrte sich ebenfalls gegen die Anschuldigungen und betonte, der Brotfabrik marktübliche Preise zu zahlen.

Nach der Veröffentlichung der Reportage standen nach Angaben Wallraffs in der Brotfabrik für vier Tage die Bänder still, während eine Putzkolonne den Schimmel aus den Produktionsanlagen entfernte. Die Brotfabrik Weinzheimer kündigte zudem an, ihre Mitarbeiter zukünftig über Tarif zu bezahlen. Eine 2010 vorgelegte Studie des Instituts für Arbeit und Qualifikation (Universität Duisburg-Essen) ergab, dass 2008 in der Bundesrepublik insgesamt 6,5 Millionen Menschen im Niedriglohnsektor arbeiteten. Gut zwei Millionen von ihnen erhielten weniger als sechs Euro, eine Million weniger als fünf Euro brutto pro Stunde. 80 Prozent der Betroffenen verfügten über eine abgeschlossene Berufsausbildung oder einen akademischen Abschluss.

Die Brotfabrik Weinzheimer hat im September 2010 ihre Produktion eingestellt – ob Wallraffs Recherchen mit der Schließung zu tun haben, ist umstritten.

Indien oder Rumänien, wo man den Arbeitern weniger zahlt, wo sie weniger gut oder gar nicht versichert sind und weniger gut oder gar nicht gegen Gefahren geschützt. Wie reagiert ein Betrieb, der in Deutschland produziert, auf den Kostendruck? Kann es sein, dass die Arbeitsbedingungen der sogenannten Dritten Welt bereits Einzug gehalten haben in unsere »schöne neue Arbeitswelt«?

Ich will es wissen. Auf der Homepage steht, dass in der Firma »qualifizierte Mitarbeiter im Einklang mit der Backkunst backen«. Ich bin zwar weder qualifiziert noch verstehe ich etwas von Backkunst, dennoch rufe ich an, um mich als Arbeiter anzubieten. Von einem Angestellten erfahre ich, sie suchten »20 bis 30 Jahre alte Männer, die robust sind und belastbar« – also nicht mich. Ich gebe vor, 51 Jahre alt zu sein statt 65, und habe mir die Identität eines Freundes geliehen. Frank K. heiße ich jetzt. Ich muss es mit Chuzpe versuchen.

Falsche Haare und ein dünner Oberlippenbart verjüngen mich. So schwinge ich mich im Sportdress auf mein Rennrad, um direkt vor dem Büro der Fabrik vorzufahren. Die Strecke führt durch Wälder zur Fabrik, die nahezu romantisch an einem Bach liegt. Das Wasser, das durch das Bachbett fließt, trieb hier vor 600 Jahren die ersten Mühlen an.

Ich bin an diesem Februarmorgen nicht der Einzige, der in der Firma vorstellig wird, um Arbeit zu finden, und so will ich durch meine Kleidung und mein Auftreten auffallen. Der Dame am Empfang sage ich: »Mein Name ist Frank K. Ich soll hier eingestellt werden.« – »Schicken Sie uns Ihre Bewerbungsunterlagen«, sagt sie, als eine etwa 30-jährige Frau den Raum betritt, die von der Empfangsdame als Ehefrau des Inhabers begrüßt wird. Ich wende mich an sie: »Man hat mir gesagt, ich könnte hier sofort anfangen. Ich bin die 50 Kilometer von zu Hause mit dem Rennrad gefahren.« – »Mag schon sein. Aber ich habe zu tun.« Ich gebe trotzdem nicht auf. Jetzt oder nie! »Ich weiß ja, dass Sie eigentlich Jüngere suchen. Aber ich mache Triathlon, habe den Ironman geschafft: 3,8 Kilometer Schwimmen, 180 Kilometer auf dem Rad und den Marathon noch obendrein. Ich kann Ihnen ein sportärztliches Attest vorlegen, in dem mir das biologische Alter eines 30-Jährigen bescheinigt wird.« Ich habe mich vorbereitet und seit einigen Monaten reichlich Ausdauer- und sogar Krafttraining absolviert, dennoch

übertreibe ich gewaltig. Bei meiner letzten Undercover-Recherche im Callcenter habe ich gelernt: »Den anderen nicht zu Wort kommen lassen! Gegenenergie aufbauen! Positive Bilder erzeugen! Auf den Abschluss drängen!« Ich sage also: »Ich kann ja die ersten Tage umsonst hier arbeiten. Sie gehen kein Risiko mit mir ein.«

Aus ihrem Gesicht ist jetzt so etwas wie Interesse zu lesen. Sie fragt: »Haben Sie schon mal im Schichtsystem gearbeitet?« – »Ja, am Fließband bei Ford und bei Siemens im Akkord.« Ich verschweige, dass das fast 40 Jahre zurückliegt. »Dann erscheinen Sie morgen zur Frühschicht.«

Ich bin drin. Ich beziehe noch am gleichen Tag Quartier bei einem Freund, der 35 Kilometer entfernt von der Fabrik wohnt, er überlässt mir ein Zimmer mit Schlafcouch.

Am ersten Morgen begrüßt mich die Chefin selbst mit Handschlag, dafür ohne Vertrag. Den gibt es weder heute noch später. Der übliche Stundenlohn beträgt hier 7,66 Euro brutto, ein Billiglohn also, netto bleiben den Arbeitern weniger als sechs Euro. Der Verdienst jedes fünften Vollzeitbeschäftigten in Deutschland liegt inzwischen unter der offiziellen Niedriglohnschwelle von weniger als 9,61 Euro im Westen beziehungsweise weniger als 6,81 Euro im Osten. Damit hat Deutschland einen höheren Anteil an Niedriglöhnern unter den Beschäftigten als Großbritannien und nur noch einen wenig geringeren als die USA.

Die Chefin überreicht mir eine weiße Arbeitshose und ein T-Shirt mit kurzen Ärmeln. Ich frage, ob man darin im Winter nicht friere. »Wenn es Ihnen zu kalt ist, müssen Sie eben schneller arbeiten.« Dann überlässt sie mich meinem Schicksal und meiner Schichtführerin.

Als ich ihr, einer Frau von Mitte 40, die Hand zur Begrüßung entgegenstrecke, ignoriert sie das, läuft an mir vorbei, als existiere ich nicht, zu einem Schaltkasten, dessen Knöpfe sie hektisch drückt. Auch die anderen Kollegen nehmen kaum Notiz von mir. Meine Schichtführerin platziert mich mit knappen Worten am Endband, wo schon zwei andere Arbeiter stehen. Insgesamt beschäftigt die Firma ungefähr 50 Menschen.

Am Endband strömen die Brötchentüten unentwegt mit immer gleicher Fließgeschwindigkeit der Mündung des Bandes entgegen. Die Packungen

434

werden in Kartons verstaut und auf Paletten gesta-
pelt. »Haltbarkeitsdatumsstempel kontrollieren, auf
fehlerhafte Brötchen achten und sie aussortieren
und die Packungen, die nicht prall genug mit CO_2

Schichtführerin brüllt mich an, ich solle hinterher,
»schnell, schnell, helfen, helfen!«, ruft sie und schubst
mich. »Bleche vom Band runter, Tempo, Tempo!«
Die Backbleche haben sich ineinander verkantet,

Unentwegt liefen die Brötchentüten über das Endband, wo sie kontrolliert werden sollten.

gefüllt sind, vom Band entfernen«, sagt der Kollege
neben mir. Eine Aufgabe, die nicht fehlerfrei zu bewältigen ist.

Ich stehe gerade einmal eine Stunde am Band,
da geht ein Geschrei los. Eine Sirene heult auf, und
die Männer rennen fluchend in die Nebenhalle. Die

aufgetürmt blockieren sie das Fließband. Unsere
Aufgabe ist es, die heißen Bleche mit den herunter-
purzelnden Brötchen vom Band zu nehmen und in
fahrbare Gestelle zu schieben. Jedes Blech misst 80
mal 60 Zentimeter und ist mit 42 Brötchen beladen.
Ein Kollege wirft mir ein paar zerfetzte Handschuhe

zu, und ich verbrenne mir als Erstes die rechte Hand. Beim Hochstemmen der Bleche über Kopf zischt es auf der Haut meines rechten Arms, und es bilden

den dürfen wir nur im alleräußersten Notfall betätigen, wissen die Kollegen. Denn wird er gedrückt, dann bleiben die Brötchen zu lange im Ofen, wer-

Idyllisch liegt die Brotfabrik Weinzheimer im kleinen Ort Stromberg im Hunsrück.

sich dicke Brandblasen. Fast alle meine Kollegen, erfahre ich nach meinem Ausscheiden, haben sich schon einmal Brandverletzungen zugezogen.

Als die stählerne Kette des Bandes plötzlich abspringt, herrscht Chaos. Die Kollegen brüllen sich an, greifen mit den Händen ins laufende Band, um die Kette wieder in die Halterung zu bringen. Dabei ist es schon zu Verletzungen gekommen, wie ich erst nach zwei Wochen erfahre, nachdem ich selbst schon mehrfach ins laufende Band gegriffen habe. Und erst nach einer Woche erfahre ich von einem Notstopp-Knopf, der seitlich vom Band angebracht ist. Aber

den zu dunkel und sind nicht mehr verwendbar. Mit großem Nachdruck mahnt mich ein gelernter Bäckerkollege, die Finger von diesem Knopf zu lassen.

In den nächsten Arbeitstagen lerne ich, dass Störfälle bei Weinzheimer die Regel sind, nicht die Ausnahme. An manchen Tagen bricht alle 15 Minuten das Chaos aus: Bleche müssen vom Band, Brötchen fliegen durch die Luft und liegen auf dem Boden, wo wir sie aufsammeln müssen, damit sie später entsorgt werden. Die Bleche verziehen sich nämlich mit der Zeit in der Hitze des Ofens, und wenn sie sich verzogen haben, blockieren sie das Band, es kommt zu einem Stau, auch weil die Anlage mehr als marode ist. Es drohen dann Konventionalstrafen: Für jede nicht oder zu spät gelieferte Palette, bestehend aus 336 Brötchentüten, erfahre ich, muss Weinzheimer 150 Euro an Lidl zahlen. Ich höre, es seien kürzlich 87 Paletten gewesen, also rund 13 000 Euro Strafe.

Ein Backblech kostet nur 70 Euro, und so frage ich einmal einen Schichtleiter, ob man denn nicht neue kaufen könne, um die dauernden Staus zu vermeiden. »Ihr seid billiger als neue Bleche«, ist seine Antwort.

Als am zweiten Tag das Band blockiert und die Brötchen herumfliegen wie Geschosse, stoße ich mich mit der Stirn an einem Blech. Es blutet stark, ich habe eine Risswunde, bin benommen. Später erfahre ich, dass einem Betriebsschlosser einige Monate zuvor an dieser Stelle das Gleiche passiert ist. Ich besuche ihn, und er erzählt mir: »Ich hatte eine stark blutende Schnittwunde und eine Gehirnerschütterung. Ich bat meinen Schichtführer, mir zu helfen, aber er sagte: Tut mir leid, keine Zeit für so was. Ich suchte selbst den Erste-Hilfe-Kasten, stellte jedoch fest, dass kein Verbandszeug drin war. Erst nach Schichtende wurde mir erlaubt, ins Krankenhaus zu fahren.«

Als das Band am dritten Tag für längere Zeit stillsteht, spricht mich der indischstämmige Kollege S. an. Er hält mich wegen meiner dunklen Haare für einen Landsmann oder einen Pakistaner. Ich muss ihn enttäuschen, bin aber froh, dass ich mit jemandem reden kann. S. ist sich, genau wie andere Kollegen, mit denen ich später spreche, sicher, dass das Betriebsklima sich drastisch verschlechtert hat, seitdem Lidl vor etwa sechs Jahren zum alleinigen Kunden wurde. Lidl verkauft eine Tüte mit zehn Brötchen für 1,05 Euro, Weinzheimer erhält ungefähr zwei Drittel, dafür muss die Firma frei Haus liefern.

Wie groß der Druck auf die Firma ist, lässt sich an einem Aushang erkennen, in dem sich der Firmenbesitzer an seine Arbeiter wendet, wortwörtlich wiedergegeben: »Bei Reklamationen seitens der Firma Lidl werden die Beträge jeweils an der nächsten Rechnung abgezogen. Dieses ist in dieser Woche der Fall, da über 150 Paletten, das sind anderthalb Tage Produktion oder 50 000 Packungen schimmelig gemeldet wurden. Dieser Umstand ist für die Geschäftsleitung nicht vorhersehbar, aber nachvollziehbar. Der Schimmel entsteht durch unsauberes, un-

genaues Arbeiten. Wenn ich sehe, wie die Räumlichkeiten und Maschinen nicht gereinigt werden und die Mitarbeiter meinen sich nicht an vorgeschriebene Prozesse halten zu müssen, aber dann ihrem Lohn hinterher jammern, den rate ich in Zukunft seine eigenes Handeln und den Umgang mit seinem eigenen Arbeitsplatz zu überdenken. Ich, die Firma Lidl und allen Endkunden habe für diese Arbeitsauffassung keinerlei Verständnis.«

Der Schimmel entsteht in der Brotfabrik keineswegs durch »ungenaues oder unsauberes Arbeiten«. Er blüht permanent – davon kann ich mich selbst überzeugen, und ich kann es auch durch Fotos belegen – an schwer zugänglichen Stellen der Anlage rieselt er an verrotteten Eisenteilen herunter und entwickelt sich im Gärschrank. Ich selbst werde einmal mit einem älteren Kollegen dazu eingeteilt, den in den Fugen einer gekachelten Wand sitzenden Schwarzschimmel zu entfernen. Es ist eine mühselige Arbeit und eine vergebliche dazu – denn schon eine Woche später ist neuer Schimmel da. Als ich den älteren Kollegen frage, warum die Wand nicht fugenlos isoliert werde, um sie leichter und öfter zu reinigen, winkt der nur ab: »Natürlich könnte man hier vieles vorschlagen. Aber das ist unerwünscht. Ich habe einmal einen Vorschlag gemacht und danach nie wieder. Man sagte mir, ich sei zum Arbeiten hier, nicht zum Denken.«

Vordergründig wird in der Fabrik sehr auf Hygiene geachtet. Wir Arbeiter müssen eine Haube auf dem Haar tragen, und auch mein Schnauzbart wird von einer Binde geschützt. Wir müssen unsere Hände desinfizieren, bevor wir sterile Handschuhe anziehen. Aber in Wirklichkeit ist die Backanlage alles andere als steril: Weil sie so selten wie möglich stillstehen soll, wird sie nicht gründlich gereinigt. Der Boden ist immer wieder schmierig und verschmutzt.

Weinzheimer backt abwechselnd Ciabatta- und Körnerbrötchen für Lidl. Die Verpackung der Ciabatta-Brötchen suggeriert, dass sie aus Italien kommen, »Ital d'oro« steht darauf. Echter italienischer Ciabatta-Teig müsste etwa acht Stunden vorgären. Die Weinzheimer-Brötchen gären nur etwas mehr als eine Stunde vor. Werden sie nach einigen Wochen Lagerung aufgebacken, sind sie hart und knochentrocken. Der Begriff »Ciabatta« ist nicht geschützt, und so darf Weinzheimer seine Brötchen so nennen.

Jeder Arbeiter darf nach Schichtende eine Brötchentüte mit nach Hause nehmen. Die wenigsten machen von diesem Recht Gebrauch. Ein gelernter Bäcker aus der Teigmacherei sagte mir: »Meine Frau und meine Kinder weigern sich, die zu essen. Sie wollen frische Brötchen vom Bäcker.«

Ich frage mich, wer für das »Billig-billig-billig«-System von Lidl eigentlich hauptverantwortlich ist: Mit Billiglöhnen werden Billigbrötchen zu Billigpreisen und in Billigqualität an den Verbraucher gebracht. Warum kaufen die Kunden diese Brötchen, die nicht gut schmecken? Ja, sie sind in der Tat billig, zumindest auf den ersten Blick. Pro Brötchen zahlt der Kunde 10,5 Cent. Aber er muss immer gleich zehn kaufen. Er muss sie außerdem selbst aufbacken, was Zeit und Strom kostet. Vielleicht ist es verständlich, dass ein Hartz-IV-Empfänger solche Billigbrötchen kauft. Es wäre aber sicher ähnlich günstig, statt zu den Aufbackbrötchen zu gewöhnlichem Brot vom Bäcker um die Ecke zu greifen, der noch selber backt.

Die Zulieferfirmen für die großen Lebensmitteldiscounter – fünf von ihnen setzen in Europa 70 Prozent der Lebensmittel um – leiden unter einem krassen Preisdruck. Vor Kurzem hat das EU-Parlament in einer Resolution, die 439 Abgeordnete unterzeichneten, kritisiert, »dass große Supermärkte ihre Kaufkraft dazu missbrauchen, die an Zulieferer bezahlten Preise auf ein unhaltbares Niveau zu drücken und ihnen unfaire Bedingungen zu diktieren«. Der Preisdruck verschlechtere schließlich »die Arbeitsbedingungen bei den Zulieferern«. Wie groß die Zahl seiner Zulieferer ist, gibt Lidl nicht bekannt. Es sind sicher Hunderte – in den Filialen von Lidl gibt es mehr als 1500 Produkte zu kaufen.

An meinem vierten Tag erfahre ich plötzlich, dass ich erst mal nicht weiterarbeiten soll. Die Auftragslage sei im Moment nicht so günstig. Erst in einem Monat könne es möglicherweise weitergehen.

Andere Kollegen wurden schon über Telefon informiert, die Schicht falle aus. Die freien Tage, die so entstehen, werden nicht bezahlt. Selbst Feiertage, auch Weihnachten und der 1. Mai, werden nicht entlohnt. Natürlich ist das illegal. Wer dagegen klagt – was einige Male geschah –, bekommt zwar vor Gericht recht. Aber er weiß, dass er seinen Arbeitsplatz riskiert. Wer seinen Job, auch wenn er mies ist, behalten will oder muss, hält den Mund und erduldet die Ungerechtigkeit. Er duldet auch, dass die Löhne häufig zu spät gezahlt werden – erst dann, wenn Lidl seine Monatsrechnung beglichen hat. Im vorigen Jahr kam das Geld für den November erst am 19. Dezember. Da hatten die ersten Arbeiter schon mit Pfändungen zu kämpfen. Wer von 7,66 Euro brutto pro Stunde lebt, hat ohnehin eher Schulden als Ersparnisse.

Um weiterarbeiten zu können, ersinne ich gemeinsam mit meinem Freund, dem Kabarettisten Heinrich Pachl, eine List: Fortan ist er mein Betreuer eines frei erfundenen EU-Programms »50 plus«, in dem ältere Arbeiter getreu der Devise »Erst fordern, dann fördern« unentgeltlich in Firmen arbeiten und dafür von der EU entlohnt werden.

Ich fürchte, die Geschichte könnte auffliegen. Eine Suche im Internet nach dem Namen meines Betreuers, er nennt sich Minsel, oder ein Anruf in Brüssel würden genügen. Aber Eigentümer und Betriebsleiter wollen die Sache offenbar allzu gerne glauben. Erfülle ich ihnen doch einen Traum: Ich bin ein Arbeiter, der keinen Cent kostet.

An einem der nächsten Tage lerne ich den Werksleiter K. näher kennen. Wieder einmal gilt es, Haufen von Brötchen unter dem laufenden Band aufzusammeln. Vom Boden bis zum Band sind es nur 60 Zentimeter, nicht viel Platz für einen ausgewachsenen Mann. K. fordert mich dennoch auf, unter das Band zu kriechen. »Das ist doch gefährlich. Kann ich das nicht machen, wenn das Band stillsteht?« – »Stellen Sie sich immer so dumm an?«, entgegnet K. »Passen Sie auf, ich mache Ihnen das jetzt mal vor.« K. ist ein Mann von erheblicher Fülle. Kaum hat er sich unter das Band begeben, gerät sein Kittel zwischen Kette und Zahnräder und wird mitgezogen. Mit einem Satz springe ich zu ihm, reiße mit voller Kraft an seinem Kittel und befreie ihn aus seiner misslichen Lage. K., blass geworden vor Schreck, bedankt sich nicht, sein Stolz verbietet es ihm offenbar. Das ölverschmierte Stück Stoff wirft er in eine Abfalltonne. Ich nehme es mir als Andenken wieder heraus.

Den großen Chef selbst, den Besitzer Bernd Westerhorstmann, sehe ich nur wenige Male durch den Betrieb gehen. Er würdigt die Arbeiter kaum eines Blickes. Stattdessen zeigt er mit dem Finger auf sie, wenn er etwas von ihnen will. So auch einmal auf mich. »Holen Sie die elektrische Ameise«, herrscht er mich an. Er meint damit einen Gabelstapler, den ich allerdings nicht ohne vorhergehende Einweisung fahren darf. Als ich ihn frage, wo das Gefährt zu finden sei, macht er eine abfällige Handbewegung und lässt mich stehen.

Westerhorstmann widmet sich ansonsten virtuell und aus der Ferne dem Geschehen in seiner Produktionsstätte. Denn das System Lidl hat Einzug gehalten in seine Backstraße. Westerhorstmann hat seine Hallen mit Kameras bestückt, auf deren Bilder er überall in der Welt via Internet und mit persönlichem Passwort zugreifen kann. Westerhorstmann stellt sogar nachts seine Allgegenwärtigkeit unter Beweis: Einmal hat er von zu Hause aus einer Schicht-

Was treibt einen Menschen, eine Firma so zu führen? Ist es wirklich nur der Druck, der von Lidl kommt? Welchen Teil der Schuld trägt er selbst? Einige Arbeiter in der Fabrik glauben, dass er einzig daran interessiert sei, in der Zeit bis zu seinem Ruhestand das Maximum aus dem Betrieb herauszupressen, und kümmere sich deswegen weder um neue Maschinen noch um neue Bleche.

Vielleicht lässt sich aus seinem Umgang mit Tieren schließen, was für ein Mensch Westerhorstmann ist. Gleich neben der Fabrikhalle hält er etwa 20 afrikanische Buckelrinder. Im Betrieb heißt es, sein

Im Akkord mussten Brötchentüten auf Paletten gepackt werden – jeweils 336 Stück.

führerin eine Abmahnung erteilt. Denn er hatte über seine Kameras gesehen, dass sie statt einer weißen eine graue Arbeitshose trug.

Vater, von dem er die Fabrik erbte, habe ihm die Pflege per Testament auferlegt. Sicher ist, dass die Tiere dort leiden, sie stehen bis über die Knöchel im

439

eigenen Kot, weil niemand den Stall ausmistet. Eines Tages, es ist Karfreitag, entdecke ich, dass dort ein soeben geborenes Kalb liegt. Als ich es finde, hebe ich es aus dem Kot und Schlamm, trage es ins Freie

dass im Endeffekt die Mitarbeiter bestraft werden, die ihren Lohn durch ordentliche Arbeit erwirtschaften.« Das Gegenteil ist wahr: Die Arbeiter fürchten sich davor, sich krankzumelden, weil Westerhorstmann

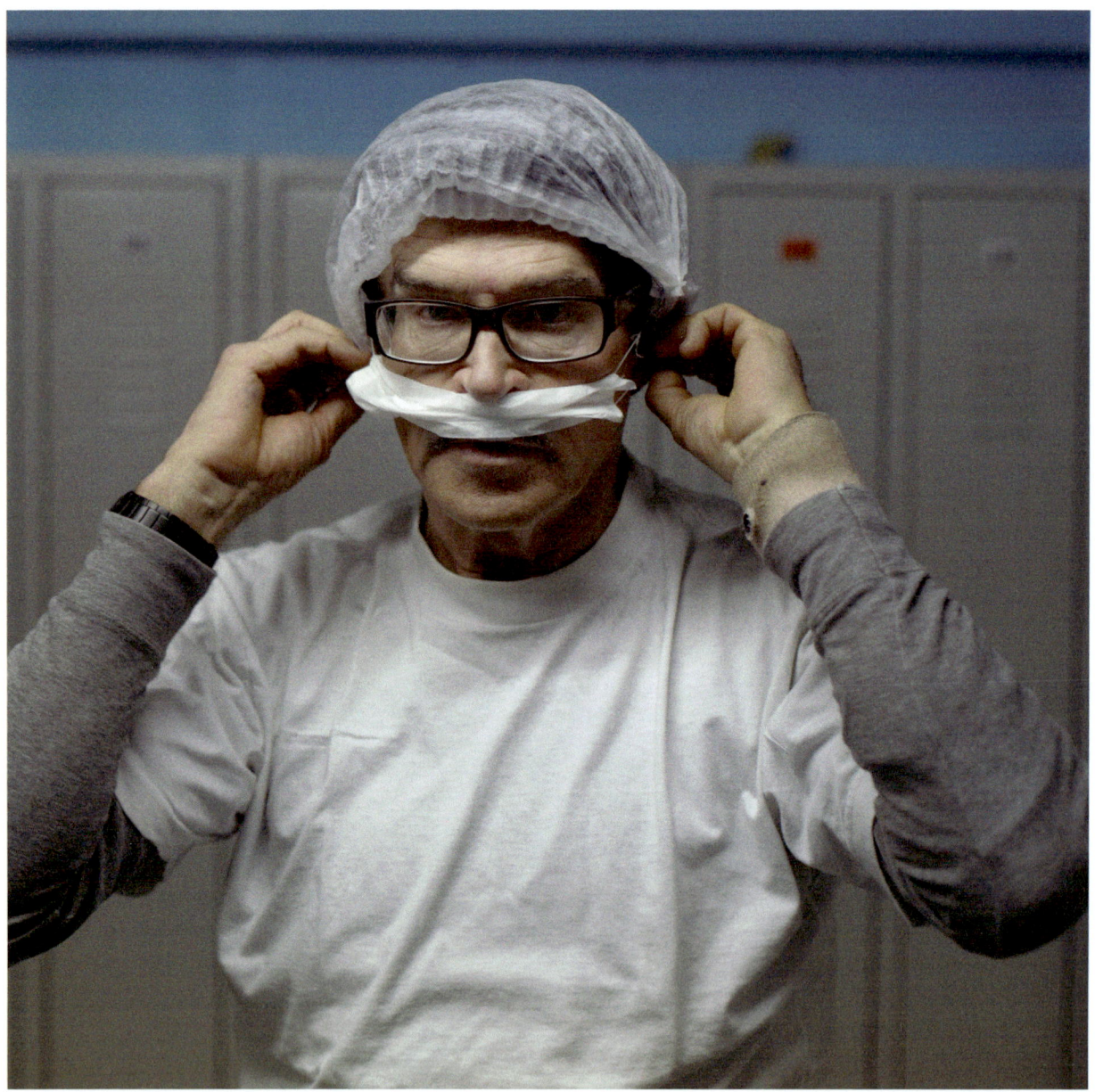

Haarnetz und Bartbinde stehen zwar für Hygiene – an schwer zugänglichen Stellen der Fabrikanlagen trat trotzdem Schimmel auf.

und reibe es ab: Es lebt noch. Noch am selben Tag erfahre ich von einem Kollegen, dass das Neugeborene elendig verreckt ist.

Wie Westerhorstmann über die Gesundheit seiner Arbeiter denkt, ist ebenfalls einem Aushang zu entnehmen: »(Es) wird hier seit geraumer Zeit die Arbeitsauffassung durch Krankmeldungen ersetzt, so

Krankheitstage häufig nicht bezahlt und weil er schon etliche Kranke aus dem Betrieb gemobbt hat.

Den vielleicht widerwärtigsten Fall von Mobbing erlebte ein Mann namens Ottmar Thiele. Er arbeitete seit 33 Jahren in der Firma, als der Chef ihn zwingen wollte, eine Änderungskündigung zu unterschreiben, die ihm 500 Euro weniger im Monat beschert hätte, dafür aber Schwerstarbeit im Schicht- und Nacht-dienst. Obwohl Thiele nicht unterschrieb und trotz eines ärztlichen Attests, wonach ihm wegen einer Herzerkrankung weder Nacht- noch Spätschicht zugemutet werden dürfte, wurde er zum Schichtdienst gezwungen. Er wurde in die Produktion versetzt und musste schwere Paletten von Hand schieben. »Alles im Dauerlauf«, erzählt er heute. »Die wollten, dass ich von selbst gehe. Ich habe kaum noch geschlafen, Tag und Nacht an die Firma gedacht.«

Die Schikanen nahmen zu, er erhielt konstruierte Abmahnungen, und als er vor dem Arbeitsgericht klagte, erteilte man ihm Hausverbot. »Die Chefsekretärin kam morgens in die Werkstatt, verlangte meine Stempelkarte und meine Schlüssel. Doch kaum war ich zu Hause, rief der Betriebsleiter an, ich müsse am nächsten Tag wieder zur Spätschicht antreten. Ich bekam dann nach vier Stunden härtester Arbeit plötzlich keine Luft mehr, hatte panische Angst, und das Herz krampfte sich zusammen. Ich musste zum Arzt.«

Nach einjährigem Prozess kommt Thiele endlich zu seinem Recht. Die Änderungskündigung ist unbegründet und unwirksam. Der Fabrikant hat dennoch seinen Sieg errungen: Thiele verzichtet darauf, wieder eingestellt zu werden, und gibt sich mit einer siebenmonatigen Gehaltsnachzahlung zufrieden, nachdem der gegnerische Anwalt vor Gericht suggeriert hat, dem Betrieb stehe womöglich ein Insolvenzverfahren bevor.

»Was wäre die gerechte Strafe für so einen Unternehmer?«, frage ich Ottmar Thiele. »Es müsste ein Gesetz geben, dass so ein Mann mindestens acht Wochen in der Produktion arbeitet, unter den Bedingungen, die er vorgibt«, antwortet er.

Eine fristlose Kündigung ohne Vorwarnung und ohne ersichtlichen Grund traf schließlich auch einen früheren Betriebsleiter. Als er auf Wiedereinstellung klagte, schickte der Brötchenfabrikant den neuen Werksleiter und seine Betriebsrätin zu den Mitarbeitern. Sie sollten mit ihrer Unterschrift bekunden, dass sie die Arbeit niederlegen würden, sollte der Gefeuerte wieder eingestellt werden. Einem Schlosser, der seine Unterschrift verweigerte, wurde gedroht, er werde entlassen, falls man den Geächteten wieder einstellen müsse.

Meinen schwärzesten Tag habe ich nach etwa zwei Wochen. Es ist mein Kollege S., der mich rettet, denn ich breche fast zusammen. Ich höre, wie mein Herz schlägt, laut und rasend und unregelmäßig. Herzrhythmusstörungen. Ich erkenne sie gleich, weil ich sie schon einmal erlebt habe: vor 15 Jahren, als ich mit dem Kajak auf dem Atlantik in Seenot geriet. Ein Sturm trieb mich aufs offene Meer, ich verlor das Land aus den Augen. So fühle ich mich jetzt auch: Ich sehe kein Land mehr. S. muss merken, wie schlecht es mir geht. Er übernimmt, ohne ein Wort darüber zu verlieren, einen Teil meiner Arbeit.

Nach diesem Tag kommt mir das Wort »Streik« in den Kopf. Ich summe während der Arbeit die Internationale, die Hymne der Arbeiterbewegung, darauf vertrauend, dass kein Vorgesetzter die Melodie kennt und den zugehörigen Text: »Wacht auf, Verdammte dieser Erde ...« Ein junger Kollege zwinkert mir zu, schaut sich um, ob ihn auch keiner sieht, und hebt die zur Faust geballte Hand.

Die Schichtführerin der ersten Tage hat sich gewandelt: Sie schreit uns nicht mehr an, ist in sich gekehrt, geradezu verunsichert. Sie ist abgemahnt und zur einfachen Arbeiterin degradiert worden, erfahre ich, weil sie angeblich zu wenig Leistung bringt. Die Firma verschleißt die Leute, und wer verschlissen ist, dessen Tage sind gezählt. Jeder kann in diesem System zum Opfer werden. Es geht ganz schnell.

Und so spreche ich sie eines Morgens an, da ich denke, dass der Gedanke bei ihr auf fruchtbaren Boden fallen könnte: »Eigentlich müsste hier doch mal gestreikt werden.« Sie sieht mich erschrocken an: »Um Gottes willen, sagen Sie so etwas nicht! Es haben ja schon mal welche versucht, einen Betriebsrat zu gründen. Die sind alle raus, die sind alle weg.« Schnell wendet sie sich von mir ab. Die Angst unter den Geschundenen ist so groß, dass selbst der Gedanke an ein Aufbegehren sie schreckt.

Der bislang einzige Versuch, einen Betriebsrat zu gründen, fand im Frühjahr 2007 statt. Wie in fast allen Lidl-Filialen gab es bis dahin auch beim Lieferanten Weinzheimer keinen Betriebsrat. Eine Gruppe Arbeiter beschloss, das zu ändern. Als Weinzheimer davon erfuhr, drohte er damit, die Fabrik zu schließen oder wenigstens einen Teil der Arbeiter zu entlassen. Wegen »betriebsbedingter Teilautomatisierung«.

Eine erste Betriebsversammlung geriet zum Fiasko. Als ein Arbeiter kritisierte, dass er 20 Tage am Stück arbeiten musste, entgegnete ihm Westerhorstmann: Dafür gibt es ja auch mal zwei Wochen lang gar nichts zu tun! Als die Kollegen darauf mit weiterer Kritik reagierten, warf Westerhorstmann sie kurzerhand mit der Begründung aus dem Saal, er mache von seinem Hausrecht Gebrauch. In der Folge drohte er Kollegen, sie zu entlassen, wenn sie sich an einer Betriebsratswahl beteiligten.

Schließlich fand die Wahl dennoch statt. Alban Ademaj, 25 Jahre alt, wurde an die Spitze des Betriebsrates gewählt. Er konnte sein Amt nie wirklich ausüben. Seine Bitte, doch endlich den Arbeitern ihre Stundennachweise auszuhändigen, wurde abgelehnt. »Viele hatten den Verdacht, dass der Betriebsleiter Stunden unterschlägt. Er konnte die Zahl der Arbeitsstunden am Computer manipulieren. Ich konnte ihn dabei überführen, da ich meine Stunden aufgeschrieben hatte«, sagt Ademaj heute.

Nach seiner Wahl wurde er, der zuvor nie Anlass zur Beschwerde geboten hatte, andauernd abgemahnt, bis er schließlich aufgab. »Ich dachte, wenn ich zurücktrete, lässt mich Westerhorstmann wenigstens wieder in Ruhe meine Arbeit machen.« Er irrte sich. Er wurde ans Endband versetzt, um die Tüten zu kontrollieren, jene Arbeit, bei der man zwangsläufig Fehler macht. Ständig wurden Ademajs Paletten kontrolliert. Als man ihm auch bei der vierten Kontrolle nichts nachweisen konnte, stellte man ihm einen Neuling zur Seite und lastete dessen Fehler schließlich Ademaj an.

Später sollte Ademaj angeblich zu wenige Paletten bestückt haben, obwohl er zu diesem Zeitpunkt in der Teigmacherei arbeitete. Zum Verhängnis wurde ihm unter anderem eine Tüte mit lebenden Kakerlaken. Ein Kollege hatte die Tierchen eingesammelt und neben seinen Arbeitsplatz gestellt. Ademaj sah die Tüte und versteckte sie, weil er fand, sie sollte einem Lidl-Kontrolleur, der für diese Zeit erwartet wurde, nicht ins Auge fallen. Ademaj bekam auch wegen dieser Tüte eine Abmahnung und wurde schließlich fristlos entlassen.

Ich erlebe Ademaj noch als Kollegen. Als er plötzlich vom einen auf den anderen Tag nicht mehr erscheint, ist das kein Thema im Betrieb. Keiner wagt, offen darüber zu reden.

Auch der Nachfolger Ademajs wurde schließlich fristlos entlassen, diesmal mit dem Zusatz: »Die Zustimmung des Betriebsrates liegt vor.« Denn mittlerweile war die nur an sechster Stelle gewählte Chef-

sekretärin zur Betriebsratsvorsitzenden aufgestiegen. Sie ist eine Betriebsratsvorsitzende von Westerhorstmanns Gnaden. Seitdem sie im Amt ist, gibt es keine Opposition mehr in der Fabrik.

Kein Wunder also, dass Arbeitsschutz und Arbeitssicherheit keine Rolle spielen. Eine meiner Hauptaufgaben besteht darin, stundenlang fehlerhafte Tüten aufzuschlitzen und die Brötchen wieder aufs Band zu kippen. Diese Tüten sind nicht mit Luft, sondern mit Kohlendioxid prall gefüllt, sodass ich diesem Gas, das nur in geringer Konzentration harmlos ist, schutzlos ausgesetzt bin. Schon nach kürzester Zeit verursacht diese Arbeit Kopfschmerzen. Die Augen brennen, die Kehle trocknet aus. Ich bin benommen, sehne mich nach Frischluft, aber die gibt es hier nicht.

An einem Tag, als ich wieder stundenlang Tüten aufschlitzen muss, werde ich, klatschnass geschwitzt, nach draußen abkommandiert, im dünnen Hemd. Ich soll zwei Stunden lang Abfallbrötchen in Container kippen. Es ist Ende Februar, es herrschen Minusgrade, und ich fürchte, mir eine Lungenentzündung zu holen.

Also betrete ich in meiner Not das Büro und bitte die Frau des Besitzers, mir doch einen Kittel gegen die Kälte zu geben. Anstatt sich um meine Gesundheit oder wenigstens meine Arbeitskraft zu sorgen, sagt sie: »Ich könnte Ihnen jetzt sofort eine Abmahnung erteilen! Sie dürfen in Ihrer sterilen Kleidung die Halle gar nicht verlassen.« – »Aber man hat mich doch rausgeschickt.« – »Sie haben sich an die Vorschriften zu halten.« Die folgenden zwei Stunden schaut sie mir von ihrem Büro aus zu, ungerührten Blickes, wie ich im dünnen Hemd in eisiger Kälte ihre mistigen Brötchen verklappe.

Zahlreich sind die Berichte solcher gesundheitsgefährdender Einsätze: Zwei Kollegen müssen ohne ausreichenden Atemschutz mit alter Glaswolle einen Backofen isolieren – diese Fasern sind stark krebserregend. Ein Schlosser wird aufgefordert, in einem Mehlsilo zu schweißen – ein einziger Funke kann dort eine Verpuffung oder eine Explosion auslösen. Nur mit Mühe kann er sich widersetzen.

An meinem letzten Arbeitstag stattet der »EU-Beauftragte«, mein Freund Pachl, samt Delegation dem Betrieb einen Besuch ab. K., der Werksleiter, gibt dem vermeintlichen EU-Beamten gleich zweimal zu verstehen, ich sei nicht »intrigierbar«. Ich nehme an, er meint: integrierbar, was ich als Kompliment verstehe. Ich bin K. nicht geheuer. Vielleicht ist ihm zugetragen worden, dass ich dem ein oder anderen Kollegen kritische Fragen gestellt und auch meine Meinung offen vertreten habe.

Ich gebe K. beim Abschied die Hand: »Vielen Dank für alles, ich habe viel gelernt hier und werde von mir hören lassen.« K. sagt nichts, sondern knurrt nur etwas, dann heult schon wieder die Alarmsirene, und er eilt zum Kühler, der wieder mal blockiert.

Einen Monat lang habe ich in der Brötchenhölle ausgehalten. Dabei habe ich fünf Kilo abgenommen. In den ersten Tagen danach bin ich einfach nur froh, es hinter mir zu haben, und habe dennoch gegenüber meinen Kollegen, die ich zurückließ und denen ich mich nicht zu erkennen geben durfte, ein schlechtes Gewissen. Eine Szene, kurz vor meinem Weggang, ist mir seither oft vor Augen: Ein neuer Arbeiter steht in der Halle, allein, verzweifelt, er schreit, weil er sich verbrannt hat. Er hat keine Ah-nung, was er tun kann, niemand hilft ihm, auch keiner der Kollegen. Genauso stand ich am ersten Tag in der Halle. Nur dass für mich der Albtraum immer ein absehbares Ende hatte, für ihn nicht. Für ihn währt dieser Albtraum wahrscheinlich noch heute.

Was ist meine Hoffnung? Dass der Konsument, dass wir alle unsere Macht erkennen. Die Arbeiter können sich selbst nicht mehr helfen in diesem Betrieb, jedes Aufbegehren wird brutal unterdrückt. Eine realistische Hoffnung? Durchaus, denke ich. Es waren die Kunden der Biomarktkette Basic, die im vorigen Jahr verhindert haben, dass Lidl das Unternehmen kaufen konnte – indem sie mit einem Boykott drohten. Nun sollten die Kunden Lidl und seinem System ein weiteres Mal widersprechen. Lidl diktiert Weinzheimer die Preise und trägt damit Verantwortung dafür, wie Menschen dort arbeiten müssen. Solange die Arbeiterrechte dort systematisch verletzt werden, sollten die Kunden Lidl und seine dürftigen Brötchen boykottieren.

Die große Freiheit auf deutschen Autobahnen – nur noch in Ausnahmefällen Realität.

Eine Liebe verschwindet

Die Beziehung der Deutschen zum Automobil schien unverwüstlich. Mit dem Crash
der Finanzmärkte kommt auch sie ins Schleudern. Eine Reise zu Waschanlagen, Tankstellen und anderen Sehnsuchtsorten

Von **HENNING SUSSEBACH**, erschienen in der ZEIT am 6. November 2008

Für diese Reportage
wurde Henning
Sußebach mit dem
Theodor-Wolff-Preis
2009 ausgezeichnet.

Die Bilder sind noch im Kopf. So klar, so viele, als sei die ganze Kindheit mit Erinnerungen ans Auto zugeparkt. Der neue Wagen vor dem Haus, ein wenig größer als der alte. Der Vater mit Eimer und Schwamm. Die Mutter, wie sie sich zaghaft den Zweitwagen aneignet. Urlaubsfahrten, hingenommen wie Schicksal, vorne die Eltern, hinten die Kinder, an Sonnentagen Handtücher am Fenster, an Regentagen Tropfenrennen. Und dann wieder der Vater, nun an der Zapfsäule, im Fachgespräch mit dem Tankwart. Ein Bild voller Autorität.

Wann genau hat Autofahren aufgehört, eine Selbstverständlichkeit zu sein? Dieses Tanken, Fahren und wieder Tanken?

Der Sommer 2008 verliert sich gerade an den Herbst, als diese Reise beginnt. 1550 Kilometer, um dem Mythos Auto nachzufahren, auf dem schon erste Kratzer sind. 1550 Kilometer durchs deutsche Gemüt, von Nord nach Süd durch dieses Erfinderland, dieses Ingenieurland, das sich jahrzehntelang im Glanz seiner Neuwagen gespiegelt hat. Der Spritpreis war hoch und eine erste Gewinnwarnung von Daimler – »wegen zurückgehender Nachfrage«, insbesondere bei Geländewagen in den USA – bereits einige Wochen alt, doch die Nachricht wirkte fern wie ein Gewitter.

Es war ein Freitag und die »Saugehalle« bei Best CarWash in Flensburg voller Männer auf Knien, Männer am Boden, Männer voller Sorgfalt und Hingabe. Ein altes Motiv, das es in die Gegenwart geschafft hatte. Zwei Milliarden Euro spenden die Deutschen jährlich für den guten Zweck; genauso viel geben sie für die Pflege ihrer Autos aus. Ein Mercedes in vollem Chrom-Ornat glitt in die Waschstraße, ein Audi, ein Golf. Die Fahrer stiegen aus und

Zur Sache

Auf die internationale Finanz- und Wirtschaftskrise (ab 2008) reagierte die Bundesregierung mit Konjunkturpaketen, zu denen auch eine Sondermaßnahme für den Automobilmarkt gehörte: Die »Abwrackprämie« (eigentlich: »Umweltprämie«) war ein Zuschuss von 2.500 Euro bei Verschrottung eines Alt- und Kauf eines Neuwagens. Sie sorgte in Deutschland 2009 für 3,8 Millionen Neuzulassungen. Da vielfach kleinere Autos nachgefragt wurden, profitierte unter den deutschen Herstellern primär VW von dem Absatzhoch. Nach Ende der staatlichen Auszahlungen brach der Inlandsmarkt ein.

Dennoch zeigte sich die Branche 2010 wieder auf Erfolgskurs. Daimler und BMW meldeten hohe Gewinne, VW will bis 2018 zur weltweiten Nummer 1 aufsteigen. 2009 stand Volkswagen im internationalen Vergleich hinter Toyota und General Motors an dritter Stelle, Daimler und BMW lagen auf den Plätzen 12 und 14. Entscheidend für die steigenden Umsätze ist das Auslands- und hier vor allem das Asiengeschäft. In China konnten die deutschen Autobauer die größten Zuwächse verbuchen. Gleichzeitig erholte sich der ebenfalls wichtige US-Markt. Drei Viertel aller in Deutschland produzierten Autos werden exportiert.

liefen in einem Tunnel neben ihren Wagen her wie durch ein Meerwasseraquarium. Hinter Panoramafenstern ein Spritzen und Schäumen, in den Augen vorweggenommener Glanz. Am Ende teilte sich ein Vorhang, Bühne frei, *Ihr Wagen erhielt: Superschaum + Heißkonservierung + Glanzpolitur + Unterbodenkonservierung.* Und ein blondes Mädchen wischte letzte Tropfen weg.

Noch eine Stunde nach der Schaumgeburt lief draußen ein Mann mit Namen Jacobsen um seinen Audi, akribisch tupfend wie ein Maler kurz vor der Vollendung seines Werks. Hier ein wenig Chrompolitur auf die vier Ringe, da ein Tropfen Insektenlöser, dort ein Spritzer destilliertes Wasser gegen Kalkränder. Eine Kiste voller Autokosmetika hatte Jacobsen dabei, mit Caramba-Cockpitspray, Nigrin-Reifenpflege, Aluteufel-Spezial. Und einer Zahnbürste – für die Felgen. Zweimal in der Woche sei er hier, sagte er, manche kämen öfter, die hätten dann eine Flatrate. Beim Autowaschen sei die Nacharbeit alles, erklärte Jacobsen, und dass sein Wagen »nie untern Baum kommt«. Wegen der Vogelkacke. Er gab noch den Tipp, in der Nacht zu fahren. »Nachts ist Feuer frei.« Aber der Verbrauch … »Ach, Kraft kommt von Kraftstoff.«

In seinen Augen war Trotz.

Beginnt eine Revolution heute noch auf der Straße? Oder kommt sie dort zuletzt an?

Deutschland am Anfang dieser Reise, das waren Bilder, vertraut wie seit Kindertagen das Klick-Klack des Blinkers. Laster rechts, Mercedes links. Am Straßenrand Aral-Blau, Shell-Gelb und Baumärkte, so prächtig wie der Tadsch Mahal. Das war das Eisblau der Xenonscheinwerfer im Rückspiegel, die Lichtlanzen der Autoritter. Und das war *Stau oder stockender Verkehr auf folgenden Strecken: A 1, Bremen Richtung Lübeck, zwischen Hamburg-Stillhorn und Kreuz Hamburg-Süd, Unfall, zwei Kilometer. A 2, Dortmund Richtung Hannover, zwischen Bad Eilsen und Rehren …* Vertraute Namen nie gesehener Orte, Metropolen eines Verkehrsnetzes, das wie eine zweite Wirklichkeit auf dem Land liegt, 650 000 Kilometer Straße, davon 12 000 Kilometer Autobahn – mehr gibt es nur in China und den USA, auf weit größerer Fläche. 41 Millionen Autos sind in Deutschland gemeldet, das Volk fände auf den Vordersitzen Platz. Das Auto steht 23 Stunden am Tag, wird selten mehr als 40 Kilometer bewegt, und das

meist nur von einer Person. Es ist nach der Immobilie der größte private Kostenfaktor, durchschnittlich 312 000 Euro bezahlt der Deutsche in seinem Leben für Anschaffung und Unterhalt, davon 77 000 für Benzin. Die häufigste Todesursache junger Männer ist ein Verkehrsunfall. Der TÜV die vielleicht größte Prüfung nach der Schulzeit. Und das Nummernschild die wahre Visitenkarte.

Das erzählte, nach 151 Kilometern, Klaus Sahlmann, Leiter der Kfz-Zulassungsstelle Bad Oldesloe. Draußen im Gewerbegebiet die Buden der Schilderpräger und ein Imbiss mit »Truckermenü«, drinnen an den Schaltern ein Ringen um Buchstaben, Zahlen, vor allem um Identität. In Sahlmanns Gesicht lag eine Behäbigkeit, die ironische Distanz vermuten ließ, als er sagte, dass 78 Prozent der Menschen hier ein Wunschkennzeichen wollten. »Die meisten ihre Initialen und die 1.« Außerdem Porsche-Fahrer die 911, Oldtimerfahrer das Baujahr ihres Wagens, Mercedes-Fahrer MB und Installationsbetriebe WC. »Wenn eine Kombination schon vergeben ist, stehen wir manchmal Nase an Nase«, sagte Sahlmann. Es gibt dann Wut, Geschrei, Geschmeichel. Manche böten 1000 Euro, um an die Adresse desjenigen zu kommen, der mit »ihrem« Kennzeichen herumfahre. Sahlmann lehnt das Geld dann ab, leitet die Anfrage aber weiter. Einmal kaufte ein Rolls-Royce-Fahrer gleich ein ganzes Auto von der Straße, um sein OD-RR zu kriegen. So wird das Auto-Ich komplett, häufig noch veredelt mit einem Sylt-Aufkleber, den gekreuzten Säbeln der Sansibar.

Als Klaus Sahlmann nach Dienstschluss in seinem Opel Zafira vom Parkplatz fuhr, war kurz sein Nummernschild zu sehen. OD-KS 1.

Im örtlichen Anzeigenblatt, dem *Markt,* war in jener Woche eine kleine Anzeige erschienen: »Autofahren unbezahlbar? Jetzt umsteigen auf Nebenverdienst. Bis 320 € mtl. mgl. durch PKW-Werbung!«

Es ging dann auf der A 24 nach Osten. An der Autobahnmeisterei Hagenow erzählte der Straßenbauarbeiter Volker Berger vom Herpes, der früher auf seinen Lippen blühte, als er sich noch nicht an die Kadaver gewöhnt hatte, die er täglich von der Straße schabt. Und Berger, ein 59-Jähriger mit gegerbtem Gärtnergesicht, sprach in kargen Worten von seiner Angst, mit einer Wanderbaustelle auf der linken Spur gefangen zu sein, den Blick zurück, in die grimmigen Autogesichter. Acht bis zehn Kollegen werden Jahr für Jahr auf deutschen Straßen überrollt. Das sind mehr Tote, als die Bundeswehr aus Afghanistan meldet. Unsere Verkehrsopfer, Opfer an den Verkehr.

rät ganz anderer Art«: Multifunktionswerkzeug des Homo Fahrer, gebaut für die Jagd nach Status und Arbeit, vor allem nach Freiheit. »Das Erlangen von Unabhängigkeit braucht Bewegung«, hatte Holte

Das liebste Spielzeug des deutschen Mannes will verschönert werden – auch mit airbrush-Pinups.

Hinter Ludwigslust führte die B 189 durch Dörfer, die sich ganz der Straße zugewandt zu haben schienen, mit einem *Willkommen in …* am Ortseingangs- und einem *Auf Wiedersehen in …* am Ortsausgangsschild. Die Tankstellen hier wirkten wie die wahren Ortskerne, kirchenhelle Kioske, Jugendzentren, Nachtasyle. Die Autos waren älter und kleiner, die Fahrer rauer als im Westen. Auf ihren Heckscheiben Bekenntnisse: »Waffenschmiede Wolfsburg«, »Stoppt Tierversuche, nehmt Opelfahrer«, »Fehlende PS ersetzt durch Wahnsinn«. Viele Rückfenster zu einer Art Separee verdunkelt – mit »Fickfolie«, wie ein junger Kerl in Wöbbelin erklärte. Das war bei Kilometer 297.

Das Auto ist das wichtigste Werkzeug des Menschen. Diesen Gedanken hatte Hardy Holte, Verkehrspsychologe und Autor des Buches *Rasende Liebe,* mit auf die Reise gegeben. Es gab Feuerstein und Pfeil und Bogen, aber »das Auto ist ein Jagdge-

gesagt, mit dem Auto könnten junge Menschen der Welt ihrer Eltern entkommen, »die ersten erotischen Erfahrungen machen viele Jugendliche auf den verstellbaren Sitzen eines Automobils«.

In den sechziger Jahren wurden in den USA 40 Prozent der Heiratsanträge im Auto gemacht, war ein eigener, oft geklauter Wagen in Filmen Symbol für Aufbruch und Veränderung. James Dean fuhr einen Porsche Spyder – und starb auch darin. Noch heute versucht mancher Mann, der Midlife-Crisis im Sportwagen davonzufahren. Eine Umfrage der Zeitschrift *Men's Car* ergab, dass BMW- und Mini-Fahrer am häufigsten Sex haben, jedenfalls behaupten sie das. Porschefahrer fühlen sich zwölf Jahre jünger, als sie sind. Autos machen Leute, sie funktionieren wie Anzüge. Wer auf dem Land an der Bushaltestelle sitzt, ist Kind oder Kauz. Autofahren gehört hier zu den zivilen Grundfähigkeiten.

Und das sollte bald vorbei sein? Es war Ende September. General Motors wollte jetzt seine Kraftprotzmarke Hummer loswerden. Bentley meldete einbrechende Verkäufe. VW berichtete von ersten Problemen auf einem »rückläufigen Gesamtmarkt«.

Bei *Wetten, dass …?* behauptete ein 27 Jahre alter, etwas pummeliger Student, auf Fotos jeden Autobahnkilometer im Land zu erkennen – und gewann. »Autofahren ist für mich wie Urlaub«, sagte er. Donnernder Applaus, die Zuschauer kürten ihn zum Wettkönig.

Das Auto sei eine dermaßen erfolgreiche Erfindung, hatte Hardy Holte noch gesagt, »dass unsere

Für die Frau ist das Auto Emanzipationsmaschine und für den Mann rollender Herrensalon, eine »autonome Parzelle« mit Leder, Wurzelholz und freier Musikauswahl. Rauchen erlaubt, Rasen auch. Als schütze es als faradayscher Käfig auch vor Bevormundung. Die Welt bleibt draußen, der Fahrer ist geborgen hinter der Windschutzscheibe, sein Wagen Pferd und Rüstung zugleich. Das Auto sei ein »Sofa als Rakete«, hat der Zeichner und Designer Otl Aicher einmal gesagt. Ein »lackierter Kampfhund«, hieß es in der *ZEIT*.

Da kam von hinten ein Sprinter mit Monteuren aus Mecklenburg.

Aber schön war es doch: ein Blick zurück auf einen 300 TD aus dem Jahr 1985 im Mercedes-Museum in Stuttgart.

Umwelt nicht mehr nach dem Bedarf des Menschen gestaltet ist, sondern nach dem Bedarf des Menschen im Automobil«. Eine ganze Landschaft, die Verkehr fördert und fordert. In Anbetracht dessen ist Autofahren schon wieder rational: Ein Kind – in der Welt der Autos, Ampeln, Straßen extrem eingeschränkt – feiert mit dem Führerschein seine Initiation.

Sankt Marien schlug zwölf, als Klaus Schmotz aus Stendals frisch geweißtem Renaissance-Rathaus kam und Platz nahm im Fond seines Audi A6, den sein Fahrer wie eine Königskutsche mitten auf dem Marktplatz geparkt hatte. Der Bürgermeister. Ein kleiner Mann im Anzug, auf den Knien eine Landkarte, im Herzen ein Anliegen: dass endlich diese

Autobahn gebaut werde, bevor es zu spät ist! Da war klar: Auf Kilometer 393 dieser Reise war ein Ort gefunden, wie aus der Zeit gefallen. Hier war das Auto noch ein Wohlstandsversprechen.

Der Bürgermeister ließ losfahren, seine Stadt zerfiel ziemlich schnell, Schmotz schaute auf Wiesen und Weiden und sagte: »Die Altmark hier, das ist die autobahnleerste Region Deutschlands.« Auf seiner Karte ein grünes Dreieck zwischen Hamburg, Hannover und Berlin – in der Mitte Stendal, die einst stolze Hansestadt, weitab von allen Handelswegen. Seit Jahren ist hier die A 14 geplant, der Lückenschluss zwischen Magdeburg und Schwerin. Stendal läge dann nicht mehr im altmärkischen Nichts, »sondern zwischen Ostsee und Tschechien! Und hier wäre die Anschlussstelle Stendal-Nord«, sagte der Bürgermeister – mit Blick auf eine Herde Kühe. Doch in seinen Augen schien sich ein Gewerbegebiet zu spiegeln.

Eigentlich sollte die Autobahn in diesem Jahr eröffnet werden, und alles wäre gewesen wie früher: Blaskapelle, Flatterband, vorn der Verkehrsminister mit Schere, dahinter der Bürgermeister. Aber der Bau wurde noch nicht mal begonnen. Umweltschützer von auswärts hatten geklagt, und die Politik schien anderweitig beschäftigt. So sind mit den Jahren aus 775 Millionen Euro Baukosten 1,3 Milliarden geworden. Ist es das noch wert? Nicht nur die Kosten sprechen ja immer mehr dagegen, sondern auch die Klimadebatte. »Die schafft in Stendal aber keine Arbeitsplätze, das schafft nur die A 14«, sagte Schmotz. Sie haben in Stendal in den letzten sieben Jahren 4000 Wohnungen abgerissen und 18 000 Unterschriften für die Autobahn gesammelt. Es gibt hier Bürgerinitiativen für den Bau, die Stadt ist voller autobahnblauer Plakate. Selbst die Meldung *3 Kilometer Stau auf der A 14 zwischen Stendal-Nord und Stendal-Süd* würde der Bürgermeister begrüßen. Damit wäre seine Stadt zurück auf der Landkarte. Und hätte noch Anschluss an die Gegenwart gefunden, bevor die vielleicht Vergangenheit ist.

»Bitte schreiben Sie positiv!«, rief seine Sekretärin. Ihre Worte hallen lange nach, bis hinauf auf die A 39 Richtung Wolfsburg, wo wieder Waren und Wohlstand rollen, begleitet von diesem hohen Singen der Lastwagenreifen. Könnten die Stendaler für Deutschland das sein, was Chinesen und Inder derzeit für die Welt bedeuten? Menschen mit Nachhol-

bedarf, jetzt eigentlich auch mal dran, obwohl das Problem damit noch größer wird? Was dem Einzelnen nützt, schadet ja meist der Allgemeinheit. Und andersherum. Um diese banale Wahrheit dreht sich die gesamte Debatte zum Thema Auto, auch jeder innere Monolog. Es ringt nicht nur Bauch mit Kopf, Vergnügen mit Vernunft, es steht der konkrete eigene Vorteil gegen die vage Verantwortung fürs Ganze. Die eigene Agenda gegen CO_2-Beschränkungen aus Brüssel. Das persönliche Argument gegen das globale Gewissen, wenn man so will.

Es ist Anfang Oktober. In den Nachrichten im Autoradio schleicht die Finanzkrise nach vorn. Mit den Appellen, sich keine Sorgen zu machen, wachsen die Sorgen. Plötzlich ist da ein persönliches Argument gegen das Auto, jedenfalls gegen ein neues: Verunsicherung. In Detroit sucht General Motors mittlerweile einen Käufer für die eigene Firmenzentrale. In Stockholm verkündet Volvo die Entlassung von 6000 Mitarbeitern. In München meldet BMW für September ein weltweites Absatzminus von 14 Prozent, in Deutschland von elf. Selbst Russen und Chinesen, die Neureichen der Globalisierung, kaufen nicht mehr. In Deutschland berichten die Händler den Konzernen: Wir kriegen kaum noch Bestellungen. Opel stoppt die Bänder in Bochum und Eisenach, Ford drosselt die Fertigung in Saarlouis.

Smart verkündet zum ersten Mal seit seinem Bestehen Gewinn.

Die Autos, deren »Premieren« in *ADAC Motorwelt*, *Auto Bild* und *auto motor und sport* die Deutschen eben noch wie Kulturleistungen bewundert haben, erscheinen ihnen nun zu groß, zu teuer, zu schmutzig. Und Geländewagen in der Großstadt auch dem Letzten peinlich – schreiben *ADAC Motorwelt*, *Auto Bild* und *auto motor und sport*. Ist das die Revolution? Oder nur eine dieser Medienwirklichkeiten, weitab vom Boden der Tatsachen, der in Deutschland nun mal asphaltiert ist? 11 Prozent Minus heißt ja auch, dass 89 Prozent kaufen wie immer, und das in unsicheren Zeiten.

In Wolfsburg, bei Kilometer 529, hatten die 48 000 VW-Arbeiter summa summarum wieder viermal die Erde umrundet, um auch am nächsten Morgen ins Werk zu kommen, an die Arbeit. Von den Bändern läuft der Golf, der Golf, der Golf, seit dreißig Jahren das Ebenbild der deutschen Mittelschicht. Jetzt ist das neue Modell erstmals ein paar

449

Millimeter kürzer als das alte. Das Wirtschaftswunderwachstum ist nun also auch beim Auto vorbei. Tief im Werksinneren sagt die Leiterin der Abteilung Color & Trim, die Innenausstatterin der deutschen Sofarakete: »Die Opulenzphase geht zu Ende, wir kommen jetzt in die spartanische Phase.« Weniger Knöpfe, weniger Chrom. Auch weniger Leder, das sie kürzlich noch auf Lüftungslamellen geklebt hat. Bald könnte die Verbrauchsanzeige den Tacho als Zentrum der Armaturen ablösen. Das Display rot leuchten, wenn die Drehzahl zu hoch steigt.

»Bei kleineren Autos werden sich Status und Sinnlichkeit anders transportieren. Wir experimentieren jetzt mit Wolle und Baumwolle«, raunt sie wie eine Revolutionärin.

In Bochum, bei Kilometer 845, verlängert Opel noch einmal den Produktionsstopp. Alle Rabatte haben nicht geholfen, die ganze Selbsterniedrigung der einst stolzen Marke, die ihre Fahrer zu Kadetten, Kapitänen und Senatoren gemacht hatte. Bochum ist jetzt das deutsche Detroit, der Parkplatz vor dem Opel-Werk so leer wie die Straßen an den autofreien Sonntagen der Siebziger.

In Köln, bei Kilometer 929, streicht eine Hand immer wieder Staub vom Lenkrad, der gar nicht da ist – eine Geste, die halb aus Liebe und halb aus Anspannung besteht. »Was ich glaube: Die Menschen werden nicht auf die individuelle Mobilität verzichten wollen, die sie vor hundert Jahren entdeckt haben«, sagt Alain Uyttenhoven, Vizepräsident von Toyota Deutschland, ein blonder Belgier, dessen französischer Akzent seinen Sätzen einen sanften Klang gibt, etwas Beruhigendes: Soll die Autowelt da draußen Probleme haben, er sitzt schon in der Lösung. Dem neuen Toyota iQ, keine drei Meter lang, mit dem kleinsten Motor 4,3 Liter Verbrauch und weniger als 100 Gramm Kohlendioxid-Ausstoß pro Kilometer. »Sie können das entweder visionär oder glücklich nennen. Die Welt geht in Richtung kleinere Autos, deswegen könnten die Karten neu gemischt werden. *That's the battleground.*«

Es ist kein Autohaus, in dem Uyttenhoven prallstolz sein Schlachtengemälde entwirft, auf dem Toyota natürlich auf dem Vormarsch ist. Uyttenhoven hat in den Innenstädten von Köln, Berlin, Hamburg, Frankfurt, München und Stuttgart Boutiquen angemietet, den neuen Wagen wie beiläufig zwischen Jeans und Shirts platziert, Bars aufgestellt und

Discjockeys engagiert, das Auto aus dem Kontext von Dreck und Lärm gelöst, in einer Lifestylewelt geparkt – und das Ganze *Johns Appartement* genannt. Wenn die Menschen nicht mehr zum Auto kommen, kommt das Auto zum Menschen. Aber warum Johns Appartement? »John klingt gut«, sagt Uyttenhoven, »John ist durch die Marktforschung gegangen.« John ist international. John ist jung. John hat eine coole Wohnung. John trinkt Smoothies. John raucht nicht. John spielt Backgammon. John ist vernünftig. John ist der neue automobile Mensch. Und der werde fortan iQ fahren. iQ wie iPod, wie iPhone. Vor allem wie Intelligenzquotient.

Aus den Lautsprechern fließt Jazz, ein Barmann schäumt Milch, und Uyttenhoven sagt: »Ich glaube, dass wir mit dem iQ die Chance haben, unsere Marke emotional aufzuladen.« Toyota hat General Motors als Weltmarktführer abgelöst. Der Konzern hat den Prius mit Hybridtechnik im Angebot und ist stark in jenen Ländern, deren Bürgern die Deutschen gern so etwas wie Vernunft und Klarheit zuschreiben: Dänemark, Schweden, Finnland. Aber da war all die Jahre Deutschland, diese uneinnehmbare Bastion. Vier Prozent Marktanteil. Der durchschnittliche Toyota-Käufer 51 Jahre alt. Eher ein Jürgen als ein John. Dem Gerücht, dass Toyota in Deutschland jeden Hybrid mit Verlust verkauft, allein für den Imagegewinn, widerspricht Uyttenhoven. Der Markt sei jetzt offen wie nie.

Niemand weiß, wie das Auto aussehen wird, das in zehn oder zwanzig Jahren in diese Gesellschaft passt. Was dann noch »Premium« sein wird. Und wer.

Uyttenhoven war bis 1999 bei Mercedes, damals war die S-Klasse so dick wie Helmut Kohl. Nun sitzt er im iQ, dem Auto zu Bionade und Lätta. »Für den jungen, urbanen Menschen«, sagt er, und für Eltern, deren Kinder gerade das Hause verlassen haben. Leute, »die sich downsizen.«

Downsizen, sagt Uyttenhoven, sei jetzt Trend. Er glaubt, das wird genügen.

Es ist Mitte Oktober. In Stuttgart korrigiert Daimler seine Prognose noch einmal nach unten. In München kündigt BMW an, die Produktion in Leipzig zu unterbrechen. Downsizen überall. Die Aktienkurse stürzen ab. Ganz BMW ist jetzt nur noch zwölf Milliarden Euro wert, halb so viel wie zu Beginn des Jahres.

Auf der A 61 prescht Deutschland weiter dreispurig voran. Koblenz, Bad Kreuznach, Ludwigshafen. Für jedes Tal eine Brücke, für jeden Berg ein Tunnel. Links und rechts archaische Bilder von Treckern auf Erntefahrt. Herren und Hunde. Auf den Brücken Männer wie unter Hypnose, die Autobahn gerahmt von Waldrändern. Waren die Bäume nicht auch mal krank? Im Radio gibt es *zwanzig Prozent auf alles (außer Tiernahrung)* und *vier Kilometer Stau auf der A 5 zwischen Rastatt und Karlsruhe-Süd,* im Rückspiegel rücken die Falkengesichter der BMWs heran, die Kühlergrillmäuler der Audis. Nehmen die Wagen die Kurven am Autobahnkreuz Hockenheim nicht

besten Ihrem Verkehrsanwalt an.« Draußen jagt ein BMW einen Mercedes, der einen Audi jagt.

»Ach, ihr Deutschen! In euch kämpft eure tiefe Liebe zur Technik gegen eure tiefe Liebe zur Natur. Ihr seid das einzige Volk der Welt, das es schafft, seinen Müll in sieben verschiedenen Tonnen zu sammeln, aber gegen ein Tempolimit zu sein.« Es wird gerade dunkel in Ettlingen an der A 5, als der Franzose Daniel Goeudevert in der Bar eines kleinen Hotels das Thema ins Ethnologische weitet und von der »Dichotomie der deutschen Seele« spricht: Carl Benz gegen Caspar David Friedrich, Motoren gegen Romantik.

Ein PS-Jünger prüft Motor und funkelnde Accessoires auf der Messe »Car style« in Hamburg.

sogar ein wenig enger als sonst? Ein bisschen Schumi sein zum Feierabend? In der Raststätte Hockenheimring stehen Vitrinen voller Modellautos und Rennfahreruhren, daneben Namensnummernschilder für LUKAS, MIKE und MALTE. MANFRED ist ausverkauft. Am Tresen ein Stapel Broschüren: »Ein mit Punkten in Flensburg verbundener Bußgeldbescheid flattert Ihnen schneller ins Haus, als Sie glauben. Vertrauen Sie große und kleine Verkehrssünden am

Goeudevert war in den Achtzigern Chef von Ford in Köln und später im VW-Vorstand. Er machte sich im Kosmos des Größer, Schneller, Breiter für kleinere, umweltfreundlichere Autos stark, wurde einsam darüber und verlor 1993 einen langen, zähen Machtkampf gegen Ferdinand Piëch. Der ließ später den Phaeton bauen und einen Bugatti mit 1001 PS. Und Goeudevert schrieb Bücher, zuerst *Wie ein Vogel im Aquarium,* zuletzt *Das Seerosen-Prinzip,* Bücher über Management und Macht, über Gier und Größenwahn. Nun hat ihn eine Lesereise ins Badische verschlagen. Hier, bei Kilometer 1240, kreuzen sich zwei Wege, und Goeudevert, 66 mittlerweile und grau geworden, erzählt wie ein Forscher von diesem Stamm der Ingenieure, in den er vor langer Zeit geraten war. »Ein Volk, dem sich die eigenen Autos teurer verkaufen lassen als überall sonst auf der Welt«, sagt er milde lächelnd. »Ein Volk, das bei einem Blechschaden den Notruf wählt. Wenn Sie das in Frankreich machen, werden Sie wegen Behinderung der Polizeiarbeit angezeigt.«

Goeudevert war Literaturstudent an der Sorbonne und Gymnasiallehrer in Paris, bevor er 1965 des Geldes wegen anfing, die DS von Citroën zu verkaufen. Das gelang ihm so gut, dass er in den Vorstand von Citroën in Deutschland aufstieg, von Renault abgeworben wurde, dann von Ford. »Da war ich, der Verkäufer, unter die Techniker geraten.« Als er bei Ford für ABS plädierte, »sagten sie: *Safety doesn't sell.*« Als er über ein Tempolimit nachdachte, »haben sie mich fast rausgeschmissen«. Als er bei VW ein Auto mit drehbaren Sitzen wollte, zum leichteren Ein- und Aussteigen für ältere Menschen, »da riefen die Ingenieure: Wir bauen doch kein Behindertenmobil! »Und als er 1992 ein Auto mit Hybridtechnik vorschlug und günstige Kleinwagen für Osteuropa, Asien und Afrika, rollten alle nur noch mit den Augen. Das reichte, um ihn in den Erinnerungen der Kollegen, in den Zeitungsarchiven, im kollektiven Gedächtnis der Deutschen zum »Paradiesvogel« werden zu lassen.

Nun sitzt Goeudevert in diesem Hotel in der badischen Provinz und sagt: »Ihr Deutschen perfektioniert das Vorhandene immer bis zum Gehtnichtmehr.« Dieser seltsame Ehrgeiz, mit dem neuen Modell noch mal fünf Stundenkilometer schneller um die Kurve zu kommen als mit dem alten, obwohl das mit dem auch schon mit Tempo 190 ging! Da sind so viele Gedanken, die offenbar darauf gewartet haben, gehört zu werden. Goeudevert spricht davon, wie die Deutschen den Automarkt von oben erobert hätten, während die Japaner das von unten getan hätten – und nun, in Zeiten knapper Ressourcen und großer Einsichten, breche die Zeit des Unten an. »Hättet ihr euch in eurer technischen Besessenheit doch um ein Produkt des Weniger statt des Mehr gekümmert«, sagt Goeudevert, »aber Hybrid? Das sind zwei An-

triebe – für den deutschen Techniker nichts Halbes und nichts Ganzes. Er hat lieber mit Wasserstoff geforscht. Wasserstoff klang toll, fast wie Atombombe.«

Jetzt hat Toyota den Prius, Renault den günstigen Dacia, »und die Deutschen liegen zehn Jahre zurück«. Vielleicht liegt in Goeudeverts Stimme der Klang des Rechthabens, überlagert aber wird er von Mitleid. Und offen ist nur noch die Frage, was für ein Auto er eigentlich selbst fährt. Da spricht Daniel Goeudevert, einst Mitglied des Club of Rome und Vizepräsident des Grünen Kreuzes, Träger des Großen Verdienstkreuzes der Bundesrepublik Deutschland und des Ordens der französischen Ehrenlegion, leise von »Rückenschmerzen« und »Reiselimousine«.

Es ist ein Audi A8.

Da ist er wieder, der Kampf Bauch gegen Kopf, Vergnügen gegen Vernunft. Die Dichotomie der Autofahrerseele, die ihren Sitz vermutlich in Stuttgart hat, wo Alarmanlagen an Garagentoren haften, wo Porsche und Mercedes produzieren, deren Zulieferer und die Zulieferer der Zulieferer. Ein Drittel der 1,4 Millionen Deutschen, die direkt oder indirekt im Autobau beschäftigt sind, arbeiten in Baden-Württemberg. Über Stuttgarts Porscheplatz spannt sich eine gläserne Brücke, auf der nackte Karossen des 911ers in die Lackiererei gleiten. Das Auto ist hier Skulptur geworden, in den Rang eines Kulturguts erhoben, auch im Mercedes-Museum an der Mercedesstraße am Neckar, einer Trutzburg aus Glas, Stahl und Sichtbeton, ganz in der Farbe der Silberpfeile. Seit der Eröffnung vor gut zwei Jahren waren zwei Millionen Menschen hier, kein Museum in der Stadt hat mehr Besucher. Das Atrium ist fast 50 Meter hoch, wie eine Kathedrale macht es den Menschen klein, lässt ihn langsamer gehen und leiser sprechen im Angesicht des Sterns.

Nun ist Alfred Szameitat ins Foyer getreten, mit Frau, Tochter und Schwiegersohn. Ein Rentner aus Oberndorf am Neckar, 80 Jahre alt, »Führerschein seit 1951«.

Mercedes-Fahrer?

»Ja, sowieso.« Eine C-Klasse nach langen Opel-Jahren, Beleg und Belohnung für ein fleißiges Leben als Mechaniker.

Farbe?

»Silber.«

Kennzeichen?

»RW-AS.«

Szameitat fliegt im – silbernen – Aufzug in den Museumshimmel, begleitet von Motorenraunen aus versteckten Lautsprechern, zurück in die Erfinderzeit des Carl Benz und dann Etage für Etage durch die Jahrzehnte und durch den Fundus, aus dem die Firma schöpft, all die Namen und Mythen. Moss und Fangio, Häkkinen und Hamilton. Da ist der 300 SL Flügeltürer, außen Silber, innen Nitribitt-Rot. Szameitats Augen sagen: Den hätt ich gern gefahren. Um ihn herum sind wieder Männer auf Knien und Männer am Boden, dieses Mal fotografierend. Väter und Söhne sitzen mit kindsglücklichen Augen in Formel-1-Wagen, Mütter beißen ein Gähnen weg. Szameitat, noch immer Mechaniker, geht ganz dicht an die Motoren, wie Herzen in der medizinischen Sammlung hinter Glas. »Guckt mal, was für Brummer! Was hier für Werte stehen.« Konrad Adenauer fuhr Mercedes, der Papst fährt Mercedes, die Feuerwehr, die Nationalmannschaft – und auch Alfred Szameitat, der hier durch sein eigenes Leben läuft, von der Vorkriegszeit durchs Wirtschaftswunder bis heute. Du bist Deutschland, raunt das Museum, und Deutschland fährt Auto. Das Land, Mercedes, Szameitat: Am Ende sind sie eins.

Noch einmal entfaltet das Auto seine ganze Kraft, und die besteht aus mehr als nur PS. So hat es funktioniert, all die Jahre.

Allerdings bleibt die große Mercedes-Niederlassung, durch einen Tunnel mit dem Museum verbunden, jetzt leer. Die Leute gehen einfach nach Hause. Der Konzern teilt mit, sein Werk in Sindelfingen über Weihnachten für vier Wochen zu schließen. Ein Autobauer baut keine Autos mehr. Die Zeitungen drucken wieder und wieder einen Satz von Daimler-Chef Dieter Zetsche: »Wir müssen das Auto neu erfinden.«

Die Wahrscheinlichkeit, dass das wieder nur Marketing ist, ist nur noch gering. Und das Mercedes-Museum gerade zum Mausoleum geworden.

Auf der A 8 nach München, *zwischen Burgau und Zusmarshausen: Unfall, zwei Kilometer.* Kinder auf Rücksitzen, Tropfenrennen an den Scheiben, Nebelfetzen an den Hängen der Schwäbischen Alb, im Gästebuch der Autobahnkirche Adelsried seitenweise »Danke, lieber Gott, für den Schutz auf der Autobahn«. In der Herbstdämmerung das Aufglimmen von Zigaretten in den Fahrkapseln, das beruhigende Blau der Navigationsgeräte. Voraus das rot-weiße Lichtband der Autobahn. Es gab in den Achtzigern mal Poster davon.

41 Millionen Autos. So viel Energie. So viel Freiheit. So viel Identität. So viel Technik. So viel Liebe. Wohin damit?

Wie eine sich selbst erfüllende Prophezeiung scheint aus der Finanzkrise eine Autokrise geworden zu sein, als habe vages Bewusstsein, längst vorhandener Zweifel am Auto, einen Kristallisationspunkt gefunden. Der Konsumklima-Index steigt, die Leute kaufen wieder, kaufen weiter – nur keine neuen Autos. Als warteten sie auf eine Lösung, die noch keiner hat. Bosch schickt 3500 Mitarbeiter für ein halbes Jahr in Kurzarbeit und legt sein Einspritzpumpenwerk in Reutlingen vorübergehend still. »Einspritzpumpenwerk«, wie alt das plötzlich klingt. VW kündigt an, Verträge von Leiharbeitern auslaufen zu lassen. Daimler plant, zum Jahreswechsel die Produktion an allen 14 Standorten zu stoppen und 150 000 Mitarbeiter in verlängerte Ferien zu schicken. Toyota meldet für Deutschland 22 Prozent weniger Verkäufe seit Januar. Noch vor dem Serienstart wirkt auch der iQ nur wie ein »Weiter so« auf kleinen Rädern. Wenn John ohnehin in der Stadt wohnt und so vernünftig ist, wozu braucht er dann ein Auto? Eines sogar, das noch Öl verbrennt? In Paris und Tokyo hat schon jeder Dritte keinen Wagen mehr.

Es ist Ende Oktober. Eine ferne Krise ist zu einer deutschen Krise geworden. Still und schnell steigt der Aufzug durch das Vierzylinderhaus von BMW nach oben, durch dieses Motoren-Monument am Münchner Stadtring, vorbei an Etagen voller Männer wie aus dem Hugo-Boss-Katalog. Im 21. Stock, eine Etage unter dem Vorstand, gleiten die Türen auf. Unten das BMW-Museum und das Zeltdach des Olympiastadions, gleißend wie ein Gletscher in der Sonne – all die Architektur gewordene Zuversicht und Technikbegeisterung der sechziger und siebziger Jahre. Ulrich Kranz schaut hinab auf die Stadt, in der alle Bewegung Auto ist, und sagt: »Wir müssen jetzt schnell sein.«

BMW hat den Termin wie ein Geheimtreffen inszeniert, wie eines aber, von dem eine Botschaft durchsickern soll: Wir haben verstanden.

Da sitzt nun Ulrich Kranz, ein kleiner, schmaler Mann ohne Visitenkarte, ohne Krawatte und ohne Scheitel, mit seinen tiefen, müden Augen und sei-

Alles sauber: Zufriedene Gesichter beim Verlassen der Waschstraße.

nem wirren Haar eher ein Beethoven der Branche. Er hat für BMW die Geländewagen entwickelt, die Roadster, den Mini – viele Autos mit mehr als 300 PS. Jetzt soll er die Zukunftswerkstatt leiten, das project i. Wieder ein i. »Wie Idee, wie Innovation, wie Inkubator«, sagt Kranz, flankiert von zwei Pressereferenten, so wichtig ist jetzt jedes Wort, so ernst die Lage. In allen Konzernen arbeiten die Entwicklungsabteilungen fiebrig, fast panisch an neuen Antrieben. Es geht um einen neuen Käfer, einen neuen Gründungsmythos, von dem sich die nächsten Jahrzehnte zehren lässt.

Was, wenn die Deutschen da unten – gerade die Deutschen! – all ihre automobile Liebe jetzt dem Elektromobil schenken wollen? Dem günstigen, leichten, abgasfreien Auto? Sparsam, schnell, schick, vor allem technisch perfekt. Was eben noch fortschrittlich schien, wirkt nur noch herkömmlich, BMW *Efficient Dynamics,* Volkswagen *Blue Motion,* Mercedes *Blue Efficiency* – zäher Übergang in eine Zukunft, die Kranz ganz schnell erfinden muss. Bevor es ein anderer tut.

Irgendwo in München, weit weg von diesem Hochhaus, von all dem alten Gedankengut, säßen in einer Halle fast einhundert »Leute, die *out of the box* denken«, sagt Kranz, »es geht um Nachhaltigkeit, um CO$_2$, um *global warming,* um Mobilität in Megacitys und unsere Antwort darauf«. Kranz sagt nicht einmal »Beschleunigung« oder »Geschwindigkeit«. Er wirft mal eben das ganze Kraftvokabular, die ganze Modellpolitik seines Arbeitgebers über den Haufen. Es gehe um Lösungen für diese 40 Kilometer, die der Deutsche täglich zurücklegt, »möglichst emissionsfrei, aber emotional. Genau dafür hätte man doch gern eine Lösung, der man nicht widerstehen kann.« Zwei Räder? Drei? Vier? »Vielleicht ein Mix aus allem. Womöglich ein ganzes Mobilitätskonzept.«

Kranz sagt, dass er mit Architekten spricht, mit Künstlern, mit Stadtplanern, sogar mit Science-Fiction-Autoren. Die Pressereferenten nicken bedeutungsschwer. Science-Fiction-Autoren. Zeigt das nicht, wie sehr BMW, diese maskuline Automarke, an Selbstbewusstsein verloren hat? BMW, korrigiert einer der beiden Referenten eifrig, sei nicht mehr »Anbieter von Automobilen«, sondern »Anbieter von Mobilität«.

Still und schnell gleitet der Aufzug durch das Vierzylinderhaus von BMW wieder hinab. Draußen auf dem Ring brandet der Verkehr, fast wütend klingen die Motoren. Unmöglich, sich diese Stadt, das ganze Land ohne Autos vorzustellen, leer und still. Die Sonne scheint. Wahrscheinlich wäscht Jacobsen in Flensburg gerade wieder seinen Audi, kratzt der Straßenbauarbeiter Berger Igel von der A 24, formuliert Daniel Goeudevert in seinem Kopf einen neuen Gedanken, wartet Stendals Bürgermeister noch immer auf seine Autobahn und die Welt schon auf ihr Zukunftsmobil. In Brüssel tagt ein Autogipfel. Die Kanzlerin bietet ihre Hilfe an. Es geht um so viel mehr als nur um Autos.

Wie immer, wenn es um das Auto geht.

Dunkle Wolken über dem Commerzbank-Tower in Frankfurt am Main: Am 31. Oktober 2008 hatte sie den Sonderfonds Finanzmarktstabilisierung (Soffin) um 8,2 Milliarden Euro bitten müssen.

Wo ist das Geld geblieben?

Die Finanzkrise hat riesige Vermögen vernichtet. Doch die Milliarden sind nicht verschwunden – sie werden gerade neu verteilt. Eine Spurensuche bei amerikanischen Baufirmen, deutschen Bankmanagern und chinesischen Investoren

Von **KERSTIN KOHLENBERG** und **WOLFGANG UCHATIUS**,
erschienen in der ZEIT am 27. November 2008

Für diese Reportage wurden Kerstin Kohlenberg und Wolfgang Uchatius mit dem Herbert-Riehl-Heyse-Preis und den Ernst-Schneider-Preis 2009 ausgezeichnet.

Am Nachmittag des 31. Oktober springt im zweiten Stock einer gelb gestrichenen Villa in der Frankfurter Innenstadt das Faxgerät an. Fünf Seiten Papier schieben sich aus dem Schlitz, auf der ersten Seite steht der Briefkopf der Commerzbank, auf der letzten die Unterschrift ihres Vorstandsvorsitzenden Martin Blessing, irgendwo dazwischen die eine, entscheidende Zahl: 8,2 Milliarden Euro. Um so viel Geld bittet die Commerzbank die Bundesrepublik Deutschland, vertreten durch den »Soffin«, den neu gegründeten Sonderfonds für die Stabilisierung der Finanzmärkte. Dessen 21 Mitarbeiter haben erst wenige Tage zuvor in der gelben Villa ihre Büros bezogen. Die Krise hat hier ihre Anlaufstelle.

Am Vormittag des 17. November um 9.30 Uhr greift in einem Konferenzraum in der Nähe des Englischen Gartens in München der Vorstandsvorsitzende der Hypo Real Estate, Axel Wieandt, zum Telefon. Ihm zugeschaltet sind Bankenanalysten rund um die Welt. Eine Stunde und zwei Minuten lang berichtet Wieandt aus dem Innenleben der Bank. Die Zusammenfassung: 3,05 Milliarden Euro Verlust im dritten Quartal 2008.

Am Abend des 19. November sitzt Josef Ackermann, der Chef der Deutschen Bank, am Rande des Berliner Regierungsviertels im Saal der Katholischen Akademie in einem hellblauen Sessel vor 300 Menschen. Er sagt: »Dies ist die erste globale Krise überhaupt, und wir stecken noch mitten in der Krisenbewältigung.«

Wie lange wird sie dauern? Nach Schätzung der Bank von England haben die Finanzinstitute der Welt schon jetzt 2,8 Billionen Dollar verloren. Das

Zur Sache

Der Beginn der großen Finanzkrise war der Anfang der wohl ungewöhnlichsten Rettungsaktion in der Geschichte. Kein Mensch war wiederzubeleben, sondern ein System: der Kapitalismus. Weltweit meldeten tausende Banken Konkurs an, Unternehmen gingen pleite, Privatleute standen vor dem Ruin. Egal, ob in Amerika, Europa oder Asien, jetzt konnte nur noch einer helfen: der Staat.

Die US-Regierung verschickte Schecks an jeden Haushalt, die Deutschen ersannen die Abwrackprämie, die Japaner senkten die Steuern. Die so genannten Konjunkturpakete sahen in jedem Land ein wenig anders aus, aber immer hatten sie denselben Inhalt: Geld. Genauer: Steuergeld. Allein in Deutschland gab die Bundesregierung 80 Milliarden Euro aus, um die Wirtschaft wieder in Gang zu bringen. 600 Milliarden Euro stellte sie als Notversorgung für marode Unternehmen und Kreditinstitute bereit.

Die nie dagewesene Menge an Dollar, Euro, Yen und Pfund rettete Banken und Autohersteller – und sorgte nebenbei dafür, dass sich fast alle Regierungen der Welt auf einmal riesigen Schuldenbergen gegenübersehen. Ob und wie diese jemals abgetragen werden können, weiß niemand. Die Krise ist noch nicht zu Ende.

sind 2800 Milliarden, das ist der Gegenwert von 140 Millionen VW-Golfs. Das Geld sei »verbrannt«, »verpufft«, »verschwunden«, heißt es. Und die Geldvernichtung geht weiter. Wie groß wird der Verlust noch werden? Wie viele Bankrotte werden folgen, wie viele Banken und Konzerne werden die Regierungen noch retten müssen?

Niemand weiß es. Die vielleicht interessanteste Frage aber lässt sich schon jetzt beantworten.

Wo ist das Geld geblieben?

In der Wüste von Nevada sind die Millionen zu Marmor geworden

Diese Frage steht am Anfang einer langen Reise, die in die amerikanische Wüste, in einen Frankfurter Bankenturm und zu einem chinesischen Fondsmanager führen wird. Der italienische Ministerpräsident und Medienunternehmer Silvio Berlusconi wird unterwegs auftauchen und am Ende eine deutsche Rentnerin, die das Glück hatte, in der Finanzkrise keinen einzigen Euro zu verlieren. Auch diese Frau ist ein wichtiger Teil der Krise, weil sie mit ihrem Geld hilft, in diesen Wochen die Welt zu retten. Obwohl sie nichts davon ahnt.

Auf der Suche nach dem Geld wird sich zeigen, dass es selten dauerhaft verschwindet und noch seltener verbrennt. Dass es aber ziemlich oft den Besitzer wechselt.

Wo also steckt das Geld? Wo sind die 2,8 Billionen Dollar?

Es gibt in Deutschland viele Menschen, denen man diese Frage stellen könnte: Ökonomen, Vermögensberater, Börsengurus. Ein Mann aber scheint besser als die meisten anderen geeignet, sie zu beantworten. Weil er offenbar einer der wenigen ist, die wirklich verstanden haben, was in den vergangenen Jahren in der Wirtschaftswelt passiert ist.

Der Mann heißt Max Otte. Gerade kommt er von einem Vortrag aus Frankfurt, morgen fliegt er nach Wien zu einem Fernsehauftritt. Dazwischen hat er einen Nachmittag frei. Otte ist gerade sehr gefragt.

Er sperrt seine Wohnung in der Kölner Innenstadt auf, legt das Jackett ab, lockert die Krawatte. Er ist 44 Jahre alt, ein kleiner, korpulenter Mann. Vor zwei Jahren war er noch ein unbekannter Wirtschaftsprofessor an der Fachhochschule in Worms. Wenn er damals den Fernseher einschaltete, sah er hin und wieder andere Wirtschaftsprofessoren, die nicht an

Fachhochschulen, sondern an Universitäten lehrten. Fast immer sprachen sie davon, dass der Aufschwung anhalten, die Aktienkurse weiter steigen würden. Otte war anderer Meinung. Er glaubte, die Welt steuere auf eine ökonomische Katastrophe zu. Also schrieb er ein Buch, in dem er den Absturz der Aktienkurse, den Zusammenbruch der Banken und die mögliche Insolvenz des amerikanischen Autokonzerns General Motors vorhersagte. »Wenn ich die Zeichen richtig verstehe, die uns die Weltwirtschaft hinterlässt, dann muss es krachen – und zwar mit einer gewaltigen Wucht«, schrieb Otte.

Er gab dem Buch den Titel *Der Crash kommt*. Es erschien im Frühjahr 2006, verkaufte sich ordentlich, wurde aber kein Bestseller. Dann kam der Crash. Seitdem ist Otte der Mann, der alles wusste. Sein Buch hat sich bislang 200 000-mal verkauft. Demnächst erscheint die chinesische Ausgabe.

Wo das Geld geblieben ist? Otte denkt nach. Dann sagt er: »Wenn Sie wissen wollen, wohin das Geld geflossen ist, müssen Sie zuerst nach Amerika fahren, in die Vororte der großen Städte. Sie müssen sich die Häuser ansehen.«

Zum Beispiel dieses: Mantua Avenue Nummer 70 in der Kleinstadt Henderson im Bundesstaat Nevada.

Über der Villa liegt ein Hauch von Toskana. Runde Dachziegel aus Ton, hölzerne Fensterläden, eine überdachte Veranda, kleine Pinien im Vorgarten. Schaut man in die Ferne, sieht man die Kasinos von Las Vegas in der Sonne flimmern. Schaut man zur Seite, sieht man noch eine Villa und daneben noch eine und noch eine.

Inspirada heißt die Siedlung. Hunderte fertige, unbewohnte Häuser stehen hier, Hunderte Rohbauten in Dutzenden von Straßen, die Via Delle Arti Street heißen oder Palazzo Reale Avenue. Straßen, die ein kleines bisschen Italien nach Amerika bringen sollen und die doch alle in die Wüste führen, denn genau das war auch dieses Stück Land, bevor das amerikanische Immobilienunternehmen Toll Brothers anfing, hier Geld zu vergießen: ein Haufen Sand mit ein paar Kakteen darauf.

Zehn Jahre dauerte der Boom – fast jeder bekam ein Darlehen

550 Millionen Dollar sind in das Gelände am Rande von Las Vegas geflossen, 790 Hektar, so groß wie

1400 Fußballfelder. Noch einmal so viel hat es gekostet, es zu erschließen; Wege, Straßen und Abwasserkanäle anzulegen.

Eine stark geschminkte Verkaufsdame schiebt die Tür des Toskana-Hauses Nummer 70 auf. Seit zehn Jahren arbeitet sie für die Brüder Toll. Zehn

600 000 Dollar wolle Toll Brothers für das Haus haben, sagt die Verkäuferin. Aber es gebe Verhandlungsspielraum, man wolle nur noch die Kosten hereinholen. Dennoch kommt kein Käufer. Nicht in diese Straße und in keine andere. Das Geld der Toll-Brüder steckt in den Häusern fest.

Ein Mitarbeiter der insolventen Investmentbank Lehman Brothers verlässt am 15. September 2008 den Firmenhauptsitz in New York. Er hat seine persönlichen Gegenstände in einen Pappkarton gelegt.

Jahre, in denen es ihr und Las Vegas gut ging. Die Verkäuferin zeigt auf den Marmorboden: 15 000 Dollar. Die Granit-Arbeitsoberfläche: 1300 Dollar. Die Treppe aus Kirschholz: 3500 Dollar. Der Jacuzzi im Badezimmer: 1250 Dollar.

»Mein Name ist Bob Toll.« Die Stimme kommt aus einem Fernseher im Wohnzimmer. Auf dem großen Flachbildschirm läuft in einer Endlosschleife ein Verkaufsvideo der Toll Brothers. Zufriedene Kunden erzählen, wie glücklich sie in ihrem Traumhaus sind.

Es hört ihnen niemand mehr zu.

Hier, in einer Geisterstadt am Rande von Las Vegas, ist also die erste Antwort auf die Frage nach dem Geld zu finden: 22 000 Häuser sind allein im Bundesstaat Nevada zu verkaufen. In ganz Amerika stehen 4,67 Millionen Häuser und Eigentumswohnungen leer. Niemand will sie haben. 212 000 Dollar haben sie im Durchschnitt gekostet. Das macht 990 Milliarden, festgemauert in Wänden und Fußböden.

Zehn Jahre lang errichteten Baufirmen in Amerika immer neue Siedlungen mit Hunderten, Tausenden sogenannter McMansions – Wohnhäusern mit fünf Schlafzimmern, Freitreppen, Kronleuchtern,

Säulengängen. Zehn Jahre lang machten sie gute Geschäfte. Denn zehn Jahre lang kauften die Amerikaner alles, was vier Wände hatte.

Das Geld dafür bekamen sie von den Banken.

Dazu muss man wissen: Leihen und Verleihen ist die Grundlage jedes Finanzsystems, der Kredit die älteste Geschäftsidee des Kapitalismus. Person A leiht sich bei Bank B einen Geldbetrag, den A mit einem Aufschlag zurückzahlt, dem Zins. Ein gutes Geschäft für beide Parteien. Die Bank bekommt die Zinsen und macht einen hübschen Gewinn. Person A kann sich mit dem geliehenen Geld

niedrig wie selten zuvor. Die Nachfrage nach Häusern stieg, und damit stiegen auch die Preise. Und weil die Preise so sehr stiegen, riefen die Immobilienmakler auf einmal Putzfrauen oder Erntehelfer an, die fünf Dollar in der Stunde verdienten. Sie erklärten ihnen: Wenn ihr ein Haus für 200 000 Dollar kauft und den Kredit nicht zurückzahlen könnt, dann macht das nichts. Die Preise steigen. In fünf Jahren wird das Haus 300 000 Dollar wert sein. Dann könnt ihr einen neuen Kredit auf das Haus aufnehmen und damit den alten bezahlen. Es kann nichts schiefgehen.

Aktienhändler an der New Yorker Börse.

etwas kaufen, das sonst unerschwinglich wäre, zum Beispiel ein Haus. Vorausgesetzt, A kann sich den Kredit leisten.

Wie kann eine amerikanische Krise die ganze Welt befallen?

In den vergangenen Jahren konnte sich fast jeder in Amerika einen Kredit leisten. Die Zinsen waren

Also gingen die Erntehelfer und Putzfrauen zu den Banken. Und die Banken gaben ihnen Kredit. Sie wussten, wenn sie das geliehene Geld nicht zurückbekommen, macht das nichts. Denn dann würde das Haus ihnen gehören. Und in fünf Jahren würde es ja 300 000 Dollar wert sein.

Es war ein Geschäft, bei dem es nur Gewinner gab. Solange die Preise stiegen. Und darum bauten die Baufirmen immer mehr Häuser, 1,2 Millionen

Jahr für Jahr. Und immer mehr Menschen liehen sich immer mehr Geld, um sie zu kaufen.

Bis das passierte, was der renommierte amerikanische Ökonom Robert Shiller von der Universität Yale lapidar beschreibt: »Das riesige Angebot neuer Häuser begann den Markt zu übersättigen, und die Immobilienpreise begannen zu fallen.«

Auf einmal bekamen Millionen Amerikaner keine neuen Kredite mehr, um ihre alten Hypotheken zu finanzieren. Auf einmal merkten die amerikanischen Hypothekenbanken, dass sie das viele Geld, das sie verliehen hatten, nicht wiederbekommen würden.

Dieses Geld steckt fest in den unverkäuflichen Immobilien. Und es liegt in den Taschen der Immobilienmakler und vorherigen Eigentümer, die ihre Häuser noch mit Gewinn verkauft haben. Es liegt in Händen der Zementhersteller, der Baggerfahrer und Maurer, die davon vielleicht japanische Autos oder deutsche Kühlschränke oder chinesische Spielsachen für ihre Kinder gekauft haben.

Es sind amerikanische Hypothekenbanken, denen dieses Geld nun fehlt. Keine deutschen, englischen oder Schweizer Finanzkonzerne. Wie also kann es sein, dass sich amerikanische Banken verspekulieren – aber Geldinstitute rund um den Globus Verluste von 2,8 Billionen Dollar verzeichnen? Wie ist es möglich, dass wegen unverkäuflicher Häuser in der Wüste von Nevada die deutsche Commerzbank eine Kapitalspritze von 8,2 Milliarden Euro benötigt?

Max Otte hatte gesagt, wenn man verstehen wolle, wie sich die Krise derart ausweiten konnte, müsse man den Blick auf die Finanzindustrie richten. Seit Wochen redet er in seinen Vorträgen über die Kapitalmärkte, die Weltbörsen. Er spricht von der Wall Street, von Amerika, seiner zweiten Heimat, wo er in Princeton promovierte, in Boston lehrte, bevor er die amerikanische Staatsbürgerschaft erhielt. Die Finanzindustrie, das seien vor allem die Investmentbanken, hatte Otte gesagt. Banken wie Goldman Sachs, JP Morgan, Morgan Stanley oder Lehman Brothers, deren Geschäft sich vordergründig um Aktien, Anleihen, Optionen und Terminkontrakte drehe. In Wahrheit aber machen sie nichts anderes als etwa Handyhersteller: Die forschen ständig nach dem neuen, noch besseren Mobiltelefon. Investmentbanken suchen dauernd nach dem neuen,

noch besseren Wertpapier. Beide wollen nur eines: Ihre Produkte verkaufen.

Das Produkt, das dafür sorgte, dass sich die Krise um die ganze Welt verbreiten konnte, heißt Mortgage Backed Securities. Im großen Stil verkauft hat es als Erster ein italienischstämmiger Investmentbanker aus dem New Yorker Stadtteil Brooklyn. Sein Name ist Lewis Ranieri.

Die steil ansteigenden schwarzen Stuhlreihen des Piper Auditorium der Universität Harvard sind voll besetzt, als Ranieri in den Tagen der Krise ans Podium tritt. Er ist sechzig Jahre alt. Haare und Vollbart sind grau geworden. Der Bauch aber, in den er, so erzählt man an der Wall Street, einst Unmengen von Fast Food hineinfutterte, ist noch derselbe.

Ranieri ist nach Harvard gekommen, um zu erklären, wie alles aus dem Ruder lief nach seiner Erfindung. Er legt seine vorbereitete Rede vor sich hin und holt Luft – dann hält er inne und sagt: »Ach, ich werde einfach reden, wie mir der Schnabel gewachsen ist.« Er sagt das in einem breiten New Yorker Arbeiter-Akzent. Ranieri hat nicht in Harvard studiert. Auch nicht in Stanford oder Princeton. Er hat überhaupt nicht studiert, trotzdem hat er es weiter gebracht als die Banker von den Eliteunis.

Vor 30 Jahren wurden Kredite zum Spekulationsobjekt – für die Reichen

1968, gerade zwanzigjährig, fing er bei der New Yorker Investmentbank Salomon Brothers in der Poststelle an. Die organisierte er so effizient, dass ihm die Bank einen Job als Wertpapierhändler anbot. »Er war liederlich, großmäulig und dreist«, erinnert sich ein früherer Kollege, »aber er hatte den Charme eines Menschen, der geliebt werden will.«

1978 stieg Ranieri zum Chef der kurz zuvor gegründeten Hypothekenabteilung von Salomon Brothers auf. Die amerikanischen Hypothekenbanken hatten damals Kredite im Wert von 1,2 Billiarden Dollar im Land verteilt. Schon in jenem Jahr war der Hypothekenmarkt größer als der gesamte US-Aktienmarkt. Aber während von den Gewinnen am Aktienmarkt Millionen von Menschen profitieren konnten, waren die Hypothekenkredite ein Geschäft zwischen lediglich zwei Parteien. Das Geld floss von Bank B zu Person A und wieder zurück.

461

Ranieri änderte das. Er machte aus dem Hypothekenmarkt eine riesige Börse, an der jeder zu jeder Zeit Anteile an den Hypotheken erwerben konnte. Er verwandelte den Kredit, den A bei der amerikanischen Bank B aufnimmt, in ein Wertpapier, das sich an die deutsche Bank C, die englische Bank D und die Schweizer Bank E verkaufen ließ.

Ranieri bündelte einzelne Hypotheken zu einem großen Packen, von dem er Scheiben abschneiden und verkaufen konnte – eben jene Mortgage Backed Securities, kurz MBS. Auf Deutsch: hypothekenbesicherte Wertpapiere.

Fortan zahlten die Hauskäufer ihre Hypothekenzinsen nur noch pro forma an die Hypothekenbanken zurück. De facto floss das Geld in die Taschen jener, die Hypothekenpapiere gekauft hatten: Banken rund um die Welt, Versicherungen, Investmentfonds und deren Kunden. All diese Käufer setzten darauf, dass möglichst viele Personen A ihre Kredite würden zurückzahlen können.

In der Theorie ein gutes Geschäft für alle. Der Kreditnehmer konnte sich ein Haus kaufen, der Wertpapierkäufer kassierte die Zinsen, und die Hypothekenbank musste nicht jahrelang warten, bis sie das verliehene Geld zurückbekam. Sie hatte den Kredit verkauft und konnte einen neuen vergeben.

Auch in der Praxis lief es anfangs glänzend: Ranieris MBS-Papiere wurden zu Verkaufsschlagern. Andere Investmentbanken stiegen ein.

Geldhäuser und Finanzinvestoren aus der ganzen Welt wollten die Papiere haben: die Deutsche Bank, die Schweizer UBS, die französische Crédit Agricole, die britische Royal Bank of Scotland, die japanische Mizuho-Gruppe. Irgendwann überstieg die Nachfrage nach den MBS-Papieren die Menge der eigentlichen Hypotheken in den USA.

Also mussten mehr Hypotheken her. Die Hypothekenbanken senkten ihre Vergabekriterien. Sie fragten nicht mehr nach Eigenkapital, sie fragten nicht mehr nach dem Einkommen, sie interessierten sich für Erntehelfer und Putzfrauen. Und warum sollten nicht auch Arbeitslose drei Häuser kaufen? Subprime wurde diese Art von Krediten bald genannt – zweitklassig. In den Jahren 2000 bis 2005 stieg ihr Umfang um 495 Milliarden Dollar auf 625 Milliarden. Gemeinsam verpackt mit erstklassigen Krediten an solvente Ärzte oder An-

wälte, ließen sich auch Subprime-Hypotheken in verkaufsträchtige Wertpapiere verwandeln.

2005 schüttete Goldman Sachs zehn Milliarden Dollar an Prämien aus

Ranieri hat sich in Rage geredet. »Als wir das System damals erfanden, da war ein Haus eine Lebensentscheidung!«, ruft er. Später sei es nur noch darum gegangen, auf steigende Immobilienpreise zu wetten. »Aber Preise können sinken, auch wenn wir das lange nicht glauben wollten.«

Auch er nicht.

Während Putzfrauen und Erntehelfer auf die Zukunft spekulierten, erfanden die Investmentbanken neue Finanzprodukte, die die gigantischen Risiken dieser Hypotheken verschleierten. Was unter normalen Umständen Betrug heißen müsste, trug nun komplizierte Namen wie Collateral Debt Obligations oder Credit Default Swaps. Es sind Wertpapiere, für die es keine ökonomische Begründung gibt, wie der Wirtschaftsjournalist Wolfgang Münchau in seinem Buch *Vorbeben. Was die globale Finanzkrise für uns bedeutet* schreibt. Außer einer: »Dass sie den Investmentbanken, die sie auf den Markt bringen, hohe Gebühren bescheren.«

Diese Gebühren erhöhten die Gewinne der Investmentbanken und flossen in Form von Bonuszahlungen weiter an deren Mitarbeiter. Goldman Sachs zum Beispiel, eine der ältesten New Yorker Investmentbanken, schüttete im Jahr 2005, auf dem Höhepunkt des Booms, zehn Milliarden Dollar Boni an seine Angestellten aus. Macht für jeden Mitarbeiter 500 000 Dollar, aber so hat die Bank nicht gerechnet. Ihr damaliger Chef Henry Paulsen bekam allein 38,3 Millionen. Paulsen ist mittlerweile US-Finanzminister. Auch zu ihm ist also das Geld geflossen, nach dem er in diesen Wochen so verzweifelt sucht.

Das Geld floss damals also von Banken aus der ganzen Welt zu amerikanischen Hypothekenbanken, wobei ein kräftiger Seitenstrom zu den Investmentbanken und deren Managern führte. Von den Hypothekenbanken floss es zu den Hauskäufern. Und von dort wäre es wieder zurückgeflossen zu den Banken überall auf der Welt, zu den Besitzern der Kreditpapiere – wenn die Erntehelfer und Putzfrauen ihre Schulden hätten begleichen können. Wenn die Immobilienpreise gestiegen wären.

Mitten im Frankfurter Bankenviertel steht ein Wolkenkratzer, der all die anderen Hochhäuser überragt. Er ist 259 Meter hoch, das zweithöchs-

ten dort, von der 39. bis zur 42. Etage. Sie geben keine Kredite aus, kaufen keine Wertpapiere. Ihre Arbeit hat nichts mit dem eigentlichen Geschäft der Bank zu tun. Trotzdem haben sie im Moment wohl den wichtigsten Job bei der Commerzbank.

Als die Preise sanken, brachen alle Dämme – Auslöser der weltweiten Finanzkrise waren die ins Bodenlose gefallenen Immobilienpreise in den USA.

te Gebäude Europas, ein dreieckiger, verglaster Turm, dessen oberste Stockwerke nachts in hellem Gelb erstrahlen, als seien sie mit Leuchtfarbe gestrichen. Es ist das Gelb der Commerzbank.

Im Turm der Commerzbank suchen 300 Experten das einstige Vermögen

50 Stockwerke hat der Turm und neun künstliche Gärten, in denen die Angestellten Kaffee trinken und über die Stadt schauen können. In der 19. Etage wächst Bambus, in der 35. Etage sind es Olivenbäume, vier Stockwerke weiter oben beginnt die Bilanzabteilung. 300 Menschen arbei-

Sie müssen beziffern, wie viel Geld die Bank besitzt – oder wie viel ihr fehlt. Genauer: Wie viel der Besitz der Bank noch wert ist, die Wertpapiere, das Immobilienvermögen, die Kreditforderungen. Sie nennen das Wertberichtigungen. Die Ergebnisse schicken sie ins oberste Stockwerk, in die Vorstandsetage, auf den Tisch von Eric Strutz.

Sie müssen in diesen Monaten ziemlich viele Werte berichtigen.

Strutz ist der Finanzvorstand der Commerzbank. Niemand weiß über das Vermögen der Bank so gut Bescheid wie er. Er ist 44 Jahre alt, einer der jüngsten in Deutschland in seiner Position. Ein kräftiger Mann mit festem Händedruck; wenn er spricht, schaut er seinem Zuhörer in die Augen, auch dann, wenn er über unangenehme Dinge redet, wenn er zum Beispiel sagt: »Diese Entwicklung der Märkte war so nicht vorherzusehen.«

1,2 Milliarden Euro hatte die Commerzbank in die Subprime-Papiere investiert. Die meisten Papiere besitzt sie immer noch. Aber es gibt niemanden mehr, der sie kaufen will. Es gibt keinen Markt mehr für die Papiere. In ihrer Bilanz muss die Commerzbank die Papiere aber mit genau diesem Wert beziffern: dem Marktwert. Die Papiere und die Hypotheken sind zwar noch da, aber der Markt ist es nicht mehr. Das Geld ist weg.

Ein Teil davon wird für immer verschwunden bleiben in leeren, langsam verfallenden Häusern – ein anderer Teil aber wird wahrscheinlich wiederkommen. Denn es ist ja nicht so, dass gar kein Kreditnehmer seine Schulden zurückzahlen kann. Viele Amerikaner werden es schaffen. Sie werden mehr arbeiten, weniger einkaufen, ihre Schulden begleichen. Dann fließt wieder Geld an die Besitzer der Kreditpapiere, dann werden sich wieder Käufer für die Papiere finden, werden diese Papiere wieder einen Marktwert bekommen, man muss nur ausharren, bis sich das Chaos legt. So wie ein Kleinaktionär, dessen Autoaktien auf einen Tiefpunkt gefallen sind. Wenn er klug ist und es sich leisten kann, wartet er, bis sich die Konjunktur erholt. Dann steigen die Aktienkurse wieder. Und das Geld kommt zurück.

Das Problem ist: Banken können nicht warten. »Wir müssen alle drei Monate einen Quartalsbericht vorlegen, alle zwölf Monate den Jahresabschluss«, sagt Strutz. Zwar haben die Regierungen im Zuge der Krise die Bilanzregeln geändert, aber noch immer müssen die Banken den Großteil der Wertpapiere zum aktuellen Marktpreis bewerten. Ist der am Stichtag niedrig, ist der Verlust hoch. Ist er zu hoch, geht die Bank bankrott.

Allein in Amerika mussten in den vergangenen Monaten 304 Hypothekenverleiher und 22 Banken Insolvenz anmelden. Die größte und bekannteste war die Investmentbank Lehman Brothers. Kurz nachdem sie Konkurs machte, standen auch die drei größten Banken Islands vor dem Ruin und dann der isländische Staat selbst. Und wenn Island fast pleite ist, was ist dann mit Italien? Ist nicht auch Griechenland gefährdet? Und wie solide sind eigentlich die Finanzen Kroatiens?

Diese Fragen stellen sich in diesen Monaten die Finanzinvestoren überall auf der Welt. Auf einmal verlieren auch Wertpapiere an Wert, die mit US-Hypotheken nichts zu tun haben, etwa isländische, italienische oder griechische Staatsanleihen.

Die Folge ist, dass die 300 Bilanzfachleute im Turm der Commerzbank das Vermögen ihrer Bank immer wieder neu ermitteln müssen. Es wird immer kleiner. Anhand der Zahlen, die ihm seine Buchhalter in diesen Wochen liefern, kann Eric Strutz den Verlauf der Krise nachzeichnen. Wertberichtigungen aufgrund der Subprime-Krise seit August: 144 Millionen Euro. Aufgrund der Lehman-Pleite: 371 Millionen Euro. Aufgrund der Schwierigkeiten in Island: 260 Millionen Euro.

Wer noch Geld hat, investiert – und wird nach der Krise reicher sein als vorher

Die Folge ist, dass Banken auf der ganzen Welt jetzt dringend neues Geld brauchen, um die Wertverluste auszugleichen, viel mehr Geld, als in die amerikanischen Subprime-Kredite geflossen war. Plötzlich geht es nicht mehr um ein paar Hundert Milliarden Dollar, sondern um mehrere Billionen.

Die Folge ist aber auch, dass es an den Börsen der Welt auf einmal viel Geld zu verdienen gibt.

Aber verlieren nicht die Aktien fast aller Unternehmen seit Monaten an Wert? Ist nicht die Rede von 23 Billionen Dollar, die an den Börsen verbrannt seien?

Stimmt. Das Geld ist weg. Aber es ist nicht verbrannt. Es ist verdampft, an den Börsen ist das ein Unterschied. Denn Wasserdampf verwandelt sich wieder zu Wasser, wenn er sich abkühlt. Dann wird das Geld wieder flüssig. Dann ist es wieder da.

Nur gehört es dann meist anderen Leuten.

»Gehen Sie mal zu 2iQ«, hatte Max Otte gesagt, »und fragen Sie nach Silvio Berlusconi.« In einem Bürohaus an einer Kreuzung nicht weit von den Frankfurter Bankentürmen sitzen die Brüder Patrick und Robert Hable und werten Kapitalmarktdaten aus. Es sind besondere Daten, sogenannte Insidergeschäfte.

Ein Druck auf die Tastatur, und Patrick Hable kann am Bildschirm ablesen, welche Manager zuletzt Aktien ihrer eigenen Firmen für ihr privates Depot gekauft haben. Es sind sehr viele. »Die Führungskräfte nutzen die niedrigen Kurse der Krise, um billig Aktien einzukaufen«, sagt Hable.

Es wird lange dauern, bis die Aktienkurse wieder dauerhaft steigen. Aber wenn es so weit ist, wird ein großer Teil der Billionen, die während der Krise an den Börsen verschwanden, wieder zurückkommen. Und er wird dann denen gehören, die während der Krise gekauft haben: Topmanagern, reichen Investoren, also jenen, denen das Geld schon in den vergangenen Jahren zugeflossen ist. Zum Beispiel Silvio Berlusconi. Mitte Oktober kaufte der italienische Ministerpräsident und Unternehmer für knapp 16 Millionen Euro Aktien seines Medienkonzerns Mediaset, als diese an der Börse so billig zu haben waren wie nie zuvor.

Oder Warren Buffett. Der Finanzinvestor und reichste Mann der Welt hat gerade für 2,1 Milliarden Dollar billig Anteile des US-Konzerns General Electric gekauft.

Oder der saudi-arabische Prinz Alwaleed bin Talal. Vergangene Woche gab er bekannt, er werde für 350 Millionen Dollar Aktien der amerikanischen Citibank erwerben, die gerade von der US-Regierung 20 Milliarden Dollar neues Kapital erhalten hat.

China nutzt die Krise, um sich billig in westliche Firmen einzukaufen

Einer der größten Gewinner könnte jedoch ein hagerer Mann mit randloser Brille sein, der leise spricht und zwischen den Sätzen oft ein kurzes Lächeln einschiebt. Der Mann heißt Gao Xiqing. Im Auftrag seines Arbeitgebers, der Volksrepublik China, soll er in den nächsten Monaten 80 Milliarden Dollar in ausländische Unternehmen investieren. Gao Xiqing ist Chef der neu gegründeten China Investment Corporation (CIC), einem der größten Staatsfonds der Welt.

Vor fast zwanzig Jahren, im Frühsommer 1989, demonstrierte der 55-Jährige für einige Tage in Peking auf dem Platz des Himmlischen Friedens. Bevor jedoch die Armee mehrere Tausend Menschen umbrachte, verließ Gao den Platz. Er sei, sagt er, zu dem Schluss gekommen, dass es einen besseren Weg gebe, die Demokratie in China zu stärken: seine Wirtschaft aufzubauen. 200 Milliarden Dollar hat die Regierung in die CIC gesteckt. Gao Xiqing soll damit den Reichtum des chinesischen Staates mehren.

Vor einem Jahr erwarb Gao für fünf Milliarden Dollar einen Anteil an Morgan Stanley, der zweitgrößten Investmentbank der USA. Im April beteiligte er sich mit 4,4 Milliarden an JC Flowers, dem Fonds eines ehemaligen Goldman-Sachs-Managers, der das Ziel hat, angeschlagene Finanzunternehmen billig aufzukaufen. Im September dann flog Gao in die USA und verhandelte erneut mit dem Chef von Morgan Stanley, er wollte seine Anteile an der Bank auf 49 Prozent ausweiten. Den Zuschlag bekam jedoch die japanische Großbank Mitsubishi UFJ. Aus politischen Gründen, heißt es. Schon länger fürchten amerikanische Politiker, die CIC wolle ihr Land aufkaufen.

Gao Xiqing hat darauf immer die gleiche Antwort: Politische Einflussnahme sei nicht sein Auftrag. »Wir wollen nur Profit machen.«

Er hat gerade erst angefangen.

Ganz am Ende des Gesprächs hatte Max Otte ein Buch auf den Tisch gelegt. Es heißt *Der große Crash 1929*. Der Autor, John Kenneth Galbraith, ist vor zwei Jahren im Alter von 97 Jahren gestorben. Er gilt als einer der wichtigsten Ökonomen des 20. Jahrhunderts. In seinem Buch erklärt er, wie es zu der Weltwirtschaftskrise der dreißiger Jahre kommen konnte. Ein deutscher Verlag hat es neu herausgebracht, Otte das Vorwort geschrieben.

Auch Anfang der dreißiger Jahre gingen die Banken pleite, stürzten die Aktienkurse ab. Galbraith hat eine interessante Erklärung dafür: Die Reichen waren zu reich geworden.

Die wohlhabendsten 0,1 Prozent der Amerikaner besaßen damals fast 40 Prozent des gesamten Vermögens. Die Folge, so Galbraith: Viele wussten nicht, wohin mit ihrem Geld, begannen zu spekulieren, nach neuen Anlageprodukten zu suchen.

Nie wieder war der Wohlstand in den USA so ungleich verteilt wie damals. Seit einigen Jahren jedoch gleichen die Verhältnisse wieder jenen in den vermeintlich Goldenen Zwanzigern. Und wieder kam es zur großen Krise.

Waren die Reichen wieder zu reich geworden?

Man kann die Perspektive auch drehen: Wahrscheinlich waren die Armen in Amerika zu arm geworden und nicht nur sie, nicht nur die Erntehelfer und Putzfrauen, auch der Mittelstand. Inzwischen besitzen die unteren 40 Prozent nur noch 0,2 Prozent des gesamten Vermögens der USA. Wer gesellschaftlich mithalten wollte, hatte in den vergangenen Jahren nur eine Wahl: Er musste Kredite aufnehmen. Für das Studium der Kinder, für die Krankenversicherung, für das Haus.

Am Ende konnten viele Menschen ihre Schulden nicht bezahlen. Deshalb bezahlt jetzt der Staat. Fast überall auf der Welt.

In praktisch allen großen Industrieländern haben die Regierungen inzwischen staatliche Rettungsprogramme aufgelegt. Sie wollen die Banken mit Geld versorgen und damit die durch die Finanzkrise entstandenen Verluste zumindest teilweise ausgleichen. In Deutschland müssen die Banken ein Fax oder einen Brief in eine gelbe Villa in Frankfurt schicken,

Amerika finanzieren. Und dazu die Provisionen der Immobilienmakler, die Boni der Investmentbanker, die Löhne der Bauarbeiter. Eine Frage aber ist noch offen: Woher nehmen die Regierungen, die Staaten das Geld, das sie jetzt brauchen?

Um die Wirtschaft zu stützen, müssen die Staaten nun Kredite aufnehmen

Die Antwort passt gut zu dieser Krise, dazu, wie alles angefangen hat. Deutschland, die USA, Großbritannien – sie alle verhalten sich wie die amerikanischen Hauskäufer: Sie nehmen einen Kredit auf. Sie machen Schulden.

Blick aus dem Waschraum im Turm der Commerzbank über die Skyline von Frankfurt am Main.

in Großbritannien müssen sie nicht einmal einen Antrag stellen, sie bekommen das Geld auch so, vorsorglich.

So kommt es, dass es letztlich die Staaten der Welt sind, die nachträglich die neu gebauten Häuser in

In Deutschland erledigt das eine Firma. Sie heißt Bundesrepublik Deutschland Finanzagentur und gehört zu hundert Prozent dem deutschen Staat. Im vergangenen Jahr haben die 330 Mitarbeiter dieses Unternehmens 220 Milliarden Euro an Kredit für

Deutschland aufgenommen, wobei der Großteil dieser Schulden nur aufgenommen wurde, um schon bestehende Kredite abzahlen zu können. Neu hinzu kamen 14 Milliarden Euro.

An dieses Geld kommt die Finanzagentur, indem sie Wertpapiere verkauft, sogenannte Staatsanleihen oder Bonds, die nichts anderes sind als Schuldscheine. Die Bundesrepublik verpflichtet sich, dem Käufer dieser Schuldscheine die entsprechende Summe nach fünf, sieben oder zehn Jahren zurückzuzahlen, natürlich mit Zinsen. Käufer sind zum Beispiel große Investmentfonds in Japan, den USA, Singapur oder Osteuropa. Und Gisela Schmidt, Rentnerin aus Niedersachsen.

Sie hatte 10 000 Euro anzulegen. Das war im Frühjahr, noch vor dem Crash. Ihr Geld hatte auf ihrem Sparbuch gelegen, jahrelang, bis ihr Bankberater sie überzeugte, dass das ein Fehler sei. Ein Sparbuch bringe doch kaum Zinsen.

Der Berater wollte ihr neue Wertpapiere verkaufen, Zertifikate einer amerikanischen Bank namens Lehman Brothers. Sicheres Geld, sagte er, »das sollten Sie unbedingt machen«.

Die Rentnerin Gisela Schmidt hilft mit ihrem Schatzbrief, die Banken zu retten

Gisela Schmidt, 69 Jahre alt, verwitwet, ehemalige Sekretärin, sagte Nein. »Ich lasse mich doch auf keine dieser neumodischen Sachen ein, die ich nicht

verstehe.« Zwei Monate später ging Lehman Brothers pleite.

Gisela Schmidt aber kaufte etwas, das es schon seit Jahrzehnten gibt: einen Bundesschatzbrief. 10 000 Euro flossen auf das Konto der Bundesrepublik Deutschland bei der Bundesbank in Frankfurt. Gisela Schmidts Geld hilft mit, den deutschen Staat zu finanzieren. Und es hilft nun, die Banken zu retten. Auch wenn sie nichts davon ahnt.

Sie kaufte den Schatzbrief, weil sie das für eine sichere Sache hält. Und weil sie ihr Geld in sieben Jahren verzinst zurückbekommt. Am 23. September 2015 wird ihr die Bundesrepublik Deutschland 12 431 Euro überweisen. Sie verdient Geld mit den Schulden des Staates. »Das soll dann mein Enkel bekommen«, sagt sie, »mir reicht ja meine Rente.«

Der Enkel heißt Max, ist 14 Jahre alt und Fan des Hamburger SV. Die Finanzkrise interessiert ihn nicht. Vielleicht wird sie ihn in sieben Jahren interessieren, wenn er vielleicht schon Geld verdient und wenn die Regierung womöglich wieder die Steuern erhöhen wird, weil die Staatsschulden so sehr gewachsen sind. Vielleicht wird Max dann begreifen, dass seine Steuern das Ende eines langen Geldflusses sind. Dass sie schon vor langer Zeit ausgegeben wurden. Auf der anderen Seite des Atlantiks, in Amerika. Weil es damals ein gutes Geschäft zu sein schien, eine stolze Villa zu bauen, über der ein Hauch von Toskana liegt.

Spurensuche am Fundort einer Leiche. 95 Prozent aller in Deutschland entdeckten Morde werden aufgeklärt.

Todfreunde

Vor 25 Jahren gestand ein junger Verdächtiger einem jungen Polizeibeamten in Mönchengladbach sechs schreckliche Morde – eine Beziehung zwischen Täter und Ermittler nahm ihren Anfang. Inzwischen ergraut, hängen die beiden Männer noch immer aneinander

Von **SABINE RÜCKERT**, erschienen in der ZEIT am 24. September 2009

Für diese Reportage wurde Sabine Rückert mit dem Deutschen Reporterpreis 2009 in der Kategorie »Beste Reportage« ausgezeichnet.

An einem Spätsommertag des Jahres 2009 sitzen zwei ältere Herren an einem Tisch und sprechen über das Fernsehprogramm. In dem spärlich möblierten Zimmer, durch dessen Fenster die Sonne hell hereinfällt, ist niemand anders als die beiden Männer, die in ihren Kaffeetassen rühren und manchmal zum Gebäck auf dem Tisch greifen. Hennes Jöris und Otto Debisch (zum Schutz seiner Persönlichkeit wurde der Name des Täters geändert) scheinen einander lange zu kennen. Sie könnten früher Nachbarskinder gewesen sein oder Schulfreunde. Denn dass der eine zehn Jahre jünger ist als der andere, müsste man wissen – sehen kann man es nicht. Sie reden, was man so redet, über Leute, die draußen am Fenster vorbeigehen, aber was sie wirklich verbindet, erwähnen sie nicht.

Als Hennes Jöris das erste Mal mit Otto Debisch zu tun bekam, war das an einem Herbsttag des Jahres 1978. Damals betrat Hans-Josef Jöris, den zu dieser Zeit schon alle Hennes nannten – frisch von der Polizeihochschule und jetzt Praktikant bei der Mordkommission Mönchengladbach – ein stillgelegtes Bahnhofsgebäude in der rheinischen Kleinstadt Willich. Hier ist die verstümmelte Leiche des kurz zuvor vermisst gemeldeten 12-jährigen Sohnes eines britischen Besatzungssoldaten entdeckt worden. Jöris, 28 Jahre, erster Mordfall, muss sich zusammenreißen, als die älteren Beamten den Tapetenfetzen anheben, mit dem der Mörder sein Opfer abgedeckt hat. Sein Blick fällt auf die geöffnete Bauchhöhle des Jungen. Jemand hat ihn mit Messerstichen durchbohrt und ihn danach erwürgt, dem Toten die Bauchdecke wie einen Deckel herausgeschnitten, die Beine aufgesäbelt, die

Zur Sache

2008 wurden in Deutschland 6,1 Millionen Straftaten erfasst. 0,1 Prozent davon waren Straftaten gegen das Leben – darunter fallen vor allem die Tötungsdelikte: Mord, Totschlag, Tötung auf Verlangen und fahrlässige Tötung.

In der bundesweiten Polizeilichen Kriminalitätsstatistik ist die Anzahl der Tötungsdelikte seit Jahren rückläufig. Für 2009 verzeichnet sie 2.277 Fälle von Mord oder Totschlag, von denen 95 Prozent

aufgeklärt werden konnten. Nach Auffassung von Rechtsmedizinern bleibt allerdings etwa jeder zweite Mord unentdeckt. Als wichtige Ursachen gelten die Ausstellung des Totenscheins durch Hausärzte, die Hinweise auf Gewalteinwirkung nicht erkennen, und der Umstand, dass in Deutschland relativ wenig obduziert wird.

Serienmorde kommen vergleichsweise selten vor, erregen aber umso mehr Aufmerksamkeit.

Knapp 90 Prozent der gefassten Täter weisen eine gravierende Persönlichkeitsstörung auf, bei rund 40 Prozent liegen sexuelle Motive vor.

Einer der bekanntesten Fälle in Deutschland bleibt der des Friedrich Haarmann, der 1924 in Hannover wegen Mordes an 24 Jungen und jungen Männern zum Tode verurteilt wurde. Seine Geschichte wurde mit Götz George in der Hauptrolle verfilmt.

Geschlechtsorgane abgetrennt und mitgenommen. Der ganze Raum steht unter Blut. So gewütet hat der Mörder, dass darüber sein Messer kaputtgegangen ist. Das verbogene Tatwerkzeug hat er zurückgelassen. »Dieses Schwein kriegen wir«, hört Jöris die Kollegen sagen. Da ahnen die Männer noch nicht, dass ihnen genau dieses nie gelingen wird. Und der Praktikant ahnt nicht, dass er es sein wird, der den Mörder fängt.

Erst fast sechs Jahre später, im Februar 1984, begegnen sich Hennes Jöris, nun schon KOK, Kriminaloberkommissar, und Otto Debisch das erste Mal. Ein Jäger hat kurz zuvor im Wald bei Mönchengladbach die vergrabenen Überreste eines Mannes entdeckt, der Willi F. hieß und im Sommer des Vorjahres aus einem psychiatrischen Krankenhaus – in dem Suizidanten und andere Problembeladene untergebracht sind – verschwunden war. In der Klinik hatte man Willi nicht weiter vermisst, er war ein unsteter Geselle, außerdem freiwillig da gewesen. So einer kann gehen, wenn er will. Einer Schwester fällt nun aber, da man ihn skelettiert aufgefunden hat, wieder ein, dass der Mitpatient Otto Debisch kurz nach Willis Abgang behauptet habe, der Willi sei »tot« – obwohl das doch zu jenem Zeitpunkt noch niemand hatte wissen können. Der Patient Otto Debisch ist inzwischen entlassen worden und lebt nun im Heim »Schöne Aussicht«, einer Unterkunft für gestrandete junge Leute, irgendwo in der Eifel.

Also reist Kommissar Jöris dorthin und nimmt Otto Debisch – Heimkind, Schulabbrecher, berufslos, arbeitslos – in dessen Zimmer fest. Die Polizei kommt zu dritt, einer stellt sich vors Fenster, einer vor die Tür, Jöris setzt sich dem Verdächtigen gegenüber und bringt ihm in sanften Worten bei, dass er sie nun begleiten müsse. Da tut Debisch etwas Seltsames: Er zieht seine Kamera heraus und macht ein Foto. Klick. Hennes Jöris, wie er Otto Debisch lächelnd verhaftet. Es ist das letzte Bild auf dem Film. Dann ist er voll.

Als Otto Debisch 25 Jahre später diese Fotografie vor Hennes Jöris auf den Kaffeetisch legt, ist der perplex: »Mensch, hast du mich damals fotografiert? Das hab ich ganz vergessen.« – »Da haste noch jung ausgesehen«, antwortet Debisch. Er hat noch mehr dabei: Aufnahmen vom Heim »Schöne Aussicht«, das abgeschieden an einem Abhang steht. Auch Debisch selbst ist irgendwo auf dem Film, ein athletischer, etwas gebeugter Mann, mit halblangem Haar und einem von Bitterkeit gezeichneten Gesicht.

Otto Debisch wundert sich, wie der Polizist Hennes die Bilder vergessen konnte. Er ruft: »Du hast sie doch damals selber zum Entwickeln gebracht – in den Supermarkt, in dem du mir auch die Zündhölzer gekauft hast!« Richtig, die Zündhölzer! Drei herrliche Segelschiffe hat Otto aus Tausenden Streichhölzern gebaut in jenen drei Monaten, die sie zusammen verbracht haben. Februar, März, April 1984. Über 90 Tage Aug in Auge, Hand in Hand, man könnte sagen: in enger Umschlingung. Otto Debisch hat keinen Tag vergessen, Otto Debisch vergisst nie etwas. Die Schiffe hat er seinem Freund Hennes im Mai 1984 als Andenken dagelassen, die Fotos mitgenommen. Seit 25 Jahren liegt der lächelnde Hennes in Ottos Nachttischschublade.

Debischs erste Vernehmung am 4. Februar 1984 läuft zäh. Jöris hat ihn mit aufs Polizeirevier nach Mönchengladbach gebracht. Man duzt sich, was in Verhören nicht ungewöhnlich ist, weil die Lage dann weniger brenzlig erscheint. Es geht um den skelettierten Willi. Das Protokoll hält fest, dass Debisch viel redet und nichts sagt. Schließlich fragt Jöris ihn: »Hattest du Streit mit dem Willi?«

»Mit dem hab ich noch nie Streit gehabt.«

»Otto, stimmt es, dass ihr beide zusammen rausgegangen seid, als der Willi verschwand?«

»Ja, aber wir sind getrennte Wege gegangen.«

»Wann ist dir dann aufgefallen, dass der Willi nicht mehr da ist?«

»Am nächsten Morgen.«

»Otto, hast du was mit dem Tod vom Willi zu tun?«

»Ich schwöre, dass ich damit nichts zu tun habe. Wenn ich von jemandem wüsste, der damit zu tun haben könnte, dann würd' ich es sofort sagen.«

»Otto, du sollst am 11. Juli 1983 abends gegen 19 Uhr von einem Ausgang sturzbetrunken auf die Station zurückgekommen sein. Du sollst dich vier Mal übergeben und außerdem geweint haben. Der Pflegerin gegenüber sollst du dann gesagt haben: Maria, hilf mir, hilf mir! Der Willi ist tot, der Willi ist tot! Was sagst du dazu?«

»Ich weiß nur noch, dass ich an diesem Tag zwei Flaschen Whiskey getrunken hab'. Kann sein, dass ich was gesagt hab', aber ich weiß von nichts!«

Viel haben sie nicht gegen Debisch in der Hand, als sie ihn schließlich in eine Gefängniszelle stecken. Wenn Debisch nicht auspackt, müssen sie ihn bald wieder laufen lassen. Es ist am selben Abend, als Kommissar Jöris, der schon auf dem Weg nach Hause ist, einem unbestimmten Gefühl gehorchend

»Ich will sofort meine Sachen, sonst klaut mir die einer«, erwidert Debisch zitternd.

»Ich schwör dir, morgen früh fahren wir als Erstes los und holen deine Sachen«, verspricht Jöris sanft.

Rund zwölf Quadratmeter bewohnt dieser Insasse des Trakts für Sicherungsverwahrung in der JVA Celle.

beschließt, noch einmal nach dem Verhafteten zu schauen. Er hatte es ihm am Nachmittag versprochen, und obwohl er jetzt eigentlich keine Lust mehr hat, fährt er doch noch aufs Polizeirevier, um seine Zusage einzuhalten. »Gut, dass de kommst«, sagt der wachhabende Beamte, als er die grün gestrichene Stahltür aufschließt, »der da drin is' am Heulen.« In Zelle 4 ist es finster. Durch die Glasbausteine, die das Fenster ersetzen, fällt kein Licht mehr. Otto Debisch ist nicht zu sehen. Auf der Pritsche hockt ein schluchzender Haufen Mensch, der die Decke über sich gezogen hat. Vorsichtig streift Hennes Jöris die Umhüllung zurück und legt den Arm um den Nassgeweinten. »Was is' los?«

»Ich will meine Sachen haben.«

»Die sind noch in der Eifel, die könn' wir jetzt nich' holen, es is' Nacht.«

Und weil ihm ein so gewaltiger Kummer wegen ein paar Klamotten und einem alten Kofferradio merkwürdig vorkommt, fragt er: »Haste was mit dem Willi zu tun?« Nicken. Und dann sagt der in seinem Arm noch etwas – es rieselt Jöris bis heute kalt über den Rücken, wenn er daran denkt: »Morgen erzähl ich dir noch mehr – auch das von dem englischen Jungen. Und dann wirste berühmt.«

Es wurde der Fall seines Lebens, und er hat Jöris bei der Polizei den Ruf eines Menschenflüsterers eingebracht: Denn der Mann, den Jöris an jenem Abend tröstend im Arm hielt, war – obwohl kaum älter als zwanzig Jahre – ein Serienmörder. Sechs Tötungsdelikte, die ihm niemand hätte nachweisen können, hat er dem Kriminalbeamten am nächsten Tag gestanden. Das erste – an einem alten Mann – hatte Debisch schon als 13-Jähriger begangen, das letzte im Sommer zuvor – an Willi. Manche waren zu regelrechten Blutbädern ausgeartet, wie das an dem kleinen Engländer, das Otto Debisch mit 17 beging. Drei der Taten waren ungeklärt geblieben, eine vierte war nicht einmal bekannt geworden und als Vermisstensache verstaubt. Für weitere zwei waren Unschuldige verurteilt worden. Und nun klärte Hennes Jöris sechs Morde auf einmal, weil Otto Debisch in jener Nacht endlich eine Seele gefunden hatte, die er für würdig hielt, sein entsetzliches Wissen mit ihm zu teilen.

Hennes Jöris hat keine Bücher geschrieben über diesen Fall, er ist nicht im Fernsehen aufgetreten, hat nicht auf Tagungen geglänzt, ist nicht mit Tat-

Hennes Jöris hielt an jenem Abend ein kleines Versprechen und ist dafür übermäßig belohnt worden. Er war zuverlässig und freundlich gegenüber einem Menschen, dem nie einer mit Treue und Güte begegnet ist, den das Schicksal immer nur in die Irre geschickt und in den Morast von Brutalität und Verrat getaucht hatte. Und dieser Mensch hatte ihn nun zu seinem Freund erkoren und beschlossen, ihn – unter Aufgabe der eigenen Existenz – berühmt zu machen. Blutiger Ruhm war das Einzige, was Otto Debisch zu verschenken hatte.

Das ist alles lange her. Nächstes Jahr geht Hennes Jöris in Pension. Der Flur der Todesermittler im ersten Stock der alten Backsteinkaserne, in der

Nach einem Leichenfund durchkämmen Polizisten ein Rapsfeld bei Heidenheim.

ortlichtbildern umhergereist und hat keine Vorträge über Verhörmethoden an Polizeiakademien gehalten. Er hätte auch gar nicht gewusst, was er da sagen sollte. Vielleicht: Ich war bloß der richtige Mensch zum richtigen Zeitpunkt. Oder: Ein Vernehmungsbeamter trifft auf tausend verschiedene Menschenmodelle, und auf keines kann er sich vorbereiten – es ist immer das erste Mal, und ich hatte Glück.

die Polizei Mönchengladbach sitzt, war über all die Jahre sein Zuhause. Hier trat er 1978 als Praktikant seinen Dienst an, jetzt ist er seit zwölf Jahren der Chef. Raum F169 ist seiner, hier riecht es nicht nach Ruhm, sondern nach Pfeifenrauch. Auch müsste mal gestrichen werden, die türkisfarbene Jalousie hängt schief über sterbenden Topfpflanzen. Im Radio singt Marianne Rosenberg leise von ewiger Liebe. Jöris, über dessen Schreibtisch 350 Todesermittlungen

im Jahr gehen, der täglich Erstochene, Ertrunkene, Erhängte, Erschlagene, Erwürgte und auf unklare Weise Erloschene zu Gesicht bekommt, hört ständig WDR 4, einen tröstlichen Sender für ältere Leute, aus einer unerreichbar heilen Welt. Jöris sitzt täglich ab 6.30 Uhr an seinem Schreibtisch, um 10 Uhr hat er schon die zweite Pfeife geraucht. An den Wänden Fotos von früher: Jöris im Kreise der Kollegen, klein, jung, drahtig, mit halblangen Locken und Schnauzbart. Das Kinn trotzig vorgereckt. Die Arme selbstbewusst vor der Brust verschränkt. Ein guter Bulle.

Debisch reißt die Schreibmaschine hoch und brüllt: »Den bring ich um!«

Das Ansehen eines Beamten wächst mit der Schwere des zu bekämpfenden Verbrechens, deshalb gilt die Mordkommission als Gipfel der Polizeiarbeit. Oder wie Jöris es ausdrückt: »'ne Steigerung von tot jibt et nich!« Weil der gewaltsame Tod sich nicht an die Dienstzeiten hält und Mörder keinen Feierabend machen, sondern vorzugsweise nachts oder am Wochenende zuschlagen, hat Jöris zwei Handys und zu Hause drei Festnetztelefone: in der Küche, neben dem Fernseher, am Bett. Oft schreckt ihn das Klingeln in der tiefsten Nacht hoch und zwingt ihn, im Halbschlaf Entscheidungen zu fällen. Wie viele Weihnachtsfeste, Urlaube, Hochzeitstage, Kindergeburtstage hat er in den vergangenen dreißig Jahren an Tatorten oder in Vernehmungszimmern verbracht? Wie oft saß seine Frau neben einem leeren Platz im Theater oder aß in einem Wellnesshotel für zwei? Er kann nicht anders – »töter jibt et nich« – er muss. Er ist geboren für diese ausgetretenen Treppenhäuser, diese gebohnerten Gänge, diese mit hässlichen Fahndungsplakaten beklebten Wände. Hennes Jöris ist geschaffen für das Verbrechen.

Und für Täter wie Debisch, dessen drei Schiffe immer noch über den Aktenschrank im Raum F169 segeln: ein Zweimaster, ein Dreimaster, ein Viermaster. Mit Rahen und Takelage, hergestellt aus einem Berg von Streichhölzern und einem Meer von Geduld. Hennes Jöris hat die Streichhölzer damals büschelweise abgebrannt, bevor er sie Otto Debisch in die Zelle brachte. Drei Monate war der Untersuchungshäftling im Polizeigewahrsam, »ausgeantwortet«, wie es heißt, weil er so schrecklich viel zu gestehen hatte. Und Jöris sorgte dafür, dass es Debisch in dieser Zeit gut ging.

Die langen Gespräche zwischen Hennes Jöris und Otto Debisch sind bis heute in den dicken Vernehmungsakten des Mönchengladbacher Polizeiarchivs festgehalten. Auf ihnen haben sich inzwischen so viele Jahre abgelagert, dass sich die Hände waschen muss, wer darin blättert. Leicht kann es nicht gewesen sein mit Debisch, der, mutterlos in sozialer Kälte aufgewachsen, den Menschen vor allem Böses zutraute.

In den ersten Tagen will er gar nicht essen, bis Hennes zur Pommes-Bude läuft, um dieser Verweigerung eine dicke Currywurst entgegenzusetzen. Später fahren Streifenwagen zum »Spickhof« und holen von dort gewaltige Grillteller, die Otto dann gerne vertilgt. Der Beschuldigte muss bei Laune gehalten werden. Ist er schlecht drauf oder fehlt Jöris beim Verhör durch Zufall, schweigt er einfach oder weist auf seine Rechte hin: Er sei nicht verpflichtet, hier Angaben zu machen. Als ein hinzugezogener Polizist im Verhör einmal laut wird und ihm mit Drohungen kommt (»wir können auch anders«), reißt Debisch eine Schreibmaschine an sich, schwenkt sie hoch über dem Kopf des Störenfrieds und brüllt: »Den bring ich um!« Der Beamte muss den Raum sofort verlassen, denn dröhnende Stimmen oder fuchtelnde Gebärden kann der Beschuldigte nicht vertragen – er ist in seinem Leben zu viel angeschrien und misshandelt worden.

Auch bei Jöris schweigt Debisch manchmal lange im Verhör. Am Anfang bringt er es nicht fertig, die grausamen Einzelheiten auszuspucken, er wirft stumm den Kopf nach vorn, sodass ihm sein langes Haar ins Gesicht fällt. Dann weiß Jöris, es ist Zeit für eine Pause. »Der Vernehmer braucht vor allem: Geduld«, sagt Jöris, »wer eine Aussage erzwingen will, scheitert.« Also hat er zugehört und gewartet. Bis der andere Schutt ablädt. Debisch spricht und spricht, die Schreibmaschine macht die Musik dazu. Was da kommt, ist kein Geständnis mehr, es ist ein Befreiungsoratorium. Otto Debischs lange Flucht vor sich selbst geht zu Ende.

Das Vernehmungsprotokoll dokumentiert, dass der Redestrom Debischs seitenlang durch keine einzige Frage unterbrochen wird. Und auch, dass Gestehen eine sehr intime Sache ist, eine schreckliche innere Leistung. Mörder wissen, wie die Gesellschaft über sie denkt. Und wer sechs bestialische Morde schildert, wie Debisch, dem ist klar, dass er sich im Prozess des Gestehens aus der Gemeinschaft der Menschen hinausbewegt, dahin, wo die totale Einsamkeit herrscht. Bloß Hennes Jöris ist noch da. Der geht mit auf Höllenfahrt und kümmert sich, dass Debisch auch jetzt Teil der Menschheit bleibt. Jöris, der keine Angst vor ihm hat, nicht das Ungeheuer sieht, sondern den Gepeinigten, den Gehetzten, den Gottverlassenen. Jöris, der jeden Tag in den Vernehmungspausen mit Debisch spazieren geht auf dem großen, mit schönen Platanen bewachsenen Polizeigelände. Tag für Tag, Woche um Woche, durch Handschellen und Fürsorge an ihn gekettet. Bisweilen ertappt Jöris sich dabei, dass er dem anderen auch etwas offenbart, erzählt von sich und seiner hübschen Frau, die gerade ein Kind erwartet.

So gelingt es dem Kriminalbeamten Hennes Jöris, Hüter von Recht und Ordnung, um sich und den Mörder eine Zeit lang einen magischen Kreis zu ziehen, in dem die Normen der Welt nicht mehr gelten und Recht und Ordnung außer Kraft gesetzt sind. Keine der Abscheulichkeiten, die Otto Debisch begangen hat, wird bewertet, keine verurteilt, keine angewidert kommentiert. Sie stehen für sich – unberührt von Gut und Böse. Ein Vernehmungszimmer ist kein Gerichtssaal, sondern ein Beichtstuhl. Nie wieder wird jemand an Otto so Anteil nehmen wie Hennes. Und nie wieder wird einer so zuhören. »Jeder hat einen Grund für das, was er tut«, sagt Jöris nüchtern, »auch der Mörder.« Jöris kennt die Physik des Verbrechens: Ursache und Wirkung, Druck, der Gegendruck erzeugt, Zerstörung, die Zerstörer gebiert. Und Otto lässt sich fallen, denn für Hennes sind alle Menschen aus demselben Stoff gemacht: Was Otto auch getan haben mag, nichts wird an dieser Einschätzung etwas ändern.

Mönchengladbach, 12. Februar 1984, 10.49 Uhr. Vernehmung Otto Debisch zum Tode des Arnold P. in Essen.

»Woher kanntest du den Arnold?«

»Aus dem Heim, wir sind immer zusammen weggegangen. Er war aber in einer anderen Gruppe, ich glaube H oder B.«

»Wie alt war er denn?«

»So 17 oder 18.«

»Und was ist passiert?«

»Wir sind auf den Schrottplatz Brombeeren pflücken gegangen«, sagt Debisch, »da hab ich ihn vor den Kopf gehauen.«

»Womit denn?«

»Mit einem Knüppel, kann auch 'ne Eisenstange gewesen sein.«

»Und dann?«

»Dann hat er sich nicht mehr gerührt, dann hab ich mit ihm dasselbe gemacht wie mit den anderen.«

»Was denn?«

»Ich habe ihm zuerst den elften Finger abgeschnitten …«

»Und weiter?«

»Dann hab ich ihn abgeschlachtet.«

»Wie hast'n das gemacht?«

»Ich hab das Fleisch von den Knochen getrennt.«

»Womit?«

»Mit einem Messer.«

»Von allen Knochen?«

»Von allen!«

»Haste sonst noch was abgeschnitten?«

»Ja, die Hände und Füße an den Gelenken.«

»Und sonst?«

»Ich hab das Fleisch vom ganzen Körper abgetrennt.«

»Was hast'n mit dem Fleisch gemacht?«

»In ein Loch geschmissen, das war schon da.«

»Haste den Jungen vorher ausgezogen?«

»Ja, dat musst ich ja wohl.«

»Was hast'n mit der Kleidung gemacht?«

»Liegen lassen.«

»Warum haste denn das Fleisch abgeschnitten? War der da schon tot?«

»Der war schon tot, der hat sich nicht mehr gerührt. Und warum ich das gemacht hab, weiß ich nicht. Ich hab alle Knochen abgeschnitten und einzeln in eine Tonne getan. Ich hab auch den Kopf abgeschnitten, da hab ich auch das Fleisch von abgemacht. Erst hab ich die Füße abgeschnitten, dann das Bein am Knie, dann oben an der Hüfte. Dann den Körper in der Mitte durchtrennt, dann die Arme abgeschnitten und nochmal in der Mitte geteilt, dann hab ich noch die Hände abgeschnitten. Die Hände und Füße habe ich genommen und sie unter der Brücke vergraben. Die Stelle könnte ich dir heute noch zeigen.«

»Wie weit ist die Brücke entfernt?«

»Ungefähr 500 Meter.«

»Was hast du dann gemacht?«

»Zurück ins Heim gegangen.«

»Bist du eigentlich später mal von der Polizei überprüft worden?«

»Nee.«

Wie zerlegt man einen Menschen? Otto erklärt es stundenlang. Er hat es ja wieder und wieder getan. Er hat sich quer durch den Nordwesten Deutschlands gemordet, immer dem Weg folgend, auf dem

ein Schizophrener, der sich seinerzeit selbst bezichtigt hatte. »Otto«, hält Jöris dem Beschuldigten deshalb vor, »du sollst uns hier nicht aus Gefallen Dinge erzählen, die du nicht gemacht hast. Hast du den Arnold wirklich getötet?«

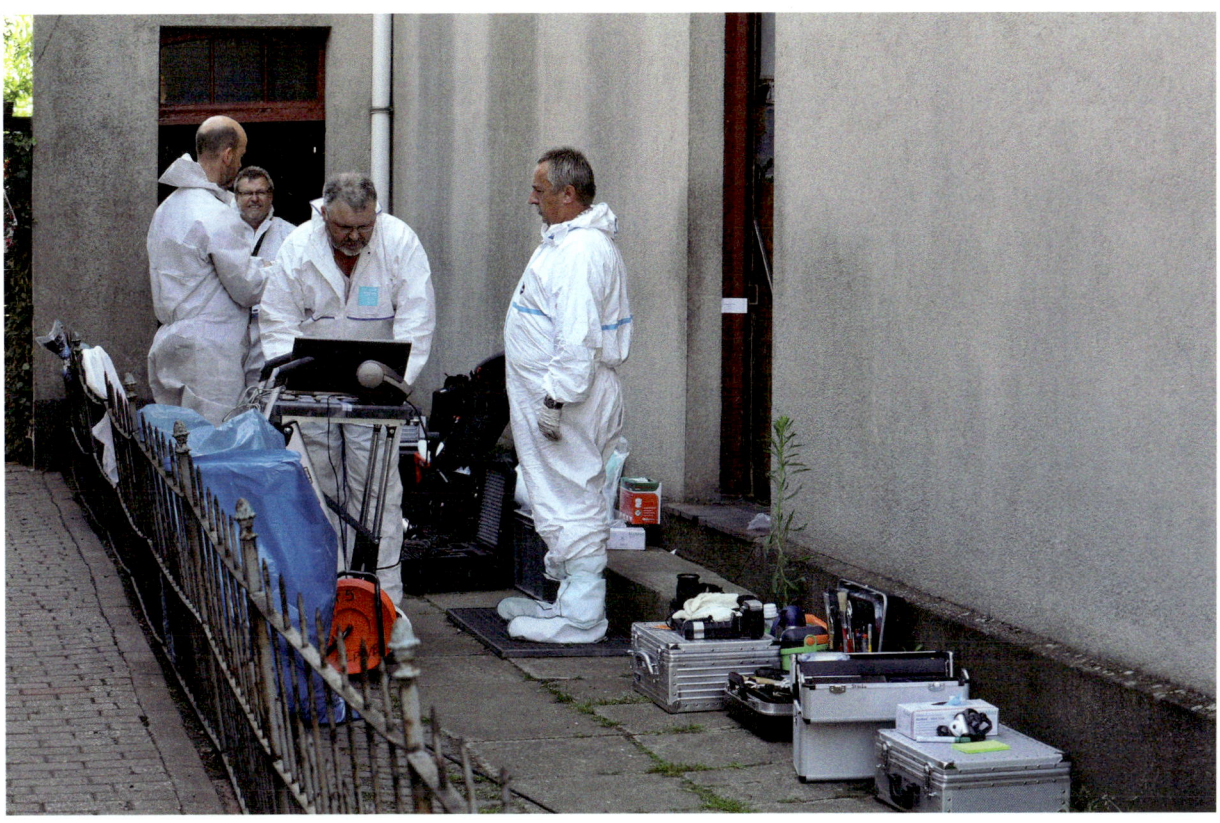

Die Ermittler bei der Arbeit: Jedes kleinste Detail kann zur Aufdeckung eines Verbrechens beitragen.

man ihn als Jugendlichen von Heim zu Heim weiterstieß. Immer da, wo Otto gerade war, kam jemand grausig zu Tode. Arnolds Skelett hat er beispielsweise – abzüglich Hände und Füße – an einem anderen Ort anatomisch korrekt wieder zusammengesetzt und wie ein Memento mori liegen lassen, auf dass die Menschheit es finde. Ein Symbol aus archaischen Zeiten mitten in Essen, Nordrhein-Westfalen.

»Ich habe nur Kirschen geklaut und den Willi umgebracht«

Manchmal beschleichen KOK Jöris Zweifel an Debischs Berichten: Jeder Polizist kennt die Schwätzer, die sich auf den Wachen wichtig tun mit ihrem Wissen aus der Zeitung. Auch für den Mord an Arnold sitzt seit Jahren schon ein anderer in einer Anstalt,

»Ja.«

»Hast du ihn alleine getötet?«

»Ja.«

»Otto, du weißt, dass jemand anderes längst gestanden hat, den Arnold umgebracht zu haben. Wie erklärst du dir das?«

»Der ist bekloppt in der Birne.«

So kommt es mitten in den Verhören plötzlich zu einer Art Beweislastumkehr: Nicht der Polizist versucht dem Beschuldigten die Tat nachzuweisen, sondern Debisch müht sich, den Kommissar davon zu überzeugen, dass er tatsächlich ein Serienmörder ist. Im Fall des kleinen Engländers kann Debisch das verschwundene Medaillon beschreiben, das der 12-Jährige bei seiner Ermordung um den Hals trug. Und im Fall Arnold glaubt der Kommissar dem Vernommenen die Geschichte erst, als der ihn zur beschriebenen Brücke führt, unter der die Beamten wirklich die Überreste von Händen und Füßen eines jungen Mannes ausgraben.

Die Fotos der besichtigten Tatorte und Rekonstruktionen liegen in den Akten. Große Schwarz-Weiß-Abzüge, auf denen man Jöris und Debisch

aufschneidet hegt Debisch besonderen Groll. In den Verhören kann er für seine Blutexzesse nicht einmal einen Grund angeben.

Es müssen Springfluten der Aggression gewesen sein, die über ihm zusammenschlugen und ihn mit sich rissen. Attacken aus dem Nichts, Rauschzustän-

Der Chef der Mordkommission Mönchengladbach, Hans-Josef Jöris (r.), zu Besuch bei Otto Debisch im Gefängnis.

aneinandergekettet zu Tatorten gehen und von Tatorten kommen sieht. Gemeinsam durchmessen sie jene verbrannte Erde, die damals Debischs Lebensraum war: Schrottplätze, Baustellen, Kinderheime, verhungerte Schonungen, Industriebrachen, graue Wiesen, Unterführungen, Schutthalden, Bahngeleise – die abgerissenen, die gemiedenen Distrikte der Bundesrepublik. Otto Debisch hauste in einem schmutzigen, gefährlichen Niemandsland, nur durch eine hauchdünne Wand getrennt vom satten Frieden der Wohlstandsbürger. Hier in der Vergessenheit war sein Platz. Hier tötete er. Gleich nebenan. Die meisten seiner Opfer sind junge Heiminsassen, wie er selbst, oder Zufallsbegegnungen. Keine der Taten ist von langer Hand geplant. Gegen keinen der Männer, die er erschlägt, entmannt und

de der Allmachtsfantasie. Einen Menschen komplett auseinanderzunehmen dauert – vorausgesetzt, man hat ein gutes Messer – etwa einen Tag. Debisch hat sich lange und leidenschaftlich mit der totalen Zerstörung von Personen beschäftigt – welches Ausmaß an destruktiver Energie muss er aufgebracht haben! Wie viel Ergötzen und Befriedigung muss sein Vernichtungswerk ihm beschert haben, dass er es wieder und wieder verrichtete!

Nichts von dieser Ekstase dringt in seinen Aussagen durch. Weder Blutrausch noch Begeisterung. Seine Berichte sind detailreich und sachlich genau, seine Skizzen übertreffen an Exaktheit die der Polizei, doch bleibt alles dürr und seltsam ohne Regung. So, als beschriebe Debisch einen Tag auf der Kfz-Zulassungsstelle. Debisch sagt Sätze wie diesen: »In S.

habe ich eigentlich gar nichts angestellt. Außer Kirschen geklaut. Und außer den Willi umgebracht.« Wenn er in Tränen ausbricht, dann über sich und das eigene Schicksal – nie über das der Getöteten.

Debischs Geständnis erscheint wie eine weit zurückliegende Halluzination, in die er den Kommissar jetzt entführt: Es gellen keine Schreie, niemand kämpft oder bettelt um sein Leben. Hier gibt es keine herausquellenden Därme, keine Qual, keine Angst, keinen Hass, keinen Gestank, keinen Ekel, keine Reue, keine Lust, keinen Schmerz. Wie ein Träumender bewegt sich der Mörder durch die abstrakte Szenerie der eigenen Schilderung. Sobald er seine Opfer mit dem Messer berührt, zerfallen sie scheinbar von selbst in ihre Bestandteile. Wie im Märchen werden Figuren mühelos mittendurch gerissen, Hände und Füße liegen plötzlich da, wie abgefallen. Alles scheint leicht und selbstverständlich, und niemand muss sich wundern.

Zum Kaffeetrinken 25 Jahre später hat Otto Debisch Cremeröllchen mitgebracht und Schokopudding. Er schenkt aus der Thermoskanne nach, Milch und Zucker, selbst das Geschirr hat er in seinem großen roten Rucksack hergeschleppt. Otto ist der Gastgeber, Hennes sein Gast. Der hat als Mitbringsel eine ganze Plastiktüte Schwarzer Krauser und Zigarettenpapier dabei. Bis heute raucht Otto Debisch nur dieses Kraut. Vielleicht sieht er deshalb älter aus, als er ist. Sehnig, zerfurcht, eine Schirmmütze gegen die Sonne und gegen die Blicke, immer gebeugt. Er könnte Bauarbeiter sein oder Trapper, er ist aber Gärtner. Die beiden trinken Kaffee und reden nicht vom Tod, sondern vom Leben: Otto erzählt von Eissalat, Kopfsalat, Johannisbeeren, Radieschen, Gurken und Rhabarber, all dem Gemüse, das unter seinen Händen gedeiht. Seine Finger sind voller winziger Stacheln, das kommt von den Brombeeren und Disteln. Hennes merkt, dass Otto die Stacheln nicht mehr richtig sehen kann. »Du brauchst 'ne Brille«, sagt er, »wir müssen uns drum kümmern.«

Man muss wohl schrumpfen und sich in Debischs klein gebliebenes, versteinertes Seelenhaus quetschen, durch seine Schießscharten in die Kloake hinausblicken, als die sich die Welt ihm präsentiert. Genau das hat Jöris getan. Und hat verstanden. Hat im anderen die entsetzlich schiefgelaufene Variante seiner selbst erkannt. Den finsteren, wütenden Bruder, der für sein Unglück Rache am Menschengeschlecht nahm, indem er Unbekannte als anonyme Vertreter dieser Menschheit zermalmt hat. Aus dieser Anteilnahme hat Jöris nie mehr ganz herausgefunden.

Die Frage, woher das Böse rührt, hat die zwei Männer damals zusammengeführt, wenn sie sich diesem Thema auch von entgegengesetzten Seiten näherten. Jöris, der Polizist, aus seiner intakten Welt – Debisch, der Mörder, aus seiner defekten:

Hier Jöris, einziger geliebter Sohn hart arbeitender Bürger, der Vater Kraftfahrer, die Mutter bei der Bahn. Dort Debisch, einer von zehn verwahrlosten Söhnen, dessen hasserfüllte und gewalttätige Familie in einem einzigen Zimmer und später in einem Abrisshaus vegetierte.

Hier Jöris, dessen Mama mit dem Rad noch einmal einkaufen fuhr, wenn ihrem Liebling das Mittagessen nicht passte, und die ihm tröstend ein Bier servierte, als er durchs Abitur gefallen war. Dort Debisch, dessen Mutter starb, als er ein kleines Kind war und dessen alkoholisierter Vater die Söhne strafte, indem er ihre Hände auf die heiße Herdplatte legte.

Hier Jöris, der als junger Kriminalbeamter seine häusliche Helga heiratete, die ihm bis heute jeden Tag ein vorgekochtes Mittagessen fürs Büro einpackt. Dort Debisch, ein chaotischer Halbwüchsiger auf Odyssee durch Kinderheime, psychiatrische Anstalten und Waisenhäuser, ein abweisendes und verschlossenes Kind, nirgends angenommen, nirgends gut gelitten.

Hier Jöris, der nach Dienstschluss in sein Bullerbü heimfährt, worin ein weißes Entenpaar, Bert und Berta, mit den Küken über den Teich schwimmt und Helga ihm nach dem Nachtmahl die Pfeife in den Garten trägt. Dort Debisch, der im März 1985 vom Landgericht Mönchengladbach zu einer hohen Haftstrafe verurteilt und obendrein wegen einer vom psychiatrischen Sachverständigen diagnostizierten »schweren seelischen Abartigkeit« auf unabsehbare Zeit in den Maßregelvollzug eingewiesen wurde, wo er heute noch sitzt.

Plötzlich packte Debisch eine wilde Reue: Der Freund war bloß ein Spion

Und jetzt sitzen sie beide da, im sonnendurchfluteten Besucherraum einer modernen forensisch-psychiatrischen Anstalt, und reden. Hennes hat auf Ottos Bitten Erkundigungen über dessen Geschwister eingezogen. Und weil fast alle Debisch-Brüder dissozial, polizeilich auffällig oder irgendwo eingesperrt sind, kann Hennes Ottos Familiengeschichte ziemlich genau rekonstruieren: Wer wo wie lange brummen muss, wer vor Gericht steht, wer festgenommen wurde, wer starb. Debisch selbst erfährt von draußen nur das, was es bis in die Fernsehnachrichten schafft. Kein Mensch besucht ihn – nur Jöris.

An diesem Spätsommertag geht es um den ungeklärten Tod eines älteren Bruders irgendwo in Norddeutschland, der ein paar Aspirintabletten geschluckt hatte und dann leblos im versifften Zimmer eines weiteren Bruders gefunden wurde. Die Suche nach der Todesursache war rasch eingestellt, der Leichnam ohne Obduktion bestattet worden.

Als Gegenleistung für die Recherche schenkt Debisch dem Besucher eine Panflöte, gefertigt aus Goldregenholz, das im Anstaltsgarten wächst. Die Zweige hat Otto mit dem Messer ausgehöhlt und zugeschnitten und mit Zwirn zusammengebunden. Otto gilt mittlerweile als in sich ruhender Patient, sodass er mit spitzen und scharfen Gegenständen hantieren darf. Psychopharmaka bekommt er nicht, er ist nicht krank im klassischen Sinne. Otto ist kaputt, dagegen gibt es keine Medikamente. Als Otto dem Instrument ein paar Töne entlockt, sagt Hennes: »Schön! So was kricht man nicht alle Tage.« – »Auf jeden Fall handgemacht«, antwortet der andere befriedigt.

Debisch ist der einzige Verurteilte, zu dem Jöris je Kontakt hielt, nachdem alle Arbeit getan war. Mit dem er sich geschrieben, mit dem er telefoniert und den er ab und zu besucht hat. Dabei darf man sich diese Beziehung nicht als herzliche Männerfreundschaft unter Gleichgesinnten vorstellen. Jöris besucht Debisch eher so, wie ein Veteran einen alten Kriegskameraden besucht, mit dem es nicht mehr viel zu reden gibt, an dem man aber hängt, weil man einst gemeinsam vor Stalingrad im Schützengraben lag.

Eine Rolle spielt dabei, dass Debisch nicht zu den kaltherzigen Taktikern gehörte, die aus Geldgier töten und ihr Alibi minutiös planen. Solche aalglatten Mörder hat Jöris später auch verhört – manche haben dabei versucht, ihr Verbrechen unbeteiligten Dritten anzulasten –, und er war jedes Mal froh, wenn die Sache vorbei war. Debisch mochte sechs Morde auf dem Gewissen haben – irgendetwas an ihm hat Jöris trotzdem angerührt, wenn er auch nicht genau

sagen kann, was. Wahrscheinlich, dass Otto so aus tiefstem Herzen von allem Übel erlöst werden wollte und dass er dazu einen Freund und Helfer brauchte. Es ist dieser Vertrauenskredit, den Hennes Jöris bis heute abträgt. Seine Treue ist die Revanche für Ottos totale Selbstauslieferung.

Und Debisch? Für ihn war Jöris die beste Beziehung, die er je hatte. Einer, der Wohlwollen in sein Leben getragen hat. Und Mitleid. Und Gerechtigkeit.

Die große Krise zog für Debisch herauf, als alles gesagt war, als die gemeinsame Seifenblase platzte und seine Zweisamkeit mit Jöris ein abruptes Ende nahm. Das war, als Debisch nach Abschluss der Ermittlungen im Mai 1984 ins Untersuchungsgefängnis verlegt wurde. Monatelang war er der Star des Mönchengladbacher Polizeireviers gewesen, der Nabel der Welt. Jeder hatte an seinen Lippen gehangen. An den Montagen war Debisch jedes Mal bockig und verstimmt gewesen, weil ihm übers Wochenende Jöris' Aufmerksamkeit nicht im gewohnten Maße gegolten hatte. Dann musste der gekränkte Beschuldigte durch Sonderrationen an Zigaretten, Cola und Zuwendung wieder aufgemuntert werden. All das hörte schlagartig auf. Kein Jöris mehr. Kein Grillteller. Stille in seiner Zelle und auf dem Flur nur das kalte Rasseln der Gefängnisschlüssel.

Otto ist mit einem Mal wieder einsam. Allein mit dem Blut und der Schuld, die er zusammen mit Hennes heraufbeschworen hat. Ohne Ablenkung, Musik, Gerüche, Licht und Trost. Zurückverbannt in seine mit Schreckensbildern ausgekleidete Innenwelt. Plötzlich muss in Otto der Gedanke aufgestiegen sein, dass Jöris niemals sein Freund war, sondern bloß ein Spion, ein Aushorcher. Und eine wilde Reue muss ihn gepackt haben, eine ohnmächtige Wut. Die Hassbriefe, die Otto im Frühjahr 1984 aus dem Gefängnis an den »Polizeipräsidenten Hennes Jöris« geschrieben hat, füllen einen halben Ordner. Sie schnappen über vor Zorn und Enttäuschung. »Ihr könnt mich alle am Arsch lecken«, kreischt es in entfesselter Orthografie, »ich schreibe jetzt an die Zeitung, die werden mir geben, was ich brauche. Der Hennes war immer noch nicht bei mir. Ich habe jetzt die Wahrheit aufgeschrieben, denn das, was ihr habt, ist nicht die Wahrheit. Ich habe euch alle in der Hand. Ich kann immer noch sagen, dass ihr mich gezwungen habt, alles zuzugeben. Damit ihr einen

Mörder habt, der in den Knast geht. Doch in der Zelle habe ich mich kaputt gelacht über euch, weil ich euch so verarscht habe. Kaputt gelacht. Ich bin kein Mörder! Ihr seid die Irren! Ich bin kein Mörder! Der wahre Mörder ist noch frei.«

Vorbei ist es jetzt mit Otto Debischs Ruhe, von der er in den Vernehmungen durchdrungen war. Mit aller Macht will er Jöris herbeizwingen. Er schimpft, er droht mit dem Anwalt, mit der Presse und mit Suizid. Er bittet und fleht. Im Mai 1984 schreibt er: »Mein Freund! Kannst du dich nicht wieder bei mir

ja noch mehr düstere Geheimnisse. Die Vorgesetzten müssen es Hennes Jöris ausdrücklich verbieten, zu Otto Debisch ins Gefängnis zu ziehen.

Als Debisch merkt, dass alles nichts fruchtet, bekommt die Polizei ungewöhnliche Post: eine selbst gezeichnete maßstabsgetreue Geländeskizze eines alten Steinbruchs, in die der Untersuchungshäftling mit Kreuzen und hingestreckt gemalten Männchen die angeblichen Gräber fünf weiterer Mordopfer eingezeichnet hat. Endlich geschieht, worauf Debisch zielt: Jöris kommt zurück und setzt die Vernehmung

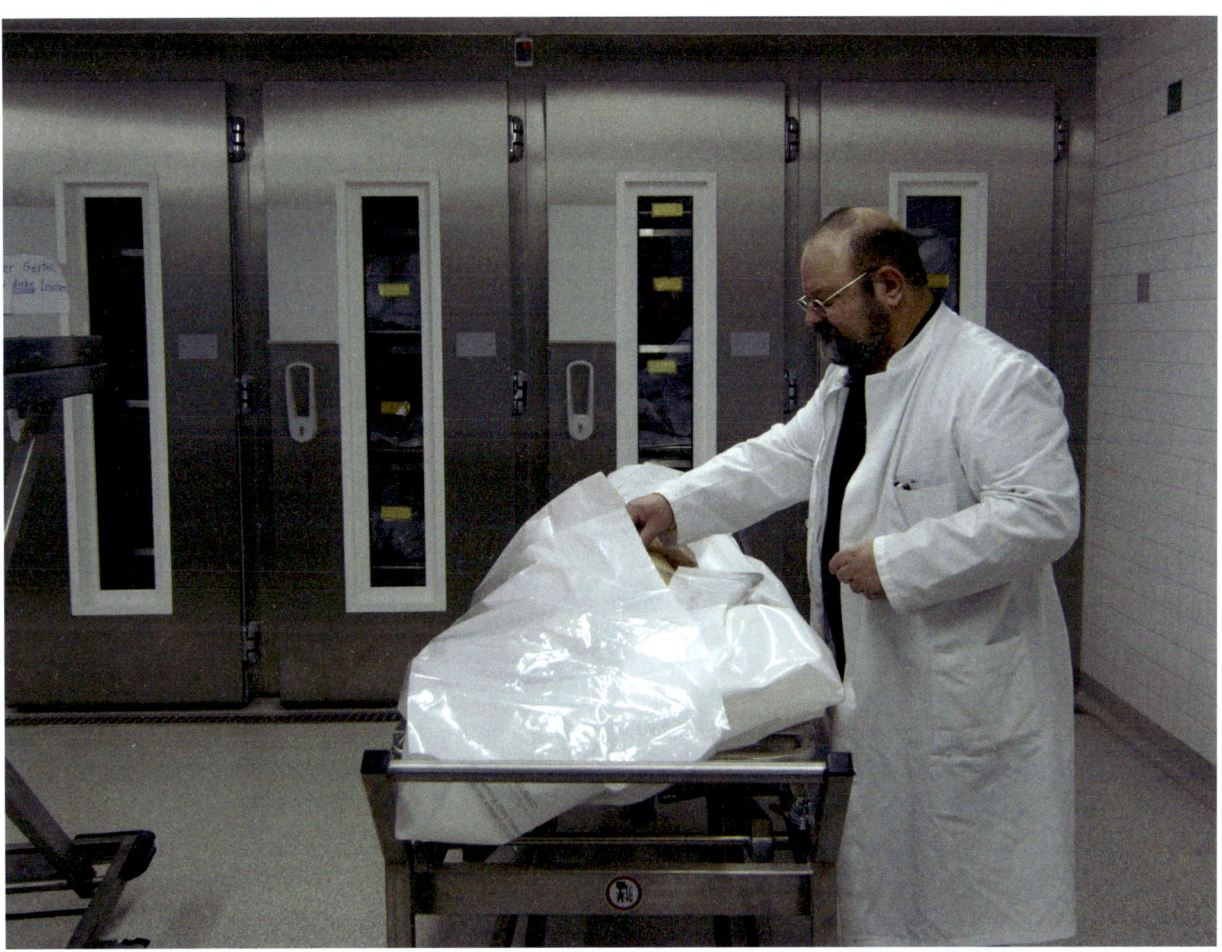

Nach Auffassung von Rechtsmedizinern bleibt etwa jeder zweite Mord in Deutschland unentdeckt, weil hierzulande relativ wenig obduziert wird.

einnisten? Dann hast auch du Gitter vor den Fenstern. Ist das nicht ein guter Vorschlag? Du und ich in einer Zelle. Dann kannst du mit mir sprechen über was du möchtest. Ich hab es so satt, alleine zu sein. Für zwei Wochen ist das sicher zu machen. Wenn du nur willst!!« Und Jöris überlegt allen Ernstes, sich auf Debischs Vorschlag einzulassen. Vielleicht habe der

fort: »Otto, du hast in dieser Zeichnung fünf kleine Personen eingezeichnet, was hat es damit auf sich?«

»Das sind fünf Menschen, die da noch liegen müssten.«

»Männer oder Frauen?«

»Alles Männer.«

»Sind die vergraben?«

Bei ungünstiger Prognose können sich für Schwerverbrecher nach der eigentlichen Haftstrafe im Rahmen der Sicherheitsverwahrung die Türen für immer schließen.

»Ja.«

»Wie tief denn?«

»So 50 bis 60 Zentimeter.«

»Wer hat sie vergraben?«

»Na wer wohl? Ich.«

»Wann?«

»1981 alle.«

»Waren die tot?«

»Nee, ich hab ihnen mit dem Knüppel auf den Kopf gehauen.«

»Allen an einem Tag?«

»Nee, ich hab sie an fünf Tagen hintereinander umgehauen.«

»Sagst du das jetzt nur, um wieder mal rauszukommen?«

»Nein, es stimmt. Bisher hat mich halt keiner danach gefragt.«

»Haste die auch zerschnitten?«

»Nee.«

»Kann die einer gefunden haben?«

»Nee, wie denn?«

»Also liegen die da noch.«

»Ja.«

»Und du kannst uns die Stellen zeigen?«

»Klar.«

Ein Polizeivermerk vom 3. Juli 1984 erzählt, wie die Geschichte weitergeht: »Heute wurde Debisch in der Justizvollzugsanstalt abgeholt und an Ort und Stelle gebracht. Dort erklärte er plötzlich, er habe uns nur verarschen wollen. Er habe hier niemanden umgebracht und vergraben.« Dennoch lässt der damalige Chefermittler das Gelände zwei Tage lang von vier Leichenspürhunden und sieben Polizeibeamten absuchen. Sie finden nichts.

Danach streitet Debisch alles ab. Auch vor Gericht. Da gibt er zwar zu, Jöris die Taten genau so geschildert zu haben wie protokolliert, doch er beharrt darauf, sie nicht begangen zu haben. Auf die Frage des Vorsitzenden Richters, warum Debisch über die Morde Einzelheiten wisse, die nur der Täter kennen kann, behauptet Debisch plötzlich, in allen sechs Fällen als Zeuge dabei gewesen zu sein. Aber er weigert sich, die Identität des wahren Mörders preiszugeben. »Aus Angst«, wie er sagt.

Und Debisch hatte Angst. Vielleicht muss man sich seine Psyche wie das in Segmente aufgeteilte Innere einer Apfelsine vorstellen. Alle seine bösen Wünsche und traumatischen Erinnerungen hatte Debisch in ein einziges vergiftetes Apfelsinenrippchen gepackt und es dem Kommissar Jöris im Verhör übergeben. Das Ich-bin-es-gewesen hatte Jöris ihm abgenommen. Und jetzt war Debisch es los, ein für allemal. Um weiterleben zu können, müssen seelisch instabile Mörder den verhassten Teil der eigenen Persönlichkeit manchmal abspalten und wie einen Fremden fortschicken. Sprechen sie dann über ihre Bluttaten, stehen sie im Wortsinne neben sich und beobachten sich aus der Perspektive eines Dritten, eines Zeugen. Die Wahrheit, dass sie selbst es gewesen sind, die da handeln, könnten sie nicht aushalten.

Debisch hat nie wieder über seine Taten gesprochen. Dem Nervenarzt, der ihn für die Hauptverhandlung untersucht hatte, gab er ausweichende Antworten. Vor Gericht hat er alles abgestritten. In der Anstalt schweigt er seit 25 Jahren. Einen Polizeiprofiler, der ihn befragen wollte, hat er aus der Zelle geworfen. Einem Fernsehsender, der eine große Dokumentation über ihn drehen wollte, hat er geschrieben: »Leckt mich am Arsch!« Fragt man Debisch heute, warum er sich ausschließlich Jöris anvertraut hat, sagt er: »Weil der zuhört.«

Wenn Hennes ihn hin und wieder nach dem Fortgang irgendwelcher Therapien fragt, zuckt Otto die Achseln. Manchmal, sagt er, unterhalte er sich mit dem netten Anstaltspsychologen, aber bloß über das aktuelle Wohlbefinden. Zu mehr ist er nicht bereit. Debischs Vergangenheit liegt unter einer Grabplatte. Zu den gerichtlichen Anhörungen, in denen über die Fortdauer seiner Unterbringung entschieden wird, geht er schon lange nicht mehr. Briefe des Gerichts wirft er weg. »Die Versuche einer therapeutischen Arbeit mit Herrn Debisch waren weitgehend erfolglos«, schrieb ein externer Gutachter vor drei Jahren über ihn. »Herr Debisch hat es bisher nicht zugelassen, auch nur ansatzweise etwas von seinem inneren Erleben preiszugeben.« Bei dieser Haltung sei an eine Entlassung nicht zu denken.

So lebt Otto Debisch nunmehr hinterm Mond. Dort ist es sicher und still. Wie ein Astronaut sieht er die Erde aus sehr großer Entfernung, und die Geräusche der Welt dringen so gedämpft an sein Ohr, dass sie ihn nicht irritieren können. Ein Mann im Schwebezustand, frei von Erwartungen, Hoffnungen, Anforderungen. Ohne Vergangenheit und ohne Zukunft, ohne Erinnerung und ohne Ziel. Dass er letztlich wegen Hennes Jöris hier ist, nimmt Otto ihm nicht übel. Otto sagt: »Alles meine Schuld gewesen. Der Jöris kann da nichts für.«

Gleich nach der Verurteilung kamen Ottos Briefe: »Mein lieber Freund, wie geht es dir? Ich denke gern an die alten Zeiten zurück ...« Inzwischen hat Jöris eine ganze Mappe voll von diesen Schreiben, an deren Anfang und Ende – wie bei einer polizeilichen Vernehmung – immer die genaue Uhrzeit steht. Hennes hat zurückgeschrieben, später auch angerufen und irgendwann den ersten Besuch gemacht. Seine Kollegen auf der Wache erinnern sich, dass Ottos Telefonate ab und zu mitten in Polizeibesprechungen platzten und Jöris sich dann erst mal mit Otto unterhielt. »Wenn ich geknickt bin, dann rufe ich halt den Hennes an, und dann beruhigt er mich wieder für ein paar Jahre«, sagt Otto Debisch. Er hat sogar die Telefonnummer des Privatanschlusses der Familie Jöris. »Wenn Debisch eines Tages ausbricht«, prophezeien die Kollegen, »steht er bei dir vor der Tür.«

Die Besuchszeit ist um, Otto packt die Kaffeetassen ein. Hennes muss gehen. Auch er hat mit Otto seither nie mehr über die Morde geredet und ihn nie nach dem Warum gefragt. Er fürchtet, Otto könne den Verstand verlieren, wenn er ihn noch einmal zwänge, sich umzudrehen und zurückzuschauen ins finstere Tal seines Lebens. Hennes gibt Otto zum Abschied die Hand, dann tritt er durch die Sicherheitsschleuse aus Panzerglas hinaus in die freie Welt. Er wird wiederkommen. Irgendwann. Weil Otto wartet.

Nur wer es auf die Tische der großen Buchhandelsketten schafft, hat die Chance, es zu einem Bestseller zu bringen.

Dick, doof und arm

Wie macht man einen Bestseller? Der junge Soziologe Friedrich Schorb versucht es mit einem Buch über Fettleibige. Er feilscht mit Verlagen um Honorare, verbringt Monate am Schreibtisch, beugt sich den Gesetzen der Buchindustrie – und lernt, dass nichts wichtiger ist als ein provokanter Titel

Von **WOLFGANG UCHATIUS**, erschienen in der ZEIT am 8. Oktober 2009

Ganz am Ende dieser Geschichte, als der Autor das Buch geschrieben, die Lektorin es gelesen und der Verlag es beworben hat, als manche Buchhändler es bestellt, andere es abgelehnt haben und die Entscheidung, ob es ein Bestseller wird, kurz bevorsteht, ganz am Ende also, da wird das Buch gedruckt.

Eine Maschine springt an, Papier rast vorbei, in langer Bahn, weiß zuerst, dann übersät mit schwarzen Flecken. Mit Buchstaben, Sätzen, Gedanken. Das gedruckte Papier wird geschnitten, gefalzt, geklebt, und wenn es stapelweise am Ende der Fabrikhalle liegt, dann hat es sich verwandelt, dann kann man das Buch in die Hand nehmen. Weiß ist es, mit rotem Aufdruck, 20,5 Zentimeter lang, 12,5 Zentimeter breit, 240 Seiten dick.

Monatelang existierte es als Word-Dokument, als E-Mail-Anhang, als Foto in der Verlagsvorschau. Jetzt aber kann man mit den Fingern über den Titel streichen, das Foto des Autors betrachten. Man kann das Buch aufschlagen und lesen. Es ist ein kluges, ein kämpferisches Buch. Wie jedes Buch erzählt es eine Geschichte. Wie jedes Buch hat es selbst eine.

1. Kapitel: Der Autor

Am 31. Januar 2008 ist die Wirtschaftskrise noch Zukunft. Deutschland hat Platz für andere Themen. Friedrich Schorb sitzt im Wohnzimmer seiner WG und schlägt die »Süddeutsche Zeitung« auf. Damals ist er 30 Jahre alt, er hat sein Soziologie-Studium abgeschlossen und eine Weile an der Universität Bremen in einem Forschungsprojekt gearbeitet. Jetzt ist er arbeitslos. Er hat ein paar Ideen im Kopf für eine Doktorarbeit, aber davon kann man nicht leben. Wenn er nicht bald wieder einen Job an der Uni findet, muss er Hartz IV beantragen.

Es geht ihm nicht sehr gut im Moment.

Zur Sache

Die durchschnittliche Auflage eines Romans, der in einem der größeren deutschen Verlage erscheint, liegt bei 4.000 Exemplaren. Bei Sachbüchern sind es 2.000 bis 3.000, bei Lyrikbänden 1.000 bis 2.000 Stück. Mittelstarke Auflagen (5.000 bis 10.000 Exemplare) sind in den letzten Jahren rückläufig. In vielen Verlagen finanzieren ein einziger oder einige wenige gut gehende Werke alle anderen Titel mit.

Ähnlich groß wie bei den Auflagenzahlen ist die Spanne bei den Honoraren der Autoren. In Deutschland kann nur eine kleine Zahl von ihnen ausschließlich von der schriftstellerischen Tätigkeit leben. Nicht selten liegen die Einnahmen durch Lesungen höher als die eigentlichen Buchantiemen.

Besonders verkaufsfördernd auf ein Buch wirken sich ein bekannter Autor, im Sachbuchbereich aber auch provokante Inhalte oder ein reißerischer Titel aus. Trifft ein solches Buch dann auch noch das Thema einer aktuellen gesellschaftlichen Debatte, schnellen die Verkaufszahlen in die Höhe und es winkt ein Platz auf der Bestsellerliste.

Auf ihrer ersten Seite berichtet die Zeitung an diesem Tag über eine wissenschaftliche Studie. Darin steht, die Deutschen seien zu dick. Allerdings nicht alle Deutschen. Sondern vor allem jene, die keinen richtigen Schulabschluss hätten. Man kann die Studie so lesen: Je blöder der Mensch, desto fetter der Bauch. Der Artikel heißt: *Bildung macht schlank.*

Schorb ist nicht dick. Eher klein und schmal. Trotzdem interessiert er sich für Untersuchungen über schwere Menschen. Er glaubt zu wissen, dass

benserwartung, die Zeitungen schrieben nicht, die Dicken ruinierten das Gesundheitssystem.

Denn damals gab es auch dicke Politiker, dicke Wissenschaftler, dicke Journalisten, sogar viele. Erst seitdem die Mittel- und Oberschicht beschlossen hat, schlank zu bleiben, erst seit Politiker Marathon laufen und sich Manager die Muskeln von Triathleten antrainieren, stehen die Dicken als die Dummen da. Bildschirme und Zeitungsseiten rufen ihnen entgegen: Es ist nicht in Ordnung, wie ihr seid.

Der Soziologe und Buchautor Friedrich Schorb am 25. November 2009 während der Aufzeichnung einer Talkshow des RBB.

diese Studien nicht wegen des zunehmenden Verzehrs von Big Macs und Fertigpizza geschrieben werden, sondern weil manche Menschen sich gerne für etwas Besseres halten.

Schorb hat sich alte Zahlen angesehen und festgestellt, dass die Deutschen vor ein paar Jahrzehnten fast genauso dick waren wie heute. Damals störte sich niemand daran. Die Bundesregierung kam nicht auf die Idee, eine Kampagne mit dem Titel »Fit statt fett« auszurufen, die Weltgesundheitsorganisation behauptete nicht, Übergewicht verringere die Le-

In Wahrheit verursachten Übergewichtige keine höheren Kosten als andere Menschen. Die schlanke Figur sei kein Schutz gegen Krankheit, sondern ein Symbol des sozialen Status, wie früher das gepflegte Gebiss. So sieht Friedrich Schorb die Lage.

Er hat diese Gedanken in seiner Magisterarbeit aufgeschrieben, Titel: *Gesellschaftliche Wahrnehmung und Behandlung von abweichendem Verhalten am Beispiel von Übergewicht.* Er hat mit einem Professor in Bremen eine Aufsatzsammlung herausgegeben. Aber wer liest so was?

Schorb fasst sich ein Herz. Er ruft bei der »Süddeutschen Zeitung« an und verwickelt den zuständigen Redakteur in ein Gespräch. Der lädt ihn ein, sich an einem Gastbeitrag zu versuchen. Der Artikel erscheint am 9. Februar 2008 auf der zweiten Seite der »SZ«: *Wer hat Angst vor den Dicken?*

Zwei Tage später erhält Schorb eine E-Mail, deren Absender er nicht kennt. Irgendeine Belanglosigkeit, denkt er. Er öffnet die Mail, den Finger auf der Löschtaste, und spürt sein Herz schlagen. Der Absender ist Lektor beim Herder Verlag. Er hat Schorbs Artikel gelesen. Der Lektor fragt: Wollen Sie nicht ein Buch schreiben?

Friedrich Schorb hat das Gefühl, dass sich gerade sein Leben ändert.

Er ruft den Lektor an und sagt: Ein Buch? Interessante Idee. Er versucht, abgeklärt zu klingen.

Ein paar Wochen später, Friedrich Schorb hat ein Exposé an Herder geschickt und wartet auf Antwort, da meldet sich ein zweiter Verlag bei ihm. Droemer Knaur aus München. Dann ein dritter, DuMont aus Köln. Sie wollen, dass er ein Buch für sie schreibt.

Man muss an dieser Stelle den Fortgang der Geschichte kurz unterbrechen und eine Frage stellen: Ein junger Mann hat einen Artikel in einer Tageszeitung veröffentlicht. Das ist alles. Niemand weiß, ob er mehr als zwei oder drei lesbare Seiten zustande brächte, niemand weiß, ob er genug Ideen hat, niemand kennt seinen Namen. Wieso bekommt er von drei angesehenen deutschen Verlagen das Angebot, ein Buch zu schreiben?

2. Kapitel: Der Verlag

Hans-Peter Übleis ist ein kleiner, rundlicher Mann mit österreichischem Akzent. Er ist Geschäftsführer eines mittelständischen Unternehmens mit 155 Angestellten, er hat ein geräumiges Büro mit großem Schreibtisch und kleiner Sitzgruppe. An der Wand steht ein Bücherregal.

Man findet das häufig bei Firmenchefs. Sie stellen sich Bildbände oder Kulturführer ins Büro. Sie zeigen damit, dass sie nicht nur Waschmaschinen oder Zündkerzen im Kopf haben oder was auch immer ihre Firma produziert.

Für Übleis haben Bücher eine andere Bedeutung. Sie sind die Waschmaschinen. Sie sind nicht das Accessoire, das seine Bildung beweist, sondern das Produkt, das seinem Unternehmen Rendite bringt. Hans-Peter Übleis, 58 Jahre alt, von seinen Leuten auch »HaPeÜh« genannt, ist verlegerischer Geschäftsführer von Droemer Knaur. Sein Unternehmen bringt im Jahr 600 Bücher auf den Markt.

Vor neun Jahren erregte Übleis Aufsehen, als er Helmut Kohl dazu brachte, *Mein Tagebuch* bei Droemer zu veröffentlichen. Später verdiente der Verlag viel Geld mit *Dschungelkind,* dem am zweitmeisten verkauften Sachbuch des Jahres 2005, in dem eine Frau namens Sabine Kuegler ihre Kindheit bei einem Eingeborenenstamm in Westpapua beschrieb.

Jetzt liegt auf Übleis' Tisch das Gesicht von Christoph Schlingensief. Es nimmt den gesamten Umschlag ein. *So schön wie hier kann es im Himmel gar nicht sein* heißt das Buch, in dem der Regisseur seinen Kampf gegen den Krebs beschreibt. Ein Bestseller, erschienen bei Kiepenheuer & Witsch. Der Verlag versteigert gerade das Recht, den Text als Taschenbuch herauszubringen. Übleis sagt, das Gebot liege bei 40 000 Euro. Er überlegt, höherzugehen.

Christoph Schlingensief ist in Deutschland ein bekannter Name. Das Problem der Verlage ist: Es gibt nicht genug bekannte Autoren, die spannende Geschichten erzählen, egal, ob es Romane oder Sachbücher sind.

Also bleibt den Verlagen nur eines: Sie müssen unbekannte Leute bekannt machen. Hans-Peter Übleis sagt: »Wir müssen immer wieder in neue Leute investieren.« In Leute, deren Bücher fast niemand lesen wird. Oder fast jeder. Die Verlage wissen das vorher nicht. Sie versuchen es einfach.

Zum Beispiel mit Friedrich Schorb.

Das ist der Unterschied zu den Waschmaschinen. Kein Unternehmen baut so ein Gerät in der Vermutung, es könnte sich unter bestimmten Umständen, mit etwas Glück, gut verkaufen. Es ist zu teuer, eine Waschmaschine zu entwickeln und zu produzieren. Ein Buch zu machen ist billiger. Die 240 Seiten von Friedrich Schorb zu drucken und zu binden kostet nicht mehr als zwei Euro pro Exemplar. Und das Manuskript? Etablierte Bestsellerautoren erhalten für jedes verkaufte Buch zehn bis fünfzehn Prozent des Ladenpreises sowie ein Garantiehonorar von mehreren Zehntausend, manchmal mehreren Hunderttausend Euro. Friedrich Schorb ist nicht etabliert.

»Wie viel zahlen Sie mir?«, fragt er die Verlage.

Fünf Prozent des Ladenpreises, mindestens aber 2500 Euro. Antwortet der Herder Verlag.

Sieben Prozent, Garantiehonorar: 8000 Euro. Sagt Droemer Knaur.

Zehn Prozent. Und 10 000 Euro. Sagt DuMont.

Schorb wohnt in einer WG in einem Hinterhof in Berlin-Friedrichshain. An der Tür hängt ein Schild: »Bitte klopfen, Klingel kaputt!« In seinem Zimmer stehen ein Schreibtisch, ein Stuhl, ein Sofa und zwei Yucca-Palmen. Damit ist das Zimmer voll. Nur oben ist noch Platz. Schorb schläft in einem Hochbett. Er zahlt 190 Euro Miete im Monat. In den zwölf Monaten als wissenschaftlicher Mitarbeiter der Uni hatte er eine halbe Stelle, er kam auf knapp tausend Euro im Monat. 10 000 Euro sind viel für ihn.

Aber DuMont will, dass Friedrich Schorb das Manuskript in vier Monaten fertig hat. Das Buch soll schon Anfang 2009 herauskommen. Nach dem Winter. Wenn die Leute anfangen, gegen ihr Fett zu kämpfen. Wenn sie Diät machen.

Schorb will das nicht. Vier Monate kommen ihm kurz vor. Er will Qualität liefern. Er will auch die Doktorarbeit nicht aus dem Auge verlieren.

Er spricht noch einmal mit Droemer Knaur. Er versucht, den Preis nach oben zu treiben. Die Antwort: 8000 Euro, nicht mehr, aber neun Prozent von jedem verkauften Buch. Letztes Angebot.

Friedrich Schorb ist einverstanden.

3. Kapitel: Die Bestsellerliste

Während Schorb mit den Lektoren verhandelt, kommt ein Buch auf den Markt mit dem Titel *Warum unsere Kinder Tyrannen werden*. Der Autor, Michael Winterhoff, ist Kinderpsychologe und genauso unbekannt wie Friedrich Schorb. In ungelenker Sprache schimpft er auf die verwöhnten Kinder moderner Eltern.

Nach einer Woche steht das Buch auf Platz 49 der Sachbuch-Bestsellerliste. Nach zwei Wochen auf Platz 30, dann auf 19, auf 12. Winterhoff gibt Interviews, er wird in Talkshows eingeladen. Das Buch steigt auf Platz 2. Es wird sich mehr als 400 000-mal verkaufen.

Die Bestsellerliste ist ein simpler Maßstab des ökonomischen Erfolgs eines Buches, ähnlich wie eine Gewinn-und-Verlust-Rechnung. Aber sie ist

auch ein Spiegel der deutschen Gemütslage, ein Psychogramm des Landes. Ende der Neunziger zum Beispiel, als die halbe Republik an der Börse spekuliert, zählt *Der Weg zur finanziellen Freiheit* zu den erfolgreichsten Sachbüchern. Nach dem Crash am Neuen Markt steht auf einmal *Der große Börsenschwindel* oben. Zu Zeiten von Rekordarbeitslosigkeit und Hartz IV heißen die Bestseller *Schluss mit lustig* und *Abstieg eines Superstars*. Die Nation kauft, was ihre Stimmung trifft.

Der Kinderpsychologe Winterhoff sagt später in einem Interview, sein Manuskript habe lange in der Schublade gelegen. Erst als Zeitungen und Fernsehen anfingen, Kritik an der 68er-Generation zu üben, erst als sich unter jungen Leuten ein Zurück zur Tradition abzeichnete, hatte er das Gefühl, die Zeit sei reif für seine Argumente. Haben die Leute nicht auch langsam genug vom Schlankheitswahn? Haben nicht all die Diätbücher und Fitnesspläne, die Cholesterinkiller und Fetthasser in vielen Menschen das Gefühl erzeugt, für dumm verkauft zu werden?

Könnte es sein, dass Friedrich Schorbs Buch ein Bestseller wird?

4. Kapitel: Das Manuskript

Im Oktober 2008, wenige Wochen nach der Pleite der Investmentbank Lehman Brothers, fängt Schorb mit dem Schreiben an. In den Nachrichten ist von bankrotten Unternehmen die Rede. Friedrich Schorb liest Studien über dicke Menschen. Er prüft Statistiken, liest Zeitungsartikel. Er will nichts behaupten, was er nicht belegen kann.

Durch sein Fenster in Berlin-Friedrichshain sieht er Mülltonnen, ein paar kahle Bäume und die Löcher im Pflaster des Hinterhofs. Über seinen Schreibtisch hat er eine Postkarte gehängt. Darauf steht: »Dicke Kinder sind schwerer zu kidnappen«. Wenn ihm keine vernünftigen Sätze einfallen, steht er auf und spricht seine Gedanken vor sich hin. Das hilft.

Friedrich Schorb schreibt, in Neuseeland werde Übergewichtigen inzwischen die Einreise verweigert. In Japan müssten Unternehmen, die viele füllige Mitarbeiter beschäftigen, mit Geldstrafen rechnen. In England habe der Gesundheitsminister den Kampf gegen das Fett mit dem Kampf gegen den Klimawandel verglichen. Als ob ein dicker Bauch eine ansteckende Krankheit sei.

Er schreibt, auf Betreiben der Pharmaindustrie seien die Grenzwerte für Fettleibigkeit mehrfach nach unten korrigiert worden. Auf einmal tauchten Millionen neuer Übergewichtiger in der Statistik auf.

Er schreibt, nach allen seriösen Studien habe moderates Übergewicht keine gesundheitsschädigende Wirkung. Im Gegenteil, von einem gewissen Alter an erhöhe es sogar die Lebenserwartung.

Ganz ans Ende stellt er den Satz: »Nicht an den gesundheitlich unbedenklichen Pfunden und dem Hirngespinst der Fehlernährung, sondern an der ganz konkreten Unzufriedenheit mit dem eigenen Körper und dem gestörten Verhältnis zum Essen sollte sich etwas ändern.«

Nach einer durchgearbeiteten Nacht drückt Schorb am 5. Februar 2009 um 12.05 Uhr die Returntaste seines Computers und schickt das Manuskript an den Droemer-Verlag. Dann stärkt er sich mit Butterbrezeln und nepalesischem Tee.

Er hat jetzt einen neuen Blick auf seine Zukunft. Mit Anfang dreißig und gerade erst begonnener Doktorarbeit ist er für eine Uni-Karriere fast zu alt. Auch die Unternehmen suchen keine Soziologen. Warum nicht als Autor leben? Schon als Grundschüler hatte sich Schorb an kleinen Geschichten versucht, jahrelang träumte er davon, Schriftsteller zu werden. Vielleicht wird das Buch ein Erfolg, vielleicht schreibt er bald das nächste.

Monatelang hat Schorb kaum das Haus verlassen. Jetzt verabredet er sich wieder zu Kneipenbesuchen und Partys. Er hat das Gefühl, schönen Zeiten entgegenzugehen.

5. Kapitel: Die Verpackung

Auf dem Schreibtisch liegt ein halbes Dutzend Papierstapel, auf einem davon eine Liste mit den Autoren für den Herbst. »Andre Agassi: Autobiografie« steht darauf, »Sabine Kuegler: Dschungelkind III«, und Friedrich Schorb. Es ist der 20. Februar 2009, die Verlagsleiterin Sachbuch von Droemer Knaur sitzt in ihrem Büro, die Lektorin, die Schorbs Buch betreut, kommt herein.

Das Manuskript ist seit zwei Wochen im Verlag. Die Lektorin kennt es noch nicht. Wie fast alle Lektoren kommt sie nur abends, nach Tagen voller Konferenzen, dazu, Manuskripte zu lesen. Jetzt aber

geht es nicht darum, das Buch zu beurteilen, sondern darum, es zu verpacken. Das ist vielleicht noch wichtiger.

Es gibt Untersuchungen, denen zufolge sieben von zehn Büchern spontan gekauft werden. Die Leute stehen vor dem Bücherregal wie sonst vor der Joghurttheke, und wenn sie keine Vorliebe für eine bestimmte Marke, einen bestimmten Autor, haben, nehmen sie das, was ihnen am meisten Appetit macht.

Der Appetitmacher ist die Verpackung. Bei Büchern ist das der Umschlag. Gerade hat Droemer ein ziemlich gut verpacktes Buch herausgebracht. Zu sehen ist das sorgenvolle Gesicht eines Mannes mit grau melierten Haaren. Es ist der Börsenhändler Dirk Müller, der den Deutschen im Fernsehen regelmäßig die Wirtschaft erklärt. *Crashkurs* heißt das Buch. Es ist eines der ersten Bücher zur Finanzkrise. Monatelang wird es zu den erfolgreichsten Sachbüchern zählen.

Schorbs Gesicht war noch nie im Fernsehen. Der Verlag setzt auf einen Umschlag ohne Bild. Nur Schrift. Der Titel allein muss Interesse wecken.

Viele Bestseller wären ohne ihren Titel keine geworden. Wer hätte die Bücher *Witzige Sprüchesammlung, Eine Einführung in die Philosophie* und *Irrtümer der deutschen Sprache* lesen wollen? Weil sie in Wahrheit *Niveau ist keine Hautcreme, Wer bin ich – und wenn ja, wie viele?* und *Der Dativ ist dem Genitiv sein Tod* hießen, blieben die Leute in den Buchhandlungen stehen. Sie fingen an zu blättern – und kauften diese Bücher, die zu den erfolgreichsten der vergangenen Jahre gehören.

Schorb hatte als Titel »Schlanke Bürger im schlanken Staat« vorgeschlagen. Er hatte sich das genau überlegt. Er wollte darauf anspielen, dass das Körperfett neuerdings ähnlich ideologisch verurteilt werde wie ein ausufernder Staatssektor.

Zu kompliziert, sagte die Lektorin. Versteht keiner. Sie und die Sachbuchleiterin sitzen jetzt zusammen, um einen besseren Titel zu finden.

Sachbuchleiterin: »Schorb argumentiert doch, die ganzen Schlankheitskampagnen seien übertrieben. Oder?«

Lektorin: »Genau. Er benennt, wer uns alles glauben machen will, Übergewicht sei gefährlich: die Pharmaindustrie, die Politik, Teile der Wissenschaft. Er plädiert für mehr Gelassenheit.«

Sachbuchleiterin: »Wer kauft so ein Buch?«

Lektorin: »Na ja, die Dicken selbst …«

Sachbuchleiterin: »… eher nicht. Oder jedenfalls nicht die Dicken, die man bei McDonald's und in der Unterschicht findet. Sondern intelligente Menschen, die sich für die Gesellschaft interessieren.«

Lektorin: »Diese Leute müssen wir abholen.«

Sachbuchleiterin: »Deshalb fände ich eine Provokation gut. So wie in dem Titel, den Sie vorgeschlagen haben.«

Der Lektorin war in der Gliederung des Buches, die Schorb ihr geschickt hatte, eine Zwischenüberschrift aufgefallen: »Dick, doof und arm«. Das wäre ein guter Titel, dachte sie.

Lektorin: »Allerdings deckt das nur einen Teilaspekt ab, nur den Punkt, dass das Dicksein mit Blödheit und Armut gleichgesetzt wird.«

Sachbuchleiterin: »Man kann nie das ganze Buch einfangen. Wir müssen auf den Erregungseffekt abzielen. ›Dick, doof und arm‹ ist der stärkste Titel.«

Dick, doof und arm. Friedrich Schorb sträubt sich. Mit einem Fragezeichen am Ende könnte er sich diesen Titel vorstellen, aber ist er dann nicht immer noch zu reißerisch? Er ruft die Gründerin der Gesellschaft gegen Gewichtsdiskriminierung an, eine hübsche übergewichtige Frau, mit der er während des Schreibens Kontakt hatte. Ihr gefällt die Formulierung. Sie sagt, ein Titel müsse neugierig machen.

Der Verlag hat keinen Einwand gegen das Fragezeichen. Friedrich Schorbs Buch hat jetzt einen Namen.

6. Kapitel: Die Vorschau

Am Konferenztisch sitzen zwanzig Leute, jeder hat die Entwürfe der Herbst-Vorschauen von Droemer Knaur vor sich liegen. Die Vorschauen sind die Kataloge, in denen das Unternehmen seine neuen Bücher präsentiert. Es ist der 5. März 2009, bald wird der Verlag die Vorschauen an mehrere Tausend Buchhandlungen schicken. Er will ihnen seine Bücher verkaufen.

Man sollte meinen, das könne nicht schwer sein. Ein Buchhändler lebt davon, viele Bücher im Laden zu haben.

Das Problem ist erstens, dass jeder Buchhändler kistenweise Verlagsvorschauen zugeschickt be-

kommt. In Deutschland erscheinen jedes Jahr 100 000 Bücher. Niemand bekommt die alle ins Regal. Und zweitens gibt es nichts, was Buchhändler so hassen wie Bücher, die ihnen niemand abkauft. Also überlegt sich jeder Händler genau, welche Bücher er bestellt und wie viele davon.

In den Vorschauen von Droemer Knaur ist jedes Buch abgebildet, das der Verlag im Herbst herausbringt. Es sind 320. Krimis sind dabei, Ratgeber, Lebensgeschichten, politische Sachbücher. Neben jedem Buch: ein paar Zeilen zum Inhalt und zum Autor, ein Foto, je nachdem, wie viel Platz ist.

Andre Agassi ist dabei, mit *Open*. »Das sensationelle Selbstporträt, unerwartet offen und umwerfend gut geschrieben«, steht daneben. Agassi hat vier Seiten in der Vorschau.

Sabine Kuegler ist dabei, mit *Jägerin und Gejagte*. Es ist ihr drittes Buch, nach *Dschungelkind* und *Ruf des Dschungels*. »Die Fortsetzung des Weltbestsellers – Kinofilm bereits in Produktion«, heißt es. Kuegler hat zwei Seiten.

Die Konferenz dauert zwei Tage. Am Vormittag des zweiten Tages sagt die Marketingleiterin: »Wir machen weiter mit *Dick, doof und arm?*.«

Friedrich Schorb hat eine Seite. Der Umschlag seines Buches ist abgebildet, so wie er geplant ist. Er ist rot, eine beliebte Farbe für politische Sachbücher. Grün steht eher für Umweltthemen, gelb für seriöse Wissenschaft.

Die Schrift ist weiß. Der Untertitel soll lauten: *Die große Lüge vom Übergewicht und wer von ihr profitiert*. Daneben steht etwas von der Pharmaindustrie und der Politik. Ein paar biografische Zeilen erklären, wer Friedrich Schorb ist.

Eine Frau aus dem Vertrieb meldet sich. »Ganz ehrlich: Wenn ich das lese, stellen sich bei mir sämtliche Haare auf. Dick. Doof. Arm. Drei negative Wörter, das geht gar nicht.«

Es ist einen Moment still, dann entspinnt sich eine Diskussion, es geht hin und her, bis Verlagschef Übleis das Wort ergreift. »Ich finde den Titel absolut richtig.« Er habe das Manuskript gelesen, hochinteressant. Übleis zeigt auf seinen Bauch, er sagt: »Zum Beispiel habe ich gelernt, dass Fettleibigkeit je nach Land unterschiedlich definiert wird. In Amerika wäre ich gar nicht dick.«

Lautes Lachen, es widerspricht niemand mehr. Die Runde beschließt, die Umschlagfarben auszutauschen, die Schrift soll rot werden, der Hintergrund weiß, das wirke seriöser. Die Sachbuchleiterin sagt, sie sei überzeugt von dem Buch, »ein Klassethema zur rechten Zeit«, jemand erwidert, das müsse man in die Vorschau schreiben. »Es muss rein, dass das Thema aktuell ist, dass es ein Medienthema ist.«

Schorb fliegt für drei Wochen nach Kenia. Kostet nur 500 Euro im Moment. Seine frühere Freundin, eine Psychologin, mit der er sich noch immer gut versteht, kommt mit. Gemeinsam gehen sie auf Safari. Mit dem Fahrrad, das ist billiger als mit dem Jeep. Sie sehen Warzenschweine, Giraffen und

Übergewicht, Armut und Dummheit hängen eng miteinander zusammen – mit Vorurteilen dieser Art setzt sich der Autor Friedrich Schorb kritisch auseinander.

Später wird in der Vorschau neben Friedrich Schorbs Buch stehen: »Das Buch zur aktuellen Übergewichts-Debatte.«

7. Kapitel: Kenia

Die erste Rate des Honorars hat der Verlag vor Monaten überwiesen, jetzt trifft die zweite ein. Noch mal 4000 Euro. Friedrich Schorb hatte nie so viel Geld auf dem Konto. Zeit hat er auch wieder. Er könnte sich an seine Doktorarbeit setzen, aber er will sich belohnen für das Buch. Mit einer Fernreise.

Flusspferde. Am Schluss liegen sie ein paar Tage am Strand. Die Sonne im Gesicht, versucht Schorb, nicht an das Buch zu denken. Er hat noch keine Antwort von der Lektorin. Er weiß nicht, ob ihr das Manuskript gefällt. Ob er es umschreiben muss. Ob es dann noch sein Buch wäre, obwohl sein Name daraufsteht. Seine Freunde fanden den Text klasse. Wird schon klappen, denkt Schorb.

Am 1. April, zurück in Berlin, findet er eine E-Mail in seinem Postfach. Die Lektorin. Sie schreibt: »Ich bin sehr begeistert von Ihrem Text, er hat meine ohnehin schon hohen Erwartungen noch übertroffen!«

Friedrich Schorb hängt ein grün-orange gemustertes Tuch in seinem Zimmer auf, ein Mitbringsel aus Kenia. Es läuft alles so, wie er es erhofft hat.

8. Kapitel: Linke. Und Rechte

Es gibt viele Gründe, sich über Deutschland aufzuregen. Zum Beispiel, dass die Reichen so wenig Steuern zahlen. Dass die Reichen so viel Steuern zahlen. Dass die Kinder so unverschämt zu ihren Eltern sind. Dass die Eltern so unverschämt zu ihren Kindern sind.

Oder dass alle auf den Dicken herumhacken.

Aufregung ist eine Ware. Man kann Geld mit ihr verdienen. Indem man den Leuten, die sich aufregen wollen, Argumente liefert, Fakten, Formulierungen, die ihnen das Gefühl geben, nicht allein zu sein. Indem man ihnen Bücher verkauft.

Schorb ist Wissenschaftler. Er sieht sich nicht als jemand, der Aufregung verbreitet, sondern als jemand, der eine Ungerechtigkeit entdeckt hat und nun helfen will, sie zu beseitigen. Er hofft, dass er auch diejenigen überzeugen kann, die gerne an den Dicken herummäkeln.

Aber wollen die das lesen?

Vor fünfzig Jahren wertete der amerikanische Kommunikationsforscher Joseph Klapper mehrere Hundert Untersuchungen zur Wirkung politischer Texte aus. Er stellte fest: Menschen lesen am liebsten, was sie in ihrer Meinung bestärkt. Die Linken lesen Linkes. Die Rechten lesen Rechtes. Sie können gar nicht genug davon kriegen.

Im Spätsommer 2009 bringt Droemer die Bücher *Meinungsmache* von Albrecht Müller und *Das Maß der Gerechtigkeit* von Paul Kirchhof heraus. Müller betreibt das linke Weblog *NachDenkSeiten* und ist heftiger Kritiker von Hartz IV. Kirchhof ist ehemaliger Verfassungsrichter und Befürworter einer wirtschaftsliberalen Steuerpolitik. Hätte Schwarz-Gelb schon 2005 die Wahl gewonnen, wäre er Minister geworden. Beide Bücher verkaufen sich ziemlich gut. Bei ziemlich unterschiedlichen Leuten.

Bücher funktionieren ähnlich wie politische Parteien. Es geht weniger darum, die Gegenseite zu überzeugen, das ist schwer, die Zahl der Wechselleser ist gering. Erfolgreich sind die Titel, die im Alltag so gegenwärtig sind wie die Plakate vor dem Wahltag. Damit Schorb Erfolg hat, muss sein Buch in den Buchhandlungen auf den Stapeln liegen. Es muss in Zeitungen, im Fernsehen diskutiert werden. Das Buch muss seine Zielgruppe erreichen.

9. Kapitel: Der Buchladen

Sie sitzt fast jeden Tag im Auto. 40 000 Kilometer fährt sie im Jahr, kreuz und quer durch das südliche Nordrhein-Westfalen. Wenn sie nicht fährt, redet sie. Sie versucht, möglichst viele Bücher von Droemer Knaur zu verkaufen.

An diesem Morgen ist die Verlagsvertreterin ins Bergische Land gefahren. Das Dorf heißt Much. Nicht weit von der Kirche steht ein Fachwerkhaus mit weißem Schild an schmiedeeiserner Stange. Eine Buchhandlung, eine von 4000 in Deutschland, eine der kleinsten.

Die Verlagsvertreterin betritt den Laden. Zwischen Krimis und Kochbüchern steht die Buchhändlerin. Eine fröhliche Frau mit blauen Jeans und einer Brille mit blauem Gestell. Sie erzählt der Vertreterin, sie sei kürzlich an der Hüfte operiert worden. Die Kunden hätten ihr Genesungswünsche ins Krankenhaus geschickt, eine habe sie sogar zum Eisessen eingeladen.

»Das ist das Schöne hier auf dem Land«, sagt die Verlagsvertreterin.

Sie schlägt die Vorschau auf und zeigt auf ein schwarzes Buch mit rot-gelber Aufschrift: »Als Erstes möchte ich mit Ihnen über *Alterra* reden.«

Das ist ein Buch, in dem Blitze zucken und Schlangen züngeln. Fantasy. Zurzeit wollen das viele Leute lesen. Weil es zurzeit viele Leute gibt, die womöglich links sind oder rechts, aber lieber ein paar Stunden von Drachen träumen, als sich über etwas aufzuregen. Dank dieser Leute haben amerikanische Vampir-Romane die ersten Plätze der Bestsellerliste erreicht. Als Reaktion hat Droemer Knaur eine Fantasy-Reihe aufgelegt.

»Das nehme ich«, sagt die Buchhändlerin.

Sie nimmt auch Kuegler, die Dschungelfrau. Sie nimmt Agassi, dreimal, »ist ja ein hübscher Kerl«, dann kommt die Vertreterin zu Seite 26 der Vorschau. *Dick, doof und arm?*.

Sie sagt: »Das ist ein sehr provokanter Titel, da steckt aber viel dahinter. Der Autor räumt mit den ganzen Vorurteilen übers Übergewicht auf, heute gibt's ja in jeder Apotheke Kapseln zum Abnehmen, und alle wollen uns einreden, wir seien zu dick. Der Autor beweist, dass das Unsinn ist.«

Die Buchhändlerin überlegt. Dann sagt sie: »Das nehme ich auch.«

Später wird die Verlagsvertreterin sagen, dass sich das Buch sehr ordentlich verkaufe, gerade auf dem Land.

Es sieht gut aus für Friedrich Schorb.

10. Kapitel: Das Kaufhaus

Früher war das in Deutschland so: In jedem Dorf, in jeder Stadt gab es kleine Lebensmittelläden, dort bekamen die Leute, was sie brauchten. Dann kamen die Supermarktketten, und die Läden verschwanden.

Später kamen die Buchkaufhäuser.

An der einen Seite des Tisches sitzen sieben Frauen im Kostüm und zwei Männer im Anzug. Sie arbeiten für die Buchhandlung Hugendubel in München, aber sie beraten keine Leser. Sie analysieren Umsatzzahlen, sie beobachten den Markt. Der eine ist Experte für Sach- und Fachbücher, die andere für Kinderbücher oder Ratgeber. Sie kennen den Buchmarkt wie Aktienhändler die Börse.

Es sind die Mitarbeiter der Einkaufsabteilung. Sie entscheiden, welche Bücher die Firma Hugendubel mit ihren 37 Filialen in ganz Deutschland in großer Zahl in die Läden stellt.

Auf der anderen Seite des Tisches sitzt eine junge Frau von Droemer Knaur. Sie ist eine Key-Account-Managerin. Sie verkauft Bücher, so wie die Verlagsvertreterin. Aber sie betreut nicht ein paar Hundert kleine Kunden, sondern zwei große. Einer ist Hugendubel. Weil Hugendubel für Droemer Knaur so wichtig ist.

Heute läuft fast jedes zweite Buch, das Droemer Knaur verkauft, über eine der großen Buchhandelsketten. Wenn *Dick, doof und arm?* auf dem Land Gefallen findet, ist das ein erster Schritt. Ein echter Erfolg wird das Buch aber nur, wenn Hugendubel oder Thalia es bestellen.

Wenn die Key-Account-Managerin Bücher verkauft, redet niemand von Hüftoperationen. Es geht ums Geschäft. Sie stellt Kuegler vor, dann Agassi, dann kommt sie zu Schorb. Sie sagt »provokanter Titel«, »spannende Thesen«, »ungewöhnliche Argumente«. Sie hat eine halbe Minute Zeit. Dann ist das nächste Buch dran. Die Einkäufer hören sich das

an. Als sie wieder allein sind, besprechen sie, welche Bücher sie kaufen. Von Kueglers *Jägerin und Gejagte* bestellen sie mehrere Tausend, von Agassis *Open* etwas weniger. Nachbestellen kann man immer. Und von *Dick, doof und arm?*

»Negativ klingender Titel«, sagen sie. »Unbekannter Autor, unklare Zielgruppe.« Das Buch zur aktuellen Übergewichtsdebatte? »Welche Debatte? Es gibt keinen aktuellen Anlass.«

Sie bestellen es gar nicht.

In jeder Hugendubel-Filiale stehen lange Regale mit Büchern, deren Umschlag man nicht sieht. Man sieht nur den Rücken. Natürlich kann man die Bücher herausnehmen und anschauen, aber das macht kaum jemand. In den Filialen der Buchhandelsketten haben die Regale die Funktion einer Tapete. Sie sind der Hintergrund für die Tische.

Jägerin und Gejagte wird bei Hugendubel stapelweise auf den Tischen liegen. *Open* ebenfalls. Womöglich wird es eigene Kuegler-Tische geben oder Agassi-Tische. Die Leute werden zu Tausenden daran vorbeigehen. Sie werden in den Büchern blättern. Sie werden sie kaufen. Von Friedrich Schorbs Buch werden sie nicht einmal wissen, dass es existiert.

11. Kapitel: Das Buch des Monats

Am 19. Juni sitzt Friedrich Schorb im ICE nach Bremen. Er hat einen kleinen Lehrauftrag an der Universität, er wird ein Seminar halten. Er hat Fachbücher dabei. Als es nichts mehr vorzubereiten gibt, greift er zu diesem Heft. Es liegt im Zug herum, an jedem Platz. Es heißt *DB mobil.*

Schorb blättert ein wenig darin herum. Er stößt auf den Vorabdruck eines Thrillers. *Splitter* von Sebastian Fitzek, erschienen bei Droemer. Sechs ganze Seiten, nur dieses Buch.

Ein solcher Vorabdruck findet sich in jeder Ausgabe von *DB mobil*. Es sind mal witzige, mal spannende, mal romantische Bücher. Mal vom Rowohlt Verlag, mal von Kiepenheuer & Witsch, mal von S. Fischer. Sie haben nur eines gemein: Alle Bücher aus *DB mobil* kommen von Verlagen, die (wie auch die ZEIT) dem Holtzbrinck-Konzern gehören.

Bei der Bahn heißt es: »Wir haben da eine Kooperation geschlossen.« Anders formuliert: Holtzbrinck zahlt, *DB mobil* druckt, und Thalia und Hugendubel legen das Buch stapelweise auf die Tische. Weil sie wissen, dass die Leute sich jetzt für dieses Buch interessieren.

Damit ein Buch ein Erfolg wird, benötigt es Aufmerksamkeit. Die lässt sich kaufen. Durch bezahlte Vorabdrucke, durch Werbekampagnen. Oder direkt vom Buchkaufhaus.

hinzu: »Für uns ist das unbezahlbar.« Eine Thalia-Sprecherin sagt, die 50 000 Euro seien aus dem Zusammenhang gerissen.

Billiger sind kurze Buchpräsentationen in den Prospekten von Thalia oder Hugendubel. Die liegen zum Beispiel großen Tageszeitungen bei. Für jedes

Die Thalia-Filiale in Kassel. Die im Eingangsbereich gestapelten Bücher verkaufen sich am besten.

In allen 240 Filialen von Thalia stehen große Tafeln, auf denen ein bestimmtes Buch abgebildet ist. Das »Thalia-Buch des Monats«. Die Tafeln stehen gleich am Eingang oder an den Kassen, man sieht sie sofort. Man denkt sich, da hat der Verlag aber Glück gehabt, dass den Buchhändlern dieses Buch so gut gefallen hat.

Irrtum. 50 000 Euro koste es, Buch des Monats zu werden, zahlbar an Thalia – sagt der Vertriebsleiter eines lediglich mittelgroßen Verlages und fügt

abgebildete Buch zahlt der Verlag mehrere Tausend Euro. Dafür stapeln sich diese Bücher dann ebenfalls auf den Tischen. Jeder Kunde bekommt sie zu sehen. Auch der Verlag Droemer-Knaur hat einigen Buchtiteln auf diese Weise Aufmerksamkeit verschafft. *Dick, doof und arm?* ist nicht dabei.

Friedrich Schorb ahnt nichts von diesen Geschäften. Er kennt die Gesetze der Branche nicht. Der Verlag hat ihm einen kleinen Termin auf der Frankfurter Buchmesse reserviert. Gleich am ersten Tag um 16 Uhr wird er am Stand von Droemer Knaur über sein Buch reden. Ein Moderator wird ihm Fragen stellen. Schorb hofft, er werde dann den Blick der Öffentlichkeit auf sein Buch lenken können. Er war noch nie auf der Messe. Er ist ein wenig aufgeregt.

12. Kapitel: Dicke Lügen

Ende Juni, der Buchhandel hat bisher nicht einmal tausend Exemplare von *Dick, doof und arm?* bestellt. Auch Thalia hat abgelehnt. Es ist schon vorgekommen, dass geschriebene Bücher nicht gedruckt wurden, weil zu wenige Buchhändler sie haben wollten.

Bei Droemer Knaur in München setzen sich die Vertriebsleiter und die Key-Account-Manager zusammen. Telefonisch zugeschaltet sind die Verlagsvertreter aus allen Ecken der Republik. Sie sprechen über den bisherigen Verkauf der Herbstbücher. Es geht darum, was man besser machen kann.

Als *Dick, doof und arm?* an der Reihe ist, meldet sich ein Vertreter zu Wort. Er glaubt, der schwache Verkauf liege am Titel. Er fragt, ob man das Buch nicht doch *Dicke Lügen* nennen sollte, das klinge weniger negativ. Der Vorschlag war ganz am Anfang in einer Besprechung aufgetaucht.

Schon öfter wurden Buchtitel kurz vor Druck geändert. Aber es kostet Geld, es ist ein Risiko, soll man das eingehen?

Der Verlag entscheidet sich dagegen. Andere Bücher verkaufen sich gut. Kuegler, Agassi. Es läuft schlecht für Friedrich Schorb, nicht für Droemer Knaur. Der Verlag hat es durchgerechnet: Weil Schorbs Honorar vergleichsweise niedrig ist, muss sich das Buch nur 5000-mal verkaufen. Das könnte zu schaffen sein, dann würde sich für den Verlag das Geschäft lohnen.

13. Kapitel: Die letzte Hoffnung

5. Oktober, *Dick, doof und arm?* erscheint, und alles kommt anders als erwartet. Die Redaktion der Talkshow *Beckmann* wird auf Schorb aufmerksam. Sie braucht ein Thema, die Bundestagswahl ist vorbei,

die Wirtschaftskrise weniger schlimm als befürchtet, warum nicht über die Lüge vom Übergewicht diskutieren?

Reinhold Beckmann holt Schorb in die Sendung. Er stellt Fragen, er erwähnt sein Buch. Schorb wirkt sympathisch. Nicht so trainiert wie die üblichen Talkshowgäste. Ein neues, ein nettes Gesicht. Am nächsten Tag gehen die Leute in die Läden und fragen nach *Dick, doof und arm?*.

Etwas in der Art müsste passieren. Dann könnte Schorb noch zum Bestsellerautor werden. Die Presseabteilung des Verlages Droemer Knaur hat 1500 Journalisten von Fernsehen, Radio, Zeitungen und Magazinen angeschrieben, angemailt, angerufen. Sie hat für Schorbs Buch geworben. Ein paar Interviews sind schon vereinbart, die wichtigsten Tageszeitungen und Wochenblätter haben *Dick, doof und arm?* bestellt, 169 Journalisten insgesamt. Aber das heißt nicht, dass sie das Buch lesen. Wenn doch, bedeutet es nicht, dass sie darüber schreiben. Wenn doch, macht eine Buchbesprechung in drei, vier Zeitungen keinen Bestseller. Das sehen zu wenige Leute. Es müssten reihenweise Artikel erscheinen, das Fernsehen müsste einsteigen, die Talkshows.

Das ist die letzte Hoffnung.

14. Kapitel: Der braune Umschlag

Als Friedrich Schorb am Nachmittag des 16. September nach Hause kommt, ist er guter Dinge. Er hat wieder eine Stelle an der Uni als wissenschaftlicher Mitarbeiter. Er wird ein Seminar zur Einführung in die Soziologie halten, an seiner Doktorarbeit weiterschreiben, ein Büro haben. Er wird nicht in Hartz IV rutschen.

Auf dem Tisch liegt ein brauner Umschlag, die Post. Unten rechts steht sein Name, oben links Droemer Knaur. Er ahnt, was drin ist.

Friedrich Schorb hält sein Buch in der Hand. Er sieht seinen Namen auf dem Titel, sein Foto neben dem Klappentext. Er ist stolz. Er fährt mit dem Finger über den Umschlag, blättert ein wenig, liest seine eigenen Sätze. Es fühlt sich an, als sei dies der Anfang.

Paul, hier noch 15, und Paula, 15.

Die Liebe von Paul und Paula

Generation Porno? Unsinn. Die Keenies sind die Generation der großen Gefühle

Von **HEIKE FALLER**, erschienen im ZEITmagazin am 16. Juli 2009

»Wann hat der Herr Janssen denn mal Zeit für mich?«, schrieb Paula aus der 9.3 dann schließlich an Paul aus der 9.5, damals vor dreieinhalb Monaten, nachdem Paul ihr in den Hofpausen und im Schulbus immer laaaaange Blicke zugeworfen hatte.

»Hab. Ich. Nicht«, sagt Paul. »Paula hat mit mir geflirtet.«

»Ich habe nicht mit dir geflirtet«, sagt Paula. »*Du* hast mich die ganze Zeit so angeguckt und angezwinkert.«

»Gezwinkert? Hä?« Und dann, bevor Paula den Mund aufmachen kann, um zu widersprechen: »Wir haben uns beide immer so angeguckt.« Paula beugt sich über den Tisch. Kussi.

Paul Janssen, die Schultern noch schmal, die Brust schon breit, das Kinn noch rund, die Gesten leicht ungelenk, als könne er mit den Zauberkräften, die ihm gerade zuwachsen, noch nicht umgehen. Vor einem Jahr war er zehn Zentimeter kleiner. Wenn er sich aus dem Stuhl stemmt, wundert man sich, dass er Paula um einen halben Kopf überragt. An seinen Waden kräuseln sich blonde Härchen, aber sein Gesicht ist glatt wie ein Pfirsich. Man erkennt den Jungen, der er gerade noch war, aber noch nicht den Mann, der er bald sein wird.

Paula hingegen hat schon ihr Erwachsenengesicht bekommen. Und einen Körper, an dem alles genau zusammenpasst. Sie könnte sich an jedem Türsteher Berlins vorbeischlängeln, vorausgesetzt, sie ließe beim Lächeln ihre Zahnspange nicht aufblitzen. Ebenso gut kann man sie sich auf dem Beifahrersitz eines Autos vorstellen, einen 21-jährigen Angeber neben sich. Aber nein. Paul sollte es sein. Paul aus der Parallelklasse. Dass ein Mädchen ihres Alters sich einen gleichaltrigen Jungen sucht, hat die statistische Wahrscheinlichkeit eines Meteoriteneinschlags.

Zur Sache

Ihre ersten sexuellen Erfahrungen machen Teenager in Deutschland überwiegend im Rahmen einer festen Beziehung. Sie sind dann meistens 16 oder 17 Jahre alt. Dies zeigt eine 2010 vorgelegte Studie der Bundeszentrale für gesundheitliche Aufklärung, die seit 1980 regelmäßig eine repräsentative Gruppe von 14- bis 17-Jährigen zu Einstellungen und Verhaltensweisen in den Bereichen Sexualität und Verhütung befragt.

Das »erste Mal« findet heute später statt als noch vor fünf Jahren. So hatten 2010 bei den 14-Jährigen sieben Prozent der Mädchen und vier Prozent der Jungen schon einmal Geschlechtsverkehr– gegenüber 12 beziehungsweise 10 Prozent im Jahre 2005. Jungen mit Migrationshintergrund werden überdurchschnittlich früh sexuell aktiv. Insbesondere bei Mädchen aus muslimischen Familien ist es genau umgekehrt. Sie sprechen sich sogar mehrheitlich für eine voreheliche Enthaltsamkeit aus.

Heute ist schon an Grundschulen Sexualkundeunterricht ab der ersten Klasse vorgeschrieben. Das zeigt Wirkung: Über 90 Prozent der Jugendlichen verwendeten von Anfang an Verhütungsmittel. Bei Teenager-Schwangerschaften weist Deutschland im europäischen Vergleich eine der niedrigsten Raten auf. Nur in Finnland ist die Zahl der HIV-Infektionen in dieser Altersgruppe geringer.

Paul bemerkte an Paula zuerst ihr Lächeln, das meistens glücklich wirkte, wenn die anderen morgens um halb acht im Schulbus noch apathisch in den Sitzen hingen. Im Winter erkundigte er sich bei ihrer Freundin nach ihr und erfuhr: Paula glaubt nicht an Schulbeziehungen. Weil man sich, wenn man jeden Tag aufeinanderglucke, bald annerve, sich nichts mehr zu sagen habe und so weiter. Daraufhin stellte Paul bei seinem Profil bei Jappy, der Internet-Community, bei der die meisten aus ihrer Schule angemeldet sind, unter der Rubrik »Status« ein gebrochenes Herz ein. Was Paula nicht entging, natürlich ohne dass sie es weiter ernst nahm.

Bis zu jenem Tag im Februar, als sie mit ihrer Freundin in der Pause das Schulgelände verließ. Paul stand mit seinen Kumpels bei Kaiser's an der Ecke, und sie bemerkte zum ersten Mal, wie gut er aussah mit der Schiebermütze, die er in diesem Winter immer aufhatte. Sie sah seine langen Haare, länger als die der anderen Jungs, die ihm in die Augen fielen, in denen sie wiederum eine Verschmitztheit erkannte, die sie geheimnisvoll fand.

Herr Janssen konsultierte, wie er sich ausdrückte, also seinen Terminkalender, und er sah, dass er Zeit hatte. Samstag. Kino. Lichtenberg. Paula trug Lederstiefel und eine enge schwarze Jeans sowie eine taillierte schwarze Jacke mit hohem Kragen, von der sie hoffte, dass sie »weiblich-attraktiv« wirken würde. Darunter eine graue Strickjacke, die Lässigkeit ausstrahlen sollte. Weil: Sicher war sie sich da noch nicht. Erst mal sehen, wie er so ist, dachte sie. Ob man sich mit ihm unterhalten kann. Ihn gerne küssen würde. FALLS es soweit kommen sollte, zu einer Beziehung.

Was dachte Paul? »Ich freu mich aufs Popcorn.«

Der Film mit Jennifer Aniston und Owen Wilson handelte von einem jungen Pärchen, das sich, als Generalprobe fürs Familienleben, einen Hund anschafft, der sich als so wild und unkontrollierbar entpuppt wie das Leben selbst – und der sie mehrere Kinder und Krisen später daran erinnert, worauf es im Leben wirklich ankommt. Paula drehte sich zu Paul. »Wir schaffen uns später auch mal einen Hund an«, sagte sie leise.

»Hund find ich gut«, sagte Paul.

Nach dem Film begleitete er sie zur Tram. An der Haltestelle öffnete er langsam seinen Gürtel. Und er bekam zu sehen, was er sehen wollte: Paulas schreck-geweitete Augen. Dann machte er den Gürtel wieder zu. Und fing an zu lachen.

Eine Woche später standen sie wieder an der Haltestelle. Es war Samstagnachmittag. Paula wollte ihn auf die linke Wange, Paul sie auf die rechte Wange küssen. Sie trafen sich versehentlich in der Mitte.

Am Sonntagabend standen sie unter einer Laterne. Paula fand, dass jetzt ein guter Zeitpunkt gekommen sei. Er hatte Sprüche gemacht, »Andeutungen sexueller Natur«, sagt Paula. Dass er sie zurückweisen würde, erschien ihr nach menschlichem Ermessen unwahrscheinlich.

»Zweimal«, sagt Paul.

Und dann, mit geschlossenen Augen und einem breiten Lächeln, wie ein Kind, das vom Vergnügungspark erzählt: »Das war schön.«

Als Paula später zu Hause vor dem Fernseher saß, schickte er eine SMS: »Und, wie war dein Abend?« – »War super. Ich war mit 'nem attraktiven Jungen unterwegs.« Ein paar Minuten später: »Ab heute bist du meiner.« Für den Fall, dass er nicht mitbekommen hätte, dass sie jetzt zusammen waren.

Wäre ihre Geschichte ein Film, sähe man in dieser Szene ein Mädchen, das in einer Altbauwohnung in Berlin-Karlshorst in Jogginghose und Fleecejacke vor dem Fernseher sitzt und glücklich lächelt. Dann würde die Kamera sich in den Nachthimmel erheben und über dunkle, baumbestandene Vorortstraßen fahren, um zwei Kilometer weiter das große Fenster einer zweistöckigen Dachgeschosswohnung in den Blick zu nehmen, wo ein Junge sitzt, ebenfalls allein vor dem Fernseher, ebenfalls lächelnd, weil er zum ersten Mal in seinem Leben dabei ist, in Liebe zu fallen.

Vom nächsten Tag an liefen die beiden immer gemeinsam von der Bushaltestelle zur Schule. Nach zwei Wochen fragten ihre Freunde, wann sie es denn offiziell machen wollten, und nach zweieinhalb Wochen sagte Pauls 13-jährige Schwester Luca beim Abendessen mit den Eltern: »Paul hat jetzt eine Freundin, hähä.«

Paul und Paula glauben, dass eine Beziehung Regeln braucht. Bislang gibt es nur eine Regel: dass Paul sich nicht alleine mit einem Mädchen treffen darf und Paula sich nicht mit einem Jungen. Die Idee kam von Paula. Denn Paul würde es nichts ausmachen, wenn Paula beispielsweise im Schwimmbad wäre und sein Freund Tom käme dazu. Aber er hat eingewilligt, sich daran zu halten, weil es Paula wichtig ist und weil er sowieso nicht wüsste, was er mit einem anderen Mädchen alleine anfangen sollte, und nun gilt die Regel für beide. Paul und Paula glauben, dass man für die schönen Seiten einer Beziehung auch Nachteile in Kauf nehmen muss, zum Beispiel,

sie. In ihrer Welt, die sich vom Berliner Ostbahnhof bis nach Köpenick erstreckt, sind die meisten Eltern noch zusammen. Paulas Vater ist, ebenso wie der von Paul, Tischlermeister mit eigenem Betrieb, ihre Mutter hat drei, Pauls Mutter zwei Kinder großgezogen, und beide haben immer nebenher gearbeitet. Dass

Paula und Paul, ein Paar seit dreieinhalb Monaten.

dass man weniger Freiheiten hat, seine Freunde weniger sieht oder sich ab und zu nicht versteht. Sie wissen von ihren Eltern, dass man sich streiten kann und trotzdem zusammenhalten – auch wenn Paulas Eltern vor einem Jahr in getrennte Wohnungen gezogen sind. Paula und Paul glauben, dass ihre Eltern sich noch lieben. Dass ihre Deutschlehrerin immer von »modernen Patchworkfamilien« redet, wundert

es ihre Mütter sind, die den Haushalt über Wasser halten, erscheint ihnen angesichts der Tatsache, dass ihre Väter ein kleines Unternehmen schmeißen, zwar asymmetrisch, aber nicht ungerecht. Familien, in denen die Frau zu Hause ist und nur der Mann arbeitet, kennen sie so gut wie nicht. Sie müssen lange nachdenken, bis ihnen eine Mutter einfällt, die sie als »Hausfrau« bezeichnen würden.

Dafür fällt ihnen eine Mutter ein, die von ihrer Tochter auf einer Internetseite namens my-steel.de erwischt wurde, auf der Keuschheitsgürtel aus Edelstahl vertrieben werden, und ein Vater, der nach Angaben seines Sohnes einen Latexanzug in seinem Kleiderschrank verwahrt. Paul und Paula sind in diesen Dingen laisser-faire, sie gönnen allen ihren Spaß, sogar den Erwachsenen.

Dabei sind sie es, die in den Augen der Älteren der »Generation Porno« angehören, die schon mit elf oder zwölf Dinge sieht, die die meisten Menschen, die je auf dieser Erde gewandelt sind, spät oder nie zu Gesicht bekamen. Bilder, von denen die Erwachsenen fürchten, dass sie die Jüngeren womöglich auf Sex fixieren könnten als eine Choreografie aufeinander einhämmernder Körper der Kategorien Amateur, Asian und Mothers I'd Love to Fuck (MILFs).

Paul und Paula wussten schon vor ihrem ersten Kuss, auf wie viele Arten eine Frau und ein Mann sich ineinanderstecken können, oder eine Frau und drei Männer, oder eine Frau und ein Pferd, sowie Pferde, Hunde und Goldfische jeweils untereinander, wobei die »Tierpornos«, die per Email verschickt werden, der Belustigung dienen und nicht der Erregung, was auch für die »Oma-Pornos« gilt, die bisweilen in den Pausen ihres Lichtenberger Gymnasiums auf Schülerhandys herumgezeigt werden und in denen es Leute über siebzig miteinander tun. Ihre Eltern haben sie darüber aufgeklärt, dass keine dieser Spielarten irgendetwas mit der zärtlichen Begegnung zu tun habe, mit der zwei Menschen ihre seelische Nähe auch körperlich ausleben. Oder so ähnlich.

»Wir verwechseln das aber nicht«, sagt Paula. Riesenpenisse und harten Gruppensex hat sie in dem Bereich ihres Gehirns gespeichert, in dem sich auch jenes MASTURBIERENDE KÄTZCHEN befindet, das neulich in Internet-Gästebüchern die Runde machte: ins Reich der Fantasie. Jugendliche, die das für »die Realität« halten, kennen sie nur aus Fernsehreportagen, in denen tiefe Männerstimmen, unterlegt von Weltuntergangsmusik, fragen, was die Flut von Bildern anrichten mag in den formbaren Gehirnen junger Menschen, vor allem: Männer.

Paula hat in diesem Zusammenhang das Wort »frauenverachtend« gehört. »Also dass einem nur gezeigt wird, was Männer wollen, und dass Frauen denken, dass sie sich daran orientieren müssen«, ergänzt sie.

»Das sind dann ja auch die Frauen, die auf so was stehen«, glaubt Paul.

»Nein, dass die Frauen meinen, sie müssten so was erfüllen«, sagt Paula.

»Welche Frau ist so dumm und verkleidet sich, weil ihr Typ das will?«, ruft Paul. »Die drei Frauen in Deutschland, die so was machen, um den Männern zu gefallen – glückliche Männer!«

»Ja. Erklär mir die Welt, Paul«, sagt Paula. Bernt, Pauls Vater, hat ihr jedenfalls gesagt, sie solle ihm Bescheid geben, falls sein Sohn mal nicht nett zu ihr sein sollte.

Als die beiden zwei Wochen zusammen waren, entdeckte Paula auf dem Jappy-Profil von Pauls Ex-ex-Freundin (nichts Ernstes) einen Kommentar, den dieser dort gerade erst hinterlassen hatte. »Sehr sexy ;-)«, stand unter einem Foto, auf dem die Ex mit Riesenausschnitt zu sehen war.

Paula hatte bei ihrem ersten Freund, der tatsächlich ein paar Jahre älter war, erlebt, wie der sich plötzlich für Mädchen interessierte, die im Gegensatz zu ihr schon in die Disco durften, und sie hatte sich vorgenommen, nie wieder auf einen »krassen Player« hereinzufallen, wie offenbar Paul, wie ihr mit einem Mal klar wurde, einer war. Paul loggte sich gerade ein, ahnungslos, als Paula ihm eine wütende Nachricht schickte, um dann offline zu gehen, ohne auf seine Antwort zu warten.

Minuten später eine SMS von Paul:

Ich liebe dich, das war doch nur so dahingesagt.

Eine Entschuldigung nützt mir nichts, das bringt mich nicht weiter.

Es hatte nichts zu bedeuten, ich kann mich gar nicht mehr dran erinnern, weil es so nebensächlich für mich war.

Warum machst du so was, wenn du in einer Beziehung bist?

Na, weil das Bild gut aussah.

Keine Antwort.

Eine halbe Stunde später rief Paul an. »Es tut mir leid, bitte sei nicht so, nicht so böse, ich kann sonst nicht einschlafen.« Paula war gerührt, aber trotzdem konnte sie in dieser Situation nicht einfach sagen: Ja, Schatz, ich liebe dich auch. Am nächsten Tag entschuldigte Paul sich noch mal, aber Paula blieb stur.

»Stur und bockig und zickig«, sagt Paul. »Bei so was!«

Am zweiten Tag war es ihm irgendwann egal, denn: Mehr als hundertmal entschuldigen konnte er sich nicht.

»Vielleicht hab ich ja auch überreagiert«, sagt Paula.

»Hast du auch«, sagt Paul.

»Aber wenigstens seh ich es auch ein.«

»Für Paula war es halt irgendwie ein großes Ding«, sagt Paul. »Paula macht sich sowieso immer über irgendwelche Sachen einen Kopf.«

Sie schaut unglücklich, unglücklich über sich selbst, und plötzlich ist klar, dass dieses Mädchen und dieser Junge, die man auf den ersten Blick für eine unbeschwerte Schülerliebe halten könnte, schon längst die Kraft haben, sich gegenseitig schwer zu verletzen.

Paulas Mutter hat ihr eingeschärft, sie dürfe Paul nicht zu sehr einengen. Vielleicht gibt es doch eine zweite Regel, die in den dreieinhalb Monaten, in denen sie jetzt zusammen sind, dazugekommen ist, aber lernen muss sie vor allem Paula: »Wenn du jemanden liebst, lass ihn frei«, murmelt sie.

Natürlich wollen alle immer von ihnen wissen, egal ob sie jetzt fragen oder ob sie sie nur auf eine bestimmte Weise anschauen: Habt ihr schon? Oder habt ihr noch nicht?

Die größte Fehlannahme der Erwachsenen über die Jugend von heute, sagt Paula, sei die, dass die Jugendlichen, nur weil sie wüssten, wie es aussieht, es auch sofort nachmachen würden. Dass sie Sex nicht ernst nähmen. Natürlich warteten die meisten Mädchen auf den Richtigen, einen, der zärtlich sei, der perfekt aussehe, immer mit einem zusammenbleiben wolle. Als empfohlene Mindestwartezeit fürs erste Mal gelten derzeit drei bis sechs Monate nach dem ersten Kuss.

Paul und Paula sind jetzt seit dreieinhalb Monaten zusammen.

Mehr wollen sie nicht verraten.

»Schreiben Sie: Kein Kommentar. Zwinker, zwinker«, sagt Paul.

Die zweite große Fehlannahme, die Erwachsene über die Jugend hätten, sagt Paula, sei die, dass zwei Leute, nur weil sie sich total jung kennengelernt hätten, nicht für immer zusammenbleiben könnten.

Korruption ist in Afghanistan allgegenwärtig und wächst sich zu einem der größten Probleme des Landes aus.

Die Stadt und die Mörder

Vor wenigen Tagen erschossen Taliban in der Provinz Kundus drei deutsche Soldaten. Während die Deutschen trauern, gelten die Islamisten bei der afghanischen Bevölkerung plötzlich als das kleinere Übel. Wer die Stadt Yawkalang besucht, erfährt, warum

Von **ULRICH LADURNER**, erschienen in der ZEIT am 8. April 2010

Ali Hussein spricht ein stockendes Englisch, er kann lesen und schreiben, und er war zweimal in seinem Leben in Kabul, wo er den Kopf in den Nacken legte, um die Villen der Neureichen zu bestaunen. Der Anblick hat ihn tief beeindruckt. Als er in seine Heimatstadt Yawkalang zurückfuhr, zwei Tage lang, gepfercht in einen Kleinbus, der über die Piste hüpfte wie ein verrückt gewordenes Pferd, fragte er sich, wie ein Afghane sich solche Prachtbauten mit ehrlicher Arbeit verdienen könne. Das ist nicht möglich, dachte Ali Hussein. Ihm waren in Kabul ja diese Geschichten zu Ohren gekommen, unglaubliche Geschichten. Zum Beispiel die von den Polizisten in Kabul, die ihren Platz an den Verkehrskreuzungen von ihren Vorgesetzten kauften. Den Preis holten sie sich wieder zurück, indem sie Autofahrer, Passanten und Ladenbesitzer ausnah-

men. Ali Hussein hatte auch gehört, dass jede Straßenkreuzung ihren Preis hat. Die teuersten liegen in den ärmsten Bezirken. Die armen Leute haben zwar nicht viel, erfuhr Ali Hussein, aber weil es so viele von ihnen gibt, lohnt es sich für die Polizisten, ihnen das wenige abzupressen.

In Kabul erzielen die Kreuzungen in den armen Schiitenvierteln die besten Preise. Schiiten sind es gewohnt, dass man sie ausplündert. Ali Hussein verstand das auf Anhieb. Er ist Schiit. Zweimal Kabul, das hat ihm gereicht. »Ich muss da in meinem Leben nicht wieder hin«, sagt er und lacht sein Lachen, das sich zwischen Bitterkeit und Heiterkeit bewegt.

Eigentlich müsste Kabul für einen wie ihn eine Offenbarung sein, eine warme, hoffnungsvolle Insel. In seiner Stadt Yawkalang, im zentralen Hochland Afghanistans, sind die Winter eisig, und der

Zur Sache

Ende 1979 marschierte die UdSSR nach Afghanistan ein, wechselte die dortige kommunistische Führung aus und bekriegte zehn Jahre lang die u.a. von den USA unterstützten aufständischen Mudschaheddin. Dem sowjetischen Rückzug folgten der Sturz von Präsident Nadschibullah (1992) und Machtkämpfe rivalisierender Mudschaheddin-Gruppen.

Aus den Reihen afghanischer Flüchtlinge, die in Pakistan – insbesondere in religiösen Bildungsstätten – Aufnahme gefunden hatten, entstanden unter Mitwirkung des pakistanischen Geheimdienstes die Milizen der »Taliban« (Paschtu für »Studenten«). Von 1994 an eroberten sie Afghanistan, wo sie eine autoritäre Herrschaft errichteten und die Scharia einführten.

Nach den al-Qaida-Anschlägen vom 11. September 2001 griffen die USA Afghanistan an, dem sie vorwarfen, dem Terroristenführer Osama bin Laden Unterschlupf zu gewähren. Die Taliban wurden gestürzt. Mit UN-Mandat ist seitdem die NATO-geführte ISAF-Schutztruppe in Afghanistan stationiert, an der sich die Bundeswehr beteiligt. Die Taliban operieren von Pakistan aus gegen die neue Regierung und die multinationalen Streitkräfte und konnten von 2002 an ihre Einflussgebiete in Afghanistan ausdehnen.

Schnee schneidet die Menschen manchmal für Monate von der Welt ab. Im Sommer traktiert die Sonne die Bewohner mit harten, heißen Schlägen. Arbeit gibt es kaum. Und fast keine Äcker. Stattdessen Erosion und Dürre. Zu viele Menschen auf zu wenig fruchtbarer Erde – nun wird das Land knapp.

Lange Zeit lebten die Schiiten des Hochlandes abgeschottet vom Rest des Landes, regiert von ihren Khans, den Herrschern, fern von Kabul. Hazaradschat heißt die Region noch heute inoffiziell, weil sie von den Hazara bewohnt ist, einer Volksgrup-

terwerfung führte man Tausende als Sklaven nach Kabul und in andere Städte der Eroberer. Das Hochland blieb ein Reservat der Sklaven. Ein trauriger, zerlumpter Menschenstrom ergoss sich nach Kabul, Masar-i-Scharif, Herat, Kandahar.

»Ich ziehe ihn vor!«, sagt Ali Hussein und zeigt auf den Chef der Taliban

Heute wandern die Schiiten aus Yawkalang freiwillig in Scharen nach Kabul. Sie verdingen sich

Ein afghanischer Reisbauer bei der Ernte. Vielerorts in Afghanistan gibt es Konflikte um urbares Land und den Zugang zu Wasser.

pe, die ihr eigenes, fast autonomes Leben führte. Ende des 19. Jahrhunderts brach der Machthaber Afghanistans, der eiserne Amir Abdur Rahman, das Hazaradschat auf; wie eine Nuss knackte er es und zermahlte es. Er rief zum Heiligen Krieg gegen die Schiiten auf. Das gab allen, die sich für die Rechtgläubigen hielten, die Möglichkeit, Schiiten wie Vogelfreie zu jagen und zu töten. Nach ihrer Un-

auf den Märkten und Baustellen der Stadt, die seit dem Sturz der radikalislamischen Taliban im Jahr 2001 unaufhörlich wächst. Die Schiiten ziehen im Basar schwer beladene Karren hinter sich her, tief über die Straße gebeugt, keuchend und schwitzend. Sie stehen zu Hunderten an Straßenecken, mit Schaufeln und Hämmern. Sie warten auf jemanden, der ihnen Arbeit gibt. Sie widerstehen der

Sonne und weichen auch nicht, wenn der Winter über sie herfällt. Wenn der Straßenstaub sich bei Regen in Schlamm verwandelt, rücken sie zusammen, ducken sich unter ihren Tüchern und werden zu einem Klumpen Mensch. Sie krallen sich fest an dieser Stadt. Ein, zwei Dollar verdienen sie am Tag, manchmal etwas mehr, manchmal nichts. Ihre Dollar schicken sie nach Hause zu ihren Familien oder sparen das Geld – wenn sie es denn retten können vor den Polizisten. Kabul ist die Hölle, Kabul ist ein Versprechen, für Ali Hussein ist es der Sündenpfuhl. Geld, sagt er, überall und immer gehe es nur ums Geld.

Der Machtwechsel in Afghanistan, der nach dem Ende der Talibanherrschaft vor neun Jahren begann, habe viel Gutes nach Yawkalang gebracht, sagt Ali Hussein, vor allem neue Schulen. Sie stehen im Talgrund, frisch gestrichen, erfüllt von den Stimmen der Schüler und Schülerinnen, vibrierend vom unbedingten Wunsch, etwas zu lernen. Ali Hussein ist Aushilfskraft in der Klinik für Tuberkulose- und Leprakranke, die von Caritas International und Misereor seit den achtziger Jahren unterstützt wird. Tuberkulose und Lepra, die Krankheiten der Armut. Ali Husseins afghanischer Chef, den hier alle Doktor Morell nennen, sagt: »Seit dem Sturz der Taliban geht es den Menschen hier etwas besser. Früher kamen viele Patienten unserer Klinik aus der Stadt Yawkalang, heute kommen sie meist aus entlegenen Dörfern. Die Krankheiten, könnte man sagen, weichen zurück.«

Auch Ali Hussein glaubt, dass der Sturz der Taliban das Beste war, was den Afghanen passieren konnte. Wie sollte er auch anders denken? Die Taliban betrachteten die Schiiten als Ungläubige. Sie verfolgten sie – auch in Yawkalang. Am 12. März 2001 kamen die Talibankämpfer in die Stadt, trieben mehrere Hundert Männer zwischen 16 und 60 Jahren auf dem Marktplatz zusammen und richteten sie hin. Die Angehörigen begruben die Toten einige Kilometer außerhalb des Stadtzentrums, auf einem kargen Hügel oberhalb der Hauptstraße, die durch das Tal führt. Ali Hussein weiß um die Grausamkeit der Gotteskrieger.

Aber dann geschieht etwas Seltsames, an einem Abend in der Lepraklinik von Yawkalang. Der Winter des Jahres 2010 ist gerade erst gegangen, die Heizung tuckert noch, die Nacht senkt sich lautlos über das Tal. Kein Autolärm, nichts. Draußen ist es schon lange dunkel, als Ali Hussein zufällig ein Foto sieht, auf dem der Talibanführer Mullah Omar abgebildet ist, neben ihm der afghanische Präsident Hamid Karsai, beide dicht nebeneinander. Da sagt Ali Hussein unaufgefordert und ohne zu zögern: »Ich ziehe ihn vor!« Und er zeigt auf Mullah Omar, auf das bärtige, einäugige Gesicht, im Westen der Inbegriff des Schreckens. »Ja, der ist mir eindeutig lieber«, sagt er noch einmal. Ist das möglich? Wie kann es sein, dass ein Mann wie Ali Hussein, gebürtig in einer von Taliban geschundenen Stadt, Angehöriger der von Taliban verfolgten Schiiten, dem Chef der Taliban den Vorzug gibt, ihm mehr traut als Karsai, mehr als jenem Präsidenten, der mit der Unterstützung des demokratischen Westens das Land regiert? Es muss etwas zu bedeuten haben, gerade jetzt, da die Taliban sich in dem einst ruhigen Norden des Landes festsetzen. Jetzt, da die Bundeswehr bei schweren Gefechten mit den Taliban in der Nähe der Stadt Kundus drei Soldaten verloren hat. Auch weil die Taliban sich in den Häusern von Zivilisten wie Ali verschanzt haben und der Bundeswehr kaum Angriffsfläche bieten. Ist es denkbar, dass Ali Hussein mit seiner Meinung nicht alleine steht?

Man muss mit dem Massaker anfangen, um zu verstehen, was geschah und warum. Die Taliban eroberten im Dezember 1998 zum ersten Mal die Stadt Yawkalang. »Wir sind die neue Autorität. Ihr müsst unseren Befehlen folgen!«, ließen sie die Bewohner wissen, dann zogen sie einen Großteil der Truppen zurück und hinterließen eine kleine Garnison. Wenige Wochen später kam der lokale Kriegsherr Karim Khalili – heute Vizepräsident Afghanistans – aus den Bergen und griff die Garnison der Taliban an. Als diese daraufhin mit Verstärkung anrückten, waren der Kriegsherr und seine Kämpfer verschwunden. Wieder ermahnten die Taliban die Bewohner, zogen ab und ließen eine kleine Truppe zurück. Wieder tauchte der Kriegsherr auf, wild um sich schießend, wieder verschwand er, und die Taliban rückten erneut an, diesmal in großer Zahl. »Noch einmal ein solcher Angriff, und ihr werdet alle bestraft!« Es endete mit dem Massaker vom 12. März 2001. Ein unvorstellbares Blutbad. Doch heute meint Ali Hussein: »Wenn die Taliban sagten, du darfst nur auf der linken Straßenseite gehen, und ich dem Befehl folgte, geschah mir nichts. Aber heute, bei dieser Regierung, weiß ich nicht, auf welcher Straßenseite ich gehen soll, um sicher zu sein. Sie verfolgen uns überall und jederzeit.«

Wenn ich den Befehlen der Taliban folgte, geschah mir nichts

Die Regierung, der Staat, sie sollen schlimmer sein als zur Zeit der Taliban?

In Yawkalang ist der Staat leicht zu finden. Haus des Gouverneurs, Polizeiwache, Gericht, Gefängnis – alles steht im Umkreis von ein paar Hundert Metern gleich hinter dem Basar. Die Regierungsgebäude sind renoviert, frisch gestrichen. Der Gouverneur allerdings ist heute nicht hier, gestern war er auch schon weg, und er sei, so sagt es der Beamte Ali Achmed, morgen auch nicht zu erwarten und übermorgen ebenso wenig, vielleicht aber, das könne durchaus sein, nächste Woche. Oder erst die übernächste? Ali Achmed sitzt hinter einem Schreibtisch wie hinter einer Burgmauer. Die vielen Fragen wehrt er ab, indem er seine Antworten so ausschweifend formuliert, dass der Fragesteller am liebsten flüchten möchte. Doch plötzlich drängen Männer in Ali Achmeds Büro, rücken bis an die Kante des Schreibtisches, halten ihm Passfotos hin und umzingeln ihn. Sie wollen registriert werden, denn sie haben gehört, dass es nötig sei, einen Ausweis zu haben, wenn man sich nach Kabul aufmacht, um dort Arbeit zu suchen. Der Staat, sagen die Männer, verlange dies. Sie sind jung, zwischen 20 und 30 Jahre alt, und es ist das erste Mal, dass sie einen Ausweis beantragen. Sie nennen den Namen ihres Vaters, ihres Großvaters, und Ali Achmed blättert in den Registern, die aus dem Jahr 1973 stammen, dem Jahr der letzten Volkszählung. Findet er den Namen, bekommt der Antragsteller einen Ausweis. Findet er den Namen nicht, dann, so erzählen die Männer später draußen vor dem Haus des Gouverneurs, müsse man eben bei der Suche ein wenig nachhelfen, mit der einen oder anderen Dollarnote. Dann finde man auch einen Vorfahren, den es nicht gab.

Ali Achmed nach Schmiergeld zu fragen wäre sinnlos. Er würde alles sofort bestreiten. Er hält viel auf sich und viel auf das Amt, das er bekleidet. Und doch klagt auch er darüber, dass er schon seit Monaten nicht bezahlt werde. Dabei habe er sich so gefreut auf diese Arbeit, die er nach einer äußerst harten Prüfung bekommen habe. Ali Achmed verzieht keine Miene, als er das sagt.

Über den Verbleib des Gouverneurs weiß noch immer niemand Genaues. Dafür ist jetzt der Polizeichef da, behaupten die Polizisten, die gleich nebenan, vor dem Eingang der Polizeistation, sich auf Stühlen fläzen und die Passanten mit dunklen Blicken fixieren. Tatsächlich sitzt der Polizeichef in seinem Büro, hinter dem Schreibtisch, der seitwärts zum Fenster steht, sodass er ständig auf die Straße blicken kann. Es ist vielleicht eine Vorsichtsmaßnahme, Polizisten leben gefährlich in Afghanistan. Der Polizeichef ist 52 Jahre alt und hat seinen Beruf noch bei den Sowjets gelernt, die 1979 in Afghanistan einmarschiert waren. In den achtziger Jahren wurde er in Usbekistan ausgebildet. Wenn man seine klobigen Hände betrachtet, die Finger, die wie grobe Stricke aussehen, möchte man nicht genauer wissen, worin seine Ausbildung bestand. Wie man Befehle gibt, das weiß er. Die Bittsteller, die den Kopf durch die halb geöffnete Tür stecken, um ihr Begehren vorzutragen, verscheucht er mit einer herrischen Stimme, die sich auch auf dem größten Kasernenhof der Roten Armee durchgesetzt hätte.

»Tee?«, fragt er.

Aber ja, sehr gerne!

Er dreht seinen Oberkörper ein wenig nach hinten, und drückt auf einen Klingelknopf, der an der Wand angebracht ist. Es summt draußen im Gang. Noch bevor das Geräusch verstummt ist, steht eine Frau im Zimmer. Der Polizeichef sagt zu ihr: »Tee!« Sie verschwindet so leise, wie sie gekommen ist. Diese Klingel ist ein Machtinstrument. Sie erlaubt es dem Polizeichef, fast alle seiner Befehle zu erteilen, ohne sich von seinem Schreibtisch zu erheben. Bittsteller wollen etwas? Ein langes Summen. Ein Polizist erscheint und hört die Anordnung: »Ich will meine Ruhe haben!« Zum Tee fehlen Kekse? Ein knappes Summen, und die Kekse fliegen ins Zimmer. Das Personal dieser Station ist mit nichts so verwachsen wie mit dieser Klingel. Drückt der Chef auf den Knopf, trifft das Summen die Polizisten, Diener und Besucher auf den Fluren wie ein elektrischer Schlag.

An der Wand in seinem Büro hängt eine seltsame Zeichnung, voller einfacher Striche, die von einem

Zehnjährigen stammen könnten. Der Grundriss einer Wohnung. Darin ein Kreis, ein Viereck, wieder ein Kreis und ganz oben am Rand des Blattes eine Schlangenlinie. Das Ganze soll heißen, ein Mann liegt am Boden, daneben ein blutverschmiertes

leicht aber auch in Bamian, jedenfalls nicht hier, und wann er wiederkomme, könne er nicht sagen.

Richter haben es in dieser Gegend vor allem mit Streit um Land zu tun, um Weiderechte, um Zugang zu Wasser – die Grundlagen des Lebens. Von

Die Regierung des Präsidenten Hamid Karzai (r.) genießt wegen der grassierenden Korruption nur wenig Rückhalt in der afghanischen Bevölkerung.

Messer. »Spurensicherung am Tatort!«, erklärt der Polizeichef. Gibt es hier viele Morde? »Nein, hier ist alles ruhig. Keine besonderen Vorkommnisse.« Wieder summt die Klingel.

Von der Polizei geht es zum Richter. Dessen Räume sind nur ein paar Schritte entfernt, in einem einstöckigen Gebäude. Der Richter ist nicht da, sagt ein Mann, der aus einem feuchten, halbdunklen Zimmer heraustritt und den Eindruck macht, er stiege aus einer modrigen Vergangenheit hervor. Eine Woche schon sei der Richter weg, in Mekka zur Pilgerreise sei er. »Aber es ist doch nicht die Zeit für den Hadsch?« Ach, sagt der Mann beiläufig, wahrscheinlich sei der Richter in Kabul, vielleicht

der Entscheidung eines Richters hängt oft ab, ob jemand in Armut leben muss oder ob er ein erträgliches Auskommen finden kann. Kläger und Beklagte versuchen daher, die Richter zu beeinflussen, sie für sich zu gewinnen mit Geschenken, Bargeld, Versprechen. Ein Richter muss über viel Widerstandskraft verfügen, um unabhängig zu bleiben. Das wussten auch die Taliban. Sie setzten in Yawkalang Ende der neunziger Jahre zwei Mullahs in das Richteramt ein und zahlten den beiden ein sehr hohes Gehalt, damit sie den Bestechungsversuchen nicht erlagen. Das funktionierte sogar. Grausam waren die Taliban, das ist in der Stadt überall zu hören, doch Korruption wirft ihnen niemand vor.

Die Richter der Taliban hatten ein anderes Problem: Sie hatten nicht viel zu tun, es wurde nur selten geklagt. »Wir vertrauten unseren Richtern damals nicht«, sagt der Gehilfe des jetzigen Richters.

Das Misstrauen der Menschen erwuchs aus keiner ideologischen Ablehnung der Taliban, sondern daraus, dass die Taliban sich auf die Seite der wohlhabenderen der beiden Gruppen schlugen, in die das Dorf sich in den neunziger Jahren gespalten hatte.

Weil der Sohn ein Mädchen einlud, sitzt der Vater im Gefängnis

Die Hazara bekriegten sich damals untereinander bis aufs Blut. Der verheerende afghanische Bruderkrieg war im Kern ein Feldzug der Plünderer. Land,

namens Mohammed Akbari, die Ärmeren scharten sich um den Kriegsherrn Karim Khalili. Bruderkriege herrschten überall in Afghanistan. Das war eine der Ursachen dafür, dass die Taliban an die Macht kamen. Denn sie versprachen das Ende der afghanischen Zerfleischung. Sie handelten ihrem eigenen Bekunden nach nicht im Namen einer Volksgruppe, sondern im Namen des Islams. Als die Taliban in das Hochland vordrangen, wechselte Akbari auf ihre Seite, um »größeres Blutvergießen zu vermeiden«, wie er behauptete. Ohne die Hilfe vieler Hazara hätten sich die Taliban hier nicht festsetzen können.

Bis heute sind die Beziehungen zwischen den Hazara vergiftet, bis heute schwelt ein Klassenkampf zwischen Reich und Arm. Und der Richter der Stadt steht im Zentrum dieses Streits. Darüber reden kann

Afghanische Männer stehen vor einem Wahllokal in Kabul. Die Präsidentschaftswahlen vom 20. August 2009 wurden von Unregelmäßigkeiten überschattet.

Häuser, Geschäfte wechselten den Besitzer. Tausende Menschen flüchteten, auch in der Region Hazaradschat. Die Bewohner teilten sich in zwei Gruppen. Die Wohlhabenden unterstützten einen Mann

man mit ihm aber nicht. Er ist nicht da. Wann er zurückkehren wird? »Ich kann Ihnen keine bessere Auskunft geben«, sagt sein Gehilfe und geht aus seinem Zimmer, ins Freie, drückt die Tür zu, hängt ein Vorhängeschloss daran, verschließt es. Bevor er sich davonmacht, sagt er noch: »Das Gefängnis von Yawkalang? Da drüben, sehen Sie, das nächste Gebäude.«

Ein lang gestrecktes Haus, das durch seine massiven Steinmauern aussieht wie eine Festung. Wahrscheinlich ist es älter als die anderen Regierungsgebäude. Vor der Mauer liegt Müll, der von einem längst ausgetrockneten Fluss angeschwemmt wurde. Die einzige sichtbare Tür liegt im ersten Stock und ist über eine steinerne Außentreppe zu erreichen. Im Inneren ist es düster, feucht und kalt. Im vordersten Raum auf der rechten Seite sitzen vier Männer. Einer von ihnen erhebt sich schnell aus dem Bett, in dem er gelegen hat. Ein anderer, der gerade Kohle in einen Ofen geschippt hat, hält inne und richtet sich auf. Die anderen Männer hocken unterhalb des Fensters. Ihre Gesichter sind kaum zu erkennen. Es sind die beiden Gefangenen, Ibrahim und sein Sohn Ali.

»Das hier ist nicht ihre Zelle«, sagt der Polizist, der im Bett lag, »die Zelle ist nebenan, aber da sie keinen Ofen haben, ist es dort sehr kalt. Deswegen haben wir sie zu uns eingeladen.« Es klingt so, als redete er über einen armen Nachbarn, der sich keine Heizung leisten kann. Es ist ja auch nichts Bedrohliches an den beiden. Ibrahim ist 60 Jahre alt, er ist schwerhörig, und wenn er sich erhebt, knarzt sein Körper wie ein altes Möbelstück. Sein Sohn Ali ist 16, und wenn man ihn anspricht, flammt in seinem Gesicht die Schüchternheit eines Bauernjungen auf. Ibrahim und Ali sind hier, weil ein anderer Sohn, der 20-jährige Taqi, sich in ein gleichaltriges Mädchen verliebt hat.

»Er hat sie ohne mein Wissen in unser Haus gebracht!«

Als der Vater der jungen Frau davon erfuhr, kam er zu Ibrahim und forderte ihn auf, die Tochter herauszugeben.

»Was hätte ich machen sollen? Sie war in meinem Haus. Die Gastfreundschaft gebot mir, dass ich sie schütze!«

Es kam zu langen Verhandlungen. Dem Vater des Mädchens gelang es schließlich, seinen Willen durchzusetzen.

»Er versprach mir, dass es nur für ein paar Tage sei. Damit man die Hochzeit vorbereiten könne. Die beiden sollten heiraten, dann hätte alles seine Ordnung.«

Kaum aber war das Mädchen aus dem Haus, ging ihr Vater zur Polizei und zeigte Ibrahims Sohn Taqi wegen Entführung an. Als die Polizisten in Ibrahims Dorf Sorikol kamen, das weit oben in den Bergen liegt, war Taqi längst geflüchtet. Also verhaftete die Polizei den Vater und seinen jüngsten Sohn, es waren die einzigen Männer, die sie im Haus vorfanden. Die Polizisten brachten sie nach Yawkalang und sperrten sie ein. Das war vor acht Monaten. Seither ist nichts geschehen. Es ist keine Anklage erhoben worden, kein Anwalt hat die beiden gesehen, und der Richter, der nebenan seine Büroräume hat, hat sich für die Gefangenen nie interessiert. Warten. Acht Monate lang. Die beiden wachhabenden Polizisten schütteln mitfühlend den Kopf.

Ibrahim greift in das Innere einer Jackentasche. Es dauert eine Weile, bis er die Tasche erreicht, denn er muss sich durch mehrere Schichten Kleidung arbeiten. Schließlich zieht er ein sorgfältig gefaltetes Blatt Stanniolpapier heraus, mit dem ursprünglich eine Tafel Schokolade eingepackt war. Ibrahim faltet es auseinander, langsam, bedächtig, als fürchte er, den Inhalt zu beschädigen. Eine Visitenkarte.

Hadschi Habibullah
Independent Human Rights Commission
Kort-e-Sol, Bamiyan
Ein Mann von einer Menschenrechtskommission. Hat er Sie besucht, Ibrahim?

»Nein, meine Frau hat mir diese Karte gebracht.«

Sie hatte gehört, dass es in Bamian ein Büro der Regierung gebe, das sich einschalte, wenn Menschen ungerecht behandelt werden. Ihr Mann und ihr Sohn, das spürte sie nach Monaten vergeblichen Wartens, seien Opfer einer solchen Ungerechtigkeit. Ihr Sohn war ja noch ein Kind. Wie konnte man ein Kind einsperren? Sie machte sich auf in die Provinzhauptstadt Bamian, noch nie war sie so weit von ihrem Dorf weggefahren. Nervös war sie, aufgeregt. Doch sie war entschlossen, etwas zu erreichen. Nach drei Tagen kam sie zurück, unsicher, ob die Visitenkarte, die sie nun bei sich trug, ihrem Mann und ihrem Sohn die Freiheit bringen würde. Es war das höchste Gut, das sie hatte. Diese Karte und die Sätze des Herrn Habibullah, er werde kommen, um den Fall zu untersuchen. Sie überreichte die Visitenkarte ihrem Mann im Gefängnis. Der wickelte sie in das Schokoladenpapier und wartete auf Habibullah. Doch auch er kam nicht.

507

Deshalb führt die Suche nach dem Staat in Afghanistan jetzt nach Bamian, zu Hadschi Habibullah, dem Mann von der Visitenkarte. Denn auch er ist ein Vertreter des Staates, eingesetzt von den Behörden, um immer dann einzugreifen, wenn Menschenrechte verletzt werden, gleichgültig von wem. Die Reise führt durch das Tal von Yawkalang, einen verschneiten Pass empor, auf dessen Rücken Lastwagen und Kleinbusse stecken bleiben und Männer mit geröteten Gesichtern die Straße frei zu schaufeln versuchen. Weiter geht es über ein Hochplateau, getaucht in ein vollkommenes Schneeweiß. Windböen fegen über die eisige Ebene, unerwartet kommen sie, genau wie der Spähtrupp einer Gespensterarmee, die sich mit einem Mal wieder in Luft auflöst.

In dem tiefer gelegenen Bamian hält sich der Schnee nur noch in den schattigen Falten der Erde. Die Regierungsgebäude liegen auf einer Felsplatte oberhalb der Altstadt. Von hier aus hat man einen guten Blick auf die armseligen Überbleibsel der gigantischen Buddha-Statuen, die von den Taliban im Jahr 2001 vor laufenden Kameras in die Luft gejagt wurden.

Wer von den Beamten etwas Glück hat, besitzt im Regierungsgebäude ein Bürofenster, durch das er auf das rötliche, von Höhlen durchzogene Kliff schauen kann, das vor 1500 Jahren eine Hochburg des Buddhismus war. Hadschi Habibullah hat kein Glück, er blickt auf ein unspektakuläres Felsplateau. Bevor das Gespräch mit ihm beginnen kann, bittet er den Gast in das Büro seines Chefs, des Vorsitzenden der Independent Human Rights Commission. Ein großes, lichtdurchflutetes Zimmer mit bestem Blick auf die weiß schimmernden Gipfel des Hindukusch. Der Vorsitzende sagt: »Korruption ist in diesem Land ein generelles Problem. Schmiergeldzahlungen sind an der Tagesordnung. Wenn wir auf solche Fälle stoßen, dann werden wir aktiv!«

Der Vorsitzende redet lange über die unzähligen Probleme der Republik Afghanistan. Spricht man ihn aber auf den Fall Ibrahim an, schüttelt er den Kopf. Nein, nie gehört.

»Herr Ibrahim sitzt in Yawkalang seit acht Monaten ohne Verfahren und ohne Urteil im Gefängnis. Er hatte eine Visitenkarte von Herrn Habibullah...«

Habibullah ist tief in einen weichen Polstersessel gesunken.

»Können Sie sich an Ibrahim erinnern?«

Er schaut auf, denkt nach.

»Eine Frau ist vor ungefähr drei Monaten zu Ihnen gekommen, die Frau des Gefangenen Ibrahim.«

»Oh ja, jetzt kann ich mich erinnern. Ich habe ihr meine Karte gegeben.«

»Haben Sie Ibrahim auch im Gefängnis besucht?«

»Wir fahren regelmäßig durch die ganze Provinz ...«

»Und dabei haben Sie Ibrahim aufgesucht?«

»Nein, noch nicht, aber ...«

Jetzt schaltet sich der Vorsitzende ein.

»Wissen Sie, unsere Regeln sehen vor, dass wir erst aktiv werden können, wenn der Betreffende zu uns kommt.«

»Die Frau Ibrahims war doch hier.«

»Nein, es muss der Betreffende persönlich kommen.«

»Aber der sitzt doch im Gefängnis.«

»Ja, aber unsere Regeln sehen vor, dass er persönlich vorstellig werden muss. Sonst können wir uns nicht einschalten.«

Das Gespräch geht zu Ende, nicht ohne den üblichen wechselseitigen Austausch von Freundlichkeiten.

Wo könnte der Staat sein, der Ibrahim anhören will? Der Staatsanwalt residiert nur ein paar Hundert Meter entfernt. Er müsste zuständig sein. Vielleicht gelingt es, ihn zumindest auf Ibrahim aufmerksam zu machen, vielleicht weiß er etwas. Vor dem Eingang des flachen Gebäudes steht eine Gruppe bewaffneter Männer. Der Staatsanwalt? Der komme heute wahrscheinlich nicht, morgen vielleicht.

In der Nähe steht ein Mann in einer Ecke und lässt sich von der Sonne die Kälte aus den Gliedern treiben. Er trägt eine Aktenmappe unter seinem Arm, eine Brille, die Wollmütze auf seinem Kopf sitzt schief. Durch die dicke Steppjacke und die weiten Hosen wirkt sein ganzer Körper schwerfällig. Der Mann heißt Mamur Ali Dschan. Er sagt, er sei früher Ingenieur gewesen. Mamur Ali Dschan stammt aus Yawkalang, und er wartet auf den Richter. Seit einer Woche schon kommt er jeden Morgen her, wartet lange vergeblich und geht dann in die Altstadt, wo er bei einem Verwandten untergekommen ist. Mamur Ali Dschan will dem Richter das Urteil zeigen, das er beim Obersten Gericht in Kabul erwirkt hat. Demnach hat man ihm vor sieben Jahren sein Land gestohlen, und er hat ein Recht darauf, es zurückzubekommen. Seit sieben Jahren versucht er das schon, zuerst in Yawkalang, dann in Bamian, dann in Kabul, dann wieder in Yawkalang, dann wieder in Bamian, wieder in Kabul. Er sagt: »Meine Tage sind damit ausgefüllt, meinem gestohlenen Land nachzulaufen!« Damit er die Zeit des Wartens finanzieren kann, hat er das restliche Stück Land, das

chen Kriegsherrn. Hoffnung will er es nicht nennen, was ihn antreibt, eher ist es ein großer Unglaube, dass die Welt tatsächlich so sein kann, wie er sie erlebt. Irgendwann wird Mamur Ali Dschan vielleicht aufgeben, aus Erschöpfung, aus Geldmangel, oder er fällt einfach tot um.

In Yawkalang im zentralafghanischen Hochland haben die Taliban 2001 ein Massaker angerichtet.

ihm geblieben ist, verpfändet. Er öffnet seine Aktenmappe und zeigt seine Dokumente. Sie alle sind mit Klarsichtfolien geschützt, Eingaben, Beschwerden, Klagen. Ganz hinten seine Trumpfkarte: das Urteil des Obersten Gerichtes. »Hier steht es schwarz auf weiß: Sie müssen mir mein Land zurückgeben.«

Geholfen habe ihm das Urteil nichts. Denn der Mann, der ihm das Land weggenommen habe, sei ein Verwandter eines in dieser Gegend einflussrei

»Wenn die Taliban sagten, du darfst nur auf der linken Straßenseite gehen, und ich dem Befehl folgte, geschah mir nichts. Aber heute, bei dieser Regierung, weiß ich nicht, auf welcher Straßenseite ich gehen soll, um sicher zu sein. Sie verfolgen uns überall und jederzeit.«

Nach und nach wird deutlich, was Ali Hussein aus Yawkalang mit diesen Sätzen gemeint hat. Nach und nach wird die Mattheit der Menschen spürbar, ihre Frustration über das neue System, das die Demokraten aus dem Westen erst über Kabul ausbreiteten, danach über das ganze Land. Man hört die Geschichten des Alltags, aus denen der Unwille der Bewohner spricht: Ich kann nicht mehr, ich will nicht mehr. So flüstern sie vor sich hin, die Menschen in Yawkalang, in Bamian, in Sorikol, die auf einen Richter warten, einen Rechtsbeistand, einen

kleine Geldbeträge, aber jeder Schritt, den man unternimmt, ist mit Korruption verbunden«, sagt Herr Mohseni. »Ein Polizist hält Sie auf? Einen Dollar! Sie brauchen ein Papier von der Gemeindeverwaltung? Einen Dollar, vielleicht zwei. Sie müssen zum Arzt? Fünf Dollar. Ein Richter soll Ihre Klage annehmen? Zehn Dollar, wenn Sie Glück haben.« Ginge es nach ihm, dann würde man besser einmal im Jahr um ei-

Ein Verkehrspolizist an einem Kontrollpunkt in Kabul. »Lukrative« Kreuzungen werden von den Vorgesetzten an die Polizisten verkauft.

Staatsanwalt, einen Politiker. Das Versprechen von Rechtsstaatlichkeit und Demokratie hat sich entleert, es ist zu einer Drohung verkommen.

Es gibt sie, die gewählten Volksvertreter, die darauf achten sollen, dass die Bürger Afghanistans zu ihrem Recht kommen, auch in Bamian: zum Beispiel Frau Arefi und Herr Mohseni, beide Abgeordnete der Schura, des örtlichen Parlaments. Sie sitzen in einem Büro, nur wenige Schritte von Mamur Ali Dschan entfernt, der draußen immer noch auf den Richter hofft. Der Kanonenofen glüht, während aus Teegläsern Dampf aufsteigt.

Die Korruption sei allgegenwärtig, das sagen die beiden Abgeordneten einhellig. »Es geht meist um

nen großen Geldbetrag gebracht, als täglich behelligt zu werden von der Gier vieler. Die Gier ist jetzt wie das Wahlrecht, sie ist auf viele Menschen verteilt worden. Das Regime der Taliban war eine Herrschaft der grausamen Klarheit: Die Tyrannei etablierte sich mit einem einzigen großen Schlag. Danach lauerte nicht mehr an jeder Ecke ein unberechenbarer Wegelagerer.

Die Abgeordneten von Bamian, sagen Herr Mohseni und Frau Arefi, haben gehandelt. »Wir haben unsere Ämter aus Protest niedergelegt.« Doch auch das nützte nichts, alles ging weiter wie früher. »Nach mehreren Wochen«, berichtet Herr Mohseni, »haben uns die Menschen gedrängt, unsere Arbeit wieder aufzunehmen. Sonst gäbe es überhaupt keine Chance, etwas zu bewirken.« Also kehrten die beiden zurück und schlugen sich erneut herum mit der Korruption, die überall ist und doch unsichtbar bleibt. Da gab es zum Beispiel den Vorwurf, dass Kommandeure im Feldlager der Nato-Soldaten bestimmte Unternehmer bei der Vergabe von Aufträgen bevorzugten. In Bamian wird das Feldlager von neuseeländischen Offizieren geführt. Sie haben einen guten Ruf, weil sie nicht protzig mit ihren Militärfahrzeugen über die Straßen brettern, sondern ihre Arbeit zurückhaltend erledigen. Eines Tages beschlossen die beiden Abgeordneten, Herr Mohseni und Frau Arefi, den Kommandeur des Camps zu besuchen. Sie wollten, dass er ihnen sagt, wie viel Geld an welche Unternehmen geflossen sei. »Da sagte er uns: Das geht euch nichts an!«

Das geht sie nichts an. Diesen Satz haben sich die beiden Abgeordneten mehrmals durch den Kopf gehen lassen, um ihn auf ein vernünftiges Maß zu reduzieren. Es ist ihnen nicht gelungen. Denn war der Neuseeländer nicht hier, um die Demokratie aufzubauen? Und waren sie nicht gewählte Mandatsträger? Die Abweisung durch den Kommandeur fühlte sich für sie an wie ein Schlag ins Gesicht. Ratlos sitzen sie in ihrem Büro. Die beiden hatten sich keine Illusionen gemacht, dafür kennen sie die Verhältnisse zu gut. Sie wissen um Menschen wie den Ingenieur Mamur Ali Dschan, sie kennen Gefangene wie Ibrahim, doch haben sie unterschätzt, wie dieser Staat seine Bürger demütigt, sie entmutigt, ihnen die Taschen leert und sie am Ende verstößt wie lästige, fremde Kinder.

Was würde geschehen, Herr Mohseni, wenn morgen die Taliban vor den Toren dieser Stadt auftauchten?

»Die Menschen würden sie nicht willkommen heißen, aber wehren würden sie sich auch nicht.«

Michael Allmaier, 1969 in Orsoy am Niederrhein geboren, studierte Literaturwissenschaft. Von 1999 bis 2001 arbeitete er als Medienredakteur und Restaurantkritiker bei den Berliner Seiten der FAZ, später im Feuilleton. Seit 2004 ist er Reiseredakteur bei der ZEIT und seit 2005 stellvertretender Ressortleiter.

Anita Blasberg, 1977 in Düsseldorf geboren, studierte Soziologie, Politik, Psychologie und Germanistik. Nach dem Besuch der Henri-Nannen-Journalistenschule in Hamburg schrieb sie als Autorin für die ZEIT, seit 2009 ist sie Redakteurin im ZEIT-Dossier.

Marian Blasberg, 1975 in Düsseldorf geboren, studierte Philosophie und Germanistik. Anschließend besuchte er die Deutsche Journalistenschule in München. Seit 2006 arbeitet er als Autor für die ZEIT, vor allem für die Ressorts Dossier und ZEIT-magazin.

Andrea Böhm, 1961 in München geboren, studierte Politikwissenschaften und Amerikanistik in Berlin und den USA und absolvierte 1989 die Deutsche Journalistenschule. Sie war Reporterin der »tageszeitung (taz)« und Korrespondentin in den USA. Seit 2006 gehört sie dem Politikressort der ZEIT an.

Alice Bota, 1979 in Oberschlesien/Polen geboren, studierte Politik- und Literaturwissenschaft in Kiel, Potsdam, Poznan und Berlin. Nach ihrer Ausbildung an der Deutschen Journalistenschule in München schrieb sie für den »Tagesspiegel« und die ZEIT. Seit 2007 ist sie Redakteurin im Politikressort der ZEIT.

Marc Brost, 1971 in Mannheim geboren, studierte Wirtschaftswissenschaften und schrieb von 1995 bis 1997 für die »Stuttgarter Zeitung«. 1999 wurde er Redakteur im Wirtschaftsressort der ZEIT. Seit 2010 leitet er gemeinsam mit Matthias Geis das Hauptstadtbüro der ZEIT.

Christoph Dieckmann, 1956 in Rathenow in der DDR geboren, studierte Theologie in Leipzig und Ost-Berlin. 1982/83 war er Vikar in der evangelischen Studentengemeinde Berlin. Von 1991 bis 2004 war er politischer Redakteur der ZEIT, heute arbeitet er als Autor der ZEIT in Berlin.

Rüdiger Dilloo, 1941 in Garmisch geboren, war Redakteur der »Welt« in Hamburg und stellvertretender Chefredakteur der Zeitschrift »twen«. Von 1972 bis 1976 schrieb er Reportagen für das ZEIT-magazin, bei dem er Redakeur wurde. Heute lebt er als freier Journalist im Chiemgau.

Marion Gräfin Dönhoff, 1909 in Friedrichstein/Ostpreußen geboren, studierte in Frankfurt am Main Volkswirtschaft. 1935 promovierte sie in Basel. 1945 floh sie zu Pferd von Ostpreußen nach Westen. 1946 wurde sie Redakteurin der ZEIT in Hamburg, 1968 Chefredakteurin. 1972 wechselte sie in die Position der Herausgeberin, die sie bis zu ihrem Tod im Jahr 2002 wahrnahm.

Carolin Emcke, 1967 in Mülheim an der Ruhr geboren, studierte Philosophie, Politik und Geschichte in London, Frankfurt am Main und Harvard. Von 1998 bis 2006 war sie Redakteurin beim »Spiegel«. Seit 2007 ist sie Autorin der ZEIT und berichtet vor allem aus Krisengebieten.

Heike Faller, 1971 in Frankenthal in der Pfalz geboren, studierte Ethnologie und war danach freie Journalistin in New York. Sie schrieb unter anderem für »Brigitte«, »Geo« und das »SZ Magazin«. Seit 1999 ist sie Redakteurin der ZEIT.

Ullrich Fichtner, 1965 im fränkischen Hof geboren, war Redakteur im ZEIT-Dossier bis zum Jahr 2001, bevor er zum »Spiegel« wechselte. Seit 2003 ist er »Spiegel«-Reporter mit Dienstsitz Paris. Er berichtete regelmäßig aus den Kriegsgebieten im Irak und in Afghanistan.

Bartholomäus Grill, 1954 in Oberaudorf am Inn geboren, studierte Philosophie, Soziologie und Kunstgeschichte. 1987 kam er als Politikredakteur zur ZEIT, seit 1993 ist er ihr Afrika-Korrespondent. Von 2005 bis 2009 gehörte er zu den afrikapolitischen Beratern des Bundespräsidenten Horst Köhler.

Nina Grunenberg, 1936 in Dresden geboren, gehörte von 1969 an zur Redaktion der ZEIT. Zuerst schrieb sie im Feuilleton, von 1974 bis 1987 war sie politische Reporterin. Von 1992 bis 1994 leitete sie das ZEIT-Ressort Wissen, von 1987 bis 1995 war sie stellvertretende Chefredakteurin.

Sven Hillenkamp, 1971 in Bonn geboren, begann das Studium der Fächer Politik, Soziologie, Geschichte und Philosophie, brach dieses jedoch ab. Er war zunächst Redakteur des Forschungsjournals »Neue Soziale Bewegungen«, danach der ZEIT von 2001 bis 2005. Heute ist er freier Autor in Stockholm.

Michael Holzach, 1948 in Heidelberg geboren, wurde 1974 Redakteur des ZEITmagazins. 1980 wanderte er quer durch die Bundesrepublik und schrieb das Buch »Deutschland umsonst«. 1983 verunglückte er tödlich während der Recherchen für die Verfilmung seines Buches, als er versuchte, seinen Hund aus der Emscher zu retten.

Thomas Kleine-Brockhoff, 1960 in Essen geboren, studierte Geschichtswissenschaften in Freiburg im Breisgau und an der Georgetown University School of Business. Er leitete das ZEIT-Dossier bis zum Jahr 2001, war Korrespondent der ZEIT in Washington bis 2007 und ist heute Senior Director beim German Marshall Fund of the United States.

Thilo Koch, 1920 im sächsischen Kanena geboren, studierte in Berlin Philosophie, Geschichte und Germanistik. 1955 übernahm er die Leitung des Berliner Studios des Senders NWDR. Er wurde später Chefkorrespondent des NDR und des NWDR in Washington. 2006 starb er in Hausen ob Verena in Baden-Württemberg.

Kerstin Kohlenberg, 1970 in Koblenz geboren, studierte Soziologie in Marburg, Berlin und New York. Sie arbeitete für das ZDF und den »Tagesspiegel«, bevor sie im Jahr 2004 bei der ZEIT anfing. Seit 2009 ist sie stellvertretende Ressortleiterin im ZEIT-Dossier.

Kuno Kruse, 1953 in Verden an der Aller geboren, gehörte zum Gründerkreis der »tageszeitung (taz)«, bevor er 1989 in die ZEIT-Redaktion wechselte. Er war bis 1998 Redakteur im ZEIT-Dossier, ging danach zum »Spiegel« und ist seit 2001 Reporter beim »Stern«.

Peter Kümmel, 1959 in Stuttgart geboren, studierte in Konstanz, Dublin und Heidelberg Anglistik und Germanistik. Er war Redakteur der Stuttgarter Nachrichten, schrieb für die »Süddeutsche Zeitung«, »Theater heute« und den »Tagesspiegel«. Seit dem Jahr 2000 ist er Feuilletonredakteur der ZEIT.

Dirk Kurbjuweit, 1962 in Wiesbaden geboren, wuchs in Berlin und Essen auf. Er besuchte die Kölner Journalistenschule und studierte Volkswirtschaft. Von 1990 bis 1999 war er Redakteur der ZEIT und wurde danach Reporter beim »Spiegel«. Heute leitet er das Hauptstadtbüro des »Spiegels«.

Ulrich Ladurner, 1962 in Meran in Südtirol geboren, studierte Geschichte und Politik in Innsbruck. Er schrieb für die Magazine »Profil« und »Facts«, war Korrespondent in Rom, bevor er 1999 bei der ZEIT begann. Er berichtet aus Krisen- und Kriegsgebieten, u.a. aus Irak, Afghanistan und Pakistan.

Stephan Lebert, 1961 in München geboren, studierte an der Deutschen Journalistenschule in München. Er war von 1984 bis 1998 Reporter der »Süddeutschen Zeitung«, Redakteur beim »Spiegel« und beim »Tagesspiegel«. Im Jahr 2004 wechselte er zur ZEIT, wo er leitender Redakteur für Reportagen ist.

Nicol Ljubić, 1971 in Zagreb in Kroatien geboren, wuchs in Schweden, Griechenland und Russland auf, studierte Politikwissenschaften in Bremen. Er besuchte die Henri-Nannen-Schule in Hamburg. Seit 1999 lebt er als freier Autor in Berlin und veröffentlichte bislang vier Bücher.

Reiner Luyken, 1951 in Starnberg geboren, absolvierte eine Lehre als Cembalobauer, arbeitete danach als Zimmerer und Fernfahrer. 1978 zog er nach Achiltibuie in Schottland und wurde Lachsfischer. Seit 1982 schreibt er für die ZEIT, seit 1993 ist er Korrespondent der ZEIT.

Josef Müller-Marein, 1907 in Marienheide geboren, war während des Zweiten Weltkriegs Kriegsberichterstatter und danach Kapellmeister in Lübeck. 1946 begann er als Redakteur der ZEIT. Von 1956 bis 1968 war er Chefredakteur der ZEIT. Er starb 1981 in Loriet in Frankreich.

Sabine Rückert, 1961 in München geboren, studierte Zeitungswissenschaft, besuchte die Journalistenschule des Axel-Springer-Verlages und wurde 1991 Redakteurin der »tageszeitung« (taz). Von 1992 bis 2000 war sie Redakteurin im ZEIT-Dossier. Seit 2001 ist sie Gerichts- und Kriminalreporterin der ZEIT.

Wolfram Runkel, 1937 im westfälischen Hagen geboren, studierte Jura und Psychologie in Heidelberg, Köln und Hamburg. Bis 1971 war er Redakteur der »Welt« in Hamburg, bis zum Jahr 2003 Redakteur der ZEIT und des ZEITmagazins. Er lebt in Hamburg.

Peter Sager, 1945 in Sielbeck bei Eutin geboren, wurde nach seiner Promotion im Fach Kunstgeschichte Rundfunkredakteur in Köln. Von 1975 bis 1999 war er Reporter des ZEITmagazins und ist seitdem freier Autor. Seine Kunst- und Reisebücher wurden in acht Sprachen übersetzt.

Christian Schmidt-Häuer, 1938 in Hannover geboren, berichtete unter anderem für den »Spiegel« aus Prag, als dort 1968 die Sowjets einmarschierten. 1979 begann er bei der ZEIT als Korrespondent für Osteuropa. 1988 ging er für die ZEIT nach Moskau. Heute schreibt er in der ZEIT vor allem über Lateinamerika.

Cordt Schnibben, 1952 in Bremen geboren, studierte Wirtschaftswissenschaften. Er arbeitete als Werbetexter, bevor er die Henri-Nannen-Schule in Hamburg besuchte. Von 1984 bis 1988 war er Redakteur der ZEIT, ging dann zum »Spiegel«, wo er heute das Ressort Gesellschaft leitet.

Christian Schüle, 1970 in Friedrichshafen am Bodensee geboren, studierte in München und Wien Philosophie, Soziologie und Politische Wissenschaft. Er war bis 2005 Redakteur im »Dossier« der ZEIT und lebt heute als freier Autor in Hamburg und München.

Jana Simon, 1972 in Potsdam geboren, studierte Osteuropawissenschaften, Politologe und Publizistik in Berlin und London. Von 1998 an war sie Reporterin des »Tagesspiegels«. Im Jahr 2004 kam sie zur ZEIT und schreibt vor allem für die Ressorts ZEITmagazin und Dossier.

Adam Soboczynski, 1975 in Toruń/Polen geboren, studierte Germanistik und Philosophie in Bonn, Berkeley und St. Andrews. Im Jahr 2005 promovierte er über Heinrich von Kleist. Seit 2007 ist er Redakteur der ZEIT, zunächst im ZEITmagazin, seit 2009 im Feuilleton.

Theo Sommer, 1930 in Konstanz am Bodensee geboren, studierte Geschichte und politische Wissenschaften in Tübingen und Chicago. Mit einer Arbeit über die deutsch-japanischen Beziehungen 1935–1940 promovierte er. 1958 fing er bei der ZEIT an, von 1973 bis 1993 war er ZEIT-Chefredakteur, danach ZEIT-Herausgeber. Seit dem Jahr 2000 ist er Editor-at-Large der ZEIT.

Michael Sontheimer, 1955 in Freiburg im Breisgau geboren, studierte Politologie und Publizistik in Berlin. 1979 war er Mitbegründer der »tageszeitung« (taz). Von 1985 bis 1991 arbeitete er als Redakteur und Autor der ZEIT, wurde danach Chefredakteur der »taz«. Seit 1995 ist er Redakteur des »Spiegels«.

Dietrich Strothmann, 1927 in Berlin geboren, wurde 1944 in die Wehrmacht eingezogen und geriet 1945 in Kriegsgefangenschaft. Von 1959 an schrieb er für die »Neue Ruhrzeitung«, bevor er von 1969 bis 1989 Redakteur der ZEIT war.

Henning Sußebach, 1972 in Bochum geboren, studierte Journalistik in Dortmund. 1998 wurde er Redakteur der »Berliner Zeitung«. Im Jahr 2001 ging er zur ZEIT – zuerst ins Ressort Leben, danach zum ZEITmagazin. Seit 2008 ist er Redakteur im ZEIT-Dossier.

Wolfgang Uchatius, 1970 in Regensburg geboren, studierte Volkswirtschaftslehre und Politikwissenschaft in München und Leicester. Danach besuchte er die Deutsche Journalistenschule in München. Seit dem Jahr 2000 ist er bei der ZEIT, zunächst als Wirtschaftsredakteur, heute als Reporter.

Holde-Barbara Ulrich, in Templin in der Uckermark geboren, studierte Philosophie und Afrikanistik, arbeitete zwei Jahrzehnte lang für ADN, die Nachrichtenagentur der DDR. Seit Anfang der neunziger Jahre schreibt sie für Magazine und Zeitungen. Sie lebt in Berlin und in einem Dorf im Havelland.

Günter Wallraff, 1942 in Burscheid bei Köln geboren, veröffentlichte 1966 das Buch »Wir brauchen dich. Als Arbeiter in deutschen Industriebetrieben«. 1977 folgte »Der Aufmacher, der Mann der bei Bild Hans Esser war«, 1985 »Ganz unten«. Mit über 5 Millionen verkauften deutschsprachigen Exemplaren und Übersetzungen in 38 Sprachen ist es das erfolgreichste Buch der Nachkriegszeit. 2009 erschien sein Buch »Aus der schönen neuen Welt«. Seit 2007 schreibt er für das ZEITmagazin.

Stefan Willeke, 1964 in Bochum geboren, studierte Geschichte und Politikwissenschaften, promovierte im Fach Wirtschaftsgeschichte. Von 1996 bis 2003 war er Redakteur im ZEIT-Dossier, danach Reporter der ZEIT. Seit 2009 leitet er das Ressort Dossier.

Ben Witter, 1920 in Hamburg geboren, studierte in Heidelberg Zeitungswissenschaften. Er schrieb für die ZEIT Kolumnen, Reportagen, Essays, Kurzgeschichten und Satiren. Bekannt wurde er unter anderem durch seine »Spaziergänge« mit Prominenten. Er starb 1993 in Hamburg.

5: picture-alliance / akg-images

6 und
hintere Klappe: Nicole Sturz

8 (beide): picture-alliance / dpa

9 (l.): picture-alliance / dpa

9 (r.): picture-alliance / dpa-Zentralbild

10–13: picture-alliance / akg-images

14–18: picture-alliance / dpa

20: akg-images / AP

22: picture-alliance

24: picture-alliance / dpa

29: picture-alliance

30–33: picture-alliance / dpa

34: INTERFOTO / Archiv Friedrich

36–40: picture-alliance / dpa

42: ddp images / AP

44–50: picture-alliance / dpa

53: picture-alliance / akg-images / RIA Nowosti

54–56: picture-alliance / dpa

59: akg-images / AP

60: picture-alliance / dpa

63: ddp images / AP

64: picture-alliance / UPI

68: picture-alliance / dpa

71: INTERFOTO / Hug

72: Bent / Hollandse Hoogte / laif

75: Elleringmann / laif

76–82: picture-alliance / dpa

84: picture-alliance / dpa / dpaweb

88–90: picture-alliance / dpa

94: ©Freda Heyden

96: INTERFOTO / amw

99: picture-alliance / ASA

100: picture-alliance / ANP

102: picture-alliance / dpa

105: picture-alliance / akg-images

106–109: picture-alliance / dpa

112–116: picture-alliance / ZB

118–121: picture-alliance / dpa / dpaweb

122: picture-alliance / akg-images / RIA Nowosti

125–136: picture-alliance / dpa

140: ddp images / dapd / Lionel Cironneau/AP

142–146: picture-alliance / dpa

149: picture-alliance / ZB

150: Ebert / laif

153: picture-alliance / ZB

154 und
Umschlagrückseite ganz oben: picture-alliance / ZB

156–168: Dirk Reinartz

170: picture-alliance / dpa

173: ddp images / dapd / Peter Poser

174: picture-alliance / ZB

176–184: picture-alliance / dpa

187: ddp images / AP / TASS

190–196: ©Andreas Teichmann

198–230: picture-alliance / dpa

232: picture-alliance / dpa / dpaweb

234–241: picture-alliance / dpa

244: ddp images / AP / Klaus-Dietmar Gabbert

247–248: picture-alliance / dpa

251: picture-alliance / dpa / dpaweb

252: picture-alliance / dpa

254: Michael Trippel / laif

256: picture-alliance / dpa

259: Henner Frankenfeld / Redux / laif

261: picture-alliance / Lonely Planet Images

264–274: www.gullivertheis.de

276: picture-alliance / dpa / dpaweb

279–280: picture-alliance / dpa

282: Jean-Claude Coutausse / laif

287: picture-alliance / landov

288–290: picture-alliance / dpa

293: picture-alliance / dpa / dpaweb

294: picture-alliance / BSIP / Deloche

297: picture-alliance / ZB

298–302: picture-alliance / dpa

517

304: picture alliance / Bildarchiv Monheim

307: picture-alliance / ZB

308: picture-alliance / dpa

311: picture-alliance / ZB

312–315: picture-alliance / dpa

316: Dagmar Schwelle / laif

318: Maurice Weiss / OSTKREUZ

320 und
Umschlagrückseite, 3. von oben:
picture-alliance / dpa

323–325: Maurice Weiss / OSTKREUZ

326–330: picture-alliance / dpa

332: picture-alliance / beyond / Oscar Abrahams

335: picture-alliance / dpa

338: picture-alliance / dpa / dpaweb

341–346: picture-alliance / dpa

348: Wüste Filmproduktion / Album / A

351: ddp images / dapd / Johannes Eisele

352: picture-alliance / dpa

356: picture-alliance / KPA

360–363: picture-alliance / dpa / dpaweb

366 und
Umschlagrückseite, 2. von oben:
picture-alliance / dpa

369: picture-alliance / dpa / dpaweb

372: The New York Times / Redux / laif

374: picture-alliance / Bildagentur Huber

377: Enno Kapitza

378 und
Umschlagrückseite, unten:
picture-alliance / dpa

381–382: picture-alliance / dpa

385–386: Enno Kapitza

388: Getty Images / Jon Purcell

391–404: Photographie Jens Passoth, www.passoth.de

406–410: Jannis Chavakis

412–416: Zelck / laif

418: picture-alliance / ZB

421–425: Ute Mahler / OSTKREUZ

428: picture-alliance / Süddeutsche Zeitung

432–440: David Klammer / laif

444–454: www.achenbach-pacini.de

456: picture-alliance / Arne Dedert

459: David Goldman / The New York Times / Redux / laif

460–463: picture-alliance / dpa

466: Tim Wegner / laif

468–475: picture-alliance / dpa

476: Dawin Meckel / OSTKREUZ

479: picture-alliance / Süddeutsche Zeitung Photo

480–482: picture-alliance / dpa

484: picture-alliance / ZB

489: picture-alliance / ANP XTRA

492: picture-alliance / dpa

494–497: Dan Cermak

500: picture alliance / landov

502–506: picture-alliance / dpa

509: Ulrich Ladurner

510: picture-alliance / Ton Koene